المشتقات المالية
ودورها في إدارة المخاطر
ودور الهندسة المالية في صناعة أدواتها

1

بسم الله الرحمن الرحيم

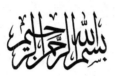

المشتقات المالية
ودورها في إدارة المخاطر
ودور الهندسة المالية في صناعة أدواتها

دراسة مقارنة بين النظم الوضعية وأحكام الشريعة الإسلامية

الدكتور

سمير عبد الحميد رضوان حسن

الكتاب : المشتقات المالية ودورها في إدارة المخاطر
ودور الهندسة المالية في صناعة أدواتها

المؤلف : دكتور سمير عبد الحميد رضوان حسن

رقم الطبعة : الأولى

تاريخ الإصدار : 1426هـ - 2005م

حقوق الطبع : محفوظة للناشر

الناشر : دار النشر للجامعات

رقم الإيداع : 2004/18545

الترقيم الدولي : ISBN: 977-316-143-9

الكود : 2/157

دار النشر للجامعات - مصر
ص.ب (١٣٠ محمد فريد) القاهرة ١١٥١٨
تليفون: ٤٥٠٢٨١٣ - تليفاكس: ٤٥٠٢٨١٢
E-mail: Darannshr@Link.net

بسم اللـه الرحمن الرحيم

مقـدمة

الحمد لله المتصف بصفات الكمال ، المنعوت بنعوت الجلال والجمال ، قديم بلا ابتداء ، ودائم بلا انتهاء، جل عن الشبيه والنظير ، وتعالى عن الشريك والوزير ، ليس كمثله شيء وهو السميع البصير ، لا تدركه الأبصار وهو يدركها وهو اللطيف الخبير. هو الأول فليس قبله شيء ، وهو الآخر فليس بعده شيء. لا يفنى ولا يبيد ، ولا يكون إلا ما يريد . لا تدركه الأفهام ، ولا يحيط بكنهه الأنام، وهو على ما كان عليه كان .. أمر عباده بطاعته ، ونهاهم عن معصيته . عم برحمته جميع العباد , وخص أهل طاعته بالهداية إلى سبيل الرشاد ، وأهل العلم برفع الدرجات فقال تعـــــالى:

﴿ يَرْفَعِ ٱللَّهُ ٱلَّذِينَ ءَامَنُوا۟ مِنكُمْ وَٱلَّذِينَ أُوتُوا۟ ٱلْعِلْمَ دَرَجَٰتٍ ﴾ [المجادلة: 11]

فالحمد لله الذي عم برحمته جميع العباد ، وخص أهل الطاعة والعلم برفع الدرجات ، ووفقهم بلطفه لصالح الأعمال .

أحمدك يارب حمدا كثيرا طيبا يليق بجلال وجهك الكريم وعظيم سلطانك ، لا أحصى ثناء عليك ، أنت كما أثنيت على نفسك يارب العالمين وأشهد أن محمدا عبد اللـه ورسوله ، وصفيه من خلقه وخليله ، حمل الرسالة ، وأدى الأمانة ، ونصح الأمة ، وكشف اللـه به الغمة ، وجاهد في اللـه حق جهاده . أمرنا بالصدق والأمانة ، ونهانا عن الغش والخداع والخيانة ، صلوات اللـه وسلامه عليك يا سيدي يا رسول اللـه ، وجزاك خير ماجزى نبيا عن أمته .

لقد تهيأت ليّ الأسباب لأن أكون أحد الباحثين الذين أفنوا زهرة شبابهم ، وخريف عمرهم في الاشتغال بأعمال التمويل والاستثمار ومتابعة ما يجري في مختلف البورصات ، وما قدمته مراكز البحث والابتكار من عقود وأدوات كانت في الغالب مشتقات مالية لتضاف إلى هذا الكم غير المتناهى من العقود والأدوات التي يجري التعامل عليها في أسواق العقود الآجلة والمستقبلية .

لقد تكشفت أمامي بحكم موقعي الوظيفي ، وكأحد المشاركين في صناعة القرار تلك الضغوط المتواصلة من قبل الشقيقين ، صندوق النقد الدولي IMF والبنك الدولي للإنشاء والتعمير .I.B.R.D والتي استهدفت فرض أيدلوجيات بعينها تنطوي على إعادة صياغة القرار الاقتصادي والثقافي كوسيلة من وسائل الاختراق تحت عباءة الدعوة إلى زيادة الارتباط المتبادل بين المجتمعات

الإنسانية ، والالتزام طوعا أو كرها بسيادة اقتصاديات السوق ، وتحرير أسواق الأموال Deregulation of Capital Markets وأسعار الفائدة ، وأسعار الصرف ، ليس هذا فحسب ، بل وإلغاء القيود الحمائية ، وتحطيم الأسوار الجمركية . وعلى النقيض من ذلك إلزامنا بتشريعات لم نكن أصلا في حاجة لإصدارها كالتشريع الخاص بمكافحة غسيل الأموال Money Laundering والذي صدر معطلا لقانون سرية الحسابات ، ولم يكن لنا خيارا في إصداره بل تم تهديدنا من قبل بعض المؤسسات الدولية بوضع مصر ضمن القائمة السوداء للدول الممتنعة عن مكافحة عمليات غسيل الأموال والتي اعتبروها وسيلة لما أسموه بمكافحة عمليات الإرهاب . ليس هذا فحسب بل زدْ على ذلك توصيات بنك التسويات الدولية BIS والتي تنطوي على إملاء صيغ محددة للبياعات والمعاملات في أسواق الأوراق المالية للدول النامية والتي أطلقوا عليها الأسواق الناشيءة ، ومن هذه الصيغ عمليات البيع على المكشوف Short Sale والشراء الهامشي Trading on Margin . أما الأول فينطوي على بيع الإنسان ما ليس عنده ، فيبيع وليس لديه أصلا ما يبيعه ، وأما الثاني فيشتري وليس لديه المال الذي يبذله في الشراء ، وتفرض هذه المؤسسات على شركات الوساطة المالية أن تقوم بإقراض البائعين على المكشوف الأوراق المالية التي يعرضونها للبيع ، كما تُفرض على تلك الشركات أن تقرض من لا مال لهم الأموال التي يستخدمونها في عمليات الشراء ، على أمل أن يبيع كل منهم في غده ما اشتراه في يومه . وهذا النوع من المضاربات الشرسة Wild Speculation تحرمه كثير من التشريعات في الدول الغربية لأنه يشعل سُعار المضاربة ويعطل ميكانيزم السوق ويؤدي إلى تشويه وإفساد الأسعار وخلق قيم غير حقيقية ، وكانت هذه البيوع من جملة الأسباب التي أدت إلى انهيار الأسواق العالمية في أكتوبر 1987 م.

زد على هذا وذاك تلك الضغوط المتواصلة من قبل هذه المؤسسات والمؤسسات التابعة لها للتعامل في المشتقات المالية التي قال عنها الكاتب النمساوي الأمريكي الشهير " بيتر دراكر" " إنهم قد زعموا أنها أدوات علمية ، في حين أنها لم تكن أكثر علمية من أدوات القمار التي يجري التعامل عليها في " مونت كارلو ، ولاس فيجاس " .

ولم تكن هذه الضغوط من قبل تلك المؤسسات سوى وسائل للاختراق تحت عباءة الدعوة إلى القرية الكونية التي لا تخرج عن كونها إمبريالية ثقافية تسعى إلى تهجين العالم وتجريده من

خصوصياته ، وفرض النموذج الغربي على الشعوب في مختلف بلدان العالم ولو تعارض ذلك من تراثها الثقافي والديني .

وأغرب من هذا وذاك فقد لفت نظري ، وشد انتباهي تلك المقالات التي تتابعت وتساقطت علينا كقذائف اللهب من قبل بعض الأكاديميين الذين راحوا يدعون جهارا نهارا إلى فتح الأبواب المغلقة أمام الغزو الثقافي الغربي وولوج عقود المشتقات المالية إلى أسواقنا التي يحظر البنك المركزي التعامل عليها من قبل البنوك إلى أن يتم إعداد الكوادر والضوابط والآليات اللازمة للتعامل عليها في المستقبل في كافة البورصات العالمية .

بينما ذهب الآخرون يتساءلون " هل ستظل البورصة تقليدية " وقلنا لهم نعم " نرجوكم حافظوا على البورصة تقليدية " وتتابعت المقالات تترا من قبل الذين ينتمون إلى مصر موطنا وللإسلام دينا تحض على التعامل في المشتقات المالية وتحرض عليه ، إلى القدر الذي ذهب معه أحدهم في افتراءاته إلى القول : إن عقد السلم من عقود إدارة المخاطر وأنه قد شرع لدرء مخاطر تقلب الأسعار ، أي أنه جعله من جملة أدوات المشتقات المالية ، وقال إن رسول الله ﷺ قد أقرهم على ذلك [1].

---

(1) يقول الدكتور محمد العلي القري : لقد عاش الأقدمون في مجتمعات يسودها الجمود السكاني ، وضعف وسائل الاتصال ، ومع ذلك نجد صيغا كان يتعامل بها الأقدمون غرضها الأساسي هو إدارة المخاطر ، ومن ذلك عقد السلم الذي انتشر العمل به في مناطق الزراعة ، وبُعث رسول الله ﷺ وكان أهل المدينة يتعاملون به ، فأقرهم فيه . واستطرد قائلا : وجليُُ أن عقد السلم هو صيغة لمعالجة مخاطر الأسعار انظر البحث المقدم من سيادته في ندوة الصناعة المالية الإسلامية بمدينة الإسكندرية خلال الفترة من 18 : 21 رجب 1421 هـ – 15 : 18 أكتوبر 2000 م والحاصل أن النبي ﷺ رخص في السلم للضرورة والقياس عدم الجواز لأنه بيع لمعدوم وجعلوه من الاستحسان (انظر حاشية ابن عابدين ، ج 4 ، ص 556) وقال ابن قدامة " وأما الإجماع فقال ابن المنذر أجمع كل من نحفظ عنه من أهل العلم أن السلم جائز ، ولأن المسلم في المبيع أحد عوضي العقد ، فجاز أن يثبت في الذمة كالثمن لأن بالناس حاجة إليه ، لأن أرباب الزروع والثمار والتجارات يحتاجون إلى النفقة على أنفسهم وعليها (أي النفقة على الزروع والثمار) ، تكمل ، وقد تعوزهم النفقة فجوز لهم السلم ليرتفقوا ويرتفق المسلم بالاسترخاص (والمسلم هنا هو من قام بدفع رأس مال السلم) انظر المغني لابن قدامة ، كتاب الربا والصرف ، باب السلم ، ص 207 ، وقال صاحب بدائع الصنائع : السلم هو بيع المفاليس ونهى رسول الله ﷺ عن بيع =

لهذا ولغير ذلك كثير اعتبرت اختياري لهذا الموضوع فريضة دينية متأسيا بقول شيخي رحمه الله "
إن قيامي بهذا العمل قد لا يكون فرض كفاية وإنما فرض عين ، لأني إذا لم أقم به فقد لا يقوم به غيري "
(1)

وأغلب أدوات المشتقات المالية ولدت مع مولد ما يسمى بالهندسة المالية Financial
Engineering وقالوا إنها كانت استجابة لحاجة المؤسسات المالية والمصرفية والشركات والحكومات في
صورة أدوات وآليات مالية جديدة تفي باحتياجات المجتمعات والسيطرة على المخاطر التي تواجهها
مختلف المؤسسات والهيئات ، فما كان بالأمس حلولا إبداعية لمشاكل التمويل وإدارة المخاطر والتحوط
ضد مخاطر تقلبات أسعار الفائدة والصرف وأسعار السلع لم يعد موائما لظروف العصر والتطورات التي
تشهدها المجتمعات . ويرى كتاب الغرب أن الصناعة المالية تواجه انحسارا في الربحية وتدهورا في نوعية
المنتجات التي تقدمها ، الأمر الذي يقتضي إعادة روح الابتكار والتجديد .

وقد ساعد على انتشار هذه الأدوات التي قدمتها مراكز البحث والابتكار العديد من العوامل
والمسببات التي تناولها كتاب الغرب ونذكر منها :

أولا : انهيار اتفاقية بريتون وودز Bretton Woods والتي أدت إلى تقلبات عنيفة في أسعار
الصرف An increase in Currency Volatility وهو الأمر الذي ترتب عليه تطوير عقود الصرف الآجل
والبحث عن آلية جديدة ، وأدوات مالية جديدة للتحوط ضد مخاطر تقلبات أسعار الصرف.

ثانيا : زيادة حدة التضخم في بداية الثمانينات وما صاحبها من زيادة سريعة في معدلات أسعار
الفائدة قصيرة الأجل.

ثالثا : انهيارات أسواق الأوراق المالية العالمية دفعت المستثمرين للبحث عن حماية أصولهم المالية
من خلال أسواق المشتقات .

= ما ليس عند الإنسان ورخص في السلم ، فالترخص في السلم هو تغيير الحكم الأصلي ، وهو حرمة بيع ماليس عند الإنسان إلى الحل
يعارض عند العدم ضرورة الإفلاس . انظر بدائع الصنائع للكساني ، ج 5 ، ص 212 .

(1) شيخي هو فضيلة الدكتور محمد محمود فرغلي تغمده الله برحمته وأسكنه فسيح جناته ، وكان رحمه الله عميدا لكلية
الشريعة والقانون حتى توفاه الله.

رابعا : المنافسة الشرسة فيما بين المؤسسات المالية والمصرفية في سباقها المحموم وسعيها الدءوب لتبوأ مركز الصدارة بين المؤسسات المالية المثيلة والنظيرة ، وهو الأمر الذي دفع هذه المؤسسات إلى استنفار دوائر البحث والابتكار واستنهاضها لخلق وابتكار أدوات مالية جديدة لإدارة المخاطر ولكي تقدم لها الحلول لمشاكل التمويل وتقفز بها فوق القيود التي تفرضها السياسات النقدية Monetary Policies .

خامسا : السعي الدءوب من قبل المؤسسات المالية عامة ، والبنوك خاصة لتعظيم إيراداتها عن طريق استخدام أدوات مالية جديدة ، وتنويع خدماتها ومنتجاتها المالية حتى لا يقتصر نشاطها على هامش الوساطة التقليدية .

سادسا : زيادة اللجوء إلى التمويل من خلال الأسواق المالية العالمية ، وهو الأمر الذي ينطوي على ارتفاع درجة المخاطر التي تتعرض لها المنشآت والحكومات التي تعاني من عجز مواردها المالية [1].

ورغم ظاهر أهمية تلك العوامل وهذه المسببات إلا أن الأسباب الحقيقية التي لم يعلن عنها هؤلاء وذكرها بعض الكتاب المنصفين الغربيين تشير إلى غير ذلك . فقد ذهب "شانس" إلى القول إن الكثرة من المستثمرين يؤثرون المضاربة بالمشتقات على استخدام الأدوات التقليدية في عمليات المضاربة [2].

بل إن جورج سوروس رجل الأعمال والملياردير المشهور ذهب إلى تقرير حقيقة مؤكدة بقوله " إن كثيرا من أدوات المشتقات لا تخدم غرضا معينا سوى تسهيل المضاربة على وجه الخصوص " [3].

ليس هذا فحسب ، بل إن اتحاد المصارف العربية وصف عقود الاختيار التي تتم على المكشوف " ويندر أن تتم على خلاف ذلك " بأنها قمار حقيقي له أصوله وفنونه ولاعبوه وله بالطبع نتائجه [4].

---

(1) وقد لجأت الحكومة المصرية إلى الاستدانة من الأسواق الدولية بإصدارها لسندات التنمية الدولارية وتعرضت لنقد عنيف من قبل الكثرة من الكتاب المتخصصين في مصر لما يكتنف هذا الأسلوب من مخاطر ولارتفاع تكلفة الاقتراض .

(2) Don M. Chance, An Introduction to Derivatives, P.13.

(3) Edward Chancellor, Devil take the kindmost, p.334.

(4) الهندسة المالية ، اتحاد المصارف العربية عام 1996 ، ص 135 .

ورغم كل ما قدمناه ، فلا ترجع أهمية البحث لأهمية الأدوات المالية التي يعالجها ، ولا لدورها المزعوم في حماية الأصول المادية والمالية من مخاطر تقلبات أسعار الصرف وأسعار الفائدة ، أو تقلب أسعار الأسهم أو السندات في مختلف الأسواق . ذلك أن الباحث لا يرى في هذه الأدوات سوى أنها أدوات للمقامرة والرهان ، وليس هذا هو رأي الباحث وحده بل يشاركه الرأي في ذلك كثير من الكتاب الغربيين المنصفين . ويرى الباحث أن ولوج هذه الأدوات إلى أسواق المال Financial Markets أدى إلى تحويلها إلى ساحات للمراهنات ، وأندية لممارسة القمار ، وإنها ليست كما يزعمون أدوات للتحوط ضد المخاطر ، وأنَّى لها أن تكون بينما التعامل عليها ينطوي في حد ذاته على درجة عالية من المخاطرة تقتضي التحوط منها وهو أمر لا ينكره أكثر الكتاب تعصبا لأدوات المشتقات . وإنما ترجع أهمية البحث في كونه محاولة من قبل الباحث لتفنيد المزاعم وإسقاط الحجج التي تعلق بأحبالها المؤيدون لعملية الاختراق التي تتعرض لها الدول النامية بإقحام هذه الأدوات الوافدة على أسواقها رغم ما تنطوي عليه من مفاسد توعد الله أصحابها بالمحق والحرب والخلود في النار .

وإذا كان البعض قد اندفع بعد انهيار الأسواق العالمية في أكتوبر 1987 م ومن بعده عام 1989 م إلى طلب الحماية لأصولهم في أسواق العقود الآجلة والمستقبلية ، إلا أنه قد فات هذا البعض أن هذه الأدوات بعينها من أدوات المخاطرة ، وأنه ما تم تصميم المشتقات المالية من قبل المهندسين الماليين ، ومراكز البحث والابتكار إلا بغرض المتاجرة في مخاطر السوق حيث يجري بيع المخاطر وشرائها بنقلها من أولئك الذين يتوجسون خيفة منها إلى أولئك الذين يسعون حثيثا في طلبها طلبا لثمن انتقال المخاطرة إليهم .

وإذا كان هذا البعض قد توهم أنه قد وجد بغيته في طلب الحماية لأصوله في أدوات وعقود المشتقات المالية التي يجري التعامل عليها في أسواق العقود الآجلة والمستقبلية ، فإن هذا البعض لم يفطن إلى الدور المدمر الذي لعبته الأدوات المالية في إحداث الانهيار الذي اجتاح الأسواق العالمية في أكتوبر 1987م والذي كان أشد سوءا من أحداث الانهيار الذي اجتاح هذه الأسواق عام 1929. حيث وصفت مجلة نيوزويك الأمريكية هذه الأحداث بأنها أجراس الحداد لخمس سنوات من الصعود المتواصل [(1)] وذلك تعبيرا عن حجم الكارثة التي داهمت البلاد والعباد ، ووقف ساعتها الرئيس ريجان متسائلا – وسط الذهول وحالة الشرود التي انتابت صفوة القوم- عن سر التغير

(1) It is the death knell of the Five years old Bull Market (News Week, 26-10-1987).

المفاجئ للتوقعات المستقبلية للولايات المتحدة وأثرها على اقتصاديات العالم لتبرير انهيار الأسعار بنسبة 36% خلال ثمانية أسابيع.(1) ليس هذا فحسب بل أبرزت مجلة " نيوزويك الأمريكية" حجم الخسائر الفادحة التي منيت بها أسهم خمسة آلاف شركة يجري تداولها في بورصات الولايات المتحدة الأمريكية في الساعات الأولى من ذلك اليوم بما قيمته 490 بليون دولار.(2)

وقـد استهدفت بهذا البحث أمورا منها :

أولا : تغطية جوانب القصور في المكتبة العربية حيث أعرض كثير غيري عن الخوض في هذا الموضوع لندرة المراجع العربية ، وغزارة مادته العلمية .

ثانيا : أن أعرض لموقف الفقه الإسلامي من أدوات وعقود المشتقات المالية والتي تحاول بعض المؤسسات الدولية ونفر من الكتاب الموالين لكل ما هو غربي ، من عشاق المضاربة والمقامرة وحب المخاطرة إقحامها على أسواقنا .

ثالثا: إنني قد أعددت هذا البحث استجابة لدعوة مجمع الفقه الإسلامي باستكتاب بعض المتخصصين في هذا المجال ، ولكي أوصد الأبواب أمام بعض أصحاب الأهواء الذين يزخرفون الإفك ويزينون الباطل والذين صموا آذانهم عن سماع قول الحق سبحانه وتعالى: ﴿ إِنَّا عَرَضْنَا ٱلْأَمَانَةَ عَلَى ٱلسَّمَٰوَٰتِ وَٱلْأَرْضِ وَٱلْجِبَالِ فَأَبَيْنَ أَن يَحْمِلْنَهَا وَأَشْفَقْنَ مِنْهَا وَحَمَلَهَا ٱلْإِنسَٰنُ إِنَّهُۥ كَانَ ظَلُومًا جَهُولًا ﴿٧٢﴾ ﴾ [الأحزاب: 72] .

وقوله تعالى: ﴿ أَفَحُكْمَ ٱلْجَٰهِلِيَّةِ يَبْغُونَ وَمَنْ أَحْسَنُ مِنَ ٱللَّهِ حُكْمًا لِّقَوْمٍ يُوقِنُونَ ﴿٥٠﴾ ﴾ [المائدة: 50] .

وقوله تعالى: ﴿ وَإِذَا قِيلَ لَهُمْ لَا تُفْسِدُوا۟ فِى ٱلْأَرْضِ قَالُوٓا۟ إِنَّمَا نَحْنُ مُصْلِحُونَ ﴾ [البقرة: 11]

---

(1) Mr. Regan asked, what had suddenly changed in the out-look for the U.S. on world economics to justify a 36 % collapse in stock prices over eight weeks (Financial Times 31.10.1987).

(2) The shares of 5000 companies traded on U.S. exchange had lost a staggering $.490. Billion in value " News Week, Op.,Cit.)

رابعا : وأخيرا فإنني وددت أن أقدم إلى وطني الذي نبت جسدي على ترابه وعشت على خيراته ، وإلى أمة الإسلام التي أكرمني الله بانتسابي إليها وهي التي يخفق قلبي حبا لها وإشفاقا عليها، هذا البحث عن صناعة المشتقات المالية بعد أن بلغت أعلى درجات القناعة بضرورة غياب هذه العقود والأدوات عن أسواقنا إلى أن تقوم الساعة إن كنا مخلصين حقا في ابتغاء مرضاته ، والالتزام بشرعته ومنهاجه .

الباب الأول

صناعة

المشتقات

المالية

ويتكون هذا الباب من فصلين

*الفصل الأول

ماهية المشتقات المالية ودور الهندسة المالية فـي صناعتها

الفصل الأول

ماهية المشتقات المالية

ودور الهندسة المالية في صناعتها

يتكون هذا الفصل من خمسة مباحث :

تقديم .

المبحث الأول: موقع سوق المال على خريطة النشاط الاقتصادي.

المبحث الثاني : وجوه الخلاف بين المضاربة والاستثمار.

المبحث الثالث : ماهية المشتقات المالية.

المبحث الرابع : دور الهندسة المالية في صناعة المشتقات.

المبحث الخامس : أسواق المشتقات في مختلف القارات.

15

تقديم

لما كانت المشتقات المالية رغم كثرة روافدها وعظم تشعباتها لا تخرج عن كونها جزء لا يتجزأ من الأسواق المالية بمعناها الواسع و مفهومها الشامل، لذلك فقد اقتضى الأمر أن نستهل هذا الفصل بشرح ماهية الأسواق المالية بوصفها السوق الأم لكافة الأسواق التي تتعامل في أصول وأدوات مالية وتعاقدية. ولما كانت هذه السوق لا تعمل أيضا بمعزل عن النشاط الاقتصادي ، بل هي جزء منه يلعب دورا مهما في الحياة الاقتصادية ، لذلك جاء المبحث الأول معالجا لماهية الأسواق المالية ودورها في النشاط الاقتصادي .

ونظرا لأن المضاربات بمفهومها الاقتصادي هي إحدى السمات الأساسية المميزة للتعامل في أسواق المشتقات، ونظرا لحدوث الخلط والالتباس بين ما هو من قبيل المضاربة، وما هو من قبيل الاستثمار ،لما بينهما من خيط رفيع لا يكاد يراه سوى الباحث الرصين ، لذلك جاء المبحث الثاني معالجا لوجوه الاختلاف بين المضاربة والاستثمار .

أما المبحث الثالث فيعالج ماهية المشتقات ، وقد تم تخصيص مبحث لها في محاولة لتحديد ماهية المشتقات تحديدا دقيقا نافيا للجهالة ، تزول معه وجوه البهمة التي تحيط بهذه المعاملات .

وأما المبحث الرابع فقد تناولنا من خلاله دور الهندسة المالية في صناعة المشتقات المالية ولعلنا حاولنا من خلال هذا المبحث تتبع جذور وأصول أدوات المشتقات والتي اعتبرها الغرب تمثل حلولا إبداعية لمشاكل التمويل .

وأما المبحث الخامس والأخير في الفصل فقد طفنا من خلاله على بعض أسواق المشتقات في العالم وتعرفنا على القوانين الحاكمة للتعامل في هذه الأسواق حتى نكون على دراية من خلال هذه السياحة القصيرة بما يجري حولنا في عالم المشتقات المالية.

16

المبحث الأول
موقع سوق المال على
خريطة النشاط الاقتصادي

يدور النشاط الاقتصادي لأي مجتمع في دائرتين إحداهما مادية تتعلق بالتدفقات العينية والأنشطة الخدمية في صورة إنتاج وتداول السلع والخدمات ، ومستلزمات الإنتاج ، والأخرى مالية وتتعلق بحركة التدفقات النقدية Cash Flows وتداول الأصول المالية Financial Assets .

وترتيبا على ما تقدم فإن المعاملات التي تصدر عن أية وحدة اقتصادية تنقسم إلى معاملات خاصة بالسلع والخدمات ، وهي تلك التي تقترن بالإنتاج والاستهلاك والاستثمار ، وعمليات أخرى دخلية ويترتب عليها دخل لأصحاب عناصر الإنتاج نتيجة الاشتراك في العملية الإنتاجية ، وعمليات مالية يترتب عليها نقل الموارد المالية من قطاع لآخر .

ويستفاد مما تقدم أن النشاط الاقتصادي يتم من خلال نوعين من الأسواق :[1]

1 - أسواق حقيقية Real Markets

2 - أسواق مالية Financial Markets

أولا : الأسواق الحقيقية

يتم من خلالها التعامل في أصول مادية ملموسة Tangible Assets تمثل أصل الثروة المملوكة للمجتمع ، وذلك كالعقارات Real Estates ، والأراضي ، والمباني ، والآلات والمعدات Tools & Equipment ، والمعادن النفيسة Precious Metals كالذهب والفضة ، والأحجار الكريمة

---

(1) Jack Clark Francis, Management of Investment. P 708.

وأيضا

د . منى عيسى العيوطي ، رسالة دكتوراه عن التدفقات المالية ودور قطاع الوسطاء الماليين في الاقتصاد المصري عام 85 ص 112 .

د . كامل فهمي بشاي ، دور الجهاز المصرفي في التوازن المالي ، دراسة خاصة بالاقتصاد المصري ، الهيئة المصرية العامة للكتاب ص 2 .

Precious Stones كالماس والجواهر Diamonds & Rubies وكذلك الحبوب والفاكهة وسائر السلع المادية والملموسة محل البيع والشراء سواء كانت استهلاكية أم استثمارية ، فضلا عن خدمات عناصر الإنتاج كالنقل والتخزين والاستشارات المالية وجميعها غير ملموسة Intangibles [1]

وتكشف بعض الدراسات الاقتصادية عن حقيقة مؤداها أن الأصول الحقيقية تزيد قيمتها في حالات التضخم وبمعدل أسرع عن مستوى الزيادة العامة خلال فترة التضخم [2]

ثانيا : الأسواق المالية

تظهر سوق المال نتيجة لتحقيق بعض الوحدات الاقتصادية في مجتمع ما لبعض الفوائض المالية التي قد لا تحتاج إليها في زمن معين ، وقد ترغب في استثمار هذا الفائض بدلا من الاحتفاظ به في صورة سيولة نقدية تمثل رأس مال عاطل " Idle capital " في حين توجد على الجانب الآخر

---

(1) وقد تناولت العديد من المصادر الأجنبية مفهوم الأسواق الحقيقية واتفقت جميعها في المضمون وإن تميز بعضها بالإيجاز الشديد والبعض الآخر بالإسهاب والتطويل فذهب Madura إلى تعريفها بالآتي :

" Phisical asset markets (also called "tangible" or " real" asset markets) are those for such products as wheat, autos, real estate, computers and machinery ". Introduction to Financial Management p.108.

بينما ذهب Don M. Chance إلى تعريف هذه الأسواق بالآتي :

" real assets are tangibles, services are intangible. There are markets for tangibles such as food, clothing, and shelter, and markets for intangibles such as haircuts, auto repairs and financial advice. These assets are derived from the economies natural and human resources. (Option & Futers Op. CitP2).

بينما ذهب Charles N. Henning إلى تعريفها بالآتي :

" When referring to " real" investment, the analyst always has in mind the creation of productive tools or inventories of goods and materials that will be used in the production of consumer goods or other investment goods . (Financial Markets and the Economy P.23.)

(2) Economic studies reveal that real assets tend to be good inflation hedges. An asset that is good inflation hedge will rise in price faster than the general level rises during periods of inflation. (Jack Clark Francis, Op.Cit P 708.)

وحدات اقتصادية أخرى تعاني عجزا في مواردها المالية ، وتسعى في طلب هذه الفوائض لمواصلة نشاطها الاقتصادي خلال فترة زمنية معينة . ولذلك تلجأ تلك الوحدات ذات العجز والتي تمثل جانب الطلب إلى المجموعة الأولى ذات الفائض التي تمثل جانب العرض ، ويترتب على ذلك انتقال الموارد المالية من قطاع لآخر من خلال السوق المالية [1] .

ومن المعروف أن المدخرين ليسوا بالضرورة هم المستثمرين فالذي يقوم بالاستثمار في الاقتصاديات الحديثة مجموعة من الأفراد والمؤسسات هم المنتجون ، بينما الذي يقوم بالجانب الأكبر من الادخار مجموعة أخرى هم غالبا المستهلكون [2] .

ولذلك فإن أحد الوظائف المهمة لسوق المال هي تحويل الأموال من المقرضين إلى المقترضين ، ومن الوحدات ذات الطاقة التمويلية الفائضة إلى الوحدات ذات العجز في الموارد المالية ، وهي بذلك تؤدي خدمة عظيمة للاقتصاد الوطني وتساهم في رفاهية الإنسان [3] .

ماهية السوق المالية

لم يقف الباحث خلال رحلته الطويلة مع الأسفار العلمية المتخصصة على تعريف جامع مانع لماهية الأسواق المالية رغم ما لهذه السوق من خصوصية يترتب على عدم الإلمام بها الخلط بينها وبين غيرها من الأسواق . وتفصيلا لذلك ، ذهب البعض إلى تعريف أسواق المال Financial Markets بأنها الأسواق التي تتعامل في الأصول المالية .

---

(1) د . منى عيسى العيوطي . مرجع سابق ص 112 .

(2) " In a modern economy, investment is carried out by one group of individuals and institutions, while much of the saving is done by another group. Financial institutions mediate between savers and producers who invest. " Charles N. Henning. William Pigott, Financial Markets and The Economy. 3rd ed. P. 21.

(3) Financial Markets perform an economic function. They facilitate the transfer of real economic resources from lenders to borrowers. Thus financial markets serve the nations economy and the welfare of its citizens " IBID P.21 ".

"Financial Markets are markets for financial assets"[1]

* والتعريف المتقدم -كما نرى- لم يفصل مجملا ، ولم يقيد مطلقا ، ولم يوضح مبهما ، بل افتقر إلى التوضيح وخلا من التبيين، وشابه القصور.

* وعرفه آخرون بالآتي:

سوق المال هي هيكل مؤسسي منظم ، وإن شئت فقل هي آلية لخلق وتداول الأصول المالية.

A Financial Market is an organized institutional structure, or a mechanism for creating and exchanging financial assets [2].

والتعريف المتقدم وإن لم يكن جامعا إلا أنه كان أكثر إفصاحا من سابقه .

أما التعريف التالي فقد أبرز أهم وظائف سوق المال وأسهب في الإفصاح عنها إلا أنه أغفل جوانب أخرى تمس جوهر السوق . حيث عرف سوق المال بالآتي :

" سوق المال هي آلية انتقال الأموال بين المقرضين أصحاب المدخرات والمقترضين الراغبين في توظيف هذه الأموال. فمن خلال هذه السوق يتم تجميع مدخرات الملايين من البشر ، وتحويلها إلى أيدي المقترضين والذين تتجاوز احتياجاتهم للأموال مقدار ما يملكونه منها . وهي قنوات يستطيع من خلالها أولئك الذين لا ينفقون كل دخولهم وضعها تحت تصرف أولئك الذين يتجاوز إنفاقهم حجم دخولهم ".

Financial markets are the transmission mechanism between savers - lenders and borrowers-spenders. Through a wide variety of techniques, instruments, and institutions, Financial markets mobilize the savings of millions and channel them into the hands of borrowers-spenders who need more funds than they have on hand. Financial markets are conduits through which those who do not spend all their

---

(1) Don M. Chance, Options & Futures, sec. ed. P 3.

(2) Glossary of Finance prepared by Midland Bank, year 85.

income can make their excess funds available to those who want to spend more than their income." [1]

أما التعريف الذي وقع عليه اختيارنا فهو الذي يجمع بين كافة التعريفات المتقدمة في نسق جامع مانع بما يفصح عن كينونة هذه السوق ودورها في النشاط الاقتصادي :

" سوق المال Financial Market هي السوق الأم لكافة الأسواق التي تتعامل في الأصول والأدوات المالية قصيرة الأجل ، كالأوراق التجارية و أذون الخزانة ، وطويلة الأجل كالأسهم والسندات . وتعد سوق النقد وسوق رأس المال الرافدين الأساسيين لهذه السوق [2] . وتمارس هذه السوق من خلال بعض مؤسساتها القائدة دورا بالغ الأهمية في إحداث التوازن المالي والاقتصادي والحفاظ على الاستقرار النقدي ، فضلا عن كونها آلية مهمة في تعبئة واستقطاب المدخرات وتحريك رءوس الأموال من القطاعات ذات الطاقة التمويلية الفائضة إلى القطاعات ذات العجز في الموارد المالية".

ووفقا للتعريف المتقدم فإن سوق المال ينقسم إلى قسمين هي :

سوق النقد Money Market

سوق رأس المال Capital Market

أولا : سوق النقد

عرفها البعض بأنها السوق التي تتعامل في أدوات الدين قصيرة الأجل [3] ويعد هذا التعريف أكثر التعريفات إيجازا وأوسعها انتشارا . بينما عرفها آخرون بقولهم :

" سوق النقد هي السوق التي تتخصص في الأدوات قصيرة الأجل والتي تتمتع بقدر عال من

---

(1) Lawrence S. Ritter – William L. Silber, Principles of Money, Banking and Financial Markets, Fifth Edition – Ch. 6 P.67.

(2) The Financial Markets usually are broken down into two sub markets, Money Markets and Capital Markets. (Don M. Chance. Op. Cit. P.2.)

(3) The Money Market is the market for short-term debt instruments, Don M. chance Op. citP2.

السيولة ، ويمكن تسييلها فور عرضها للبيع وبأدنى قدر من الخسائر" [1].

وتجدر الإشارة هنا إلى أن المقصود بالأدوات قصيرة الأجل تلك التي تستحق في خلال فترة لاتزيد عن سنة كأذون الخزانة Treasury Bills وكذا الأوراق التجارية Commercial Paper وشهادات الإيداع Certificates of Deposit CD's ، وتعتبر هذه الأدوات الأقرب إلى الاحتياطيات النقدية Near Cash Reserves ، فأذون الخزانة تتراوح مدتها ما بين 91 يوما ، 364 يوما ، بينما الأوراق التجارية في المجتمعات الغربية لا تتجاوز 270 يوما ، أما شهادات الإيداع فلا تزيد عن عام .

وتحرص الشركات الكبرى ذات الفوائض الكبيرة على توظيف جزء من أموالها في تلك الأصول المالية عالية السيولة ، للحفاظ على نسب السيولة لديها من جهة ، ولضمان الحصول على عائد مجز في ذات الوقت على الأموال التي يجري توظيفها في هذه الأصول من جهة أخرى.

والأمر لا يختلف بالنسبة للبنوك عن تلك الشركات ، فإذا ما كانت كافة المؤسسات المصرفية تحرص على دعم نسب السيولة لديها وهو الأمر الذي يتلاءم مع طبيعة أنشطتها ، فإن توظيف جزء من أموالها في أصول مالية قصيرة الأجل يسهل تحويلها إلى نقدية في غضون فترة قصيرة للغاية تزيد من قدرة البنك على مواجهة طلبات الدفع أو أية مسحوبات من قبل أصحاب الودائع . وتعد الاستثمارات في الأصول المالية بالنسبة للبنوك من قبيل الاحتياطي الوقائي للسيولة وفقا لما اصطلح وتعارف علية المحللون الماليون Financial Analysts .

والتعريف التالي يعد أكثر شمولا لنوعية الأدوات المتعامل عليها في سوق النقد ، وفي الدول الغربية على وجه الخصوص :

"سوق النقد هي السوق التي تتعامل في القروض قصيرة الأجل ، والسلعة التي يتم التعامل عليها في هذه السوق هي الائتمان "CREDIT " وأما المشترون فهم وسطاء الأوراق التجارية Bill"

---

(1)The money market specializes in short-term instruments, by definition, are highly liquid readily marketable with little possibility of

loss. (Lawrence Ritter. Op. Cit p 67).

"Brokers" [(1)] ، وبيوت القبول والخصم ، وأما البائعون فهم البنوك " [(2)].

بينما ذهب صاحب كتاب " Financial Markets " إلى القول: " إن أسواق النقد تشير إلى الأسواق التي يجري التعامل فيها على الأدوات قصيرة الأجل ، وعادة ما يجري تعريف الأداة قصيرة الأجل بأنها تلك التي تستحق في خلال عام أو أقل" [(3)].

وفي نفس المعنى وبنفس الإيجاز ذهب صاحب كتاب أصول الإدارة المالية إلى القول :

" أسواق النقد هي أسواق لأوراق المديونية ذات استحقاقات تقل عن عام " [(4)].

وتعتبر أذون الخزانة Treasury Bills أهم أدوات سوق النقد في مختلف بلدان العالم بما فيها مصر نظرا لقصر أجلها حيث تتراوح مدتها ما بين 91 يوما وهو حدها الأدنى ، و 364 يوما وهو حدها الأقصى ، وتعد من أقل أدوات السوق مخاطرة وأعظمها سيولة . وبلغ من أهمية هذه الأداة في الولايات المتحدة الأمريكية أن بلغ المصدر منها ما يمثل خمس الدين الحكومي لها [(5)] ولهذه الأداة من الصفات والمزايا ما يجعلها تتفوق على سائر الأدوات الأخرى في أسواق النقد. [(6)]

_____

(1) يقصد بوسطاء الأوراق التجارية أولئك الذين يقومون بشراء الكمبيالات من التجار بغرض بيعها لأحد بيوت الخصم ، واستبقائها لديه حتى تاريخ الاستحقاق.

(2) Money Market is the market for short-term loans in which the commodity is credit, the buyers are bill brokers, discount and acceptance houses and the sellers are the banks. (J. H. Adam. DIC of business Eng. P. 295)

(3) " Money Markets refer to markets in which short term instruments are traded. Usually we define short term instrument as one that has one year or less remaining until its maturity ". (Charles, N.Henning, Op. Cit. p11.)

(4) Money Markets are the markets for debt securities with maturities of less than one year. (Eugene F. Brigham, fundamentals of Financial Management p.109)

(5) Charles N. Henning. William Pigott, Op. Cit. P.12

(6) تلعب أذون الخزانة دورا مهما تبرزه النظرية المالية حيث تنعدم مخاطرة التوقف عن الدفع من قبل الجهة المصدرة Risk of default ، ولقصر أجلها حيث تستحق خلال فترة قصيرة ، ولأن لها عائدا معروفا مسبقا ، ولأنه يجري التعامل عليها في أسواق نشطة ، ولأنه يمكن خصمها والاقتراض بضمانها . ولأنها أحد الأدوات غير المباشرة =

23

ثانيا : أسواق رأس المال .Capital Markets

عرفها Don Chance بأنها " السوق التي تتعامل في أدوات الدّين طويلة الأجل وكذا الأسهم التي تصدرها الشركات " .

The capital Market is the market for long term debt instruments and stock issued by companies " [1]

وإلى نفس المعنى ذهب" Eugene Brigham " في تعريفه لسوق رأس المال حتى بدا وكأن التعريفين شيء واحد :

" أسواق رأس المال هي أسواق الدين طويلة الأجل وأسهم الشركات "

" Capital Markets are the markets for long term debt and corporate stock" [2].

إلا أن بعض الكتاب تناولوا تعريف سوق رأس المال بمزيد من الإفصاح والتبيين والإجمال والتفصيل فذهبوا إلى القول :

" أسواق رأس المال هي الأسواق التي تتعامل في أدوات الدين طويلة الأجل وكذا الأسهم . والغرض الأساسي منها هو تحويل المدخرات إلى استثمارات . لذلك فإن الأوراق المالية المتعامل عليها في هذه الأسواق هي تلك التي تستحق بعد مدة تزيد عن عام ، أو تلك التي ليس لها تاريخ استحقاق كما هو الحال بالنسبة للأسهم . وتضم هذه السوق الأوراق المالية الحكومية طويلة الأجل والتي يمكن تسييلها بسهولة ، وكذا سندات الشركات ، وأسهمها، وسندات البلدية التي تصدرها

= للسياسة النقدية ، ولأنه يجري استخدامها في تنفيذ عمليات إعادة الشراء Repurchase agreements أو ما يعرف بعمليات (Repos) والتي تعد في ذاتها أحد أدوات سوق النقد، وهي اتفاقية بين مقترض ومقرض على أن يبيع الأول ورقة مالية حكومية إلى الثاني على أن يشتري مرة أخرى ما باع. (محاضرتنا بعنوان إدارة محافظ الأوراق المالية – معهد الدراسات المصرفية وكذا ,Charles Henningمرجع سابق ص 13).

(1) Don M. Chance, Op. Cit. p 2.

(2) Eugen F. Brigham.,Op. Cit.,p109.

الدولة أو الحكومات المحلية فضلا عن سندات الخزانة وسندات الرهن العقاري " [1].

ويرى أصحاب الفكر الغربي أن أسواق سندات الشركات تعد مصدرا مهما لتمويل الشركات بما تحتاج إليه من أموال ، وأن المنشآت المقترضة يزيد ميلها نحو الاقتراض من خلال إصدار السندات عن التمويل من خلال إصدار الأسهم على أساس أن التمويل بالقرض من وجهة نظرهم أرخص نسبيا عن التمويل من خلال زيادة رأس مال الأسهم :

Debt financing is relatively cheaper than equity financing because interest is tax deductible [2].

فحجتهم في ذلك أن الفائدة على الدين يتم استقطاعها من الفائض أو الربح الذي حققته المنشأة الأمر الذي يؤدي إلى انخفاض أعباء الضريبة وبالتالي زيادة ربحية السهم Earning per share في حين أن زيادة عدد الأسهم من شأنه على النقيض من ذلك انخفاض ربحية السهم .

إلا أن أصحاب نظرية الرافعة المالية قد أغفلوا عن عمد مثالب توسع المنشآت في استخدام الرافعة المالية Financial Leverage والمخاطر التي قد تتعرض لها المنشأة . فمن المسائل محل الاتفاق بين الأكاديميين والممارسين للإدارة المالية أنه كلما زادت نسبة الرافعة المالية كلما زادت مخاطر الإفلاس ، وكلما زادت مخاطر الإفلاس ، كلما ارتفعت نسبة العائد المطلوب تحقيقه من جانب المستثمر ، وكلما زادت نسبة العائد المطلوب تحقيقه من جانب المستثمر The required rate of return كلما انخفضت القيمة الذاتية لأسهم المنشأة The intrinsic value أو ما يسمى بالقيمة الحقيقية True value . فإذا ما كانت السوق على درجة عالية من الكفاءة Efficient Market

---

(1) Capital Markets are those for longer- terms debt instruments and stocks. The primary purpose of the capital market is to channel savings into investments. The capital market securities are therefore that mature in more than one year or that have no maturity date as in the case of stocks. Capital Markets include those for long- term marketable government securities, corporate bonds, stock, municipal bonds, treasury notes and treasury bonds. (Charles Henning., Op., Cit, pp. 11-14.)

(2) David K. Eiteman & Arther Stone Lull, Multinational business finance, ed. 1973, p.220.

استتبع انخفاض القيمة الذاتية انخفاض القيمة السوقية .

The higher the financial leverage ratio, the higher the risk of bankruptcy, and therefore the higher will be the extra required premium (1)

لذلك لم يكن مستغربا أن تتعرض نظرية الرافعة المالية للنقد العنيف وأن توصف بأنها غير واقعية لتجاهلها حقائق من غير المتصور تجاهلها وخاصة من قبل أشد الكتاب تحمسا لهذه النظرية والذين وصفهم البعض بالتطرف والانحياز .

"The unrealistic results among other things the fact that the M&M analysis ignores bankruptcy. In practice a firm is confronted with steeply rising interest rates beyond fairly low levels of the debt equity ratio, since lenders and borrowers are sensitive to the possibility of 'Gambelers' ruin on bankruptcy" (2)

ومجمل القول إن سوق رأس المال Capital Market تؤدي دورا بالغ الأهمية في الحياة الاقتصادية ، وأن أحد رافدي هذه السوق هي سوق الأوراق المالية والتي تحتل موقعا مهما على خريطة سوق المال ، وليس بوسع أحد مهما ذهب به الخيال أن يتصور غياب هذه السوق عن ساحة النشاط الاقتصادي في عالمنا المعاصر .

سوق الأوراق المالية

وسوق الأوراق المالية هي سوق مثل سائر الأسواق تلتقي من خلالها قوى العرض والطلب وتتحدد على أساسهما الأثمان ، (ذلك أن العرض والطلب - كما يقول مارشال - مثل نصلي المقص لا يقطع أحدهما دون الآخر) إلا أنها تختلف عن غيرها من الأسواق من حيث إنه يجري في غيرها من الأسواق السلعية التعامل على الثروة ذاتها ، بينما يجري التعامل في أسواق الأوراق المالية في حقوق على هذه الثروة وهي الأسهم التي في حوزة المساهمين ، وكذلك السندات التي تصدرها الحكومات والشركات . ولأن حقوق أصحاب المشروع تتمثل في أصول يتعذر تسييلها أو تصفيتها

(1) Haim, Levy & Marshall Sarnat, capital investment and finance decisions p 214.

(2) Madura, Introduction to Financial Management, pp. 363-364.

Liquidating لحساب أحد المستثمرين إذا ما رغب في الخروج من الشركة ، ظهرت الحاجة إلى هذه الأسواق حيث تباع الحقوق وتشترى دون مساس بأصل الثروة المتمثلة في أصول المشروع . (1)

وتتميز هذه السوق عن غيرها من الأسواق أن التعامل فيها غير شخصي Impersonal حيث لا يلتقي البائعون والمشترون ببعضهم البعض ، بل ولا يعرف بعضهم بعضا ، بل ويحظر عليهم دخول المقصورة (قاعة التداول) وإنما يتم التعامل من خلال شركات الوساطة المالية بوصفهم وكلاء بالعمولة عن البائعين والمشترين .

وتنقسم سوق الأوراق المالية إلى قسمين

1 – السوق الأولية   Primary Market

2 – السوق الثانوية   Secondary Market

1ـ السوق الأولية :

أما السوق الأولية فهي سوق الإصدار لأول مرة ، ويطلق عليها أيضا سوق الإصدار الجديد New Issue Market فإذا ما قامت إحدى الشركات بطرح أسهمها للاكتتاب العام من خلال البنوك أو إحدى الشركات المتخصصة ، أو قام البنك المركزي بطرح سندات حكومية للاكتتاب العام بصفته وكيلا عن وزارة المالية أو نيابة عن بنك الاستثمار القومي ، فإننا نكون بصدد سوق أولية.

وتعد السوق الأولية ركيزة مهمة من ركائز النشاط الاقتصادي للاعتبارات الآتية :

1 – أنها إحدى الآليات المهمة في تجميع المدخرات الوطنية ، وتحريك رءوس الأموال من القطاعات ذات الطاقة التمويلية الفائضة إلى القطاعات ذات العجز في الموارد المالية .

2 – تمارس السوق الأولية تأثيرا محسوسا على مصادر الادخار في مراحل التجميع ، وعلى تخصيصية في مرحلة التوظيف .

3 – تعد السوق الأولية مصدرا أصيلا لضمان تدفق الأموال بغير انقطاع إلى الوحدات الإنتاجية.

---

(1) مرجعنا ، أسواق الأوراق المالية ودورها في تمويل التنمية الاقتصادية، الطبعة الأولى ص 36،مكتبة دار النهار.

4 - إن من أهم المشاكل التي تواجه معظم الدول النامية ليس مسألة تجميع المدخرات فحسب، وإنما تواجهها أيضا مشكلة سوء توجيه المدخرات حيث يستثمر جزء كبير منها فيما يعرف بالاستثمارات السلبية ، والتي تتمثل في شراء الأراضي و تشييد المباني وشراء الذهب ، وما إلى ذلك ، في حين أن السوق الأولية تضمن من جانبها توجيه المدخرات في مسارها الصحيح إلى المشروعات في مرحلة التكوين ، أو تلك القائمة والراغبة في التوسع أو التطوير.

5 - إن شركات المساهمة ما كان لها أن تقوم ولا أن يظهر لها ثمة وجود في غيبة السوق الأولية التي مولتها . وما قامت هذه السوق إلا حينما عجز الأفراد - بإمكاناتهم المحدودة - والشركات الصغيرة بمواردها المتاحة - عن تمويل المشروعات العملاقة خاصة بعد حركة الاستكشافات الجغرافية في القرن الخامس عشر وظهور الثورة الصناعية ، وعصر البخار ، وتقدم الفن الإنتاجي ، وظهور الشركات العابرة للقارات ومتعدية الجنسيات .

6 - إن الشركات القائمة والتي ترغب في زيادة مواردها المالية بغرض التوسع والتطوير أو لمواجهة عمليات الإحلال والتجديد أو لرأب الصدع في هياكلها التمويلية ليس أمامها من سبيل سوى اللجوء إلى أحد مصدرين ، الأول هو سوق النقد مع تحمل هذه الشركات لتكلفة الاقتراض والتي قد تؤدي إلى زيادة الخلل في الهياكل التمويلية المتصدعة مما قد يعرض هذه الشركات لمخاطر الإفلاس [1] أو أن تلجأ إلى السوق الأولية لتمويلها باحتياجاتها من الموارد المالية من خلال إصدار أسهم لزيادة رأس المال.

---

(1) تنظر المحاكم الأوروبية الدعوى التي أقامها عدد من رجال الأعمال اليونانيين ، شكلوا فيما بينهم اتحاد ضحايا الفوائد البنكية للطعن على مبالغات البنوك اليونانية في إقرار أو تحديد نسبة الفوائد على القروض. وقال إيفانجلوسي رئيس اتحاد ضحايا البنوك أنهم اضطروا إلى إقامة هذه الدعوى أملا في تدخل المحكمة الأوروبية لإجبار البنوك اليونانية على رد مليارات الدراخمات لملايين اليونانيين . وقد أرفق رئيس الاتحاد بدعواه ما يفيد تعرض رجال الأعمال من أصحاب الشركات للإفلاس بسبب الفوائد المركبة التي اضطروا إلى سدادها للبنوك والتي تجاوزت في أحيان كثيرة أضعاف قيمة القرض الذي حصلوا عليه . انظر جريدة الأهرام القاهرية في 31 أكتوبر 1998 تحت عنوان " البنوك وراء القضبان ").

2 ـ السوق الثانوية : Secondary Market

أما السوق الثانوية فهي التي يجري من خلالها تداول الأوراق المالية التي سبق إصدارها من خلال السوق الأولية. ويطلق عليها أيضا سوق التداول. والسوق الثانوية قد تكون رسمية كما قد تكون غير رسمية ، فإذا كانت سوقا رسمية أطلق عليها لفظ البورصة" The Stock Exchange " أو السوق المنظمة Organized Market وإذا كانت غير رسمية فهي السوق الموازية أو غير الرسمية Over – the – counter market وهذه السوق الأخيرة ليس لها وجود في مصر رغم عظم الحاجة إليها.

وتعرف السوق غير الرسمية أو كما يطلق عليها البعض السوق الموازية أو غير المنظمة بأنها سوق للمفاوضة Negotiation Market غير رسمية Informal وغير مركزية ، ويجرى التعامل في هذه السوق على الأوراق المالية غير المقيدة في السوق الرسمية وأصبحت تتعامل حاليا في الكثير من أدوات المشتقات المالية كالعقود الآجلة Forward Contracts وهذه العقود يقابلها في الأسواق الرسمية العقود المستقبلية Future Contracts كما تتعامل في عقود الاختيار شأنها في ذلك شأن السوق الرسمية ، كما تتعامل بلا منافس في بعض الأدوات التي صارت تحظى بأهمية كبيرة في الأسواق الدولية كعقود تثبيت أسعار الفائدة وهي عقود الحد الأقصى لسعر الفائدة Caps ، وعقود الحد الأدنى أو (القاع) Floors وعقود الطوق Collars التي تجمع بين النوعين السالفين. وفضلا عن هذا وذاك فهي تتعامل في عقود واتفاقيات المبادلات Swap Contracts وبلا منافس لها مطلقا.

أما عن كون هذه السوق سوقا للمفاوضة فلأن الأسعار فيها تخضع للتفاوض مع المشتغلين بالمتاجرة في هذه الأسواق من المحترفين وهم طائفة الديلرز "Dealers" وهي غير مركزية لأن عمليات البيع والشراء لا تتم في مكان واحد معد خصيصا لهذا الغرض كما هو الحال في بورصات الأوراق المالية .

وأعظم هذه الأسواق شأنا في زماننا المعاصر والتي ينقل عنها الباحثون والدارسون وأيضا الممارسون هي السوق غير الرسمية Over – The – Counter Market في الولايات المتحدة الأمريكية .

أما عن سر تسميتها Over – The – Counter Market فمن الثابت أن هذه السوق قد اكتسبت اسمها من الطريقة التي كانت تمارس بها عمليات المتاجرة في الأوراق المالية في مكاتب بيوت الصيارفة في القرون الوسطى . ورغم أن الأسلوب الذي كان يجري التعامل به لم يعد له ثمة

وجود ، وصار اسم هذه السوق فاقدا للمعنى والمضمون إلا أن هذه السوق احتفظت باسمها التاريخي من قبيل التمييز بينها وبين السوق الرسمية من ناحية وكسوق موازية ، ومنافسة لتلك السوق من ناحية أخرى ، وهذه السوق تشبه إلى حد كبير شركات الصرافة في بلادنا.

ونظرا لشيوع الخلط والالتباس فيما بين المتخصصين وعامة الناس بين سوق المال Financial Market ، وسوق رأس المال Capital Market ، وسوق الأوراق المالية securities Market ، والبورصة The Stock Exchange، والسوق الرسمية أو والسوق المنظمة Organized Market، والأسواق غير الرسمية فقد تم التعامل مع هذه المصطلحات على أنها شيء واحد حتى فيما بين أهل الاختصاص في الدول الغربية التي نشأت البورصات في أحضان بلادهم لذا وجب التنويه[1] لما أدى إليه ذلك من جهالة بهذه الأسواق وفساد المعاني ووجوه الاستدلال .

---

(1) يشير صاحب موسوعة المشتقات المالية(Don M. Chance (An Introduction to Derivatives P.4) إلى وجوه الاختلاف بين العقود الآجلة والمستقبلية. "futures contracts made on organized exchanges called futures markets." والحقيقة أنه ليست هناك بورصات منظمة وبورصات غير منظمة فالبورصة لا تكون إلا منظمة ويفرق بينها وبين غير المنظمة بأنها over-the-counter Market ، وذهب أيضا Robert Brook's إلى القول: Futures contracts are traded on organized commodity exchanges وغير هؤلاء كثيرون ممن قالوا بالبورصات المنظمة مع أن البورصة لا تكون إلا منظمة. (Robert brook's , Interest rate Risk management p 257).

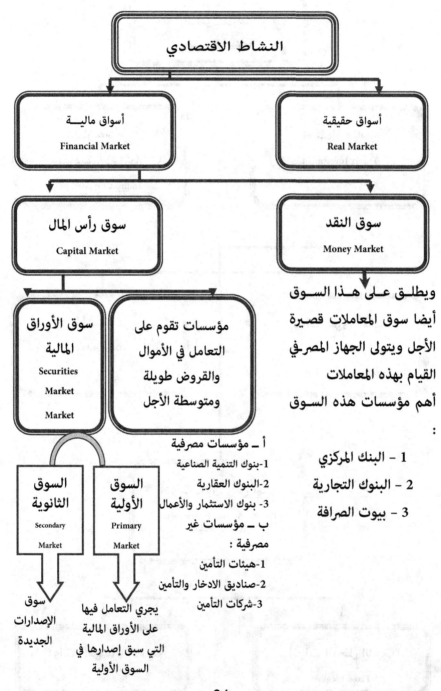

النشاط الاقتصادي

أسواق ماليـــة
Financial Market

أسواق حقيقية
Real Market

سوق رأس المال
Capital Market

سوق النقد
Money Market

سوق الأوراق المالية
Securities Market
Market

مؤسسات تقوم على التعامل في الأموال والقروض طويلة ومتوسطة الأجل

ويطلـق عـلى هـذا السـوق أيضا سوق المعاملات قصيرة الأجل ويتولى الجهاز المصرفي القيام بهذه المعاملات أهم مؤسسات هذه السوق :

1 - البنك المركزي
2 - البنوك التجارية
3 - بيوت الصرافة

السوق الثانوية
Secondary Market

السوق الأولية
Primary Market

أ ــ مؤسسات مصرفية
1-بنوك التنمية الصناعية
2-البنوك العقارية
3- بنوك الاستثمار والأعمال
ب ــ مؤسسات غير مصرفية :
1-هيئات التأمين
2-صناديق الادخار والتأمين
3-شركات التأمين

سوق الإصدارات الجديدة

يجري التعامل فيها على الأوراق المالية التي سبق إصدارها في السوق الأولية

31

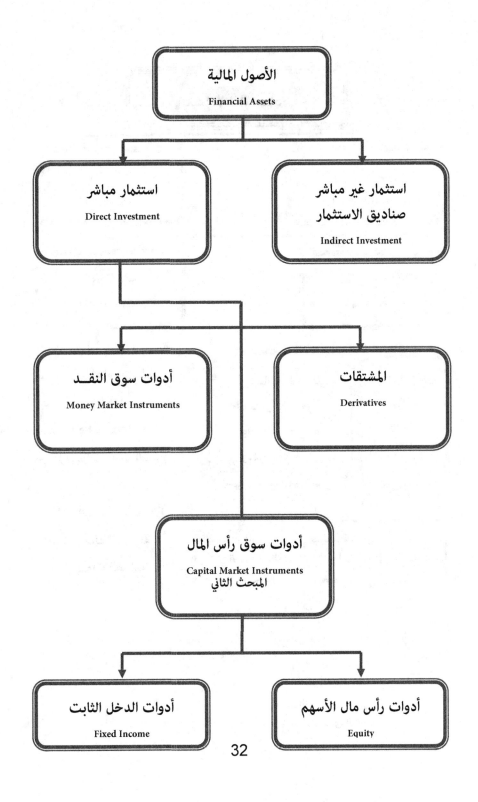

الأصول المالية
Financial Assets
استثمار مباشر
Direct Investment
استثمار غير مباشر
صناديق الاستثمار
Indirect Investment
أدوات سوق النقـد
Money Market Instruments
المشتقات
Derivatives
أدوات سوق رأس المال
Capital Market Instruments
المبحث الثاني
أدوات الدخل الثابت
Fixed Income
أدوات رأس مال الأسهم
Equity

وجوه الاختلاف بين المضاربة والاستثمار

أولا: المضاربة :

قديما استخدموا كلمة المضاربة بمعنى المخاطرة ، فقالوا :إن الحياة كلها مخاطرة ، وأن روح المخاطرة ولدت مع الإنسان.

"All life is speculation. the spirit of speculation is born with man". [(1)].

وفي اللغة اللاتينية، وكذلك في روما القديمة أطلقت كلمة المضارب على الشخص "الباحث عن المتاعب"

In Latin, the word speculation describes a sentry whose job was to look out "Speculare" for trouble [(2)].

ونتناول فيما يلي أهم التعريفات التي تصدت لمفهوم المضاربة :

يرى إبراهيم أبو العلا أن المضاربة هي تقدير فرص الكسب لاغتنامها واحتمالات الخسارة لاجتنابها[(3)]

بينما يرى مليكه عريان أن المضاربين هم أولئك الذين ينشدون الكسب السريع ، يقامرون بأموالهم في بورصات البضائع والأوراق المالية ابتغاء الاستفادة من تقلبات الأسعار، فمنهم من يضارب على الصعود ومنهم من يضارب على الهبوط ، وكلا الفريقين فائز إن صدقت نبوءته وخاسر إن طاشت توقعاته [(4)]

أما الدكتور مقبل جميعي فيرى أن المضاربة في اللغة الدارجة هي المتاجرة ، ولكن المقصود بها

---

(1) Edward Chancellor , Devil take the hindmost , a history of financial speculation P.5.

(2) Ibid P.6.

(3) إبراهيم محمد أبو العلا – بورصات الأوراق المالية والقطن ، طبعة60 ، معهد التخطيط القومي .

(4) مليكه عريان – عمليات بورصات الأوراق المالية والبضاعة الحاضرة ، (دار الكتب).

هو التنبؤ ، وواقع الأمر أن كل من كان أساس عمله التنبؤ وانتهاز فرص الكسب وتجنب الخسائر وإن لم يحقق بغيته فهو مضارب[1].

أما رئيس بورصة البضائع في الإسكندرية فلم يخف شغفه أو ولعه بالمضاربة فلم يقف عند تعريفه لها بأنها الرياضة الطبيعية لملكات العقل البشري وأنها في الوصف الصحيح عبقرية الاستكشاف ، بل راح ينقل عن **برودون** قوله: "المضاربة كالروح النهائي تخلق كل شيء من لا شيء"[2].

أما بنك ميدلاند فقد لمس عنصرا مهما في تعريفه للمضاربة وهي عدم سعي المضارب لامتلاك أو تملك ، أو تسليم أو تسلم فهو يرى أن المضارب هو التاجر الذي يأمل في التربح من حركة الأسعار للأداة محل تعامله وأنه لا مصلحة للمضارب في تسليم أو تسلم.

A speculator is a trader who hopes to profit from a directional move in the underlying instrument. The speculator has no interest in making or taking delivery[3].

أما معجم إكسفورد والذي يعد من أشهر المعاجم المتخصصة فقد ذهب في تعريف المضاربة إلى أنها من قبيل المقامرات التجارية وإلى أن جميع الشرور المتولدة من المقامرة تسمى "مضاربة".

Speculation: Adventurous dealings or rather commercial gambling's. The evils produced by the species of gambling named speculation.

وقد ذهب صاحب موسوعة الخيارات والمستقبليات إلى القول بأن المضاربة محل خلاف وجدل كثير ، وأن أسواق الخيارات والعقود قد لقيت نقدا عنيفا ، واتهاما للأنشطة المضاربية بأنها لا تخرج عن كونها قمارا مقننا.

" Speculation is controversial. Futures and options markets have taken much

---

(1) دكتور مقبل جميعي – الأسواق والبورصات ، (دار الكتب المصرية).

(2) جول خلاط – أعمال البورصة في مصر – مطبعة البوصيري الإسكندرية عام 1938

(3)Glossary prepared by Midland Bank.

criticism including accusations that their activities are tantamount to legalised gambling" [1].

ونقل صاحب هذه الموسوعة عن واشنجتون إيرفنج قوله " إن المضاربة هي روح التجارة ، وهي تلقي بالازدراء على حقائقها الرصينة . إنها تقدم لنا المضاربين في بورصة لندن كسحرة ، والبورصة كموضع للسحر أو الفتنة " .

Speculation is the romance of trade, and costs contempt upon all its sober realities. It renders the stock – jobber a magician, and the exchange a region of enchantment [2].

أما جون ماينرد كينز صاحب النظرية العامة للتوظف والفائدة والنقود فقد عرف المضاربة بأنها محاولة التنبؤ بالتغيرات في سيكولوجية السوق .

Keynes defined speculation as the attempt to forecast changes in the sychology of the market.

بل أن كينز ذهب إلى ما هو أبعد من ذلك عندما شبه المضاربة بمسابقة في الصحف يتنافس فيها المتسابقون لاختيار أجمل ستة وجوه من بين مئات الصور الفوتوغرافية .

Keynes likened speculation to a newspaper competition in which the competitors have to pick out the six prettiest faces from hundreds of photographs [3].

وذهب آدم سميث في تعريفه للمضاربة إلى إنها استعداد المضارب لتتبع الفرص السانحة القصيرة بغرض التربح.

For Smith the speculator is defined by his readiness to pursue short-term

---

(1) Don. M. Chance, Options & Futures, sec.ed. p. 239.

(2) Edward Chancellor, Op.,Cit,p 346.

(3) Edward Chancellor, Op. Citp 346.

opportunities for profit [1].

ومن الأمور التي تثير الدهشة - مع أننا بقليل من التأمل سوف نلحظ أنها تجسد واقع البورصات في العالم المتقدم والنامي على حد سواء – ما كشف النقاب عنه Edward chancellor وهو بصدد الحديث عن أزمة الكساد الكبير عام 1929 والتي سبقها صعودا غير مبرر في هذه الأسواق حيث ذكر الآتي :

" خلال الفترة التي اتسمت بسوق صاعد لم يكن هناك حاجة للاستعانة بمستشار مالي لكي يختار لك الأوراق المالية التي ترغب في شرائها . لقد كان في الإمكان أن تغلق عينيك وتضع إصبعك في أي مكان على لوحة الأسعار ، وسوف تجد أن الورقة المالية التي قمت بشرائها قد ارتفع سعرها ".

During the bull market there was no need to employ a financial advisor to select your stocks " you could close your eyes, stick your finger any place on the big board and stock you bought would start rising [2].

بينما يعرف هنري إيمري المضاربة بأنها المقامرة حيث صرح بأننا نكون بصدد مقامرة حينما تكون خسارة طرف ما هي تماما مكسب الطرف الآخر .

Henery C. Emery claims that in gambling one party must lose just what the other wins [3].

ومن التعريفات التي تتسم بقدر كبير من الواقعية وأصبحت سمة من سمات هذا العصر الذي ساد فيه الاقتصاد الرمزي وتفوق فيه رأس المال النقدي على رأس المال الإنتاجي وحلت فيه صناعة النقود محل صناعة السلع ما ذكره Carcopino في صحيفة Daily Life " إن المضاربة هي دماء الحياة التي تسري في نظام اقتصادي فقد فيه الإنتاج يوما بعد يوم أرضيته بينما كان التجاريون يغزون كل شيء ".

(1)Ibid, P 1 XI

(2)Edward Chancellor, Op. Cit. P 207

(3) Ibid, p. XII

" speculation was the life – blood of an economic system where production was losing ground day by day and mercantilism was invading every thing" [1].

أما المضاربة في لغة الصرف فهي الاحتفاظ طوعا بمركز معرض لأخطار تقلبات أسعار الصرف بغرض تحقيق ربح مأمول مع احتمال الخسارة [2].

والمضاربة بمفهومها اللغوي تختلف اختلافا بينا عن مدلولها الاقتصادي ، والأصل أن تكون الألفاظ دالة على معانيها وإلا انصرفت إلى معاني أخرى بعيدة عن مراميها [3].

والمضاربة في المفهوم الاقتصادي إنما تنصرف أساسا إلى معنى واحد وهو التوقع ابتداء، ومن ثم تقدير فرص الكسب لاغتنامها واحتمالات الخسائر لتجنبها .

فإذا قيل أن أحد المتعاملين في سوق الصرف الأجنبي foreign exchange market أو في سوق الأوراق المالية securities market مضارب على الهبوط فإن ذلك يعني أنه يتوقع انخفاض السعر للعملة أو للأوراق المالية التي يضارب عليها .

فإذا ما كنا بصدد الحديث عن سوق الأوراق المالية ، وتوقع أحد المضاربين انخفاض أسعار أوراق بعض الشركات المقيدة في السوق فإنه يسارع إلى إصدار أمر لشركة الوساطة المالية التي يتعامل معها لبيع الأوراق المالية التي يتوقع هبوطها ولو لم يكن مالكا لها ، على أمل أن يتمكن في غضون أيام قليلة من شراء ما باعه بسعر أقل ليحقق بذلك هامشا من الربح يتمثل في الفرق بين سعري البيع والشراء . وهذا النوع من البيوع والذي يتيح للشخص الطبيعي أو الاعتباري أن يبيع ما لا يملكه من أظهر أنواع المضاربات والتي تتعرض للنقد العنيف رغم تباين الثقافات وتباين الحضارات ، ويعرف هذا النوع من البيوع اصطلاحا بالبيع على المكشوف " short – sale " .

---

(1) Ibid, p.6

(2) سيد عيسى – أسواق أسعار صرف النقد الأجنبي ، ص 33

(3) المضاربة في اللغة مشتقة من الضرب وهو السعي ، فيقال ضرب في الأرض أي خرج فيها تاجرا أو غازيا ، ومنها قوله سبحانه وتعالى " وآخرون يضربون في الأرض يبتغون من فضل الله " سورة المزمل [آية 20]. وابن منظور – لسان العرب – مادة ضرب . والمضاربة في الاصطلاح هي اشتراك أصحاب الأموال وأصحاب الخبرات في نشاط معين على أن يكون الربح بينهما على ما اصطلحا عليه بنسبة شائعة من الربح كالربع أو الثلث أو النصف.

وكما أن المضارب على الهبوط قد لا يكون مالكا للأوراق التي يبيعها ويقوم باقتراضها من شركة الوساطة المالية ، فإن المضارب على الصعود قد يقترض الأموال التي تمكنه من شراء الأوراق المالية التي يتوقع صعود أسعارها وهو ما يعرف بالشراء الهامشى Trading on Margin .

ويجري التعامل بهذا الأسلوب في معظم الأسواق الرأسمالية وهو يشبه البيع على المكشوف من حيث إن كلا منهما يقوم على القرض ، ووجه الخلاف بين هذين النوعين من البيوع يخلص في أن البائع على المكشوف يقترض من شركة الوساطة المالية التي يتعامل معها الأوراق المالية التي يصدر إليه الأمر ببيعها ، بينما المشتري بالحد أو (بالهامش) Margin ، يقترض من شركة الوساطة المالية الأموال التي تمكنه من شراء كمية بعينها من الأوراق التي يتوقع صعودها أو المزيد من الأوراق التي تحفزه شركة الوساطة على اقتنائها .

وصورة هذا البيع أن يقوم المشتري بدفع نسبة معينة من القيمة السوقية للأوراق التي يرغب في شرائها ، أما باقي الثمن فيعتبر قرضا تقدمه شركة الوساطة المالية ، وتتقاضى عليه فائدة شهرية ، وتقوم برهن الأوراق المالية المشتراة لديها رهنا حيازيا كضمان للقرض المقدم للعميل من جانبها.

وتختلف نسبة الحد "The Margin " باختلاف النظم الحاكمة للتعامل وذلك من جهة لأخرى ومن بلد لآخر ومن ورقة لأخرى .

ويعبر عادة عن الحد بأنه $\dfrac{\text{نسبة المال المملوك للمستثمر}}{\text{مجموع المال المستثمر}}$

وقد عرفت الموسوعة الأمريكية عمليات البيع على المكشوف بأنها بيع الشخص ما لا يملكه

A short sale occurs when a person sells shares that he does not yet own[(1)].

أما فردريك إيملنج "Fredrick Amling" فقد عرف البيع على المكشوف بقوله : هو بيع لأوراق مالية مقترضة على أمل أن ينخفض سعرها ، فإذا ما تحققت توقعات المضارب قام بشراء الأوراق المالية التي سبق له بيعها ليتم إعادتها إلى مالكها "[(2)].

---

(1) Encyclopedia Americana P.256

(2) Fredrick Amling, investment, ch. 18 p. 250

وعرف " روبرت ويسيل Robert Wessel " البيع على المكشوف بأنه عملية مضاربية تستهدف تمكين التجار من التربح من خلال انخفاض أسعار الأسهم

A short sale is a speculative transaction designed to enable traders to profit from declining stock prices [1].

هذا فيما يتعلق بالمضاربة على الهبوط.

أما المضاربة على الصعود فهي على النقيض تماما مما تقدم . فإذا قيل أن زيد من الناس مضارب على الصعود ، فإن ذلك يعنى أنه يتوقع ارتفاع سعر ورقة مالية معينة أو أكثر ، فيسارع إلى إصدار أمر إلى شركة الوساطة المالية التي يتعامل معها لشراء الأوراق المالية التي يتوقع صعودها.

ومن غرائب الأمور ما كشفت عنه بعض الأسفار العلمية المتخصصة وهي بصدد عرض تاريخي للمضاربة ، حيث ذكرت أن عمليات المتاجرة بالهامش Trading on Margin بدأت في القرن السابع عشر ، حيث كان المضاربون يحصلون على قروض لشراء أسهم شركة الهند الشرقية. وقد بلغت قيمة القروض حينذاك أربعة أخماس القيمة السوقية للأوراق المشتراة والمقترض بضمانها.

"On the early seventeenth century the speculators could take out loans on shares of the East India Company at up to four fifth of their market value, what American letter called " Margins Loans " [2].

بل إن " إدوارد شانسلور " يرجع المضاربة إلى روما القديمة ويؤرخ لبعثها في العالم الحديث ، فهو يرى أن المضاربة بدأت من قبل المضاربين المولعين بالمتاجرة في النباتات ذات الفصائل الزئبقية في هولندا عام 1630 ثم تطورت إلى المضاربين في بورصة لندن من طائفة الـ Jobbers أو ما يطلق عليهم Stock- Jobbers وذلك في نهاية القرن السابع عشر [3] ، وانتهاء بأولئك المضاربين الذين

(1) Robert Wessel, Principles of Financial Analysis p. 219

(2) Edward Chancellor ,Op., Cit. P.6.

(3) نظام الجوبرز لم يعد له وجود في لندن حيث ألغي هذا النظام تماما وكانت المملكة المتحدة هي الجهة الوحيدة في العالم التي تتعامل من خلال هذه الطائفة من المضاربين – ارجع إلى كتابنا " أسواق الأوراق المالية ودورها في تمويل التنمية الاقتصادية "- مطبوعات المعهد العالمي للفكر الإسلامي – توزيع مكتبة دار النهار بالقاهرة .

يتعاملون إلكترونيا من خلال شاشات الكمبيوتر والإنترنت (on line) في عصر المعلومات.

مضار المضاربة والآثار غير المرغوبة المترتبة عليها

يعتبر المضارب في الفكر الغربي مجرد دائن عابر (Passant) لحملة الأسهم من المستثمرين والمؤسسين. فهو يشتري في يومه ليبيع في غده ، ولا يربط مصيره بمصير الشركة .

ولو أننا أطلقنا العنان لخيالنا لحظة وتصورنا أن جميع حملة الأسهم من المضاربين ، فإننا سوف نجد السؤال التالي يطرح نفسه على بساط البحث :

* من الذي سيراقب آداء شركات المساهمة ؟؟

* من الذي سيحضر اجتماعات الجمعية العامة العادية لمناقشة نتائج أعمالها أو حتى غير العادية لأمور مهمة لها مساس بمستقبل الشركة ؟

* من الذي سيحاسب مجلس الإدارة إذا ما أخفقت الشركة في تحقيق أهدافها ، أو في حالة تخلف طرائق إنتاجها ، أو تراجع مبيعاتها ، أو تدهور ربحيتها ونتائج أعمالها ؟

بطبيعة الحال إنه ليس المضارب الذي يشتري في يومه ليبيع في غده ، أو الذي يبيع الأسهم التي لا يملكها ، أو يشتري أسهما وليس لديه المال الذي يبذله لاقتنائها ، ولكنه يقينا هو المستثمر الذي يربط مصيره بمصير الشركة ويمثل فيها عنصر الاستقرار والديمومة ، وهو وحده الذي ينهض بتلك المهام وهو يرى في نماء الشركة نماء رأسماله وفي تعظيم ربحيتها وعوائد إنتاجها نموا في حجم التدفقات النقدية التي سيكون بوسعه الحصول عليها سواء كانت في صورة نقدية أو عينية .

وقد تناولت الكاتبة Linda Davis في كتابها سيكولوجية المخاطرة " Psychology of Risk " الأضرار الناتجة عن المضاربة وذكرت أن المضاربين في سوق الصرف الأجنبي يساهمون بنسبة 95٪ من حجم التعامل اليومي في هذه السوق .

The community of foreign exchange speculators contribute ninety five per cent to the daily FX turnover of three trillion dollars, that is three thousand billion dollars everyday (1).

---

(1) Linda Davies, Psychology of Risk, Speculation & Fraud. P.1.

والتقديرات المتقدمة ليست بعيدة عن أرض الواقع أو محل نزاع ، فالورقة المقدمة أيضا إلى Halifax
Initiative Coalation والتي تصدت لمسألة المضاربة في أسواق الصرف الدولية تشير إلى أن حجم
العمليات في سوق الصرف الأجنبي والتي ترتبط بالإنتاج تتراوح نسبتها ما بين 3 ٪ إلى 18 ٪ من حجم
التعامل اليومي.

It is very difficult for outsiders to assess how much of the foreign exchange transactions
are tied to production, estimates range from 3 % to 18 % [1].

وتقر الكاتبة لندا دافيس أن الطبيعة البشرية لم تتغير ولكن مجال وفرص الدمار المالي قد تزايدت
بصورة مثيرة مع تقدم وسائل التقنية الحديثة وتحرير أسواق المال وزيادة حجم المعاملات ، وقدوم أسواق
المشتقات .

وتستطرد الكاتبة، "إن أحدا ليس بوسعه أن يتحصن من المضاربين ، ومن مخاطر الغش وكافة
الدوافع البشرية التي تتسم بالشراهة والأنا الأعظم " .

Human nature hasn't changed, but the scope for financial destruction had increased
dramatically with technology led interdependence of financial markets, increasing
transaction size and the advent of derivative markets…[2].

بل إن واحدا من أكبر القوى المؤثرة في مجال المال والأعمال في العالم وهو " جورج سوروس " يعتقد
أن القوى المضاربية تهدد بأزمة مالية عالمية .

Some commentors, the billionaire financier George Soros among them believe that
speculative forces threaten a global financial crisis [3].

ويرى صاحب "تاريخ المضاربة" أن ميل الأمريكيين إلى المضاربة إنما يرجع إلى شراسة المنافسة، وشهية
الأمريكيين للمخاطرة .

---

(1) Jane Inch, Control Options for International Currency Speculation. Paper prepared for the Halifax initiative coalation.

(2) Ibid , P.2.

(3) Edward Chancellor, Op., Cit. p1.

The American passion for speculation derives from the motion's fierce competitiveness and appetite for risk [1].

أما بنك التسويات الدولية ، فيكشف النقاب عن حقيقة مؤداها أن حمى المضاربة التي تنتقل عدواها من شخص لآخر في صورة تهافت على طلب عملة معينة في نظام يتبع نظام أسعار الصرف الثابت ، تسرع بانهيار العملة الوطنية "speed up the collapse of currency" ، بينما يؤكد صندوق النقد الدولي أن هذا التهافت والهجوم الوبائي على عملة ما يؤدي إلى استنفاد احتياطياتها في ظل نظام سعر الصرف الثابت .

This attacks immediately depletes reserves and forces the authorities to abandon the parity.. [2].

وقد انخفض الاحتياطي الدولي لمصر من نحو 21 مليار قبل عامين إلى نحو 14 مليار دولار بسبب التهافت على طلب الدولار من قبل المضاربين الأمر الذي كان يضطر البنك المركزي إلى ضخ المزيد من الدولار الأمريكي إلى الأسواق مما تسبب في خسائر فادحة بغرض الحفاظ على سعر العملة المدار من قبل البنك المركزي .

أما الموسوعة الأمريكية فقد تعرضت لمخاطر المضاربة الناتجة عن عمليات البيع على المكشوف وذلك على الوجه التالــي :

Clearly, short selling is risky, since the share prices could rise considerably and force the seller to cover at a great loss [3].

وهو يعني أنه من الواضح أن البيع على المكشوف محفوف بالمخاطر ذلك أن الأسهم التي بيعت على المكشوف قد ترتفع ارتفاعا مؤثرا الأمر الذي يضطر معه البائع إلى التغطية بخسائر فادحة .

ونفس المعنى أكده " جاك كلارك فرانسيس " بقوله إن الشخص الذي يشتري من البائع على

---

(1) Ibid , P. 3.

(2) IMF staff papers, vol. 45 No.1, March 98.

(3) Encyclopedia Americana, vol. 18, p 766.

المكشوف قد يبتزه إذا ما ارتفعت الأسعار خلافا لتوقعات البائع ويطالبه باستلام الأسهم فيضطر البائع إلى أن يشتريها منه بأي ثمن ليحقق الطرف الآخر أرباحا كبيرة على حساب المضارب البائع.

A manipulating speculator who obtains a corner on the market can squeeze short seller and profit from this action [1].

بل و إلى ما هو أبعد من ذلك وصف " Dice " البيع على المكشوف بأنه شر مستطير لأن البائع يتصرف فيما يملكه الآخرون .

short selling is evil because seller is disposing of the property of other people [2].

ويتناول الدكتور مقبل جميعي صور الابتزاز التي يتعرض لها أيضا البائعون على المكشوف من خلال جماعات الضغط فيما يعرف بخنق المكشوف cornering the shorts ، فيرى أن أحد مثالب المضاربة يتم من خلال حبس كافة البضائع أو الصكوك المتعاقد على شرائها بما يضمن السيطرة والهيمنة عليها والتحكم فيها . فالبائع على المكشوف يبيع وليس لديه حقيقة ما يبيعه ، فإذا حل موعد الوفاء فإنه يتعذر عليه تسليم البضاعة أو الصكوك محل التعاقد ، في حين تتشبث جماعات الضغط الاحتكارية باستلام البضاعة أو الصكوك محل التعاقد ، الأمر الذي يضطر معه البائعون على المكشوف إلى شراء ما قاموا سلفا ببيعه بأي سعر تقرره جماعات الضغط . وقد حدث ذلك في مصر في أزمة 1917 وكان ذلك سببا في إفلاس العديد من التجار وكذا في موسم 1949 / 1950 [3].

وفي الولايات المتحدة الأمريكية كانت عمليات الإحراج corners أو ما يسمى بخنق

---

(1) Jack Clark Francis, Op. Cit. Ch 15, p 1166

(2) Charles Amos Dice, Securities Markets, p 169.

(3) في موسم 1949 /1950 ارتفع سعر القطن متوسط التيلة إلى ما يقرب من ضعف ثمن القطن طويل التيلة ، إثر قيام بيتين كبيرين من بيوت التصدير بشراء كميات كبيرة من القطن متوسط التيلة في بورصة العقود والبضاعة الحاضرة ، وبذلك تمكنا من التحكم في السوق ، إذ كانت كميات القطن متوسطة التيلة محدودة في ذلك الوقت . وقد تأثر بذلك المضاربون الذين قاموا بالبيع على المكشوف ، وهم البائعون بعقود لا يقابلها أقطان حاضرة بارتفاع الأسعار مما اضطرهم إلى تصفية مراكزهم أو تغطية عملياتهم في سوق ضيقة ، وتحملوا نتيجة ذلك خسائر جسيمة وفادحة .

المكشوف squeezing the shorts تمارس من خلال شركات تضامن غير رسمية وتعرف باسم Pools مصحوبة بمناورات سوقية ملتوية Devious market manipulation .

وعلى الرغم أن عمليات الإحراج في الولايات المتحدة كانت قديمة قدم البورصات ذاتها ، إلا أن هذه العمليات أضحت سمة أساسية من سمات المضاربة في الولايات المتحدة الأمريكية في القرن التاسع عشر .

ولأن الهدف من عمليات الإحراج من جانب المستثمرين هو تصعيد السعر قسرا وجبرا فكانت جماعات الضغط تقوم بشراء كميات كبيرة من الأسهم الأمر الذي يؤدي إلى تصعيد السعر من ناحية ، وإلى استحالة تسليم هذه الكميات للمشترين من ناحية أخرى ، الأمر الذي يضطر معه البائعون على المكشوف من دفع أي ثمن يقبله المشترون ، رغم أن البائعين على المكشوف يقومون بهذه العمليات وهم يتوقعون انخفاض السعر فيعاودون شراء ما سبق لهم أن باعوه [1]. ومن المعروف أن البائع في هذه الأسواق مضارب دائما على الهبوط والمشتري مضارب دائما على الصعود .

وقد استثارت هذه العمليات بعض الكتاب فتناولها أرباب الأدب الاقتصادي في عبارة وجيزة وبليغة :

He who sells what is not his'n, Must buy it back or go to prison [2]

ويثير الانتباه في هذا الصدد ما نشره مؤخرا بنك التسويات الدولية التابع لصندوق النقد الدولي في شأن عمليات الابتزاز التي تمت من قبل بعد المشاركين في السوق للبائعين على المكشوف short-sellers وهم الذين يبيعون ما لا يملكون ويمارسون أشرس أنواع المضاربة في السوق فيما يعرف اصطلاحا بأنه squeezing the shorts أي ابتزاز الذين يبيعون على المكشوفcornering the market أي إحراج السوق وخنق المكشوف.

---

(1) Although "corners" were as old as the stock markets themselves, it was only in America in the nineteenth century that they became a hallmark of speculation.

The aim of the corner was to acquire a sufficient number of shares to force up the price and catch out the bears who had sold shares short in anticipation of buying it back cheaper at a latter date. (Edward Chancellor, Op. Cit, P 156.)

(2) Ibid, P.156.

فيذكر بنك التسويات الدولية أن النجاح الرائع لعقود سندات الحكومة الألمانية صاحبه عمليات ابتزاز على عقود (Bobl) خلال الربع الأول من عام 2001 . هذا ويطلق المصطلح(Bobl) على السندات الحكومية الألمانية التي تستحق بعد خمس سنوات .

وتفصيل ذلك أن استخدام عقود الخيارات والعقود المستقبلية على سندات الحكومة الألمانية قد توسع في النصف الثاني من التسعينات حيث لقيت السندات الحكومية محل التعاقد قبولا متزايدا كأداة متميزة للتحوط.

ونتيجة التوسع في استخدام هذه العقود أصبح المعروض منها أكبر بكثير من كمية السندات محل التعاقد بما سمح لبعض المضاربـين بابتزاز squeezing المشاركيـن الآخريـن في السوق [1]. ويحدث الابتزاز في الأسواق المستقبلية حينما لا يستطيع البائعون على المكشوف شراء أو اقتراض الأوراق المالية المطلوب تسليمها بمقتضى شروط العقد [2]. وهو الأمر الذي لا يجد معه البائع محيصا من شراء الأوراق المالية من الطرف الآخر المتعاقد معه بالسعر الذي يفرضه هذا الأخير في أعلى درجات الابتزاز .

وتشير البيانات التي نشرها بنك التسويات بالنسبة لعملية الابتزاز إلى أنه تم تحرير أكثر من 565 ألف عقد حتى 22فبراير 2001 على السندات الحكومية الألمانية بقيمة 57بليون دولار وهذه القيمة تبلغ خمسة أضعاف حجم السندات [3].

---

(1) the use of futures and options on German government bonds expanded rapidly in the second half of 1990's as the underlying securities gained acceptance as benchmarks for hedging. As a result, the amount of exposure in these contracts has become substantially larger than that as the underlying security. That allowed some traders to squeeze other market participants.(Bank for international settlements-BIS , quarterly review, June 2001 – international banking and financial market developments).

(2) In futures markets , squeezes occur when holders of short position cannot acquire or borrow the securities required for delivery under the terms of a contract . (Ibid P.32.) BIS.

(3)The (bobl) future rose to over 565000 contracts by 22 Feb amounting to a notional amount of 57 billion . this was over five time the stock of notes (Ibid P.33).

وقد ترتب على هذه التجربة المثيرة لعقد مارس 2001 أن اضطر المضاربون إلى اتباع موقف دفاعي ، وذلك من خلال اكتناز الأوراق المالية القابلة للتسليم الخاصة بالسندات الحكومية الألمانية محل التعاقد حتى يونيو وسبتمبر 2001 الأمر الذي تترتب عليه حتما نتائج عكسية تؤثر على سيولة السوق [1].

وإذا ما كانت المضاربة بمدلولها الاقتصادي تعنى التوقع ، فإن اختلاف النتائج عن التوقعات يشير إلى المخاطر التي قد يتعرض لها المضارب.

ويذكر Paul M. Warburg وهو أحد المصرفيين البارزين الذين كان لهم دورا بارزا في إنشاء نظام الاحتياطي الفيدرالي " Federal Reserve System " أن التاريخ يعيد نفسه بأسلوب أليم وقد علمنا أن الإفراط في المضاربة ينتهي إلى إفراط في التعاقدات وإلى الكوارث . وإذا كان الانغماس المفرط في المضاربة يسمح به كأمر مباح فإن الانهيارات تصبح شيئا يقينيا لا للتأثير على المضاربين أنفسهم فقط ولكن لجلب الكساد العام ليشمل المجتمع بأسره .

" History which has a painful way of repeating itself, has taught mankind that speculation over expansion invariably ends in over contraction and distress. If argues of speculation are permitted to spread too far, however the ultimate collapse is certain not only to affect the speculators themselves, but also to bring about a general depression involving the entire country [2].

وذهب جون مايرد كينـز إلى أن علاج شرور المضاربة يقتضي فرض ضريبة عقابية على الأرباح الرأسمالية الناتجة عن العمليات في سوق الأوراق المالية لإجبار هذه الفئة على الاستثمار طويل الأجل.

As a cure for the evil of speculation he suggested a punitive capital gains tax on

---

(1)The experience with the March 2001 contract has led traders to adopt a defensive attitude...............(Ibid, P33).

(2) Edward Chancellor, Op. Cit. P.210

stock market transactions in order to force to take long term-view [1].

ونعرض فيما يلي للخسائر الجسيمة التي منيت بها كبرى الشركات والبنوك العالمية بسبب المضاربة ، وما لم يتح لنا الوقوف على تفاصيله أكثر من ذلك بكثير

1) بلغت خسائر شركة Procter & Gamble وهي أحد أكبر الشركات الأمريكية العالمية المصنعة للسلع الاستهلاكية نحو 102 مليون دولار في أبريل 1994 وذلك بسبب دخول هذه الشركة في عملية مراهنة على تحركات أسعار الفائدة .

2) منيت شركة كاشيما أويل اليابانية Kashima Oil بنحو 1.5 مليار دولار بسبب المتاجرة في عقود سعر الصرف .

3) بلغت خسائر شركة Metallgesell Schaft الألمانية ما يربو على 1.4 مليار دولار بسبب المضاربة.

4) بلغت خسائر شركة Paine Webber وهي إحدى الشركات المتخصصة في إدارة الأوراق المالية نحو 268 مليون دولار بين شهري يونيو وسبتمبر 94 .

5) تجاوزت خسائر أحد بنوك الاستثمار الأمريكية وهو Kidder Peabody نحو 4 ملايين دولار بسبب المتاجرة في المشتقات خلال أغسطس 94 .

6) تعرض بنك بارينجز وهو من أعرق البنوك التجارية البريطانية للإفلاس بسبب تعامله في المشتقات ، وإثر الإعلان عن ذلك تعرضت الأسواق المالية البريطانية والأسيوية والاسترالية لهزات عنيفة ، وأعلن بنك إنجلترا في 27 فبراير 1995 عن إخفاق البنوك البريطانية في إنقاذ البنك بسبب صعوبة تحديد حجم الخسائر الخاصة بالعقود الآجلة المعلقة ، وقدرت قيمة الخسارة إثر هبوط أسعار الأسهم والسندات في طوكيو بما يزيد عن 800 مليون جنيه إسترليني أو ما يعادل نحو 1.5 مليار دولار ، وهو ما يتجاوز أصول الشركة القابضة المالكة للبنك.

وإذا كانت بعض المؤسسات سالفة الذكر قد تمكنت من الخروج من أزماتها إلا أن كارثة بنك

---

(1) Ibid, P. 222.

بارينجز أودت به إلى الانهيار و إعلان إفلاسه [1].

7) منيت شركة Air Products and Chemicals بخسائر بلغت قيمتها نحو 60 مليون دولار بسبب الدخول في عملية مراهنة على تحركات أسعار الفائدة .

8) بنك " هانج لانج " (Hang Lang) تعرض للإعسار وعدم قدرته على الوفاء بالتزاماته بسبب المضاربات وأخطر حكومة هونج كونج لمحاولة إنقاذه [2].

9) ولم يكن بنك Overseas Trust Bank أفضل حالا من سابقه إذ أخطر الحكومة في 6 يونيو 80 بأنه معسر insolvent بسبب المضاربات على العملة [3].

ومع هذا ذهب نفر من الكتاب إلى أن ما تعرضت له هذه المؤسسات المالية ذائعة الشهرة لم يكن بسبب المشتقات ولكن بسبب سوء إدارة المشتقات من جانب إدارتها .

وقد لمس القديس " توماس " حقيقة المضاربة منذ عدة قرون بقوله " إنه ليس من العدل ولا من الشرع أن تبيع الشيء أغلى مما يستحق أو أن تشتريه بثمن أرخص مما يستحق.

Saint Thomas Aquinas declared " It was unlawful and unjust to sell dearer or buy cheaper than a thing is worth " [4].

وإذا كان البعض يرى أن المضاربة تؤدي إلى خلق سوق مستمرة continuous market ، وإلى خلق سوق ذات عمق deep market و إلى الحد من تقلبات الأسعار من خلال الدور الذي يقوم به صانعو الأسواق سواء كانوا من " الديلرز " Dealers وهم المتاجرون في الأوراق المالية لحسابهم الخاص الذين يباشرون أعمالهم داخل المقصورة أو من المتخصصين specialists وهم الذين يجمعون في أعمالهم بين الدور الذي يقوم به " الديلرز " والدور الذي يقوم به الوسطاء لحساب الغير ، غير أن نشاطهم مقصور في أغلب الحالات على التعامل في قطاع معين أو أسهم بعينها ، إلا أن هذه الطوائف

---

(1) اتحاد المصارف العربية - الهندسة المالية وأهميتها بالنسبة للصناعة المصرفية (العربية) 96 ص20.

(2)Hong Kong Monetary Authority, bulletin, May 95 issue 3.

(3)Ibid , PP 11-12.

(4)Edward Chancellor, Op. Cit. P.7

لا تقوم بهذا الدور من أجل الحد من تقلبات الأسعار ، ولا لإعادة التوازن إلى السوق ، وإنما هم جماعة من المضاربين في السوق يعملون لحسابهم الخاص ، وغاية ما في الأمر أن دورهم يساعد حقيقة في الحد من تقلبات الأسعار ، وتضييق الفجوة بين سعري البيع والشراء فما أن يرتفع السعر قليلا ولو ببضع (سنتات) حتى يبادر هؤلاء إلى البيع ، وما أن ينخفض قليلا حتى يبادر هؤلاء إلى شراء ما سبق لهم أن باعوه . هذا الدور من شأنه بتلقائية شديدة الحد من تقلبات الأسعار. إلا أن المضاربين أيضا هم الذين يبيعون على المكشوف مما يؤدي إلى إفساد وتشويه الأسعار وإلى ابتزازهم أيضا من قبيل المضاربين على الصعود والذين يقومون بشراء كل ما يعرض عليهم مع إدراكهم بعجز البائعين عن تسليمهم الأوراق المالية محل البيع. ولذلك فإن البيع على المكشوف يعد من أقبح وأخطر أنواع المضاربات في هذه الأسواق ، وهو سبب الكوارث التي تحيق بهذه المجتمعات التي تعشق بطبيعتها المضاربة وتميل إلى المقامرة وحب المخاطرة .

وقريب من هذا ما تناوله H. C. Emery عن المضاربة بقوله " إنها جلبت الضرر، وكان ضرها أعظم من نفعها ، ونقلت الملكية من أيدي الكثرة إلى جيوب القلة [(1)].

ثانيـا : الاستثمار Investment

يختلف مدلول الاستثمار في المفهوم الاقتصادي عن مفهوم الاستثمار المالي . فالاستثمار في المفهوم الاقتصادي Real Investment هو الزيادة الصافية في رأس المال الحقيقي للمجتمع ، وبمعنى آخر هو كل إضافة جديدة إلى الأصول الرأسمالية المملوكة للمجتمع كالآلات والمعدات والتجهيزات ووسائل النقل وكذا المخزون من السلع والخامات التي سوف يجري استخدامها في إنتاج سلع استهلاكية consumer's goods أو إنتاج سلع استثمارية investment goods ، فضلا عن الإنفاق الاستثماري على أعمال الصيانة الجوهرية التي تؤدي إلى زيادة عمر الآلات والمعدات أو زيادة إنتاجيتها [(2)].

---

(1) It brought more harm than good and transformed property from the hands of many to the pockets of few. (Edward Chancellor, Op. Cit. P.190.).

(2) Investment in real assets, that is the creation of productive tools or inventories of goods and materials that will be used in the production of consumer's goods or other investment goods. (Charles N Henning, Financial , Op. CitP.23.).

كما يعرف الاستثمار أيضا بأنه عملية تكوين رأس المال The process of capital formation[1].

وإذ تتعدد مصادر التكوين الرأسمالي في المجتمعات ، يعتبر الادخار بلا خلاف بين الاقتصاديين هو المرحلة الأولى في عملية تكوين رأس المال.

بينما تتحصل المرحلة التالية في تعبئة تلك المدخرات . أما المرحلة الثالثة فتخلص في عملية تحويل المدخرات إلى تجهيزات وسلع استثمارية .

أما الاستثمار بمفهومه المالي فيختلف عن الاستثمار بمفهومه الحقيقي.

الاستثمار المالي Financial Investment

يعرف الاستثمار المالي بأنه شراء فرد أو مؤسسة لأحد الأصول المالية financial assets كالأسهم أو السندات ، أو السندات الأذنية Promissory Notes أو الكمبيالات أو أذون الخزانة Treasury Bills أو شهادات الإيداع Depository Certificates وهي التي تغل عائدا Yield يتناسب مع حجم المخاطرة المفترضة خلال فترة الاستثمار[2].

بينما يعرفه البعض بقولهم : الاستثمار المالي يشير إلى التصرفات الخاصة بطلب الأصول المالية التي تمثل حقوقا على أصل الثروة[3].

والجمع بين التعريفين المتقدمين يقدم لنا تعريفا جامعا مانعا .

---

(1) Ibid, P.22.   وأيضا

   Investment is goods and services needed for the good of the community (schools, hospitals, etc.) and not for financial gain

   (J. H. Adam. Longman Dictionary, Business Eng.)

(2) Investment may be defined as the purchase by an individual or institution of a financial asset that produces a yield that is

   proportional to the risk assumed over some future investment period. (Fredrick Amling, Investment. P.5).

(3) Charles N. Henning, Op.Cit.p.22.

فالتعريف الأول تعرض بقدر من التفصيل لأنواع الأصول المالية والعائد المتوقع الحصول عليه أو ما يعرف بمردود الاستثمار ومدى تناسبه مع المخاطرة المفترضة ، وأما التعريف الثاني فإنه أبرز ماهية هذه الأصول باعتبارها حقوقا على أصل الثروة المملوكة للمنشأة أو للفرد .

وإذا أمعنا النظر فيما تناوله التعريف الثاني من حيث كون الأصول المالية تمثل حقوقا على أصل الثروة ، فقد يكون من المفيد أن نتناول هذه العبارة بقدر من التفصيل.

لا يختلف اثنان على أن الأصول المالية لا تخرج عن كونها حقوقا للملكية كصكوك الأسهم ، أو صكوكا للمديونية على الشركة المصدرة لها كصكوك السندات .

وكافة الصكوك بمختلف أنواعها ليست أصولا مادية ملموسة ، وليس لها قيمة في ذاتها ، وإنما تمثل حقوقا على مصدريها سواء كان المصدر شركة أو فردا [1] .

فإن كانت الصكوك أسهما فإن كلمة السهم تعني الصك المثبت للملكية أو حق الشريك في الشركة.

ومن المعلوم أن حق الشريك في الشركة إنما يكون فيما تملكه من صافي الأصول المادية المملوكة لها أو ما يسمى بصافي حقوق أصحاب المشروع [2] .

ولذلك جرت التفرقة بين أسواق الأوراق المالية وغيرها من الأسواق السلعية على أساس ، أنه بينما يجري التعامل في الأسواق السلعية على الثروة ذاتها ، فإنه يجري التعامل في أسواق الأوراق المالية في حقوق على هذه الثروة وهي الأسهم التي في حوزة المساهمين . ذلك أن حقوق أصحاب المشروع تتمثل في أصول يتعذر تصفيتها لحساب أحد المساهمين إذا ما رغب في الخروج من الشركة . ولذلك ظهرت هذه الأسواق حيث تباع الحقوق وتشترى دون مساس بأصل الثروة المتمثلة في أصول المشروع [3] .

---

(1) A financial asset is a claim on an economic unit such as a business or an individual.

(Don M. Chance, Op. Cit. Ch.1 , P 21.)

(2) د. مصطفى كمال طه – شركات الأموال وفقا للقانون رقم 159 لسنة 81 مطبعة دار الفكر .

(3) مرجعنا أسواق الأوراق المالية – المعهد العالمي للفكر الإسلامي – مطبعة دار النهار.

وجوه الخلاف بين المضاربة والاستثمار

ذهب الاقتصادي النمساوي الشهير " شومبيتر" J.A. Schumpeter إلى أن " الفرق بين المضارب والمستثمر يمكن تحديده بحضور أو غياب نية المتاجرة ، بمعنى التربح من تقلبات أسعار الأوراق المالية " و بمفهوم المخالفة فإنه يعني أنه إذا لم تتجه نية ومقاصد المتعاملين في البورصة إلى مجرد الاستفادة من تقلبات الأسعار في سوق الأوراق المالية فإننا نكون بصدد عملية استثمار مالي.

The difference between a speculator and an investor can be defined by the presence or absence of the intention to trade i.e, realise profits from fluctuations in security prices [1].

بينما ذهب أحد خبراء بورصة وول ستريت (Nyse) وهو Fred Schewed في التفرقة بين المضاربة والاستثمار إلى أن " الفرق بينهما يشبه ما نقوله لشاب مراهق " أن الحب والعاطفة شيئان مختلفان . فالهدف من الاستثمار هو المحافظة على رأس المال ، بينما الهدف الأساسي من المضاربة هو تعظيم الثروة.

The difference between investment and speculation was like explaining to the troubled adolescent that love and passion are two different things. The first aim of investment was the preservation of capital while the primary aim of speculation was the enhancement of fortune [2].

وقد تصدى Fredrick Amling صاحب كتاب investment لوجوه الاختلاف بين المضاربة والاستثمار على الوجه التالي [3]:

تدور وجوه الخلاف بصفة أساسية حول ثلاث مسائل :

---

(1)Joseph A. Schumpeter, Business cycles, A theoretical, historical and statical analysis of the capitalist process (New York 1939 P 679).

(2) Edward Chancellor, Op. CitP. XI.

(3) Fredrick Amling, investments, Op. Cit. P.9.

الأولى : مقدار العائد أو المكافأة المتوقع الحصول عليها

The amount of yield or reward expected

الثانية : درجة أو حجم المخاطرة المفترضة Assumed Risk .

الثالثة : طول فترة الحيازة . The length of the holding period .

وفيما يتعلق بالعائد ، فإن العائد المتوقع الحصول عليه من شراء ورقة مالية وحيدة (مضاربة على الصعود) أعظم من العائد المتوقع الحصول عليه من شراء ورقة مالية معينة بغرض الاستثمار .

وطالما أن المضارب يسعى إلى تحقيق عائد من المضاربة يتفوق على عائد الاستثمار ، فإن أحد المبادئ المهمة التي تحكمه والتي لا يمكن تجاهلها تخلص في الآتي :

كلما كان العائد المتوقع مرتفعا ، كلما ارتفعت درجة المخاطرة

" The higher the expected yield, the higher the risk."

ومن المعلوم إن المضاربين لا يعترفون بمنهج مدرسة الأصوليين "fundamentalists" فهم يرون أن السوق لها حياتها الخاصة مستقلة تماما عن كل قواعد وأصول الاستثمار ، بينما المستثمرون لا يقبلون على الاستثمار في ورقة مالية معينة خاصة بإحدى الشركات أو البنوك قبل التحقق من أصول وقواعد الاستثمار التي يتشبث بها الأصوليون ومنها :

* مدى قوة المركز المالي للمنشأة.

* سلامة الهيكل المالي و التمويلي للمنشأة .

* قدرة الشركة على الوفاء بالتزاماتها طويلة وقصيرة الأجل في مواعيد استحقاقها وعدم تعرضها بالتالي لاحتمالات الإعسار الفني Technical insolvency أو المالي Financial insolvency .

* قدرة الشركة على تحقيق الأرباح ونموها واستقرارها وتعظيم ثروة المساهمين.

وبين المضاربة والاستثمار درجات متفاوتة ، فما بين مضاربة شرسة Wildcat speculation

53

ومضاربة أقل مخاطرة Less-risk speculation ، واستثمارات ليست بمنأى عن المخاطرة واستثمارات أكثر مخاطرة More risky investments .

وأعلى درجات الاستثمار الكفء هو الذي يحقق أعلى عائد بأقل تكلفة أو أدنى مخاطرة للحصول على عائد معين .

وإذا ما كانت المخاطرة متناسبة مع العائد proportional to the yield فإن المستثمر أو المضارب يصبح لديه اختيار واضح بين عائد مرتفع يقابله مخاطرة عالية أو عائد منخفض يقابله مخاطرة منخفضة.

أما من حيث الفترة الزمنية فالمضاربة دائما لفترة أقصر زمنيا من الاستثمار . وتمتد من أسبوع إلى عدة أشهر ، بينما الاستثمار يمتد من 3 سنوات إلى ما هو أكثر. ولذلك فالمضارب يسعى دائما للحصول على مكاسب رأسمالية capital gains بينما يصرف اهتمامه عن الفائدة أو العائد الموزع [1].

ومن غرائب الأمور أن تم تعديل بعض النصوص لقانون التجارة المصري لإباحة المضاربات على وجه لا يقبل الدحض ولا يداخله لبس حيث نصت المادة 46 المعدِّلة لنص المادة 73 من قانون التجارة على الآتي:

" تكون العمليات المضافة إلى أجل صحيحة ولو قصد المتعاملون منها أن تؤول إلى مجرد التزام بدفع فروق الأسعار بشرط أن تعقد العملية في سوق أوراق مالية وأن تتعلق بصكوك مدرجة في جداول أسعار هذا السوق" [2].

وما يزيد الأمر غرابة أن مثل هذه العمليات تدخل في دائرة قانون القمار في هونج كونج

---

(1) Fredrick Amling ., Op. Cit., P.9-11

(2) تم تعديل النص المتقدم رغم الدراسات التي أعدت من قبل الهيئة العامة لسوق المال والبنك المركزي وبعض المؤسسات الدولية ، و مشروع تنمية سوق رأس المال والتي انتهت جميعها إلى أن السوق في مصر سوق مضاربة وليست سوقا للاستثمار وطالبت بإعادة صياغة وتصحيح المفاهيم التي ترسبت في وجدان المتعاملين الذين اصطبغت معاملاتهم بصبغة مضاربية مطلقة من خلال التعامل قصير الأجل (مقالنا بمجلة البورصة الصفحة الأخيرة تحت عنوان "سوق للمضاربة" العدد 260 بتاريخ 6 مايو 2002).

"المفتوحة على العالم" فما يعتبره المشرع المصري من قبيل المسائل المشروعة يعتبر في هونج كونج غير مشروع ، ففروق الأسعار التي تعقد من أجلها تلك العمليات في هذه الأسواق لا يبيحها القانون في هونج كونج لأنها لا تتعلق بعمليات تتصل أو تمس حاجة تلك المؤسسات ولا ترتبط بالإنتاج ، ومن ثم تعين إدراجها ضمن المسائل غير المشروعة التي لا تدعو إليها حاجة ولا تلجئ إليها ضرورة وتعد من جنس القمار.

المبحث الثالث
ماهية المشتقات المالية

خلافا لما هو متعارف عليه فيما يتعلق بالأسواق التي تتعامل في الأصول المالية التقليدية ، فإن أسواق المشتقات إنما تتعامل في أدوات تعاقدية Contractual Instruments ، يعتمد أداؤها على أداء أصول أو أدوات أخرى [1].

ويستفاد مما تقدم أن المشتقات ليست أصولا مالية financial Assets ، وليست أصولا عينية Real Assets وإنما هي عقود كسائر أنواع العقود المتعارف عليها تمثل ترتيبات بين طرفين أحدهما بائع و الآخر مشتري ، ويترتب عليها حقا لطرف والتزاما على الطرف الآخر ، وهو الأمر الذي عبر عنه بعض الكتاب الغربيين بقولهم : " وتلك العقود ليست أوراقا مالية بالمعنى التقليدي ، وإنما ينظر إليها باعتبارها اتفاقيات تجارية يتم التفاوض بشأنها مباشرة بين طرفين لتنفيذ عملية في موعد لاحق وفقا لما هو مجدول لها" [2].

وقبل أن نشرع في عرض أهم التعريفات وأكثرها شيوعا بين المحترفين Professionals في أسواق المال العالمية ، والمصارف والمؤسسات المالية ، فقد يكون من المفيد أن نشير ابتداء إلى أنه إذا كانت أسواق الأوراق المالية يتردد بعض المحترفين في التعامل على أدواتها ، ويخشى البعض اقتحام مجالها نظرا للجهالة التي تحيط بها ، وصعوبة استيعاب وفهم المصطلحات والخرائط والمؤشرات التي تفصح عن توجهات السوق وحركة الأسعار بها [3] ، وهو الأمر الذي دعا أحد الكتاب الغربيين إلى تصدير مؤلفه عن البورصات بالعبارة التالية :

---

(1) In contrast to the market for financial asset, derivatives markets are markets for contractual instruments whose performance is determined by how another instrument or asset perform (Don. M. chance, An introduction to derivatives, P.3.).

(2) these contracts are not securities in the traditional sense. They are more appropriately viewed as trade agreements negotiated directly between two parts for transaction that is scheduled to take place in the future.

(Frank K. Reilly – Keith C. Brown, Investment analysis and portfolio management, P.335.)

(3) Point and figure charts.

I am to speak of what all people are busy about, but not one in forty understand [1].

فإذا كان هذا هو شأن أسواق الأوراق المالية ، فإن الأمر يزداد تعقيدا ويحتاج إجمالا وتفصيلا عند تناول أسواق المشتقات وهذا ما دعا أحد الكتاب الغربيين – في أحدث الباحثات في تحليل الاستثمار – إلى القول :

" إن عمليات المشتقات لها مصطلحاتها الخاصة والتي ينبغي استيعابها وفهمها حتى يتسنى استخدامها" . واستطرد قائلا " وخلافا للأوراق المالية الأخرى فإن اللغة المستخدمة لوصف العقود الآجلة والمستقبلية و الخيارية هي خليط من اللغات والتي يقتصر استخدامها على طائفة أو فئة معينة من الناس (Jargon) مما يؤدي إلى شيوع الخلط والالتباس فيما بين الناس [2].

ويظاهر الرأي المتقدم من ذهب إلى القول أن مشتقات الأسهم تشكل واحدة من أهم عناصر أسواق رأس المال ، ومع ذلك فهناك قصور عام في الفهم والتقدير لهذه الأدوات المعقدة إلى حد ما [3].

ليس هذا فحسب بل عاود أصحاب الرأي المتقدم التأكيد على أن مشتقات الأسهم أدوات مالية معقدة complex financial instruments وإنها غالبا ما تخترق مساحة من القوانين والنظم [4].

---

(1) Hartly Wither, stock exchanges P.62.

(2) Derivative transactions have a specific terminology that must be understood in order to use these instruments effectively. Unlike many other securities, the language used to describe forward, futures, and options contracts is often confusing blend of jargon drawn from the equities, debts and issuance markets. (Frank K.Reilly – Keith C. Brown – Investment Analysis and Portfolio Management. Fifth edition.).

(3) Equity derivatives form one of the most important components of the capital Markets, yet, there is general lack of understanding and appreciation of these somewhat complex instruments.

(Jack Clark Francis, the handbook of equity derivatives).

(4) Ibid , P.505.

تعريف المشتقات

نورد فيما يلي أهم التعريفات التي تناولتها المراجع الأجنبية والمؤسسات الدولية فيما يتعلق بالمشتقات المالية :

المشتقات المالية Financial Derivatives عبارة عن عقود مالية تتعلق ببنود خارج الميزانية (حسابات نظامية) [Off Balance Sheet Items] وتتحدد قيمتها بقيمة واحدة أو أكثر من الموجودات أو الأدوات أو المؤشرات الأساسية المرتبطة بها [1].

* أما السلطات النقدية في هونج كونج Hong Kong Monetary Authority فقد توسعت نسبيا في تحديد ماهية المشتقات وذلك على الوجه التالي :

"المشتقات هي أدوات مالية تشتق قيمتها من الأوراق المالية محل التعاقد أو من السلع أو مؤشرات الأسعار . ويمكن استخدامها للتحوط أو المضاربة ، إلا أنها قد تؤدي إلى زيادة مخاطر الائتمان وأساليب الاحتيال فضلا عن المخاطر السوقية " [2].

بينما عرفها صاحب كتاب مقدمة في المشتقات An Introduction to Derivatives بأنها أدوات تشتق عائداتها من أوراق مالية أخرى بمعنى أن أداءها يتوقف على أصول أخرى [3].

وقد خالف صاحب أصول الإدارة المالية Fundamentals of financial Management التعريفات المتقدمة حيث عرف المشتقات بأنها : " أية ورقة مالية تشتق قيمتها من ثمن أصل آخر

---

(1) الهندسة المالية – مطبوعات اتحاد المصارف العربية 1996 تحت عنوان :

Risk Management Guidelines For Derivatives . P.31

(2) Derivatives are financial instruments which derive their value from underlying securities, commodities, or indices. They can be used for hedging or speculation and can give rise to credit, legal fraud and market risk. (Hong Kong Monetary Authority, quarterly bulletin May 1995, issue No.3.).

(3) Derivatives are instruments whose returns are derived from those of other instruments. That is their performance depends on how another asset performed. (Don M. chance. Chap.1, P.1)..

يكون محلا للتعاقد " [1].

والذي عليه كل الكتاب ونحن معهم أن الأداة المالية (وهي العقد) هو الذي تُشتق قيمته من الأوراق المالية محل التعاقد والعكس ليس صحيحا ولا معنى له .

وذهب آخرون إلى القول بأن " مشتقات الأسهم هي حق مشروط على الأسهم العادية أو مؤشرات أسعار الأسهم ، وأن قيمتها تعتمد على قيمة الأسهم العادية أو مؤشر أسعار الأسهم. [2]

ولا يكاد يختلف Frank Reilly عن غيره ممن تصدى لمفهوم المشتقات حيث عرف المشتقات بالآتـي :

" الأداة المشتقة هي تلك التي يعتمد ما يؤول إلى المستثمر في النهاية - بمقتضى العقد المبرم - على قيمة الورقة المالية أو السلعة ".[3]

أما التعريف الذي وقع عليه اختيار صندوق النقد الدولي (IMF) International Monetary Fund فهو تعريف بنك التسويات الدولية (BIS) Bank of International Settlements وهو أحد المؤسسات التابعة لصندوق النقد الدولي .

" المشتقات المالية هي عقود تتوقف قيمتها على أسعار الأصول المالية محل التعاقد ولكنها لا تقتضي أو تتطلب استثمارا لأصل المال في هذه الأصول. وكعقد بين طرفين على تبادل المدفوعات على أساس الأسعار أو العوائد ، فإن أي انتقال لملكية الأصل محل التعاقد و التدفقات النقدية يصبح أمرا

---

(1) Any security whose value is derived from the price of some other underlying asset. (Eugene F. Brigham 7th edition, Op. Cit. P.592.)

(2) An equity derivative is a conditional claim on common stock or an equity index, and its value depends on the value of the common stock or equity. (Nancy Huckins, Jack Clark Francis, the hand-book of equity derivatives P.3.)

(3) A derivative instrument is one for which the ultimate payoff to the investor depends directly on the value of another security or commodity. (Frank K. Reily, Keith C. Brown, Investment analysis and portfolio management, fifth ed., ch. 1, P.333.)

غير ضروري" [1].

ويتسم التعريف المتقدم بالدقة المتناهية والوصف المنضبط في تحديد ماهية المشتقات ، ويعد من التعريفات الجامعة المانعة النافية للجهالة والتي يتلقاها أهل العلم بالقبول.

ويكشف التعريف المتقدم القناع عن صورية أغلب العقود التي يجري إبرامها في تلك الأسواق حيث لا يجري تنفيذ أغلب هذه العقود وتنتهي إلى حصول أحد الطرفين على فروق الأسعار ، فالعقد لا يقتضي تمليك ولا تملك ولا تسليم ولا تسلم ، وإنما هي مراهنة من جانب الطرفين على محض اتجاهات الأسعار ، وهذا ما خلص إليه أيضا أحد كتاب الغرب فذهب إلى القول إن عقود المستقبليات والخيارات هي أوراق مالية والتي تمثل جانب المراهنة على أداء ورقة مالية واحدة أو حزمة من الأوراق المالية ".

Futures and options are securities that represent side bets on the performance of individual or bundle of security [2].

بينما عرفت المجموعة الاستشارية "لنظم المحاسبة القومية " system national accounts group(SNA) على الوجه التالي:

المشتقات المالية هي أدوات مالية ترتبط بأداة مالية معينة أو مؤشر ، أو سلعة ، والتي من خلالها يمكن بيع أو شراء المخاطر المالية في الأسواق المالية . أما قيمة الأداة المشتقة فإنها تتوقف على سعر الأصول أو المؤشرات محل التعاقد . وعلى خلاف أدوات الدين فليس هناك ما يتم دفعه مقدما ليتم استرداده وليس هناك عائد مستحق على الاستثمار . وتستخدم المشتقات المالية لعدد من الأغراض

---

(1) A financial derivative is a contract whose value depends on the prices of underlying assets, but which does not require any investment of principal in those assets. As a contract between two counterparties to exchange payments based on underlying prices or yields. Any transfer of ownership of the underlying assets and cash flows becomes unnecessary.

(Bis, Issues of measurement related to market size and macro prudential risks in derivatives markets - Basle Feb 1995.)

(2) Elton / Gruber, Modrn portfolio theory and investment analysis, p.18.

وتشمل إدارة المخاطر ، و التحوط ضد المخاطر ، والمراجحة بين الأسواق وأخيرا المضاربة [1].

والتعريف المتقدم كما نرى تصدى بقدر أكبر من التفصيل لماهية المشتقات وما تنطوي عليه ، وأغراضها على سبيل الحصر .

ويكشف التعريف المتقدم عن مسألة في غاية الأهمية وهو أنه إذا ما كانت المشتقات تستخدم في إدارة المخاطر أو التحوط ضد المخاطر ، إلا أنها أداة تتسم بقدر كبير من المخاطرة ، ولذلك فالمتعاقدان وهم طرفي العقد أحدهما في حقيقة الأمر بائع للمخاطرة والآخر مشترى لها وهو ما يعبر البعض عنه بوجود شخص ما أو جهة ما لديها الرغبة في التخلص من المخاطرة أو تقليل درجة المخاطرة ، وآخرون على استعداد لتحمل المخاطرة آملين الحصول على ثمن المخاطرة أو ما يسمى بمكافأة المخاطرة Reward وقد تناول التعريف المتقدم عمليات المراجحة "Arbitrage" وهي أحد صور المعاملات التي يسعى من خلالها المستثمر إلى التربح عندما تباع سلعة واحدة بسعرين مختلفين . هنا يحرص الشخص المشتغل بعمليات المراجحة على الاستفادة من تغاير الأسعار ، فهو يشتري السلعة منخفضة السعر في أحد الأسواق ويسارع ببيعها بالسعر الأعلى في السوق الآخر . وتعتبر عمليات المراجحة من الاستراتيجيات الجاذبة للاستثمار .

ذلك أن آلافا من البشر في المجتمعات الغربية على وجه الخصوص _ يكرسون وقتهم في البحث عن فرص التربح من عمليات المراجحة . ومن أهم المزايا المترتبة على عمليات المراجحة أنه ما أن يشرع المستثمرون في الشراء من السوق ذات الأسعار المنخفضة ، والبيع في الأسواق ذات الأسعار المرتفعة إلا وترتب على ذلك ارتفاع الأسعار المنخفضة ، وانخفاض الأسعار المرتفعة حتى يصبح لدينا سعرا واحدا للسلعة الواحدة في جميع الأسواق وهو ما يعرف بقانون السعر الواحد

---

(1) Financial derivatives are financial instrument that are linked to a specific financial instrument or indicator or commodity, and through which specific financial risks can be traded in financial markets. the value of a financial derivative derives from the price of an underlying item , such as an asset or index . Unlike debt instruments, no principal amount is advanced to be repaid and no investment income occrues. financial derivatives are used for a number of purposes including risk management , hedging , arbitrage between markets and speculation . SNA , 1993 . IMF . working paper . PP 8-9..

The law of one price وهو ما يعني أن السلع المتماثلة من جميع الوجوه لا يمكن أن تباع بأسعار مختلفة ، وهو الأمر الذي يطرح على بساط البحث ، السؤال التالي :

* ما الذي يخلق حينئذ فرص المراجحات ؟

والإجابة عن ذلك أنه في الأسواق عالية الكفاءة لا ينبغي حدوث مثل هذه العمليات ، ولكن ذلك يحدث أحيانا بسبب اختلال مؤقت بين العرض والطلب في لحظة معينة ، ثم ما يلبث السعر أن يعود إلى التوازن بزوال الأسباب التي أدت إلى حدوث هذا الاختلال .

وتعتبر الثورة الحقيقية في نظرية تسعير الأصول Asset pricing theory هي نظرية تسعير المراجحات Arbitrage Pricing Theory (APT)، وإن شيء فقل نظرية تسعير الموازنات إذا أخذنا بالمحصلة النهائية لهذه الآلية وهو توازن الأسعار. وعلى الرغم من أن أسواق المشتقات قد بدأ ظهورها بشكل ما منذ عدة قرون إلا أن نموها كان سريعا في الآونة الأخيرة حيث يجري حاليا استخدامها على نطاق واسع من قبل المستثمرين الذين يحترفون التعامل في هذه الأسواق Professional investors ومن قبل الأفراد أيضا Individuals

ويرى المراقبون لأداء الأسواق العالمية أن مشتقات الأسهم equity derivatives تعد - بعد مضي ثلاثة عقود من وجودها بصورتها الحالية – أهم المنتجات المالية للتبادل التجاري [(1)].

أما أول أنواع المشتقات ظهورا على مسرح الاستثمار العالمي the world investment scene فهي صكوك الأوراق المالية التي تصدرها الشركات وتعطي لحائزيها الحق في شراء أسهم الشركة بسعر معين في تاريخ لاحق[(2)] warrants ، وكذا السندات القابلة للتحويل إلى أسهم Convertible Bonds ، وقد استدل الكتاب الغربيون على النمو المطرد في منتجات المشتقات والتوسع في تجارتها منذ بداية التسعينات بأن هذه الأدوات قد أدت دورا بالغ الأهمية في الوفاء باحتياجات إدارة الاستثمار العالمي [(3)].

---

(1) Joseph Conrad, An introduction to derivatives third ed. Op. Cit. P.1.

(2) Warrants are securities issued by a company which give their owners the right to purchase shares in the company at a specific price at a future date. Dictionary of Derivatives, Andrew Inglis.

(3) Joane M. Hill, the history of Equity Derivatives, hand-book of Equity Derivatives Op. Cit. P33.

وإذا كانت المشتقات ليست وليدة اليوم ، وأنها وجدت منذ عدة قرون إلا أنه من الثابت أيضا أنه قد تم حظرها في الولايات المتحدة عام 1936 بسبب بعض الفضائح scandals إلا إنه أعيد التصريح بها عام 1982 [(1)].

وقد شهدت العقود الأخيرة ظهور العقود الآجلة Forward Contracts والعقود المستقبلية Futures Contracts للمتاجرة في بعض المنتجات الأساسية كالمحاصيل الزراعية Agricultural Commodities والطاقة Energy والمعادن النفيسة Precious Stones والعملات Currencies والأسهم العادية Common Stock والسندات Bonds .

ولم يتوقف التعامل عند هذه الأدوات بل تجاوزها إلى ما يعرف بالتعامل على الأصول الافتراضية hypothetical assets كتلك التي تتم على مؤشرات الأسهم stock indexes، فضلا عن المشتقات المختلطة combination derivatives كالعقود الخيارية والتي تسمح للمستثمر أن يقرر في تاريخ لاحق أن يدخل في عقد مستقبلي يتضمن ورقة مالية أخرى أو سلعة أخرى [(2)].

وبظهور المشتقات لم يعد المضاربون في حاجة إلى التعامل في الأصول التقليدية ، حيث توفر المشتقات في أسواق العقود المستقبلية والخيارية وسيلة بديلة للمضاربة بما يغني عن شراء الأسهم والسندات ، حيث أصبح بوسع المستثمر شراء عقد اختيار أو عقد مستقبلي [(3)].

ليس هذا فحسب ، بل أصبح بوسع أولئك الراغبين في تقليل حجم المخاطرة أو التخلص منها نهائيا اللجوء إلى أسواق المشتقات لنقل المخاطرة التي يتوجسون خيفة منها إلى أولئك الراغبين في تحملها أو زيادتها [(4)].

---

(1) Options and futures existed many years ago and were banned in 1936 as a result of several scandals. Don. M, Chance. An

introduction to derivatives, P 435.

(2) Frank. K. Reilly, Keith. C. Brown, Op.Cit, P334.

(3) Futures and options markets provide an alternative of speculating instead of buying the underlying stocks or bonds. Many investors

prefer to speculate with options and futures than with the underlying securities (Don. M. Chance, options and futures. Op, Cit.

P.11.

(4) Don. M. Chance, An introduction to Derivatives, Op.Cit, p.13.

وقد دفع انهيار الأسواق العالمية في أكتوبر 1987 ، ومن بعده عام 1989 الكثرة من المستثمرين إلى طلب الحماية لأصولهم في أسواق العقود في صورة مشتقات الأسهم "Equity Derivatives"[1] رغم أن هذه الأدوات نفسها من أدوات المخاطرة ، وما تم تصميم المشتقات المالية إلا بغرض المتاجرة في مخاطر السوق حيث يجري بيع المخاطر وشرائها ونقلها من أولئك الذين يتوجسون خيفة منها إلى أولئك الذين يسعون في طلبها ولديهم الرغبة في تحملها .

All financial derivatives are designed for the purpose of trading market risk[2].

وإذا كان أحد أغراض المشتقات إدارة المخاطر ، فإن إدارتها تعني شيئا مختلفا لكل مشارك في السوق ذلك أن من يدير الأصول أو الخصوم (Assets, Liabilities Management "ALM") قد يبحث عن الحماية ضد التقلب الذي قد يطرأ على أسعار الأصول أو المؤشرات ، بينما يبحث آخر عن الحماية ضد عدم تقلب الأسعار أو المؤشرات . إن الحماية من الخسائر المطلقة أو النسبية إنما هي فرصة لآخر لتحقيق الربح[3] .

وإثر انهيار أسواق الأسهم في الولايات المتحدة ، ولمدة ثلاث سنوات متصلة قضى خلالها المنظمون ، ومحللوا وول ستريت ، والأكاديميون آلاف الساعات بغرض الكشف عن دور المشتقات في انهيار عام 1987 ومن بعده انهيار عام 1989 .

For three years following the US stock market crash, regulators , Wall street analysts and academicians spent thousands of hours exploring the role of derivatives in the crash of 87 and the mini crash of 1989[4].

---

(1) The stock market crashes of 1987 and 1989 led many investors to seek protection for their assets in the form of equity derivatives. (Paribas, Op. Cit. P13).

(2) IMF working paper, the statistical measurements of financial derivatives, p.9.

(3) Risk management means something different to each market participant. One asset liability manager may seek protection from volatility, while another looks for protection from none volatility.(hand book of equity derivatives Op., Cit., P.623.)

(4) Hand book for equity derivatives, Op.,Cit., p.39.

ولم يجد بعض الكتاب الغربيين الأكثر تحمسا للمشتقات بدا من تقرير حقيقة الدور الذي لعبته المشتقات في تدمير تلك الأسواق فذكر بعضهم :

" إن أسواق العقود المستقبلية والاختيارات قد لعبت دورا مدمرا في أحداث الانهيار الذي اجتاح الأسواق العالمية في 19 أكتوبر 1987 والذي كان أشد سوءا من أحداث الانهيار الذي اجتاح هذه الأسواق عام 1929 "[1].

ففي حين انخفض مؤشر داو جونز " Dow Jones " عام 29 بمقدار 38 نقطة في اليوم الأول لأحداث الانهيار وبنسبة 13 % ، وواصل انخفاضه في اليوم التالي بمقدار 30 نقطة تمثـل 12 % من متوسط الأسعار ، إلا أنه لا وجه للمقارنة بين انهيار السوق في ذلك الحين والانهيار الذي شهدته هذه الأسواق في 19 أكتوبر 87 والذي لعبت فيه المشتقات دورا مدمرا ، حيث سجل مؤشر داو جونز الصناعي "Dow Jones Industrial Average" تراجعا غير مسبوق لينخفض بمقدار 508 نقاط ، وتجاوزت بذلك الخسائر 22 % من متوسط أسعار اليوم السابق (انظر الشكل رقم 3 وكذا 4 ، 5 ، 6).

ورغبة في وقف نزيف الخسائر التي مني بها المتعاملون في تلك الأسواق تم إغلاق معظم البورصات العالمية في الولايات المتحدة واليابان وهونج كونج وغيرها .

وعلى الرغم من ذلك راح البعض يبرئ المشتقات من أحداث الانهيار التي شهدتها هذه الأسواق ، فذهب بعضهم إلى أن الخسائر الفادحة التي مُنيت بها بعض المؤسسات ، وكذلك الأفراد، والدعاية السيئة والميل نحو إيجاد كبش فداء scapegoat أدى إلى إلقاء التبعة من قبل المتعاملين في الأسواق على أدوات المشتقات [2].

---

(1) It was the second black Monday in the stock market history. Options and futures markets mirrowed the behaviour of the stock market. Some even say they played a damaging role in the events of the fatal day.

(Don. Chance, options & futures Op, Cit., P 552.).

(2) A number of stock market participants have been hurt by the increased trading in futures and options. Bad publicity and the tendency to look for a scapegoat have made many investors =

Figure 14.6
Dow Jones Industrial Average One-Minute Chart, Monday, October 19,1987

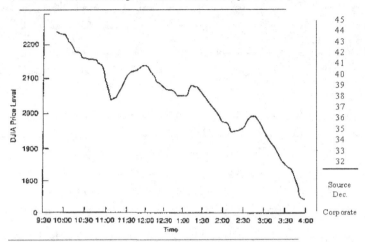

Source: Report of the Presidential Task Force on Market Mechanisms
(Washington, D.C.: U.S. Governmental Printing Office .January 1988)

Figure 14.7
MMI Spot and Futures, October 19, 1987

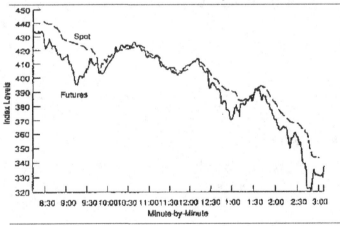

Source: Chicago Board of Trade, The Chicago Board of Trade's Response to The Presidential
Task Force on Market Mechanisms, December 1987, Courtesy Chicago Board of Trade.

= believe that these instruments are hurting them.(Don. M. Chance, options & futures Op., Cit. pp 559-560).

FIGURE 14.8
MMI Spot and Futures, October 16, 1987

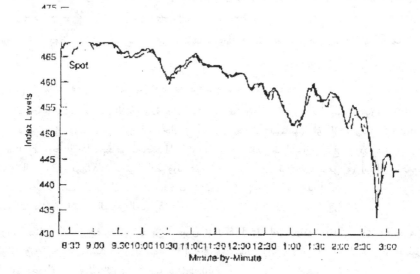

Source: Chicago Board of Trade, The Chicago Board of Trade's Response to the Presidential Task Force on Market Mechanisms, December 1987. Courtesy Chicago Board of Trade.

FIGURE 14.9
MMI Spot and Futures, October 20, 1987

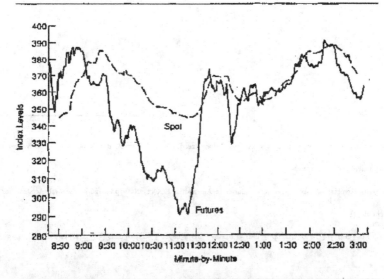

Source: Chicago Board of Trade, The Chicago Board of Trade's Response to the Presidential Task Force on Market Mechanisms, December 1987. Courtesy Chicago Board of Trade.

بينما ذهب البعض إلى القول بأنه حتى في الحالات التي واجهت فيها بعض المؤسسات كوارث مالية ، فإن ذلك لم يكن بسبب المشتقات ولكن بسبب سوء إدارة المشتقات [1].

وقد تناول بعض الكتاب الغربيين دور المشتقات والمزايا التي تتحقق من استخدامها وذلك على الوجه التالي [2]:

1) استخدام المشتقات في إدارة المخاطر Risk Management

حيث يجري استخدام هذه الأدوات بغرض تقليل مخاطر الاستثمار أو زيادتها . فمن يشتري عاجلا في السوق الحاضرة Spot market ويبيع آجلا في أسواق العقود المستقبلية أو الاختيارات Futures markets إنما يلجأ إلى ذلك بغرض تحجيم المخاطرة ، فإذا ما انخفضت أسعار السلع أو الأدوات المشتراة في السوق الحاضرة ، فإن ذلك يعني بالضرورة على الجانب الآخر انخفاض الثمن في أسواق العقود المستقبلية ، حينئذ يصبح بوسع المستثمر إعادة شراء العقد بثمن أقل يحقق بذلك كسبا "Gain"يعوضه ولو بقدر أقل من خسارته في السوق الحاضرة .

وليس هناك شك أن جميع المستثمرين يرغبون في الحفاظ على استثماراتهم عند مستوى مقبول من المخاطرة . ويجد هؤلاء المستثمرون بغيتهم في أسواق المشتقات والتي تمكن أولئك الراغبين في تقليل المخاطر من تحويلها إلى أولئك الراغبين في زيادة المخاطرة .

Derivative markets enable those wishing to reduce their risk to transfer it to those wishing to increase it [3].

وإلى نفس هذا المعنى ذهب "جاك كلارك فرانسيس" فيما نصه" أن منتجات المشتقات لها دور

---

(1) It is also argued that even in cases where institutions faced financial distress, it was not due to derivatives but due to mismanagement of derivatives.

(Zamir Ikbals, seminar on Islamic Financial Industry in Alexandria, 17 Oct., 2000- prepared by the Arab Academy for Science & Technology)

(2) وتناول وجهة نظر الكتاب الغربيين في هذه الجزئية أو غيرها لا يعني بصورة أو بأخرى موافقتنا على كل أو بعض ما ذكروه في هذا الصدد.

(3) Don. M. Chance, An introduction to derivatives, Op. Cit. P.12.

أساسي وهو نقل المخاطرة من أحد المستثمرين إلى آخر ، أو من مجموعة من المستثمرين إلى أخرى دون أن يقتضي ذلك بيع الأصول محل التعاقد "

ونتيجة لذلك فإن المستثمرين الذين قد يتجنبون استثمارات معينة ، أو يقومون بتصفية استثمار ما بسبب ما تسببه المخاطر المرتفعة من قلق أو إزعاج ، أو بسبب التقلب المتزايد في أعمال المتاجرة ، قد يقع اختيارهم على استخدام أدوات المشتقات كآلية لها تأثيرها على استراتيجية الاستثمار الشامل.[1]

ولنفس المعنى ذهب صندوق النقد الدولي

Risk can also be traded by purchasing or creating a different financial derivative investment [2].

ويؤكد هنا صندوق النقد الدولي أن الأسواق المالية قد طورت وسائل غير محدودة للمتاجرة في المخاطرة من خلال استخدام أدوات المشتقات المالية .

2) اكتشاف السعر (السعر الاستكشافي)   Price discovery

تعد أسواق العقود الآجلة والمستقبلية وسيلة مهمة للحصول على المعلومات عن توقعات المستثمرين للأسعار المستقبلية . ويعتقد الكثرة من غير المحترفين أو الممارسين أن أسعار العقود الآجلة أو المستقبلية ، و الأسعار المتوقع لها أن تسود السوق الحاضرة في وقت لاحق أنها شيئا واحدا.

ورغم أن هذه القضية خلافية controversial issue إلا أن الإجماع " the consensus" منعقد على أن الأسعار الآجلة والمستقبلية تنطوي على بيانات قيمة عن التوقعات المستقبلية للسعر الحاضر.

---

(1) Derivative products serve principally to shift risk from one investor or group of investors to another. without necessitating the sale

of underlying assets . As a result investors who might avoid certain investments or liquidate an investment become of hightened

risk may choose to use derivative instruments as a mechanism for effectuating an over all investment strategy .

(the hand book of equity derivatives Op.Cit P.444.)

(2) International monetary fund . Op. CitP.14. (paper prepared by Mr. Ropert Heith a staff member)

إلا أن تكلفة الحصول على تلك المعلومات ليست زهيدة ، كما أن هذه المعلومات ليست بالضرورة دقيقة وقد تؤدي هذا المعلومات بالبعض إلى الثراء وبالبعض الآخر إلى التواري عن الأنظار . لذلك لم يكن مستغربا أن تبادر أسواق العقود الآجلة والمستقبلية بتقديم هذه الخدمة مجانا للجمهور رغم أنها لا تقل دقة عن تلك التي تقوم بها الجهات التي تتقاضى ثمن تقديم المعلومات . ومن المعلوم أن السوق تكون عند مستوى عال من الكفاءة حينما تكون المعلومات متاحة بتكلفة صفرية .

3) مزايا تشغيلية Operational advantages

من المعروف أن الكفاءة التشغيلية هي أحد معايير ثلاثة تقاس بها كفاءة الأسواق وهذه المعايير هي:

أ) الكفاءة التبادلية   Transaction Efficiency .

ب) الكفاءة التشغيلية   Operational Efficiency .

جـ) الكفاءة الهيكلية   Structural Efficiency .

وفيما يتعلق بالكفاءة التشغيلية هنا فتتعلق بتنفيذ عمليات البيع والشراء في السوق ، والعلاقة بين الكفاءة و التكاليف علاقة عكسية ، فكلما انخفضت هذه التكاليف كلما ارتفعت الكفاءة التشغيلية والعكس أيضا صحيح. ومن مزايا التعامل في أسواق المشتقات انخفاض العمولة التي يتقاضاها الوسطاء ، وهذا في حد ذاته يعد أحد عوامل الجذب لتلك الأسواق .

ليس هذا فحسب ، بل إن أسواق المشتقات وخاصة بورصات العقود المستقبلية والخيارات تتمتع بسيولة أكبر بالمقارنة بالأسواق الحاضرة . فعلى الرغم من أن أسواق الأسهم والسندات وهي الأسواق التقليدية تتمتع بالسيولة الكاملة بالنسبة للأسهم والسندات التي تصدرها الشركات الكبرى ، إلا أن السوق لا تستطيع أن تستوعب دائما الصفقات الكبيرة دون أن يؤدي ذلك إلى تغير في السعر.

وفضلا عن كل ما تقدم في هذا الصدد فإن أسواق المشتقات تسمح للمستثمرين بالبيع على المكشوفshort sale دون أن يتعرضوا لأية عقبات في هذا الصدد ، وعلى النقيض من ذلك فإن أسواق الأوراق المالية " التقليدية " تفرض العديد من القيود والتي تستهدف الحد من البيع على

70

المكشوف ما لم يكن متعلقا بالمشتقات المالية .

Securities markets impose several restrictions designed to limit or discourage short selling that are not applied to derivative transactions [1].

4) كفاءة السوق   Market Efficiency

هناك ثمة علاقة تربط بين الأسعار الحاضرة وأسعار المشتقات . فالتكاليف المنخفضة وسهولة التعامل ساهمت في قيام عمليات المراجحة (أو الموازنة) Arbitrage فيما بين الأسواق وهذه العمليات من شأنها إذابة الفروق السعرية فيما بين تلك الأسواق وفرص التربح من خلالها .

5) المضاربة   Speculation

توفر أسواق المشتقات وسيلة بديلة للمضاربة فبدلا من التعامل في الأسهم والسندات محل التعاقد ، فقد أصبح بوسع أي من المحترفين أو المتعاملين في هذه الأسواق أن يدخل السوق مضاربا من خلال عقود المشتقات ، والكثرة منهم يفضلون المضاربة بالمشتقات على استخدام الأدوات التقليدية في عمليات المضاربة .

Many investors prefer to speculate with derivatives rather than with the underlying securities [2].

لذلك لم يكن مستغربا أن يعلن جورج سوروس أن كثيرا من أدوات المشتقات لا تخدم غرضا معينا سوى تسهيل المضاربة على وجه الخصوص.

George Soros has declared that many derivatives serve no purpose other than to facilitate speculation in particular [3].

وأكثر من ذلك ذهب Alfred Steinherr في مؤلفه الحديث عن المشتقات إلى وصف المشتقات

---

(1) Don. M Chance, An introduction to derivatives, Op. Cit., p13.

(2) Don M. Chance " An Introduction to Derivatives Op., Cit., P13.

(3) Edward Chancellor, Devil take the hindmost, p.334.

بأنها "وحش المالية المفترس " Derivatives :The wild beast of finance وأنها (ديناميت) الأزمات المالية

More recently , Alfred Steinherr , the author of Derivatives, the Wild Beast of Finance. 1998, described derivatives as the dynamite for financial crisis, and the fuse-wire for international transmission at the same time [1].

وفي لجنة البنوك الأمريكية عام 94 أعلن جورج سوروس أن بعض أدوات المشتقات قد تم تصميمها خصيصا لتمكين المؤسسات الاستثمارية من المقامرة ، ولم يكن بوسع هذه المؤسسات ممارستها قبل السماح لها بذلك .

In April 94 Soros told the house banking committee, that some of these instruments appear to be specifically designed to enable institutional investors to take gambles which they would not otherwise be permitted to take [2].

6) المضاربة على المعلومات

الذين يميلون إلى المتاجرة بالمعلومات التي تتوفر لديهم أو الأخبار التي ترد إليهم خاصة مثل المعلومات الداخلية Inside Information والتي لا تتاح لجميع المشاركين في الأسواق ، يميلون إلى استخدام المشتقات عن استخدام الأدوات التقليدية .

People who trade on news are more likely to use derivatives than traditional securities [3].

7) آلية التخزين : The Storage Mechanism

تعتبر عملية التخزين حلقة اتصال بين الأسواق الحاضرة و أسواق المشتقات. وكثير من أنواع

---

(1) Edward Chancellor, Op.,Cit.,P.335.

(2) Edward chancellor, Op.Cit,p334.

(3) Jack Clark Francis, the hand book of Equity Derivatives, P.V.

الأصول يمكن شراؤه وتخزينه ، حتى حيازة ورقة مالية هي أحد صور التخزين . وبوسع كل إنسان أن يشتري سلعة ما ولتكن قمحا أو ذرة ويقوم بحفظها في صومعة من صوامع الغلال . عملية التخزين هنا هي أحد أشكال الاستثمار والتي تمكن البائع من أن يبيع بسعر مختلف أملا في الحصول على سعر أعلى في تاريخ لاحق ، وهذا الأسلوب من شأنه توزيع الاستهلاك زمنيا .

ولأن الأسعار في حالة تقلب مستمر ، فإن التخزين ينطوي على مخاطرة entails risk ، وفي هذه الحالة يمكن استخدام المشتقات لتقليل مستوى أو درجة المخاطرة بتوفير وسيلة لتحديد السعر اليومي ، وهو ما يعني التخلص من المخاطرة التي ينطوي عليها التخزين [1].

من الذي يستخدم المشتقات

WHO ARE THE USERS OF DERIVATIVES

الذي يستخدم المشتقات في عالمنا المعاصر هم بطبيعة الحال المنتجون والمستهلكون ، والمستثمرون والمصدرون ، والمتحوطون ، والمضاربون والحكومات والمؤسسات المالية . وبوسع كل أحد يسعى إلى التربح أن يقبل المخاطرة ويغتنم عائدها ، أو يتحوط ضد المخاطرة ، فيلجأ أيضا إلى عقود المشتقات ، والناس بين عاشق للمخاطرة Risk Lover ورافض لها Risk Averter [2].

وفضلا عن هؤلاء وهؤلاء فإن أولئك الذين يتاح لهم الوقوف على بعض المعلومات الداخلية Inside Information والتي لا تتاح لعامة المستثمرين not available for all investors يستخدمون أيضا المشتقات .

وقد اتجه بعض الكتاب الغربيين إلى تصنيف مستخدمي المشتقات Users of Derivatives إلى فئتين فقط . أما الفئة الأولى فهي فئة المستخدمين النهائيين الذين يدخلون في هذه الأسواق بغرض التحوط As Hedgers ، أو لتكوين المراكز المالية Long and Short Positions أو بغرض المضاربة Speculation .

---

(1) Don M Chance, Options & Futures, P.9.

(2) Producers and consumer, investors and issuers, hedgers and speculators, governments and financial institutions almost every one can use them.(Don M. Chance, An Introduction to Derivatives, P.V.)

وأما الفئة الثانية فهي فئة المتاجرين في الأوراق المالية (Dealers (traders وهم الذين يعملون لحسابهم الخاص ويقومون بدور صانعي الأسواق ، ويحققون هامشا من الربح يتمثل في الفرق بين سعري البيع والشراء Bid/offer spread ومن خلال قيامهم بهذا الدور يتم تلبية احتياجات الفئة الأولى ، ويتم خلق سوق مستمرة تسودها المنافسة الكاملة وتتوفر للسوق بالتالي السيولة الكاملة .

وقد أمكن حصر مستخدمي المشتقات (الفئة الأولى) فيما يلي : [1]

1 ـ تجار التجزئة Retailers

ويستخدم هؤلاء المشتقات وذلك بقصد حمايتهم ضد التعرض لمخاطر أسعار الفائدة أو أسعار الصرف في أسواق العملات الأجنبية .

2 ـ صناديق المعاشات Pension Funds

وتستخدم هذه الصناديق المشتقات بقصد حماية العائد على الاستثمار في السندات ، أو بغرض تأمين محفظة الأوراق المالية التي تمتلكها ضد التعرض لمخاطر السوق .

3 ـ بنوك الاستثمار Investment Banks

تستخدم هذه البنوك المشتقات بغرض المحافظة على سعر البيع لكمية كبيرة من أحد الأصول المالية حيث يبدو أن السوق الحاضرة لن تكون قادرة على استيعاب المعروض بأسعار السوق .

4 ـ الشركات العقارية Property Companies

وهي تلك التي تبيع المباني والأراضي أو تعطي للغير الحق في استخدامها بتأجيرها Leasing لعدد من السندات . وتستخدم هذه الشركات المشتقات للحماية ضد تحركات سعر الفائدة على قروض السندات Loan Stock التي تمثل دينا في ذمة الشركة .

---

(1) (A) Paribas derivative hand book 1993 / 4, Op., Cit., P 27.

(B) د. عدنان الهندي - الهندسة المالية وأهميتها بالنسبة للصناعة المصرية العربية ص 16 - اتحاد المصارف العربية 1996

5 ـ الشركات   Corporations

وتلجأ الشركات إلى أدوات المشتقات بغرض الحماية ضد تأثير أسعار الفائدة المنخفضة على عائد الاستثمار للفائض النقدي

To protect against the impact of lower interest rates on the investment return of cash surplus [1].

6 ـ المصدرون والمستوردون   Exporters and Importers

ويستخدم هؤلاء المشتقات ضد تقلبات أسعار الصرف على المقبوضات أو المدفوعات .

أنواع أدوات المشتقات   Types of Derivatives Instruments

وإذ أصبح من غير الممكن لأي باحث مهما علا قدره أن يتناول على سبيل الحصر أدوات المشتقات ، حيث لا تتوقف الهندسة المالية عن صناعة منتجات جديدة تضاف إلى رصيد الأدوات الموجودة في عالم المشتقات ، إلا أن أهم تلك الأدوات وأكثرها شيوعا في عالم المشتقات هي :

العقود الآجلة Forward Contracts ، والعقود المستقبلية Futures Contracts ، وعقود الخيار Option Contracts ، وعقود المبادلات Swaps ، والمبادلات الاختيارية Swaptions . والتي يطلق عليها مشتقات المشتقات .

وسوف نتناول في فصل مستقل أدوات المشتقات بقدر من التفصيل يفي بحاجة البحث.

---

(1) Ibid, P.27.

المبحث الرابع
دور الهندسة المالية فـي صناعة
المشتقات المالية

مقـدمة

إن التطور المذهل والسريع في تقنية المعلومات وثورة الاتصالات والتحول من اقتصاديات تعتمد على كثافة العمل Intensive Labour Economics إلى اقتصاديات تعتمد على كثافة المعرفة Intensive Knowledge Economics ترك بصماته على أساليب التمويل للحكومات والشركات وعلى التمويل المصرفي الذي ركن طويلا إلى التقليد ، وعزف عن التطوير ، مكتفيا بما قدمته المنظومة المالية المصرفية من أدوات تقليدية لم تعد تستجيب ولا تتواءم مع متغيرات العصر والتطور المذهل في تقنية المعلومات والذي صاحبه ظهور الشركات متعددة الجنسيات Multinational Corporations والتي يطلق عليها البعض استحسانا عابرة القوميات [1] ، كما اقترن به خلق آليات جديدة كصناديق الاستثمار Mutual funds وبطاقات الائتمان Credit Cards وشهادات الإيداع [CDs] Certificate of Deposits ، وأسهم الخزانة Treasury Stocks ، وأدوات مالية مبتكرة لم تكن مجرد طفرة في أداء الأسواق المالية Financial Markets والسلعية Commodity Markets وأسواق المعادن النفيسة Precious Metals Markets ، وإنما كانت ثورة في أساليب وصيغ التعامل ، ونوعية الأدوات التي يجري التعامل عليها في هذه الأسواق.

---

(1) الشركات متعدية الجنسيات في المعنى التقليدي الضيق هي تلك التي يقتصر نشاطها على الأنشطة المرتبطة بملكية أصول ثابتة في الخارج ، أو على وجه التحديد بالاستثمار الأجنبي المباشر Foreign Direct Investment وفي تعريف أشمل لهذه الشركات أنها شركات دولية النشاط ، تمتد مشروعاتها إلى دول عدة وتحقق نسبة مهمة من إنتاجها الكبير (سواء السلعي أو الخدمي) خارج الوطن ، وتتميز باحتكارها لأحدث أساليب التكنولوجيا العصرية ، وتدار مركزيا من موطنها الأم ، ويشترط أن تكون الدولة الأم لهذه الشركة إحدى دول الـداك (DAC) وهي الدول التابعة للجنة المعونة الإنمائية وتشمل الولايات المتحدة الأمريكية ، واليابان ، والمملكة المتحدة ، وفرنسا ، وألمانيا ، وأستراليا ، والدانمارك ، ونيوزلندا ، والسويد ، والنرويج ، وفنلندا ، وكندا . (انظر النشرة الاقتصادية - بنك مصر - السنة الحادية والأربعون - العدد الأول 1998 " ص 53 - ص 55 ")

ولعل أهم تلك الأدوات قاطبة التي اقتحمت أسواق المال ، وقدمها الفكر المالي هي المشتقات المالية Financial derivatives والتي لم يعد بوسع باحث مهما علا قدره أن يلم بها جميعا ، وإن كان البعض قد أجملها في العقود الآجلة Forward Contracts ، وعقود الخيار Option Contracts ، والعقود المستقبلية Futures Contracts ، وعقود المبادلات Swaps ، والمبادلات الاختيارية Swaptions والتي يطلق عليها البعض مشتقات المشتقات Derivatives of Derivatives فضلا عن اتفاقيات إعادة الشراء Repurchase Agreements والتي اصطلح على تسميتها بعمليات الريبو (Repo) وغير ذلك كثير .

وكل هذه العمليات ولدت مع ما يسمى بالهندسة المالية Financial Engineering .

وقد ساعد على ابتكار هذه الأدوات العديد من العوامل نذكر منها :

1 – انهيار اتفاقية بريتون وودز "Bretton Woods" وهو الأمر الذي ترتب عليه حدوث تقلبات عنيفة في أسعار الصرف [1] Acute increase in currency volatility فكانت مدعاة

---

(1) منذ بداية القرن التاسع عشر إلى منتصف القرن العشرين كان يجري تسوية المعاملات الدولية بالذهب باعتباره المعيار الوحيد للقيمة ، وأغلب أسعار العملات كان يعبر عنها كنسبة ثابتة بسعر الذهب . وفي عام 1944 التقت مجموعة من الدول الحليفة في بريتون وودز ، في هامبشير حيث تم في هذا الاجتماع الاتفاق على إنشاء صندوق النقد الدولي . وشكلت الاتفاقية أسسا جديدة لنظام النقد الدولي كان محورها تثبيت أسعار الصرف Fixed Exchange Rates وتقويمها بمقياس دولي . ولما كان الدولار هو العملة الوحيدة في ذلك الحين التي كانت قابلة للتحويل إلى ذهب (بالنسبة لغير الأمريكيين) فقد حددت القيمة الذهبية لكل عملة بالجرام كمقياس عام أو على أساس الدولار الأمريكي بوزنه وعياره في أول يوليو 1994 (8886701 جرام) من الذهب الخالص . وقد سمح لأسعار العملات أن تتقلب في حدود ضيقة جدا لا يتجاوز حدها الأدنى أو الأعلى 1 ٪ . وقد أكد هذا النظام فعاليته طالما توفرت الثقة في أن سعر الصرف الثابت قد عكس بدقة قيمة العملة .

The system worked well as long as there were confidence that the fixed exchange rate accurately reflected the value of a given currency.

إلا أنه في أواخر الستينات سجل ميزان المدفوعات للولايات المتحدة عجزا . ولأن غير الأمريكيين كانوا يحتفظون بكميات كبيرة من الدولار ، فقد مني هؤلاء بخسائر كبيرة في ضوء مستويات التضخم بالولايات المتحدة والتي اضطرت لتخفيض قيمة عملتها عام 71 ، وتم إيقاف التعامل بالذهب بمقتضى قرار الرئيس نيكسون في 15 / 8 / 71 لتنهار تماما اتفاقية بريتون وودز .

=

77

لتطوير عقود الصرف الآجل والبحث عن آلية للتحوط ضد مخاطر تقلبات أسعار الصرف .

2 – زيادة حدة التضخم في بداية الثمانينات وما صاحبها من زيادة سريعة في معدلات أسعار الفائدة قصيرة الأجل .

3 – انهيارات أسواق الأوراق المالية العالمية المتتالية دفعت المستثمرين للبحث عن حماية أصولهم المالية من خلال أسواق المشتقات المالية .

4 – المنافسة الشرسة فيما بين المؤسسات المالية والمصرفية في سباقها المحموم دفع هذه المؤسسات إلى استنفار دوائر البحث والابتكار لخلق أدوات مالية جديدة لإدارة المخاطر وتقديم الحلول لمشاكل التمويل والقفز فوق القيود التي تفرضها السياسات النقدية .

وإذا ما تحدثنا عن الابتكار فليس بوسعنا أن نتجاهل واحدا من أبرز الاقتصاديين الذين ساهموا في إثراء علم الاقتصاد [1] ، ويقترن باسمه مصطلح الابتكار [2] وهو الاقتصادي الأمريكي النمساوي "جوزيف شومبيتر " صاحب نظرية التنمية الاقتصادية "Theory of Economic development" والذي دعا إلى الابتكار .

والابتكار عند "شومبيتر" إنما يقصد به [3] :

1 – أن يجلب إلى السوق منتج جديد متميز عن غيره ، وله وزنه في الأهمية .

The bringing to market of a new and significantly different product .

2 – تقديم فن إنتاجي متقدم

= انظر – أ) سيد عيسى : أسواق و أسعار صرف النقد الاجنبي – ص 65 – 70

B) An introduction to Derivatives Op.,Cit., pp 464-466

جـ) عدلي بطرس – عمليات الصرف الأجنبي – معهد الدراسات المصرفية – البنك المركزي 75 – 76 من ص 9 إلى 15 .

(1) د . حمدية زهران : التنمية الاقتصادية ، ص 44 – 45 .

(2) Samuelson Nord Haus, Economics , Six ed., P 746.

(3) Ibid :P.746

The introduction of a new production technique.

3 - فتح أسواق جديدة

The opening up of a new market.

وهذا لا يختلف عما ذهب إليه الاقتصادي الفرنسي صاحب "قانون ساي للأسواق" من خلال رسالته "Traite d'economie politique" [1] ، والتي حث من خلالها على ضرورة استخدام المخترعات في مصانع الغزل وآلات البخار ، وجميعها ذو ربحية عالية بعد أن أصبحت المنتجات الصناعية سلعا أقل ربحية وأغلى ثمنا وأشق تسويقا.

The industry products have become commodities and increasingly both less profitable and more expensive to sell [2].

لقد ساد الاعتقاد خلال العقدين الماضيين أن بإمكانية تكنولوجيا المعلومات تغيير أسلوب المنشآت التي تؤدي به أعمالها.

ولهذا ذهب بعض الكتاب إلى القول إن إدراك أهمية تكنولوجيا المعلومات Information technology في توفير ميزة تتفوق بها إحدى المؤسسات المالية على المؤسسات المتنافسة معها أعطى دفعة قوية لدراسة الحاجة لهذه التقنيات كمسائل استراتيجية لهذه المؤسسات .

ويرى "روبين فينشمان" Robin finshman صاحب مؤلف "الخبرة والابتكار" أن التكنولوجيا كالهواء الذي نتنفسه يعد متنفسا للنظم الاقتصادية والاجتماعية ، ولها تأثيرها على هيكل وأداء المنشآت . ولطالما كانت شركات التأمين والبنوك مستخدمين رئيسيين لتكنولوجيا المعلومات بل ولصناعة الحاسبات ذاتها .

وتجد التكنولوجيا العديد من أنواع ثقافة المعرفة للأصول العلمية وكيف يمكن استخدامها في أغراض نافعة .

---

(1) د . أحمد جامع - النظرية الاقتصادية – التحليل الاقتصادي الكلي ، ص 394 / 96 .

(2) Peter Drucker, Economist, Drucker on financial services, Innovate or die, 25/9/1999.

Technology is often regarded as exogenous to social and economic systems . It embodies various kinds of technical about scientific principles and how they can be applied for useful purposes (1).

وعلى الرغم أن الهندسة المالية قدمت العديد من الابتكارات تلبية لحاجة المؤسسات المالية والمصرفية والشركات والحكومات في صورة أدوات وآليات مالية جديدة تفي باحتياجات المجتمعات والسيطرة على المخاطر المالية ، إلا أن ما كان بالأمس يمثل حلولا إبداعية لمشاكل التمويل وإدارة المخاطر والتحوط ضد تقلبات أسعار الفائدة والصرف لم يعد موائما وظروف العصر والتطورات التي تشهدها المجتمعات ، الأمر الذي دفع "بيتر دراكر" الاقتصادي الشهير إلى القول إن الصناعة المالية تواجه اليوم انحسارا في الربحية وتدهورا في نوعية المنتجات التي تقدمها ، الأمر الذي يقتضي إعادة روح الابتكار والتجديد ، وأن السبب الرئيسي وراء ازدهار الأسواق والمؤسسات المالية نسبيا فيما مضى هي المبتكرات المالية ابتداء من اليورودولار واليوروبوند ، مرورا ببطاقات الائتمان ثم الشركات متعدية الجنسيات ، لكن هذه المنتجات تحولت بعد شيوعها وانتشارها من منتجات مربحة إلى سلع نمطية منخفضة الربحية أو ربما خاسرة .

Financial services industry will have to reinvent itself if it is to continue to prosper in the 21st century . the products that fuelled its growth beginning with the Eurodollars and Eurobound can no longer sustain it , forty years ago they were innovations. Now they have become more commodities, which means they have became increasingly low profit if not unprofitable (2).

ويرى دراكر أن أحد المتاعب الرئيسية في صناعة الخدمات المالية أن مؤسسات الخدمات المالية المهيمنة قد قدمت ابتكارا رئيسيا وحيدا خلال ثلاثين عاما .

---

(1) Robin Finchman and others , expertise and innovation . Information technology strategies in the financial service P.14 . American college in Cairo libarary 1994.

(2) Peter Drucker, Drucker on Financial Service " Innovate or die " Economist, Sep. 28, 1999. P 27.

The dominant financial services institutions have made a single major innovation in thirty years [(1)].

ويلمس بيتر دراكر جانبا مهما بالنسبة لمختلف المؤسسات المالية وغير المالية ، في أوروبا وأمريكا، وفي الدول النامية والأقل نموا فيذكر أن بعض المؤسسات تجني أرباحا على الرغم من أعبائها الثقيلة ، وأن هذه العوائد لم يكن مصدرها الأتعاب التي يدفعها العملاء مقابل الخدمات ولكن من خلال المتاجرة في الأسهم والسندات والمشتقات والعملات والسلع بمعنى أنها دخول لا علاقة لها بالنشاط الرئيسي لتلك المنشآت ، وأن المنشأة قد يحقق نشاطها الرئيسي خسائر يتم تغطيتها من خلال تلك الدخول .

More and more of the income of top firms no longer comes from fees that client pay for services, it comes from trading for the firm's own account in stocks and bonds, in derivatives, currencies and commodities [(2)].

وعلى الرغم من أن المشتقات تعد من أهم الأدوات المالية التي قدمها الفكر المالي والهندسة المالية إلا أن الكاتب الاقتصادي الشهير "بيتر دراكر" يرى أن المنتجات التي ظهرت خلال الثلاثين عاما الماضية كانت في الغالب مشتقات مالية ، زعموا أنها علمية ، ولكنها في حقيقة الأمر لم تكن أكثر علمية من أدوات القمار في لاس فيجاس ومونت كارلو. ويرى أن هذه الأدوات إنما تم تصميمها من أجل المزيد من التربح من عمليات المضاربة للمحترفين مع تقليل حجم المخاطرة التي يتعرضون لها:

Thirty years ago, the only innovations have been any number of allegedly " scientific " derivatives. But these financial instruments are not designed to provides a service to customers. They are designed to make the traders speculations more profitable and at the same time less risky. In fact they are unlikely to work better than the inveterate gamblers equally " scientific " systems for beating the odds at Monte Carlo or Las Vegas [(3)].

---

(1) Ibid, p.27.

(2) Peter Drucker, on financial services, Op. Cit., P.27.

(3) Peter Drucker Op.Cit,p27.

تطور الابتكارات المالية

يشير "دراكر" إلى أن العقدين ما بين 1970/1950 قد شهدا العديد من الابتكارات التي مثلت طفرة في تاريخ الابتكار المالي :

* اليورودولار Eurodollar وسندات اليوروبوند Eurobond كانتا مجرد اثنتين من هذه الابتكارات.

* كانت هناك المؤسسات الاستثمارية والتي بدأت بابتكار أول صندوق استثمار وهو General motor mutual fund في عام 1950والذي تبعه ازدهار عظيم في صناديق استثمار الشركات .

أما الستينات فقد شهدت ابتكار بطاقات الائتمان وهو الأمر الذي بعث الحياة في البنوك التجارية للبقاء (to survive) على الرغم من القروض التجارية التي كانت من الأعمال التقليدية للبنوك .

أما باقي المبتكرات Remaining Innovations فقد قدمها والتر ريستون Walter Wriston بعد أن تولى رئاسة " سيتي بنك " City Bank عام 1967 ، وكان يرى بنفاذ البصيرة، أن البنوك ليست بأموالها ولكن بحجم معلوماتها .

Banking is not what money, it is about information's [1].

وهناك قناعة لدى كافة دوائر البحث والابتكار أن المعرفة التي أسفرت عنها البحوث العلمية ، والابتكارات ، وعمليات الإبداع تمثل المدخل الأساسي لتنمية القدرات الذاتية وتوليد التكنولوجيا.

ليس هذا فحسب ، بل وأن الابتكار المالي هو القوة الذاتية التي تدفع النظام المالي نحو وظيفته في التخصيص الكفء للموارد الاقتصادية [2].

---

(1) Ibid, P.27.

(2) financial Engineering and Financial innovations are the forces driving the global financial system toward the goal of greater economic efficiency by expanding opportunities for risk sharing, lowering transaction costs and reducing asymmetric information and agency costs. (Robert Merton, Op., Cit., P.8.)

وكذا زاميرا إقبال نقلا عن نفس الباحث من مرجع آخر – ندوة الهندسة المالية بالإسكندرية ص 24

ويرى روبرت ميرتون أن الهندسة المالية والابتكار المالي هي القوة الدافعة للنظام المالي العالمي لرفع مستوى الكفاءة الاقتصادية من خلال زيادة فرص اقتسام المخاطرة Risk Sharing وتخفيض تكاليف العمليات Lowering Transaction Costs وتكاليف المعلومات والوكالات .

ويضيف "ميرتون" أن عملية الهندسة المالية يمكن النظر إليها كعملية بناء لأدوات مالية معقدة لا تختلف في مضمونها عن قوالب البناء Building Blocks في تشييد المباني ، ولكن عناصر البناء هنا هي الأدوات المالية الموجودة ، كالعائد ، ومخاطر الائتمان ، ومخاطر الأسعار ، كأسعار الفائدة ، وأسعار الصرف.

والسؤال الذي يطرح نفسه على بساط البحث هو :

* هل الهندسة المالية والابتكار المالي شيء واحد ؟

يجيب ميرتون على هذا التساؤل بقوله :

إن الهندسة المالية هي وسيلة لتنفيذ الابتكار المالي ، وإنها منهج مصوغ في صورة نظام أو مجموعة من الأفكار والمبادئ تستخدمه مؤسسات أو شركات الخدمات المالية لإيجاد حلول أفضل لمشاكل مالية معينة تواجه عملائها [1]. "It is the means for implementing financial innovation" ويستفاد مما تقدم أن الهندسة المالية والابتكار المالي ليس شيئا واحدا ، وإنما هما عمليتان متكاملتان تعتمد كل منهما على الأخرى . فالحاجة تدفع إلى الابتكار ، والابتكار يعتمد على الهندسة المالية والتي يتوفر للقائمين عليها من المهندسين الماليين من الخبرات والمهارات والقدرة على توظيف النماذج الرياضية والإحصائية المعقدة ما يؤهلها لوضع هذه الابتكارات موضع التنفيذ ، ليتم طرحها في الأسواق في صورة أدوات مالية ، وخدمات ، تتسابق المؤسسات المالية المتنافسة على أن يكون لها فضل السبق في تقديمها للعملاء .

وينفي "روبرت ميرتون" (الحائز على جائزة نوبل في الاقتصاد في مجال المشتقات) ، ما يشاع أن الهندسة المالية والابتكار المالي إنما يشغلان ذوي الاهتمام بالرياضيات والممارسين الفنيين. ويرى أن الذي يعول عليه في قياس الابتكار المالي يجب أن يقاس بمدى تأثيره على فعالية النظام المالي وليس

---

(1) Merton, Op.,Cit., p22.

بحداثته ، وأن قوة الهندسة المالية لا يجب أن تعرَّف بنماذجها الرياضية المعقدة وحاسباتها و إنما من خلال ما تضفيه من مرونة إدارية واقتصادية تقدمها لمستخدميها . وبهذا تكون الهندسة المالية ويكون الابتكار المالي وثيق الصلة بجمهور عريض وليس بفئة معينة [1].

وليس مفاد ما تقدم أن الابتكار المالي وليد اليوم ، ذلك أن العديد من الابتكارات رغم ما أعلن عن حداثتها لم تكن جديدة مطلقا . وهناك العديد من الأمثلة على ذلك :

فعقود الاختيار ، والعقود الآجلة ، والعقود المستقبلية ليست أدوات مستحدثة ، فإذا عدنا بالتاريخ إلى الوراء فسوف نكتشف أن سوقا للأرز في أوساكا Dojina Rice Market كانت سوقا آجلة في القرن السابع عشر ، وأن أسواقا منظمة للعقود المستقبلية وجدت في القرن الثامن عشر ، وأن بورصات العقود المستقبلية في فرانكفورت أنشيءت عام 1867 م ، وفي لندن عام 1877 م . كما أنشيءت بورصة القطن في نيويورك عام 1872 م ، وتم التعامل في عقود الاختيار على السلع في بورصة شيكاغو للتجارة عام 1920 م [2]، وبدأ التعامل في مصر في العقود الآجلة عام 1907 .

وما هو أغرب من ذلك هو أن المشاكل التي أثيرت في بورصة أمستردام خلال القرن السابع عشر حول المناورات والتلاعب في الأسعار ، والإفراط في المضاربة ، وتقلب الأسعار ومخاطر التوقف عن الدفع تتماثل إلى حد كبير وما يقال حاليا عن الخيارات والعقود المستقبلية . إن أشياء كثيرة بقيت على ما هي عليه ولم تتغير بعد [3].

---

(1) An incorrect, but commonly held, belief is that financial engineering and financial innovation are accessible, or more important relevant only to small group of mathematics students or technical practioners. The relevance of financial innovation should be measured by its impact of the effectiveness of the financial system, and not by its novelty. (Ibid, p. xiii, introduction).

(2) " Of course financial innovations has been going on for a considerable time. Many of the innovations of the last two decades, although heralded as novel, were not entirely new. The Dojina Rice Market in Osaka was a forward market in the seventeenth century. (Robert Merton, Op., Cit., P.3.)

(3) Ibid, p.3.

وإذا ما كانت عقود الخيار Option Contracts والعقود المستقبلية Futures Contracts ليست جديدة كلية ، فإن تكاثر ونمو الأسواق المنظمة للأسهم والأوراق المالية ذات الدخل الثابت خلال العقود الثلاثة الماضية ليس مسبوقا .

ولعل تطوير هذه الأسواق التقليدية كان ضروريا للغاية absolutely necessary لخلق منتجات مالية متنوعة لمواجهة احتياجات المستثمرين ومصدري الأوراق المالية الخاصة بالشركات[1].

وإذ ارتفعت مستويات كفاءة الأسواق ، أصبح من الصعب بالنسبة للاستثمار التقليدي واستراتيجيات الإدارة المالية أن تجني أو تغل أرباحا مقبولة . فما كان بالأمس ابتكارا أصبح اليوم سلعا منتشرة في ربوع الأسواق.

The markets have grown more efficient making it more difficult for traditional investment and financial management strategies to squeeze out acceptable profits.

النقد الموجه للابتكار المالي

وقد تعرض الابتكار المالي لنقد عنيف من قبل الكثرة من الكتاب الاقتصاديين من ذوي الشهرة الذائعة من أمثال بيتر دراكر" Peter Drucker" الذي لم ير في المشتقات التي كانت أهم ما تمخض عنه الفكر المالي - كما تقدم - سوى أنها من أدوات القمار التي يجري التعامل عليها في مونت كارلو ولاس فيجاس ، ليس هذا فحسب بل إن كوكبة من الأكاديميين والاقتصاديين في مختلف المجتمعات تناولوا بالنقد عمليات الابتكار المالي تحت عنوان "القيمة الاجتماعية للابتكار المالي" The social value of financial innovation ، ويرى هؤلاء الكتاب أن العديد من الابتكارات المزعومة ليست سوى بدعة أو أكذوبة كبرى giant fadمدفوعة من قبل المؤسسات الاستثمارية وكذا المصدرين لأوراق الشركات ، وأنها قد اقترنت بتوقعات غير واقعية لعوائد أعظم ومخاطر أقل، وأن مؤسسات الخدمات المالية والبورصات(الأسواق المنظمة) تدعم هذه الابتكارات لأنها تترقب

(1) Robert Merton, Op.,Cit., P3.

من وراء هذا النشاط الضخم أرباحا وفيرة" [(1)].

ولم يجد "روبرت ميرتون" وهو من أكثر الكتاب المتحمسين للمشتقات والحائز على جائزة نوبل في الاقتصاد بدا أمام هذا النقد العنيف من أن يلين جانبه ، فيذهب إلى أن ما تناوله هؤلاء الكتاب فيما هو أبعد من إهدار الموارد المباشرة في هذا النشاط ، ومساندة التوقعات غير الواقعية فيما بين المستثمرين الأمر الذي يؤدي إلى زيادة التكاليف وتشويه توزيعات رأس المال المستثمر وتقلب فعلي في أسعار أسواق رأس المال نتيجة عدم تحقق التوقعات التي لم يصادفها الصواب [(2)]، ولكن مالا يمكن إنكاره على الجانب الآخر هو أن هذه الابتكارات أدت إلى تحقيق فرص القطاع العائلي للحصول على عائد كفء مقابل المخاطرة ومزيد من تغطية احتياجات الأفراد في كل دوائر الحياة تفصيلا وفقا لرغباتهم

and more effective tailoring to individual needs over the entire life cycle.

ولكنه ينتهي إلى القول :

Any virtue can readily become a vice if taken to excess and just so with the innovation
[(3)].

---

(1) There are some in the academic, financial and regulatory communities who see much of this alleged innovation as nothing more than a giant fad, driven by firms of financial services and institutional investors and also corporate issuers with wholly unrealistic expectations of greater expected returns with less risk, and fueled by financial-services firms and organized markets that see huge profits from this vast activity. (Robert Merton, Op., Cit., P.3.)

ويشارك الباحث رأي الناقدين يُرجع إلى (مقالنا بجريدة الأهرام الاقتصادي / البورصة المصرية ، تحت عنوان " أرجوكم حافظوا على البورصة تقليدية" عدد 97 بتاريخ 22 مارس 1999، وعالم اليوم تحت عنوان " البنوك ترفض التعامل في المشتقات "، والأحرار تحت عنوان " المشتقات تحول البورصة إلى ساحة للمراهنات " ، ومقالنا بمجلة البورصة الصفحة الأخيرة بعنوان" **سوق للمضاربة**" بتاريخ 6 مايو 2002.

(2) إذا كانت التوقعات أمرا لا يمكن إغفاله أو تجاهله ، فإن المخاطرة هي اختلاف النتائج عن التوقعات . (محاضرة للباحث بالمعهد المصرفي عن إدارة محافظ الأوراق المالية ، ديسمبر 1999).

(3) Robert Marton, Op.,Cit., P.4.

- أي أن كل فضيلة يمكن أن تصبح رذيلة إذا ما تم الإفراط فيها ، وهكذا الأمر بالنسبة للابتكارات.

الابتكار في العصور القديمة واقتسام المخاطرة

ويرجع بعض الكتاب عمليات الابتكار إلى العصور القديمة ، وأنه ربما كان تقديم القروض الشخصية في روما القديمة (اليونان) أكثر أهمية من ابتكار مبادلات أسعار الفائدة . وأول أشكال الابتكار في العصور البدائية هو عملية القروض الأحادية من شخص لآخر . وهناك أدلة على أن القروض استخدمت في الحضارات القديمة وأنها تطور طبيعي لاقتسام المخاطرة Risk Sharing

وفي روما القديمة تطورت الأعمال المصرفية إلى مدى بعيد ، وعرفت البنوك قبول الودائع وإقراض النقود [1].

وأول نشاط مصرفي في العالم يرجع إلى عام 1700 قبل الميلاد في " بابليون " . وظهور الصيارفة في العصور القديمة لم يكن من المسائل الظنية التي تحتاج إلى إقامة الدليل على صحتها فمن الثابت من الوثائق التاريخية للعصور الوسطى أن الكنائس التي كانت أديرة فيما سبقها من العصور كانت تذخر بالمكتنـزات Hoards من النقود المعدنية والحلي والذهب والفضة ، وأن هذه الثروة كان يجري إقراضها للأمراء والحكام Lords الذين كانوا في حاجة إلى النقود إما للقيام بالحروب أو للتخفيف من آثار المجاعات .

Abbeys that possessed hoards of coined money and treasury of gold and silver ornaments often made loans to neighboring lords who needed money to carry on war or to alleviate famine conditions [2].

أما الأداتان الماليتان الأكثر حداثة فهما الأسهم والسندات وكلاهما اقترن ظهوره بظهور شركات المساهمة وتقدم الفن الإنتاجي وتم تطويرهما في القرن السادس عشر. وأول شركة مساهمة كانت روسية وتم تأسيسها عام 1953 .

---

(1) Franklin, Financial Innovation and Risk Sharing, P.21, Library of American college.

(2) محاضرتنا بالمعهد المصرفي بعنوان " مقدمة في اقتصاديات البنوك " .

أسباب الابتكار المالي

هناك عدد من النظريات تتناول الأسباب التي دعت إلى نشأة الابتكار المالي ، ويمكن تلخيص هذه الأسباب في أنها كانت استجابة لقيود معينة تعوق تحقيق الأهداف الاقتصادية كالربح والسيولة وتقليل المخاطرة. وهذه القيود قد تكون قانونية ، مثل منع إنشاء عقود أو معاملات معينة بمقتضى القانون ، أو قيود تقنية مثل صعوبة نقل منتجات معينة ، أو قيود اجتماعية مثل تفضيل نوع معين من المنتجات على أخرى . ولذلك فإن الرغبة في تجاوز هذه القيود لتحقيق الأهداف هي التي تدفع المتعاملين للابتكار[1].

الآثار الاقتصادية للابتكار المالي

ربما كان "منسكي" من أوائل الذين درسوا أثر الابتكار المالي على فعالية السياسات النقدية. يرى منسكي أن أدوات السياسة النقدية ، مثل نسبة الاحتياطي الإلزامي أو معدل الفائدة سوف لا تجدي كثيرا على المدى المتوسط نظرا لقدرة المؤسسات المالية على ابتكار أدوات مالية تمكنها من تجاوز قيود السياسة النقدية . فعلى سبيل المثال استخدمت المؤسسات المالية عمليات إعادة الشراء Repurchase (Agreements) لحل مشكلة الاحتياطي الإلزامي[2].

دور العامل البشري في عملية الابتكار Human Factors

إن أهمية العامل البشري والقيادة والدافع والحاجة إلى أهداف واضحة ، لفرق البحث والتطوير R & D teams غالبا ما يتم إغفالها . إن عدم التركيز على اهتمامات هذا الفريق قد أثبت عجز كثير من المنظمات عن تسخير إمكانات الخلق والابتكار لفرق البحث والتطوير.

Many organizations prove unable to harness the creative and innovative potential of their R & D staff

---

(1) د . سامي السويلم - مرجع سابق ص 5 .

(2) عملية إعادة الشراء (Repo) هي اتفاقية بين مقترض ومقرض على أن يبيع الأول ورقة مالية حكومية للثاني على أن يشتري مرة أخرى ما سبق له أن باعه بينما عرفها صندوق النقد الدولي بأن " ثمة مشترٍ يوافق على شراء أوراق مالية من البائع مقابل سعر معين ووقت معين ، ويوافق كذلك على أن يبيع نفس الأوراق مرة أخرى إلى البائع في وقت لاحق وبسعر متفق عليه عند بداية العملية".

(محاضرتنا بالمعهد المصرفي عن إدارة محافظ الأوراق المالية في 8 نوفمبر 1998).

وفي بيئة تتزايد فيها المخاطرة وعدم اليقين ، فإن واجب إدارة البحث والتطوير قد أصبح شاقا بسبب المنافسة على اجتذاب الأفراد أصحاب المهارات التقنية .

في الماضي كان العلماء أو المهندسون يتسمون بالندرة . وفي عصرنا هذا الذي يزدهر بالصناعات ذات التقنية العالية وإتاحة رأس المال المخاطر venture capital ، وفرص العمل المتنوعة varied employment opportunities أصبح للعلماء والمهندسين اختيارات كثيرة .

إن فريقا يتكون من المفكرين دون أولئك الذين يقومون بالعمل لإخراج الفكرة إلى حيز الوجود – أو العكس – يمكن أن يصبح أمرا مثيرا للمشاكل والمصاعب Problematic.

إن فرق البحث والتطوير في حاجة إلى مهارات تقنية خلاقة Highly creative technical talents كما تحتاج لهؤلاء الذين يعملون بأيديهم كمن يشتغلون بالصيدلة ، ذلك أن المفكر لا يعرف دائما كيف ينفذ أفكاره . إن توازنا بين الذين يفكرون وأولئك الذين يعملون يعد أمرا حاسما لضمان فعالية فريق البحث والتطوير [1].

الهندسة المالية   Financial Engineering

يطوق مصطلح الهندسة المالية العديد من التقنيات المطبقة والتي تعتمد على البحث والتطوير ، ويرتكز اهتمامها على ابتكار أدوات مالية جديدة تمثل حلولا إبداعية لمشاكل الإدارة ويجري توظيفها في مجال التحوط وإدارة المخاطر .

وتسعى الهندسة المالية إلى قيام المؤسسات المالية (كالبنوك ، وشركات التأمين ، وصناديق الاستثمار ، وشركات إدارة مخاطر الائتمان ، وشركات إدارة محافظ الأوراق المالية وغيرها) برسم سياسات مالية قوية ، وابتكار منتجات وأدوات مالية جديدة ، واستراتيجيات مالية مرنة تتفاعل وتستفيد من التغيرات المستمرة في أسواق المال العالمية ، والإقليمية والمحلية من حيث أسعار الفائدة على السندات ، أسعار الصرف ، ربحية الأسهم ، حركة اتجاهات الأسعار ومعدل الدوران في سوقي الأسهم والسندات ، ويقتضي ذلك أن تقوم المنشأة المالية بإنشاء أقسام للبحوث والتطوير في مجال

---

(1) Michael Williams, Diana Stork, setting up the R & D team, PP 7 – 25 : 7 – 38.

مكتبة الجامعة الأمريكية بالقاهرة.

المنتجات و الأدوات المالية [1].

ويرى "توماس ليو" (K. Thomas Liaw) أن الهندسة المالية هي القدرة على الخلق والابتكار من جانب بنوك الاستثمار في تصميم ورقة مالية.

Financial Engineering is the successful implementation of the investment bankers creativity in security design[2].

ويرى أن المنافسة بين بنوك الاستثمار لمواجهة احتياجات المستثمرين والمقترضين كالتحوط والتمويل ، وعمليات الموازنة وارتفاع العائد ، وأغراض الضرائب قد دفعت إلى النمو المتفجر في أسواق المشتقات .

ومصطلح الهندسة المالية يعني أشياء مختلفة لأناس مختلفين بطبيعتهم وهذا أمر لا يدعو إلى الدهشة لأن هذا المجال مازال مغلقا ولم يتم تعريف هذا المصطلح تعريفا محددا .

The term " Financial engineering " means different things to different people. This is not surprising because this field is not very well defined [3].

ومفهوم الهندسة المالية مفهوم قديم أيضا قدم التعاملات المالية لكنه قد يبدو حديثا نسبيا من حيث التخصص [4].

مفهوم الهندسة المالية

عرف "Finnerty" الهندسة المالية بأنها التصميم والتطوير لأدوات وآليات مالية مبتكرة ، والصياغة لحلول إبداعية لمشاكل التمويل.

---

(1) د . فريد النجار – البورصات والهندسة المالية ص 225 .

(2) K. Thomas Liaw. The business of Investment Banking, P.222.

(3) اتحاد المصارف العربية – الهندسة المالية وأهميتها بالنسبة للصناعة المصرفية العربية overview of financial engineering – ص 5

(4) د . سامي السويلم – صناعة الهندسة المالية – نظرات في المنهج الإسلامي – ندوة الصناعة المالية الإسلامية 15 – 18 أكتوبر 2000 المنتزه – الإسكندرية .

Financial Engineering involves the design, the development and the innovative financial instruments and processes, and the formulation of creative solutions to problems in finance [1].

والتعريف المتقدم يشير إلى أن الهندسة المالية تتضمن ثلاثة أنواع من الأنشطة [2] :

1 – ابتكار أدوات مالية جديدة مثل بطاقات الائتمان .

2 – ابتكار آليات تمويلية جديدة من شأنها تخفيض التكاليف كعمليات التبادل التجاري من خلال الشبكة العالمية والتجارة الإلكترونية .

3 – ابتكار حلول جديدة للإدارة التمويلية ، مثل إدارة السيولة أو الديون ، أو إعداد صيغ تمويلية لمشاريع معينة تلائم الظروف المحيطة بالمشروع .

والابتكار المقصود ليس مجرد الاختلاف عن السائد ، بل لابد أن يكون هذا الاختلاف متميزا إلى درجة تحقيقه لمستوى أفضل من الكفاءة والمثالية ، وهو ما يعني أن تكون الأداة أو الآلية التمويلية المبتكرة تحقق ما لا تستطيع الأدوات والآليات السائدة تحقيقه [3].

بينما عرف " صاحب موسوعة المشتقات " الهندسة المالية " بأنها عملية خلق منتجات مالية جديدة ، ويشار إليها أحيانا بالهندسة المالية وهو الابتكار الذي أدى إلى تحسين فرص إدارة المخاطر.

The process of creating new financial products is sometimes referred to as financial engineering. The innovation that have led to opportunities for risk management [4].

---

(1) Finnerty, J. D. 1998, " Financial Engineering in corporate finance- An overview, Financial Management, vol 17, No.4, PP 14 – 33.

(2) د. سامي السويلم ، مرجع سابق ص 1 .

(3) د . سامي السويلم ، مرجع سابق نقلا عن : Finnerty, financial Engineering, in P. Newman, M. Milgate and J. Eatwell eds, New

Palgrave Dictionary of money and finance Mc.Millan Press, vol 2 , PP 56 – 57.

(4) Don M. Chance, An Introduction to Derivatives, vol 1, P.6.

مجالات الهندسة المالية

تغطي الهندسة المالية المجالات الآتية [1]

(1) الخدمات المالية بالبنوك ومؤسسات الادخار والإقراض

(2) تخطيط الخدمات المالية للأفراد .

(3) أنشطة الاستثمار.

(4) تقديم الخدمات المالية للمكاتب والشركات العقارية وأمناء الاستثمار والتأمين
ومكاتب التثمين .

(5) إدارة الأعمال المالية لمختلف المنشآت والمؤسسات المالية والتجارية ، الخاصة والعامة ،
المحلية و الدولية .

نشأة الهندسة المالية

في بداية الثمانينات بدأت وول ستريت الاستعانة ببعض الأكاديميين من ذوي الشهرة الذائعة من
أمثال Fisher Black وكذا Richard Roll لتطوير منتجات أسواق المال Financial Market Products
وكلما زادت هذه المنتجات تعقيدا كلما زاد الاستعانة بالأكاديميين . وكثيرا من هؤلاء الأكاديميين كانوا
حائزين على درجات علمية متقدمة في العلوم ، حتى أنه أطلق عليهم Rocket Scientists . ومن المثير أن
وول ستريت كانت تحاول أن تعبث بالعالم بابتكارات رياضية ولكنها عديمة الفائدة .

Wall street was trying to fool the world with mathematical but useless creations

ومع ارتفاع كفاءة السوق لم يعد الخداع ممكنا في المدى الطويل

Given the efficiency of the market, deception was not possible on the long run.

وفي منتصف الثمانينات أخذت هذه العملية اسما أكثر استساغة More palatable وهو

---

(1) د . فريد النجار ، مرجع سابق ، ص 226 .

الهندسة المالية Financial Engineering ، وقد ساهمت العديد من العوامل في نمو الهندسة المالية، وبينما كانت المخاطرة دائما حاضرة ، فإن تقلب أسعار الفائدة وأسعار الصرف زاد زيادة محسوسة في السنوات الأخيرة .

ويؤكد صاحب موسوعة المشتقات أن وول ستريت قد استفادت كثيرا من البحوث التي تقوم بها المؤسسات الأكاديمية ، وأن تطور الحاسب الشخصي قد أدى دورا خطيرا في تقدم مجال الهندسة المالية

Last, but certainly not least, the development of the personal computer has probably done as much as anything to advance the field of financial engineering [1].

وعلى الرغم من أن المهندسين الماليين يعملون غالبا في مؤسسات مالية ، إلا أن ممارسة الهندسة المالية ليست ذو جانب واحد one - sided وذلك أن مؤسسة مالية قد تطور منتجا جديدا ، ولكن عليها أن تبيع هذا المنتج لعملائها . وهؤلاء العملاء إما شركات ، أو صناديق استثمار ، أو مؤسسات حكومية . ولكي يقوم هؤلاء العملاء بتقويم هذا المنتج توطئة لشرائه ، فيجب أن يكون لديهم أفراد ذو مهارة في الهندسة المالية .

ولذلك فإن الهندسة المالية يجب أن تصبح يوما جزءا مهما ورئيسيا في قاعدة المعلومات لمن يشغلون وظائف الإدارة أو يشتغلون بالاستثمار [2].

الهندسة المالية وإدارة الأصول الخصوم
Asset / Liability Management

لقد عرف Smith الهندسة المالية بأنها :

" بناء هياكل مبتكرة لإدارة الأصول والخصوم " [3]

---

(1) Don M. Chance, Op., Cit., P.568.

(2) Financial engineering should some day become major part of the knowledge base of financial and investment managers . (Ibid, P.568.)

(3) Joseph F. Sinkey, Commercial bank Financial Management, 4th ed, 1992, P. 484. . مكتبة الجامعة الأمريكية – بالقاهرة

The construction of innovative asset and liability structures[1].

وإدارة الأصول والخصوم هي فن وعلم اختيار أفضل مزيج من الأصول لمحفظة أصول المنشأة The
firm's asset portfolio و أفضل مزيج من الخصوم لمحفظة خصوم المنشأة .

The best mix of liabilities for the firm's liability portfolio.

ومنذ زمن طويل كان من الأمور المسلم بها It was taken for granted أن محفظة خصوم أية
منشأة كان يخرج عن نطاق المنشأة ، ولهذا ركزت إدارة هذه المنشآت جهودها على اختيار مزيج محفظة
الأصول . إلا أن ذلك تغير تماما منذ السبعينات ، حيث أعطت الأدوات المالية الجديدة والاستراتيجيات
الحديثة يدا طليقة للمنشأة على خصومها .

وهناك خمسة مفاهيم أساسية لفهم أو استيعاب إدارة الأصول والخصوم ، هذه هي :

السيولة - الهيكلة - حساسية أسعار الفائدة - الاستحقاقات - ومخاطر التوقف عن الدفع
Default Risk .

وفي السنوات الأخيرة فإن المهندسين الماليين الذين يعملون لحساب بنوك الاستثمار قاموا بتطوير
استراتيجيات معقدة لإدارة الأصول والخصوم .

الهندسة المالية واستراتيجيات التحوط وإدارة المخاطر [2]

Hedging and Risk-Management Strategies

التحوط Hedging هو فن إدارة مخاطر الأسعار managing price risks من خلال أخذ مراكز
عكسية offsetting positions عند التعامل في أدوات المشتقات .

والتحوط يمكن استخدامه من خلال العقود المستقبلية Futures والعقود الآجلة Forwards،
والخيارات Options والمبادلات Swaps .

---

(1) اتحاد المصارف العربية - الهندسة المالية وأهميتها بالنسبة للصناعة المصرفية العربية ، ص 11 . Eng .

(2) اتحاد المصارف العربية ، مرجع سابق ، ص 12 ، Eng. .

فإذا ما وقع الاختيار على إحدى هذه الأدوات ، فإن المتحوط Hedger يتعين عليه أن يتأكد من انخفاض أو تقليل نسبة التحوط إلى المخاطرة Hedge Ratio ، وهي عدد الوحدات لأداة التحوط اللازمة لتغطية وحدة واحدة من الأداة النقدية .

The number of units of the hedging instrument necessary to hedge one unit of the cash instrument.

على أن المشكلة التي قد تواجه الجهة التي ترغب في التحوط ضد مخاطرة معينة هي : أي أداة تعد مناسبة تماما في موقف ما ؟؟ والإجابة عن ذلك أن ذلك الأمر يعتمد على :

1 – جانب المخاطرة الملازم للمركز النقدي المرغوب في تغطيته Risk Profile .

2 – نوع المخاطرة التي يرغب المتحوط في تغطيتها Type of Risk .

3 – تكلفة التحوط Cost of Hedging .

4 – فعالية أدوات التحوط المختلفة Effectiveness of hedging instruments .

الهندسة المالية و مخاطر عمليات المراجحة Arbitrage Risk

لطالما داعبت الأحلام المهندسين الماليين في ابتكار فرص مراجحة خالية من المخاطرة . وهي التي جرى تعريفها بأنها فرصة الشراء والبيع في نفس الوقت وفي أسواق مختلفة ، ولنفس الأداة المالية مع تحقيق هامش من الربح

The chance to buy and sell simultaneously in different markets the same financial instrument at a profit [1].

ويذهب البعض إلى إطلاق مصطلح الموازنة على هذه العمليات أخذا بالنتائج التي تترتب عليها من إعادة التوازن في الأسعار بين مختلف الأسواق .

أما لماذا هم يحلمون بذلك ، فلأن عمليات المراجحة ذاتها لا تتحقق في وجود أسواق عالية

---

(1) Joseph. F. Sinkey, Op., Cit., P. 484.

الكفاءة ، لأنه يفترض في هذه الحالة عدم تباين الأسعار بين سوق وأخرى . وعامة وفي أفضل الحالات ، فإن ذلك يعد شيئا نادرا ، وعلى الرغم من أن بعض المهندسين الماليين مازالوا يحلمون ، فإنهم يركزون بؤرة اهتمامهم على فرص المراجحة رغم ما يكتنفها من مخاطرة كأفضل ثاني هدف – second best objective . والنظر إلى مخاطر عمليات المراجحة كفرصة لزيادة معدلات العائد المتوقعة أو لتخفيض تكلفة التمويل إلى مستوى معين من المخاطرة . لذا يذكر سميث بأنه يمكن النظر في مخاطر المراجحة كبحث عن وسيلة أكثر كفاءة للتحوط ضد المخاطر .

We can also think of risk arbitrage as the search for a more efficient means of hedging
[1] .

الهندسة المالية وقوالب البناء

Building blocks of Financial Engineering

ذهب smith and smithson إلى أن استيعاب وفهم الهندسة المالية يقتضي تحليلها كما يتم تحليل مجموعة من الأدوات الأساسية لأسواق رأس المال . ويرى أن أدوات أسواق رأس المال الأساسية Basic Capital Market Instruments هي قوالب البناء للهندسة المالية The building blocks of Financial Engineering [2] .

ويرى سميث أنه على الرغم من أن الأدوات المالية التقليدية كسندات الدخل الثابت – Fixed Income Bonds والسندات الصادرة بخصم إصدار Zero Coupon Bonds يعتبران قوالب البناء الأساسية للهندسة المالية ، إلا أن أدوات مالية جديدة في صورة أنشطة خارج الميزانية Off balance Sheet Activities كالعقود المستقبلية Futures ومبادلات أسعار الفائدة Interest Rate Swaps والعقود الآجلة Forwards وغيرها قد أضيفت خلال العقود الثلاثة الماضية ، والأدوات المالية التقليدية والأدوات المالية الجديدة هي قوالب البناء للهندسة المالية Building Blocks of Financial Engineering [3] .

---

(1) Ibid, PP 484 – 485.

(2) Joseph F. Sinkey, Op., Cit., P 484.

(3) Joseph F.Sinkey, Op., Cit,p.485.

وقد ذهب Adrian Buckly إلى نفس المعنى فهو يرى أن جوهر الهندسة المالية يتضمن قوالب بناء بسيطة Simple Building Blocks والتي يمكن التحامها سويا لبناء هيكل مالي معقد bolted together to make a complex financial structure. ويرى أن الأدوات الضرورية للوصول إلى ذلك هي العقود الآجلة والاختيارات [1].

الهندسة المالية ورياضيات قوالب البناء

Arithmetic of building blocks

لو افترضنا أن محفظة للأوراق المالية تتكون من ورقتين فقط هما :

Security A	ورقة A
Security B	ورقة B

وبافتراض أن الورقتين   A & B   تساوي C

المعادلة رقم (16 – 1) $A + B = C$

وكلمة تساوي هنا تعني أن التدفقات النقدية المتوقعة Expected Cash Flows متساوية مقدارا وزمنا .

بإعمال هذه الافتراضات فإن أسعار وعوائد (A + B) ينبغي أن تتساوى مع (C) . ووفقا لافتراضات (سميث) فإن (A + B) هي المحفظة الباحثة أو المركبة Synethetic ، (C) هي الورقة المالية المستقلة straight

* فإذا كان الموقف the situation حيث (A + B) ذو قيمة أعلى من (C) فكيف سيكون فعل المستثمرين .

---

(1) Adrian Buckley, Multinational Finance Ch.36. P. 596, 2nd ed.   . مكتبة الجامعة الأمريكية بالقاهرة

أما المستثمرون فسوف يفضلون السعر الأقل وهو ما يعنى العائد الأعلى [1] لأنه يعني على الجانب الآخر تكلفة أقل .

في هذا الموقف الذي ينطوي على محفظة مركبة أعلى قيمة من ورقة مالية قائمة بذاتها يمثل فرصة مراجحة حيث إن نتائج المعادلة C - (A + B) هو الربح الناتج من عملية المراجحة Arbitrage Profit .

ولأن ميكانيزم الهندسة المالية يتضمن أخذ مركز طويل long position أو مركز قصير short position أو كليهما Both فإن سميث يستخدم علامة (+) plus ، لكي تشير إلى مركز طويل ، وعلامة (-) minus لكي تشير إلى مركز قصير . أما المقصود بمركز طويل فهو أن تشتري ، أو يكون في حيازتك " hold " أو تستثمر "to invest" في ورقة مالية معينة ، أما المقصود بمركز قصير فهو أن تصدر issue ، أو تبيع sell أو تكتب ورقة write a security (بمعنى أن تبيع أحد العقود الآجلة).

وفي هذا السياق فإن المقرضين يحتفظون بمركز طويل (شأنهم في ذلك شأن المستثمرين) بينما المقترضون - على النقيض من ذلك - يحتفظون بمركز قصير .

* وباستخدام بعض العمليات الحسابية لنرى كيف نفسر نتائج قوالب البناء للهندسة المالية

How to interpret the results as the building blocks of the financial engineering

وبإعادة كتابة

المعادلة رقم (16 - 1) $A + B = C$ مع إظهار علامة (+) ينتج لدينا

المعادلة رقم (16 - 2) $+A + B = +C$

فإذا ما تصورنا محفظة مركبة من مراكز طويلة ، كما في A & B تتساوى مع مركز طويل في C

(1) من المعروف أنه كلما انخفضت تكلفة الاستثمار ارتفعت نسبة أو معدل العائد والعكس أيضا صحيح فكلما ارتفعت تكلفة الاستثمار كلما انخفض معدل العائد ، وكلما ارتفعت القيمة السوقية لورقة مالية كلما انخفضت نسبة العائد عليها (الباحث).

وبضرب

المعادلة رقم (16 – 2) $+A +B = +C$ $\times (-1)$ ينتج لدينا

المعادلة رقم (16 – 3) $- A - B = - C$

ولو تصورنا محفظة مؤلفة من مراكز قصيرة في A & B وتتساوى مع مركز قصير في (C)

فإذا ما قمنا باستبعاد (A) من طرفي المعادلة (16– 2) ، ينتج لدينا

المعادلة رقم (16 – 4) $+ B = + C - A$

بالنظر إلى المعادلة المتقدمة فإننا نكون بصدد مركز طويل في (B) يتساوى مع محفظة مؤلفة من مركز طويل في (C) وقصير في (A) .

فإذا ما أضفنا B إلى طرفي المعادلة رقم 3 فإننا نحصل على المعادلة التاليــة :

المعادلة رقم (16 – 5) $- A = - C + B$

وتشير المعادلة المتقدمة إلى أن مركزا قصيرا في A يتساوى مع مركز قصير في (C) وطويل في (B).

وعلى الرغم من أساليب التلاعب والمناورات ، فإن المهندس المالي يتطلع دائما لفرص عمليات المراجحة التي يمكن من خلالها خلق مركز مركب لتوليد ربح . وفي المعادلة (16 – 5) على سبيل المثال فإن الذي يقوم بعملية المراجحة (والتي يطلق عليها أحيانا الموازنة) قد يحاول أن يبيع (A) في مقابل ثمن يغطي صافي حصيلة عمليتي بيع (C) وشراء (B).

ويرى Smith and Smithson أن بناء قوالب الهندسة المالية يأتي في ثلاث صور

1 – تقديم الائتمان   Credit Extension .

2 – تثبيت الأسعار   Price Fixing .

3 - تأمين الأسعار Price Insurance .

أما عن قوالب بناء تقديم الائتمان credit extension building blocks فتتكون من سندات الشركات Corporate Bonds ، والقروض المصرفية ، وعمليات الطرح الخاص Private Placement (مع شركات التأمين)[1] .

أما التدفقات النقدية Cash Flows المصاحبة لتقديم الائتمان فإما أن تكون في صورة سندات بخصم إصدار Zero Coupon Bond أو قرض يسدد مرة واحدة Bullet Loan أو رهن عقاري ذات عائد متغير Variable-Rate Mortgage أو قرض يسدد على أقساط في تواريخ استحقاقها Amortized installment loan .

أما فيما يتعلق بقوالب تثبيت الأسعار Price- Fixing Building Blocks فتتكون من العقود الآجلة ، العقود المستقبلية ، والمبادلات ، وهذه الترتيبات إنما يجري تصميمها لتثبيت الأسعار على السلع ، والعملات ، أو أسعار الفائدة على الائتمان credit interest rate .

وتستخدم البنوك عقود تثبيت الأسعار إما لتغطية بنود الميزانية ، أو التحوط ضد تقلبات أسعار الفائدة أو أسعار الصرف والتي قد تضر بميزانية البنك ، أو للحصول على أتعاب Fees من خلال ترتيب هذه العقود للعملاء ، أو من كليهما معا .

فمن يشتري عقدا آجلا أو عقدا مستقبليا يأمل أن يكون السعر الحاضر للعقد المستقبلي the future spot price عند تاريخ الاستحقاق at time (t) when the contract matures أي أنه يكون في تاريخ "التسوية" أعلى من السعر المتفق عليه عند توقيع العقد(0) at time ، وعلى النقيض من ذلك فإن من يبيع عقدا آجلا أو عقدا مستقبليا يأمل أن ينخفض السعر الحاضر في تاريخ تسوية العقد بما يقل عن سعر التعاقد[2]. انظر الشكلين 7 ، 8 .

---

(1) Joseph, F. Sinkey, Op.,Cit.,P. 485.

(2) Joseph, F. Sinkey, Op. Cit., PP 486-487.

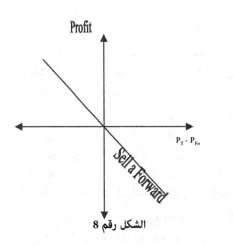

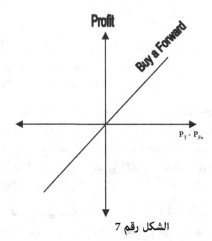

الشكل رقم 8

الشكل رقم 7

(1)

لاحظ أن :

P_o تشير إلى السعر الآجل المتفق عليه عند تحرير العقد

P_T تشير إلى السعر في السوق الحاضر في تاريخ استحقاق العقد

($P_T - P_o$) يشير إلى الفرق بين سعر التعاقد والسعر في السوق الحاضرة عند التسوية وهو الربح لوحدة التعاقد

المهندسون الماليون Financial Engineers

كل مجالات الهندسة المالية تتطلب معرفة بالمنتج . وليس مفاد ذلك أن كل المهندسين الماليين ينبغي أن يكونوا على علم بكافة المنتجات المالية ، فذلك يعد أمرا من ضروب المستحيل .

All areas of financial engineering require product knowledge. This does not mean that all financial engineers need to be thoroughly versed in all financial products [2].

وعلى سبيل المثال فإن المهندسين الماليين الذين يعملون في أسهم الخزانة للشركات corporate treasury ينبغي أن يكونوا على علم تام بهذه الأدوات والتي تستخدم لتحقيق أهداف تمويلية .

(1)Joseph F.Sinkey, Op., Cit., P. 487 والأشكال المتقدمة مقتبسة adapted من Smith & Smithson

(2) اتحاد المصارف العربية – مرجع سابق ص 8 .Eng

أما المهندسين الماليين الذين يعملون في مجال إدارة المخاطر فينبغي أن يكونوا ملمين بمنتجات المشتقات المالية ، والمهندسون الماليون الذين يعملون في مجال التسويق ينبغي أن يكونوا على علم تام بالأصول العلمية للتسويق الدولي والمحلي وعادات وتقاليد وأعراف وميول الشعوب الأخرى .

والمهندسون الماليون لا ينتمون إلى بنوك الاستثمار والأعمال فقط ، أو البنوك التجارية دون غيرها ، ولكن أيضا إلى منشآت الأعمال التي تتاجر في السلع أو في الأوراق المالية ، وينتشرون أيضا وعلى وجه الخصوص في جهات البحث والتطوير ، ومنهم من يشتغل بالرياضيات والإحصاء ، ومنهم من يعمل في المحاماة . ولا شك أن تنوع المهندسين الماليين في هذا المجال يظهر الفرص المتاحة لأصحاب المناهج التحليلية لحل المشاكل والقدرة على إدراك الحلول الخلاقة للمشاكل المعقدة [1].

وقد أنشيء خصيصا لهذه الفئة المتميزة الاتحاد الدولي للمهندسين الماليين لرعايتهم والارتقاء بصناعة الهندسة المالية عام 1992 وأصبح يضم نحو 2000 عضوا من شتى أنحاء العالم يمثلون الممارسين ، والأكاديميين ، والمهنيين للمحاسبة ، والقانون ، والنظم ، والمجتمعات رفيعة المستوى في التقنيات العلمية [2] كما قام الاتحاد بوضع معايير للصناعة ترتكز على النظرية والتطبيق theory and practice .

---

(1) "The term financial engineering encompass a Varity of applied financial technologies which combine the research, development, and commercial use of new financial instruments. Financial engineers include not only investment and commercial bankers, but stock and commodity traders, research and credit analysts, mathematicians and lawyers ".(hand – book of equity derivatives, Op., Cit., P. 444.)

(2) The international Association of Financial Engineers (IAFE) is a professional society dedicated to defining and fostering the profession of financial engineering. Its primary mission is to help establish and promote industry standards and practices relating to financial engineering theory and practice.

Founded in 1992, the IAFE has grown to include nearly 2,000 members worldwide representing practitioners, academicians, and students from many financial disciplines as well as professional from the accounting, legal, regulatory, and technology communities.

Through programs, publications, and original research, the IAFE provides a platform from which its members can discuss and debate the pivotal issues shaping the development of the financial engineering field. In a environment where capital market developments are constantly driven by technological change and shifting market needs, the IAFE strives to serve its its membership as the preeminent professional organization for the advancement of financial engineering.

حالة تطبيقية
في مواجهة المخاطر المالية

لاحظت إحدى شركات البترول أن مركزها الائتماني قد انخفض بسبب انخفاض سعر البترول ومن ثم إيراداتها

وجدت الشركة أن قدرتها على الاقتراض من البنك سوف يتأثر بانخفاض إيراداتها ، الأمر الذي يؤدي إلى ارتفاع تكلفة الاقتراض مما يضعف أيضا من قدرة الشركة على السداد.

اقترحت الشركة إصدار سندات ذات سعر فائدة أقل من سعر البنك وبيعها للجهات التي تقوم بشراء البترول ، وبالتالي فإنها تحصل على قيمة مبيعاتها مقدما بسعر أفضل يتمثل في الفرق بين سعر الفائدة في السوق وسعر الفائدة الذي تغله السندات التي أصدرتها الشركة ، على أن تقوم الشركة برفع سعر الفائدة مع ارتفاع أسعار البترول ، ولكن سوف تكون قد توفرت للشركة سيولة مناسبة .

وتستخدم أساليب الهندسة المالية للاستفادة من فروق أسعار الصرف و أسعار الفائدة والقفز فوق القيود التي تنظمها بعض اللوائح والنظم أو المشاكل المالية التي تواجه هذه الشركات [1].

---

(1) د. فريد النجار ، مرجع سابق ، ص 239 .

103

المبحث الخامس
القوانين الحاكمة للتعامل فـــــي أسواق المشتقات
فــي مختلف القارات

المبادلات في هونج كونج (1)
Swaps in Hong Kong

قانون القمار Gambling Ordinance

يتصل قانون القمار اتصالا وثيقا بأي عقد ينتهي بالحصول على فروق الأسعار والذي يوافق بمقتضاه طرف ما على أن يدفع مبلغا إلى آخر على أساس حركة اتجاه الأسعار وحيث لا يكون لأي طرف من الأطراف مصلحة مالية أخرى في حركة الأسعار.

This ordinance is relevant to any contract for differences under which a party agrees to pay a sum to another based on the movements in certain prices where neither party has any other financial interest in such price movements [1].

وأي عقد يعد من قبيل المقامرة gaming ويخضع للفصل الثالث من قانون القمار The gambling ordinance فهو غير قانوني وليس له صفة الإلزام .

وعلى الرغم من ذلك فإن الفصل 137 (A) من قانون البنوك يعفي البنوك والمؤسسات المالية الأخرى المخولة للقيام بصيغ عمليات الإيداع في صورها المختلفة من الخضوع لقانون القمار. وهناك إعفاءات قانونية مماثلة قابلة للتطبيق على العمليات التي يحكمها قانون تجارة السلع The Commodities Trading Ordinance والخاصة بعمليات مرخص بها للمشتغلين بالصرف الأجنبي (Traders) .

وقد ورد في هذا الفصل أنه إذا لم يكن أي من هذه الاستثناءات يمكن تطبيقها ، فمن

---

(1) Paul Elliott, Baker & Mekenzie, The Paribas, Op.Cit p.151.

104

الضروري تجنب مشاكل قانون القمار بإقامة سبب تجاري للدخول في عمليات وثيقة الصلة ، كعمليات التحوط hedging وتكون متصلة بالتزام تجاري وليس عقدا للحصول على فروق الأسعار.

ويستفاد من النصوص المتقدمة أن عمليات المضاربة على فروق الأسعار في هونج كونج تعد من القمار وتعد عمليات غير قانونية وغير مشروعة وأن الدخول في عمليات المبادلات وغيرها من قبل المؤسسات المالية المسموح لها بمزاولة هذه العمليات إنما يتم في إطار غطاء قانوني يتعلق بالتزام تجاري قبل الغير أو تحوط من مواجهة المخاطر التي قد تتعرض لها هذه المؤسسات وإلا خضعت في هذه الحالة لقانون القمار والذي لا يسمح بالتعامل في المبادلات وإنشاء العقود بغرض الحصول على فروق الأسعار.

قانون المتاجرة في السلع Commodities Trading Ordinance

يحكم هذا القانون سلوك المتاجرة في السلع المستقبلية في هونج كونج وبمقتضى هذا القانون فإنه لا يحق لأي شخص أن يزاول عمليات المتاجرة في عقود السلع المستقبلية ما لم يكن مسجلا بصفته تاجرا Dealer، والقضية المطروحة الآن هل عقد مبادلة السلع يحكمه القانون

Whether a commodity swap contract would be governed by the ordinance.

وفي هذا الصدد فإن تعريف العقد المستقبلي Future Contact المنصوص عليه في الفصل الثاني من القانون إنما يشير إلى العقود التي يجري قيدها في البورصات السلعية. ولما كانت المبادلات التجارية لا يجري تنفيذها في البورصات السلعية فإنها لا تخضع للقانون [1].

قانون البنوك :

أعمال البنوك لا تتضمن بصورة دقيقة المبادلات ، مع أن هذا الأمر ينبغي أن يؤخذ بمزيد من الحرص لتجنب أية ترتيبات لأية ودائع يتم اجتذابها أو قبولها بموجبها، وهذا الأمر قد يتصل اتصالا وثيقا بترتيبات ودائع المبادلات Swap – deposit arrangements والتي ينبغي أن تقوم بها بنوك

---

(1) Paul Elliot, Op.,Cit p.151.

مخولة أو مفوضة في ذلك ومؤسسات الودائع الخاضعة للقانون.

وتقوم السلطات النقدية في هونج كونج بتنظيم أنشطة المبادلات والإفصاح عنها من خلال توجيهاتها للمؤسسات المعنية وثيقة الصلة بالموضوع . وتميل السلطات النقدية حاليا في هونج كونج إلى منح المؤسسات المالية المفوضة من جانبها المزيد من الحرية للتعامل في أسواق المبادلات .

النظم والقوانين التي تحكم
المشتقات المالية فـي أستراليا [1]

كما هو الحال في كثير من البلدان ، فإن لدى أستراليا العديد من أسواق المشتقات المالية والعديد من الأدوات التي يجري التعامل عليها في هذه الأسواق ، بدءا من العقود المستقبلية التي يجري التعامل عليها في بورصة سيدني للعقود المستقبلية Sydney Future Exchange (SFE) إلى الأسواق غير الرسمية Over the - Counter (OTC) - التي يجري تفصيل أدواتها وفقا لرغبة المتعاملين عليها Highly Customized OTC . وقد تطورت النظم الحاكمة للمشتقات في أستراليا في وقت كانت أسواق المشتقات أصغر حجما وأدواتها أقل تنوعا.

ونظم المشتقات في أستراليا تدور حول مسألتين :

أولاهما : هل تعد المشتقات عقد مستقبلي وفقا لأحكام قانون الشركات ؟

Is the derivative a " future contract " under the corporation law?

ثانيهما : أم هل تعد المشتقات المالية ورقة مالية وفقا لأحكام قانون الشركات ؟

Is the derivative a " security " under the corporation law?

ولذلك فإنه يصبح من المسائل المهمة حسم قضية المشتقات من حيث كونها عقدا مستقبليا أم أنها أوراقا مالية ، فإذا لم تكن المشتقات لا هي عقود ولا هي أوراق مالية

If a derivative is neither , contracts nor securities .

فلن تخضع لقانون الشركات في هذه الحالة ، ولكن لا بد من خضوعها لقوى جبرية أو ملزمة.

وعندما يتم تصنيف أحد منتجات المشتقات لأغراض تنظيمية أي يتعلق باللوائح والنظم والقوانين الحاكمة للمشتقات ، تبرز الحاجة للرد على بعض المسائل المثارة في هذا الصدد وهي :

هل تدعو الحاجة إلى وسيط Broker أم لتاجر Dealer أم لمستشار Adviser ؟ وهل ينبغي

---

(1) Christopher J.Hamilton, The Paribas, Op., Cit, p. 113

التعامل على تلك الأداة من خلال سوق منظمة أم أن هناك مجالا للتعامل من خلال سوق غير رسمية ؟ وأي نوع من أنواع الوساطة وقواعد الإفصاح يتعين استخدامها ؟ وما هي القضايا الضريبية الأسترالية المثارة ؟

العقود المستقبلية والأوراق المالية :

يجرى التعامل في أستراليا من خلال الأسواق الرسمية الآتية على عقود المشتقات والخيارات المستقبلية :

1 - بورصة سيدني للعقود المستقبلية Sydney Future Exchange(SFE)

2 - سوق الخيارات الأسترالية Australian Option Market (AOM)

أما السوق غير القانونية فليس لها سمات قانونية معينة Uncertain Legal Characterization ويغلب عليها أن تكون سوقا للعقود المستقبلية It most likely to be a future contract وقد لا تكون سوقا للعقود المستقبلية ولا للأوراق المالية ولا يحكمها قانون معين

It may be neither a future contract nor a security, and not caught by any specific regulation [1].

ويبدو من هذا التعريف أن المقصود بالسوق غير القانونية هنا هو السوق غير الرسمية.

أما عن تعريف العقد المستقبلي Future Contract في قانون الشركات الأسترالي فهو تعريف معقد ، ويبدو أن المشرع قد ابتغى بذلك التوسع في تفسيره بقدر المستطاع ليتسع للعقود المختلفة والعديدة ويتضمن التعريف العناصر التالية :

* يجب أن يكون هناك عقد للدفع أو التسليم في أجل محدد في المستقبل

There must be a contract for a delivery or a payment at some time in the future

* الدفع أو التسليم ينبغي أن يتعلق بسلعة أو أداة أو مؤشر

(1) Christopher J.Hamilton, The Paribas, Op., Cit, p. 113.

The delivery is to be of, or the payment is to be determined by reference to an underlying commodity, instrument or index

* يجب أن يكون الاتفاق (العقد) ذو طبيعة نمطية (موحدة) وتكون له خاصية (إمكانية التبادل بغيره)

The agreement is of standardized nature (which allows fungibility) [1].

إذا ما كان الاتفاق يترتب عليه تسليم المعقود عليه ، فإن التسوية النقدية للالتزامات يعد بديلا للتسليم.

If the agreement is for delivery, it contemplates cash settlements of obligations as an alternative to delivery.

ويجرى التعامل في بورصة سيدني في العقود المستقبلية والخيارات والسندات الحكومية. أما السوق غير الرسمية فيجري التعامل من خلالها على الأدوات التي لا يتم التعامل عليها في الأسواق المنظمة ومنها :

مبادلات العملة Currency Swap – مبادلات أسعار الفائدة Interest Rate Swap – عقود أسعار الصرف الآجل Forward Exchange Rate Contracts – عقود أسعار الفائدة الآجلة Forward Interest Rate Contracts .

أما تعريف الأوراق المالية فيغطي الأسهم Equity وأدوات الدين Debt Instrument وعقود الاختيار Option Contracts والتي يمكن أن تكون خيارا على الأسهم وأدوات الدين ، أو مؤشرات الأسعار ، أو السلع ، أو العملة.

وتتعامل سوق الاختيارات الأسترالية [AOM]حاليا في الخيارات على الأسهم ومؤشرات الأسعار.

---

(1) Fungibility : The property of interchangeability. Banknote for example must be fungible, one future contract is interchangeable with another of the same specification. (Andrew Inglis – Taylor, Op. citp.57).

أما عقود الاختيار على الأسهم في السوق غير الرسمية والتي يمكن بمقتضاها تسليم الأسهم محل التعاقد فهي أقرب إلى الأوراق المالية .

OTC equity options, which are capable of delivery, are likely to be securities.

وعلى الجانب الآخر فإن مبادلات أسهم السوق غير الرسمية أقرب إلى العقود المستقبلية .

On the other hand, OTC equity swaps are more likely to be future contracts.

إلا أن عددا قليلا من مشتقات السوق غير الرسمية يحتمل ألا يكون عقودا مستقبلية ولا أوراقا مالية وحينئذ فلا تخضع لقانون معين . وعلى سبيل المثال فإن عقد الخيار على الأسهم في السوق غير الرسمية والذي يتطلب تسوية نقدية يحتمل ألا يكون عقدا مستقبليا ولا هو ورقة مالية ، إلا أنه يمكن خضوعه لقانون الدولة للقمار والرهان .

Thought it could be affected by state gaming and betting laws [1].

أما تعريف الأوراق المالية فيغطي الأسهم وأدوات المديونية وكذا عقود الاختيار.

الضرائب والمشتقات :

الضرائب وثيقة الصلة بالمشتقات المالية في أستراليا تشمل ضريبة الدخل Income Tax وضريبة الأرباح الرأسمالية Capital Gains Tax ، والضريبة المحتبسة With holding Tax،وهي الضريبة على الدخل التي يتم استقطاعها من رواتب الموظفين أو المساهمين ويتم دفعها إلى الدولة مباشرة ، وضرائب الدمغة السيادية State Stamp tax ، وضرائب المؤسسات المالية.

وتخضع عمليات المشتقات المالية للضريبة العامة على الدخل General Income Tax .

بورصة سيدني للعقود المستقبلية (SFE) :

تعد بورصة سيدني في أستراليا السوق الرسمية للتعامل في العقود المستقبلية والخيارات ، وقد فتحت هذه السوق أبوابها عام 1960 ، إلا أنها لم تبدأ التعامل في العقود المستقبلية على مؤشرات

---

(1) Christopher J.Hamilton, The Paribas, Op. Cit, p. 114.

أسعار الأسهم العادية سوى عام 1983م ، والخيارات سوى عام 1985م . كما تم التعامل في هذه السوق في العقود المستقبلية للصوف Wool Futures ، والعقود المستقبلية على أسعار الفائدة Interest Rate Futures لمدد تبدأ من ثلاثة أشهر (90 يوما) إلى عشر سنوات .

وتعد بورصة سيدني حاليا البورصة العاشرة للعقود المستقبلية على مستوى العالم على أساس حجم التعامل عام 1993 وتعمل بنظام الشاشات الإلكترونية بعد انتهاء مواعيد العمل الرسمية فيما يعرف بنظام (1) (Sydney Computerized Overnight System(SYCom).

وقد سجل حجم التعامل في بورصة سيدني للعقود المستقبلية نحو 175 مليون عقد بنسبة زيادة 40 ٪ عن العام السابق ، وبلغ عدد العقود المسجلة في اليوم الواحد 210280 عقدا.

وفي عام 1993 واصل حجم التعامل نموه المطرد ليصل خلال الشهور الستة الأولى نحو 10.4 مليون عقد بنسبة زيادة 28 ٪ ، (انظر الجدولين 1 ، 2) .

بالنظر إلى الجدول المتقدم رقم (1) والذي يتناول عدد العقود التي تم تنفيذها في بورصة سيدني خلال عام 93 (من يناير - يونيو) وتلك التي لم يتم تنفيذها ، فقد يتوقف القارئ غير المتخصص عند ما يسمى Open Interest ، ذلك أن المصطلح المستخدم أبعد ما يكون لفظا عن دلالته و مقصوده ، فالمصطلح يشير إلى عدد العقود التي لم يتم تنفيذها كما لم يتم تعويضها.

فمن الثابت أنه ليس كل العقود يجري تنفيذها بمعنى أنها ليست عقودا لازمة ، وأن نسبة قليلة منها هي التي يتم تنفيذها .

أما المقصود بعمليات أو أوامر التفويض Offsetting orders هنا ، أن المستثمر إذا استبان له أن الثمن الذي دفعه لشراء عقد خيار شراء (Call Option) كان مرتفعا وأنه كان بوسعه أن يدفع ثمنا أقل ، وأن الأسهم محل العقد يرتفع سعرها من يوم لآخر ، فبوسع المستثمر أن يصدر أمرا إلى الوسيط الذي يتعامل معه (Broker) لبيع عقد خيار الشراء ، فيقوم هذا الوسيط بدوره بإبلاغ الأمر إلى وسيط الشركة الموجود بقاعة الخيارات (The Floor) لبيع العقد ، وحينما يجد هذا الوسيط من يفضل شراء عقد الخيار بمبلغ معين ، يقوم المشتري بدفع ثمن الخيار إلى وسيطه ويقوم هذا الوسيط

---

(1) Christopher J.Hamilton, The Paribas, Op. Cit, p. 117

بتحويل قيمة العقد إلى شركة المقاصة التابع لها والتي تقوم بدورها بتحويلها إلى الشركة المنوط بها تسوية الخيارات بالبورصة [1] Option Clearing Corporation (OCC) .

وبالنظر إلى الجدول (2) والذي يتناول أيضا عدد العقود التي تم إنشاؤها وتلك التي تم تعويضها خلال الفترة (يونيو – سبتمبر) 93 مقارنة بذات الفترة من العام السابق يسترعي انتباهنا الآتي :

زيادة عدد العقود المستقبلية وعقود الخيارات خلال الفترة محل الدراسة عام 93 لتصل إلى 16290129 عقدا مقابل 13791223 عقدا عن نفس الفترة من العام السابق بزيادة قدرها 2.498.906 عقدا وبنسبة زيادة 18.1 % كما هو ثابت بالجدول .

كما يسترعي انتباهنا في هذا الصدد تلك الزيادة التي طرأت خلال عام 93 مقارنة بالعام السابق إذ حققت كافة العقود نموا مطردا في جميع الأدوات المتعامل عليها باستثناء عقود الماشية والتي تراجعت بنسبة 97.3 % وعقود الخيار على سندات الخزانة لمدة عشر سنوات (Ten-years-T-bounds) والتي تراجعت بنسبة 0.8 % .

أما العقود التي تم تعويضها فقد حققت زيادة قدرها 198276 عقدا في سبتمبر 93 لتصل إلى 774164 عقدا مقابل 575888 عن نفس الفترة من العام السابق وبنسبة زيادة 34.6 % كما هو ثابت بالجدول .

---

(1) The total number of option contracts outstanding at any given time is called the open interest. The open interest figure indicates the

number of closing transactions that might be made before the option expire.(An introduction to derivatives, Op. cit,p. 40

المشتقات في هولندا
Derivatives in Netherlands [1]

كما هو الحال في كثير من البلدان فإن المشتقات المالية لا يجري التعامل عليها في هولندا في الأسواق الرسمية فقط ، وإنما يجري التعامل عليها في الأسواق غير الرسمية أيضا Over – The –Counter Markets .

أما السوق الرسمية ، ويطلق عليها أيضا السوق المنظمة Organized Market فهي ليست سوقا واحدة في هولندا حيث تتعدد البورصات ما بين بورصة أمستردام Amsterdam Stock Exchange (ASE) ، وبورصة الخيارات الأوروبية European Stock Exchange (EOE) وبورصة أمستردام للعقود المستقبلية المالية The Financial Future Market Amsterdam (FTA) والتي تقع في قلب أمستردام العاصمة ، وجميع هذه الأسواق رسمية وتخضع لقانون التجارة ورقابته Supervision of Securities Trade Act. وهذا القانون بدأ العمل به فقط في 15 يونيو 1992 .

وهناك بورصة رابعة في هولندا (الشهيرة بالأراضي المنخفضة Netherlands) وهي سوق أمستردام الزراعية للعقود المستقبلية The Agrarian futures Market Amsterdam(ATA) وهذه السوق يجري التعامل عليها أساسا في البطاطس والخنازير و الخنازير الصغيرة (Potatoes, Live hogs and pig lets) .

وجميع هذه البورصات منظمة تنظيما ذاتيا Self-Regulated

أنواع المشتقات التي يجري التعامل عليها في هذه البورصات :

أولا: العقود المستقبلية المالية Financial Futures :

أهم أدوات المشتقات التي يجري التعامل عليها في البورصات الهولندية هي العقود المستقبلية والتي تنقسم هنا إلى شقين رئيسيين :

أ) العقود المستقبلية لأسعار الفائدة Interest Rate Futures (IRF)

---

(1)Joost Th Krebbesand Joap w Rotgans, Nanta Dutilh, The Paribas hand book , Op. Cit,P 139.

ب) العقود المستقبلية للعملة (Currency Futures (CF

وأهم الخصائص التي تتميز بها العقود المستقبلية أنها نمطية أي (موحدة) ويجري التعامل عليها في أسواق منظمة Organized Markets ، أما عن مدلول نمطية العقود فأهم سماته تساوي الكميات المتعاقد عليها فضلا عن تماثل شروط الدفع والتسليم حيث لا تتباين من عقد لآخر بما يعني أن صيغ العقود وكيانها موحد (Unified) .

والسوق الرسمية في هولندا التي يجري التعامل من خلالها على العقود المستقبلية هي بورصة أمستردام للعقود المستقبلية (FTA) أما عن أسلوب التعامل بها فيتم من خلال وساطة عضو من هذه البورصة وكذا شركة التسوية لبورصة العقود المستقبلية الأوروبية (B.V.(EFCC [1]

وليست هناك علاقة مباشرة بين أطراف التعاقد بمعنى أن المتعاقدين لا يعرف بعضهم بعضا ، ولا يلتقي بعضهم ببعض وإنما يتم التعاقد من خلال الوسطاء . ولذا يقال دائما أن التعامل في البورصات impersonal أي غير شخصي .

وجميع العمليات التي يتم تنفيذها في البورصة تخضع للقواعد والنظم الخاصة ببورصة أمستردام للعقود المستقبلية وكذا الشروط العامة General terms and conditions ولشركة مقاصة العقود المستقبلية (EFCC)، كما أن كافة العقود التي يتم انعقادها يحكمها في النهاية القانون الهولندي ، وتتضمن قوانين ونظم ولوائح بورصة أمستردام للعقود المستقبلية عددا من المواد تتعلق بتسوية المنازعات Settlement dropouts [2]

ثانيا: العقود الآجلة Forward Contracts

العقد الآجل كما هو معلوم اتفاقية بين طرفين لشراء أو بيع أحد الأصول بسعر معين في تاريخ مستقبلي معين ، والعقد الآجل كما هو معلوم أيضا من عقود الأسواق غير الرسمية حيث لا يجري التعامل في هذه العقود في السوق الرسمية .

---

(1) Joost Th Krebbers and others, Op. Cit,p. 140

(2) Ibid,p 140

وأحد الأمثلة للعقود الآجلة هي اتفاقيات أسعار الفائدة الآجلة Forward Rate Arrangements (FRA) ، وأهم ما يميز عقد الفائدة الآجلة أنه اتفاقية بين طرفين لقبض أو دفع سعر فائدة معين على مقدار افتراضي أو رمزي فيما يسمى (Notional or principal) .

وللبنوك نشاطها المحموم في هذا المجال سواء باعتبارها مستخدمين نهائيين end-users أو وسطاء لأطراف أخرى .

ثالثا: المبادلات Swaps

المبادلة في الحقيقة هي عقد آجل ولكنها أعطيت أهمية خاصة في الأسواق المالية ، قد توصف المبادلة كاتفاقية عن طريق تبادل طرفي الاتفاقية لأحد أنواع الأصول أو الفائدة أو العملة وفقا للشروط المتفق عليها بين الأطراف في صور مختلفة . والمبادلات على وجه العموم من أدوات السوق غير الرسمية وأهم صورها :

أ) مبادلات أسعار الفائدة Interest Rate Swaps

ب) مبادلات العملة Currency Swaps

ونظرا لعدم الإفصاح القانوني الكافي عن المشتقات على وجه العموم والمبادلات على وجه الخصوص في هولندا ، فقد تناول المهتمين بالأدب القانوني Legal Literature المبادلات على أنها اتفاقيات تبادل Exchange Agreements سواء كانت مبادلات لأسعار الفائدة أو لأسعار الصرف، وهو ما يتفق ونص المادة 49:7 من القانون المدني الهولندي Article 7 : 49 of Netherlands Civil Code (NCC) إلا أن المادة المتقدمة تتناول عمليات التبادل بالنسبة للأصول الملموسة ، ولكن التفسير الرسمي (كالمذكرات التفسيرية للقوانين) على هذه المادة يتناول أيضا الأصول غير الملموسة Intangible assets بالنسبة لاتفاقيات التبادل ، وهو ما يعني حينئذ أن مبادلات العملة ومبادلات أسعار الفائدة يمكن اعتبارها اتفاقيات تبادل بمقتضى المادة 7 : 49 [(1)]

(1) Article 7:49 NCC as an agreement pursuant to what the parties agree to exchange a tangible asset, the official comments on the Article state that intangible assets may also be the subject of an exchange agreement.

وعلى الرغم من تباين وجهات النظر حول تفسير المواد ، وعلى الرغم من التصنيف القانوني ، فإن أطراف اتفاقيات المبادلات لها الحرية إلى مدى بعيد في تقرير العلاقات القانونية[1]

إن استخدام صيغة موحدة وفقا لاتفاقية الاتحاد الدولي للمبادلات والمشتقات International " Swap and Derivatives Association ISDA بدأ ينتشر انتشارا واسعا في هولندا ، وكثير من المبادلات تم تنفيذها وفقا لصيغ اتفاقيات (ISDA) الموحدة.

رابعا: الخيارات Options:

يجري التعامل على عقود الخيار في هولندا في البورصة الأوروبية للخيارات   European Option Exchange (EOE) وهي سوق رسمية ، كما يجري التعامل عليها أيضا في السوق غير الرسمية .

ووجه الخلاف بين عقود الخيار والعقود المستقبلية واللذان يجري التعامل عليهما في السوق الرسمية هو أن العقد المستقبلي Future contracts بمثابة اتفاق يلتزم بموجبه طرفي التعاقد ، بينما الخيار ينشيء حقا لطرف واحد فقط من أطراف العقد . ولذلك فإن الحائز للخيار ليس عليه التزام بتنفيذ العقد أو ممارسة الحق ، فمن حقه تنفيذ العقد أو عدم تنفيذه فينفسخ بانتهاء مدته تلقائيا ودون حاجة لإخطار كاتب الخيار بذلك ، ولذا يقال دائما أن عقد الخيار هو حق وليس التزام   It's a right and not an obligation

والخيارات التي يجري تنفيذها في البورصة الأوروبية للخيارات (EOE) وهي سوق رسمية-كما تقدم القول – كلها نمطية ، وليست هناك علاقة مباشرة بين مختلف الأطراف ، فالعقود التي يجري تنفيذها من خلال وساطة عضو من البورصة الأوروبية للخيارات وشركة مقاصة البورصة الأوروبية للخيارات ، وكافة العقود يحكمها القانون الهولندي.

أما المنتجات الأخرى مثل السقوف العلوية للفائدة caps ونقيضتها الحواجز السفلية للفائدة Floors وما يطوقهما معا collars وكذا الخيارات على مبادلات أسعار الفائدة Swaptions فكلها في

---

(1) The parties to a swap agreement are to a great extent free to determine their legal relationship. (Ibid, p.141.)

معنى الخيار ، ونحن لا نوافقهم الرأي من جانبنا على ذلك.

الضرائب على المشتقات :

الضريبة على المشتقات تؤثر دون شك على المنظمين وكذلك على الأفراد. فإذا ما كان المنظم فردا يخضع الربح حينئذ لضريبة الدخل (Income Tax (inkomps belasting .

وكقاعدة عامة فإن كافة التكاليف والمصاريف يتم خصمها من الوعاء الضريبي Tax Deductible . ومن المسائل المهمة في التشريع الضريبي هو مراعاته للحقيقة المؤكدة وتفسيرها أو تأويلها في مصلحة الممول ، ووفقا لذلك فإن الأرباح يعترف بها فقط عند تحققها Profits are recognized only when realized وهذا يعني أنه ليس هناك احتمال بتقدير جزافي يركن إلى التأويل أو يعتمد على الاجتهاد في التقدير.

وعلى النقيض من ذلك فإن الخسائر تؤخذ في الاعتبار عندما تكون واضحة apparent ولم يرد في التشريع (عند تحققها) وأتصور أن ذلك يعني عندما تكون هناك قرينة على وجودها . وحصاد ما تقدم أنه يتم النظر عند احتساب الضريبة لمصلحة الممول فلا يعتد إلا بالأرباح المحققة بينما تؤخذ في الاعتبار الخسائر المحتملة طالما ظهرت قرينة على وجودها.

المبادلات في جمهورية الصين الشعبية [(1)]

Swaps in the people's republic of China

رغم حداثة سوق المبادلات في جمهورية الصين الشعبية إلا أنها تعد أحد الأسواق النشيطة في المبادلات ، ليس هذا فحسب بل إن أغلب معاملاتها ابتغي بها أن تكون عابرة لحدودها .

Tended to be cross-border

أما النظام القانوني التجاري لجمهورية الصين الشعبية فما زال في مرحلة التطور is still in its development phase ، وليس هناك قانون معين في جمهورية الصين الشعبية يحكم عمليات المبادلات no specific legislation in the PRC governing swap transactions وحين تواجه السلطات المعنية بذلك الفراغ القانوني فمن الطبيعي أن تسترشد بمواد التشريع الصيني المماثلة وبالممارسات الدولية ، وفي سياق المبادلات فإنه يتعين الإشارة إلى :

* النظم والقوانين الحاكمة لعمليات البورصة ومراقبتها

* النظم والقوانين الحاكمة لعمليات الصرف الأجنبي الآجل والناجز Spot and Forward التي تقوم بها المؤسسات المالية نيابة عن عملائها.

* التوجيهات التي تصدر من حين لآخر From time to time من قبل جهة الإدارة المسئولة عن الرقابة على الصرف The State Administration for State Administration Exchange Control (SAEC) .

المشروعات المشتركة والمشروعات المملوكة كلية للأجانب

Sino-foreign joint ventures and foreign wholly-owned enterprises

إن تأسيس المشروعات الصينية الأجنبية المشتركة وكذا المشروعات الأجنبية المملوكة ملكية تامة للأجانب يقتضي موافقة وزارة التجارة الخارجية والتعاون الاقتصادي في نطاق الأنشطة

(1) Paul Elliot, Op., cit.,p. 155

المرخص بها ، إلا أنه لا يوجد قانون يغطي أنشطة هذه الشركات ، إلا أن التوجه الحالي هو أن المشروعات المشتركة وتلك المملوكة ملكية تامة للأجانب لا تتطلب موافقة معينة للدخول في عمليات مبادلات ، وهذا الموقف تسانده الحقيقة التالية :

1 - المشروعات الممولة أجنبيا Foreign Funded Enterprises قد تتعامل في الصرف الأجنبي لحسابها الخاص سواء من خلال عمليات حاضرة أو آجلة.

2 - المشروعات المشتركة مستبعدة من نطاق معايير الرقابة على القروض التجارية الدولية،وبالتالي فمن حقها أن تقترض الأموال بعملة أو بأخرى To borrow foreign exchange funds دون حاجة للحصول على موافقة جهة الإدارة للرقابة على الصرف.

المؤسسات غير المالية Non Financial Institutions :

بنك الصين هو بنك جمهورية الصين الشعبية المتخصص في أعمال الصرف الأجنبي ، ووفقا للقوانين والنظم الحاكمة للمعاملات الحاضرة والآجلة فإنه يتعين على المؤسسات غير المالية أن تعهد إلى المؤسسات المالية المعتمدة من الجهة الإدارية للرقابة على الصرف لكي تقوم بعمليات الصرف نيابة عنها .

هذا وتنص التراخيص الممنوحة للمؤسسات المالية لجمهورية الصين الشعبية على أن نطاق الأعمال التي تتصل بتلك المؤسسات تشمل الدخول في المبادلات والصور الأخرى من المشتقات ، ولا يتعين على هذه المؤسسات بعد حصولها على التراخيص الحصول على موافقات أخرى ، أي أنها ليست بحاجة لما هو أبعد من ذلك .

The scope of business of the relevant financial institution includes the entry into swaps and other forms of derivative transactions, no further approval is required [1].

إلا أنه بعد أن صدرت أغلب التراخيص للمؤسسات المالية المعنية فلم تعد أية تراخيص تصدر بعد ذلك – إلا نادرا – تتناول أسواق المبادلات ، وبالتالي فلم يعد بقدرة تلك الجهات الحاصلة

---

(1) Paul Ecliot, Op. Cit, p 156.

مؤخرا على التراخيص الاشتراك في سوق المبادلات أو المشتقات .

الضريبة المحتبسة Withholding Tax

ليس هناك حاليا أية نظم أو قوانين أو أحكام تتعامل مع قضية الضرائب المحتبسة على ذمة مدفوعات مبادلات أسعار الفائدة ، ولكن الأمر يعتمد كلية على ما تقرره الدوائر المحلية الرسمية Local Bureau إذا ما كان من الممكن اعتبار محصلة مبادلات أسعار الفائدة كدخل في جمهورية الصين .

ضريبة الدمغة Stamp Duty :

تفرض ضريبة الدمغة على عدد كبير من الوثائق والمستندات التي تثبت حقوقا أو ترتب التزاما في جمهورية الصين الشعبية ، ولكن ليس هناك سعر معين للضريبة يمكن تطبيقه على اتفاقيات المشتقات.

ومع هذا فإن أية اتفاقيات يمكن تقويمها كعقد بيع أو شراء بسعر 0.03% من قيمة العقد ، وحيث إن قيمة العقد غير مؤكدة فإن جهة الإدارة المسئولة عن الضريبة Tax Bureau سوف تسمح على غير أساس رسمي بتأجيل دفع ضريبة الدمغة إلى أن تصبح عملية المبادلة نهائية ومؤكدة.

ولكن إذا مورست اتفاقية مبادلة خارج جمهورية الصين فإن الشريك الأجنبي لن يطلب منه دفع ضريبة الدمغة حتى يكون المستند في سلطان أو متناول جمهورية الصين الشعبية.

وفي حالات التوقف عن دفع الضريبة فإن الدوائر الضريبية قد تفرض عقوبة Penalty تصل إلى عشرين ضعف الضريبة المستحقة.

النظم الحاكمة للمشتقات في كندا
Regulations of Derivatives in Canada [1]

واصل استخدام المشتقات في الاستثمار وإدارة المخاطر في كندا نموه السريع خلال العقد الماضي ، وقد ساعد على اطراد هذا النمو الإصلاحات التي تمت مؤخرا في النظم الحاكمة لصناديق الاستثمار Recent reform of mutual fund regulation .

وقد بدا حرص المشرع - في التعديلات الأخيرة لبعض النظم والتي شملت أيضا النظم المحاسبية - على حماية المستثمر وسوق رأس المال .

ومن المسائل اللافتة للنظر أن حجم العمليات في السوق غير الرسمية للمشتقات نمت بسرعة أكبر من عمليات المتاجرة في السوق الرسمية للعقود المستقبلية والخيارات .

أما بالنسبة للنظم الحاكمة للتعامل في السوق غير الرسمية فهي الآن محل نظر من قبل السلطات لمراقبة أداء هذه الأسواق.

هذا وتخضع عمليات المشتقات والمتعاملون عليها أيضا لعدد كبير من (network) من القوانين الاتحادية المحلية وأهمها على وجه الخصوص : [1]

1) قانون البنك الاتحادي (الفيدرالي) The Federal Bank Act والذي يراقب ويشرف على تنفيذه إدارة الرقابة على المؤسسات المالية Office of the superintended of financial institutions (OSFI) والذي يقوم بدوره بوضع النظم والرقابة عليها لكافة البنوك الكندية .

2) قوانين العقود المستقبلية للسلع والأوراق المالية المحلية التي تخضع لإشراف الأوراق المالية المحلية Provincial Securities and Commodity Futures Acts .

وهذه القوانين تحكم عمليات المتاجرة في الأوراق المالية بما فيها صناديق الاستثمار . including mutual funds وكذا العقود المستقبلية للسلع من خلال كل مقاطعة Province على

---

(1) Rosalind Morrow - Border & Elliot, Paribas, Op., Cit.,p.125

حدة ، وتراقب الملاءة المالية Capital adequacy وعمليات الإفصاح من جانب مصدري الأوراق المالية Issuer Disclosure وتسجيل الوسطاء Broker Registration وتراقب التلاعب والغش Fraud، كما تراقب بورصة الأوراق المالية وبورصة العقود المستقبلية Stock and Futures Exchange

3) التشريع الاتحادي (الفيدرالي) والذي ينظم شركات التأمين Insurance Companies وشركات إدارة الأموال Trust Companies وصناديق المعاشات Pension Funds

ولتسهيل الامتثال للنظم والقوانين من جانب المصدرين والوسطاء الذين يقومون بعمليات محلية ودولية operate nationally and internationally فقد تبنت سائر المقاطعات تشريعا موحدا Unified Legalization وتعد لجنة اونتاريو للأوراق المالية The Ontario Securities Commission هي لجنة الأوراق المالية الكائنة في كندا .

صناديق الاستثمار : Mutual Funds

بلغت القيمة الكلية للأصول لصناديق الاستثمار الكندية Aggregate Asset Value ما يزيد عن 97 بليون دولار كندي . وقد أصبحت صناديق الاستثمار هي الخيار الاستثماري لصغار المستثمرين .

تم تعديل القرار رقم 39 في 4 ديسمبر 1992 ليسمح لصناديق الاستثمار بالتعامل في منتجات المشتقات المسموح بها والتي تشمل أغلب منتجات المشتقات فيما عدا المبادلات .

Statement 39 was amended effective 4 December 92 to allow mutual funds to invest in permitted derivatives defined to include most standard derivative products other than swaps [1].

أما عن المبادلات فقد تم استبعادها بسبب صعوبة تحديد ماهيتها بدقة في ضوء كثرة ما بها من تباينات سوقية

---

[1] Rosalind, Op., Cit., P 126.

Swaps were excluded because their many market variations were thought too difficult to define accurately (1).

وقد أصبح من حق صناديق الاستثمار حاليا استخدام أية أداة من أدوات المشتقات المسموح بها في عمليات التغطية Hedging.

وقد بلغ من حرص المشرع على تحجيم المخاطر الناتجة عن استخدام المشتقات وخاصة بالنسبة لصناديق الاستثمار والتي يعتبر حملة وثائقها من صغار المستثمرين من تحديده لقيمة الاستثمار أو التوظيف في الخيارات في السوق غير الرسمية أو عمليات التسويات بما لا يزيد عن 10 ٪ من صافي قيمة الأصول (NAV) Net Asset Value .

أما صناديق الاستثمار التي تحتفظ بمراكز قصيرة maintains short positions فيتعين عليها تغطيتها. وهو ما يعنى أن المشرع لم يترك الباب مفتوحا على مصراعيه لصناديق الاستثمار التي تتعامل في المشتقات والخيارات للتعامل على المكشوف مما قد يعرضها للإحراج squeezing the shorts أو ما يسمى cornering the shorts وهذه النصوص في مجملها تكشف عن توجه المشرع إلى حماية صغار المستثمرين من المخاطر المقترنة بعقود المشتقات المالية .

أما عن كيفية التغطية هنا ، فلو فرضنا أن الصندوق قام ببيع حق خيار شراء ، فيتعين عليه تغطية مركزة بالاحتفاظ بمركز طويل long position وبنفس المقدار والوارد في العقد المكتوب بشراء خيار شراء call option .

وقد تطرق التشريع إلى أطراف الخيارات في السوق غير الرسمية OTC وعمليات البيع الآجل وهي الأطراف التي تتعامل معها صناديق الاستثمار، فيتعين بمقتضى القانون أن يكون تصنيفها الائتماني بعيدا عن مخاطر التوقف عن الدفع Risk default ، ولذا فإن أحد القيود القانونية على الأطراف الأخرى أن يكون تصنيفها الائتماني بحد أدنى "A" ومن خلال إحدى المؤسسات الخاصة بتقويم الجدارة الائتمانية وعمليات التصنيف مثل standard & poor وأيضا Moody's .

From an approved rating agency as Moody's or standard and poor's."

---

(1) Ibid, P.126.

فإذا ما انخفض التصنيف الائتماني لأحد الأطراف المتعاملة مع الصندوق عن "A" فينبغي على الصندوق أن يصفي مركزه "to close out its position" .

و أقصى مدة للخيارات بالسوق غير الرسمية والعقود الآجلة هي خمس سنوات ويجب أن يترك الخيار لإلغائها بعد 3 سنوات .

والمشرع بذلك اتخذ موقفا وسطا بين الخيارات الأمريكية والخيارات في المملكة المتحدة حيث إن حامل الخيار بالنسبة لعقود الخيار في المملكة المتحدة لا يجوز له المطالبة بتنفيذ العقد قبل انتهاء مدة الخيار ، بينما في التشريع الأمريكي فإن لحامل الخيار أن يطالب بتنفيذ العقد أو فسخه خلال أي وقت طوال فترة التعاقد. ولذلك يبدو أن المشرع الكندي اتخذ موقفا وسطا بين التشريعين.

أسواق المشتقات في فرنسا
Derivatives in France[1]

هناك نوعان من أسواق المشتقات المالية في فرنسا.

1) الأسواق الرسمية   Official Markets

وهي الأسواق المنظمة organized markets حيث المنتجات كلها نمطية standardized أو موحدة uniformed بمعنى أنه لا يجري تفصيلها وفقا لرغبة أحد الأطراف.

2) السوق غير الرسمية   Over – The – Counter Market

وهذه السوق يطلق عليها بالفرنسية (Marché de gré a gré) وهذه السوق تغطي المنتجات التي لا يمكن تنميطها بسهولة وهي غير قابلة للتفاوض أيضا .

والسوق الرسمية في فرنسا تنقسم إلى قسمين :

1 - السوق الآجلة للأدوات المالية

Marché a Terme des Instruments Financier (MATIF).

2 – سوق الخيارات القابلة للتفاوض بباريس

Marché d'option Negociables de Paris (MONEP).

أما السوق الآجلة للأدوات المالية فيقصد بها سوق العقود المستقبلية المالية والخيارات باستثناء الخيارات على الأوراق المالية ومؤشرات الأسعار

For financial futures and for options other than option on securities and stock indices.

وأما السوق الرسمية الأخرى وهي سوق الخيارات القابلة للتفاوض فيجري التعامل من خلالها على عقود الخيار على الأوراق المالية ومؤشرات الأسعار ، وهي الأدوات التي لا يجري

---

(1) James Leavy, The Paribas Derivatives, Op.Cit.p 131.

التعامل عليها في سوق الأدوات المالية للعقود المستقبلية والخيارات.

وفيما يتعلق بجميع المبادلات Swaps فيجري التعامل عليها من خلال السوق غير الرسمية OTC شأنها في ذلك شأن سائر الخيارات والتي لسبب أو لآخر لا يجري التعامل عليها في أي من السوقين الرسميين MATEF OR MONEP

وتخضع الأسواق الرسمية من حيث الاختصاص القانوني والقضائي للعديد من السلطات والهيئات القانونية . ولذا نجد أن سوق الأدوات المالية (MATIF) يخضع لمشورة السوق الآجلة Conseil du marché a term (CMT) بينما تخضع سوق الخيارات القابلة للتفاوض بباريس (monep) لهيئة مشورة بورصات الأوراق المالية

“Subject to the authority of the Conseil des bourses de valeurs (CBV)"

وتلعب لجنة عمليات البورصة(Commission des operations de bourse (Cob دورا مهما في توجيه المشورة بالنسبة للمنتجات التي يرى السماح بالتعامل عليها في سوق الخيارات القابلة للتفاوض بباريس(monep) وفي اعتماد المعلومات التي يتم إرسالها للمستثمرين من غير المتخصصين non-specialist investors والذين يدخلون أيا من السوقين الرسميين.

وتراقب لجنة البنوك Commission bon cairé أنشطة أسواق المشتقات لمؤسسات الائتمان والتي تخضع لإشرافها القضائي ولإشراف كل من بنك فرنسا ووزارة المالية .

وتعين وزارة المالية مندوبا لها لدى مجلس شورى السوق الآجلة (CMT) ولدى بيوتات التسوية clearing houses وقد تقرر تعليق الأسعار لأكثر من يومي عمل .

ومن المسائل المثيرة للانتباه أيضا ذلك المنشور المشترك الصادر عن وزارتي الداخلية والمالية الفرنسيتين والذي يمتنع بموجبه على الهيئات المحلية أن تشارك في عمليات السوق الآجلة للأدوات المالية والتي تتعامل في العقود المستقبلية والخيارات (MATIF) وكذلك الممارسات الأخرى التي تتعلق بالمشتقات .

In September 1982, a joint circular issued by the Finance Ministry forbade French local authorities to participate in operations on MATIF and in certain other

practices in relation to derivatives.

ومثل هذا المنشور يعبر في حد ذاته عن مخاطر المشتقات المالية التي يتوجسون خيفة منها خاصة إذا تعلق الأمر بهيئات محلية لا ينبغي لها أن تغامر بالدخول في عمليات المشتقات .

إن تقسيم عمليات المتاجرة بين سوق المعاملات الآجلة (MATIF) وسوق الخيارات القابلة للتفاوض (MONEP) ومن ثم بين تقسيم الاختصاص القانوني والقضائي فيما بين مجلس شورى السوق الآجلة (CMT) وشورى بورصات الأوراق المالية (CBV) يعد أمرا واضحا تماما .

فكل العمليات التي تتم على عقود مستقبلية تتم من خلال سوق المعاملات الآجلة ، وكافة الخيارات القابلة للتفاوض تتم من خلال سوق الخيارات القابلة للتفاوض (Monep).

نبذة عن سوق المعاملات الآجلـــة

Marché á Terme des I|nstruments Financiers (MATIF)

أنشيءت هذه السوق عام 1985 بعد وقت قصير من تبنى الإصلاحات التي تم إدخالها على قانون 28 مارس 1985 فيما يتعلق بأسواق العقود المستقبلية .

وقد بلغ حجم التعامل على هذه السوق نحو 1 ٪ من حجم التعامل الكلي الدولي في العقود المستقبلية الموحدة والخيارات ، ونحو 35 ٪ من أعضاء هذه السوق إما أجانب أو كيانات خاضعة لمراقبة أجنبية ، وأكثر من 25 ٪ من الأوامر الصادرة تأتي من غير المقيمين non – residents.

المنبع الرئيسي لهذه السوق هو العقود المستقبلية على أسعار الفائدة طويلة الأجل بسعر فائدة اسمي 10 ٪ .

نبذة عن سوق الخيارات القابلة للتفاوض بباريس (MONEP)

هي سوق للخيارات على الأوراق المالية ومؤشرات الأسعار ، أسستها بورصة الأوراق المالية بباريس وتخضع للسلطان القضائي للمجلس الاستشاري لبورصات الأوراق المالية " Conseil des boursé de valeurs " (CBV) .

كل شيء في هذا السوق محدد أو ثابت Fixed باستثناء مقدار العلاوة التي يدفعها المشتري

للخيار Risk Premium أو ما يسمى حقيقة option price بمعنى أنه ثمن الخيار.

ووسطاء البورصة وحدهم دون غيرهم هم الذين يقومون بإصدار طلبات الشراء "place orders" في سوق الخيارات ويشتركون بصورة آلية في عملية التسوية . كما أن هؤلاء بوسعهم الحصول على طلب الموافقة القانونية للقيام بدور صانع السوق [1]. ويتلقى هؤلاء الوسطاء stock brokers من المؤسسات الوسيطة Authorised Intermediaries كمؤسسات الائتمان. Credit Institutions والوكلاء بالعمولة من بورصة التجارة "Commission Agents at the " Bourse de Commerce ومديري محافظ الأوراق المالية Portfolio Managers الأوامر التي يقومون بتحويلها إما لحسابهم أو لحساب عملائهم باعتبارهم أيضا وكلاء بالعمولة عن عملائهم ، وإن كان لا يتم الإفصاح عن هؤلاء العملاء وفي هذه الحالة الأخيرة فليست هناك رابطة تعاقدية Contractual Link بين العملاء المُصَدرين أصلا لهذه الأوامر وبين الوسطاء بالبورصة Stock Brokers .

بيوت المقاصة وعمليات التسوية المالية

Clearing Houses and Financial Settlements

كما هو الحال بالنسبة لسوق المعاملات الآجلة للعقود المستقبلية والخيارات (MATIF) فإن بيت التسوية يلعب دورا مركزيا في المتاجرة في سوق الخيارات القابلة للتفاوض (MONEP) .

بيوت التسوية للخيارات القابلة للتفاوض

Société de Compensation des Marchés Conditionnels (SCMC)

تختلف بيوت التسوية في أسواق الخيارات القابلة للتفاوض لحد ما من حيث الالتزامات القانونية عن تلك التي تتحملها بيوت التسوية للمعاملات الآجلة في أسواق العقود المستقبلية والخيارات ، ذلك أن بيت التسوية في سوق الخيارات القابلة للتفاوض لا يقوم بدوره باعتباره طرفا Counterpart في مختلف المعاملات ولا يوفر ضمانا provide a guarantee للأداء ، و إنما يطلب من

---

(1)James Leavy, paribas, Op. Cit. P.133.

الوسطاء أن يوفروا ضمانا كافيا لتغطية أوامرهم الصادرة لحسابهم ولتغطية المراكز المفتوحة لعملائهم[1] .

المبادلات والخيارات فـي السوق غير الرسمية

OTC Trading – Swaps & Options

الأدوات التي يجري التعامل عليها خارج نطاق سوق العقود المستقبلية والخيارات (MATIF) وهي سوق منظمة أو خارج نطاق سوق الخيارات القابلة للتفاوض (MONEP) لا هي نمطية standardised ولا يمكن التفاوض بشأنها neither standardised nor negotiable ولا تستفيد من نظم التسوية المعمول بها في السوق المنظمة . فلأن هذه السوق بالضرورة غير منظمة ، فإن المؤسسات الكبرى والمؤسسات التجارية هي غالبا التي تتعامل من خلال هذه السوق بسبب وفرة الأدوات المتعامل عليها وتنوعها إلى القدر الذي أصبح معه من الصعب تنميطها .

المبادئ والأصول المحاسبية لأدوات المشتقات

Accounting Principles for Derivative Instruments

الأدوات المالية محل التعاقد قد يجري تسجيلها خارج الميزانية Off- Balance Sheet حتى نهاية العقد ، ويتم التمييز بين الأدوات التي يتم التعامل عليها في السوق غير الرسمية وتلك التي يتم التعامل عليها في السوق الرسمية عند التسجيل خارج الميزانية .وكذلك بين عمليات التحوط Hedging وعمليات المضاربة speculating .

في حالة الخيارات فإن علاوة المخاطرة Risk Premium وإن كان الأجدى هو تسميتها باسمها وهو " ثمن الخيار " Price Option المدفوع أو المقبوض فيتم تسجيله في جانبي الميزانية الأصول والخصوم على التوالي حتى تاريخ استحقاق العملية[2] .

---

(1) James Leavy, Op., Cit., P133.

(2) The nominal value of the underlying financial instruments is recorded off-Balance sheet until the end of the contract. In case of options, premiums paid and received are recorded in the assets and liabilities sides of the balance sheet respectively until the maturity of the transaction. (James Leavy, Op.,Cit., P136.)

ومفاد ما تقدم أن ثمة تباين في المعالجة المحاسبية بين الأدوات المالية التي يتم تسجيلها خارج الميزانية off- balance sheet شأنها في ذلك شأن الالتزامات العرضية كخطابات الضمان والاعتمادات المستندية ، وبين ثمن الخيار option price المدفوع أو المقبوض والذي يتم تسجيله في الميزانية وليس خارجها شأنه في ذلك شأن سائر الأصول والخصوم .

المبادئ المالية لأدوات المشتقات والمعاملة الضريبية

Fiscal Principals of Derivatives Instruments

حتى يونيو 87 لم ترد أية إشارة عن الأدوات المالية في قانون الضريبة العامة الفرنسي ، ولذا فإن المعالجة الضريبية للشركات الفرنسية فيما يتعلق بمعاملاتها المالية في هذا الصدد كانت تحكمها المواد 38 1- ، 38 – 2 من قانون الضرائب الفرنسي والذي كانت الضرائب على الأرباح غير المؤكد تحققها يتم تأجيلها بموجبه حتى نهاية العمليات حيث تؤخذ احتمالات الخسارة في الاعتبار من قبيل التحوط أو الاحتياط .

Taxation of unrealised profits were deferred until the transaction is realised , whereas potential losses were taken into account [1].

ولما كانت العمليات أو العقود التي يجري تنفيذها من خلال الأسواق الرسمية للعقود المستقبلية والخيارات تختلف من حيث التسويات عن العمليات التي تتم من خلال السوق غير الرسمية من حيث إتمام تسويات يومية خلال فترة العقد على ضوء حركة واتجاهات الأسعار ، بينما لا تتم أية تسوية في الأسواق غير الرسمية إلا في نهاية العقد أو عند الشروع في تنفيذه ، لذلك أخذت هذه المسائل في الاعتبار بالنسبة للضرائب ، إذ تفرض المادة 38 – 6 – 1 تطبيق قاعدة التسوية Marked to Market Rule على العمليات التي تتضمن عقودا مالية مستقبلية والتي يجري التعامل عليها من خلال الأسواق المنظمة .

أما بالنسبة للعمليات التي لا تتم من خلال سوق منظمة فإن قاعدة التسويات اليومية

---

(1) Marc Charles,the paribas Derivatives hand book, p.134.

Marked - to - Market فلا يتم تطبيقها ولا ينظر إلى الربح المحقق يوميا نتيجة تغير الأسعار أثناء فترة العقد وإنما الذي يؤخذ في الاعتبار ما تحقق من ربح في نهاية فترة العقد أو عند التنفيذ .

النظم الحاكمة للتعامل فـي المشتقات المالية
فـي الولايات المتحدة الأمريكية

واكب الزيادة المستمرة في نوعية أدوات المشتقات المالية في الولايات المتحدة الأمريكية تغيرا مستمرا في النظم والقوانين الحاكمة للتعامل في أنشطة المشتقات ، وأصبحت هذه النظم تخضع لكثير من التأويلات والاستثناءات كي تتواءم مع نوعية العمليات .

US laws and regulations governing derivatives activities are changing continually and are subject to numerous exceptions and interpretations [(1)].

وباستعراض النظم الحاكمة للمشتقات المالية Regulating regimes في الولايات المتحدة يسترعي انتباهنا الآتي :

تخضع منتجات المشتقات المالية في الولايات المتحدة لقوانين السلع الأمريكية US Commodity Laws أو قوانين الأوراق المالية Security Laws وقد تكون خارج نطاق هذين القانونين outside the scope of these laws ، وهذا يعتمد على توصيف أو تصوير Characterization منتج المشتقات Derivatives Product . وعلى الرغم من ذلك فمن الثابت أن المشتقات تخضع لأحكام قوانين السلع إذا ما كان المنتج أحد روافد العقود المستقبلية (شاملا عقد الخيار على عقد مستقبلي). An option on a futures contract ، بينما تخضع لقانون الأوراق المالية الأمريكي US security lawsإذا ما كان المنتج ورقة مالية، وقد تخضع لأي منهما أو هما معا (أي قانون السلع وقانون الأوراق المالية إذا ما كان المنتج يتضمن عدة وجوه لعقد مستقبلي وورقة مالية ، أو عقد خيار.

أما الوجه الأول فهو عدم إعمال مواد القانون على العمليات التي تتم بالعملات الأجنبية Transactions in Foreign Currencies ، وما يطلق عليه securities warrants [(2)] وحقوق

---

(1)The paribas derivatives, capital markets, hand book 1993/4 by Frank L schiff and Conard B. Bahlke, P.179.

(2) يقصد بـ Securities Warrants الأوراق المالية التي تعطي لحائزيها الحق في شراء أسهم في الشركة بسعر معين في تاريخ لاحق (الباحث).

الأسهم [1] Securities Rights ، وعقود إعادة بيع القروض التي تسدد على دفعات Resells of installment loan contracts. ، وكذا خيارات إعادة الشراء Repurchase Options ، والأوراق المالية الحكومية Government Securities ، مالم يكن أي من هذه العمليات تتضمن عقودا مستقبلية يجري التعامل عليها في البورصة فهذه يتم إعمال مواد قانون البورصات السلعية عليها . ولطالما كان نطاق هذه المادة محل نزاع كثير.

أما الوجه الثاني ، فإن مصطلح التسليم الآجل Future Delivery وإن كان يستخدم في قانون البورصات السلعية إلا أنه يستبعد السلع النقدية Cash Commodities لتسليم أو شحن مؤجل Deferred Shipment وهو ما يعني استبعاد بيوع أو عقود آجلة معينة [2]

هذا وقد أصدرت لجنة المتاجرة في السلع المستقبلية (CFTC) أمرا بإعفاء العقود التي يتأجل فيها الشراء أو البيع من عقود الطاقة .

النظم الحاكمة للأوراق المالية

القانونان الأساسيان الفيدراليان اللذان يحكمان عروض البيع وطلبات الشراء للأوراق المالية في الولايات المتحدة الأمريكية هما : قانون الأوراق المالية Securities Act ، وقانون بورصة الأوراق المالية The Securities Exchange Act .

وقد تم التوسع في تعريف الورقة المالية لتشمل أي سند قصير الأجل ، أو طويل الأجل ، أو سهم ، أو أداة من أدوات المديونية ، أو صك يعد دليلا على المديونية Evidence of Indebtedness ، أو عقد استثمار ، أو عقد خيار بيع Put Option ، أو خيار شراء call option ، أو هما معا straddle وعامة أية فائدة interest أو أداة تعارف الناس عليها كورقة مالية . Commonly known as a security أو أي حق في شراء الأسهم ، أو الاكتتاب أو الشراء لأية أداة سبق ذكرها .

---

(1) يقصد بحقوق الأسهم Securities Rights حق المساهمين الذين يعرضون عن الاكتتاب في الأسهم الجديدة في بيع هذه الحقوق في بورصة الأوراق المالية . (كتابنا أسواق الأوراق المالية ودورها في تمويل التنمية الاقتصادية " ، مكتبة دار النهار – ص 200).

(2) يقصد بهذا النوع من العقود تلك التي يتأجل فيها المثمن دون الثمن ، وهذا يشبه عقد السلم في الشريعة الإسلامية لانطوائه على بيع آجل بعاجل (الباحث).

In general, any instrument commonly known as a security , or any warrant, or note , or bond , or right to subscribe or to purchase any of the forgoing [1].

هذا وتخضع عمليات السوق الأولية Primary Market ويطلق عليها أحيانا سوق الإصدار الجديد[2] لقانون الأوراق المالية The Securities Act ، وهو الأمر الذي يقتضي تسجيل أي عرض Offer أو بيع Selling للأوراق المالية لدى لجنة الأوراق المالية والبورصة Securities and Exchange Commission ، أما الأوراق المالية غير المطروحة للاكتتاب العام A Non- Public Offering of Securities وهي التي يطلق عليها الطرح الخاص Private Placement فيجري إعفاؤها من متطلبات التسجيل التي يتضمنها قانون الأوراق المالية .

وينظم قانون البورصات عمليات المتاجرة في السوق الثانوية Secondary Market ويضع معايير العدالة Fairness standard ومقتضياتها لمصدري الأوراق المالية ، والوسطاء Brokers والمتاجرين في الأوراق المالية Dealers والبورصات .

المبادلات Swaps

في شتى الأسواق غير الرسمية over - the - counter Markets التي تتعامل في المبادلات وما يشبهها Swap- Like نمت المشتقات بشكل متزايد في السنوات الأخيرة ، وصاحب هذا النمو على الجانب الآخر ارتياب أو عدم اليقين فيما إذا كانت أي من هذه الأدوات تخضع لقانون السلع في الولايات المتحدة الأمريكية أو لقوانين الأوراق المالية .

وبالنسبة لقوانين السلع الأمريكية US commodities law فقد امتد عدم اليقين إلى سوق المبادلات عقب إصدار لجنة المتاجرة في السلع المستقبلية (CFTC) عام 1987 أمر لبنك تشيس مانهاتن Chase Manhattan Bank للامتثال أمامها subpoena فيما يتعلق بمعلومات تتعلق بأسعار المبادلات . ومنذ ذلك الحين فإن لجنة المتاجرة في السلع المستقبلية قد ناقشت عدة مرات موضوع

---

(1) Frank L. Schiff, Op., Cit., P.181.

(2) وهي تلك السوق التي يتم من خلالها إصدار الأسهم والسندات لشركات تحت التأسيس أو شركات قائمة ترغب في زيادة رءوس أموالها أو زيادة مواردها المالية .

المبادلات وخضوعه لقانون البورصات السلعية .

ومنذ صدور قانون الممارسات التجارية المستقبلية Futures Trading Practices Act في أكتوبر 1992 والذي أعطى للجنة المتاجرة في السلع المستقبلية (CFTC) السلطة في إعفاء عمليات معينة تشمل المبادلات ، وهجين من الأدوات Hybrid instruments من النظم الخاضعة لقانون البورصات السلعية ، اتبعت لجنة المتاجرة في السلع المستقبلية في يناير 93 قواعد من شأنها إعفاء عدد كبير من المبادلات من أغلب مواد قانون البورصات السلعية .

وفيما يتعلق بقوانين الأوراق المالية الأمريكية ، فمن المتعارف عليه عامة أن المبادلات التقليدية Traditional Swaps وهي مبادلات أسعار الفائدة وأسعار الصرف ليست أوراقا مالية تخضع لقوانين الأوراق المالية الأمريكية . أما المبادلات غير التقليدية Non traditional swaps وهي مبادلات الأسهم وغيرها فقد تُعامل كأوراق مالية خاضعة لقوانين الأوراق المالية الأمريكية .

الأدوات المهجنة Hybrid Instruments

امتد عدم اليقين حول إمكان إخضاع الأدوات المهجنة لقانون البورصات السلعية (CEA) وهو الأمر الذي يمكن النظر إليه من حيث الاحتواء لعناصر السلعة والورقة المالية Containing both commodity and security elements ، بمعنى أننا قد نكون بصدد وديعة والتي قد يكون استردادها Repayment أو فوائدها أو هما معا مرتبطا بحركة الأسعار لسلعة أو أحد مؤشرات الأسعار.

وقد قامت لجنة المتاجرة في السلع المستقبلية (CFTC) بإصدار أحكام في ظل قانون الممارسات التجارية المستقبلية (FTPA) والتي تعفي الأدوات المهجنة من أغلب مواد قانون البورصات السلعية (CEA) .

هذا وقد أعلنت هيئة المعايير المحاسبية المالية للولايات المتحدة The US Financial Accounting Standards Board (FASB) أن قواعدها الجديدة في المحاسبة والتحوط للمشتقات سوف تكون سارية المفعول على جميع الشركات التي يجري التعامل عليها من قبل الجمهور مع السنة المالية التي تنتهي في 15 يونيو عام 2000 .

وقد صدر عن هذه الجهة المنشور رقم 133 والذي يتعين على الشركات بموجبه أن تسجل المشتقات في ميزانياتها في أصول وخصوم يتم تقديرها بالقيمة العادلة .

ليس هذا فحسب بل وتلزم هذه التعليمات كافة الشركات أن تسجل في قائمة الدخل أية تغيرات في قيمة أية أدوات يتم تخصيصها للتحوط والتي قد لا تعوض التغيرات في قيمة الأصول محل التعاقد .[1]

ومن المعلوم أن المشتقات تعتبر من قبيل الأصول أو الالتزامات العرضية والتي يتم تسجيلها خارج الميزانية off- balance sheet شأنها في ذلك شأن خطابات الضمان والتي يجري قيدها خارج الميزانية في جانبي الأصول والخصوم .

هذا وتعتبر بورصة نيويورك للأوراق المالية The New York Stock Exchange (NYSE) أكبر بورصة في الولايات المتحدة ويطلق عليها أيضا بورصة "وول ستريت " Wall Street وهو الاسم الأكثر شهرة لها ، وترجع جذورها إلى نهاية القرن الثامن عشر وتتعامل هذه السوق في مؤشرات أسعار الأسهم للعقود المستقبلية والخيارات.[2]

وفي سنة 1979 / 1980 انضمت إليها بورصة نيويورك للعقود المستقبلية The New York Future Exchange (NYFE) والتي بدأت التعامل في العقود المستقبلية لأسعار الفائدة ، والعملة ، والسندات . Interest rate, Currency and Bond Futures.

أما بورصة نيويورك للعقود المستقبلية (NYFE) وهي بورصة تابعة ومملوكة كلية لبورصة نيويورك للأوراق المالية wholly-owned subsidiary of the New York stock exchange

---

(1)The US Financial Accounting Standards Board (FASB) announced that its new rules on derivatives and hedge accounting would become effective for all publicly traded companies with a fiscal year ending on 15 June 2000. FASB statement No.133 requires companies to record derivatives on their balance sheets as assets or liabilities that will be measured at fair value….. (Bis Quarterly Review , Aug.2000, International Banking and Financial Market Developments P.41.)

(2) Andrew Inglis - Taylor, Op., Cit., P. 85.

(NYSE). فقد بدأت أعمالها عام 1979 ، واستهلت أعمالها بعقود العملة وأسعار الفائدة ، ثم توسعت في نوعية العقود التي تتعامل عليها لتشمل مؤشرات أسعار الأسهم المستقبلية عام 1982 ، ويجري من خلالها حاليا التعامل على منتجات الخيارات والعقود المستقبلية وفقا لمؤشرات أسعار (NYSE) والذي يضم جميع الشركات المقيدة في بورصة نيويورك والتي تبلغ نحو 2000 شركة .

أما بورصة نيويورك للتجارة The New York Mercantile Exchange (NYMEX) فقد أسست عام 1872 م كبورصة للتجارة في (الجبن ، والزبد) والمتاجرة في عقود السلع الزراعية Agriculture Commodity Contracts. ثم أضافت العقود المستقبلية للبلاتينيوم عام 1956 م ، والعقود المستقبلية لفلزات البلاتينيوم Palladium عام 68 م ، وعقود الخيارات على الزيت الخام عام 1986 م ، ثم تبع هذه العقود عقودا أخرى ، منها عقود الزيت الحار المستقبلية Heating oil futures ، وعقود الغاز الطبيعي Neutral gas .

وتعد بورصة نيويورك للتجارة (NYMEX) خامس بورصة للمستقبليات والخيارات في العالم قياسا على حجم تعاملها عام 1993 وقبل اندماجها .

137

Exhibit 2

ATX- future traded contracts, August 1992- September 1993 (Thousands)

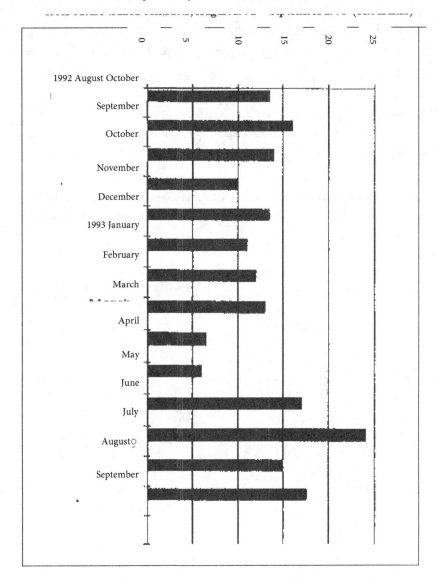

Source : GiroCredit, Vienna.
The Paribas Derivatives Handbook 1993/4

SYDNEY FUTURES EXCHANGE

Exhibit 1

Volume and open interest for SFE's major contracts (January – June 1993)

Contract	Total futures volume	Total options volume	Futures open interest	Options open interest
Share Price Index	230,369	89,774	15,848	38,451
90-day bank accepted bills	3,181,860	312,315	234,691	100,662
3-year T-bonds	3,573,513	252,701	81,659	31,548
10-year T-bonds	2,362,981	396,707	49,461	27,900
Wool	1,251	n/a	n/a	n/a
Source: SFE.	9349974	1051497	381659	198561

– local members; and
– associate members.

A summary of the rights and obligations which applies to each of these classes of membership is shown in Exhibit 3.

Exhibit 2

Volume and open interest summary for September 1993

Contract	Volume						Open interest		
	September 1992	September 1993	%increase %decrease	Jan-Sep 1992	Jan-Sep 1993	%increase %decrease	End Sep 1992	End Sep 1993	%increase %decrease
Futures									
Share Price Index	41,782.0	59,179.0	41.6	242,237.0	374,627.0	54.7	11,845.0	21,634.0	82.6
90-day bank bills	608,899.0	727,925.0	19.5	4,525,389.0	4,958,879.0	9.6	237,560.0	296,191.0	24.7
3-year T-bonds	663,208.0	751,692.0	13.3	4,210,469.0	5,502,092.0	30.7	63,227.0	108,362.0	71.4
10-year T-bonds	428,237.0	518,169.0	21.0	3,353,334.0	3,683,659.0	9.9	40,188.0	67,151.0	67.1
Wool	125.0	220.0	76.0	786.0	1,943.0	147.2	172.0	432.0	151.2
Live cattle	–	–	n/a	298.0	8.0	-97.3	–	–	n/a
Total futures	1,742,251.0	2,057,185.0	18.1	12,332,716.0	14,521,208.0	17.7	352,992.0	493,770.0	39.9
Options									
Share Price Index	11,317.0	32,857.0	190.3	105,881.0	220,179.0	107.9	34,662.0	84,680.0	144.3
90-day bank bills	46,525.0	80,987.0	74.0	502,451.0	535,210.0	6.5	132,300.0	131,303.0	-0.8
3-year T-bonds	33,339.0	32,954.0	-1.2	258,368.0	426,330.0	65.0	17,672.0	37,299.0	111.1
10-year T-bonds	75,966.0	45,388.0	-40.3	591,807.0	587,202.0	-0.8	38,262.0	28,112.0	-26.5
Total options	167,147.0	192,156.0	15.0	1,458,507.0	1,768,921.0	21.3	222,896.0	261,394.0	26.5
Total	1,909,398.0	2,249,341.0	17.8	13,791,223.0	16,290,129.0	18.1	575,888.0	774,164.0	34.6

Source: SFE.

The Paribas Derivatives Handbook 1993/4

الفصل الثاني
الأدوات المتعامل عليها
في أسواق المشتقات
ودورها في إدارة المخاطر

يتكون هذا الفصل من خمسة مباحث :

تمهيد

المبحث الأول : عقود الخيار

المبحث الثاني : أسواق العقود الآجلة

المبحث الثالث : أسواق المبادلات

المبحث الرابع : عقود أخرى تتعلق بتثبيت أسعار الفائدة

المبحث الخامس : إدارة المخاطـر

تمهيد

تقدم القول في موضع سابق أنه قد أصبح من غير الممكن لأي باحث مهما علا قدره أن يتناول على سبيل الحصر كافة أدوات المشتقات التي قدمتها مراكز البحث والابتكار حيث لا تتوقف الهندسة المالية عن صناعة منتجات مالية جديدة وتقديم ابتكارات مالية مستحدثة إما في صورة آليات كصناديق الاستثمار، أو أدوات مالية كالعقود الآجلة بمختلف أنواعها وصنوفها، وعقود الخيار والمبادلات، لتضاف إلى رصيد الأدوات والآليات الموجودة في عالم المشتقات. بل وذهب البعض إلى اعتبار عمليات الشراء بالهامش أو بالحد Trading on margin والتي تتم من خلال دفع جزء من ثمن شراء الأوراق المالية واقتراض باقي الثمن من الوسيط هي أيضا من قبيل المشتقات(1).

وسوف نحاول- من خلال هذا الفصل - تناول أهم الأدوات المالية المتعامل عليها في الأسواق الرسمية وغير الرسمية والتي تدور حول العقود الآجلة Forward Contracts والعقود المستقبلية Futures Contracts وعقود الخيار Option Contracts وعقود المبادلات والمبادلات الاختيارية Swaptions وغيرها من العقود والاتفاقيات كاتفاقيات أسعار الفائدة الآجلة Forward Rate Agreements، واتفاقيات السقوف العلوية للفائدة "Caps" والحواجز السفلية للفائدة "Floor" واتفاقيات الطوق "Collars"واتفاقيات إعادة الشراء Repurchase Agreements أو ما يطلق عليه عمليات الريبو "Repos" والريبو العكسي "Reverse Repo".

---

(1) John Watson,The Equity Derivatives handbook ,p.3.

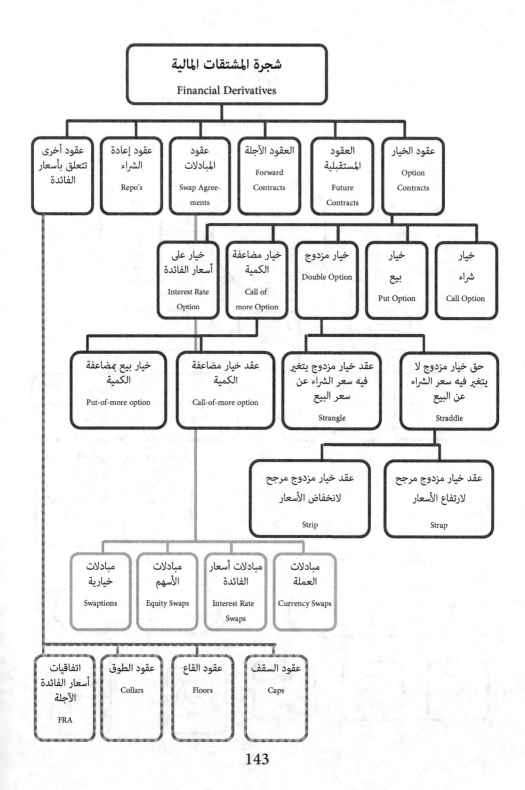

شجرة المشتقات المالية
Financial Derivatives

| عقود أخرى تتعلق بأسعار الفائدة | عقود إعادة الشراء Repo's | عقود المبادلات Swap Agreements | العقود الآجلة Forward Contracts | العقود المستقبلية Future Contracts | عقود الخيار Option Contracts |

خيار على أسعار الفائدة
Interest Rate Option

خيار مضاعفة الكمية
Call of more Option

خيار مزدوج
Double Option

خيار بيع
Put Option

خيار شراء
Call Option

خيار بيع مضاعفة الكمية
Put-of-more option

عقد خيار مضاعفة الكمية
Call-of-more option

عقد خيار مزدوج يتغير فيه سعر الشراء عن سعر البيع
Strangle

حق خيار مزدوج لا يتغير فيه سعر الشراء عن البيع
Straddle

عقد خيار مزدوج مرجح لانخفاض الأسعار
Strip

عقد خيار مزدوج مرجح لارتفاع الأسعار
Strap

مبادلات خيارية
Swaptions

مبادلات الأسهم
Equity Swaps

مبادلات أسعار الفائدة
Interest Rate Swaps

مبادلات العملة
Currency Swaps

اتفاقيات أسعار الفائدة الآجلة
FRA

عقود الطوق
Collars

عقود القاع
Floors

عقود السقف
Caps

المبحث الأول
عقود الخيار
Option contracts

عقد الخيار من حيث النوع

من حيث الغطاء

من حيث البلد المصدر

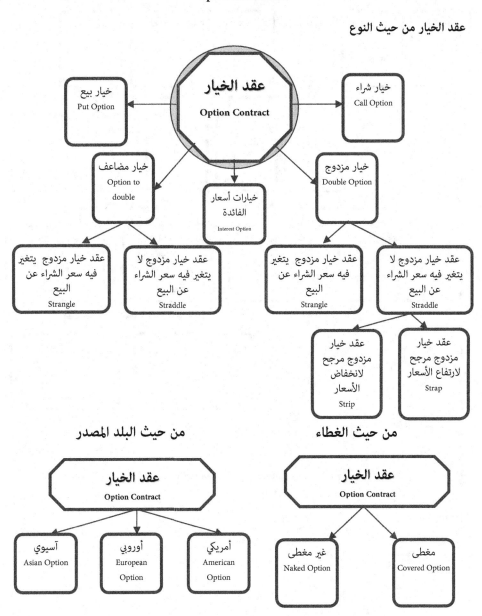

لم تكن الأدوات المالية التقليدية التي يجري التعامل عليها في أسواق الأوراق المالية نهاية المطاف في عالم التمويل والاستثمار، فثمة أدوات مالية جديدة قدمها الفكر الرأسمالي المعاصر لم تكن مجرد طفرة في أداء الأسواق المالية، وإنما كانت ثورة في صيغ وأساليب التعامل في تلك الأسواق، وتمثل من وجهة نظر مراكز البحث والابتكار حلولا إبداعية لمشاكل التمويل، والتحوط في بيئة تزداد فيها المخاطر وعدم اليقين.

وكان من أكثر هذه الأدوات إثارة لأولئك الذين يبيعون المخاطرة، وأولئك الذين يُقبلون على شرائها هي عقود الخيار. "Option Contracts"

ورغم أن عقود الاختيار لم تكن وليدة هذا العصر، كما أنها ليست من نتاج ثورة المعلومات، ولا من الأدوات التي قدمتها مراكز البحوث والابتكار، فقد عرفها الفينيقيون والإغريق منذ أقدم العصور، ولكن الجديد إنه قد طرأ عليها التطوير وعلى بعض صيغها التغيير، واشتقوا منها أدوات أثروا بها عقود المشتقات.

ونظرا لأهمية هذه الأداة بالنسبة للمتعاملين في هذه الأسواق فقد رأينا أن نصدر هذا المبحث بعرض تاريخي لعقود الاختيار.

عرض تاريخي لعقود الاختيار   The history of Options

ترجع البداية الأولى للتعامل في عقود الاختيار إلى دولة الإغريق القديمة (550 سنة قبل الميلاد) وإلى الفيلسوف الرياضي الفلكي (طاليس Thales) أحد الحكماء السبعة عند اليونان، فقد تنبأ طاليس بأن بلاده سوف تشهد ندرة في ثمار الزيتون، فقام بشراء عقود تعطيه الحق في شراء ثمار الزيتون في تاريخ معين بسعر محدد مسبقا، وهو الأمر الذي ترتب عليه إحراج السوق Cornering the Market.

وإذا كان البعض يشكك في مصداقية هذه الرواية، ولكن المؤرخين يرون في روايتها قرينة على أن نشاطا من هذا القبيل حدث في حياة" طاليس " [1].

---

(1) Benton E. Gup, Robert Brooks, Op., Cit., p.149, (The history of options).

وبدءا من "جولياس سيزار" Gulius Caesar (46 سنة قبل الميلاد) فإن الفينيقيين والرومانيين تعاملوا في عقود بشروط متشابهة إلى حد كبير لعقود الاختيار الحالية.[(1)]

وفي العصور الوسطى كانت المضاربات على بصيلات النباتات ذات الفصائل الزئبقية أمرا معتادا، فقد ارتفعت أسعار شجيرات وبصيلات هذه النباتات، ولم تكن تتوقف عن الصعود، الأمر الذي أشعل حُمى المضاربة عليها، فأنشئت سوقا ثانوية نشطة لعقود اختيارات الشراء Call Options على شجيرات وبصيلات نبات التيوليب Tulip bulbs. أما الذين كانوا يقومون بشراء هذه العقود فهم "الديلرز" وأما خيارات البيع Put Options فكانت تشتري من قبل الموردين Suppliers، وأما السوق التي كانت تباع وتشترى من خلالها هذه العقود فقد أُنشئت في هولندا عام 1634م.

ومع أُفول القرن السابع عشر ومطلع القرن الثامن عشر أنشئت سوق للخيارات في إنجلترا، إلا أنه بنشوب الحرب، وانهيار شركة "South Sea Company" لم تعد عقود المشتقات تحظى بالقبول" "Ill-favored" وصارت غير مشروعة"Ill-legal" واستمر الأمر على هذا النحو قرابة مائة عام.[(2)]

وبدأت عقود الاختيار في الظهور في الولايات المتحدة الأمريكية قبل أُفول القرن الثامن عشر بقليل وبعد عقد اتفاقية (شجرة الدُلب).(Buttonwood tree Agreement)[(3)]، وكان يطلق على عقود الخيار في ذلك الحين عقود الامتياز "Privilege"حيث تم بموجب هذه الاتفاقية إنشاء بورصة نيويورك . New York stock Exchange (NYSE)

ومع نهاية القرن التاسع عشر قام "راسيل ساج" Russell Sage المؤسس الحقيقي لتلك المعاملات بإنشاء سوق غير رسمية للاختيارات Over-the-Counter market for Options.

---

(1) Benton E. Gup, Robert Brooks, Op., Cit., p.150.

(2) Ibid, Op., Cit., P.150.

(3) Buttonwoods أطلق على هذه الاتفاقية "اتفاقية الدلب"لأنه كان يجري التعامل على الأوراق المالية قبل هذه الاتفاقية تحت شجرة الدُلب 68 وول ستريت. (Amling, Investment,p234. Fredrick).

وفي عام 1934 صدر قانون يسمح بالتعامل في الخيارات ولكنها كانت تخضع لنظم ولوائح لجنة البورصة والأوراق المالية .S.E.C إلا أن سوق الخيارات لم تجد في البداية إقبالا.بسبب بعض القيود، والتي اعتبرت من العيوب أو النقائص في السوق ومنها أن هذه العقود لم تكن نمطية، وكانت غير قابلة للتحويل وكانت تقتضي التسليم الفعلي، وأنها تفتقر إلى الضمان كما كانت تفتقد صانع السوق.

بينما شهد عام 1973 تغيرا ثوريا Revolutionary change في عالم الاختيارات، فقد قامت بورصة شيكاغو للتجارة - وهي أقدم وأكبر بورصة للتجارة في عقود السلع المستقبلية - بتأسيس بورصة للتعامل في الخيارات على الأسهم فقط Chicago Board Options Exchange (CBOE) وفتحت هذه البورصة أبوابها للمتاجرة في عقود اختيارات الشراء Call option trading في السادس والعشرين من أبريل عام 1973 بينما لم يبدأ التعامل على عقود خيار البيع Put option trading قبل يونيو 1977.[1]

ومنذ ذلك الحين فإن العديد من البورصات - وأغلبها من بورصات التجارة في السلع المستقبلية - بدأت التعامل في عقود الخيارات.

وعلى الرغم من أن نشاط السوق غير الرسمية للخيارات قد انخفض انخفاضا شديدا لسنوات عديدة، إلا أن هذه السوق شهدت نشاطا ملموسا في السنوات الأخيرة بعث فيها الحياة من جديد، وإن كانت أغلب عقود المشتقات يجري تنفيذها من خلال الأسواق الرسمية للمشتقات.

The vast majority of options trading is done on organised markets [2].

وإذا كان التعامل على عقود الاختيار في الأسواق الرسمية كان قصرا على التعامل في الأسهم في بورصة شيكاغو عام 1973 ولم تتجاوز إصدارات الأسهم المتعامل عليها 25 إصدارا. إلا أن التعامل امتد إلى بورصة نيويورك New York Stock Exchange (NYSE)، وبورصة أمريكا America Stock Exchange (ASE)، وبورصة فيلاديلفيا Philadelphia Stock

(1) Don M. Chance , Options & Futures. Op., Cit., p.19.

(2) Ibid, p.19.

Exchange (PHLX) ، ثم إلى البورصات العالمية الأخرى كبورصة لندن للعقود المالية المستقبلية والاختيارات.

The London International Financial Futures and Options Exchange (LIFFE).

كما أنه تطور ليغطي بقية المجالات التي يتم فيها تداول الأصول السلعية والمالية والمعادن النفيسة، فأصبح بوسع المتعاملين في هذه الأسواق التعامل في عقود الاختيار على الأسهم أو مؤشرات الأسهم، والمعادن الثمينة (النفيسة) والسلع الزراعية والأوراق المالية الأخرى من سندات وغيرها [1].

وجوه الاختلاف بين عقود الاختيار في السوق الرسمية وغير الرسمية :

يرى بعض الكتاب أن من مثالب التعامل في عقود الاختيار من خلال السوق غير الرسمية عدم نمطية العقود، وكذا اللجوء إلى الوسطاء للبحث عمن يقبل أن يكون الطرف الآخر في عقود البيع أو عقود الشراء، وأن ذلك يقتضي التفاوض حول جميع الشروط الخاصة بالصفقة ومنها:

* حجم الصفقة. Contract Size

* سعر التنفيذ الخاص بحق الشراء أو حق البيع. Exercise Price

* مدة سريان العقد. Expiration Date

* ثمن حق الخيار. Option Price

* أية شروط أخرى يتفق عليها الطرفان. Terms and conditions

ويرون أيضا أن من أهم ما يميز الخيارات المقيدة بالسوق الرسمية عن غير المدرجة بهذه السوق إنما يكمن في ضمانات تنفيذ العقد، ففي السوق الرسمية يكون حامل عقد الخيار على ثقة تامة أن الطرف الآخر سيفي بالتزامه كاملا على أساس أن البورصة ذاتها ستتكفل بذلك نيابة عن بائع حق الخيار [2]. أما في الأسواق غير الرسمية فإن الضمان يأتي غالبا من خلال طرف ثالث يكون في

---

(1) اتحاد المصارف العربية سنة 1996 – الهندسة المالية وأهميتها بالنسبة للصناعة المصرفية العربية ص140.

(2) اتحاد المصارف العربية – مرجع سابق ص 142.

العادة إحدى شركات الوساطة المشهورة.

وعلى النقيض من ذلك يرى آخرون [1] أن شيكاغو لم تعد مركز صناعة الاختيارات
Options Chicago is no longer the center of the options industry .

ويرون أن من مزايا التعامل من خلال السوق غير الرسمية :

1-المزية الأولى:

أن شروط عقود الاختيارات يمكن تفصيلها "Can be tailored" وفقا لاحتياجات الطرفين.

2-المزية الثانية:

هي أن السوق غير الرسمية هي سوق خاصة لا يتابع من خلالها جمهور العامة ولا المستثمرون ولا
المتنافسون العمليات التي تم تنفيذها، ويضيفون أن ذلك لا يعني أن العملية غير قانونية أو مشبوهة،
ويكشفون النقاب عن مزية عدم الإفصاح عن العمليات التي تم إنجازها في السوق غير الرسمية خلافا لما
يجري في السوق الرسمية، حيث إن صدور عدد كبير من الأوامر لشراء خيارات بيع من خلال السوق
الرسمية هو بمثابة إشارة مرسلة إلى السوق أن لدى البعض أخبارا سيئة، الأمر الذي يؤدي إلى نكوص
السوق واضطرابه Reeling Market ترقبا لما تسفر عنه هذه المعلومات أو مدى صدق تلك التوقعات.

3-المزية الثالثة:

وهي التي يضيفها الكتاب المتحمسون للسوق غير الرسمية هو أن التعامل من خلال السوق غير
الرسمية غير مقيد بنظم معينة بالضرورة. ويضيفون أن القواعد التي تحكم هذه السوق هي البديهة
والفطرة السليمة وهي الأمانة والكياسة Honesty and courtesy وأن المؤسسات التي لا تستطيع أن
تتواءم مع ذلك لن يكون بوسعها إيجاد الأطراف الأخرى التي تتعاقد معها.

على أنه قد يكون من المفيد أن تشير هنا إلى أن أغلب العقود التي يتم إنشاؤها من خلال السوق

---

(1) Don M.Chance, An introduction to Derivatives,p.25.

غير الرسمية ليست خيارات تقليدية كخيار على أحد الأسهم العادية Common stock حيث إن أغلب هذه العقود إما خيارات على السندات، أو أسعار الفائدة، أو السلع، أو المبادلات، أو العملات.

ورغم ما تقدم فيرى هؤلاء الكتاب – رغم تحمسهم للسوق غير الرسمية أنه من الإنصاف القول إن الأسواق الرسمية قد سدت حاجة السوق إلى عقود نمطية للاختيار Standardized option contracts والتي تقوم البورصة من خلالها بتحديد شروط العقود، الأمر الذي يترتب عليه إمكانية التعامل على هذه العقود من خلال السوق الثانوية، وهذا من شأنه أن يجعل تلك العقود أكثر قبولا وأكثر جاذبية More accessible , more attractive.

ويرون أنه بتوفير قاعة للمعاملات A Physical trading floor، وبتحديد القواعد والنظم، وتنميط العقود أمكن تسويق الخيارات كما يجري تسويق الأسهم. فإذا ما رغب حامل عقد الخيار في بيع العقد قبل انتهاء تاريخ سريانه، أو إذا ما أراد بائع حق الخيار أن يتحرر من التزامه To get out of the obligation ببيع أو شراء السهم محل عقد الخيار فإن هذه العملية يمكن ترتيبها من خلال بورصة الخيارات.

متطلبات القيد في السوق الرسمية للخيارات [1].

تحدد بورصة الخيارات الأصول التي يسمح للتعامل في الخيارات عليها. فإذا كان الأمر يتعلق بخيارات الأسهم فان البورصة تحدد الأسهم التي يمكن أن تكون محلا للتعاقد في بورصة الخيارات. وقد كان يشترط أيضا كأحد متطلبات القيد أن تكون الأسهم خاصة بمنشآت كبرى، إلا أن هذا الشرط كان في فترة سابقة وأصبح التعامل ممكنا على أسهم عدد غير قليل من المنشآت الصغيرة .

وقد كانت أحد القيود السابقة الموضوعة من قبل لجنة البورصة والأوراق المالية (S.E.C) هو عدم السماح بالمتاجرة في عقود الاختيار على سهم معين سوى في بورصة واحدة، إلا أن بعض الدراسات التي أُجريت في هذا الصدد أثبتت أن قصر التعامل في عقود الاختيارات على سوق

---

(1) Don M.Chance, Introduction to Derivatives,Op.,Cit.,p27.

واحدة أنشأ وضع احتكاري، الأمر الذي اضطرت معه لجنة الأوراق المالية والبورصة (S.E.C) إلى السماح بالمتاجرة في عقود الاختيار على سهم معين في أكثر من بورصة ورأت أن ذلك من شأنه زيادة التنافس فيما بين البورصات على تقديم أفضل الأسعار.

In Nov.1990 the (S.E.C) granted multiple listing to all new option classes [1].

أما المتطلبات الأخرى للقيد والتي تتعلق أساسا بالشركة التي تكون أسهمها محل التعاقد فيمكن تلخيصها في الآتي :

1- أن تكون الشركة قد حققت أرباحا خلال العامين الأخيرين لا تقل عن مليون دولار أمريكي بعد استبعاد أية أرباح غير عادية.

2- ألا يقل عدد مساهمي الشركة عن ستة آلاف مساهم.

3- أن يمتلك المساهمين من غير العاملين بالشركة ما لا يقل عن سبعة ملايين سهما.

4- أن يكون السهم قد بيع بما لا يقل عن 10 دولارات خلال الشهور الثلاثة السابقة.

5- ألا يقل حجم التعامل على أسهم الشركة عن 2.4 مليون سهم خلال الإثنى عشر شهرا الأخيرة [2].

كيف يتم التعامل في السوق الرسمية :

إن صانع السوق الذي يحتل مقعدا في البورصة يؤهله للتعامل لحسابه الخاص يُعد مسئولا عن مقابلة طلبات الجمهور لعقود الخيار.

فإذا ما كان هناك واحدا من الجمهور يرغب في أن يشتري أو أن يبيع عقد خيار، ولم يصادفه من يقبل من الجمهور أن يكون الطرف الآخر معه في عملية التعاقد، في هذه الحالة فإن صانع السوق Market Maker يقوم بهذا الدور. فما كان هناك بائعا لعقد خيار إلا وكان مشتريا، وما كان هناك شاريا لعقد خيار، إلا وكان بائعا. ويستفاد من ذلك أن صانع السوق يقوم بدور عظيم الأهمية في

(1) Ibid, p.27.

(2) Don M. Chance, Options & Futures, p.21.

هذا الصدد (بغض النظر عن رأينا في هذه المعاملات) وهو توفير سوق مستمرة للمتاجرة في الخيارات، ويعمل على توفير كافة الأسباب للتنفيذ الفوري لهذه المعاملات. [1]

وبخلاف صانع السوق فلدينا ما يسمى. The floor Broker

وظيفة الوسيط المنفذ للأوامر بقاعة التداول: The floor broker

بداية نود الإشارة إلى أن كلمة Broker لا تعني سمسارا كما هو شائع ولكنها تعني وسيطا [2] والمقصود بكلمة floor هي المقصورة أو القاعة التي يلتقي من خلالها أعضاء لجنة البورصة من التجار والوسطاء Dealers and brokers وعلى هذا الأساس فإن كلمة floor broker تعني الوسيط المنفذ لعمليات عقود الخيار داخل القاعة الخاصة بها.

أما عن دوره، فهو يقوم بتنفيذ العمليات للجمهور. فإذا ما كان هناك شخصا يرغب في شراء أو بيع عقد خيار، فإن عليه ابتداء أن يفتح حسابا لدى إحدى منشآت الوساطة المالية Brokerage firm. وهذه المنشأة تستخدم غالبا وسيطا لتنفيذ العمليات بالبورصة وهو floor broker والذي يقوم بهذه العمليات نظير أجر يتقاضاه من الشركة المعين من قبلها. فإن لم يكن لهذه الشركة أحد الوسطاء المنفذين بالبورصة، فإنه بوسعها الاستعانة بأحد المنفذين بأية شركة منافسة لتنفيذ الأمر

---

(1) The market maker is responsible for meeting the publics demand for option. when some one from the public wishes to buy (Sell) an

option as no other member of the public is willing to sell (buy) it , the market maker completes the trade.

وصانع السوق تاجر يعمل لحسابه الخاص ويوصف بأنه منظم entrepreneur، ويتمثل ربحه أساسا من خلال الشراء بسعر والبيع بسعر آخر. فيقوم بتحديد سعرين، سعرا للشراء وسعر للبيع. أما سعر الشراء فهو الحد الأقصى أو أقصى سعر يمكن أن يدفعه للمشتري ويطلق عليه Bid Price وأما سعر البيع ask price فهو أدنى سعر يقبله صانع السوق في مقابل الخيار.وهو دائما أعلى من سعر الشراء ويمثل ربحه الفرق بين السعرين. (Don M.Chance, option and Futures,Op.,Cit.,p.28).

(2) كلمة Broker تعني وسيط ولا تفيد المعنى الشائع وهو "سمسار" فكلمة سمسار لا تطلق إلا على سماسرة العقارات والمنازل وما شابهها. فهؤلاء يقومون بالوساطة بين البائع والمشتري أو بين المؤجر والمستأجر أو المقرض والمستقرض دون أن يكون أحدهم طرفا في عملية التعاقد، وأما ما يسمى The broker فهو يتعاقد فعلا بصفته وكيلا عن الشاري أو وكيلا عن البائع في السوق.انظر مرجعنا (أسواق الأوراق المالية) مرجع سابق.

وسيتقاضى عمولة مقابل تنفيذ كل أمر يرد إليه. وهذا الوسيط لا يعنيه في قليل أو أكثر ارتفاع السعر أو انخفاضه، وإن كان الوسيط سوف يعمل على الوصول لأفضل الأسعار لعميله.

وبخلاف هؤلاء وهؤلاء فهناك فئة "المتخصصين" Specialists الذين يقومون بدور الديلرز بتنفيذ العمليات لحسابهم وبدور The broker بتنفيذ العمليات لحساب الغير مقابل الحصول على عمولة. وهؤلاء موجودون بالبورصات الأمريكية.

ماهية عقود الاختيار : Option Contracts

عرف "ستيف كرول" عقد الاختيار بالآتي:

"هو عقد بين مشتري وبائع يعطي للمشتري حقا في أن يبيع أو أن يشتري أصلا معينا بسعر محدد سلفا خلال فترة زمنية معينة محددة مسبقا. ويلتزم البائع بمقتضى هذا العقد بتنفيذه إذا ما طلب إليه ذلك، وذلك بشراء أو بيع الأصل محل التعاقد بالسعر المتفق عليه، بينما يمارس الشاري حقه في تنفيذ العقد أو فسخه دون أي التزام من جانبه تجاه الطرف الآخر"

" An option is a contract between a buyer and a seller (Writer) that gives the buyer the right to buy or sell an asset at a prespecified price (exercise or strike , price) during a prespecified time period. The writer is obligated to honor the contract by purchasing or selling the asset at the exercise price. The buyer , on the other hand is under no obligation to exercise his right" [1].

بينما عرفه "شانس" بأنه عقد بين طرفين أحدهما بائع والآخر مشترى، يعطي الشاري حقا – وليس التزاما عليه – أن يشتري أو أن يبيع شيئا ما في تاريخ لاحق بسعر متفق عليه عند تحرير العقد.

" An option is a contract between two parties – a buyer and a seller – that gives the buyer the right , but not the obligation , to purchase or sell something at a later date

(1) Steve krull, Nancy Hucking ,the handbook of Equity Derivatives , Op.,Cit., p.6.

at a price agreed upon today " (1).

أما "بنتون وروبرت بروكس" فقد عرفا عقد الخيار بمعنى قريب من التعريفين المتقدمين وذلك على الوجه التالي :

" الخيار عقد يعطي حامله الحق دون أن يكون ذلك التزاما بأن يشتري أو يبيع أصلا بالسعر الوارد بالعقد وقبل نفاد فترة سريانه".

" An option is a contract giving the holder the right but not the obligation to buy or sell some item at a stated price before a stated time" (2).

ويبين من جميع التعريفات المتقدمة أنها تتفق جميعا في المضمون، وإن تباينت تباينا محدودا في حجم التفاصيل، إلا إنه قد يؤخذ عليها جميعا أنها بينما تصدت لحقوق أحد الأطراف، فقد أغفلت تماما ما عليه من التزامات، ولا يتحقق هذا في عقد من العقود إلا أن يكون هبة أو تبرع وهو ما لا ينطبق على عقد الخيار. فإذا ما كان مشتري حق الخيار يدفع مقابلا نظير تمتعه بهذا الحق يُعرف بثمن الخيار Option price فإن ذلك يمثل التزاما من جانبه نظير تمتعه بهذا الحق.

ولا يغير من الأمر شيئا أن يكون ثمن الخيار قد تم قبضه عند تحرير العقد وهو أحد العوضين، بينما بقى التزام الطرف الآخر قائما إلى أن تنتهي مدة العقد، ومعلقا على مشيئة من له حق الخيار في ممارسة هذا الحق من عدمه.

أنواع عقود الاختيار Types of option contracts

يقسم أغلب الكتاب عقود الاختيار إلى نوعين رئيسين فقط هما :

عقد خيار البيع Put option، وعقد خيار الشراء Call option

There are two basic types of options:

(1) Don M. chance , option and futures , Op.,Cit., p.3.

(2) Benton E. Gub , Robert Brooks , Op.,Cit., p.154.

The Put option and the Call option [1].

بينما يقسم بعض الكتاب هذه العقود إلى أربعة أنواع.

Put option   1) عقد خيار بيع

Call option   2) عقد خيار شراء

Strangle   3) عقد خيار مزدوج يتغير فيه سعر الشراء عن البيع

Straddle   4) عقد خيار مزدوج لا يتغير فيه سعر الشراء عن البيع

Four types of privileges (option) are employed , the Put , the Call , the spread (Strangle) and the (Straddle) [2].

أما التقسيم الذي وقع عليه اختيار الباحث فهو الذي تم استخلاصه من مختلف المصادر والمراجع الأجنبية والموسوعات والمعاجم المتخصصة التي تناولت موضوع المشتقات باستفاضة.

وهذا التقسيم لا يقف عند حدود الأصول وفروعها وإنما يتجاوزها إلى ما هو أبعد من ذلك وإن أهمل بعضها فلقلة فائدتها أو عدم شيوعها

Call option   1) عقد خيار شراء

Put option   2) عقد خيار بيع

Double option   3) عقد خيار مزدوج

ويتفرع عن هذا النوع الأخير من العقود نوعين :

Straddle   * عقد اختيار مزدوج لا يتغير فيه سعر الشراء عن البيع

Strangle   * عقد اختيار مزدوج يتغير فيه سعر الشراء عن البيع

---

(1) Nancy & Steve , the handbook of Equity Derivatives Op.,Cit., p.6.   وأيضا

Charles Amos Dice , the stock market p.245.

(2) Charles Amos Dice , stock market , p.245.

4) عقد خيار بمضاعفة الكمية Option to double

عقد خيار بيع مقترن بحق مضاعفة الكمية Put-of-more option

عقد خيار شراء مقترن بحق مضاعفة الكمية Call-of-more option

1- عقد خيار الشراء Call option

عرفه "فردريك إيملنج" بأنه عقد قابل للتداول يعطي للمشتري الحق في شراء عدد معين من الأسهم أو السندات لفترة معينة وبسعر معين [1].

بينما عرفه "جاك كلارك فرانسيس" بأنه خيار لشراء أسهم عادية لمنشأة ما بسعر معين خلال فترة معينة.

"A call option is an option to purchase the common stock of a firm at a specified price within a specified period" [2].

بينما عرفه "فرانسيس هيرست" بأنه عقد على دفع مبلغ معين مقابل الحصول على حق شراء ورقة مالية معينة في تاريخ معين وبالسعر المسمى في العقد.

"The call is a contract to pay money for the right to buy a certain security on a given date at a named price" [3].

وجوه استخدام عقد خيار الشراء.

1 - يجري شراء حقوق اختيار الشراء من جانب أولئك الذين يتوقعون ارتفاع أسعار الأسهم في السوق وهو ما يعبر عنه باستخدام حقوق الشراء في عمليات (المتاجرة أو المضاربة) The use of privileges in trading.

---

(1) Fredrick Amling , Investment , p.180.

(2) Jack Clark Francis , Management of investment 2nd ed.p.526.

(3) Francis Hirst , the stock Exchange , a short study of investment and speculation p.126. (Dar El kotob Al Misria).

2 - كما تستخدم عقود اختيار الشراء كأداة (للتغطية أو التحوط) Hedging أو التأمين ضد المخاطر ومثال ذلك :

أحد المتعاملين في السوق باع على المكشوف مائة سهم من أسهم إحدى الشركات بسعر 120دولار، والبائع على المكشوف مضارب دائما على الهبوط، ولكي يؤمن نفسه ضد مخاطر ارتفاع الأسعار، أي ضد الخسائر To insure himself against loss قام بشراء عقد خيار شراء Call option من السوق، فإذا فرضنا أن تكلفة شراء هذا العقد تبلغ 350 دولار بواقع

3.5 دولار عن كل سهم، فإذا انخفض السعر إلى 110$فانه يحقق ربحا قدره 1000$ من عملية البيع على المكشوف، فإذا ما كان عليه أن يتحمل ثمن حق الخيار وهو 350$فضلا عن 50$ تمثل عمولة سمسرة Commission، 50$ ضريبة فإن صافي ربحه في هذه الحالة يبلغ 550$ **عبارة عن :**

$ 1000 - ($ 350 + $ 50 + $ 50) = $ 550.

أما لو ارتفع السعر خلافا لتوقعاته إلى 136 $ فإن بوسعه استخدام عقد خيار الشراء في تغطية عملية البيع على المكشوف والتي تمت بسعر 120 $ للسهم فإن خسارته لن تتجاوز في هذه الحالة ثمن الخيار المدفوع فضلا عن عمولة السمسرة والضرائب وهي :

تمثل ثمن الخيار	$350
ضرائب	$ 50
عمولة	$ 50
جملة الخسائر	$450

أما عن أسباب عدم تحمله أو تحديد خسارته بمقدار ثمن الخيار والعمولة والضرائب فلأن الفارق بين سعري التنفيذ والسوق في حالة الهبوط يعادل الفارق ما بين ذات السعرين في حالة الصعود.

ولإزالة الالتباس الذي قد يحدث نتيجة قصور في العرض، نعرض لمثال آخر نفصل به ما أجمل ونوضح به ما أبهم... بافتراض أن أحد المتعاملين في بورصة شيكاغو للخيارات تعاقد على شراء

عقد اختيار شراء Call option لورقة مالية معينة بسعر 80 $ وكان السعر في السوق الحاضر حينذاك 77.625 $ على أن تكون مدة سريان العقد ثلاثة أشهر.

المشتري هنا – وهو دائما كذلك – مضارب على الصعود ويتوقع ارتفاع السعر خلال تلك الفترة إلى ما يزيد عن سعر التعاقد Exercise price وهو 80 $ فضلا عن المبلغ المدفوع من جانبه مقابل حق الخيار وهو ما يطلق عليه ثمن الخيار Option price وقدره $1.375.

في هذه الحالة إذا ارتفع سعر السهم في السوق فوق ثمن التعاقد (Exercise or Striking , price) كان من مصلحة مشتري حق الخيار بيعه في السوق قبل انتهاء فترة العقد.

ولنا أن نتساءل لماذا دخل الطرفان في عملية التعاقد ؟

تفسير ذلك أن الشاري كان يتوقع ارتفاع السعر فوق $80 قبل انتهاء فترة العقد. وعلى النقيض من ذلك فإن بائع الحق ويطلق عليه (Seller or Writer) كان يتوقع ألا يصل السعر قبل انتهاء مدة التعاقد إلى 80 $.

تفاوض البائع والمشتري على أن يكون ثمن الخيار $1.375 عن كل سهم يمكن أن ينظر إليه على أنه رهان من قبل الشاري على ارتفاع السعر فوق $80 قبل انتهاء العقد.

The option price of $1.375 which can be viewed as the buyer's wager on the stock's price would not get above $80 before the option expired [1].

والاحتمال الآخر هو أن كلا من البائع والمشتري قد استخدما عقد الخيار كأداة للتحوط ضد المخاطر.

الآثار التي تترتب على ارتفاع سعر السهم بعد التعاقد:

لو افترضنا ارتفاع أسعار الأسهم في السوق فور التعاقد على شراء (**عقد اختيار الشراء**) سيترتب على ذلك:

1 -ارتفاع قيمة عقد خيار الشراء.

---

(1) Don M.Chance , An introduction to Derivatives , Op.,Cit., p.24.

2 - عقود الخيار الجديدة بنفس الشروط سوف تباع بثمن خيار أعلى، والعكس أيضا صحيح فيما لو انخفضت أسعار الأسهم.

3 - إذا ما رغب صاحب حق الخيار في بيع هذا الحق في السوق فسوف يحصل على ثمن أعلى من الثمن الذي دفعه كثمن للخيار يمثل الربح الذي حققه. وتعتبر المصطلحات المستخدمة في بورصات العقود الاختيارية ذات أهمية بالغة في هذا الصدد، فيقال " إذا تجاوزت أسعار الأسهم في السوق السعر المتعاقد عليه Exercise price من خلال عقد الشراء قيل إنها In - the – money:

Out – of – the money   وإذا كان سعر السوق أقل

At – the – money   وإذا تساوى السعران قيل

ونتناول من خلال الشكلين (5.3) ، (5.4)استراتيجيات حق خيار الشراء Call option

FIGURE 5.3
Buy Call

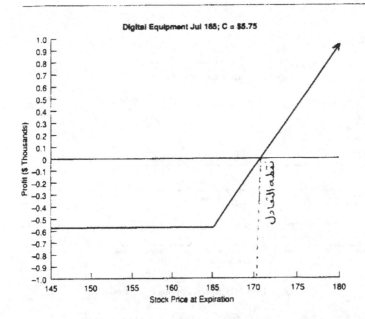

Digital Equipment Jul 165; C = $5.75

Source: Don M. Chance, Options & Futures,p.165. مقتبس

159

يصور الشكل المتقدم (5.3) إحدى الاستراتيجيات الأساسية للخيارات وهو حق خيار الشراء Call option.

* المحور السيني (الأفقي) يسجل حركة أسعار السهم محل التعاقد خلال مدة التعاقد.

* المحور الصادي (الرأسي) يمثل الأرباح والخسائر المحتمل تحققها والتي ترتبط أساسا بتوجهات السوق وحركة الأسعار وتوقعات مشتري حق الخيار.

* المحور الصادي ينقسم إلى جزأين، العلوي ويسجل الأرباح الناتجة عن صعود الأسعار وتجاوزها لسعر التعاقد Exercise price وثمن الخيار المدفوع Option price والسفلي يسجل ثمن الخيار المدفوع.

* سعر التعاقد وفقا للشكل المتقدم هو $165.

* ثمن الخيار المدفوع Option price كما يبدو على المحور الصادي (المقطع السفلي) والذي يمثل مصروف أو خسارة $5.8.

* نقطة التعادل Breakeven point كما يتبين من الشكل المتقدم عند $170.8 وتمثل النقطة التي يتساوى عندها سعر السوق مع سعر التعاقد مضافا إليه ثمن الخيار ($165 + $5.8).

FIGURE 5.4

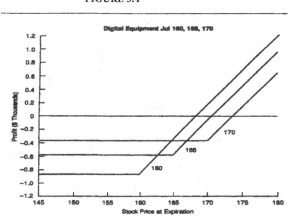

Source: Don M. Chance, options & Futures, p.166

* استبان لنا من خلال استعراض الشكل (5.3) السابق، أنه كان أمام الشاري لحق الخيار Call option فرصة افتراضية وحيدة، وهي شراء الأصل محل التعامل بسعر تعاقد 165$ مقابل أن يدفع ثمنا لحق الخيار قدره 5.8$ لكل سهم.ولكن لما كان ذلك مخالفا للواقع حيث يتاح لمن يرغب في شراء حق خيار شراء أن يقارن بين عدد من العروض يتباين سعر التعاقد لكل منها عن الأخرى، وكذلك الثمن المدفوع مقابل حق الخيار، لذلك فإن الشكل (5.4) يصور لنا الآثار المترتبة على شراء حق خيار الشراء عند تباين أسعار التعاقد وثمن الخيار المدفوع ويبرز نقطة التعادل Break even point في الحالات الثلاث.

* يفترض الشكل (5.4) أن أمام المستثمر الخيارات التالية :

الأول : أن يكون سعر التعاقد على السهم محل التعامل 160 $ مقابل أن يدفع 8.625 $ ثمنا للخيار Option price.

أو أن يكون سعر التعاقد للسهم 165$ مقابل أن يدفع 5.750 $ ثمنا للخيار.

أو أن يكون سعر التعاقد 170 $ للسهم مقابل 3.75 $ ثمنا للخيار.

* يلاحظ أن ثمة علاقة تضاد بين سعر التعاقد وثمن الخيار ويعد ذلك أحد أساسيات وبديهيات التعامل في هذه العقود، فكلما ارتفع سعر التعاقد كلما انخفض ثمن الخيار، وكلما انخفض سعر التعاقد ارتفع ثمن الخيار في المقابل.فحينما كان سعر التعاقد 160$ كان ثمن الخيار 8.625$ بينما كان سعر التعاقد 170$ عندما كان ثمن الخيار 3.75$ وتفسير ذلك أن ارتفاع سعر التعاقد يقلل من فرص الشاري في المطالبة بتنفيذ العقد، وهو لن يطالب بتنفيذه أبدا طالما أن سعر السوق لا يغطي سعر التعاقد مضافا إليه ثمن الخيار، وهذا هو كل ما يأمله بائع حق الخيار، بينما انخفاض سعر التعاقد يمثل مخاطرة لبائع حق الخيار، الأمر الذي يقتضي حصوله على ثمن أعلى يتناسب مع حجم المخاطرة التي يتعرض لها.

* يبرز الشكل (5.4) نقطة التعادل Break even point عند مختلف أسعار التعاقد.

فعند سعر تعاقد 160$ كانت نقطة التعادل 168.625$ (160$ + 8.625$).

وعند سعر تعاقد 165$ كانت نقطة التعادل عند 170.750$ (165$ + 5.75$).

161

وعند سعر تعاقد 170$ كانت نقطة التعادل عند 173.750$(170$ + 3.75$).

فإذا قيل وأيهما أفضل للمستثمر في شراء حق الخيار Call option يقول "شانس" لو وقع اختيارنا على سعر التعاقد 160$ فإنه من الممكن تحقيق أرباح مجزية فيما لو ارتفع سعر السوق، أما وإن اتجهت الأسعار في غير صالحة، فانخفضت، فإن الخسارة سوف تكون فادحة، وتتمثل الخسارة هنا في دفع ثمن الخيار بالكامل وقدره 862.50 $ (8.625 $ × 100 سهم).

If we choose the 160 over the 165 , we have the potential for a greater profit if the stock price at expiration is higher. If the market is down , however , the loss will be greater. The potential loss is the full premium of $862.50.[1]

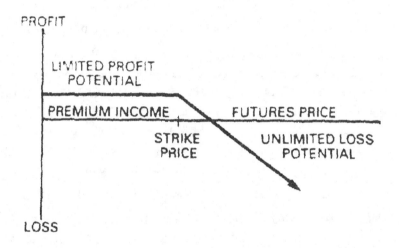

Figure 16 Writing a Call

(1) Don M. Chance, Options & Futures, Op., Cit.,p167.

وينتهي "تشانس" إلى أن الاختيار ليس سهلا لتقرير أي عقد منهما أفضل عند المقارنة بالعروض الثلاثة، وأن ذلك يتوقف على توقعات مشتري حق الخيار وثقته في توجهات السوق.

فإذا ما كانت توقعات المستثمر يكاد يغلب عليه اليقين في تحققها إزاء سلوك السوق واحتمالات صعود الأسعار، فإن أدنى سعر تعاقد متاح لحق الخيار وهو هنا 160 $ يصبح الأفضل عند المقارنة بالاختيارات البديلة.[1]

بالنظر إلى الشكل رقم (16) سوف يسترعى انتباهنا أن المحور الصادي يسجل في الجزء العلوي منه ثمن الخيار Option price لأنه يمثل ربح بائع حق الخيار، بينما ظهر ثمن الخيار في الجزء السفلي في الشكلين (5.3)، (5.4) وذلك لأنه يمثل خسارة بالنسبة لمشتري حق الخيار.

* سجل سعر السوق في الشكل (16) صعودا تجاوز به سعر التعاقد Striking Price وهو ما يعني خسارة محتملة بالنسبة لبائع حق الخيار، فإذا ما تجاوز سعر السوق للأصل محل التعاقد سعر التعاقد مضافا إليه ثمن الخيار، فإن خسائر بائع حق الخيار The option seller (or writer) تصبح يقينية وغير محدودة، وتتوقف على مدى مواصلة السعر لعملية الصعود.

الشكل (1-24) يعرض لنشرة الأسعار لبعض أنواع عقود خيارات الأسهم وأكثر العقود نشاطا في 23 يناير سنة 1996 والمصدر هو جريدة(Wall Street Journal) يوم 1996/1/24.

ولكن كيف نقرأ هذه النشرة.

بفرض أن أحد المستثمرين كانت لديه الرغبة في شراء أسهم AT & T وهي الشركة الخامسة المقيدة في النشرة.

أما العمود الأول : فيشير إلى أن أسهم AT & Tقد أقفل سعرها يوم 23 يناير بمقدار 64.75 $ Close price.

---

(1) Thus the choice of which option to purchase is not easy and depends on how confident the call buyer is a bout the market outlook.

If one feels strongly that the stock price will increase , the call with the lowest exercise price is preferable.(Don M.Chance , option & futures , p.167.)

- أما العمود الثاني : فيرصد سعر التعاقد Exercise Price.

- أما العمود الثالث : فيشير إلى شهور التعاقد المتاحة للعقود.

- أما العمود الرابع : فيشير إلى عدد العقود المتعامل عليها Open Interest.

- أما العمود الخامس فيشير إلى آخر إقفال.

AN OVERVIEW OF OPTION MARKETS AND CONTRACTS 87.

FIGURE 24.1 **STOCK OPTION QUOTATIONS**

Tuesday, January 23, 1996

Composite volume and close for actively traded equity and LEAPS, or long-term options, with results for the corresponding put or call contract. Volume figures are unofficial. Open interest is total outstanding for all exchanges and reflects previous trading day. Close when possible is shown for the underlying stock on primary market. CB-Chicago Board Options Exchange. AM-American Stock Exchange. PB-Philadelphia Stock Exchange. PC-Pacific Stock Exchange. NY-New York Stock Exchange. XC-Composite. p-Put.

MOST ACTIVE CONTRACTS

Option/Strike				Vol	Exch	Last	Net Chg	a-Close	Open Int
Compaq	Feb	50		16,885	PC	2 9/16	+ 7/16	49 5/8	10,363
Tex In	Feb	50		7,443	CB	1 1/8	− 1 5/16	46 1/4	12,448
I B M	Feb	105		5,995	CB	1 15/16	...	102 5/8	9,851
Arakis	Jul	5		5,286	XC	3/4	− 3/8	4	1,463
RbadRt	Feb	25		4,666	XC	1/16	− 1 9/16	20 1/2	7,596
AppleC	Feb	35		4,636	AM	3/4	− 5/16	31 5/8	5,311
Compaq	Feb	50	p	4,408	PC	2 9/16	− 7/16	49 5/8	5,810
Tex In	Feb	40	p	4,349	CB	1/2	+ 1/16	46 1/4	1,201
MicrTc	Feb	35		4,314	XC	1	− 1/16	32	13,365
I B M	Feb	100		4,294	CB	4 3/8	+ 3/8	102 5/8	8,457
I B M	Feb	100	p	3,766	CB	1 11/16	− 3/8	102 5/8	7,605
Citicp	Jan 97	60	p	3,555	CB	2 1/2	− 1/4	69 1/2	1,532
MicrTc	Feb	30	p	3,388	XC	1 5/16	− 1/16	32	12,280
I B M	Feb	110		3,124	CB	11/16	...	102 5/8	1,006
OfcDp	Apr	25		2,850	AM	1/2	+ 1/4	19 3/4	1,186
AppleC	Feb	35	p	2,840	AM	3 3/8	− 3	31 5/8	2,959
SymMic	Feb	50		2,663	PC	1 3/16	− 1 5/16	44 1/8	4,786
TelBrasl	Feb	55		2,618	XC	2 3/8	− 1/8	55	6,782
Oracle	Mar	50		2,584	CB	1 5/16	+ 1/16	46 1/4	3,754
MicrTc	Jul	40		2,528	XC	3	...	32	3,381
Compaq	Feb	45	p	2,514	PC	3/4	− 9/16	49 5/8	4,565
BarickG	Feb	30		2,511	AM	3/4	− 1/8	29 1/2	7,204
TelMex	Feb	30	p	2,509	XC	1/4	− 1/16	33 5/8	6,567
GnMotr	Jan 97	50	p	2,433	CB	4 1/4	− 1/8	58	11,905
Dig Eq	Feb	70		2,415	XC	3 3/8	+ 1/8	70	5,834
I B M	Feb	95	p	2,404	CB	5/8	− 1/8	102 5/8	5,714
Compaq	Feb	55		2,329	PC	1/4	+ 1/8	49 5/8	4,901
Intel	Feb	55		2,320	AM	1 1/16	+ 5/16	52 11/16	15,809
AppleC	Feb	32 1/2		2,297	AM	1 3/8	+ 1/16	31 5/8	3,313
Arakis	Apr	5	p	2,279	XC	1 3/8	+ 5/16	4	478
TelMex	Feb	35		2,216	XC	13/16	− 5/16	33 5/8	17,236
BarickG	Apr	30		2,199	AM	1 5/16	− 1/4	29 1/2	7,704
Dig Eq	Feb	75		2,188	XC	1 5/16	...	70	...
Motrla	Apr	50	p	2,096	AM	2 9/16	+ 5/16	53	3,666
Intel	Feb	45	p	2,087	AM	1/4	− 1/16	52 11/16	2,806
Chase	Jan 97	55	p	2,075	AM	2 1/2	− 5/16	63 1/4	1,829
AppleC	Feb	30	p	2,055	AM	1 1/2	− 3/8	31 5/8	3,836
Cirrus	Jun	25		2,030	XC	2 1/4	...	20 7/16	598
TelBrasl	Mar	55		2,015	XC	3 3/8	...	55	...
TelBrasl	Feb	55	p	2,013	XC	2 1/16	− 9/16	55	3,936

Source: *The Wall Street Journal*, January 24, 1996.

(2) عقد خيار البيع   Put option

عرفه البعض بأنه عقد قابل للتداول يعطي لمشتريه حقا بأن يبيع لمحرر العقد وهو (بائع حق الخيار) أسهما – عادة 100 سهم بسعر معين متفق عليه هو (سعر التنفيذ) لمدة زمنية معينة بعلاوة متفق عليها.

A put option is a negotiable contract giving the holder the right to sell stock to the writer – usually 100 shares – at a specified striking price for a specified period at a set premium [1].

بينما عرفه "بنتون" و "روبرت بروكس" بالآتي:

"خيار يعطي حامله حقا في أن يبيع أصلا (كالأسهم العادية) بالسعر المسمى في العقد وقبل انتهاء مدته المحددة في العقد ".

"Put option – An option giving the holder right to sell an item (Such as common stock) at a stated price before a stated time" [2].

بينما عرفه "فرانسيس هيرست" بأنه عقد على دفع مبلغ من المال مقابل أن يكون لمن دفع ثمن الخيار حقا في أن يبيع لمن حرر له العقد ورقة مالية معينة في تاريخ معين بالسعر المسمى في العقد.

"The put is a contract to pay money for the right to sell a certain security on a given date at a named price" [3].

ورغم أن أغلب التعريفات تتناول الأسهم العادية على أساس أنها الأدوات أو الأصول محل التعاقد، إلا أن ذلك ليس مقصودا في ذاته، ذلك أن الأسهم العادية وغيرها من الأدوات المالية أو الأصول يمكن أن تكون محلا للتعاقد فالسندات، والعملات الأجنبية، ومؤشرات الأسعار كل ذلك يصلح أن يكون محلا للتعاقد، وهو ما عبر عنه "جاك كلارك فرانسيس" بالآتي :

---

(1) Fredrick Amling , Op.Cit , p183.

(2) Benton , E.Gup & Robert Brooks , Op.,Cit., p.154.

(3) Francis Hirst , Op.,Cit.,p.127.

Option can be written not only on common stock , but also on securities and other goods.

For example , option are actively traded and widely available on bonds , stock market indexes , foreign currencies , commodities futures contracts and even economic indexes [1].

وجوه استخدام عقود اختيار البيع.

1- يجري شراء عقود خيار البيع من جانب أولئك الذين يتوقعون انخفـاض أسعار الأوراق المالية محل التعاقد وهو ما يعبر عنه باستخدام هذه العقود في المضاربة. The use of privileges (Options) in trading.

2- تستخدم كبديل لعمليات البيع على المكشوف Short sale وتفصيل ذلك أنه لما كان أمام المضارب الذي يتوقع انخفاض السعر أن يبيع على المكشوف أو أن يشتري خيار بيع (Put option) فإنه قد يفضل الأسلوب الأخير على الأسلوب التقليدي، وهو يتوقع أنه سيكون بمقدوره أن يشتري الأسهم بسعر التعاقد محققا الفرق بين السعرين.

If the trader believes there is a drop in the price of certain stocks just ahead , he will buy a put instead of following the usual method of selling short [2].

3 - يستخدم في التأمين ضد المخاطر.فالتاجر الذي يشتري ورقة مالية معينة وهو يأمل أن يرتفع سعرها فيما بعد ليبيعها ويغتنم الفرق بين سعري البيع والشراء، قد يتحوط في ذات الوقت ضد أي هبوط في السعر، فالأسعار تتقلب من يوم لآخر، بل ومن لحظة لأخرى صعودا وهبوطا، ولذلك فإنه يقـوم بشراء عقد خيـار بيـع Put option لتغطية عملية الشراء وسيمكنه عقد البيع من تعويض أي خسارة تلحق به إذا انخفضت الأسعار، ذلك أنه سيقوم ببيع الورقة بنفس سعر شرائها. أما لو ارتفع السعر فلن يكون في حاجة إلى استخدام عقد خيار البيع وسيخسر في هذه الحالة ثمن

---

(1)Jack Clark Francis , Op.,Cit., p635.

(2) Dice , Op.,Cit., p.250.

شراء هذا العقد ويربح الفرق بين سعر التعاقد وسعر البيع

A person who buys a stock hoping to sell later at a higher price , may also buy a put as a hedge against a fall in price. the put enables him to sell the stock at the price for which he bought it [1].

وقد يكون من المفيد هنا أن نتوقف ولو قليلا لتحليل سلوك المتحوطين Hedgers ضد المخاطر حتى نستبين أثر عملية التحوط على نشاطه السوقي.

لقد استرعى انتباهنا ونحن نتصدى لحالة الشخص أو الجهة التي استخدمت عقد خيار البيع للتحوط ضد مخاطر انخفاض الأسعار قيامها ابتداء بشراء ورقة مالية معينة وهي تأمل وتتوقع أن يرتفع سعرها، إلا أنها في ذات الوقت كانت تخشى تقلبات السوق واتجاه الأسعار في غير صالحها، فقامت بشراء عقد خيار بيع Put option يتيح لها بيع نفس الأوراق التي قامت بشرائها بنفس السعر الذي اشترت به هذه الأوراق، ويوصف تصرفها هذا بأنه تحوط Hedging ضد مخاطر انخفاض الأسعار. فماذا لو ارتفعت الأسعار ؟

إذا ارتفعت الأسعار وفق ما كانت تأمله وتتوقعه هذه الجهة انتفت الحاجة إلى تنفيذ عقد خيار البيع والذي لجأت هذه الجهة إلى إنشائه تحسبا لأي انخفاض في الأسعار، ولكنها خسرت في نفس الوقت الثمن الذي دفعته مقابل أن يكون لها حق خيار البيع بإرادتها المنفردة، فضلا عن الضرائب وعمولة السمسرة.

أرأيت لو أن هذه الجهة لم تقم بإنشاء هذا العقد، ما تحملت هذه الخسائر، بينما هي قد أقدمت على إنشائه من قبيل التحوط ضد المخاطر (أو الخسائر) فإذا ما كانت الشركة أو الجهة قد قامت بالشراء أصلا بغرض الاستثمار وليس المضاربة، كان عائد استثمارها سالبا فقد لا يعوض ارتفاع الأسعار الثمن الذي دفعته مقابل حق الخيار رغم صدق توقعاتها واتجاه الأسعار في صالحها.

أما إذا انخفضت الأسعار وهو الأمر الذي كانت تتوجس منه خيفة هذه الجهة،فسوف تلجأ حتما إلى استخدام عقد خيار البيع، وستتجنب بذلك خسائر الهبوط، ولكنها ستخسر أيضا – وإن

---

(1) Encyclopaedia Britannica vol.: 16 p.451 , Material Security Trading.

كانت خسارتها تنحصر هنا في ثمن الخيار المدفوع مضافا إليه العمولة والضرائب -. وتفصيل ذلك أنها ستُقدم على بيع الأسهم بنفس السعر الذي اشترت به، أما الأعباء التي تحملتها هذه الجهة والتي تتمثل في ثمن خيار البيع Option price والضرائب Taxes وعمولة الشراء وعمولة البيع Commission فتمثل خسارة يقينية بالنسبة لهذه الجهة رغم تحوطها ضد الخسائر. ولهذا يقال إن الحماية من الخسائر المطلقة أو النسبية هي فرصة لآخر لتحقيق الربح على حسابه.

وقد يكون من المناسب هنا الإشارة إلى أغلب عقود اختيار البيع والشراء لا يتم تنفيذها، وأن أغلب المشترين لهذه العقود يؤثرون بيعها للغير بدلا من تنفيذها. والمقصود بيع وشراء عقود الاختيار هو بيع أو شراء الحق ذاته، فمن اشترى حق البيع أو حق الشراء له أن يبيع هذا الحق لغيره قبل انتهاء مدة سريان العقد. وهو ما عبر عنه "Madaura" بقولـه :

" Most investors who purchase call and put option sell their option for a profit rather than exercising them"(1).

وبينما يذكر "فريدريك إيملنج" صاحب (كتاب الاستثمار) أن أكثر من50 % من عقود اختيار الشراء لا يتم تنفيذها وأن مؤدى ذلك ارتفاع نسبة المخاطر في هذه البيوع.

More than 50 % of call option are unexercised this suggests a principle , call option and put option are too risky(2).

(3) عقد الاختيار المزدوج Double Option

هو عقد يجمع بين خيار البيع وخيار الشراء وبمقتضاه يصبح لحامله الحق في أن يكون شاريا للأوراق المالية محل التعاقد أو بائعا لها، وذلك رهن بمصلحة الشاري حيثما كانت، فإذا ارتفعت أسعار السوق خلال فترة العقد كان شاريا وإذا انخفضت كان بائعا، ومع تعاظم المخاطرة التي يتعرض لها بائع الخيار، فلا غرو أن يتقاضى ضعف ثمن شراء خيار البيع أو خيار الشراء، وينقسم هذا العقد إلى نوعين :

---

(1) Madura , Introduction to Financial Management , p.527.

(2) Fredrick Amling , Op.,Cit., p.184.

أولا: عقد اختيار مزدوج لا يتغير فيه سعر الشراء عن سعر البيع : Straddle وهو أحد صور عقود الخيار التي تخول لصاحب الحق أن يشتري من أو أن يبيع إلى بائع الخيار عددا معينا من الأسهم المسماة في العقد بسعر معين خلال فترة العقد .

وقد عرفته إحدى الموسوعات الكبرى بالآتي :

"The straddle is the double privilege (option) of a put and a call. It secures to the holder the right to demand of the seller at a certain price , within a certain time , a certain number of shares of specified stock , or to require him to take at the same price , within the same time shares of stock" (1).

والتعريف المتقدم يشير بوضوح إلى أن هذا العقد هو مزية مزدوجة لخيار بيع، وخيار شراء، يضمن أو يخول لحامله الحق أن يبيع لمن باع له حق الخيار، عددا معينا من الأسهم المسماة في العقد، بسعر معين، خلال مدة معينة، أو أن يشتري منه خلال نفس المدة وبنفس السعر الأسهم المسماة في العقد.

بينما عرفه "إيملنج" بأنه {عقد يجمع بين كل من خيار البيع وخيار الشراء، ويرى أن هذه العقود يجري تصميمها للمضاربين الذين يضاربون على توجهات السوق سواء بالصعود أو الهبوط } ويرى إيملنج أنه بشراء عقود اختيار البيع والشراء معا فإن المضاربين إنما يقصدون بذلك تحديد أو تحجيم الخسائر في أي حالة من الحالتين.

A straddle is a contract that combines a put and a call. straddles and spreads are designed for speculators who are trading on both sides of the market. By buying puts , calls , straddles and spreads , speculators tend to limit the total loss on any one or a series of trades (2).

أما صاحب موسوعة المشتقات المالية فقد ذهب في تعريفه لهذا العقد إلى الآتي :

---

(1) Black Law Dictionary By Henry Black edition 4, 1966.

(2) Black Law Dictionary by Henry Black , edition 4. 1966.

Straddle is an option transaction that involves a long position in a put and a call with the same exercise price and expiration [1].

وما أضافه هذا التعريف هو أن مشتري عقدي الخيار بنوعيه، عقد البيع، وعقد الشراء يحتفظ بمركز طويل Long position فيما يتعلق بحق البيع، وفيما يتعلق بحق الشراء لأنه مشترى في الحالتين، والمشتري يوصف دائما بأنه صاحب مركز طويل، أما بائع حق الخيار فهو على النقيض من ذلك صاحب مركز قصير لأنه بائع للحق وليس شاريا له [2].

الأساليب العلمية لتطبيق العمليات المزدوجة الخيارية

Applications of Straddles

العملية الخيارية المزدوجة straddle هي استراتيجية مناسبة للمواقف التي يغلب فيها الظن على المستثمر أن سعر ورقة مالية معينة سيتحرك فعليا، ولكن لا يعرف في أي اتجاه سيكون توجه الأسعار (أي للصعود أم للهبوط).

A straddle is an appropriate strategy for situation in which one suspects that the stock price will move substantially but does not know which direction it will go [3].

ومثال ذلك لو أننا افترضنا أن أحد المصارف طلب معاونة الحكومة للخروج من مأزق مالي "Bailout" بمعنى أنه قد تعرض لأحد صور الإعسار أو عدم القدرة على مواجهة طلبات السحب.

وأثناء فترة النظر في طلب البنك، فإن عقد الخيار المزدوج "Straddle" سوف يكون استراتيجية مربحة. فإذا ما تم رفض طلب البنك، فسوف يزداد مركزه المالي سوءا، وستهبط أسعار

---

(1) Don M. Chance, An introduction to Derivatives, Op.,Cit., p.169.

(2) The terms long and short refer to contracts for delivery when applied to a futures market. A long investor holds a contract for delivery , i.e , he has agreed to make delivery. When an investor is long in the spot market , he owns the asset itself rather than a contract for future delivery.

(Kennth Garabade , Securities Markets , Ch. Is.p.303).

(3) Don M. Chance, Options & Futures, Op., Cit., p.224.

أسهمه إلى القدر الذي قد تصبح معه أوراقا عديمة القيمة. وإذا ما أجيب البنك إلى طلبه خرج البنك من محنته وارتفعت أسعار أسهمه في السوق.

كما قد تكون بعض الشركات بصدد الإعلان عن جملة ما حققته من أرباح خلال العام، مثل هذا الموقف يعد سببا كافيا لاتخاذ البعض استراتيجية تبنى على عقد الاختيار المزدوج. فإذا ما كانت الأرباح المحققة تتفق وطموحات المستثمرين فإن ذلك سيؤدي إلى ارتفاع أسعار الأسهم في السوق، وإن كانت غير ذلك فسوف تنخفض أسعار أسهم هذه الشركة في السوق ولما كان المساهم يجهل المعلومات بشأن الأرباح المحققة والقرارات التي يتخذها مجلس الإدارة في شأن الأرباح الموزعة فإن استراتيجية عقد الخيار المزدوج تصبح أيضا استراتيجية ناجحة.

وعلى الرغم من ذلك فإن عقد الخيار المزدوج لا يخلو من مخاطرة.

أرأيت إن تقاربت معلومات المستثمرين، وسادت السوق الشفافية، وتم الإفصاح Disclosure عن أوضاع الشركات، حينئذ تتساوى الاحتمالات وتتقارب التوقعات، وتضيق الفجوة بين أسعار العروض والطلبات، ولم يعد والأمر كذلك ثمة دافع للمضاربات، أو توجس من تقلبات السوق وحركة واتجاه الأسعار.

فإذا ما تم إغراء أحد المستثمرين بالدخول في عقد خيار مزدوج Straddle، فإن عائد هذا العقد سيكون سالبا وسيتحمل صاحب حق الخيار خسائر يقينية، ذلك أن تحرك السعر صعودا أو هبوطا في حدود ضيقة لن يسمح بتغطية ثمن الخيار والذي يتضاعف عندما يكون الخيار مزدوجا.

الاحتفاظ بمركز قصير ببيع عقد خيار مزدوج   Short straddle

إن المستثمر الذي يتوقع ثباتا نسبيا في حركة الأسعار واتجاهات السوق ويغلب عليه الظن أن أية تغيرات في العلاقة بين العرض والطلب سوف تكون طفيفة وغير مؤثرة وبالتالي سيكون الفرق بين سعري البيع والشراء "Spread" محدودا للغاية، سوف يُقدم على إنشاء (Writing) عقد خيار مزدوج. وهو على ثقة أن مشتري حق الخيار لن يطالبه بتنفيذ العقد طالما أن تغير السعر صعودا أو

171

هبوطا لن يعوض الشاري عن ثمن الخيار المدفوع مضافا إليه عمولة السمسرة والضرائب وهو ما يخالف توقعاته [1].

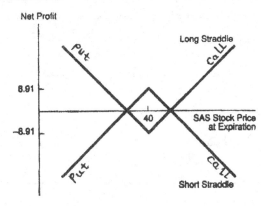

THE STRADDLE ILLUSTRATED

Source: Frank Reilly, Investment Analysis

يصور الشكل المبين عاليه عملية خيارية مزدوجة Straddle تتضمن شراء Purchase of عقد خيار شراء Call option وعقد خيار بيع Put option في نفس الوقت، وعلى ذات الأصل محل التعاقد، وبذات سعر التعاقد Exercise price (striking price)، ولذات مدة سريان العقد، وتعرف هذه العملية بأنها Long straddle. كما يصور في وضع مقلوب عملية بيع حق خيار شراء call option وحق خيار بيع put option على ذات الأصل، وذات السعر محل التعاقد ولنفس مدة سريان العقد وهو ما يسمى short straddle.

كما يوضح الرسم نقطة التعادل Break even point بالنسبة لحق خيار الشراء. ونقطة التعادل لحق خيار البيع، بمعنى أن لدينا أكثر من نقطة تعادل.

فبفرض أن مستثمرا قام بشراء عقد خيار شراء وعقد خيار بيع من خلال عملية خيارية

---

(1) The seller of the straddle believes that the price of the underlying asset will not move during the period of the contract. The buyer of the straddle believes that the price of the underlying asset will be volatile , but has no particular view on the direction of movement of the price.

(Dictionary of derivatives , by Andrew Inglis - Taylor .p.111).

مزدوجة على أسهم شركة SAS الأمريكية، وبفرض أن سعر التعاقدstriking price لكلا العقدين هو 40 دولارا أمريكيا وأن ثمن شراء عقد الخيار المزدوج هو 8.91 دولار أمريكي.

المشتري هنا لحق الخيار ليس موقنا بحركة واتجاهات الأسعار فإذا ارتفعت الأسعار كان مشتريا، وإذا انخفضت الأسعار كان بائعا، وهو الأمر الذي يخوله له العقد.

والمشتري لحق الخيار يتوقع أن تتجه الأسعار بقوة في اتجاه أو لآخر بينما البائع لحق الخيار يأمل في ثبات نسبي للأسعار القائمة أو تقلب محدود للغاية.

The buyer expects stock prices to move strongly one way or the other , while the seller hopes for Lower – than – normal volatility [(1)].

ومع هذا فإن مشتري عقد الخيار المزدوج لن يتمكن من ممارسة العقد قبل بلوغ السعر لنقطة التعادل Break even point.

ونكون بصدد نقطة التعادل عندما تكون القيمة السوقية market value للأصل محل التعاقد مساوية لسعر التعاقد مضافا إليه أو مطروحا منه ثمن شراء حق الخيار المزدوج straddle.[(2)]

ولما كان سعر التعاقد – وفقا للمثال المتقدم هو $40

وكانت تكلفة شراء العقد هي $8.91

ولذلك فإن نقطتي التعادل هنا تحدث عند $31.09

($ 8.91 - $ 40)

وكذلك عند $48.91

($ 8.91 + $ 40)

وبالتالي سوف يكون بوسع مشتري حق الخيار المزدوج أن يمارس حقه بأن يكون شاريا عندما يصل السعر إلى $48.91 أو إلى ما هو أعلى.

---

(1) Frank Reilly , Op., Cit. , p.881.

(2) The break even stock prices are simply the exercise price plus or minus the premiums paid for the call and the put. (Don M. chance , Options & Futures , Op., Cit., p221.)

أو أن يمارس حقه بأن يكون بائعا عندما يصل السعر إلى 31.09$ أو ما هو أدنى.

أما فيما بين السعرين 48.91$، 31.09$ فلن يتمكن مشتري حق الخيار من تنفيذ العقد وسيتحمل الخسارة المتمثلة في ثمن الخيار مضافا إليه العمولة والضرائب، وتمثل الخسارة في هذه الحالة قيمة استثماراته في عقد الخيار المزدوج.

وحتى نأمن مغبة القصور في العرض نورد مثالا تطبيقيا آخر :

بفرض أن أحد المستثمرين قام بشراء عقد خيار مزدوج على أسهم إحدى شركات الاتصالات الأمريكية.

فإذا ما كان سعر التعاقد على هذه الورقة هو   165$

والثمن المدفوع مقابل شراء هذا الحق هو   11.75$

بينما بلغت القيمة السوقية للسهم محل التعاقد قبل انتهاء مدة العقد بعشرة أيام 164$.

المستثمر هنا لن يحاول استخدام حقه في تنفيذ العقد بيعا أو شراء قبل بلوغ السعر لنقطة التعادل ويمكن تسجيل نقطة التعادل حينما تكون القيمة السوقية للأصل محل التعامل مساوية لسعر التعاقد مضافا إليه أو مطروحا منه ثمن شراء حق الخيار المزدوج.

ونصل هنا لنقطة التعادل عند سعرين، هما 176.75$ ، والثاني 153.25$

أما الأول فيمثل سعر التعاقد مضافا إليه ثمن حق خيار البيع والشراء

(176.75 $ = 11.75 $ + 165 $)

وأما الثاني فيمثل سعر التعاقد مخصوما منه ثمن حق خيار البيع والشراء

(153.25 $ = 11.75 $ - 165 $)

فإذا ما كانت القيمة السوقية حاليا 164$، فهي تقع ما بين نقطتي التعادل وبالتالي فلن يلجأ صاحب حق الخيار إلى المطالبة بتنفيذ العقد وعليه أن يترقب توجهات الأسعار إلى أن يصل السعر إلى إحدى نقطتي التعادل بالصعود أو بالهبوط، وبمعنى آخر إلى أن يصعد السعر بمقدار 12.75$ عن السعر الحالي أو أن ينخفض بمقدار 10.75$ عن السعر الحالي.

فإذا ما بقى السعر فيما بين نقطتي التعادل فَقَدَ المستثمر جملة استثماراته في بداية العقد   Lose the entire initial investment.

174

أقسام عقد الخيار المزدوج   Straddle

ينقسم عقد الخيار المزدوج إلى نوعين :

أ) عقد اختيار مزدوج مُرجِح لارتفاع الأسعار.   (Strap)

ب) عقد اختيار مزدوج مُرجِح لانخفاض الأسعار.   (Strip)

أ) عقد الاختيار المرجح لارتفاع الأسعار   Strap

ينطوي هذا العقد على شراء "عقدي خيار شراء   Two calls" وعقد خيار بيع واحد
one put وذلك إذا ما غلب على المستثمر الظن أن حركة الأسعار سوف تتجه إلى الصعود، وإن كان غير
موقن بذلك، ويتوجس خيفة من تقلبات الأسعار في غير صالحه ولذلك فهو يبتغي أن يجمع بين الحسنيين
بشراء عقد خيار مزدوج يتحصن به في مواجهة المخاطر وأن يجني ثمار توقعاته من خلال زيادة حقوق
الشراء على حقوق البيع.

وقد عرفه "فرانك ريلي" بالآتي :

" A long strap position is the purchase of two calls and one put with the same exercise
price , suggesting an investor who thinks stock price are more likely to increase"[1].

ووفقا للتعريف المتقدم فإن عقد الخيار المزدوج المرجح لارتفاع الأسعار ينطوي على شراء عقدي
خيار شراء وعقد خيار بيع واحد لنفس مدة العقد وبنفس السعر، وينطوي على توقع ارتفاع السعر.

ونفس المعنى تقريبا تناوله صاحب موسوعة المشتقات والذي عرف هذا العقد بالآتي :

" A strap is an option transaction that involves a long position in two calls and one put
, or two calls for every put , with the same exercise price and expiration"[2].

ويضيف "Chance" :

---

(1) Frank k. Reilly , Keith Brown , Op., Cit., p.881, Ch 24.

(2) Don M. Chance , An introduction to investment , Op., Cit., p.613.

لو افترضنا أن أحد المستثمرين توقع أن تكون هناك حركة مؤثرة في اتجاهات الأسعار، وأن احتمالات الصعود عنده تفوق احتمالات الهبوط. في هذه الحالة سوف يتجه بإدراكه الحسي إلى زيادة عدد خيارات الشراء Calls بالنسبة لعدد خيارات البيع Puts. حينئذ نكون بصدد عقد خيار مزدوج مرجح لارتفاع السعر. وينتهي "شانس" بذلك إلى أن هذا العقد يمكن تعريفه بالآتــــي:

" A strap, then, is the special case in which two calls are purchased for each put"[1].

والجدول التالي يصور مركزا لعقد خيار مزدوج يتضمن عقدي شراء وعقد بيع واحد وصافي الأرباح والخسائر التي تحققت في ظل أسعار متغيرة خلال مدة العقد.

EXPIRATION DATE PAYOFFS TO LONG STRAP AND LONG STRIP POSITION

Strap Position (Two Calls and One Put)

SAS Stock Price of Expiration	Value of Calls	Value of Puts	Cost of Options	Net Profit
$20.00	$0.00	$20.00	$-14.15	$ 5.85
25.00	0.00	15.00	-14.15	0.85
30.00	0.00	10.00	-14.15	-4.15
35.00	0.00	5.00	-14.15	-9.15
40.00	0.00	0.00	-14.15	-14.15
45.00	10.00	0.00	-14.15	-4.15
50.00	20.00	0.00	-14.15	5.85
55.00	30.00	0.00	-14.15	15.85
60.00	40.00	0.00	-14.15	25.85

Source: Investment Analysis and Portfolio Management
Frank Reilly, Keith C. Brown [2].

___

(1) Don M. Chance , Options & Futures , Op., Cit., p.225. ch.6.

(2) Frank Reilly, Keith C. Brown, Op., Cit., p.883.

بإلقاء نظرة سريعة على الجدول المتقدم فسوف يسترعي انتباهنا الآتي:

1 – كلما ارتفعت أسعار الأسهم أثناء مدة الخيار كلما ارتفعت قيمة خيار الشراء Calls وانخفضت على الجانب الآخر قيمة خيارات البيع Puts.

2 – أن قيمة خيارات الشراء وصلت إلى أعلى مدى لها وهو 40 دولار حينما بلغت القيمة السوقية للورقة المالية 60 دولارا لأنها سوق صاعدة Rising Market وعلى النقيض من ذلك انخفضت قيمة خيارات البيع لتصبح ولا قيمة لها Worthless لكون السوق صاعدة ولا مجال فيها للمراهنة على الهبوط.

وهناك دائما فرق إيجابي بين ثمن الخيار وقيمته الجوهرية. هذا الفرق الإيجابي يطلق عليه القيمة الزمنية Time value. والقيمة الزمنية تكون في أعلى مستوياتها لحظة إبرام العقد وتصبح ولا قيمة لها يوم انتهاء أجل الحق، وهذا يفسر ما يعنيه البعض بقولهم " إن حق الخيار يساوي أكثر وهو (حي) منه وهو (ميت) worth more alive than dead ".

(ب) عقد اختيار مزدوج مرجح لانخفاض الأسعار Strip

انتهينا من خلال العرض السابق إلى أن من يتعامل في عقود الاختيار، قد يكون مضاربا على الصعود، كما قد يكون مضاربا على الهبوط، ولكن في جميع الأحوال لا يأمن تقلبات السوق. ولذلك فإنه قد يلجأ إلى شراء عقد خيار مزدوج Straddle يؤمن به نفسه إذا ما اتجهت الأسعار في غير صالحه، وجاءت النتائج مغايرة للتوقعات.

ولكن نظرا لأن أحدا من المحترفين الذين يتعاملون في هذه الأسواق لا يستطيع أن يلغي توقعاته، ويود أن ينتج هذا العقد آثاره إذا ما وافقت النتائج التوقعات، لذلك فإن تعديلا طفيفا يجري على العقد المزدوج من خلال زيادة عدد حقوق الشراء Calls عن عدد حقوق خيار البيع Puts إذا ما كان مضاربا على الصعود، فنصبح و الأمر كذلك أمام عقد خيار مزدوج مرجح لارتفاع الأسعار وهو ما يطلق عليه "Strap" و إما أن يلجأ إلى زيادة عدد حقوق البيع "Puts" عن عدد حقوق الشراء "Calls" إذا ما كان مضاربا على الهبوط، وحينئذ نكون بصدد عقد خيار مزدوج مرجح لانخفاض الأسعار وهو ما يطلق عليه Strip.

وقد عبر "Reilly" عن هذا المعنى بقوله :

" The long straddle position assumes implicitly that the investor has no intuition about the likely direction of future stock price movements. A slight modification of this format is overweighting either the Put or Call position to emphasize a directional belief while maintaining a contract that would profit from a price movement the other way.

An investor with a more " bearish" view could create a long strip position by purchasing two puts and only one call [1].

ولم يذهب "Reilly" بعيدا عما تناولناه فهو يرى أن من يقوم بشراء عقد خيار مزدوج فليس لديه تصور يؤكد اتجاه الأسعار في مسار معين خلال مدة سريان العقد. ويرى أن تعديلا طفيفا على صيغة العقد المزدوج يرجح زيادة حقوق خيار البيع أو حقوق خيار الشراء تأكيدا لما يعتقده، أو يغلب عليه الظن، أو يتوقعه، مع الاحتفاظ في ذات الوقت بعقد يتيح له التربح من حركة الأسعار إذا ما اتجهت خلاف ما يعتقد. (بمعنى أنها قد تتجه إلى الهبوط ودون نقطة التعادل فيتربح أيضا من هبوطها رغم تباينها مع توقعاته). وينتهي إلى أن المستثمر الذي يغلب عليه الظن بهبوط الأسعار (Bear) يستطيع أن ينشئ مركزا طويلا لعقد مزدوج مرجح لانخفاض الأسعار بشراء عقدي خيار بيع، وعقد خيار شراء واحد.

بينما عرف "شانس" هذا العقد بسماته الأساسية على أنه " عملية خيارية تتضمن مركزا طويلا في عقدي خيار بيع وعقد خيار شراء واحد وبمعنى آخر عقدي خيار بيع لكل عقد شراء وبنفس سعر التعاقد ولنفس مدة العقد ".

" Strip : is an option transaction that involves a long position in two puts and one call, or two puts for every call, with the same exercise price and expiration [2].

---

(1) Frank K. Reilly, Keith Brown, Op.,Cit., p.882.

(2) Don. M. Chance, Introduction to Derivatives, Op., Cit., p.613.

ثانيــا: عقد خيار مزدوج يتغير فيه سعر الشراء عن البيع Strangle

يشبه هذا العقد عقد الخيار المزدوج "Straddle Contract" من كل وجه غير أنه يختلف عنه من حيث سعر التعاقد فقط (Exercise Price (Striking Price)

ففي العقد الأول لا يتغير سعر خيار الشراء Call option عن سعر خيار البيعPut option، والأمر ليس كذلك في العقد محل العرض، بل هو وجه الخلاف الوحيد حيث يختلف سعر خيار الشراء عن سعر خيار البيع.

وقد تناول بعض الكتاب هذا العقد بإبراز سماته الأساسية دونما حاجة إلى استفاضة أخذا في الاعتبار وجوه التماثل بينه وبين العقد السابق باستثناء سعر التعاقد بينما تناوله البعض الآخر بمزيد من الاستفاضة.

ونعرض فيما يلي لأهم التعريفات التي تناولها بعض الكتاب.

عرف "ريلي" عقد الخيار المزدوج الذي يتغير فيه سعر الشراء عن سعر البيع "The strangle" بأنه عقد يتضمن شراء (خيار شراء، وخيار بيع) في نفس الوقت، وعلى نفس الورقة المالية محل التعاقد، ولنفس مدة العقد، وعلى خلاف العقد المزدوج الذي لا يتغير فيه سعر الشراء عن البيع The straddle فينطوي هذا العقد على سعر للشراء وسعر للبيع.

" A strangle is the simultaneous purchase or sale of a call and a put on the same underlying security, with the same expiration date. Unlike the straddle, the options used in the strangle do not have the same exercise price" [1].

ويتفق صاحب معجم المشتقات مع التعريف المتقدم بل وسائر التعريفات التي تناولها الكتاب في شأن عقد الخيار المزدوج الذي يتغير فيه سعر الشراء عند سعر البيع "The strangle" ولكنه يقدم إضافة جديدة لم يتصدَ لها غيره من الكتاب وهي أن هذا العقد بشقيه يحقق خسارة فورية لو تم تنفيذه فور التعاقد لكونه :

---

(1) Frank Reilly, Keith Brown, Op.,Cit.,p883.

Out of the money option [1].

بمعنى أن سعر التعاقد على خيار الشراء يكون أعلى من سعر السوق وهو ما يعني خسارة يقينية فيما لو تم تنفيذ العقد قبل تحرك السعر، كما أن سعر التعاقد على خيار البيع put option يكون أدنى من سعر السوق وهو ما يعني أيضا تحقيق خسارة يقينية فيما لو تم تنفيذ العقد قبل تحرك السعر. ولهذا السبب كان الثمن المدفوع مقابل هذا العقد option price أدنى من الثمن المدفوع مقابل عقد الخيار المزدوج الذي لا يتغير فيه سعر الشراء عن سعر البيع the straddle وقد عبر عن هذه المعاني صاحب معجم المشتقات بالآتي:

Strangle : Buying a strangle involves buying a call option and a put option on the same underlying asset for the same maturity but at different strike prices, generally both out of the money. Since the options are out of the money, a strangle is cheaper strategy to set up than is a straddle [2].

بينما عرفه " شانس" بأنه شراء عقد خيار بيع وعقد خيار شراء إلا أن سعر التعاقد على خيار الشراء يزيد عن سعر التعاقد على خيار البيع.

Strangle: " A long put at one exercise price and a long call at a higher exercise price" [3].

إلا أن ما ذكره " شانس" لا يتفق تماما مع ما ذكره غيره من الكتاب ووجه الخلاف بينه وبين غيره، هو أنه يرى أن ثمن التعاقد على خيار الشراء أعلى من ثمن التعاقد على خيار البيع بينما يرى الغير تباين ثمن التعاقد بين خيار الشراء والبيع إلا أن أحدا لم يقل بارتفاع سعر خيار الشراء عن سعر

---

(1) An option is said to be out of the money if immediate exercise would yield a loss. In other words a call option is trading out of the money if the strike price is above the current market price, and the put is trading out of the money if the strike price is below the current market price. (dictionary of Derivatives, P.91).

(2) Dictionary of Derivatives. P113.

(3) Don M. Chance, An Introduction to Derivatives, Op.,Cit., p.613.

التعاقد على خيار البيع، ولذلك فرأيه مرجوح برأي أغلب الكتاب.

4 ـ عقد خيار بمضاعفة الكمية   Option to double

يخول هذا العقد لحامله أن يضاعف الكمية التي اشتراها أو تلك التي باعها إذا رأى أن تنفيذ العقد في صالحه خلال مدة العقد. ولكن نظرا لتعاظم المخاطر التي يتعرض لها بائع هذا الحق فإنه يتقاضى ضعف ثمن الخيار الذي يتقاضاه مقابل حق الخيار سواء كان خيار شراء call option أو خيار بيع Put option.

وينقسم هذا العقد إلى نوعين :

1 – حق شراء الكمية المتعاقد عليها أو ضعفها Call-of-more option

ويخول هذا الحق لحائزه شراء ضعف الكمية المسماة في العقد إذا ما رغب في ذلك.

Call-of-more option, an option that gives the buyer the right to buy double the stated quantity of securities, if he so wishes [1].

2 – حق بيع الكمية المتعاقد عليها أو ضعفها Put-of-more option

ويخول هذا الحق لحامله أن يبيع لمن باع له حق الخيار (option seller) الكمية المتعاقد عليها أو ضعفها إذا ما رغب في ذلك.

Put-of-more option, an option that gives the seller the right to sell double the stated quantity of securities of he so wishes [2].

---

(1) J. H. Adam, Longman Dictionary of Business English, p.325.

(2) Ibid, p. 326.

الخيارات على أسعار الفائـدة
Interest rate options (IRO's)

لم تكتف مراكز البحث والابتكار بتقديم عقود الاختيار المتقدمة بأصولها وفروعها. بل توالت عمليات الابتكار لتضيف إلى الخيارات التقليدية وغير التقليدية خيارا آخر يمثل دوما الشغل الشاغل لرجال الأعمال والمؤسسات وأصحاب رءوس الأموال ألا وهو سعر الفائدة.

ولأن مراكز البحث لن تتوقف عن إضافة المزيد إلى تلك الأدوات، ولن تكون الأدوات القائمة هي نهاية المطاف في عالم عقود المشتقات المالية، لذلك فسوف نقتصر على عرض عقود الاختيار على أسعار الفائدة، ونجتزئ منها حق خيار الشراء على أسعار الفائدة والذي يعرف بخيار المقترض Borrower's option (Call) وذلك لأهميته.

فماذا عن هذا النوع من العقود :

خيار المقترض Borrower's option call

تتوزع الأنواع المختلفة لخيارات أسعار الفائدة بين الأسواق الرسمية organized markets والأسواق غير الرسمية over-the -counter markets، وإن كان استخدامها من خلال الأسواق غير الرسمية يلقي قبولا وإقبالا يتفوق على الأسواق الرسمية. ومع ذلك فإن الخيارات التي تتم من خلال السوق الرسمية تقدم خدمة للأسواق غير الرسمية باعتبارها مؤشرا مهما لتوقعات أسعار الفائدة، تستعين بها المؤسسات العاملة أو المتعاملة في السوق غير الرسمية.

ويعرف حق خيار المقترضين : بأنه الحق الذي يخول حامله أو مالكه اقتراض مبلغ معين، بسعر فائدة معين، ولأجل معين في تاريخ لاحق يجري تحديده سلفا [1].

ومفاد ما تقدم أن حامل الحق وهو المقترض يكون قد حصل على ضمان أشبه ببوليصة تأمين ضد مخاطر ارتفاع أسعار الفائدة وهو الأمر الذي يزعج المقترض بسعر فائدة معوم، ويصبح على يقين أن سعر الفائدة الذي سيدفعه على مبلغ معين قد تم تثبيته سلفا وذلك مقابل ثمن الخيار الذي

---

(1) الهندسة المالية - اتحاد المصارف العربية عام 96 - ص 231/ 33 بتدخل وتصرف.

يدفعه لبائعه option price ⁽¹⁾.

وكسائر الخيارات الأخرى فإن لحامل هذا الحق أن يمارس حقه في تنفيذ العقد خلال أي وقت في مدة سريان العقد إن كان العقد أمريكيا – أو أن يفسخه، لأنه حق وليس التزام. وهذا النوع من العقود يغلب عليه النزعة التحوطية، وإن كان يمكن استخدامه أيضا لأغراض المضاربة.

ولمشتري حق الخيار أن يحدد سعر التنفيذ مقارنا بسعر الفائدة السائد.

على أنه لا ينبغي أن يفهم مما تقدم أن تنفيذ عقد الاختيار يقتضي تسليم القرض ذاته، فإن ذلك ليس أمرا واردا ولا مستهدفا، ذلك أن التسوية تكون قصرا على حساب الأرباح والخسائر نقدا. ذلك أنه خيار على أسعار الفائدة Interest Rate Option (IRO) وإن سمي جوازا بخيار المقترض.

وقد يكون من المناسب بعد أن عرضنا لأنواع هذه العقود ووجوه استخدامها أن نتناول بالتحديد وبقليل من التفصيل أبرز عناصر هذه العقود والمعالم الرئيسية لهذه البيوع استيفاء للشكل واستكمالا للموضوع.

أولا : أطراف عقد الاختيار ⁽²⁾

1 – بائع حق الخيار The option seller وهو الطرف الأول الذي يتلقى ثمن الاختيار option price من الطرف الآخر.

2 – مشتري حق الخيار The option buyer وهو الطرف الثاني الذي يدفع ثمن حصوله على حق الاختيار (أي مقابل حقه في إلزام الطرف الآخر وبإرادته المنفردة في تنفيذ العقد إن رأى في ذلك مصلحته أو فسخه إذا ما اتجهت الأسعار في غير صالحه).

3 – شركة وساطة الأوراق المالية Brokerage Firm حيث يشترك في تنفيذ كل عملية وسيطان أحدهما عن البائع والآخر عن الشاري ويقوم كل وسيط بدوره كوكيل عن موكله في تنفيذ الأمر الصادر إليه.

---

(1) Taylor, Op., Cit., p.68.

(2) Jack Clark Francis, Op., Cit., p.634.

ثانيا : عناصر العقد الرئيسية Main contract items

لكل عقد اختيار ثلاثة أركان وهي بيانات جوهرية لابد أن يتضمنها عقد الاختيار

1 - تعيين الأصل محل التعاقد Specification of the underlying asset .

2 - تعيين سعر التعاقد .

Specification of the striking price (contract price or exercise price) وكل من المصطلحات المتقدمة تؤدي نفس المعنى وبنفس الدقة.

3 - تحديد مدة العقد وتاريخ انقضائه specification of the expiration date of option

ثالثا : أسعار عقود الاختيارات

لكل عقد ثلاثة أسعار :

1 - سعر السوق للورقة المالية محل عقد الاختيار

The market price of the optioned security

2 - سعر الشراء، وهو ثمن شراء حق الاختيار الذي يدفعه الشاري إلى بائع الخيار عند التعاقد Option Price، وقد يباع هذا الحق أثناء مدة العقد إلى آخر وبسعر مختلف عن السعر الذي دفعه مقابل حصوله على حق الخيار.

The purchase price, this is the price the option buyer pays to the option buyer when the option is originated. The option may be resold at a different premium [1].

3 - سعر التعاقد The striking price (Exercise Price)

وهو الثمن الذي يلتزم بائع الخيار في مقابل الحصول عليه بتمليك الطرف الآخر للمعقود عليه إن كان العقد خيار شراء Call option أو تمليك الثمن للطرف الآخر مقابل تملك المعقود عليه إن كان العقد خيار بيع Put option وهو ما عبر عنه "Francis" بالآتـــي :

---

(1) Jack Clark Francis, Op.,Cit., p636.

" The exercise price, this is the price at which the option written can be legally required to buy or sell the optioned security. It is called the striking price or the contract price [1].

وفي الأسواق غير الرسمية فإن سعر التعاقد هو ذاته سعر السهم عند كتابة العقد. ولكن الأمر يختلف في أسواق الخيارات الرسمية In organized option markets لأن سعر التعاقد فيها نمطيا.

ومع هذا فإن أغلب عمليات المتاجرة في عقود الاختيارات تركز على العقود التي يقترب فيها سعر التعاقد من سعر السوق.

وليس مفاد ما تقدم أن الأسعار في الأسواق الرسمية ثابتة، وإنما تتغير من حين لآخر بتغير الأسعار في السوق، و لذا يجري تعديل أسعار التعاقد من حين لآخر لتتواءم مع الواقع.

If the stock price moves up or down, new exercise price close to the stock price are added [2].

ونتناول فيما يلي (ثمن الخيار) بقدر من التفصيل تزول معه وجوه الالتباس فيما بينه وبين غيره من الأثمان المتعلقة بعقود الاختيار.

ثمن الخيـــار (Premium (option price

هو الثمن المبذول من قبل الشاري لحق الخيار option buyer لبائع حق الخيار option seller في مقابل أن يكون له الحق في مطالبة الأخير – في أي وقت خلال فترة العقد – بأن يشتري منه أو أن يبيع إليه الأصل محل التعاقد underlying asset وفقا لنوع العقد وصفته (شراء كان أو بيعا) أو أن يفسخ العقد وبإرادته المنفردة إذا رأى أن الأسعار تتجه في غير صالحه. وتفصيل ذلك أن من يُقدم على شراء عقد خيار شراء call option يكون عادة مضاربا على الصعود، بمعنى أنه يتوقع صعود السعر للأصل محل التعاقد، بينما من يقدم على شراء خيار بيع put option

---

(1) Ibid, p636.

(2) Don M. chance, Options & Futures, Op., Cit., p.22.

يكون عادة مضاربا على الهبوط بمعنى أنه يتوقع نزول السعر للأصل محل التعاقد، فإذا اتجه السعر إلى الصعود في حالة خيار الشراء أو إلى النزول في حالة خيار البيع طالب من باع له حق الخيار بتنفيذ العقد. وإن اتجهت الأسعار خلافا لتوقعاته في غير صالحه فلن يطالب بائع حق الخيار بتنفيذ العقد، وفي هذه الحالة تنحصر خسارة الشاري لحق الخيار في الثمن المدفوع مقابل حق الخيار. أما البائع لحق الخيار option seller فهو لا يقوم أصلا بكتابة أو إنشاء العقد ما لم يكن موقنا أن الأسعار لن تتجه إلى الصعود إذا كان العقد خيار شراء أو إلى الهبوط إذا ما كان العقد خيار بيع. فإن صدقت توقعاته فقد قبض الثمن مقدما عند إنشاء العقد وهو ثمن الخيار، وإذا خالفت النتائج التوقعات، واتجهت الأسعار في غير صالحه فقد يمنى بخسائر فادحة تتوقف على حركة السوق واتجاهات الأسعار.

وثمن الخيار يتم تحديده بالتفاوض، فإذا ما كنا بصدد عقد خيار شراء فالقاعدة أنه كلما كان سعر التعاقد مرتفعا كلما انخفض ثمن الخيار، وكلما كان سعر التعاقد منخفضا كلما ارتفع ثمن الخيار. وتفصيل ذلك أن ارتفاع سعر التعاقد يؤدي إلى تضاؤل فرصة تنفيذه، وكلما تضاءلت فرص تنفيذ العقد كلما انخفضت درجة المخاطرة بالنسبة لبائع حق الخيار، وكلما تضاءلت درجة المخاطرة كلما تضاءل الثمن المدفوع مقابل المخاطرة وهو ثمن الخيار. وعلى النقيض من ذلك إذا ما كنا بصدد عقد خيار بيع put option، فالعلاقة طردية بين سعر التعاقد وثمن الخيار فكلما انخفض سعر التعاقد كلما انخفض ثمن الخيار، وكلما ارتفع سعر التعاقد كلما ارتفع ثمن الخيار، ذلك أن انخفاض سعر التعاقد يؤدي أيضا إلى تضاؤل فرص تنفيذه، مما يعني انخفاض درجة المخاطرة، وبالتالي انخفاض ثمن الخيار.

أما العامل الثاني في تحديد ثمن الخيار فهو مدة العقد، فكلما طالت مدة العقد كلما كان ذلك سببا في زيادة ثمن الخيار، حيث تزيد احتمالات وفرص تنفيذ العقد كلما طالت مدة العقد، وهو ما يعني زيادة المخاطرة بالنسبة للبائع وزيادة المخاطرة تقتضي حتما الحصول في المقابل على ثمن أو عائد يتناسب مع حجم المخاطرة، وهو ثمن الخيار هنا. وقد عبر عن هذا المعنى " جاك كلارك فرانسيس " بقوله :

“ writers of longer term option charge larger premiums than writers of short term options on the same security. The charge is higher simply because the probability

that the option will be exercised and that the writer will lose money increases with the length of time the option remains open [1].

وتجدر الإشارة هنا إلى أن مدة العقد في السوق غير الرسمية the –over- the counter market يتم تفصيلها tailored وفقا لرغبة كل من مشتري حق الخيار وبائعه. أما في الأسواق الرسمية organized markets (البورصات) فقد كانت أقصى مدة لعقد الخيار قبل عام 1990 تسعة أشهر the longest possible expiration was nine months إلا أن بورصة شيكاغو للخيارات (CBOE) وبورصة نيويورك (AMEX) بدأتا بعد عام 1990 في تقديم خيارات على بعض أنواع الأسهم ومؤشرات الأسعار لمدد تصل إلى عامين [2].

وقد تناول صاحب معجم المشتقات تعريف ثمن الخيار بالآتـي :

Premium, this is the sum paid by the buyer of an option to the writer to compensate the latter for the risk he is taking on. It may be considered as equivalent to an insurance premium and its size will depend on a number of factors, the price of the option, the volatility of the underlying asset [3].

والتعريف المتقدم يتناول ثمن الخيار باعتباره الثمن المدفوع من قبل الشاري لحق الخيار إلى بائع حق الخيار تعويضا لهذا الأخير عن قبوله نقل المخاطرة إليه وتحمل تبعاتها.

ويتوقف ثمن الخيار وفقا للتعريف المتقدم على عدد من العوامل منها ثمن الأصل محل التعاقد The market value of the underlying asset وسعر التعاقد The striking price، وتقلب ثمن الأصل في السوق Market volatility.

ومع اتفاقنا فيما انتهى إليه هذا التعريف إلا أنه أغفل عاملا في غاية الأهمية وهو مدة العقد والذي تناولناه بقدر من الاستفاضة من خلال عرضنا لثمن الخيار.

(1) Jack Clark Francis, management of investment, Op.,Cit., p.641.

(2) Don M. Chance, Options & Futures, Op.,Cit., p24.

(3) Taylor, Dictionary of Derivatives, Op.,Cit.,p.96.

ثمن الخيار من صور الرهــان

على الرغم أن المفكرين الغربيين يتفقون معنا في ضرورة تسمية الأشياء بأسمائها وهو ما يعبرون عنه بقولهم "You should call a spade a spade"، إلا أن ما يطلقون عليه تارة ثمن الخيار option price على أساس أن حق الاختيار يصلح أن يكون محلا للبيع والشراء وتارة يطلقون عليه علاوة المخاطرة Risk Premium أبعد ما يكون عن ذلك إلا أن ذلك يعد من قبيل لي النصوص واستخدامها في غير معانيها، ولذلك ذهب المنصفين منهم مثل " إيلتون جروبر" في تعريفه للعقود المستقبلية والخيارات "بأنها تمثل جانب الرهان على أداء ورقة مالية معينة أو حزمة من الأوراق ". فهذه العمليات لا تخرج عن كونها مراهنة على محض اتجاهات الأسعار.

" futures and options are securities that represent side bets on the performance of individual or bundle of security" [1] .

وذهب فرانسيس إلى تأكيد المعنى المتقدم فذكر أن الخيارات على مؤشرات الأسعار تقدم أسلوبا مفيدا لتقليل مخاطر السوق، وببساطة للمراهنة على اتجاهات السوق وحركة الأسعار.

" Index options are useful way of reducing market risk, and also of simply betting on the directions the market will take" [2].

الاختيارات المتاحة أمام مشتري حق الخيار

1) أن يحتفظ بعقد الاختيار لوقت لاحق.

2) أن يبيع حق الاختيار لآخر (وهو بيع للحق وليس للأصل).

3) أن يمارس حقه في تنفيذ حق الخيار مع بائعه.

وجوه الاختلاف بين العقود الأوروبية والأمريكية والأسيوية

وجه الخلاف الرئيسي بين عقود الاختيارات الأمريكية وعقود الاختيار الأوروبية يخلص في أنه

---

(1) Elton, Gruber, Modern Portfolio Theory and Investment Analysis, Op., Cit., p.651.

(2) Jack Clark Francis, Op., Cit., p.651.

إذا مارس مشتري حق الخيار حقه في أي وقت خلال مدة العقد كان عقد الاختيار أمريكيا، أما إذا اقتصر حق مشتري الخيار على ممارسة هذا الحق في تاريخ انقضاء مدة العقد أي في تاريخ التصفية كان العقد أوروبيا.

وهو ما عبر عنه " شانس" بالآتـــي :

An American option can be exercised on any day up through the expiration date. European options (which are not necessarily trade in Europe) can be exercised only in the expiration date.

الخيار الأوروبي كما أشار التعريف المتقدم لا يتم التعامل عليه بالضرورة في أوروبا [1].

عقد الخيار الأسيوي Asian option
يطلق عليه أحيانا خيار متوسط السعر

An Asian option, sometimes called an average price option [2].

وعند ممارسة حق الاختيار لا ينظر إلى السعر أثناء مدة سريان العقد وفقا للخيار الأمريكي، ولا عند انقضاء العقد، وفقا للخيار الأوروبي، وإنما ينظر لمتوسط السعر طوال مدة العقد. ويحتسب السعر على أساس المتوسط الحسابي Arithmetic average price، بينما قلة قليلة جدا تتعامل وفقا للمتوسط الهندسي Geometric average.

وقد عرف " شانس" هذا العقد بالآتي :

" عقد الخيار الأسيوي هو الذي لا يتم فيه التقابض (أي التسوية النهائية) وفقا لسعر الأصل محل التعاقد في أي وقت خلال مدة العقد ولكن وفقا للمتوسط الحسابي لسعر الأصل طوال مدة العقد ".

An Asian option is one whose final payoff is determined not by the asset price at

---

(1) Don M. Chance, Option & Futures, Op.,Cit., p.33

(2) Marc A. Zurak, the handbook of Equity Derivatives, Op.,Cit., p.267.

expiration, but by the average asset price over the life of the option [1].

أنواع أخرى من عقود الاختيارات

بخلاف الأنواع التقليدية لعقود الاختيار فهناك ما يسمى بعقود خيار صناديق الاستثمار والتي قدمتها مراكز البحث والابتكار كإضافة جديدة إلى عالم المشتقات.

عقود خيار صناديق الاستثمار Option Funds

واحدة من أكثر أساليب الاستثمار شعبية وأدناها تكلفة وأقلها مخاطرة هي صناديق الاستثمار Mutual Funds. ذلك أن أي مستثمر أصبح بوسعه من خلال هذه الآلية أن يساهم في عدد كبير من أسهم الشركات وكذا أذون الخزانة وصكوك السندات وغيرها من القيم المنقولة التي يسمح لهذه الصناديق باستثمار أموالها فيها. ولا يقتضي ذلك من المستثمر أن يمتلك رأس مال كبير، فقد يكفيه 1000 دولار أمريكي لشراء وثيقة في الصندوق. ومن المعلوم أن الصندوق يقوم بتجميع الأموال من حملة الوثائق ثم يقوم في مرحلة تالية باستثمارها في الأسهم أو السندات أو هما معا. ويقوم الصندوق في مرحلة تالية بتحويل سلطة إدارته إلى أحد مديري استثمار محافظ الأوراق المالية المحترفين وذلك بغرض إدارة المحفظة. The fund hires a professional portfolio manager

والجديد في الموضوع أن صناديق الاستثمار تقوم بإنشاء عقود خيار شراء مقابل الأسهم المملوكة لها. وعند التعاقد يقوم الصندوق بقبض ما يسمى بثمن الخيار أو علاوة المخاطرة Premium (option price) ويلتزم ببيع الورقة المالية محل التعاقد وفقا لسعر التعاقد المسمى في العقد إذا ما رغب مشتري حق الخيار في تنفيذ العقد [2].

عقود الخيار المغطاة وغير المغطاة Covered and naked options

عقود الاختيار التي تناولناها في هذا المبحث ليست جميعها من العقود المغطاة، ولهذا جرى تقسيم عقود الاختيار أيضا بين عقود خيار مغطاة وعقود خيار غير مغطاة.

---

(1) Don M. Chance, An Introduction To Derivatives, Op., Cit., p. 564.

(2) Options & Futures, pp 42 – 45   بتصرف محدود .

1 - عقود الخيار المغطاة Covered options

يوصف الخيار بأنه مغطى Covered عندما يكون لدى (seller or writer) البائع رصيدا من الأصل محل التعاقد (underlying asset) يكفي للوفاء بالتزامه إذا ما طولب بتنفيذ العقد وتسليم الأصل محل التعاقد - إن كان العقد شراء call option - أو لديه السيولة النقدية الكافية للوفاء بالتزامه إذا ما طولب بتنفيذ العقد، وكان العقد خيار بيع put option.

وبيع حقوق الشراء المغطاة هي استراتيجية شائعة الاستخدام من جانب مديري محافظ الأوراق المالية لزيادة العائد على المحفظة خاصة في الفترات التي يُتوقع فيها انخفاض العوائد الرأسمالية أو النقدية التي تغلها المحفظة.

وكون العقد مغطى لا يعني أن ذلك سببا لدرء المخاطر التي قد تطرأ إذا ما صعدت الأسعار واضطر مدير المحفظة إلى تصفية محفظته بسعر يقل عن أسعار السوق. ولكنها يقينا أدنى مخاطرة من عقود الخيار غير المغطاة والتي لا يختلف اثنان من الكتاب على أنها من جنس الرهان، ويغلب عليها طابع المقامرة.

2 - عقود الخيار غير المغطاة Naked options

يوصف العقد بأنه غير مغطى أو عارٍ "Naked" عندما لا يكون لدى بائع حق الخيار (writer or seller) رصيدا من الأصل محل التعاقد يسمح له بتغطية التزامه إذا ما طولب بتنفيذ العقد وتسليم الأصل محل التعاقد -إن كان العقد خيار شراء call option- أو لم يكن لديه السيولة النقدية الكافية للوفاء بالتزاماته، إذا ما كان العقد خيار بيع put option. Insufficient cash

وتُعَد كتابة العقود غير المغطاة استراتيجية للمضاربة غير المحدودةhighly speculative strategy، ولا تخرج عن كونها مراهنة على محض اتجاهات الأسعار، ولا يختلف على ذلك اثنان من أكثر المتحمسين للمشتقات. وكثيرا ما يصبح هؤلاء صيدا سهلا، ويسلمون رقابهم لمن قام بشراء هذه العقود إذا عجز البائعون عن الوفاء بالتزاماتهم، أو قام هؤلاء بشراء كل ما يعرض عليهم على المكشوف لتعجيز البائعين عن التسليم فيما يعرف بعمليات الإحراج "cornering the shorts" أو squeezing the shorts.

ونخلص مما تقـدم إلى الآتـــي :

1 - المستثمر الذي يتوقع ارتفاع أسعار أحد الأصول المالية أو العينية التي يجري التعامل عليها في أسواق الخيارات يقوم بشراء "Call Option" أي عقد خيار شراء.

2 - المستثمر الذي يتوقع انخفاض أسعار أحد الأصول المالية أو العينية التي يجري التعامل عليها في أسواق الخيارات يقوم بشراء "Put Option" أي عقد خيار بيع.

3 - إذا ما كان المستثمر يتوقع تحرك السعر ولكنه لا يدري في أي اتجاه يكون تحركه يشتري عقد خيار مزدوج "Straddle".

4 - إذا كان المستثمر يتوقع تحرك السعر ويغلب عليه الاعتقاد أن احتمالات الصعود أقوى من احتمالات الهبوط يشتري عقد خيار مزدوج مرجح لارتفاع السعر بأن تكون عدد اختيارات الشراء ضعف عدد اختيارات البيع، وهو ما يطلق عليه "Strap".

5 - إذا كان المستثمر يعتقد أن السعر سيتحرك تحركا مؤثرا ويغلب عليه الاعتقاد أن احتمالات الهبوط أقوى من احتمالات الصعود فإنه يقوم بشراء عقد اختيار مزدوج مرجح لاحتمالات الهبوط بأن يكون فيه عدد اختيارات البيع ضعف عدد اختيارات الشراء وهو ما يطلق عليه "Strip ".

6 - العقود المزدوجة يتم الإقبال عليها أو الشروع في حيازتها عند تقلب الأسعار أو اضطراب السوق أي عندما تكون السوق "Volatile or nervous".

7 - إن عقود الخيار بصفة عامة والعقود الخيارية المزدوجة بصفة خاصة لا تتم إلا على محض المراهنة على توجهات الأسعار.

8 - عقد الخيار المزدوج والذي يبتغي بشرائه من يتعامل في أسواق الخيارات تأمين نفسه ضد تقلبات الأسعار لا يخلو من مخاطرة إذا ما كان تحرك السعر نحو الصعود أو نحو الهبوط طفيفا بينما يتضاعف ثمن خيار الشراء في هذه العقود.

9 - عقد الخيار المزدوج الذي يتغير فيه سعر البيع عن سعر الشراء "Strangle" يعتبر من العقود التي تتسم بقدر عظيم من المخاطرة لأنه كما اصطلح عليه "out-of-the money" بمعنى أن سعر التعاقد بالنسبة للشراء أعلى من سعر السوق، وسعر التعاقد على البيع أدنى من سعر السوق،

ولهذا كانت المخاطرة أكبر، ولذلك أيضا كان ثمنه أرخص.

10 – عقود الاختيار على مؤشرات الأسعار هي أعلى درجات المراهنة على اتجاهات الأسعار وليس ذلك محل خلاف بين المعتدلين ولا المتحمسين لأدوات المشتقات ولا بين هؤلاء وأولئك.

المبحث الثاني
أسواق العقود
الآجلة والمستقبلية

مقدمة في البيوع الآجلة :

لقد نما القطاع غير المنتج وازداد وزنه النسبي في الاقتصاد الرأسمالي، وحل صنع النقود محل صنع السلع والفائدة محل الربح، ولم يعد الاقتصاد الرمزي للمال والأثمان مرتبطا ارتباطا عضويا بالاقتصاد الحقيقي للسلع والخدمات بوصف الاقتصاد الرمزي تعبيرا بالضرورة عن الاقتصاد الحقيقي، وتبرز المضاربة "بمفهومها الاقتصادي" بوصفها نشاطا جوهريا لرأس المال، لا يتحرك بهدف التصحيح - كما يزعم الزاعمون - وإنما بهدف الكسب والمزيد من الكسب لرأس المال.

إن من أخطر ما يجري الآن من إعادة هيكلة لأسواق النقد وأسواق رأس المال هو ما يمس آلياتها، حيث صارت الآلية الأساسية هي آلية القرض أو الدين، وحيث يجري التحول من القرض للإنتاج إلى القرض للقرض أو للمزيد من منح القروض [(1)].

لقد صار التعامل الآجل صناعة، ولكن أي صناعة !! إنها صناعة النقود، How to make money، فيما وصفه بعض الغربيين بأنه انتقال الثروة من جيوب الكثرة إلى جيوب القلة.

لقد زاد الإنتاج الصناعي بنسبة 25 % من عام 1977 إلى عام 1985 بينما زاد حجم التعامل الآجل خلال ذات الفترة بنسبة 370 %[(2)].

وليس هناك ما هو أدل على أن صناعة النقود حلت محل صناعة السلع من البيانات المنشورة لبنك التسوية الدولية التابع لصندوق النقد الدولي وتقرير البنك الدولي واللذان يجعلان الرأس تدور من فرط الدهشة إذ تشير البيانات المنشورة لبنك التسوية الدولية في أغسطس عام 2000م إلى أن قيمة العقود الآجلة في العالم قد قفزت إلى 390.1 تريليون دولار في نهاية عام 1998م، بينما تشير البيانات الإحصائية لتقرير البنك الدولي عن نفس العام إلى أن حجم التجارة الدولية عن عام 1998م لم يتجاوز 6.8 تريليون دولار [(3)].

---

(1) د. فؤاد مرسي - الرأسمالية تجدد نفسها سلسلة عالم المعرفة مارس 90 وبتصرف ص 291.

(2) المرجع السابق ص 291.

(3) a) BIS , Quarterly Review , Aug.2000.

b) تقرير التنمية في العالم - البنك الدولي 2001/2000

في الستينات كانت السوق الآجلة مرتبطة بحركة السلع، وبظهور المشتقات لم يعد المضاربون في حاجة إلى التعامل في الأصول التقليدية كالأسهم والسندات، ولم يعد بهؤلاء حاجة إلى امتلاك الأصول المادية محل التعاقد حيث لم يعد التسليم أمرا ملزما، ويكتفي بالتعويض أو التسوية النقدية.

ويكفي للدلالة على ذلك ما أثبته بعض الكتاب الغربيين أن أقل من 2% من العقود المستقبلية يجري تنفيذها في أسواق العقود المستقبلية [1].

بل إن صندوق النقد الدولي ذاته ذهب إلى تأكيد صورية تلك العقود في الدراسة التي أعدها عن المشتقات بقوله :

" Any transfer of ownership of the underlying asset and cash flows becomes unnecessary" [2].

ووفقا للنص المتقدم فإن دراسة الصندوق تؤكد أن أي انتقال لملكية الأصل محل التعاقد والتدفقات النقدية المقابلة تصبح أمرا غير ضروري.

وخلص من ذلك بعض الكتاب الغربيين إلا أن هذه العقود لا تقتضي تمليك ولا تملك ولا تسليم ولا تسلم وأن عقود الخيارات والمستقبليات تمثل جانب المراهنات على أداء ورقة مالية واحدة أو حزمة من الأوراق [3].

ولم يجد بعض الكتاب الغربيين غضاضة من تقرير حقيقة يحاول البعض وأدها، وهو أن أسواق العقود المستقبلية والخيارات قد لعبت دورا مدمرا في أحداث الانهيار الذي اجتاح الأسواق العالمية في 19أكتوبر 1987 والذي كان أشد سوءا من أحداث الانهيار التي اجتاحت هذه الأسواق عام 1929م [4].

وذهب بعض الكتاب الغربيين وهم بصدد توجيه النقد للعقود الآجلة بأنها من

(1) Frank J. Fabozzi , Op., Cit., p.102.

(2) IMF. Working paper , Op., Cit., p.57.

(3) Elton Gruber , Modern portfolio theory and investment , Analysis, p.18.

(4) Don M. Chance , Options & Futures , Op., Cit., p.552.

قبيل القمار المقنن [(1)].

بل ذهب بعض الكتاب الغربيين في انتقاداتهم للأدوات التي يجري التعامل عليها في أسواق البيوع الآجلة والمستقبلية إلى أن العديد من الابتكارات لم تكن سوى بدعة أو أكذوبة كبرى Giant fad مدفوعة من قبل المؤسسات الاستثمارية بقصد التربح [(2)].

بل إن أحد عمالقة الاقتصاد وهو الأمريكي النمساوي الأصل "Peter Drucker" ذهب في وصفه لأدوات التعامل الآجل بالقول "إن المنتجات التي ظهرت خلال الثلاثين عاما الماضية كانت في الغالب مشتقات مالية، زعموا أنها علمية، لكنها في حقيقة الأمر لم تكن أكثر علمية من أدوات القمار في "لاس فيجاس" و "مونت كارلو" [(3)].

عولمة الأسواق المستقبلية

وأخطر من كل ما تقدم أن أدوات المشتقات التي قدمتها مراكز البحث والابتكار الأمريكية على أنها تمثل حلولا إبداعية لمشاكل التمويل والتحوط ضد المخاطر وإدارتها وتقليلها إلى أدنى حد ممكن، والتي بذل المهندسون الماليون الأمريكيون Financial engineers جهدا عظيما لإبرازها وعرضها على العالم شرقا وغربا من خلال عمليات رياضية معقدة تحت اسم نظرية "قوالب البناء Building Blocks"، هذه الأدوات ثبت بما لا يدع ريبة في النفس أنه لا يجري التعامل عليها في الولايات المتحدة الأمريكية من قبل الأمريكيين والمؤسسات الأمريكية وإنما يتم التعامل على تلك الأدوات التي تموج بها أسواق العقود والمستقبليات في الولايات المتحدة من غير الأمريكيين وهو أمر يستحق وقفة طويلة وطرح الموضوع على بساط البحث للرد على الغلاة والمتطرفين الذين يتعجلون استقدام هذه الأدوات إلى بلادنا وتشويه أسواقنا المحلية بأسوأ وأردأ ما قدم الفكر الغربي لغير الأمريكيين تحت اسم العولمة التي ابتغى بها مسخ الحضارات الأخرى وتهجينها بثقافة الغرب، فتحت عنوان عولمة الأسواق المستقبلية.

---

(1) I bid p.11.

(2) Robert Merton , Cases in financial engineering , Op., Cit., p.3.

(3) Economist , 25/9/1999 , Peter Drucker , Innovate or die, p.27.

" Globalization of financial markets"

تناول أحد كبار الكتاب الأكاديميين في الولايات المتحدة الأمريكية قضية تعد من أخطر القضايا التي نسجلها على صفحات هذا البحث، تحت عنوان "لا مشاركة أمريكية في العقود المستقبلية في الولايات المتحدة الأمريكية".

Non USA Participation in U.S Future Contracts.

ويقر الكاتب الذي أنصف الحقيقة – بقصد أو بغير قصد – أن العقود المستقبلية المالية على الأوراق المالية الأمريكية أصبح من الشائع التعامل عليها من قبل المؤسسات المالية غير الأمريكية والتي تحتفظ لديها أو في محافظها بأوراق مالية أمريكية.

وبالكشف عن هذه الحقيقة المؤودة مزق هذا الكاتب الأقنعة التي توارت وراءها القوى المهيمنة على العالم، وكشف عن زيف اللافتات التي خدعت بعناوينها البراقة المفتونين بثقافة الغرب. ومع هذا ذهب الكاتب على استحياء محاولا تبرير ذلك بقوله:

" إن هذه المؤسسات تستخدم العقود المالية المستقبلية لتقليل التعرض لمخاطر السوق الأمريكية أو تحركات أسعار الفائدة، واستطرد قائلا أن بورصة شيكاغو للتجارة قد تجاوبت مع إقبال غير الأمريكيين على هذه العقود فسمحت بامتداد ساعات العمل بالبورصة لتغطية فروق التوقيت (أو التغطية الزمنية للمناطق المختلفة) ".

وحرصا منا على تناول الحقائق دون تشويه وحتى لا نتهم بالتحريف أو التأويل نسوق النص كما ورد على لسان "Madura" الكاتب الأمريكي العظيم.

Globalization of Futures Markets

Non – U.S. Participation in U.S. Futures Contracts.

Financial futures contracts on U.S. securities are commonly traded by non- U.S. financial institutions that maintain holdings of U.S. securities. These institutions use financial futures to reduce their exposure to U.S. stock market or interest rate movements. The Chicago Board of Trade has allowed more access to

non – U.S. customers by expanding the trading hours of the exchange to cover various time zones[1].

البيوع الآجلة والبيع إلى أجل:

وقبل أن نلج في مسألة البيوع الآجلة وجب علينا التنبيه إلى أن ثمة خطأ شائع سرى بين العوام والخواص، منشأه الخلط بين البيع الآجل بمدلوله الاقتصادي Forward Contracts والدارج استعماله بين المشتغلين بأعمال البورصات خاصة، والبيع إلى أجل Sale on credit والذي اصطلح على تسميته ببيع النسيئة. ففي البيع الأول تأجيل الثمن والمثمن ولا يترتب عليه بالتالي تسليم ولا تسلم ولا يترتب عليه كذلك تمليك حقيقي ولا تملك بينما في البيع إلى أجل ينصب التأجيل على الثمن دون المثمن.

وتنقسم العقود الآجلة من حيث ركني الإلزام والالتزام إلى نوعين رئيسيين:

أولا: عقود آجلة باتة أو قطعية (أي ملزمة) Binding Contracts.

ثانيا: عقود خيارية شرطية Optional Contracts.

* أما العقود الباتة أو القطعية :

"فهي التي يكون التعاقد فيها ملزما للطرفين، فلا يكون لأحدهما حق العدول عن الصفقة، بل يلتزم البائع بتسليم الأصل محل التعاقد للمشتري، ويلتزم الشاري بدفع الثمن المتفق عليه وذلك في موعد ثابت لاحق لتاريخ التعاقد متفق عليه هو يوم التسوية Settlement date"[2].

* أما العقود الخيارية الشرطية :

"فهي التي تعطي لمشتري الخيار حقا في أن يشتري من أو أن يبيع إلى الطرف الآخر (وفقا لشروط العقد) الأصل محل التعاقد في أي وقت خلال مدة العقد – إذا ما كان العقد أمريكيا

---

(1) Jeef Madura "Florida Atlantic University", Financial Markets and Institutions , third edition , ch.11. p.311.

(2) د. عبد العزيز فهمي - الأسواق وتصريف المنتجات - "دار الكتب المصرية".

أو في تاريخ التسوية إن كان العقد أوروبيا – أو أن يفسخ العقد بإرادته المنفردة إذا رأى أن الأسعار تتجه في غير صالحه ويدفع نظير ذلك للطرف الآخر مبلغا من المال عند إنشاء العقد مقابل أن جعل له حق الخيار، ويسمى هذا المبلغ بثمن الخيار Option Price (ولا علاقة له بثمن الأصل محل التعاقد) [1].

ولما كانت العقود الآجلة الباتة يتم التعامل عليها في الأسواق غير الرسمية OTC Markets، كما يتم التعامل عليها في الأسواق الرسمية (البورصات) "Exchanges" جرى تقسيم هذه العقود إلى نوعين فقط وذلك وفقا للسوق التي يتم التعامل من خلالها وهما :

أولا: العقود الآجلة   Forward Markets.

ثانيا: العقود المستقبلية Futures Markets.

وسنتناول كلا النوعين فيما يلي بقدر من التفصيل وبقدر ما تدعو الحاجة.

أسواق العقود الآجلة والمستقبلية
Forward and Futures Contracts Markets

على الرغم أنه قد جرت دائما التفرقة بين العقود الآجلة Forward Contracts والعقود المستقبلية Futures Contracts على أنهما شيئان مختلفان، إلا أنهما في الحقيقة وفي الأصل شيء واحد. فالعقود المستقبلية لغة واصطلاحا عقودا آجلة، غير أنه تم التمييز بين تلك العقود التي تجري ترتيباتها Arrangements من خلال السوق غير الرسمية OTC Markets، وتلك العقود التي يتم عقدها من خلال السوق الرسمية. ففي السوق غير الرسمية يتم تفصيل Tailoring تلك العقود وفقا لتفضيلات Preferences واحتياجات الأفراد أو الجهات الراغبة في عقدها. والأمر ليس كذلك في السوق الرسمية، فهي سوق منظمة Organized Market تحكمها لوائح وقوانين وأعراف وتقاليد، وعقودها جميعا نمطية Standardised ولا تخضع لتفضيلات الأفراد كما هو الحال بالنسبة للسوق غير الرسمية.

---

(1) التعريف للباحث .

ووجود ثمة وجوه أخرى للاختلاف بين العقود الآجلة والمستقبلية والتي نتجت عن إخضاع هذه العقود للقواعد والقوانين الحاكمة للتعامل في الأسواق الرسمية لا يغير من طبيعة هذه العقود من حيث كونها جميعا عقودا آجلة.

وقد ذهب صندوق النقد الدولي إلى تأكيد هذه الحقيقة من خلال الدراسة التي أعدها عن المشتقات المالية بقوله : " إن العقود الآجلة التي يجري التعامل عليها في سوق منظمة يطلق عليها (العقود المستقبلية)".

Forward – type contracts traded on organized markets are called "Futures" [1].

وإلى نفس هذا المعنى ذهب "Chance"، مؤكدا أن العقود المستقبلية هي عقود آجلة، وشروطها نمطية ويتم التعامل عليها في الأسواق الرسمية.

A future contract is a forward contract that has standardised terms is traded on an organized market [2].

وتشير الدراسة التي أعدها صندوق النقد الدولي إلى وجوه التقارب الشديد بين كل من العقود الآجلة والعقود المستقبلية استنادا إلى :

1- أن كليهما من العقود الملزمة Binding Contracts.

2- وأن كل عقد منهما لا يتوقف على غيره Non Contingent.

كما هو الحال في عقود المشتقات الأخرى التي يتوقف أداؤها على أداء الأصول الأخرى كحركة واتجاهات الأسعار للأصول المالية، وأسعار الفائدة، وأسعار الصرف وغيرها [3].

ويؤكد "Frank Fabozzi" وجوه الشبه بين العقدين بقوله :

" إن العقد الآجل تماما كالعقد المستقبلي هو اتفاقية للتسليم المستقبلي لأصل ما بسعر معين في

---

(1) IMF Working paper , Op., Cit., p.11.

(2) Don M. Chance , An Introduction to Derivatives , Op.Cit.p.225.

(3) IMF working paper , Op., Cit., p.55.

نهاية فترة معينة".

A forward contract , just like a futures contract , is an agreement for the future delivery of something at a specified price at the end of a designated period of time[1].

أهم وجوه الخلاف بين العقود الآجلة والمستقبلية.

1- بينما يجري التعامل على العقود الآجلة Forward contracts في السوق غير الرسمية Over – the – counter market (OTC) فإنه يجري التعامل على العقود المستقبلية في السوق الرسمية.

2- العقود المستقبلية جميعها نمطية "Standardised" في بنودها وشروطها خلافا للعقود الآجلة التي يجري تفصيلها وفقا لرغبة وتفضيلات المتعاقدين.

3- العقود المستقبلية تخضع للتسويات اليومية وفقا لحركة واتجاهات الأسعار وسعر التسوية الذي تقرره لجنة من غرفة المقاصة Clearinghouse يوميا، ولذا اصطلح على العقود المستقبلية Futures Market بأنها Marked-to-Market بمعنى أن مركز كل من المتعاقدين يتم تقويمه Valuating وتحديد الفروق بين سعر التسوية الحالي (والذي يمثل متوسط أسعار اليوم) وسعر التسوية لليوم السابق، وذلك من خلال التسوية اليومية Daily Settlement. فإذا ما كان الفرق إيجابيا أضيف مقدار الزيادة إلى حساب التأمين Margin account الخاص بمن يحتفظ بمركز طويل Long position (المشتري) والمودع لدى غرفة المقاصة Clearinghouse خصما من حساب المتعاقد المحتفظ بمركز قصير (البائع) [2]، أما العقود الآجلة فرغم أن جمهور الكتاب يذكرون أن هذه العقود لا تخضع للتسويات اليومية إلا أنه ورد بأحد المراجع أن العقود الآجلة قد تخضع وقد لا تخضع لنظام التسوية اليومية وأن ذلك إنما يتوقف على رغبة طرفي التعاقد.

A forward contract may or may not be marked to market, depending on the wishes

---

(1) Frank J. Fabozzi , bond portfolio management, p.102.

(2) Don M. Chance, An Introduction to Derivatives, p. 243.

of the two parties [1].

4- في العقود المستقبلية يقوم طرفي التعاقد بإيداع تأمين ابتدائي Initial margin لدى غرفة المقاصة Clearinghouse والتي تقوم بدورها كوسيط Intermediary وضامن Guarantor لكل عملية تتم من خلال بورصة العقود. وفي غياب هذه الجهة فإن كل طرف يصبح مسئولا أمام الآخر. فإذا لم يوف أحدهما بالتزامه تعرض الطرف الآخر لمخاطر عدم الوفاء Default risk التي تمثل أحد مثالب التعامل في الأسواق غير الرسمية. كما يقوم الطرفان بإيداع تأمين آخر يطلق عليه Maintenance margin ويمثل المقدار أو الرصيد الذي يتعين الحفاظ عليه كحد أدنى بعد كل تسوية، فإذا ما انخفض الرصيد عن حده المقرر فإنه يتعين زيادة الحد، أو رصيد التأمين إلى المستوى المطلوب additional margin may be required. بينما لا يوجد التزام على المتعاقدين في عقد آجل بإيداع هذا التأمين.

5- خلافا للعقود الآجلة Forward contracts فإن العقود المستقبلية Futures contracts غير ملزمة رغم أن أغلب الكتاب متفقون على أن كلا من العقود الآجلة والمستقبلية ملزمة Binding، وهو ما ذهب إليه أيضا صندوق النقد الدولي بقوله:

Forward and futures are binding, non contingent contracts [2].

وهو ما يعني أن العقود الآجلة والمستقبلية ملزمة ولا تتوقف على غيرها، إلا أن أحد المراجع المهمة التي يتصدر غلافها أحد أعلام الغرب في هذا المجال نفى نفيا قاطعا لا يحتمل التأويل ما تناوله كتاب الغرب أن العقود المستقبلية ملزمة لأطرافها وذلك تحت عنوان تسليم السلعة محل التعاقد Delivery of the underlying commodity فذكر ابتداء أن الذي يقبل على العقود الآجلة هم المستخدمون التجاريون الذين يسعون حقيقة في طلب السلعة ويدخلون في العقود الآجلة Forward contracts بغرض نقل ملكية سلعة في تاريخ لاحق. وذكر أن التسليم الفعلي من قبل طرفي العقد في العقود الآجلة هو الممارسة العادية، وأنه لا ينبغي أن يوفر العقد الآجل بديلا للتسليم

---

(1) Frank J. Fabozzi, Op., Cit., p.102.

(2) IMF. Op., Cit., p.55.

الفعلي، ويرى أنه على النقيض من ذلك تماما أن العقد المستقبلي يتضمن حقا في تعويض أو استخدام إجراء آخر للتسوية النقدية. وأقام على ذلك الدليل من خلال مجموعة من قرارات لجنة المتاجرة للسلع المستقبلية في الولايات المتحدة Commodity Futures Trading Commission (CFTC) وكذلك عدد من القرارات التفسيرية للجهات القانونية المعنية التي تظاهر هذا التوجه فيما يبدو أنه من قبيل التعديلات التي أضيفت للقوانين والنظم والقواعد الحاكمة للتعامل في أسواق العقود المستقبلية.[1]

وقريبا مما ذكره "Francis" والذي هدم به أحد الأصول المتعارف عليها في الأسواق المستقبلية أكد "Fabozzi" على ما يلي :

" رغم أن كلا من العقود المستقبلية والآجلة تتناول شروط التسليم، إلا أن العقود المستقبلية لا يقصد تسويتها بالتسليم. ويضيف الكاتب، أن أقل من 2 % من العقود القائمة يتم تسويتها بالتسليم، ولكن العقود الآجلة على النقيض من ذلك يقصد بها التسليم.

" Although both futures and forward contracts set forth terms of delivery, futures contracts are not intended to be settled by delivery. In fact, generally less than 2% of outstanding contracts, are settled by delivery. Forward contracts, in contrast are inteded for delivery" [2].

ولذلك فقد صدق "Chance" حينما قال :

---

(1) A forward contract generally involves actual commercial user of the commodity in question and is entered into for the purpose of

transferring ownership of a commodity at a latter time. Actual physical delivery by the parties is the norm in practice. A forward

contract should not provide for an alternative to delivery. In contrast, a future contract includes a right to offset or employ another

cash – settlement procedure, which in practice, is commonly utilized in lieu of delivery.(Jack Clark Francis, Op., Cit., pp. 507 –

508).

(2) Fabozzi , Op., Cit., p. 102.

" إن السوق الرسمية ليست هي أفضل طريق لطلب السلعة".

" The future market is not the best route for acquiring a commodity" [1].

وعلى الرغم من أن "Chance" يسلم بأن أغلب العقود المستقبلية في السوق الرسمية لا يتم من خلالها تسليم فعلي للأصول محل التعاقد إلا نادرا، إلا أنه لا يعزو ذلك لكون هذه العقود غير ملزمة ولكن لأنه يتم إقفال مراكز المتعاملين في هذه الأسواق قبل انتهاء مدة التعاقد بالتعويض، أي يبيع العقود إلى الغير. وعلى الرغم من ذلك يشير "Chance" إلى أنه وفقا للتقرير المالي للجنة المتاجرة في العقود المستقبلية "CFTC" لعام 1989م فإنه تم إنشاء 267 مليون عقد، بينما الذي انتهى بالتسليم الفعلي 1.7 مليون عقد فقط بنسبة تقل عن 1 % ، وأنه بينما تمت التسوية النقدية لأكثر من 50 مليون عقد، فإن أقل من 700 ألف عقد بقيت لآخر يوم تعامل عليها.

ويخلص من ذلك "Chance" – مناقضا نفسه - إلى أن التسليم وإن كان سمة أساسية للعقود المستقبلية فنادرا ما يحدث [2].

ويستفاد مما تقدم أن كافة المعاملات في أسواق العقود المستقبلية الرسمية إنما تستخدم كأداة للمضاربة أو للتحوط ضد تقلبات الأسعار، وأن من ابتغى الحصول الفعلي على سلعة ما فإن السوق الرسمية ليست هي الطريق الأفضل، وأن السبيل الوحيد المتاح وبلا خيار هو السوق غير الرسمية رغم ما يحيط بها من مخاطر عدم الوفاء Risk default أو السوق الحاضرة.

أولا:العقود الآجلة Forward contracts

على الرغم من أن العقود الآجلة قد ظهرت منذ زمن طويل وهناك دلائل تاريخية على ظهورها

---

(1) Don M. Chance , options & futures, Op., Cit., p.260.

(2) The fact that all futures contracts can be delivered or cash settled is critical to their pricing. However most contracts are not delivered. In the CFTC's fiscal year 1989 – 267million contracts were traded , but only 1.7 million – fewer than 1per cent – ended in delivery , this figures includes cash – settled contracts. Of over 50 million cash – settled contracts traded in all , fewer than 700.000 were held to the final trading day. Thus , delivery ,albeit an important feature of futures contracts seldom take place. (Don M. Chance , options & futures ,Op., Cit., p.260.)

وخاصة فيما يتعلق بالعمليات الآجلة على السلع كالحبوب والأرز، إلا أنها كانت أقل ألفة [1]. فخلافا لأسواق الخيارات، فليس لدى هذه الأسواق ما تقدمه من تسهيلات، إذ ليس لهذه السوق وحتى وقتنا هذا مبنى "Building" أو كيان رسمي منظم كالسوق الرسمية، حيث إن هذه الأسواق تعمل من خلال قنوات اتصال غير رسميةInformal communication channels بين المؤسسات المالية الرئيسية.

وعلى الرغم أن الأسواق الآجلة للصرف الأجنبي قد وجدت منذ زمن طويل إلا أنه لم يكن يجري تعامل على كثير من الأدوات الأخرى في الأسواق الآجلة في ذلك الحين ومع النمو السريع لأسواق المشتقات حدثت طفرة هائلة في الأسواق الآجلة للأدوات الأخرى. وأصبح الآن من السهولة بمكان الدخول في عقود آجلة لمؤشرات الأسهم أو الطاقة كما كان الأمر بالنسبة للعملات الأجنبية. وتعد العقود الآجلة مفيدة إلى حد بعيد لأنها تيسر استيعاب العقود المستقبلية.[2]

والمخاطر في العقود الآجلة لا تتعلق بطرف دون الآخر، فكل طرف من طرفي التعاقد يتحمل مخاطر عدم وفاء الطرف الآخر بالتزاماته وهو ما يطلق عليه (Credit risk or Default risk) وتختلف بذلك العقود الآجلة عن عقود الخيار والتي يتحمل فيها مخاطرة عدم الوفاء مشتري حق الخيار فقط.

ويرى بعض الكتاب الغربيين أن العقود الآجلة شائعة في حياة كل فرد في مختلف الشعوب والبلدان، بما يوحي بأن ما من أحد إلا ويمارس هذه النوعية من العقود الآجلة، وساقوا للتدليل على ذلك بعض الأمثلة من حياتنا اليومية بعيدا عن الأسواق التي تذهب معاملاتها بالألباب كعقود الطاقة والحبوب والعملات والمعادن النفيسة كالذهب والفضة والماس فهم يرون أن من يوقع عقد استئجار شقة لمدة عام A one year appartment lease فإن ذلك يعني موافقة المستأجر على شراء خدمة استعمال الشقة لمدة اثنى عشر شهرا تاليا بسعر يجري تحديده مسبقا عند إنشاء العقد، وحينئذ نكون بصدد عقد آجل لشراء خدمة آجلة وبسعر متفق عليه مسبقا.

فإذا ما رغب المستأجر في ترك العين لعثوره على أخرى تناسب ظروفه، فإن العقد يظل ساريا

(1) Desmond Fitzgerald , the Paribas Derivatives handbook, Op., Cit., p.23.

(2) Don M. Chance , An Introduction to Derivatives , Op., Cit., p.4.

والتزامه قائما. والطريقة الوحيدة التي يستطيع بها التحلل من التزاماته هو تأجير العين للغير من الباطن Sublease حتى نهاية مدة العقد، وأصبح من السهل بيع هذه الخدمة من خلال الأسواق التي أنشئت خصيصا لهذا الغرض "Sublease".

فإن فعل، حينئذ نكون بصدد عقد مستقبلي أو ما هو أشبه بالعقد المستقبلي Future contract منه إلى العقد الآجل Forward contract [(1)]. ونحن نرى أنه ليس هناك ما هو أدل على فساد هذا الرأي من أن محل العقد وهو العين المؤجرة قد تم تمكين المستأجر منها، وبالتالي فقد العقد أهم أسباب وجوده وهو تأجيل التسليم إلى تاريخ لاحق.

وذهب هؤلاء الكتاب إلى ما هو أبعد من ذلك فيما يعد من طرائف الأدب المالي والاقتصادي، فهم يرون أن العقد الآجل لا تقاس مدته بالسنين ولا بالشهور ولا حتى بالأيام فقد تكون مدته أقل من ذلك بكثير. فمن يعطي أمرا لأحد مطاعم "البيتزا" الشهيرة لإرسال بعض الفطائر إليه في محل إقامته، وهو يعلم أن أثمان الفطائر معلن عنها، ومحددة مقدما تحديدا نافيا للجهالة، ويعلم أيضا أن إعداد الوجبة وإرسالها إلى محل إقامته قد يستغرق ثلاثين دقيقة أو ما يزيد قليلا فقد تحقق في هذا العقد مواصفات العقد الآجل. فإذا ما تم إرسال الوجبة إلى العميل ولم يكن في محل الإقامة أحدا ليتسلمها فقد تحققت مخاطر عدم الوفاء من جانب أحد المتعاقدين، وهي أحد مثالب التعامل في هذه الأسواق.

ونحن نرى أن ما ساقه الكاتب في هذا الصدد هو أحد أشكال الترف الفكري. وعامة فإن أي شكل من الترتيبات التعاقدية في شأن تسليم سلعة أو خدمة في تاريخ مستقبلي لاحق وبسعر متفق عليه عند إنشاء العقد فهو عقد آجل[(2)].

ونتناول فيما يلي أهم التعريفات التي وقع اختيارنا عليها في شأن العقود الآجلة.

---

(1) a) Don M. Chance, An Introduction to Derivatives, Op., Cit., p.225.

b) Don M. Chance, Options $ Futures, Op., Cit., p.240.

(2) Any type of contractual arrangement calling for the delivery of a good or service at a future date at a price agreed upon today is a forward contract." Don M. Chance, An Introduction to Derivatives, Op., Cit., p.226 ".

تعريف العقد الآجل:

عرفه " Chance " "بأنه اتفاقية بين طرفين أحدهما مشتري والآخر بائع لشراء أو بيع سلعة أو خدمة في تاريخ مستقبلي لاحق وبسعر متفق عليه عند إنشاء العقد".

" A forward contract is an agreement between two parties, a buyer and a seller to purchase or sell something at a latter date at a price agreed upon today " [1].

بينما عرف "Antony Saunders" العقد الآجل بالآتي:

" العقد الآجل هو اتفاقية تعاقدية بين مشتري وبائع لمبادلة أصل بنقد في تاريخ لاحق. والمشتري والبائع يحددان السعر والكمية عند التعاقد، ولكن التسليم والتسلم لسند يستحق بعد عشرين عاما مقابل الثمن النقدي قد لا يتم ".

" A forward contract is a contractual agreement between a buyer and a seller at time (O) to exchange an asset for cash at some later date. The buyer and the seller would agree on a price and quantity today (Time O) but the delivery (or exchange) of the 20-year bond for cash would not occour" [2].

بينما عرف صندوق النقد الدولي العقد الآجل بالآتي:

" بمقتضى العقد الآجل يتفق الطرفان على تسليم الأصل محل التعاقد سواء كان حقيقيا أم ماليا، بكميات معينة، وفي تاريخ معين، وبسعر تعاقد متفق عليه. والعقود الآجلة ليست عقودا مالية شرطية لأنها تنطوي على التزام بتسوية العقد في تاريخ معين.

" Under a forward – type contract, the two counter partities agree to exchange an - underlying item – real or financial – in a specified quantity , on a specified date, at an agreed price. Forward – type contracts are unconditional financial contracts

---

(1) Don M. Chance , An introduction to Derivatives , Op., Cit., P.4.

(2) Antony Saunders , Op., Cit., p.495.

because there is an obligation to settle the contract on a specified date"[1].

أما "Kennth Gorbade" فيشير ابتداء إلى أن عقود التسليم الآجلDeffered delivery contracts بين المشترين والبائعين من المسائل الشائعة في التجارة والتمويل. فالسلع الزراعية والصرف الأجنبي تم التعامل عليهما بيعا وشراء لتسليم مؤجل منذ ما يزيد عن قرن.

وعرف العقد الآجل بالآتي:

" العقد الآجل هو اتفاقية ثنائية بين مشتري وبائع. الأصل محل التعاقد، وسعر التسوية، وتاريخ التسوية من المسائل التي يتم التفاوض بشأنها وتكون محل اتفاق بين المتعاقدين. وفي تاريخ التسوية يقوم البائع بتسليم الأصل محل التعاقد والمشتري بتسليم الثمن المتفق عليه مسبقا".

" A forward contract is a bilateral contract between a purchaser and a seller. The asset to be exchanged and the settlement price and the settlement date is matually agreeable to the two transactors. When the settlement date arrives, the buyers tenders cash to the seller , and the seller delivers the previously agreed upon asset to the buyer "[2].

أما "Edward Kleinbard" فقد عرف العقد الآجل بالآتي :

" العقد الآجل هو عقد ثنائي خاص مؤجل تنفيذه والذي يقتضي تسليم كمية معينة من الملكية بسعر محدد في تاريخ محدد في المستقبل، ولا يطالب أطراف العقد بإيداع أي ضمان".

" A forward contract is a private bilateral executory contract that typically calls for the delivery of specified quantity of property at a fixed price at a set date in the future. The parties are not required to post collateral"[3].

---

(1) IMF. Working paper, Op., Cit., p.11.

(2) Kennth Gorbade , Securities Markets, ch. 15, p.303.

(3) Edward D. Kleinbard , the handbook of Equity Derivatives,ch.23 p.339.

ولنفس المعنى تقريبا ذهب "Dismond"، فقد عرف العقد الآجل بالآتي:

" العقد الآجل هو عقد على شراء أو بيع كمية محددة من سلعة ما بمواصفات محددة في تاريخ مستقبلي معين بسعر متفق عليه عند إنشاء العقد ".

" A forward contract is a contract to purchase or sell a fixed quantity of a commodity of defined quality on a certain date in the future at a price agreed to day" [1].

---

(1) Dismond Fitzgerald, the paribas Derivatives handbook, 93/94.

التعامل على العقود الآجلة في السوق غير الرسمية

بـدون استخـدام الوسـاطـة الماليـة

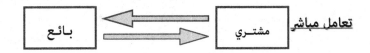

تعامل مباشر | مشتري | بائع

باستخدام وسيط أو صانع سوق

بائع | وسيط | مشتري
Short | Market Maker | Long

تعامل غير مباشر

ثانيا:العقود المستقبلية Futures Contracts

يطلق مصطلح العقود المستقبلية على العقود الآجلة التي يجري التعامل عليها من خلال أحد الأسواق المنظمة Organized Markets وهي البورصة [1].

وتوفر العقود المستقبلية أداة بديلة للاستثمار في أصول حقيقية.

ومع هذا فـثمة فروق عديدة بين الاستثمار في أحد الأصول من خلال إنشاء عقد مستقبلي، وبين الاستثمار في الأصل بعينه [2].

وتفصيل ذلك :

---

(1) Dismond Fitzgerald, the paribas Derivatives handbook, 93/94 , Op., Cit., p.24.

(2) There are many differences between investing an asset through a futures contract and investing in the asset itself. "Reilly" , Op., Cit., p..85.

1- إن الذي يستثمر أمواله في شراء أحد الأصول يدفع الثمن المقابل للبائع غير منقوص، أما الذي يستثمر أمواله في شراء عقد مستقبلي على أحد الأصول فلا يدفع سوى نسبة ضئيلة من القيمة الكلية للعقد المستقبلي تتراوح ما بين 10 % ، 15 % كضمان ابتدائي Initial Margin.

2- عند تغير ثمن الأصل محل التعاقد تزيد قيمة العقد مقارنة برأس المال المستثمر.

3- بينما الاستثمار في أحد الأصول المالية كالأسهم ليس محدودا بمدة معينة، فإن الاستثمار في أحد العقود المستقبلية وعلى نفس السهم يمتد لفترة تقل عن سنة.

4- إن من يستثمر ماله في أحد الأصول قد يخسر نسبة كبيرة من رأس المال المستثمر، بينما المستثمر في عقد مستقبلي قد يخسر من المال ما يزيد عن المال المستثمر.

5- من كان في حاجة فعلية إلى السلعة محل التعاقد فالطريق إلى ذلك ليس هو سوق العقود المستقبلية، وإنما السوق الحاضرة Spot Market وإن كان يريدها في تاريخ لاحق فهي السوق الآجلة Forward Market[1].

والعقود المستقبلية متعددة ومتشعبة ومن الصعب حصرها ويكفي للتدليل على ذلك أن نحو مائة نوع من أنواع العقود المستقبلية يجري التعامل عليها في بورصات العقود المستقبلية في الولايات المتحدة.

Almost 100 types of futures contracts trade on U.S. Futures exchanges[2].

والتعامل في العقود المستقبلية في الولايات المتحدة الأمريكية يتم من خلال إحدى عشرة بورصة للمعاملات المستقبلية وعلى نظام جلوبكس "Globex" الإلكتروني.

ومن الأسواق النشيطة التي تتعامل في العقود المستقبلية في غير الولايات المتحدة، بورصة سيدني، وهونج كونج، وطوكيو، وأوساكا، وباريس، ولندن، وسينجابور، وتورنتو.

---

(1) If one needs the commodity , the futures market is not the route to acquire commodity. (Don M. Chance , An introduction to Derivatives, Op., Cit., p.246).

(2) I bid , p.233.

أما بورصة سيدني في أستراليا (SFE) فهي السوق الرسمية للتعامل في العقود المستقبلية والخيارات وتعد حاليا البورصة العاشرة للعقود المستقبلية على مستوى العالم على أساس حجم التعامل [1].

أما بورصة هونج كونج للعقود المستقبلية .The Hong Kong Futures Ex فقد أُسست عام 1975م وتعاملت في العقود المستقبلية للقطن عام 1977م، وتلا ذلك تعاملها في عقود السكر المستقبلية في نفس العام، وامتد تعاملها إلى فول الصويا Soy bean عام 1979م، ثم عقود الذهب عام 1980م [2].

وإذا ما تحدثنا عن بورصة طوكيو للعقود المستقبلية

The Tokyo International Financial Futures Ex (TIFFE).

فقد يستلفت النظر حداثة إنشائها حيث أُسست عام 1989م، وأما أول العقود التي تمت بين جدرانها فكانت " اليورو ين" "Euro Yen" لمدة ثلاثة شهور واحتلت هذه العقود المركز التالي لمركز الصدارة لأنشط العقود على مستوى العالم. ويتجاوز عدد العقود التي يتم إنشاؤها 30 مليون عقد سنويا وتتضاعف نسب النمو لهذه العقود من عام لآخر.

وإذا أشرنا إلى بورصة أوساكا The Osaka Securities Exchange (OSE) فهي ثاني أكبر بورصة يابانية بعد بورصة طوكيو.

أما بورصة سينجابور The Singapore International Monetary EX. (SIMEX) فهي بورصة العقود المستقبلية والخيارات في سينجابور. وقد بدأ العمل بها في أغسطس 1984م، وهناك اتفاقيات تبادلية بينها وبين بورصة شيكاغو للتجارة بحيث يمكن إغلاق المراكز لإحدى البورصتين في البورصة الأخرى. وفي عام 1993م احتلت بورصة سينجابور المركز الرابع عشر من حيث حجم التعامل بين سائر بورصات العقود المستقبلية والخيارات في العالم [3].

---

(1) I bid , p.233. & Dictionary of Derivatives.

(2) Dictionary of Derivatives, Op., Cit., p.64.

(3) I bid, p.109.

212

ونتناول فيما يلي أهم التعريفات التي وقع اختيارنا عليها في شأن العقود المستقبلية

تعريف العقود المستقبلية

عرف " أنتوني سوندرز" العقد المستقبلي بالآتي :

" العقد المستقبلي يجري الترتيب له من خلال سوق منظمة. وهو اتفاقية بين مشتري وبائع على تبادل أصل مقابل نقد في تاريخ لاحق. ووجه الخلاف بين هذا العقد والعقد الآجل، أنه بينما يكون السعر ثابتا في العقد الآجل طول مدة العقد، فإن العقود المستقبلية تخضع للتسويات اليومية ويتم تعديل قيمتها وفقا لسعر التسوية. ويستفاد من ذلك أن تسويات نقدية حقيقية تتم بصفة يومية بين الشاري والبائع استجابة لعمليات التسويات اليومية حيث توصف السوق بأنها Marked to Market [1].

ويستفاد مما تقدم أن أهم السمات الرئيسية المميزة للعقد عند "سوندرز" هي :

1- أن التعامل على هذه العقود يتم من خلال الأسواق الرسمية.

2- أن التسوية من جانب غرفة المقاصة لا تتم في نهاية مدة العقد، وإنما تجري التسويات بصفة يومية استجابة لتغيرات الأسعار.

أما "شانس" فقد استهل تعريفه للعقود المستقبلية بما يراه من أهم السمات المميزة للعقود المستقبلية. فقد عرف العقد المستقبلي على النحو التالي:

" العقود المستقبلية عقود آجلة شروطها نمطية ويتم التعامل عليها من خلال سوق منظمة، وتخضع لإجراء تسوية يومية تخصم من خلالها خسائر أحد الأطراف من حساب التأمين المودع لدى

---

(1) A futures contract is arranged through an organized exchange (Market). It is an agreement between a buyer and a seller that an asset will be exchanged for cash at some later date. As such , a futures contract is very similar to a forward contract. The difference is that where as the price of a forward contract is fixed over the life of the contract , futures contracts are marked to market daily – this means the contracts price is adjusted cash day as the futures price for the contract changes. (Antony Saunders , Op., Cit., p.496.

غرفة المقاصة لتضاف إلى حساب الطرف الآخر".

" A futures contract is a forward contract that has standarised terms is traded on an organized market and follows a daily settlement procedure in which the losses of one party to the contract are paid to the other party " [1].

ويسترعى انتباهنا في التعريف المتقدم أنه استهل التعريف بما أغفله التعريف الذي سبقه وهو نمطية العقود المستقبلية، فهي لا تتباين من عقد لآخر وفقا لرغبة المتعاقدين، ولا يجري تفصيلها وفق حاجة أحد الأطراف سواء من حيث حجم العقد أو مدة العقد أو سعر التعاقد.

أما "Reilly" فلم يضف إلى التعريفات المتقدمة وإنما اجتزأ بعضها، فعرف العقد المستقبلي بالآتي :

" العقد المستقبلي هو اتفاقية توفر للمتعاقدين تبادل مستقبلي لأصل معين، في تاريخ تسليم مستقبلي معين، في مقابل مبلغ نقدي معين في تاريخ التسليم " [2].

وأما Benton فقد استهل تعريفه للعقد المستقبلي بأهم سماته وهو أنه عقد آجل قابل للتداول، وقابلية العقد للتداول تزيد من سيولته Liquidity خلافا للعقود الآجلة في السوق غير الرسمية والتي توصف بأنها Illliquid وقد عرف العقد المستقبلي بما يلي:

" العقد المستقبلي هو عقد آجل قابل للتداول. وهو اتفاقية على تسليم في تاريخ لاحق، أو تسلم لمقدار أو كمية محددة بجودة معينة لأصل معين بسعر معين".

" A futures contract is a marketable forward contract. A futures contract is an agreement to make delivery at a latter date , or to accept delivery of a fixed amount

---

(1) Don M. Chance , An introduction to Derivatives , Op., Cit., p.225.

(2) "A futures contract is an agreement that provides for the future exchange of a particular asset at a specified delivery date in exchange

for a specified payment at the time of delivery". (Reilly, Op., Cit., p.1056).

of a specific quality of an asset at a specified price" [1].

ويضيف صاحب التعريف المتقدم أن العقود المستقبلية تتطلب إيداع وديعة (لدى شركة المقاصة) كتأمين أو ضمان Margin deposit بنسبة تتراوح ما بين نصف في المائة، 10 % .

ويسترعي انتباهنا هنا عدم اتفاق الكتاب على نسبة الضمان وإن كان من الثابت أنها لا تتجاوز مطلقا 20 % من قيمة العقد الكلية.

بينما عرف Adrian Buckley صاحب المالية متعدية الجنسيات العقد المستقبلي بالآتي:

" العقد المستقبلي المالي هو اتفاقية لشراء أو بيع كمية نمطية من أداة مالية معينة في تاريخ مستقبلي لاحق وبسعر متفق عليه بين الأطراف باستخدام أسلوب المناداة في قاعة سوق منظمة للعقود المستقبلية ".

" A financial futures contract is an agreement to buy or sell a standard quantity of a specific financial instrument at a future date and at a price agreed between the parties through open outcry on the floor of an organized financial futures exchange" [2].

ولا يكاد يختلف التعريف الذي قدمه "Jeff Madura" عن سائر التعريفات المتقدمة فهو يعرف العقد المستقبلي على الوجه التالي:

" العقد المستقبلي المالي هو اتفاقية نمطية لتسليم أو استلام مقدار معين من أداة مالية معينة بسعر معين في تاريخ معين ".

ويضيف "Madura" أن العقود المستقبلية يتم التعامل عليها من خلال سوق منظمة والتي تضع قواعد لها قوة الإلزام.

" A financial futures contract is a standarised agreement to deliver or receive a

(1) Benton E. Gup, Op., Cit., p.91.

(2) Adrian Buckley , Multinational Finance , Op., Cit., p.244.

specified amount of a specified financial instrument at a specified price and date. Financial futures contracts are traded on organized markets which enforce rules for such trading " [1].

(1) Jeff Madura , Financial markets and institutions, 3rd ed. P.291.

أهم سمات وخصائص العقود المستقبلية

Characteristics of futures contract

1 - نمطية شروط التعاقد Standard of terms فلا تتباين العقود من عقد لآخر و لا تخضع لرغبة المتعاقدين كما هو الحال في العقود الآجلة من حيث حجم العقد size ومدته expiration وصفاته أو جودته quality.

2 - ولأن هذه العقود يجري التعامل عليها من خلال السوق الرسمية، لذلك فإنها تكون قابلة للتداول وتحرر بذلك المتعاقدين من التزاماتهم بتسليم أو تسلم المعقود عليه.

3 - المتعامل في هذه العقود يودع تأمينا Initial Margin لا يتجاوز 20 % من القيمة الكلية للعقد وذلك خلافا للعقود الآجلة التي يجري التعامل عليها في السوق غير الرسمية والتي لا تتطلب إيداعا مثل هذا التأمين من أيٍ من أطرافها [1].

4 - العقود المستقبلية لا يقبل المتعاقدون عليها بغرض الحصول على الأصل محل التعاقد. بل إن هذا المقصد يكاد يتضاءل لدرجة العدم حيث يجري استخدام هذه العقود لأغراض المضاربة أو نقل المخاطرة أو لمجرد المراهنة على محض اتجاهات الأسعار. أما من كان مقصده الحصول على الأصل محل التعاقد فإما أن يلجأ إلى السوق الحاضرة Spot Market إن كانت حاجته إلى هذا الأصل عاجلة أو إلى السوق غير الرسمية لإنشاء عقد آجل إن كان راغبا في الحصول على هذا الأصل في وقت لاحق، حيث يتوفر في هذه السوق عنصري الإلزام والالتزام. إلزام البائع بتسليم المعقود عليه للمشتري والتزام الشاري بسداد الثمن المقابل للأصل محل التعاقد.

5 - بوسع المستثمر في السوق الرسمية أن يتجنب الاستلام الفعلي للسلعة من خلال بيع العقد لآخر offset.

(1) رغم عدم اتفاق الكتاب على نسبة التأمين الابتدائي الذي يتم دفعه عند إنشاء العقود المستقبلية، إلا أن النسبة في مجملها لا تزيد عن 20 % من جملة العقد، فقد ذهب Reilly إلى أن النسبة من 10 % إلى 15 % مرجع سابق، ص 85 بينما ذهب Benton إلى أن النسبة من نصف في المائة إلى 10في المائة مرجع سابق ص91، أما Madura فقد ذهب إلى أن النسبة ما بين 5 % إلى 18 % مرجع سابق ص292.

6 - تحديد الثمن الحقيقي للأصل محل التعاقد في مستهل عقد الصفقة.

7 - العقود المستقبلية توصف جميعها بأنها Marked to Market بمعنى أنها تخضع للتسوية اليومية Daily Settlement فيتم تعديل ثمن التعاقد يوميا كلما تغير سعر الأصل محل التعاقد.

ميكانيزم التعامل في العقود المستقبلية

The Mecanics of Futures Trading

قبل أن يشرع العميل في إصدار أمر لإحدى شركات الوساطة المالية، يتعين على العميل أن يبادر ابتداء بفتح حساب لدى شركة الوساطة المالية Brokerage Firm.

ونظرا لارتفاع مخاطر التعامل في العقود المستقبلية، فإن العميل يطالب من خلال بورصة العقود المستقبلية بإيداع تأمين ابتدائي Initial Margin غالبا لا يقل عن 5000 $ ويوقع على إقرار يتناول المخاطر التي يمكن أن يتعرض لها.

The individual must make a minimum deposit - usually at least $ 5000 - and sign a disclosure statement acknowledging the possible risks [1].

بينما يذكر Madura أن التأمين الابتدائي هو ما بين 5 %، 18 % من القيمة الكلية للعقد المستقبلي يتم إيداعها لدى شركة الوساطة التابع لها العميل قبل تنفيذ العملية. ويضيف Madura أن الغالب أن شركات الوساطة تطلب تأمينا يزيد غالبا عما هو مطلوب من قبل بورصات العقود [2].

وعندما يشرع العميل في إعطاء الأمر لشركة الوساطة التابع لها والتي قام بفتح حساب لديها، تقوم شركة الوساطة بالاتصال بممثلها ببورصة العقود، والذي يتوجه فور تلقيه للأمر إلى القاعة التي يتم التعامل فيها على هذا النوع من العقود "The Pit " وفي هذه القاعة إشارات يدوية وأنشطة شفهية hand signals and verbal activities وهذه يجري استخدامها عند إعطاء الأوامر بعروض البيع أو طلبات الشراء are used to place bids and makes offers.

(1) Don M. Chance, An Introduction to Derivatives, Op.,Cit., p.242.

(2) Jeff Madura, Financial Markets and Institutions, third edition, p. 292.

ويطلق على هذا الأسلوب أو الطريقة التي يجري بها تنفيذ العمليات في البورصات سواء كانت بورصات العقود المستقبلية والخيارات Option & Futures Exchanges أو بورصات الأوراق المالية Stock Exchanges أسلوب أو نظام المناداة open outcry system[1].

فإذا ما تم تنفيذ أمر العميل when the order is Filled

يقوم ممثلو شركة الوساطة المالية الموجودين بالبورصة بإخطار الشركة بتنفيذ الأمر الصادر إليهم، ومن ثم تقوم الشركة بالاتصال تليفونيا بالعميل لتعزيز عملية التعاقد.

دور غرفة المقاصة The Role of the Clearinghouse

بتعزيز العميل لعملية التعاقد يبدأ دور غرفة المقاصة. وهذه الجهة تعد وسيطا وضامنا لكل عملية تعاقد، وفي غيابها يصبح كل من البائع والمشتري مسئولا أمام بعضهما البعض عن تنفيذ العقد. وتفصيل ذلك أن غرفة المقاصة تضمن للمشتري قيام البائع بالوفاء بالتزاماته وتضمن للبائع

---

(1) يطلق على هذا النوع من التعامل أسلوب المناداة حيث يتولى أعضاء البورصة بأنفسهم تنفيذ ما لديهم من أوامر تتعلق بعروض البيع أو طلبات الشراء بالمناداة :

Open outery is the process that occurs in a trading pit in which bids and offers are indicated by shouting. (Glossary, Don Chance, p. 611.)

وهذا النظام نظام قديم بدأ استخدامه منذ نحو 150 عاما، ولذا وصفوه بالآتي :

" It may be a thing of the past ".

ورغم ميكنة البورصات واستخدام النظم الإلكترونية Electronic Systems في عمليات التشغيل، ورغم أن هذا النظام يبدو بدائيا، إلا أنه مازال معمولا به في أعظم البورصات العالمية شأنا جنبا إلى جنب مع نظم التشغيل الإلكتروني عملا بالحكمة القائلة " إن الجديد لا ينبغي أن يقوم على أنقاض القديم"، وبقاء هذا النظام يعكس أيضا رغبة أعضاء البورصة للإبقاء على نظام المناداة الذي يشارك من خلاله الأعضاء مشاركة فعلية حسية ويشعرون بمتعة الأداء من خلال هذا النظام.

This reflects the desire of the exchange members to preserve the open out-cry system, in which they participate and indeed enjoy each day.

ولأن بورصة شيكاغو التجارية تقر بالطلب المتزايد على النظم المميكنة إلكترونيا فقد طورت نظام GLOBEX والذي يستخدم فقط خلال ساعات إغلاق البورصة.

Is for use only when the exchanges are closed. (Don M. Chance, Introduction to Derivatives, Op.,Cit., p.243.

219

التزام الشاري في الوفاء بالتزاماته، وتقوم بتسجيل جميع العمليات.

التسويات اليومية   Daily Settlements

لتأمين المتعاقدين وضمان وفاء أطراف التعاقد بالتزاماتهم تعتمد غرفة المقاصة على التأمين الابتدائي Initial Margin الذي يقوم بإيداعه كل من البائع والمشتري لدى غرفة المقاصة فيما يعد ضمانا لعدم توقف أحد الأطراف عن الوفاء بالتزاماته، ويودع هذا التأمين في حساب العميل لدى غرفة المقاصة، وإذا اتجهت الأسعار في صالح العميل فإن فارق السعر يضاف بطريقة آليه إلى حسابه، وإذا اتجهت الأسعار في غير صالحة يخصم الفرق من حسابه، وقد يتلقى العميل ما يسمى Margin call من شركة الوساطة المالية التابع لها لكي يودع تأمينا إضافيا Additional Margin للحفاظ على رصيد التأمين عند الحدود المطلوبة Maintance Margin، ولذا فإن أحد السمات المميزة للعقد المستقبلي إنه (وفقا للمصطلح) Marked to Market أي خاضع للتسوية اليومية.

ميكانيزم العقود المستقبلية

يصور الشكل "25" ميكانيزم العقود المستقبلية ودور كافة الأطراف التي تشارك في صناعة هذه العقود بدءا من لحظة إنشائها إلى أن تتم تسويتها وفقا للخطوات التالية :

1 - يعطي كل من الشاري والبائع تعليماته لشركة الوساطة المالية التابع لها كل منهما لتنفيذ الأمر.

2 - تطلب شركة الوساطة المالية التابع لها الشاري والأخرى التابع لها البائع من ممثليها بالبورصة تنفيذ الأوامر الصادرة إليهما.

3 - يلتقي الوسيط المنفذ للمشتري مع الوسيط المنفذ للبائع بالقاعة المخصصة ببورصة العقود.

4 - يتم إرسال تقرير بعملية التعاقد من بورصة العقود لغرفة المقاصة والتسوية.

5 - يقوم الوسيطان المنفذان اللذان قاما بتنفيذ عملية التعاقد بإخطار شركة الوساطة التي يتبعها كل منهما بالسعر الذي تم به التعاقد.

6 - تقوم شركة الوساطة التابع لها الشاري والأخرى التابع لها البائع بإخطار الشاري والبائع بسعر التعاقد.

7 – يودع كل من الشاري والبائع تأمينا لدى شركة الوساطة التي يتبعانها ما بين 5 % إلى 18 % من القيمة الكلية للعقد.

8 – تودع كل من الشركتين التأمين المودع لديها في شركة التسوية التي تتبع كل منهما.

9 – تقوم شركتا التسوية بإعادة ~~دع~~ لديهما لدى غرفة المقاصة والتسوية Clearinghouse.

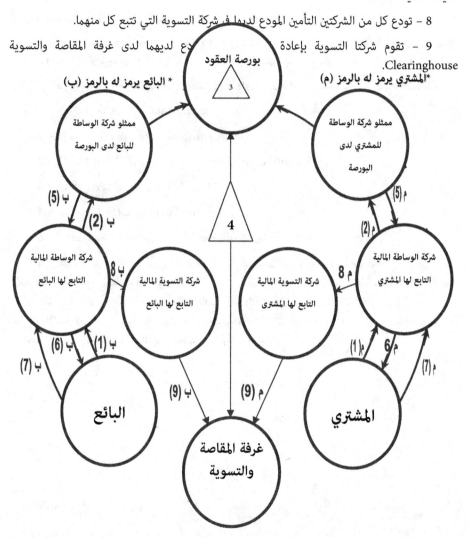

- الشكل رقم 25
- الخطوات مقتبسة من كتاب Introduction to Derivatives
- والتصوير للباحث

221

وقد يكون من المفيد الإشارة إلى أن أول غرفة مقاصة قد تم تأسيسها عام 1925 م ببورصة شيكاغو للتجارة. وغرفة المقاصة هي شركة مستقلة، والمساهمون فيها هي شركات التسوية والتي تتوسط في التعامل ما بين شركات الوساطة المالية وغرفة التسوية.

دور المؤسسات المالية في أسواق العقود المستقبلية [1]

لما كانت المؤسسات المالية ليست شيئا واحدا وإن جمع بينها مسمى واحد، وبالتالي فمن القصور أن تختلف وتتباين استراتيجياتها و بالتالي الدور الذي يمكن أن تقوم به في أسواق العقود المستقبلية.

وبالنظر إلى المؤسسات المالية التي تتعامل في أسواق العقود المستقبلية فيمكن حصرها فيما يلي :

1 – البنوك التجارية   Commercial Banks.

2 – مؤسسات الادخار   Savings Institutions.

3 – الشركات العاملة في مجال الأوراق المالية Securities Firms.

4 – صناديق الاستثمار   Mutual Funds.

5 – صناديق المعاشات   Pension Funds.

6 – شركات التأمين   Insurance Companies.

ومن غرائب الأمور أن صناديق الاستثمار قد تم تصنيفها بين سائر المؤسسات المالية على أنها الجهة الوحيدة التي تقوم بالمضاربة في أسواق العقود المستقبلية، بينما الجهات الأخرى إنما تستخدم تلك الأسواق بغرض التحوط ضد مخاطر ارتفاع أسعار الفائدة كالبنوك التجارية، ومؤسسات الادخار، أو للتحوط ضد مخاطر تقلب الأسعار في أسواق الأوراق المالية حماية لمحافظ الأوراق المالية الخاصة بها كالشركات العاملة في مجال الأوراق المالية وكذا صناديق المعاشات وشركات التأمين [2].

---

(1) Jeff Madura, Op.,Cit., 3rd edition, p.310.

(2) Don M. Chance, Op., Cit., p. 227.

وعلى الرغم من تصنيف دور المؤسسات المالية على الوجه المتقدم فيبدو أنه تصنيف افتراضي، ولكن الواقع يخالفه وهو يخالف الواقع، وقد قدمنا في مستهل هذا البحث عددا كبيرا من البنوك التي توارت عن الأنظار بسبب عمليات المضاربة في أسواق العقود ومنها بنك بارينجز أعرق البنوك البريطانية وواحدا من أكبر المؤسسات المالية العالمية.

تطور العقود المستقبلية [1]

The development of futures markets

في عام 1848 قامت مجموعة من رجال الأعمال بإنشاء بورصة شيكاغو للتجارة The Chicago Board of Trade (CBOT) وقد كان الهدف المبدئي من تنظيم هذه البورصة هو تنميط كميات ونوعيات الحبوب Standardizing the quantities and qualities of the grains وبعد ذلك بسنوات قليلة تم تطوير أول عقد آجل وأطلق على هذا النوع من العقود"to-arrive contract" وكان من شروط هذا العقد أن يوافق المزارع على تسليم الحبوب في تاريخ مستقبلي لاحق وبسعر العقد أو أن يوافق المزارع على تسليم الحبوب في تاريخ مستقبلي لاحق وبسعر محدد مستقبلا. وكان ذلك يعني أن المزارع لن يقوم بشحن الحبوب إلى شيكاغو في وقت الحصاد، ولكن كان بوسعه تحديد الثمن والتاريخ الذي يمكن أن تباع به الحبوب.

ويرى كتاب الغرب أن هذا النوع من العقود قد أثبت أنه من الأدوات الرائعة. وقد وجد المضاربون أن ما هو أفضل من البيع والشراء، هو القيام ببيع وشراء العقود. وبهذه الطريقة تمكن المتاجرون من المضاربة على أسعار الحبوب ليتم تسليمها في تاريخ مستقبلي دون أن يلقي أحدهم بالا إلى التسليم، أو إلى تخزين الحبوب.

ولم يمر وقت طويل حتى شرعت البورصة في وضع مجموعة من القواعد والنظم التي تحكم هذه العمليات.

وفي عام 1920 أنشئت غرفة المقاصة. وقبل أفول القرن التاسع عشر بعامين أنشئت بورصة

---

(1) Don M. Chance, Op.,Cit., p.227.

شيكاغو للتجارة عام 1898 م Chicago Mercantile Exchange والتي تعد حاليا ثاني أكبر بورصة عالمية للعقود المستقبلية. وبمرور السنوات أنشئت بورصات جديدة والتي شملت بورصة نيويورك للعقود المستقبلية The New York Futures Exchange وبدأت عام 1979 كبورصة تابعة لبورصة نيويورك للأوراق المالية [1].

تطور العقود المالية المستقبلية

The Development of Financial Futures

خلال ما يربو على 120 سنة فإن بورصات العقود المستقبلية السلعية باشرت دورها في تنفيذ العقود على السلع الزراعية والمعدنية وغيرها. وفي عام 1971 م بدأت الاقتصاديات الغربية المتقدمة السماح بتعويم عملاتها بما يعني السماح بتقلب أسعار الصرف، مما فتح الطريق لقيام سوق النقد الدولي International Monetary Market (IMM) والتي تعد سوقا معاونة لبورصة شيكاغو للتجارة Chicago Mercantile Exchange والتي تتخصص في العقود المستقبلية على العملات الأجنبية. وكانت هذه هي أولى العقود المستقبلية التي أطلق عليها العقود المستقبلية المالية financial Futures.

أما أول عقد مستقبلي على معدلات أسعار الفائدة Interest Rate Futures فقد ظهر عام 1975 حينما نظمت بورصة شيكاغو عقودا مستقبلية على الرهن العقاري الوطني الحكومي من خلال شهادات تعكس غلاتها معدلات أسعار الفائدة على الرهن العقاري.

وفي عام 1976 قدمت سوق النقد الدولي "IMM" أول عقد مستقبلي على الأوراق المالية الحكومية وأدوات مالية أمريكية قصيرة الأجل لمدة 90 يوما وهي أذون الخزانة "Treasury Bills".

وفي عام 1977 بدأت بورصة شيكاغو للتجارة في تنظيم أكثر العقود نجاحا في كل الأزمان في الولايات المتحدة وهي العقود المستقبلية على سندات الخزانة U.S. Treasury Bond Futures وفي غضون فترة قصيرة أصبحت هذه الأداة من أكثر العقود نشاطا لتتفوق على كثير من العقود المستقبلية للحبوب والتي كان يجري التعامل عليها منذ ما يزيد عن مائة عام.

وفي عام 1980 تم تقديم أحد العقود التي لقيت إقبالا ونجاحا وهي العقود المستقبلية على مؤشرات أسعار الأسهم Stock Index Futures Contract.

---

(1)Don M. Chance, An Introduction to Derivatives, Op.,Cit., p.227.

متابعة حركة واتجاهات الأسعار
في أسواق العقود المستقبلية

إن أي من المشتغلين بأعمال البورصات أو العقود المستقبلية لابد وأن يتابع من يوم لآخر بل ومن ساعة لأخرى توجهات الأسعار ومؤشراتها، وبالتالي الوقوف على ما حصده من أرباح أو ما مني به من خسائر. كما أن المؤسسات المالية التي تتخذ من العقود المستقبلية أداة للتحوط ضد مخاطر ارتفاع أسعار الفائدة أو الأصول المالية ، مالها من محيص عن متابعة أخبار أسعار العقود المستقبلية، وما تنبئ عنه من توجه للأسعار في السوق الحاضرة The spot market.

لذلك فإن قراءة الصحف الاقتصادية و المالية اليومية والتي تتناول إجمالا وتفصيلا حركات ومؤشرات الأسعار في بورصات الأوراق المالية، وبورصات العقود المستقبلية للسلع و للأصول المالية تعد أمرا بالغ الأهمية. وثمة إجماع لم يشذ عنه أحد أن أهم مصادر معلومات أسعار العقود المستقبلية هي صحيفة وول ستريت اليومية Wall Street Journal.

ولما كانت لهذه السوق مصطلحاتها Terms ولغتها Jargon وهي لغة غير مألوفة لغير المتعاملين بها، ويتعذر عند عدم الإلمام بها قراءة الصحف، لذلك رأينا أن نعرض لنشرة أسعار العقود المستقبلية لصحيفة Wall Street Journal عن يوم 22 مارس 1991 للوقوف على كيفية قراءة هذه الصحف.

الشكل (3-7) يبين الكيفية التي تتناول بها صحيفة " وول ستريت جورنال" أسعار العقود.

ووفقا للشكل المبين فإن العقود يجري تصنيفها في أربع مجموعات متجانسة وهي : الحبوب وبذور الزيوت grains and oilseeds، ماشية ولحوم livestock and meat، أغذية وألياف food and fiber، وأخشاب وأدوات مالية wood and financials.

ويتم تسجيل العقود المالية على صفحات الجريدة في صفحات مختلفة مع الخيارات options.

وإذا ما أمعنا النظر في الشكل رقم (3-7) فسوف يسترعي انتباهنا الآتــي :

في السطر الأول تتصدر الأعمدة التالية المصطلحات التالية :

Open	High	Low	Settle	Change	Liftime High low	open Interest

ويقصد بهذه المصطلحات المعاني التالية

Open = opening price	وهو سعر الافتتاح
High =	أعلى سعر خلال اليوم
Low =	أدنى سعر خلال اليوم
Settle = settlement price	أي سعر التسوية ويمثل متوسط أسعار اليوم
Change =	وهو تغير سعر التسوية اليوم عن سعر التسوية لليوم السابق
High	أما العمودين التاليين فيمثلان أعلى سعر وأدنى
Low	سعر للسلعة طوال مدة العقد
Open Interest =	عدد العقود

Figure 7.3

Figures Quotations in The Wall Street Journal,Trading Day of March 22,1991

-GRAINS AND OILSEEDS-

CORN (CBT) 5,000 bu.; cents per bu.

	Open	High	Low	Settle	Change	Lifetime High	Lifetime Low	Open Interest
May	253¾	254½	252	253¾	+ 1	306½	235	73,799
July	259½	260½	258¾	260½	+ 1½	308¼	241½	81,327
Sept	258½	259½	257¾	258¾	+ 1½	287½	240¼	14,772
Dec	257¾	259	257¼	258½	+ 1¾	275	242½	46,907
Mr92	265½	266	264½	265½	+ 1¼	275¼	249	5,627
May	271	271	269½	270¾	+ 1	279½	258¼	250

Est vol 50,000; vol Thur 40,136; open int 222,705, +2,465.

OATS (CBT) 5,000 bu.; cents per bu.

	Open	High	Low	Settle	Change	Lifetime High	Lifetime Low	Open Interest
May	123¼	124¾	121½	123½	+ 1¾	140¾	111¼	6,782
July	129¼	130¼	127½	129½	+ 1¾	164¾	117	6,457
Sept	134	134¾	132	134¼	+ 1¾	153	122½	478
Dec	140¾	140¾	138½	140¼	+ 1	149	131	533

Est vol 1,700; vol Thur 1,351; open int 14,260, +152.

SOYBEANS (CBT) 5,000 bu.; cents per bu.

	Open	High	Low	Settle	Change	Lifetime High	Lifetime Low	Open Interest
May	580	580¾	575	575½	− 2½	711	561	37,234
July	591½	593¼	587¾	588½	− 2	718	575	37,914
Aug	598	599¼	593½	593½	− 2¾	695	582	5,014
Sept	602½	603¼	597¾	598	− 2¼	670	591½	5,712
Nov	613	613¾	607½	608	− 2½	674	590½	16,891
Ja92	624	624	619	619	− 2	649¾	602½	3,230
Mar	635	635	630½	630	− 2	660	615	502

Est vol 40,000; vol Thur 33,361; open int 106,102, −1,401.

SOYBEAN MEAL (CBT) 100 tons; $ per ton.

	Open	High	Low	Settle	Change	Lifetime High	Lifetime Low	Open Interest
May	166.70	166.90	165.60	166.00	− .30	208.00	164.10	25,899
July	170.00	170.50	169.50	169.70	....	209.00	168.00	15,630
Aug	172.20	172.20	171.50	171.50	− .40	199.00	170.00	4,507
Sept	173.80	174.00	173.50	173.60	+ .10	193.50	171.80	4,142
Oct	175.80	175.80	175.30	175.40	− .30	190.00	172.50	2,552
Dec	179.00	179.00	178.20	178.60	....	191.50	174.00	3,720
Ja92	....	....	....	179.50	....	190.50	177.50	598

Est vol 12,000; vol Thur 11,892; open int 57,038, +4.

S&P 500 INDEX (CME) 500 times index

	Open	High	Low	Settle	Chg	High	Low	Open Interest
June	369.10	371.50	368.10	371.20	− 1.55	386.00	300.90	138,607
Sept	371.70	374.25	371.00	373.95	+ 1.60	386.90	304.00	2,469
Dec	376.65	376.80	374.00	376.85	+ 1.45	388.90	316.50	1,219

Est vol 41,368; vol Thur 39,736; open int 142,295, +497

Indx prelim High 368.22; Low 365.58; Close 367.48 +.90

NIKKEI 225 Stock Average (CME)—$5 times NSA

	Open	High	Low	Settle	Chg	High	Low	Open Interest
June	27395.	27425.	27255.	27235.	− 75.0	27900.	21765.	4,930

Est vol 392; vol Thur 680; open int 4,939, +73.

The index: High 26782.77; Low 26513.75; Close 26613.19 +163.84

NYSE COMPOSITE INDEX (NYFE) 500 times index

	Open	High	Low	Settle	Chg	High	Low	Open Interest
June	201.90	203.25	201.25	203.00	+ .30	209.60	165.85	4,107
Sept	203.15	204.25	203.00	204.35	+ .35	210.50	173.10	306

Est vol 5,822; vol Thur 5,736; open int 4,553, −45.

The index: High 201.46; Low 200.20; Close 201.13 +.34

MAJOR MKT INDEX (CBT) $250 times index

	Open	High	Low	Settle	Chg	High	Low	Open Interest
Apr	605.50	609.70	604.20	608.25	+ 2.25	634.50	541.75	5,902
May	607.25	608.75	604.75	608.40	+ 2.15	634.50	601.75	294
June	607.25	610.75	607.00	610.40	+ 2.35	636.50	607.00	154

Est vol 2,500; vol Thur 2,134; open int 6,350, +31.

The index: High 606.69; Low 601.77; Close 605.01 +[illegible]

TREASURY BONDS (CBT)—$100,000; pts. 32nds of 100%

	Open	High	Low	Settle	Chg	Yield Settle	Yield Chg	Open Interest
June	94-10	94-15	94-01	94-14	+ 4	8.587	− .014	335,344
Sept	93-21	93-25	93-12	93-24	+ 4	8.663	− .014	12,679
Dec	93-27	93-04	92-24	93-04	+ 4	8.733	− .014	4,654
Mr92	92-10	92-19	92-10	92-19	+ 4	8.793	− .014	1,069
June	....	....	....	92-00	+ 4	8.850	− .014	516
Sept	....	....	....	91-20	+ 4	8.904	− .014	260
Dec	....	....	....	91-06	+ 4	8.955	− .014	153

Est vol 180,000; vol Thur 263,369; op int 359,797, +3,097.

TREASURY BONDS (MCE)—$50,000; pts. 32nds of 100%

	Open	High	Low	Settle	Chg	Yield Settle	Yield Chg	Open Interest
June	94-11	94-20	94-01	94-19	+ 8	8.570	− .027	10,159

Est vol 4,300; vol Thur 5,944; open int 10,216, +508.

T-BONDS (LIFFE) U.S. $100,000; pts of 100%

	Open	High	Low	Settle	Chg	High	Low	Open Interest
June	94-10	94-13	94-03	94-07	− 0-03	96-29	94-03	5,827

Est vol 1,221; vol Thur 1,460; open int 5,827, −269.

GERMAN GOV'T. BOND (LIFFE)

250,000 marks; $ per mark (.01)

	Open	High	Low	Settle	Chg	High	Low	Open Interest
June	84.80	84.99	84.75	84.84	− .07	86.80	81.30	69,739
Sept	85.23	85.26	85.07	85.15	− .08	86.53	85.79	1,341

Est vol 24,759; vol Thur 41,744; open int 71,600, +142.

TREASURY NOTES (CBT)—$100,000; pts. 32nds of 100%

	Open	High	Low	Settle	Chg	Yield Settle	Yield Chg	Open Interest
June	97-30	98-01	97-25	98-00	+ 2	8.298	− .010	65,059
Sept	97-13	97-15	97-09	97-15	+ 1	8.379	− .005	607

Est vol 8,300; vol Thur 15,706; open int 76,367, −748.

5 YR TREAS NOTES (CBT)—$100,000; pts. 32nds of 100%

	Open	High	Low	Settle	Chg	Yield Settle	Yield Chg	Open Interest
June	100-00	100-04	100-00	00-005	+ 1	7.57	− .01	74,489

Est vol 4,500; vol Thur 6,298; open int 81,014, −414.

TREASURY BILLS (IMM)—$1 mil.; pts. of 100%

	Open	High	Low	Settle	Chg	Discount Settle	Discount Chg	Open Interest
June	94.26	94.28	94.23	94.27	+ .01	5.73	− .01	32,241
Sept	93.99	94.00	93.95	93.99	+ .02	6.01	− .02	6,817
Dec	93.53	93.53	93.50	93.50	− .01	6.50	+ .01	609

Est vol 4,393; vol Thur 5,812; open int 39,768, +641.

LIBOR-1 MO. (IMM)—$3,000,000; points of 100%

	Open	High	Low	Settle	Chg	Yield Settle	Yield Chg	Open Interest
Apr	93.63	93.67	93.62	93.65	+ .02	6.35	− .02	4,130
May	93.42	93.66	93.62	93.63	....	6.37	....	1,584
June	93.55	93.57	93.52	93.57	+ .01	6.43	− .01	1,981
July	93.40	93.40	93.40	93.40	− .07	6.60	+ .07	244

Est vol 2,005; vol Thur 1,678; open int 8,002, −330.

MUNI BOND INDEX (CBT)-$1,000; times Bond Buyer MBI

	Open	High	Low	Settle	Chg	High	Low	Open Interest
June	90-07	90-10	90-04	90-09	....	93-02	84-26	8,520

Est vol 500; vol Thur 1,908; open int 8,541, +284.

The index: Close 91-13; Yield 7.43.

EURODOLLAR (IMM)—$1 million; pts of 100%

	Open	High	Low	Settle	Chg	Yield Settle	Yield Chg	Open Interest
June	93.37	93.38	93.33	93.37	+ .01	6.63	− .01	269,327
Sept	93.06	93.07	93.01	93.06	+ .02	6.94	− .02	122,634
Dec	92.58	92.58	92.51	92.55	− .02	7.45	+ .02	83,026
Mr92	92.38	92.39	92.32	92.36	− .01	7.64	+ .01	54,203
June	92.07	92.08	92.00	92.06	....	7.94	....	37,342
Sept	91.81	91.83	91.77	91.82	+ .02	8.18	− .02	31,277
Dec	91.54	91.55	91.50	91.55	+ .02	8.45	− .02	24,685
Mr93	91.47	91.49	91.44	91.49	+ .02	8.51	− .02	20,089
June	91.38	91.41	91.36	91.40	+ .03	8.60	− .03	15,070
Sept	91.29	91.32	91.27	91.32	+ .04	8.68	− .04	12,192
Dec	91.12	91.15	91.10	91.14	+ .03	8.86	− .03	8,305
Mr94	91.08	91.11	91.06	91.11	+ .03	8.89	− .03	5,219
June	90.99	91.03	90.98	91.02	+ .03	8.98	− .03	4,152
Sept	90.93	90.98	90.92	90.96	+ .03	9.04	− .03	2,824
Dec	90.82	90.85	90.81	90.85	+ .03	9.15	− .03	2,659
Mr95	90.78	90.79	90.77	90.81	+ .03	9.19	− .03	327

Est vol 110,679; vol Thur 183,286; open int 690,331, −1,935.

EURODOLLAR (LIFFE)—$1 million; pts of 100%

Source : The Wall Street Journal, March 25,1991

أما السطر التالي فيتوسطه اسم مجموعة السلع وهي هنا grains and oilseeds و أما السطر التالي مباشرة فيتناول الآتي :

اسم السلعة، يليها مختصر اسم البورصة، يليه حجم العقد contract size يليه وحدات التسعير Units of quotation.

أما السلعة هنا فهي " القمح " corn، والبورصة التي تم التعامل من خلالها فهي بورصة شيكاغو للتجارة (CBT) وأما حجم العقد فهو 5000 باشيل (Bushels) ويرمز إليه بـ Bu وأما الأسعار فهي "بالسنتات" in cents.

وإذا أعدنا كتابة الصف الأول وما يليه توطئة لقراءته :

lifetime

open high low settle change high low open interest

Corn

| May | $253^3/_4$ | $254^1/_4$ | 252 | $253^3/_4$ | +1 | $306^1/_2$ | 235 | 73779 |

يمكننا القول :

تشير حركة الأسعار المنشورة بجريدة "وول ستريت جورنال" عن يوم 25 مارس 1991 إلى أن حركة الأسعار على عقود القمح لشهر مايو 91 كانت على الوجه الآتي :

سعر الافتتاح	253 ¾ cent لكل Bushel
أعلى سعر خلال اليوم	$254^1/_4$ " " "
أدنى سعر خلال اليوم	252 " " "
سعر التسوية ويمثل متوسط الأسعار خلال اليوم	253 ¾ " " "
التغير ويمثل الفرق بين سعر التسوية اليوم وسعر التسوية لليوم السابق	+ 1 " " "

اتفاقيات إعادة الشراء

Repurchase Agreements (Repos)

تعرف اتفاقية إعادة الشراء بأنها اتفاقية بين مقترض ومقرض على أن يبيع الأول ورقة مالية حكومية للثاني على أن يشتري مرة أخرى ما باع.

It is an agreement between a borrower and a lender to sell and repurchase a government security [1].

بينما عرفها صندوق النقد الدولي على النحو التالي :

أن ثمة مشترٍ يوافق على شراء أوراق مالية من " البائع " مقابل سعر معين، ووقت معين، ويوافق كذلك على أن يبيع نفس هذه الأوراق مرة أخرى للبائع في وقت لاحق وبسعر متفق عليه عند بداية العملية.

A repurchase transaction involves a " buyer agreeing to buy securities from the " seller" for a certain price at a certain time, and also agreeing to sell those same securities back to the seller at same future point, at a price agreed at the commencement of the transaction [2].

بينما عرفها "Chance" بالآتي

اتفاقية إعادة الشراء هي اتفاقية مع مؤسسة مالية والتي يبيع من خلالها مالك الورقة المالية الحكومية تلك الورقة إلى المؤسسة المالية على أن يقوم بشرائها مرة أخرى عادة في يوم لاحق

A repurchase agreement, or repo, is an arrangement with a financial institution in which the owner of a security sells that security to a financial institution with the agreement to buy it back [3].

---

(1) محاضرتنا بالمعهد المصرفي عن إدارة محافظ الأوراق المالية – نوفمبر 1998.

(2) A study prepared by IMF staff to C.B.E. about repurchase agreements on May 2000.

(3) Don M. Chance, An Introduction to Derivatives, Op.,Cit.,p.396.

ويرى "Chance" أن اتفاقيات إعادة الشراء التي يجري استخدامها دائما تتم على أوراق مالية حكومية Government Securities وأن عمليات الريبو لمدة ليلة واحدة overnight Repo هي الأكثر شيوعا، وأن عمليات الريبو لمدى أطول longer-term يطلق عليها term-repos وهذه تمتد فترتها لمدة أسبوعين.

بينما ذهب صاحب المالية متعددة الجنسيات Multinational Finance في تعريفه لهذه الاتفاقيات إلى الآتي:

" اتفاقية إعادة الشراء هي عقد يوافق من خلاله بائع لأحد الاصول على أن يشتري مرة أخرى الصك الذي سبق له بيعه في تاريخ معين. ويستخدم هذا الأسلوب دائما حينما لا يكون بوسع أحد البنوك - بسبب القيود المفروضة - أن يقبل وديعة من أحد العملاء مقابل فائدة (أي عند تحجيم دور البنوك في قبول الودائع فترة معنية) لذلك فقد يلجأ البنك إلى بيع ورقة مالية إلى عميل ويوافق على إعادة شرائها في الوقت الذي يرغب العميل في الحصول على الأموال التي سبق له دفعها[1].

---

(1) Adrian Buckley, Op.,Cit., p.691.

ميكانيزم عمليات الريبو في السوق *

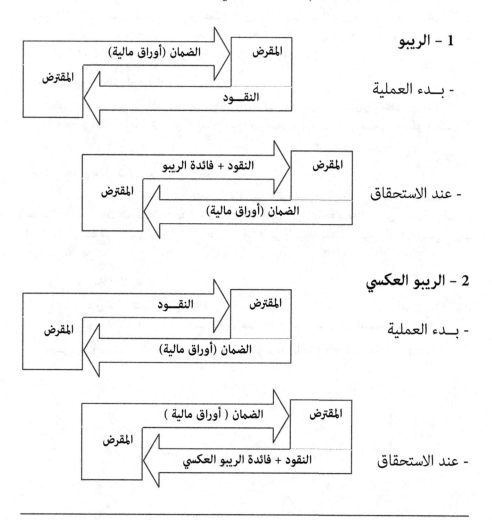

1 – الريبو

- بـدء العملية

- عند الاستحقاق

2 – الريبو العكسي

- بـدء العملية

- عند الاستحقاق

- مأخوذ بتصرف عن : man Brothers, As Reported in Financial times 5-12-1997
- ورقة بحثية لبنك مصر عن المشتقات المالية عام 1998

التكييف العلمي لعمليات إعادة الشراء

أما عن التكييف العلمي لعمليات إعادة الشراء فلا تخرج عن كونها قرض مضمون secured loan، وبمعنى آخر فإن الطرف الذي يدخل في عملية الريبو إنما يستهدف الحصول على قرض بضمان الأوراق المالية " الحكومية " ونادرا غير الحكومية والتي يودعها المقترض لدى المقرض ويتعهد في ذات الوقت بإعادة شرائها مرة أخرى في تاريخ لاحق محدد مسبقا وبسعر أعلى من سعر بيعها.

عمليات الريبو العكسي أو المضاد Reverse Repo

وقد يتفق المقرض مع المقترض على شراء أوراق مالية حكومية من المقترض ويتعهد في ذات الوقت بإعادة بيعها للمقترض بعد فترة معينة بسعر أعلى من سعر الشراء وهو ما يسمى بالريبو العكسي أو الريبو المضاد [1].

وجوه استخدام عمليات الريبو

وتستخدم عمليات الريبو كآلية لتمويل الآخرين بالقروض بضمان الأوراق المالية الحكومية، كما تستخدم كأحد أدوات السياسات النقدية غير المباشرة indirect monetary policy من خلال ضخ الأموال إلى البنوك لزيادة قدرتها على منح الائتمان أو امتصاص فائض السيولة لديها أو كبح جماحها وتغيير قدرتها على منح الائتمان.

مصر وعمليات إعادة الشراء

شرعت مصر منذ منتصف عام 1993 في تنفيذ عمليات إعادة الشراء " الريبو " رغم أن هذه الأداة تعتبر من أدوات المشتقات المالية، ولم يصدر قانون حتى الآن يبيح التعامل في المشتقات المالية.

ليس هذا فحسب بل إن هذه العمليات تصطدم في مصر وأحكام القانون المدني المصري، حيث

---

(1) هناك خطأ شائع بين المتخصصين شرقا وغربا أن كلمة "Repo" اختصار للمصطلح "Repurchase Agreement" وهذا ليس صحيحا مطلقا، فمن حيث المعنى فلا خلاف، أما من حيث الاشتقاق ، فالكلمة مشتقة من المصطلح Repossession أي إعادة امتلاك أو حيازة، ولذا نجد أن كلمة "Repo" تمثل الأحرف الأربعة الأولى من كلمة Repossession.

تنص المادة 465 من هذا القانون على الآتي :

" إذا احتفظ البائع عند البيع بحق استرداد المبيع خلال مدة معينة وقع البيع باطلا "

ونظرا لأن الإقرارات المقدمة من البنوك تنص على التزامها بشراء ذات الأوراق، فإن اتفاقيات إعادة الشراء أو ما يطلق عليه عمليات " الريبو" تصبح باطلة بمقتضى القانون [1].

---

(1) إقرار بيــع وإعــادة شــراء إذون الخــزانـة =

اقرار بيع وإعادة شراء أذون الخزانة

السيد /

البنك المركزي المصري

القاهرة

تحيــة طيبة وبعد...

بالإشارة إلى موافقتكم المبلغة لنا بطريق (تلكس - فاكس - تليفون) على قبول العطاء المقدم منا في ذات التاريخ - بناء على دعوتكم لنا بالتقدم بعطاءات لبيع .... إليكم مع الالتزام بإعادة الشراء. ننهي إليكم موافقتنا على ما يلي :

بيع الحقوق المالية المثبتة بأذون الخزانة الموضح بيانها بالحافظة المرفقة إليكم والبالغ قيمتها الاسمية الإجمالية .... وذلك بمبلغ إجمالي قدره ....تم احتسابه وفقا للأساس التالي :

سعر البيع = القيمة الاسمية - (القيمة الاسمية × سعر الإقراض والخصم للبنك

المركزي المصري × عدد الأيام المتبقية لاسترداد قيمة الأوراق المبيعة

365 يوما

نتعهد بحفظ الأوراق المباعة إليكم بموجب هذا في ملف أوراق مالية يفتح لدينا باسمكم ولحاسبكم ونلتزم بموافاتكم بقسيمة إيداع وإجراء القيود اللازمة بسجلاتنا، وذلك إلى حين طلبها بمعرفتكم في أي وقت قبل حلول تاريخ إعادة شرائنا لها بالتطبيق للبند السابق. ونقر بعدم أحقيتنا في المطالبة بأية عمولات أو مصاريف أو مبالغ تحت أي مسمى مقابل ذلك. كما نلتزم ببذل العناية الواجبة في المحافظة عليها بذات العناية التي نبذلها في المحافظة على أموالنا الخاصة.

نلتزم بموجب هذا بإعادة شراء ذات الأوراق المباعة إليكم بذات سعر البيع مضافا إليه عائد يقدر بنسبة مئوية قدرها ...% سنويا من ثمن البيع المحدد ذلك للبند رقم (1) آنفا وكما هو موضح في العطاء المشار إليه. وذلك في يوم .... ونرخص لكم بموجب هذا في الخصم على كافة أرصدة حساباتنا لديكم بقيمة إعادة الشراء الموضحة آنفا (سعر البيع + الفائدة).

بنــك...........

ملحوظة :

تعد حافظة ترفق بهذا الإقرار تتضمن بيانا لإذون الخزانة محل البيع وإعادة الشراء. تتضمن أرقام إصدارها وتاريخ هذا الإصدار وتاريخ الاستحقاق والقيمة الاسمية وأية بيانات أخرى تقيد في تعيينها على وجه الدقة. ويتم التوقيع على الحافظة من بنك التعامل.

كيفية احتساب سعر الشراء

سعر الشراء = القيمة السوقية للأوراق المالية الحكومية × (100 +/- نسبة الخصم) %

Purchase price = Market value of securities x (100 +/- hair cut) %

فلو افترضنا أن البنك المركزي يستخدم نسبة خصم 5 %

إذا كان البنك المركزي شاريا يقوم بخصم نسبة 5 %

وإذا ما كان بائعا فإنه يقوم بإضافة نسبة 5 %

فلو افترضنا أن البنك المركزي كان مشتريا :

سعر الشراء = القيمة السوقية للأوراق المالية الحكومية × (100-5) %

المبحث الثالث
أســواق المبـادلات
Swaps

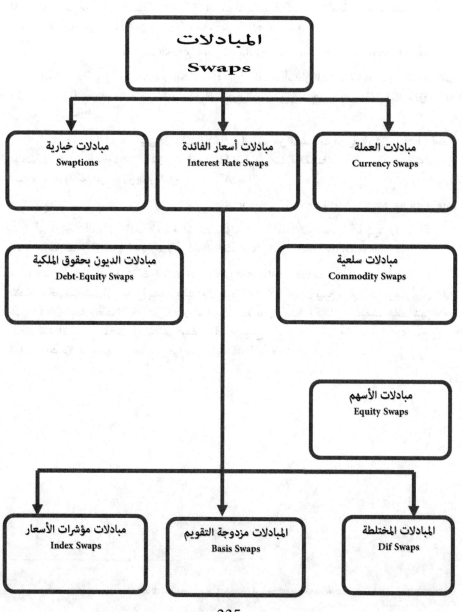

235

المبادلات Swaps

رغم أن المبادلات من العقود الآجلة Forward contracts إلا إنه لم يجر تصنيفها كذلك على أساس أنها من غير جنسها، ولما لها من خصوصية تنفرد بها عن سائر العقود. وعلى النقيض من ذلك، فرغم أن المبادلات ليست من عقود المشتقات المالية إلا أنه تم تصنيفها في كثير من الأسفار العلمية المتخصصة محل الاعتبار على أنها جزء منها : فمن هؤلاء " فرانك ريلي " الذي ذهب إلى القول :

Packages of Derivatives such as Interest Rate Swaps, caps and floor [1].

فالكاتب هنا وهو من مشاهير الكتاب يرى أن مبادلات أسعار الفائدة وغيرها من الأدوات التي ذكرها من جملة حزمة المشتقات المالية، رغم أن وجوه الخلاف بين المبادلات والمشتقات المالية أوضح من أن تكون محل خلاف.

وليس هناك ما هو أدل على أن عقود المبادلات ليست من المشتقات المالية في شيء، من أن إحدى المنظمات الدولية الشهيرة التي تمثل كل القوى المشاركة في صناعة المشتقات المالية، قد اشتقت لنفسها اسما وعنوانا يفصح عن الدور الذي تقوم به وهو "ISDA"

International Swaps And Derivatives Association.

أي الاتحاد الدولي للمبادلات والمشتقات. ولو كانت المبادلات والمشتقات شيئا واحدا ما كانت هناك حاجة لتناول كل منهما على حدة أو لعطف الثانية على الأولى.Swaps & Derivatives.

وتفصيل ذلك أن المشتقات أدوات تعاقدية Contractual Instruments يعتمد أداؤها على أداء الأصول محل التعاقد. فإذا ما كنا بصدد عقد آجل يتيح لأحد الأطراف أن يبيع مائة سهم موبيل أويل خلال شهرين، فإن قيمة العقد تعتمد على تطور أسعار الأسهم محل التعاقد، فإذا ما ارتفعت خلال شهر واحد أسعار تلك الأسهم، ارتفعت في المقابل قيمة العقد، وبوسع حامله أن ينقل حقوقه إلى غيره ببيع العقد إليه. ولذلك فإن تلك العقود توصف بأنها من عقود المشتقات لأنها تعتمد على

---

(1) Frank K. Reilly, Keith C. Brown, Investment Analysis and Portfolio Management, ch. 25, p.916.

أصل آخر تشتق قيمتها منه، والأمر ليس كذلك بالنسبة للمبادلات.

* فما حقيقة هذا النوع من القيود أو الاتفاقيات و أسباب و أوجه الخلاف ؟؟

يجيب على التساؤل الذي طرحناه واحد من أكثر الكتاب تخصصا في هذا المجال وهو أيضا صاحب موسوعة المشتقات المالية [1].

يقول Chance لقد نمت في السنوات الأخيرة المنتجات المستخدمة نموا سريعا والتي يصعب تصنيفها بوضوح على أنها من قبيل عقود الخيار، أو العقود الآجلة أو العقود المستقبلية لأنها تقتسم بعض سمات وعناصر هذه الأدوات.

In recent years, there has been a proliferation of new products that do not clearly fall into the classification of options, forwards, or futures but share some of the characteristics of these instruments.

ويضرب لذلك مثلا أن منشأة تستطيع أن تقترض مالا بفائدة قد يتغير سعرها عند كل استحقاق وفقا لحركة أسعار الفائدة المستقبلية، وهذا النوع من القروض هو ما يعرف بأنه قرض بسعر معوم A floating rate loan والذي يعرض المنشأة لمخاطر ارتفاع سعر الفائدة. ولكي تحمي المنشأة نفسها في مواجهة هذه المخاطرة، فإنها ترتب مع منشأة أخرى أو مصرفا لتغطية الحد الأعلى لسعر الفائدة بحيث لا يتجاوز السعر ما هو متفق عليه. والحد الأقصى لسعر الفائدة (Cap) له سمات كثيرة من عقد الخيار Option Contract على الرغم أنه لا يتم التعامل عليه في أسواق المال كالخيارات العادية Ordinary Options والمنشأة التي تقترض بسعر فائدة معوم قد ترتب مع منشأة أخرى مقترضة بسعر فائدة ثابت لتبادل مدفوعات الفائدة. وهذا النوع من الاتفاقيات يطلق عليه " مبادلة Swap " وإن اشتمل على عناصر العقود الآجلة Forward Contracts. وهذه الأدوات المهجنة Hybrid Instruments هي ما أفرزه التقدم المالي و ما قدمته الهندسة المالية [2].

---

(1) Don M. Chance, Options & Futures, Op., Cit., p.5.

(2) Don M. Chance, options and futures, Op.,Cit., p.5.

مفهوم المبادلات

عرفها بعض الكتاب بأنها اتفاق تعاقدي بين طرفين على تبادل تدفقات نقدية معينة في تاريخ لاحق.

A swap is a contractual agreement between two counterparties to exchange cash flows at future date [1].

بينما يعرفها صاحب The business of investment Banking بأنها اتفاقية بين طرفين على تبادل مدفوعات على أساس مقدار معياري (أو قياسي) متماثل

"A swap is an agreement between two parties to exchange payments based on identical notional principal" [2].

ويعرفها صاحب موسوعة المشتقات بأنها عقد يتفق من خلاله طرفان على تبادل التدفقات النقدية.

" A swap is a contract in which two parties agree to exchange cash flows" [3].

بينما يعرفها Joost بقوله : " أنها في الحقيقة عقد آجل، ولكنها أصبحت ذو أهمية خاصة في الأسواق المالية، وقد توصف بأنها اتفاقية بين طرفين على تبادل نوع من الأصول في مقابل آخر في تاريخ مستقبلي لاحق ".

A swap is in fact a forward contract, but given into importance in the financial market. It may be described as an agreement between two parties to exchange one type of asset for another at a future date and in accordance with such terms and

---

(1) Noru Parekh, paribas Derivatives hand book, p.65.

(2) K. Thomas, Liaw, Op., Cit., p.231.

(3) Don M. Chance, an introduction to derivatives, p.5.

conditions [1].

بينما عرفها صاحب معجم المشتقات بأنها تتضمن تبادل المدفوعات بين طرفين بغرض نقل المخاطرة من طرف إلى آخر سواء بقصد التحوط أو لأسباب مضاربية.

" A swap involves an exchange of payments between two counterparts that transforms one type of risk into another, whether for hedging or speculative reasons" [2].

وعلى خلاف العقود المستقبلية فإن المبادلات ليست سوى اتفاقيات ثنائية bilateral agreements لا يجري التعامل عليها في البورصات وإنما يجري التعامل عليها في الأسواق غير الرسمية، ولذلك لم يكن مستغربا أن تكون هذه العقود غير متجانسة تماما أو أنها أدنى نمطية less standardized ذلك أن هذه العقود أو بالأحرى تلك الاتفاقيات إنما كانت المحصلة النهائية لمفاوضات خاصة بين الأطراف، وتتحدد الشروط في ضوء الاعتبارات التي يحرص عليها كل طرف من الأطراف [3].

أسباب استخدام المبادلات Why swaps are used?

1) الحصول على الفرق بين معدلات الإقراض في الأسواق المعومة وتلك الثابتة لمنشأتين أو ما يسمى QUS أي Quality Spread [4].

2) أنها أداة لإدارة المخاطر والتحوط Hedging and Risk Management.

3) أنها منخفضة التكلفة Low Transaction Costs.

4) أنها تتمتع بمرونة مالية High Financial Flexibility.

---

(1) Joost Th. Krebber, The Paribas Derivatives hand book, p. 140.

(2) Andrew Inglis Taylor, Op.,Cit., P.114.

(3) Hand book of Equity Derivatives, Jack Clark Francis. P. 529.

(4) Don M. chance, Op.,Cit., Derivatives, p. 512.

فكثير من المنشآت تضع مرونة المبادلات موضع الاعتبار فهذه المنشآت تستطيع أن تصدر سندات ذات سعر فائدة معوم إذا ما استشعرت أن أسعار الفائدة تأخذ اتجاها تراجعيا، وإذا ما استشعرت نقيض ذلك فإنها تقوم بتحويلها إلى سندات ذات عائد ثابت [1].

ورغم أن سوق المبادلات قد بدأ عام 1981 فقط إلا أنه بلغ عشرات التريليونات من الدولارات الأمريكية مع منتصف التسعينات ونحو 48تريليون دولار عام 2000.

Starting with the first swap in 1981, the volume of swap market activity had grown in size to the tens of trillions of dollars by the mid-1990s [2].

هيكل المبادلات وأساسياتها Swap Structure [3]

جميع المبادلات - بغض النظر عن نوعها - تم تأسيسها على هيكل أساسي متماثل. وتفصيل ذلك أن ثمة مقدار قياسي أو معياري "notional amount" يتم تعيينه عند كتابة اتفاقية المبادلة. وهذا المقدار القياسي يطلق عليه "Notional Principal" كما في حالات سعر الفائدة "interest rate" والعملة "currency"، ومبادلات الأسهم "Equity Swaps" ويطلق عليه Notional commodities كما في حالة المبادلات السلعية. وهذا المقدار المعياري قد يتم تبادله وقد لا يتم تبادله، وهذا يتوقف على طبيعة المبادلة. فإذا ما تم مبادلة The Principals كما يحدث غالبا في مبادلات العملة فإن المصطلح Notional Principal يعد غير مناسب ويجب أن يستخدم المصطلح Principal ليحل محله.

مدة المبادلة The Life of The Swap يطلق عليها Tenor أما طرفي التعاقد فيطلق عليهما اصطلاحا The fixed leg and floating leg of the swap.

ونظرا لأنه يجري تبادل سعر الفائدة الثابت بسعر فائدة معوم فإن السعر الثابت يطلق عليه

(1) Ibid, p. 513.

(2) Frank K. Reilly, Keith C. Brown, Op., Cit., p.334.& BIS Quarterly Review , Sep. 2001.

(3) John F. Marshall, Equity Swaps: Structures and Uses, The hand book of Equity Derivatives, P. 347.

."Swap Coupon"

أما تاجر المبادلات (الوسيط) Swap Dealer فإنه يحقق ربحا يتمثل في الفرق بين سعري الطلب والعرض a bid-ask spread وهو ما يطلق عليه a pay-receive spread وأحيانا أخرى يطلق عليه .collect front - end fees

وقد يكون من المفيد منعا للخلط أو الالتباس الإشارة إلى أنه باستثناء مبادلات العملة فإن المقادير القياسية (Notional amounts) لا يجري عادة تبادلها وإنما توجد فقط لأغراض احتساب حجم خدمة المدفوعات والمصطلح Notional إنما قصد به التمييز بين الأصل محل المبادلة والأصول التي يجري تبادلها في أسواق النقد.

The term "Notional" is meant to distinguish between the underlying asset of a swap and the asset exchanged in the cash markets [1].

وهناك نوعان أساسيان من المبادلات النمطية والتي يجري التعامل عليها يوميا من خلال أغلب صناع السوق وهما مبادلات سعر الفائدة Interest Rate Swaps ومبادلات العملة Currency Swaps.

There are basically two types of standard swaps being traded on a daily basis by most market makers - interest rate swaps and currency swap [2].

مبادلات العملة Currency Swaps [3]

من الأمور الشائعة أن تقترض إحدى المنشآت بعملة ما مع أنها قد تكون في حاجة إلى عملة غيرها. مثل هذه المنشآت تتوجه إلى أحد المشتغلين بالمتاجرة في المبادلات Swap Dealer والذي يوفق بين تلك المنشأة ومنشأة أخرى تحتفظ بمركز عكسي holding the opposite position، ويقوم بإعداد الترتيبات اللازمة لتبادل المنشأتين للتدفقات النقدية Cash Flows.

---

(1) John F. Marshall, Op., Cit., P.347. the hand book of Equity Derivatives.

(2) The paribas Derivative hand book, Naru Parekh, p.65 - swap mechanics.

(3) Don M. Chance, Op.,Cit., p.489.

وليس من المتصور دائما أن تتوافق دائما احتياجات منشأة ما مع احتياجات منشأة أخرى. وفي هذه الحالة فإنه يحاول التوفيق مع منشأة أخرى، فإذا لم يجد، فإنه قد يقبل أن يقوم هو بدور المنشأة الأخرى على أن يقوم بمحاولة تغطية المخاطرة في سوق آخر.

دعنا نتصور كيف يتم تنفيذ عمليات المبادلات وبمعنى آخر ميكانيزم اتفاقيات المبادلات Swap mechanism.

بفرض أن شركة Alpine السويسرية التي تتمتع بسمعة طيبة في بلادها، بوسعها أن تُصدر بسهولة سندات في سويسرا بمعدل فائدة مقبول وبتكاليف إصدار منخفضة.

وبفرض أن الشركة قررت بالفعل إصدار سندات قيمتها 2.8 مليون فرنك سويسري بسعر فائدة 7.5 % ولكنها في الحقيقة في حاجة إلى المعادل لقيمة المصدر وهو 2 مليون دولار أمريكي لشراء مواد خام من الولايات المتحدة الأمريكية.

فإذا ما قامت هذه الشركة باقتراض هذا المبلغ من سوق الدولار الأمريكي فسوف تتحمل سعر فائدة $9\,^{7}/_{8}$ %.

ولو افترضنا أن شركة Southern Technology الأمريكية ذات الشهرة الواسعة في الولايات المتحدة الأمريكية تخطط على الجانب الأخر لإصدار سندات بقيمة 2 مليون دولار أمريكي بسعر 10 % في الولايات المتحدة ولكنها في حاجة حقيقية إلى ما قيمته 2.8 مليون فرنك سويسري لشراء بعض المستلزمات السلعية من سويسرا، إلا أنها إذا ما اقترضت الأموال من سوق الفرنك السويسري فسوف تتحمل فائدة بسعر $8\,^{1}/_{2}$ %.

ليس أمام المنشأتين سوى أن تتوجها إلى تاجر المبادلات The swap Dealer.

في مستهل هذه العملية ستقوم شركة Alpine السويسرية بإصدار السندات وتحصل الشركة على 2.8 مليون فرنك سويسري من المكتتبين Bond-Holders.

ستقوم الشركة في الخطوة التالية بدفع هذا المبلغ إلى تاجر المبادلات (والذي سنستعيض عن اسمه بلفظ " الديلر " Dealer من قبيل التيسير).

يقوم الديلر بتحويل هذا المبلغ إلى الشركة الأمريكية، وستقوم الشركة الأمريكية من جانبها

بإجراء مماثل وذلك بإصدار سندات في الولايات المتحدة، وتحصل في مقابلها من المكتتبين على ما قيمته 2 مليون دولار أمريكي، وسوف تقوم بدورها بتحويلها (أي دفعها) إلى "الديلر". وسيقوم " الديلر" بدوره بدفعها إلى شركة "Alpine " السويسرية.

المحصلة الأولى لهذه العملية هي حصول الشركة السويسرية على 2 مليون دولار أمريكي يمثل احتياجاتها الفعلية، وحصول الشركة الأمريكية على 2.8 مليون فرنك سويسري مثل احتياجات الشركة الأمريكية [1].

ومع بداية المرحلة الثانية تنشأ التزامات أخرى تتمثل في الفائدة التي تلتزم كلتا الشركتين بدفعها إلى حاملي السندات في البلدين مع حلول مواعيد الاستحقاقات كل عام.

يقوم " الديلر" بالترتيب لقيام الشركة السويسرية بدفع فائدة على مقدار القرض المصدر في الولايات المتحدة بمقدار 2 مليون دولار وبسعر 9.75 %، وبإعداد الترتيبات للشركة الأمريكية لدفع فائدة القرض المصدر في سويسرا بمقدار 2.8 مليون فرنك سويسري بسعر 8 %.

ووفقا لما تقدم تقوم الشركة السويسرية بدفع 195 ألف دولار أمريكي إلى " الديلر" (تمثل قيمة القرض مضروبا في سعر الفائدة 9.75 % (0.0975 × $.2000000).

وعلى الرغم أن ما تم دفعه من قبل الشركة هو 195 ألف دولار أمريكي فقط إلا أن "الديلر" يقوم بدفع 200 ألف دولار أمريكي للشركة الأمريكية تعادل قيمة المبلغ المتعين سداده لحملة السندات في الولايات المتحدة بسعر 10 % من قيمة القرض.

الشركة الأمريكية تقوم بدورها بدفع مبلغ 224 ألف فرنك سويسري إلى "الديلر" والذي يقوم بدوره بدفع 210 ألف فرنك سويسري منها إلى الشركة السويسرية تمثل قيمة الفائدة المستحقة على الشركة لحملة السندات على أساس سعر فائدة 7.5 %(0.075 × SF. 2800000).

سوف يسترعي انتباهنا هنا أن "الديلر" قد حصل من الشركة السويسرية على 195 ألف دولار أمريكي بينما سدد للشركة الأمريكية 200 ألف دولار أمريكي، وهو ما يعني تحمله خسارة

---

(1) Don M. Chance, Op.,Cit., p.490.

قدرها 5 آلاف دولار. إلا أنه على الجانب الآخر تسلم من الشركة الأمريكية 224 ألف فرنك سويسري دفع منها للشركة السويسرية مبلغ 210 آلاف فرنك سويسري فقط محققا ربحا قدره 14 ألف فرنك سويسري. إلا أنه يتعرض أيضا لمخاطر تقلب سعر الصرف عند تحويله لمبلغ 14 ألف فرنك سويسري إلى دولارات.

وعند استحقاق السندات تقوم الشركة السويسرية بدفع 2 مليون دولار إلى " الديلر" والذي يقوم بدوره بتحويلها إلى الشركة الأمريكية والتي تستخدمها لسداد قيمة قرض السندات. كما تقوم الشركة الأمريكية بدفع 2.8 مليون فرنك سويسري إلى "الديلر" والذي يقوم بدوره بدفعها إلى الشركة السويسرية، والتي ستقوم أيضا بدورها بدفعها لحملة السندات السويسرية.

المحصلة النهائية لهذه العملية يمكن تلخيصها في الآتي :

الشركة السويسرية قامت بتحويل 2.8 مليون فرنك سويسري تمثل قيمة قرض السندات بسعر 7.5 % إلى 2 مليون دولار أمريكي تمثل قرض السندات بسعر 9.75 %.

وحيث إن سعر الاقتراض المتاح أمام الشركة من سوق الدولار الأمريكي هو $9^{7}/_{8}$ %، لذلك فإن الشركة السويسرية تكون قد حققت وفرا قدره $1/_{8}$ نقطة فيما لو كانت قد اقترضت هذه الأموال من سوق الدولار الأمريكي.

بينما الشركة الأمريكية قد حولت حصيلة سنداتها 2 مليون دولار بسعر فائدة 10 % إلى 2.8 مليون فرنك سويسري قرض سندات بسعر فائدة 8% محققة وفرا قدره $1/_{2}$ %(أي نصف نقطة) فيما لو كانت اقترضت هذه القيمة بالفرنك السويسري بالسعر المتاح في سوق الصرف وهو $8^{1}/_{2}$%[1].

أما "الديلر" The Swap Dealer فقد تربح من عملية المبادلة بقيمة الفرق بين مدفوعات الفائدة المقبوضة وتلك المدفوعة.

The spread between interest payments received and interest payments paid.

---

(1) Don M. chance, Op., Cit., p.490.

حيث قام بقبض الفرنكات من الشركة الأمريكية بسعر 8 % وقام بدفع الفرنكات للشركة السويسرية بسعر 7.5 % فقط محققا ربحا قدره $^1/_2$ %.

وعلى الجانب الآخر فقد قام بقبض الدولارات من الشركة السويسرية بسعر 9.75 % بينما قام بدفعها للشركة الأمريكية بسعر 10 % محققا خسارة بنسبة $^1/_4$ %، ولتكن المحصلة النهائية بالنسبة له تحقيق ربح بنسبة $^1/_4$ %   An overall gain ¼ %.

ويمكننا من قبيل التيسير عرض ميكانيزم عملية المبادلة والتي تصور بشكل دقيق الخطوات التنفيذية من خلال الشكل (CS) المبين بالصفحة التاليـــة :

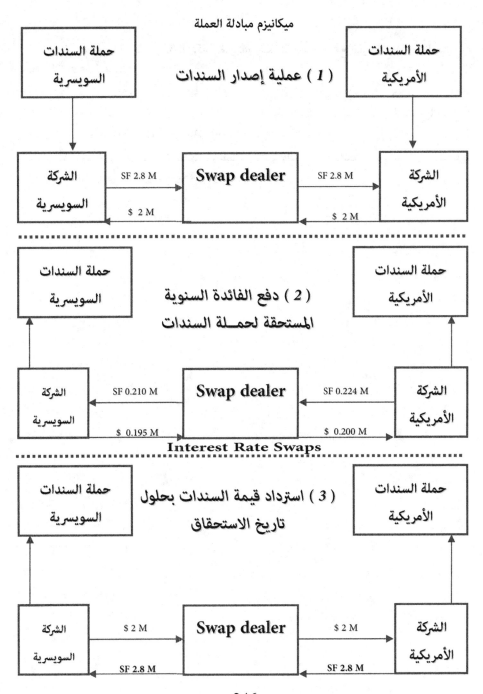

ميكانيزم مبادلة العملة

(1) عملية إصدار السندات

| حملة السندات السويسرية | | حملة السندات الأمريكية |

الشركة السويسرية → SF 2.8 M → Swap dealer → SF 2.8 M → الشركة الأمريكية

$ 2 M ← ← $ 2 M

(2) دفع الفائدة السنوية المستحقة لحملــة السندات

| حملة السندات السويسرية | | حملة السندات الأمريكية |

الشركة السويسرية ← SF 0.210 M ← Swap dealer ← SF 0.224 M ← الشركة الأمريكية

$ 0.195 M → → $ 0.200 M

Interest Rate Swaps

(3) استرداد قيمة السندات بحلول تاريخ الاستحقاق

| حملة السندات السويسرية | | حملة السندات الأمريكية |

الشركة السويسرية → $ 2 M → Swap dealer → $ 2 M → الشركة الأمريكية

SF 2.8 M ← ← SF 2.8 M

على الرغم من أن مبادلة العملات هي أول أنواع المبادلات ظهورا، فإن مبادلات أسعار الفائدة قد تفوقت عليها سواء من حيث حجم التعامل عليها أو من حيث انتشار عقودها.

فإذا ما كانت أول مبادلة على العملات تمت عام 1979، فقد شهدت الثمانينات في باكورة أيامها مولد مبادلات أسعار الفائدة في إنجلترا، ومنها انتقلت في غضون فترة قصيرة إلى مؤسسات الولايات المتحدة الأمريكية.[1]

وقد أصبح ينظر إلى مبادلات أسعار الفائدة على أنها إحدى النجاحات العظيمة لتحرير النظم المالية.

The interest rate swap has been one of the greet successes of financial deregulation[2].

أما عن أسباب مولد هذه الأداة ونموها بصورة فاقت كل التصورات فيفردها أغلب الكتاب الغربيين إلى أنها كانت استجابة للحاجة لإدارة التقلبات المتزايدة في أسعار الفائدة بعد صدور قرار مجلس إدارة بنك الاتحاد الفيدرالي عام 1979 بالسماح بانطلاق أسعار الفائدة دون قيود.

Interest rate swaps were born out of a need to manage the increased interest rate volatility after the Federal Reserve Boards 1979 Decision to allow interest rates to move freely [3].

ولذات الأسباب المتقدمة يعزو "وليام دريفر" William Driver ظهور عمليات مبادلة أسعار الفائدة ونموها المتزايد، إلا أنه يضيف إلى ما تقدم أن المرونة الكبيرة في الهيكل الأساسي للمبادلات كانت عاملا أساسيا في هذه الزيادة.

(1) Don M. Chance, Op., Cit., p.499, An Introduction to Derivatives.

(2) Simon Brady, the paribas Derivatives hand book, Op., Cit., p.55.

(3) Benton E. Gup, Robert Brooks, Interest Rate Risk Management, p.131.

The extraordinary increase in global interest rate volatility and the great flexibility of the basic swap structure [1].

فمن الثابت أن حجم التعامل على مبادلات أسعار الفائدة قد نما بصورة مذهلة، فاقت كل تصورات وتوقعات الكتاب و المحللين. وتفصيل ذلك أنه بينما بلغ حجم التعامل على هذه الأداة عام 1982 ما مقداره 3 بليون دولار أمريكي، إلا أن هذا الرقم قفز خلال عامين فقط إلى 90 بليون دولار أمريكي بنسبة 2900 %. ولم تتوقف عمليات النمو عند هذا الحد بل واصل حجم التعامل نموه المتزايد ليصل إلى تريليون دولار عام 1988، ثم ما لبث أن تضاعف ليصل إلى 2.9 تريليون دولار عام 90، أي أنه قفز خلال ثمانية أعوام من 3 بليون دولار أمريكي إلى 3 تريليون دولار أمريكي [2].

ورغم هذه الطفرة الكبيرة في حجم التعامل على هذه الأداة فقد واصل حجم التعامل نموه المضطرد ليصل إلى نحو 6.17 تريليون دولار أمريكي عام 1993، ثم يواصل حجم التعامل على هذا النوع من المبادلات نموه غير المتوقع ليقفز إلى 43.9 تريليون دولار أمريكي عام 1999 [3].

ونمو حجم التعامل على مبادلات أسعار الفائدة على الوجه المتقدم يعكس الأهمية النسبية لهذه المعاملات في أسواق عقود المبادلات على وجه الخصوص وأسواق المشتقات على وجه العموم.

ماهية مبادلات أسعار الفائدة

مبادلة أسعار الفائدة هي اتفاقية بين طرفين يوافقان بموجبها على تبادل مدفوعات الفائدة وفقا لصيغ معينة.

" An interest rate swap is an agreement in which two parties sometimes called couterparties to exchange interest payments according to specific formulas" [4].

---

(1) Simon Brady, the paribas Derivatives hand book, Op., Cit., p.55.

(2) Ibid p.55.

(3) BTS, Bank for International Settlements, IMF, Quarterly Review, Aug.2000, p 30.

(4) William Driver, An Introduction to Derivatives, Op.,Cit., p.499.

بينما يعرفها Benton بأنها عقد بين طرفين يوافقان بموجبه على تبادل مدفوعات فائدة مرتبطة بسعر معوم بأخرى مرتبطة بسعر ثابت، وتحتسب الفائدة على مبلغ محدد متفق عليه بينهما Notional Principal.

" An interest rate swap is a contract between two counterparties who agree to exchange an interest payment based on a notional principal 1 tied to a floating rate, in exchange for an interest payment tied to a fixed rate" [2].

بينما يعرف " توماس ليو " هذه المبادلة بأنها عقد بين طرفين يوافق بموجبه كل طرف منهما على أداء سلسلة من مدفوعات الفائدة إلى الطرف الآخر في تواريخ مجدولة مستقبلية.

" An interest rate swap is a contract between two parties in which each party agrees to make a series of interest payments to the other on scheduled dated in the future [3].

بينما يعرف Pierre Collin مبادلة أسعار الفائدة بأنها عقد يتم بمقتضاه مبادلة سعر فائدة ثابت بسعر معوم. أما السعر المعوم فيتحدد بمتوسط الأسعار فيما بين بنوك (لندن).

" An interest rate swap is a contract by which a fixed payment stream is exchanged against a floating payment stream. The floating leg of the swap is usually set at the interbank interest rate for the relevant currency [4].

أما التعريف التالي فيتناول جانب الالتزام في العقد، فيشير إلى أن المبادلات إنما هي عقود مالية والتي تلزم طرف ما على مبادلة عدد أو مجموعة من الدفعات التي يمتلكها بعدد أو مجموعة أخرى من الدفعات التي يمتلكها الطرف الآخر.

---

(1) The Notional Principal is the amount on which interest payments are calculated.

(2) Benton E. Gup, Robert Brooks, Op.,Cit,.p.132.

(3) K. Thomas Liaw, the business of investment banking, p. 232.

(4) Piere Colin, The Journal of Finance vol 56, June, 2001, No.3 (an article).

Swaps are financial contracts that obligates one party to exchange a set of payment it owns for another set of payment owned by another party [(1)].

وفي أغلب عقود مبادلات أسعار الفائدة هناك دائما طرفان يطلق عليهما Two Legs (وسميا كذلك لأن العقد لا ينعقد بطرف واحد ولا يقوم على ساق واحدة). أحد هذين الطرفين قد يدفع سعرا معوما للفائدة كسعر " الليبور" ويطلق على هذا الطرف The floating-rate payer، بينما يدفع الطرف الآخر سعر فائدة معوم مرتبط بسلعة أو ورقة مالية أو مؤشر أو أصل من الأصول.

وأشهر أنواع مبادلات أسعار الفائدة هو ما يطلق عليه plain vanilla أو Generic Swap ويقصد بهذين المصطلحين مبادلة سعر فائدة ثابت بسعر معوم Fixed for floating rate swap

ووفقا لهذا النوع من المبادلات يوافق أحد الأطراف على أن يؤدي مدفوعات فائدة ثابتة إلى الطرف الآخر على مقدار معين من المال والمصطلح على تسميته في هذه الأسواق Notional Principal بينما يوافق الطرف الآخر على أن يؤدي مدفوعات فائدة بسعر متغير متفق عليه وهو ما يطلق عليه Reference Rate وهو سعر معوم Floating Rate، وهذه المدفوعات تتم في تواريخ مجدولة وتنتهي في تاريخ معين.

وهذا النوع من المبادلات هو الأكثر شيوعا ولكنه يقينا ليس هو النوع الوحيد من مبادلات أسعار الفائدة. ذلك أن مدفوعات الفائدة من قبل الطرفين قد تكون معومة، إلا أن أحدهما تكون مرتبطة بسعر الليبور وأخرى وفقا لسعر متغير متفق عليه Reference Rate كأسعار الفائدة على أذون الخزانة أو سعر سهم معين، ومن المعروف أن الأسهم تتقلب قيمتها من يوم لآخر بل ومن ساعة لأخرى، أو وفقا لسعر سلعة معينة والتي يتغير أيضا سعرها بتغير ظروف وتوجهات السوق من حين لآخر.

وتجدر الإشارة هنا إلى أن دفعات الفائدة هي التي يجري تبادلها وليست القيمة التي تحتسب على أساسها هذه الدفعات أو ما يسمى Notional Principal.

ولما كانت مبادلات أسعار الفائدة من أدوات السوق غير الرسمية over - the - counter

(1) Fredrick S. Mishkin, the economics of money, Banking and Financial Markets, six ed., p 337.

market فإن هذه الأداة لا يجري التعامل عليها في الأسواق الرسمية.

وحتى يتسنى لنا الوقوف على أسلوب تنفيذ هذه العمليات نعرض للمثال التالي :

قامت مؤسسة ABC باقتراض مبلغ 50 مليون دولار أمريكي بسعر فائدة ثابت 7.5 % إلا أنها كانت تأمل فيما لو حصلت على هذا القرض بسعر معوم، ولذا قامت بالاتصال ببنك ميدلاند Midland Bank لسابق علمها أن البنك المذكور يقوم بالإضافة إلى أعماله التقليدية بأعمال الوساطة في المبادلات، وطلبت إليه أن يقوم بترتيب مبادلة لمدفوعاتها مع طرف آخر يكون راغبا في سداد مدفوعات الفائدة بسعر ثابت على أن تقوم شركة ABC بسداد مدفوعات الفائدة بسعر معوم.

وبالفعل قام البنك بترتيب المبادلة مع شركة XYZ المصدرة لسندات بسعر " الليبور" وهو سعر معوم، إلا أن الشركة كانت تتوجس خيفة من ارتفاع سعر "الليبور" وقبلت عرض بنك ميدلاند الذي يتوافق مع رغبتها في سداد الفائدة بسعر ثابت.

ونظرا لتلاقي الرغبتين وتساوي المقدار الذي يتم على أساسه احتساب الفائدة، والفترات الزمنية للسداد للطرفين وهي 15 مارس، 15 يونيو، 15 سبتمبر، 15 ديسمبر والاتفاق على أن السنة 360 يوما فيمكننا أن نتصور المبادلة على الوجه التالي :

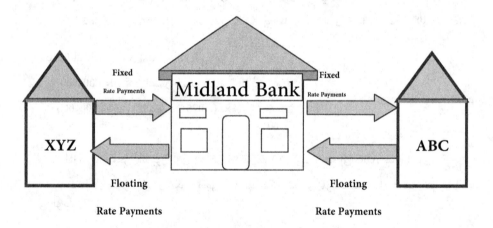

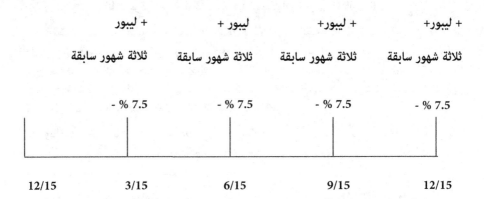

نموذج لمبادلة أسعار الفائدة XYZ

+ ليبور+
ثلاثة شهور سابقة
- % 7.5
+ ليبور+
ثلاثة شهور سابقة
- % 7.5
ليبور +
ثلاثة شهور سابقة
- % 7.5
+ ليبور
ثلاثة شهور سابقة
- % 7.5
12/15
9/15
6/15
3/15
12/15

* ووفقا للشكل المتقدم فإن XYZ يقبض بسعر الليبور ويدفع في كل مرة بمعدل 7.5 %.

* إذا تجاوز سعر "Libor" 7.5 % فإن XYZ يحصل على الفرق فيما بين سعر "الليبور" وسعر الفائدة الثابت مضروبا في المقدار الافتراضي × $\frac{\text{عدد الأيام}}{٣٦٠}$

000و000 و50 × (الليبور – سعر الفائدة الثابت) × $\frac{\text{عدد الأيام}}{360}$

000و000 و50 × (الليبور – 0.075) × $\frac{92}{360}$

* إذا ما كان سعر " الليبور" أدنى من 7.5 % فإن XYZ سوف يدفع إلى ABC قيمة الفرق.

* ونظرا لأن سعر "الليبور" يكون مجهولا، لذلك يمكن تصوير الموقف بعد تمام عملية التبادل وذلك على الوجه التالي :

مبادلة مدفوعات فائدة ثابت مقابل سعر معوم

Payments in fixed -for-floating swap

50 مليون دولار أمريكي أساس احتساب الفائدة

7.5 % سعر الفائدة الثابت

360 يوما : عدد أيام السنة.

الصافي إلى XYZ	XYZ مدين بالسعر الثابت	ABC مدين بالسعر المتغير	أيام	سعر الليبور	التاريخ
$	$	$			
				7.68	12/15
+ 22500	937500	960000	90	7.50	3/15
000	958333	958333	92	7.06	6/15
- 56222	958333	902111	92	6.06	9/15
- 182000	947917	765917	91	-	12/15
+ 215722	3802083	3586361			

أولا : دفعات الفائدة المدين بها شركة ABC لشركة XYZ وفقا لسعر الليبور

$$50,000,000 \times 7.68\,\% \times \frac{90}{360} = \$\,960000$$

$$50,000,000 \times 7.5\,\% \times \frac{92}{360} = \$\,958333$$

$$50,000,000 \times 7.06\,\% \times \frac{92}{360} = \$\,902111$$

$$50,000,000 \times 6.06\,\% \times \frac{91}{360} = \$\,765917$$

ثانيا : دفعات الفائدة المدينة بها شركة XYZ لشركة ABC وفقا لسعر الفائدة الثابت

$$50,000,000 \times 7.5\,\% \times \frac{90}{360} = \$\,937500$$

$$\$\,958333 = \frac{92}{360} \times \%\ 7.5 \times 50\text{و}000\text{و}000$$

$$\$\,958333 = \frac{92}{360} \times \%\ 7.5 \times 50\text{و}000\text{و}000$$

$$\$\,947917 = \frac{91}{360} \times \%\ 7.5 \times 50\text{و}000\text{و}000$$

ويمكن الوصول للنتائج المتقدمة بصورة مختصرة على الوجه التالي:

$$+\ \$\,22500 = \left[\frac{90}{360}\right] (7.5 - 7.68)\ 50\text{ و }000\text{ و }000$$

$$___ = \left[\frac{90}{360}\right] (7.5 - 7.5)\ 50\text{ و }000\text{ و }000$$

$$-\ \$\,56222 = \left[\frac{92}{360}\right] (7.06 - 7.5)\ 50\text{ و }000\text{ و }000$$

$$-\ \$\,182000 = \left[\frac{91}{360}\right] (6.06 - 7.5)\ 50\text{ و }000\text{ و }000$$

وإذا ما أمعنا النظر في النتائج التي تم التوصل إليها، فسوف يسترعي انتباهنا أن شركة XYZ قد صدقت توقعاتها وأنها قد تمكنت من خلال هذه المبادلة من نقل مخاطر ارتفاع سعر الفائدة على الليبور إلى شركة ABC وتمكنت بالتالي من التخفيف من أعباء الفائدة التي كانت ستتحملها على حساب الشركة الأخرى، أما شركة ABC التي أقدمت على عملية المبادلة وهي تأمل لافي نقل المخاطرة إلى الغير ولكن لتحمل المخاطر عن الغير لأنها وهي تدفع فائدة ثابتة فليست مهددة بمخاطر ارتفاع سعر الفائدة، وترتب على هذا الوضع نقل مخاطر ارتفاع سعر الفائدة من الشركة XYZ إلى شركة ABC في حين أنها لم تتقاضَ ثمنا مقابل تحمل هذه المخاطرة. والمكسب الذي حققته شركة XYZ هو ذاته الخسارة التي تكبدتها شركة ABC ولذلك فهي تدخل دون تردد في عقود القمار.

ولذلك لم يكن مستغربا أن يذكر Joseph, F. Sinkey في مؤلفه القيم عن الإدارة المالية للبنك التجاري هذه المسألة تحت عنوان " المراهنة على أسعار الفائدة والتغيرات غير المتوقعة لسعر الفائدة "

Betting on interest rates and unexpected changes in interest rates [1].

ويرى أن أعمال البنوك تنطوي بطبيعتها على المراهنة على تحركات أسعار الفائدة.

By its nature, the business of banking involves betting on interest rate movements[2].

ويضيف الكاتب، أنه ليس بالمراهنة على أسعار الفائدة أو بتملك الرؤية أو البصيرة على التوجهات المستقبلية لأسعار الفائدة تستطيع البنوك أن تتجنب مخاطر أسعار الفائدة تماما.

By not betting on interest rates or by gaining perfect foresight on the future course of interest rates, banks could avoid interest-rate risk altogether [3].

وهناك صور أخرى لمبادلات أسعار الفائدة، وإن كانت أقل شيوعا و أدنى أهمية، نمر عليها مر السحاب للتعريف بها وبماهيتها بما يتفق مع أهميتها.

1) المبادلات المختلطة Diff Swaps

هي مزيج أو خليط من مبادلات أسعار الفائدة ومبادلات العملة. وتعرف أحيانا بأنها quanto swaps. ومن خلال هذا النوع من المبادلات فإن أحد الأطراف يقوم بدفع الفائدة بسعر فائدة لعملة ما بينما المقدار الذي تحتسب على أساسه الفائدة يتعلق بعملة أخرى.

Diff swap : a swap in which one party's interest payments are denominated in one currency while the notional principal is stated in another currency [4].

---

(1) Joseph F. Sinkey, Commercial Bank Financial Management, 4ᵗʰ ed, 1992 p. 480.

(2) Joseph F. Sinkey, Commercial Bank Financial Management, 4ᵗʰ ed, 1992 p. 480.

(3) Ibid, p.480.

(4) Don M. Chance, Op., Cit., p.606.

ومثال ذلك أن يقوم فرد أو جهة بدفع فائدة وفقا لسعر الفائدة على الين الياباني، أما المقدار الذي تحتسب على أساسه الفائدة فيكون على الدولار الأمريكي. أما الطرف الآخر فقد يقوم بسداد الفائدة وفقا لسعر "الليبور" وعلى نفس المبلغ الذي تحتسب على أساسه الفائدة. وهو ما يعبر عنه the same notional principal.

أما الشخص الذي يدفع الفائدة هنا وفقا لسعر الفائدة على الين الياباني، فإنه يتوقع انخفاض أسعار الفائدة على الين الياباني [1].

2) المبادلات مزدوجة التعويم   Basis Swaps

هي مبادلة يقوم من خلالها طرفي العقد بأداء دفعات بأسعار معومة، وإن كان كل سعر يختلف عن الآخر.

" Basis Swap : A swap in which both parties make payments at floating rates, but in which each floating rate is different [2].

بمعنى أنها مبادلة سعر معوم بسعر معوم آخر، ولهذا يطلق عليها أيضا Floating-floating swap.

ويستخدم هذا النوع من المبادلات حينما يكون أحد الأطراف مشتركا في عملية أخرى والتي يتم من خلالها استلام أو أداء دفعات على أساس سعر فائدة معوم كأحد صور التغطية.

3) مبادلات مؤشرات الأسعار   Index Swaps

ويطلق هذا المسمى على أية مبادلة إذا ما كانت مدفوعات أحد طرفي التعاقد وفقا لإحدى مؤشرات الأسعار كمؤشر S & P500. كما يطلق ذات المسمى على أية مبادلة إذا ما كانت مدفوعات أحد الطرفين ترتبط بمؤشر معين بينما ترتبط مدفوعات الطرف الآخر بمؤشر آخر [3].

---

(1) Ibid p.515.

(2) Don M. Chance, Op., Cit., p.604.

(3) Ibid, p.515 , p. 609.

المبادلات السلعية
Commodity Swap

المبادلة السلعية واحدة من منتجات السوق غير الرسمية والتي يجري تفصيلها وفقا لمتطلبات من يقوم بعملية تحوط ضد المخاطر.

Tailored to the requirements of the individual hedger [1].

وقد شاع استخدام المبادلات السلعية خاصة في مجال الطاقة.

ويعزي نمو أسواق المبادلات السلعية إلى القيود المفروضة في السوق الرسمية على المتحوطين Hedgers والمضاربين "speculators " والتي تنطوي على عملية تنميط غير مرن للعقود التي يجري إنشاؤها في هذه الأسواق Rigid standardization [2].

وأغلب عقود المبادلات تتعلق بزيت البترول. وعلى الرغم أن أغلب السلع يتم تسعيرها بالدولار الأمريكي فإن المبادلات السلعية يمكن أن تتاح بعملات أخرى [3].

وحتى يمكن الوقوف على الكيفية التي تتم بها عمليات المبادلات السلعية ومن الذي يستفيد منها، نفترض أن لدينا شركتين إحداهما هي شركة أويل وهي إحدى الشركات المستقلة المنتجة للبترول والتي تنتج 250 ألف برميل يوميا. وبسبب ارتفاع تكاليف الإنتاج، فإن شركة أويل في حاجة إلى ما يضمن لها ألا يقل متوسط سعر البرميل من زيت البترول عن 18.5 $.

وعلى الجانب الآخر فإن شركة CHM تستخدم متوسطا شهريا من الزيت الخام Crude Oil في عمليات إنتاج البتروكيماويات Petrochemicals. وبسبب طبيعة المنافسة في هذا المجال والمرونة العالية للطلب على منتجاتها، فإن الشركة قد تتعرض للتوقف عن نشاطها إذا ما ارتفع سعر البرميل فوق 19.5 $ خلال السنوات الثلاث المقبلة.

---

(1) Andrew Inglis – Taylor, Op., Cit., p.28.

(2) Frank Reilly, Keith Brown , Op., Cit., P. 938.

(3) Thomas Liaw, The Business of Investment Banking, p.233.

ومن الطبيعي والأمر كذلك أن تتوجس كلتا الشركتان خيفة من تقلب الأسعار و إن تباينت التوجهات وتعارضت المصالح. فما كان من ارتفاع في صالح الشركة المنتجة كان بالضرورة إضرارا بالشركة المستخدمة.

لا تجد الشركتان والأمر كذلك أفضل من إنشاء عقد مبادلة لزيت البترول oil swap لمدة ثلاث سنوات مع تسوية شهرية ومقدار متفق عليه وهو 250 ألف برميل.

ولنفترض حينئذ أن الشركتين قد وافقتا على إجراء مبادلة بينهما من خلال " Swap Dealer وسيط للمبادلات " على أن تتحدد قيمة المؤشر كمتوسط لأسعار التسويات اليومية للعقود المستقبلية للزيت الخام ببورصة نيويورك للتجارة "New York Mercantile Exchange"

أما شركة أويل المنتجة فقد حددت سعر مبيعاتها من الزيت بـ 19 $ للبرميل بينما شركة CHM حددت سعر شرائها بـ 19.10 $ للبرميل.

فما هي نتائج المبادلة حال ارتفاع أو انخفاض سعر التسوية المستقبلية لزيت البترول إذا كان متوسط سعر التسوية المستقبلية للزيت هو 20.15 $ ، في هذه الحالة فإن شركة أويل ستقوم بدفع الفرق بين السعر الذي حددته للبيع وسعر التسوية لكل برميل لوسيط المبادلة وذلك على الوجه التالي :

(20.15 $ - 19 $) × (250 ألف برميل) = 287 500 $

بينما شركة CHM ستقوم بقبض الفرق بين السعر الذي حددته للشراء وسعر التسوية لكل برميل لوسيط المبادلة.

(20.15 $ - 19.10 $) × (250 ألف برميل) = 262 500 $

ولو افترضنا أن سعر التسوية هو 18.40 $

في هذه الحالة فإن شركة أويل ستقوم بقبض الفرق بين السعر الذي حددته للبيع وسعر التسوية وذلك على الوجه التالي :

(19.00 $ - 18.40 $) × (250 ألف برميل) = 150 000 $

بينما شركة CHM ستقوم بدفع الفرق بين السعر الذي حددته لشراء البرميل وسعر التسوية إلى وسيط المبادلة وذلك على الوجه التالي

(19,10$ - 18 ,40 $) × (250 ألف برميل) = 175 000 $

وهذا في حد ذاته يمثل خسارة هي تكلفة الفرصة المضاعة فيما لو حصل على زيت البترول بسعر 18,40$ للبرميل الواحد. ولمزيد من التوضيح نعرض لمثال آخر :

بفرض أن سعر التسوية للبرميل انخفض إلى 15,00 $ فما تأثير ذلك على سائر الأطراف؟

ستقوم شركة أويل في هذه الحالة بقبض الفرق بين السعر الذي حددته للبيع وسعر التسوية من الديلر وذلك على الوجه التالي :

(19,00 $ - 15,00 $) × (250 ألف برميل) = 1 000 000 دولار أي مليون دولار.

بينما ستقوم شركة (CHM) بدفع الفرق بين السعر الذي حددته لشراء البرميل وسعر التسوية إلى الديلر وذلك على الوجه التالي :

(19,10 $ - 15,00 $) × (250 ألف برميل) = 1 025 000 $

ونستخلص مما سبق أن شركة البتروكيماويات المستخدمة لزيت البترول قد انتقلت إليها المخاطرة التي كانت تتوجس منها خيفة شركة أويل بانخفاض الأسعار، ولا يحتج علينا الغير بأن الشركة لم تخسر شيئا حيث إنها ستحصل أيضا على احتياجاتها بقيمة تقل عما حددته تعادل ما دفعته للديلر وهو مليون دولار. فإن ذلك مردود عليه بأنه إذا ما كانت الشركة قد أمنت نفسها بعدم ارتفاع السعر عن قدر معين إلا أنها تحملت في ذات الوقت مخاطر انخفاض السعر، بما يعني أنه تم انتقال المخاطرة من الشركة المنتجة إلى الشركة المستخدمة، وربما كانت مضار انخفاض السعر في هذه الحالة أفدح مما لو ارتفع السعر قليلا عما حددته خاصة و أن الشركة قد تحملت مليون دولار تمثل تكلفة الفرصة المضاعة بفوات حصولها على احتياجاتها البترولية بما يقل بمليون دولار أمريكي عما تحملته الشركة حقيقة.

وقد كان من الممكن أن تتعرض الشركة المنتجة التي كانت تخشى انخفاض الأسعار لنفس ما

تعرضت له الشركة المستخدمة فيما لو ارتفع السعر إلى 23 دولارا أمريكيا. بينما لا يتغير موقف الديلر فإنه سوف يحصد في جميع الحالات وفي جميع الشهور 25 ألف دولار تمثل الفرق بين سعري البيع والشراء المحددين من قبل الشركة المنتجة والشركة المستخدمة.

مبادلة سلعية لزيت البترول
Commodity Swap

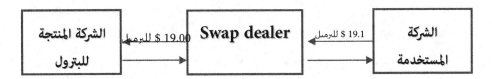

مبادلة الأسهم
Equity Swaps

مع غروب الثمانينات قدم المهندسون الماليون Financial Engineers في أحد البنوك القائدة المشتغلة بأعمال الوساطة في المبادلات طبقة جديدة من أدوات المبادلات المعروفة بمبادلات الأسهم Equity Swaps، ومبادلات مؤشرات الأسهم Equity indexed swaps، والمبادلات المرتبطة بالأسهم، Equity linked swaps.

ولقد لقيت هذه الأدوات قبولا لدى الأسواق المالية لأنه قد روعي في هذه الأداة إمكانية تحقيق النتائج المرغوبة بكفاءة عالية.

وقد قدمت مبادلات الأسهم لأول مرة من خلال إحدى شركات أمناء الاستثمار وهي Bankers trust company عام 1989 [1].

(1) Jack Clark Francis, William Toy, and Green Whittaker, the hand book of Equity Derivatives p.346.

هيكل المبادلات

وكافة المبادلات بغض النظر عن نوعها يحكمها هيكل أساسي واحد، فلدينا مقدار أو مبلغ متفق عليه Notional amount كما هو الحال بالنسبة لمبادلة أسعار الفائدة أو العملة أو مبادلة الأسهم، وقد يكون مقدار سلعي كما في حالات المبادلات السلعية.

وكما هو الحال بالنسبة لأية مبادلة فإن مبادلة الأسهم تتضمن مقدار أساسي Notional Principal ومدة حياة المبادلة Tenor، ودفعات محدد تواريخها مسبقا prespecified payment intervals وطرفي المبادلة يطلق على أحدهما the fixed leg والآخر floating leg، أما السعر الثابت فيطلق عليه swap coupon.

وتجدر الإشارة هنا إلى أن أغلب المبادلات تتم بين

1 – المستخدم النهائي   End user.

2 – وسيط المبادلات   Swap dealer.

بمعنى أنه ليس بالضرورة أن يكون الطرفان من المستخدمين النهائيين و أن يقتصر دور "الديلر" هنا على الوساطة، إذ يقوم "الديلر" غالبا بدور الطرف الآخر، ولا يقال في هذه الحالة أنه عقد من طرف واحد، فالعقد لا يقوم – كما تقدم القول على ساق واحدة – حيث إن الديلر يقوم في هذه الحالة بدور الطرف الآخر وهو الأمر الذي سنبينه بعد قليل من خلال الشكلين Eq.S.1، Eq.S.2.

تعريف عقد مبادلة الأسهم   Equity swap

عرفها صاحب موسوعة المشتقات المالية بأنها " مبادلة يتم من خلالها اتفاق طرفين على أن يؤدي كل منهما مدفوعات للطرف الآخر، على أن تكون مدفوعات أحد الطرفين على الأقل محتسبة طبقا لأداء سهم أو مؤشر للأسهم. أما مدفوعات الطرف الآخر فيمكن احتسابها وفقا لأية صيغة ".

Equity swap : a swap in which two parties agree to make payments to each other with at least one party's payments calculated according to the performance of a stock or an index. The other party's payments can be calculated according to any

formula [1].

بينما عرفها صندوق النقد الدولي بأنها " مبادلة يقايض من خلالها أحد الأطراف سعر عائد متصل بالاستثمار في سهم معين بسعر عائد على الاستثمار في سهم آخر، كمقايضة أسعار العائد على مؤشرات أسهم مختلفة أو بسعر عائد في غير الاستثمار في الأسهم كسعر فائدة على أية أداة أخرى. "

" Equity swap : a swap in which one party exchange a rate of return linked to an equity investment for either the rate on another equity investment, such as swaping rates of return on different equity indices, or for the rate of return of a non-equity investment, such as an interest rate. Net cash settlement payments are usually made [2].

ويبين أيضا من التعريف المتقدم أن أهم شرط أساسي في هذا النوع من المبادلات أن تكون مدفوعات أحد الطرفين على الأقل بسعر عائد يتعلق بسهم أو محفظة أوراق مالية أو مؤشر الأسهم أو سعر ثابت أيضا.

وهو ما يؤكده توماس ليو بقوله " في مقايضة الأسهم فإن المستثمر يقبض العائد على نوع معين من مؤشرات السوق في مقابل أن يدفع إلى وسيط المبادلات The Swap Dealer وفقا لسعر الليبور أو سعر ثابت أو أي مؤشر آخر للسوق".

" In an equity swap, an investor receives the return on some type of market index and in exchange pays to the swap dealer libor or fixed rate or another market index" [3].

---

(1) Don M. Chance, An Introduction to Derivatives, Op., Cit., P. 607.

(2) IMF working paper 1998, Statistics Department, prepared by Robert. M. Heith, March 1998.

(3) K. Thomas Liaw, Op.,Cit., p.233.

مبادلة أسهم لعائد S & P مقابل عائد ثابت

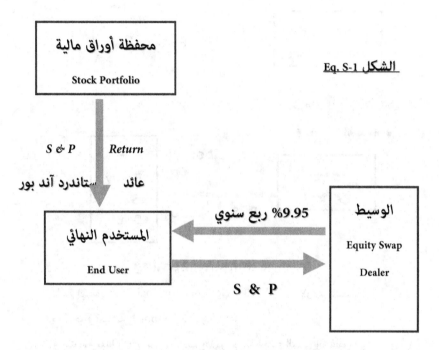

محفظة أوراق مالية

Stock Portfolio

الشكل Eq. S-1

S & P   *Return*

عائد ستاندرد آند بور

المستخدم النهائي

End User

9.95% ربع سنوي

الوسيط

Equity Swap

Dealer

S & P

Equity for fixed

* المبلغ المتفق عليه (Notional principal) 100 مليون دولار أمريكي.
* مدة حياة الخيار (Tenor) 3 سـنوات.
* وهـذا النوع من المبادلات يستخدم لتحويل عائد متقلب من الأسهم إلى عائد ثابت مستقر.

263

مبادلة أسهم لعائد S & P مقابل عائد معوم

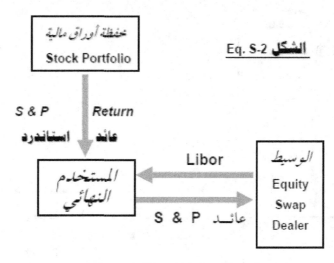

Eq. S-2 **الشكل**

Equity for floating

* المبلغ المتفق عليه (Notional principal) 100 مليون دولار أمريكـــي.

* مدة حياة المبادلة (Tenor) 3 سنوات

* ويستخدم هذا النوع من المبادلات إذا توقع المستخدم النهائي انخفاض مؤشر الأوراق المالية S & P أو ارتفاع سعر الليبور خلال فترة المبادلة.

ونتناول فيما يلي مثالا تطبيقيا لعملية مبادلة الأسهم :

في الثاني عشر من شهر يناير قرر مدير عام محفظة أوراق مالية بوصفه المستخدم النهائي The End User الدخول في عملية مبادلة مع أحد بيوت الديلرز "Swap Dealers"، وتم الاتفاق على أن يدفع مدير المحفظة ما عليه من دفعات وفقا لسعر "الليبور" أي وفقا لمتوسط أسعار الفائدة فيما بين البنوك الكبرى في لندن، على أن يقبض ماله من دفعات وفقا لمؤشر Standard and Poor (S & P)

500 مخصوما منها هامشا spread يحدده الديلر وهو هنا بواقع 0.10%.

* وبفرض أن المبلغ المتفق عليه كأساس للحساب هو 10 مليون دولار.

* وأن عدد أيام السنة 360 يوما.

* وأن الدفع وفقا لسعر الليبور والقبض وفقا لمؤشر S & P مخصوما منه الهامش بواقـــع 0.10%.

* وأنه والأمر كذلك يمكن تصوير العملية على أنها اقتراض بسعر الليبور، واستخدام الأموال المقترضة في شراء S & P 500 كما يبين من الجدول التالي

مبادلة الأسهم بسعر الليبــور

صافي المدفوعات	الدفعة وفقا لمؤشر S&P	الدفعة المستحقة بسعر الليبور	S & P 500 Total Return Index مؤشر تغيير سعر البورصة والعائد	سعر الليبور	عدد الأيام	التاريخ
$	$	$		%		
			469.75	9.00		1/2
- 34894	190106	225000	479.15	9.15	90	4/2
348711	580003	231292	507.42	9.35	91	7/2
-558747	-319803	238944	491.70	8.65	92	10/2
-80558	140498	221056	499.10	-	92	1/2
-325488	590804	916292				

وبإلقاء نظرة على الجدول المتقدم فسوف يسترعي انتباهنا أن اتفاقية المبادلة التي عقدها مدير

المحفظة مع أحد بيوت " الديلرز" لم تجلب له نفعا، ولم تدفع عنه ضُرا، بل على النقيض من ذلك أتت بنتائج سلبية كان أبرزها الخسائر التي مُني بها في الثاني من أكتوبر والتي بلغت ما يزيد عن نصف مليون دولار، تمثل فروق الأسعار بين سعر " الليبور" ومؤشر ستاندرد آند بـور S & P 500 total return index.

ليس هذا فحسب، بل و أن دفعتين أخريين من الدفعات الثلاث الباقية قد حققت خسائر أيضا، و أن صافي خسائر مدير المحفظة من جميع الدفعات بلغت 325488 دولارا أمريكيا .

وإذا ما كانت هذه العملية قد تم تكييفها على أنها بمثابة اقتراض بسعر الليبور واستخدام الأموال المقترضة في شراء عوائد ستاندرد آند بور، فإذا ما كان الأمر كذلك فإنه يمكن تفسير سلوك مدير المحفظة بأنه كان إما متوقعا انخفاض سعر الليبور الذي سيدفع على أساسه، أو ارتفاع عوائد ستاندرد آند بور والتي سيستخدم حصيلة الأموال المقترضة في شرائها، أو هما معا. وإذا ما كان استخدام هذه الأداة قد أسفر عن تلك الخسائر الفادحة، فإن ذلك يكشف عن زيف هذه الأداة أيضا وأنها لا تخرج عن كونها أداة من أدوات المقامرة التي تتساوى فيها احتمالات الكسب والخسارة.

وعلى الرغم من ذلك فإن الأمر يبدو هينا إذا أخذنا في الاعتبار ما يردده قادة الفكر المالي الغربي في هذا الصدد والذي تنتفي معه أسباب استخدام هذه الأدوات والتي اعتبرت أفضل ما أسفرت عنه الابتكارات المالية لتلبية احتياجات المجتمعات و السيطرة على المخاطر المالية.

يقول Don M. Chance صاحب موسوعة المشتقات تعليقا على ما أسفرت عنه هذه المقايضة من نتائج سلبية

In spite of the fact that the overall outcome did not look good for the manager, the important point is that the manager was able to obtain the S & P 500 return on $.10 million. Whether that return was good or bad was not the objective of the swap [1].

فالكاتب يرى " أنه رغم أن النتائج النهائية في مجملها لا تبدو طيبة للمدير، ولكن المهم ليس فيما تحقق من نتائج، ولكن في حصول مدير المحفظة على " عائد ستاندرد آند بور"

(1) Don M. Chance, An Introduction to Derivatives, Op.,Cit., p.553.

محتسبا وفق المبلغ المتفق عليه وهو 10 مليون دولار أمريكي". ثم يمضي في نسف كل المبررات التي يستند إليها البعض في استخدام المشتقات بقولة "وسواء كان العائد مجزيا أو رديئا، فإن هذا ليس هو الهدف من استخدام المقايضة ".

والأمر لا يحتاج إلى تعليق أو إلى إقامة الدليل - بعد ما قدمناه في هذا الصدد - على زيف الأدوات التي وصفوها بأنها علمية في حين أنها كما قال " Peter Drucker" ليست أكثر علمية من أدوات القمار المستخدمة في مونت كارلو، ولاس فيجاس.

أما عن البيانات المجدولة فقد تم احتسابها على الوجه التالي :

أولا : الدفعات المستحقة وفقا لسعر الليبور.

$$\$\,10,000,000\ (0,09)\ \left[\frac{90}{360}\right] = \$\,225\,000$$

$$\$\,10,000,000\ (0,0915)\ \left[\frac{91}{360}\right] = \$\,231\,292$$

$$\$\,10,000,000\ (0,0935)\ \left[\frac{92}{360}\right] = \$\,238\,944$$

$$\$\,10,000,000\ (0,0865)\ \left[\frac{92}{360}\right] = \$\,221\,056$$

ثانيا : الدفعات المستحقة وفقا " لمؤشر ستاندرد آند بور 500 "

$$\$\,10,000,000 \times \frac{469,75 - 479,15}{469,75} - 0,0010 = \$\,190\,106$$

$$\$\,10,000,000 \times \frac{479,15 - 507,42}{479,15} - 0,0010 = \$\,580\,003$$

$$\$\,10,000,000 \times \frac{507,42 - 491,70}{507,42} - 0,0010 = \$\,319\,802$$

$$\$\,10,000,000\ \frac{491,70 - 499,10}{491,70} - 0,0010 = \$\,140\,498$$

المبادلات الاختيارية Swaption

إذا اتفق طرفان على استخدام الخيار على إحدى المبادلات فإن ذلك يشار إليه على أنه مبادلة خيارية وهو ما يطلق عليه swap option or swaption.

وقد عرف "Reilly" المبادلة الاختيارية بقوله : هذه العقود تعطي لحاملها الحق وليس التزاما للدخول في مبادلة على سعر الفائدة وفقا لشروط يتم الترتيب لها مسبقا.

" A swaption gives the holder of the option the right, but not the obligation to enter into an interest rate swap having a predetermined fixed rate at some late date" [1].

بينما عرفها " شارلز إرينجتون " صاحب مؤلف الهندسة المالية بالآتي : المبادلة الاختيارية swaption كما يستوجب اسمها تأخذ شكل الخيار على مبادلة سعر الفائدة. وقد يتم هيكلتها كعقود الحد الأقصى للفائدة Caps أو الحد الأدنى Floor أو وفقا لعقود الطوق Collar بسعر تعاقد يقابل احتياجات العملاء [2].

The swaption as its name implies takes the form of an option on interest " rate swap. It may be constructed like Caps, Floors, Collars with strike rates meeting the customers requirements".

ويجري استخدام هذه العقود من قبل المؤسسات التي تشعر بالقلق من أية تغيرات مستقبلية في سعر الفائدة في غير صالحها وكذا من قبل مديري مخاطر أسعار الفائدة، ذلك أن المنشآت التي تقترض بسعر معوم عرضة دائما susceptible لارتفاع أسعار الفائدة، وقد تلجأ إلى شراء عقد الحد الأقصى للفائدة أو ما يسمى بالسقف Cap لتقليل حجم المخاطرة إلى أقل حد ممكن والذي يعتبره الكتاب الغربيون خيارا حينما ترتفع أسعار الفائدة، بينما لا نعتبره كذلك لأن من يملك التنفيذ يملك

---

(1) Reilly, Op., Cit., p. 928 and p 1095.

(2) Charles Errington, Financial Engineering p.199.

الفسخ، والأمر ليس على هذا النحو في تلك العقود. ويرى الكتاب الغربيون أن المبادلة الاختيارية تعد بديل كفء لشراء عقد الحد الأقصى للفائدة.

وعند تحديد ثمن الخيار (Premium or Option Price) يؤخذ في الاعتبار طول مدة الخيار، سعر التعاقد، وكذلك مدى تقلب أسعار الفائدة محل التعاقد.

وكما أن عقود الخيار يجري تقسيمها إلى نوعين أساسيين وهما حق خيار شراء Call وحق خيار بيع Put، فإن هذا العقد يجري تقسيمه أيضا إلى نوعين :

1 - مبادلة خيارية للقابض Receiver Swaption

2 - مبادلة خيارية للدافع Payer Swaption

سـمات السـوق :

سوق المبادلات الاختيارية من الأسواق التي لقيت إقبالا شديدا من قبل المتعاملين وقد وجد المتحوطون فيها بغيتهم كبديل كفء لسقوف أسعار الفائدة caps. والمبادلات الخيارية أصبحت الآن متاحة لمعظم العملات.

و إذا كانت المبادلة الخيارية حقا وليست التزاما للدخول في مبادلة سعر فائدة An interest rate swap سواء كدافع أو قابض للجانب الثابت من المبادلة، كما يعرفها "بول دانكلي" الوسيط ببورصة لندن، فما حقيقة الدافع أو القابض للمبادلة.

مبادلة الدافع Payer swaption

هي الحق في دفع سعر ثابت في المبادلة

Payer swaption : the right to pay fixed rate in the swap [(1)].

إذا ما ارتفعت الأسعار فوق سعر التعاقد على المبادلة فسوف يقوم الشاري لحق الخيار بممارسة الحق، أما البائع لحق الخيار (seller or writer) فيلتزم بقبض السعر الثابت ويدفع بسعر معوم، فإذا

(1) Paul Dunkley, the paribas Derivatives hand book, pp 79-80.

لم ترتفع الأسعار فلا قيمة أو جدوى من ممارسة المبادلة الاختيارية.

مبادلة القابض   Receiver Swaption

هي الحق في قبض ثمن ثابت في المبادلة. فإذا ما انخفضت الأسعار إلى ما هو أدنى من سعر التعاقد، فسوف يمارس المتعاقد حقه، أما إذا ما ارتفعت الأسعار فقد سقطت المبادلة Lapsed لأن الشاري يستطيع أن يقبض ثمنا ثابتا أفضل في السوق [1].

وموقف الخيارات يتوقف على موقف المبادلة [2]

Option position contingent swap position.

فمشتري حق الدفع (أي دفع الثمن الثابت) يصبح دافعا

وبائع حق الدفع (الثمن الثابت) يصبح قابضا

ومن يشتري حق القبض (الثمن الثابت) يصبح قابضا

ومن يبيع حق القبض (للثمن الثابت) يصبح دافعا

ويستفاد مما تقدم أن مشتري حق الدفع وبائع حق القبض هو دافع، ومن يبيع حق الدفع أو يشتري حق القبض فهو قابض.

وقد عبر عن هذه المعاني Paul Dunkley بالآتـي :

Buy the right pay	become a payer
Sell the right to pay	become a receiver
Buy the right to receive	become a receiver
Sell the right to receive	become a payer

والمبادلات الاختيارية يمكن أن تكون قابلة للتسليم أو يستعاض عن ذلك بالتسوية النقدية.

---

(1) Ibid, p.80.

(2) Paul Dunkley, Op., Cit., p. 80.

التسوية النقدية Cash settlement

في حالة التسوية النقدية لا يتم الدخول في أية مبادلات فأي فرق بين سعر التعاقد وسعر السوق يدفع في الحال.

هيكل المبادلات الاختيارية   The structure

المبادلات الاختيارية هي إحدى منتجات السوق غير الرسمية. وكل ما يتعلق بسعر التعاقد للخيار، الاستحقاق، حجم المبادلة، وهيكل المبادلة، كل ذلك يمكن تفصيله ليناسب الاحتياجات الخاصة للعملاء.

Can all be tailored to suit the particular needs of individual clients [1].

وما يتم تطبيقه على أنواع الخيارات يتم تطبيقه هنا أيضا من حيث الأسلوب الأمريكي أو الأوروبي. فوفقا لأسلوب الخيارات الأوروبية – كما تقدم القول في موضع سابق – فيمكن ممارستها في اليوم الأخير من التعاقد فقط، أما أسلوب الخيارات الأمريكية فيمكن من خلالها ممارسة العقد في أي وقت خلال مدة التعاقد. ولكن الأسلوب الأوروبي هنا هو الأكثر شيوعا [2].

وفترة الخيار على المبادلة قد تكون لمدة أقل من عام بينما قد تكون فترة المبادلة ما بين ثلاث إلى عشر سنوات على مبلغ اقتراض يتم احتساب الفائدة على أساسه "Notional amount" ما بين 50 مليون دولار أمريكي إلى مائة مليون دولار أمريكي.

والفرق بين سعري العرض والطلب يعكس عامة تقلبا في السعر في حدود 1 % فقط [3].

و إذا كان "Chance" يرى أن موضوع المبادلات الاختيارية من الموضوعات المعقدة والتي تخرج عن نطاق المألوف [4] إلا أن " روبرت ميرتون " الحائز على جائزة نوبل في المشتقات المالية استطاع في إيجاز لا يخل أن يتصدي لميكانيزم هذا النوع من المبادلات دون حاجة إلى الولوج في

(1) Paul Dunkley , Op., Cit., p.80.

(2) Ibid, p.80.

(3) Ibid, P.80.

(4) Don M. Chance, An Introduction to Derivatives, p. 516.

متاهات التفاصيل التي يشق على الباحث الرصين حصرها أو محاصرة تشعباتها.

يعرف روبرت ميرتون المبادلة الاختيارية بالآتـــي :

" يمكن تعريف المبادلة الاختيارية بأنها عقد بين طرفين والتي تمنح أحد الأطراف (المشتري) الحق – وليس التزاما عليه – للدخول في مبادلة معينة في المستقبل بشروط المبادلة التي تم الترتيب لها في مستهل عقد المبادلة الاختيارية. وفي مقابل الحصول على هذا الخيار فإن الشاري لعقد المبادلة الاختيارية يدفع إلى البائع (منشئ العقد) تعويضا يمثل ثمن الخيار [1].

ويعرض "ميرتون" للمثال التالـــي :

إذا ما كانت الشركة "A" قامت بشراء مبادلة اختيارية ربع سنوية (3 months) من الشركة "B" على مبلغ 100 مليون دولار (قيمة افتراضية للحساب فقط) ولمدة 9 شهور بمعدل فائدة ثابتة 5 % "fixed pay". ففي نهاية ثلاثة أشهر يصبح بوسع الشركة "A" أن تمارس حق الخيار بالدخول في المبادلة أو لا تفعل شيئا (أي فسخ العقد تلقائيا)، لا شك أن الشركة "A" سوف تأخذ قرارها على أساس سعر الفائدة السائد حينذاك وأسعار الفائدة المستقبلية المتوقعة أو المتنبؤ بها (predicted)، فإذا ما قررت الشركة "A" ممارسة حق الخيار فإن الأداء لن يختلف عن أداء المبادلة العادية An ordinary swap من خلال دفع سعر فائدة ثابت 5 % على مقدار 100 مليون دولار أمريكي كل ثلاثة أشهر، في حين أن الشركة "B" تقوم على الجانب الآخر بدفع سعر الليبور على 100 مليون دولا ر أمريكي كل ثلاثة شهور. وهذه الدفعات يجري تسويتها لكل دفعة بالدائنية أو المديونية لكل طرف منها (netting).

ويشير "روبرت ميرتون" إلى أمر مجمع عليه بين الكتاب وهو أن هذه المبادلات الاختيارية تتم

---

(1) " It can be defined as a contract between two counter parties that grant one counter party (the buyer, or purchaser) the right, but not the obligation, to enter into a specified swap in the future with terms of swap set at inception of the swaption contract. In return for obtaining this option, the purchaser of a swaption contract pays the seller or writer an up front payment (the swaption premium).

(Robert Merton, Scot, P. Mason, Cases in Financial Engineering, P. 547.)

وفقا للأسلوب الأوروبي وليس الأسلوب الأمريكي، فحق الخيار لا يخول لصاحبه تنفيذه في أي وقت خلال مدة العقد وفقا للأسلوب الأمريكي ولكن في نهاية كل فترة، ووفقا للحالة التطبيقية في نهاية 3 شهور مستقبلية.

" In the above example, only on the specified exercise date 3 months in the future" [1].

ونادرا ما تتم هذه المبادلات الاختيارية وفقا لأسلوب الخيارات الأمريكية.

---

(1) Robert Merton, Scot, p. Mason, Op., Cit., p. 547.

المبحث الرابع
عقود أخرى تتعلق بتثبيت أسعار الفائدة
Caps , Floors and Collars

تمهيــــد :

من العقود الأخرى التي تتعلق بأسعار الفائدة، وتستأثر بعملياتها السوق غير الرسمية، ومن ثم يجري تفصيلها وفقا لاحتياجات المؤسسات الراغبة في التحوط ضد مخاطر أسعار الفائدة، هي عقود الحد الأقصى للفائدة "Caps" والتي يطلق عليها أيضا اتفاقيات السقوف، وعقود الحد الأدنى للفائدة "Floors" ويطلق عليها أيضا عقود القاع، وأخيرا عقود الطوق "Collars" والتي تجمع في آن واحد بين العقدين المتقدمين.

وهذه العقود تلقى قبولا وإقبالا متزايدا عليها من قبل المتعاملين عليها في هذه الأسواق سواء كانوا من المتحوطين "Hedgers" أو من المضاربين "Speculators"، ذلك أن أية عملية يقوم بها أحد المتحوطين لابد أن يكون الطرف الآخر لها أحد المضاربين. فالأول يُعرض عن المخاطرة ويتجنبها فيقال عنه Risk averter والآخر يقبل انتقالها إليه وتحملها مقابل الحصول على ثمن المخاطرة Risk premium.

وينسب أغلب الكتاب - شرقا وغربا - هذه العقود إلى عقود الاختيار إفتئاتا على الحقيقة، أو نقلا عن الغير دون تمحيص، أو إمعان للنظر، أو تدقيق.

وقبل أن نعرض لمختلف التعريفات لهذه العقود التي تناولتها العديد من الباحثات، والمعاجم المتخصصة والموسوعات فقد يكون من المفيد أن نعرض بقدر من التفصيل لما أمكننا استخلاصه عن ماهية هذه العقود حتى لا يختلط علينا الصحيح منها بالسقيم.

في الحياة العملية تلجأ العديد من المنشآت إلى الاقتراض من البنوك، أو طرح سندات في السوق الأولية للاكتتاب العام من قبل الجمهور بغرض تمويل نشاطها الجاري أو الاستثماري بقروض قصيرة الأجل أو طويلة الأجل وفقا لاحتياجات المشروع . أما الفائدة التي تتحملها هذه المنشآت كثمن للاقتراض فليست دائما ثابتة ذلك أن أسعار الفائدة المعومة صارت أكثر جاذبية في التعامل

وخاصة لدى البلدان والشعوب التي تسيطر عليها نزعة المضاربة وحب المخاطرة.

ويعد سعر "الليبور" "Libor" والذي يمثل متوسط أسعار الفائدة للبنوك القائدة في لندن London Inter-Bank Offered Rate هو الأكثر شيوعا في الاستخدام بالنسبة لأسعار الفائدة المعومة Floating Interest Rates.

ولكن نظرا لأن أسعار الفائدة تتقلب صعودا وهبوطا من حين لآخر، لذلك فإن هذه المنشآت تتوجس خيفة من ارتفاع أسعار الفائدة، لأن ذلك يعني ارتفاع تكاليف التمويل، وزيادة التكاليف الثابتة، مما يؤثر على نتائج أعمال المنشأة. لذلك لم يكن مستغربا والأمر كذلك أن تبحث المنشأة عن أفضل البدائل بين الأدوات والعقود المالية المتاحة لتأمين نفسها ضد مخاطر ارتفاع أسعار الفائدة. وقد يقع اختيار المنشأة على عقد اتفاقية مبادلة لأسعار الفائدة Interest Rate Swap تبادل من خلالها دفعات الفائدة المعومة بأخرى ثابتة وذلك بعد تحديد المنشأة لسعر التعاقد والذي يكون غالبا قريبا جدا من أسعار الفائدة السائدة. وقد تقرر الدخول في اتفاقية مبادلة اختيارية "Swaption" Swap option، أو الدخول في عقد خيار على أسعار الفائدة Interest Rate option وهو ما يطلق عليه أيضا خيار المقترض، وقد تلجأ إلى عقد اتفاقية الحد الأقصى لسعر الفائدة Cap أو ما يسمى بعقود السقف، محل هذا العرض. والمفاضلة بين جميع هذه العقود أو الاتفاقيات – كبدائل متاحة – يدخل في إطار استراتيجيات التحوط التي تتبناها المنشأة، وتنبؤاتها بتوجهات أسعار الفائدة، والدراسات المقارنة التي تعدها والتي تعتمد على استخدام النماذج الرياضية المعقدة للوصول إلى أدنى تكلفة كثمن للاقتراض يمكن أن تتحمله المنشأة.

فإذا ما وقع اختيار المنشأة على إنشاء عقد الحد الأقصى لسعر الفائدة (Cap) كأفضل البدائل المتاحة لتأمين المنشأة ضد مخاطر ارتفاع أسعار الفائدة، فإنها تقوم بعقد اتفاقية مع طرف آخر يتم من خلالها تحديد سعر التعاقد Exercise price وهو هنا سعر الفائدة، والمقدار الذي يتم على أساسه احتساب الفائدة "Notional Amount" ومدة العقد وعدد الدفعات.

كما تقوم المنشأة بدفع تعويض للطرف الثاني Up-front premium مقابل التزامه بتعويض الطرف الأول عن أية زيادة في سعر "الليبور" على سعر التعاقد، وسواء طرأت هذه الزيادة عند استحقاق بعض هذه الدفعات أو تمت عليها جميعا الواحدة تلو الأخرى. فإذا لم يطرأ أي تغير في

سعر "الليبور" بالزيادة أو اتجهت الأسعار في المسار العكسي أي بالنزول، فليس هناك أي التزام على الطرف الثاني يتعين عليه الوفاء به. وفي الحالة الأخيرة فإن التعويض المدفوع للطرف الثاني مقابل تحمله للمخاطرة التي لم يرغب الطرف الأول في تحملها يعد من الخسائر اليقينية للطرف الأول، وإن كانت الخسائر في هذه الحالة حدها الأقصى مقدار التعويض المدفوع من الطرف الأول (المقترض) للطرف الثاني.

وإذا كان هذا هو شأن المقترض، فإن المقرض يكون على النقيض من ذلك تماما، فالذي يمنح قرضا بسعر فائدة معوم يخشى دائما انخفاض أسعار الفائدة،وأنَّى له أن يأمن توجهات السوق بينما الأسعار تتقلب من حين لآخر، لذلك فإنه يلجأ إلى استخدام إحدى الأدوات أو العقود المالية لاستخدامها في التحوط ضد مخاطر انخفاض الأسعار. وقد يقع اختيار المقرض على اتفاقية مبادلة أسعار الفائدة Interest Rate Swap، وقد يلجأ إلى عقد اتفاقية الحد الأدنى لسعر الفائدة، (أو ما يطلق عليه اتفاقية القاع) "Floor" وهي الاتفاقية محل هذا العرض، فيحدد سعرا للتعاقد، يمثل الحد الأدنى لسعر الفائدة الذي يمكن أن يقبله كثمن للأموال التي أقرضها للغير، ويدفع تعويضا للطرف الثاني (بائع العقد) (Seller or writer) مقابل التزام هذا الأخير بتعويض الطرف الأول عن أية فروق في أسعار الفائدة تنتج عن انخفاض سعر "الليبور" عن سعر التعاقد.

ولما كانت المخاطرة تحيط بمن يشتري هذه العقود من كل جانب، رغم أن استخدامه لها كان بغرض درء المخاطر أو تقليلها إلى أدنى حد ممكن، فالمقترض يخشى ارتفاع أسعار الفائدة فيشتري عقد الحد الأقصى لسعر الفائدة، ولكنها قد لا ترتفع فيخسر ثمن شراء العقد وهو الثمن المدفوع للطرف الآخر مقابل تحمله لمخاطر ارتفاع أسعار الفائدة، وقد يكون مقرضا ويخشى انخفاض أسعار الفائدة فيشتري عقد انخفاض الحد الأدنى لسعر الفائدة، وقد لا تنخفض فيخسر أيضا ثمن شراء عقد القاع على سبيل المثال. لذلك فإن كلا من المقرض و المقترض قد يلجأ إلى شراء عقد الطوق "Collar" والذي يجمع بين عقد الحد الأقصى لسعر الفائدة Cap وعقد الحد الأدنى لسعر الفائدة Floor، فهو يقوم بشراء عقد الحد الأقصى لسعر الفائدة Cap إن كان يخشى ارتفاع الأسعار ويدفع ثمن انتقال المخاطرة للطرف الآخر، وفي نفس الوقت يبيع عقد الحد الأدنى لسعر الفائدة Floor ويقبض من الطرف الآخر تعويضا مقابل تحمله لمخاطر انخفاض أسعار

الفائدة. فإذا لم ترتفع الأسعار فإن التعويض الذي يقبضه مقابل تحمله مخاطر انخفاض أسعار الفائدة، يعوضه عن الخسائر المتمثلة في الثمن المدفوع للطرف الآخر مقابل تحمله لمخاطر ارتفاع أسعار الفائدة. وغالبا ما يكون التعويضين متماثلين.

ومع ذلك فإن هذا العقد أيضا لا يخلو من مخاطرة لأن من يشتريه يفترض استقرار الأسعار وعدم صعودها أو نزولها إلا بقدر طفيف في أسوأ الحالات.

ولكن أرأيت إن انخفضت الأسعار، في هذه الحالة فإن المقترض يخسر التعويض المدفوع من جانبه للطرف الآخر مقابل تحمله لمخاطر ارتفاع سعر الفائدة، ويخسر مرة أخرى بتعويض مشتري عقد الحد الأدنى لسعر الفائدة "Floor" بقيمة الفرق بين سعر التعاقد وسعر الليبور.

فإذا قيل إنه لم يخسر شيئا لأن التعويض الذي حصل عليه يعوض خسائره، قلنا نعم، يعوضه عن خسائر العقد الأول ولكن لا يعوضه عن خسائر العقد الثاني.

فإذا قيل وما فائدة هذا العقد إذن. قلنا إنما يفيد في حالة واحدة وهي ثبات الأسعار وعدم تقلبها صعودا أو هبوطا، أو تقلبها تقلبا طفيفا غير مؤثر.

أولا :عقود الحد الأقصى لسعر الفائدة
(عقود السقف) Caps

ونتناول فيما يلي أهم التعريفات لعقود الحد الأقصى لسعر الفائدة التي تناولتها مختلف الباحثات.

يعرف "Robert Brook & Benton Gub" عقد الحد الأقصى لسعر الفائدة بالآتي :

" عقد الحد الأقصى لسعر الفائدة هو اتفاقية مالية والتي تضع الحدود لتعرض المقترض بسعر فائدة معوم لمخاطر حركات الصعود في أسعار الفائدة. وعقد الحد الأقصى لسعر الفائدة هو سلسلة من عقود اختيار أسعار الفائدة والتي يضمن بائعها للمشتري أية زيادة في أسعار الفائدة على قرضه إذا ما ارتفع السعر فوق سعر التعاقد ".

" An interest rate cap is a financial arrangement that limits the exposure of a floating rate borrower to upward movements in interest rates. A cap is a series of <u>Interest rate call options</u> in which the writer guarantees the buyer whatever additional interest he must pay on his loan if the rate on that loan goes above an agreed rate" [(1)].

والتعريف المتقدم تناول هذا العقد على أنه سلسلة من عقود اختيارات الشراء لأسعار الفائدة مع أن عنصر التخيير هنا لا وجود له على الإطلاق على خلاف العقد الذي أشار إليه والذي يعطي للمقترض الحق في طلب تنفيذ العقد إذا اتجهت الأسعار في غير صالحه بالصعود أو فسخ العقد في حالة استقرار أسعار الفائدة أو انخفاضها.

وإلى نفس المعنى ذهب "Antony Saunders" بقوله:

" إن شراء عقد الحد الأقصى هو شراء عقد خيار شراء أو سلسلة من عقود الخيار على أسعار الفائدة، فإذا ما ارتفعت أسعار الفائدة فوق سعر التعاقد (الحد الأقصى) فإن البائع لهذا العقد - وهو

---

(1) Benton E Gup & Robert Brooks, Op., Cit., p.183.

في الغالب بنكا – يعوض المشتري. ولذلك فإن شراء عقد الحد الأقصى يشبه بوليصة تأمين ضد أية زيادة في أسعار الفائدة ".

وبالنظر إلى التعريف المتقدم، فعلى الرغم من سلاسته ومحاولة تقريب المعنى إلى ذهن القارئ إلا أن تبني فكرة الخيار كانت أشد وضوحا من التعريف الذي سبقه عندما تناول صراحة أن عقد الحد الأقصى هو عقد خيار شراء ولذلك فنحن نتساءل هنا أيضا أين نحن من عقود اختيارات الشراء في هذا العقد ؟

" <u>Buying a cap means buying a call option</u> or a succession of call options on interest rates , if interest rates rise above the cap rate , the seller of the cap – usually a bank – compensates the buyer. As a result buying an interest rate cap is like buying insurance against an (excessive) increase in interest rates. The exercise dates in a cap agreement can be one or many" [1].

بينما ذهب "Reilly" إلى تعريف عقد الحد الأقصى لسعر الفائدة "Cap" بأنه سلسلة من التسويات النقدية لعقود خيارات أسعار الفائدة، فبائع هذا العقد يكون ملتزما في مقابل حصوله على ثمن الخيار المدفوع له عند إنشاء العقد بأن يدفع لمشتري العقد الفرق بين سعر " الليبور" وسعر التعاقد (وفقا للمبلغ الذي تحتسب على أساسه الفائدة) عندما يكون هذا الفرق إيجابيا.

" A cap agreement is a series of cash settlements interest rate options, typically based on LIBOR. The seller of the cap in return for the option premium that is usually paid at origination, is obliged to pay the difference between LIBOR and the exercise when ever the difference is positive [2].

وقد تناول الكاتب في تعريفه ثمن الخيار The option premium ونحن نتساءل بدورنا وأين الخيار الذي بذل الشاري ثمنه لكي يكون له الحق في تنفيذ العقد أو فسخه ؟

---

(1) Antony Saunders , Op., Cit., p.546.

(2) Reilly, Op., Cit., P.925.

ما زال سؤالنا مطروحا على بساط البحث يبحث عن إجابة لما أثاره أغلب الكتاب الغربيين.

ولعل أدق هذه التعريفات هو الذي تناوله "روبرت ميرتون" الحائز على جائزة نوبل في المشتقات والذي ألمح إلى وجوه الشبه بين هذا العقد وعقود الخيار على أسعار الفائدة، لا من حيث الخيار ولكن من حيث الغاية التي ينشدها المقترض الذي يطلب الحماية ضد تقلب الأسعار وما قد يصاحبها من ارتفاع لأسعار الفائدة المعومة Interest floating rate

وقد عرف "روبرت ميرتون" عقود الحد الأقصى للفائدة بالآتي :

" عقد الحد الأقصى للفائدة (Cap) هو عقد بين طرفين والذي يوافق من خلاله أحد الطرفين (وهو البائع للعقد) على أن يدفع للطرف الآخر (مشتري العقد) الفرق بين سعر الفائدة المعوم والسعر الثابت السابق تحديده على مقدار معين ثابت طوال مدة العقد عند كل تسوية. وفي المقابل فإن مشتري العقد يدفع إلى البائع تعويضا عند إنشاء العقد ".

ويضيف "ميرتون" ويمكن تشبيه هذا العقد بسلسلة من عقود خيار الشراء على أسعار فائدة معومة والتي تخول للمشتري الحق في الفرق بين السعر المعوم وسعر التعاقد.

" A cap is a contract between two counterparties in which one counterparty (The seller or writer) agrees to pay to the other (The buyer) the difference between a floating rate (The reference rate) and a predetermined Fixed rate (The strike rate) on a fixed notional amount over the life of the contract at each settlement date. In return the buyer pay the seller an up front premium. A cap can be likened to a series of call option on a floating interest rate"[1].

ويكشف التعريف المتقدم النقاب عن أسباب الخلط بين مختلف الكتاب ذلك أن "ميرتون" هو من الكتاب الذين لهم باع طويل في المشتقات وممن يقتدي به وينقل عنه، وهو الحائز على جائزة نوبل عام1995. وحينما أشار في تعريفه إلى أنه يمكن تشبيه عقد السقف أو الحد الأقصى لأسعار الفائدة بعقود خيار الشراء على أسعار الفائدة المعومة ساوى بعض الكتاب بينهما مع أن وجه الشبه يتعلق

---

(1) Robert Merton, Scott. p. Mason, Op., Cit., P. 543.

بالغاية ولكنهما ليسا شيئا واحدا والدليل على ذلك ما ذكره "Reilly" في تعريفه السابق والذي قدم له بالآتي :

"Interest rate cap and floor agreements are equivalent to portfolios of interest rate option contracts" [1].

فجاء الخلط كما يبين مما تقدم نتيجة المحاكاة والنقل عن الغير دون الوقوف على مراد ومقصود من نقلوا عنه أو مفهوم التعريف ومنطوقه الذي ذكروه في كتبهم.

ولكن إذا كان هذا شأن كتاب الغرب فالأمر هين، ولكن حينما يتناول اتحاد المصارف العربية هذه العقود في دورياته التي تعتمد عليها كافة البنوك العربية ويطلق على عقود الحد الأقصى للفائدة "خيارات الغطاء Caps"، و"خيارات القاع Floors "، و"خيارات الطوق Collar option" مع أن الخيار في اللغة هو الاسم من الاختيار وهو طلب خير الأمرين إما بإمضاء العقد أو فسخه فليس ذلك إنصافا للحقيقة العلمية بل هو انحدار بها إلى الهاوية.

ونتناول فيما يلي مثالا تطبيقيا لعقود الحد الأقصى لسعر الفائدة "Caps"

في الثاني من يناير اقترضت منشأة 25مليون دولار أمريكي ليتم سدادها على مدى عام. أما عن سداد الفائدة فسيتم على دفعات ربع سنوية في 25أبريل، 25يوليو، 25 أكتوبر، 25يناير التالي فإذا ما كان سعر "الليبور" الحالي 10% ، فإن المنشأة ستحدد سعر التعاقد عند ذات مستوى سعر " الليبور" حاليا وهو 10 %، ولذلك فإنها تقوم بشراء عقد الحد الأقصى لسعر الفائدة (السقف)   "Caps" وتدفع تعويضا مقدما قدره 70 ألف دولار أمريكي للطرف الآخر (البائع)   "Seller or writer"". أما الفائدة الخاصة بكل دفعة فتحتسب وفقا لعدد الأيام وعلى أساس السنة التجارية 360 يوما وعلى هذا الأساس فسوف يتم احتساب الفائدة.

$$\text{قيمة القرض} \left(\frac{\text{عدد الأيام}}{360} \right) \times \text{سعر التعاقد}$$

فإذا ما كان سعر الليبور يزيد عن سعر التعاقد يلتزم البائع للعقد بسداد الفرق بين سعر الليبور

(1) Reilly, Op.,Cit., p.925.

وسعر التعاقد.

(5) صافي التدفقات النقدية بدون استخدام العقد $	(4) صافي التدفقات النقدية $	(3) القيمة الإستردادية $	(2) التعويض المدفوع والمقبوض $	(1) الفائدة المستحقة بالدولار	سعر الليبور %	عدد الأيام	التاريخ
25000000	24930000	―	(70000)	―	10	―	25يناير
(631944)	(631944)	―	―	631.944	10.68	91	25أبريل
(674917)	(631944)	―	42972	674.917	12.31	91	25يوليو
(786472)	(638889)	―	147583	786.472	11.56	92	25أكتوبر
(25738556)	(25638889)	25000000	99667	738.556	―	92	25يناير
2831889	(2611666)	25000.000	220222	2831.889			

{ الأرقام بين القوسين سالبة }

وبالنظر إلى الجدول المتقدم فسوف يسترعى انتباهنا الآتي :

* جملة الفائدة المستحقة عن جميع الدفعات للمقرض (عمود رقم 1). (2831889$)

* الوفورات التي حققها المقترض نتيجة شرائه لعقد الحد الأقصى للفائدة ويمثل الفرق بين التعويض المقبوض والمدفوع (عمود رقم 2). 220222$

* صافي التدفقات النقدية ويمثل الفرق بين التدفقات النقدية الداخلة (2611661$) والخارجة Outflows - Inflows بعد الدخول في الاتفاقية {العمود رقم (1) - العمود رقم (2) = العمود رقم (4)}.

* مكسب الشركة المتحوطة وهو 220222$ يمثل خسارة المضارب بنفس القيمة.

* افترض المثال المتقدم صعود سعر الليبور ولو حدث وأن استقر السعر خلال تلك الفترة أو

تراجع لكانت خسارة الشركة المشترية للعقد 70 ألف دولار أمريكي تمثل قيمة التعويض المدفوع للطرف الآخر مقابل تحمله مخاطر ارتفاع أسعار الفائدة.

أما احتساب الفائدة وفقا لسعر الليبور فقد تم وفقا للمثال المتقدم على الوجه التالي :

$$\$\ 631944 = \frac{10}{100} \times \frac{91}{360} \times 25,000,000$$

$$\$\ 674917 = \frac{10}{100} \times \frac{91}{360} \times 25,000,000$$

$$\$\ 786472 = \frac{10}{100} \times \frac{92}{360} \times 25,000,000$$

$$\$\ 738556 = \frac{10}{100} \times \frac{92}{360} \times 25,000,000$$

ووفقا لسعر التعاقد على النحو التالي :

$$\$\ 631944 = \frac{10}{100} \times \frac{91}{360} \times 25,000,000$$

$$\$\ 631944 = \quad \times \quad \times 25,000,000$$

$$\frac{10}{100} \qquad \frac{91}{360}$$

$$\$\ 638889 = \quad \times \quad \times 25,000,000$$

$$\$\ ٦٣٨٨٨٩ = \frac{١٠}{١٠٠} \times \frac{٩٢}{٣٦٠} \times ٢٥,٠٠٠,٠٠٠$$

$$\$\ ٦٣٨٨٨٩ = \frac{١٠}{١٠٠} \times \frac{٩٢}{٣٦٠} \times ٢٥,٠٠٠,٠٠٠$$

ثانيا : عقود الحد الأدنى لسعر الفائدة
(عقود القاع)   Floors

عرف "روبرت ميرتون" عقد القاع بالآتي :

يمكن النظر إلى عقد القاع (الحد الأدنى لسعر الفائدة) Floors على أنه نقيض (عقود الحد الأقصى لسعر الفائدة) Caps إنه عقد بين طرفين والذي يوافق من خلاله أحد الطرفين وهو بائع العقد (Seller or Writer) على أن يدفع إلى الطرف الآخر وهو مشتري العقد (The buyer) الفرق ما بين سعر التعاقد وهو السعر الثابت المحدد مسبقا والسعر المعوم (السعر التأشيري) على مقدار ثابت طوال مدة العقد في كل تاريخ تسوية في مقابل قيام الشاري لهذا العقد بدفع تعويض للطرف الآخر مقابل تحمله لمخاطر انخفاض أسعار الفائدة [1].

والتعريف المتقدم "لروبرت ميرتون" الحائز على جائزة نوبل في المشتقات يغني عن سائر التعريفات لوضوحه الشديد ودلالته على معانيه.

مثال تطبيقي

بافتراض أن أحد البنوك بصدد منح قرض قدره 15مليون دولار أمريكي في 16ديسمبر على أن يتم احتساب الفائدة وفقا لسعر الليبور، والفائدة ربع سنوية في 16مارس، 16يونيو، 15سبتمبر، 16ديسمبر التالي.

قام البنك والذي لا يرغب أصلا في تحمل مخاطر انخفاض سعر الليبور بشراء عقد الحد الأدنى لسعر الفائدة An interest rate floor بسعر تعاقد 8 % على أن يدفع للطرف الآخر (عند إنشاء العقد) 30 ألف دولار أمريكي مقابل تحمله لمخاطر انخفاض أسعار الفائدة والتزامه بسداد الفرق بين سعري التعاقد وسعر الليبور للطرف الأول في حالة انخفاض سعر الليبور عن سعر التعاقد.

---

(1) A floor can be thought of as the opposite of a cap. It is a contract between two counterparties in which one counterparty (the seller or writer) agrees to pay to the other (the buyer) the difference between a predetermined fixed rate (the strike rate) and a floating rate (The reference rate) on a fixed notional amount over the life of the contract at each settlement date. In return, the buyer pays the seller an up front premium. (Robert Merton, Op., Cit., p.545.)

			(1)	(2)	(3)	(4)	(5)
التاريخ	عدد الأيام	سعر الليبور %	الفائدة المقبوضة $	التعويضات المتبادلة $	المبلغ الأساسي $	صافي التدفقات النقدية $	صافي التدفقات بدون استخدام العقد $
12/16	—	7.93	—	(30000)	—	(15.030.000)	(15 000 000)
3/16	90	7.50	297375	2625	—	300.000	297375
6/16	92	7.06	287500	19167	—	306667	287500
9/15	91	6.06	267692	35642	—	303333	267692
12/16	92	—	232300	74367	**15.000.000**	15306667	15232300
			1.084.867	101.800	**15.000.000**	1.186.667	1.084.867

بالنظر إلى الجدول المتقدم فسوف يسترعى انتباهنا الآتي :

* جملة الفوائد المستحقة للبنك عن جميع الدفعات وفقا لسعر الليبور (العمود رقم (1)). $1, 084 , 867

* الوفورات التي حققها البنك والتي تمثل الفروق بين سعر الليبور وسعر التعاقد مخصوما منها الثمن المدفوع للطرف الآخر مقابل تحمله مخاطر انخفاض سعر الليبور (العمود رقم(2)). $101.800

صافي التدفقات النقدية الداخلة والخارجة In flows _ out flows $ 1,186, 667

المكسب الذي حققه البنك "المقرض" نتيجة انخفاض سعر "الليبور" يمثل خسارة الطرف الآخر.

* افترض المثال المتقدم انخفاض سعر الليبور عن سعر التعاقد، ولو صادف أن ارتفع سعر الليبور أو تساوى مع سعر التعاقد لخسرالبنك 30 ألف دولار قيمة التعويض المدفوع من جانبه للطرف الآخر.

عقـد الطـوق The Collar

عرف صاحب المالية متعددة الجنسيات "Adrian Buckley" عقد الطوق بأنه مزيج من عقد الحد الأقصى لسعر الفائدة Cap وعقد الحد الأدنى لسعر الفائدة Floor، وأنه يوفر الحماية للمنشأة

ضد ارتفاع أسعار الفائدة فوق مستوى معين، وأيضا المقدرة على الاستفادة من هبوط الأسعار ولكن إلى مستوى معين فقط. فارتفاع أسعار الفائدة فوق مستوى سعر التعاقد يتم التعويض عنه من قبل الطرف الآخر، وإذا ما انخفض سعر الفائدة قامت الشركة بتعويض الطرف الآخر. (بمعنى أن الشركة تشتري عقدا يدفع عنها مخاطر ارتفاع سعر الفائدة، وتبيع عقدا تدفع به عن الغير مخاطر انخفاض أسعار الفائدة مقابل الحصول على تعويض يقابل التعويض المدفوع من قبلها في عملية شراء العقد).[انظر الشكل 16. 8]

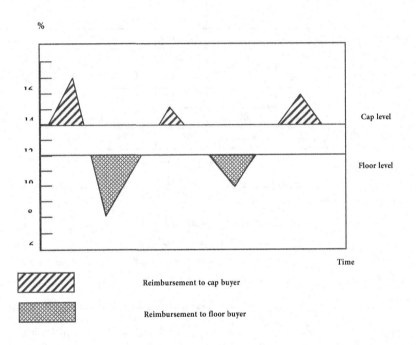

Figure 16. 8 Example of a collar

ويراعى في هذه الصفقات أن يتم هيكلتها بحيث يكون التعويض عن شراء عقد "السقف

286

"Cap" مساويا للتعويض الذي تقبضه مقابل بيع عقد "القاع Floor"[1].

بإمعان النظر في الشكل [8 .16] يسترعى انتباهنا وجود حاجزين علوي وسفلي. العلوي عند 13 % يمثل الحد الأقصى لسعر الفائدة المعوم (الليبور) وهو سعر التعاقد في عقد "السقف Cap"، والسفلي عند 11 ٪ و يمثل الحد الأدنى لسعر الفائدة المعوم وهو سعر التعاقد في عقد "القاع Floor".

كل تجاوز للحاجز الأول صعودا - أي فوق 13 % - يوجب التعويض وبنفس مقدار الزيادة على بائع العقد "Cap"، وكل تجاوز للحاجز السفلي هبوطا - أي بما يقل عن 11 % - يوجب تعويض بائع عقد القاع "Floor"". علما بأن مشتري عقد السقف "Cap" هو نفسه بائع عقد القاع "Floor" وبائع عقد السقف "Cap" هو نفسه مشتري عقد القاع "Floor" وكل منهما يقبض تعويضا من الآخر مقابل التزامه بدفع الفرق بين سعر التعاقد وسعر الليبور. فمشتري عقد السقف يدفع تعويضا للطرف الآخر مقابل تحمله مخاطر ارتفاع الأسعار ويقبض في نفس الوقت تعويضا من مشتري عقد القاع مقابل تحمله مخاطر انخفاض أسعار الفائدة.

أما "شانس" فقد تناول في إيجاز شديد من خلال تعريفه لعقد الطوق الأثر المتبادل بين عقد السقف وعقد القاع بقوله :

" إن عقد الطوق The Collar هو مزيج من شراء عقد الحد الأقصى لسعر الفائدة (السقف) Cap وبيع عقد الحد الأدنى لسعر الفائدة (القاع) Floor ويستخدم عقد الطوق لتحديد الآثار المترتبة على ارتفاع سعر الفائدة والحد منها على حساب التخلي عن الآثار المترتبة على انخفاض أسعار الفائدة ".

---

(1) A collar is a cap and floor combined. It gives a company protection against rates rising above a certain level - The cap - And the ability to take advantage of fall in rates , but only down to a certain level - The floor -. A rate rise above the cap rate is compensated by the counterparty. If rates fall through the floor , It will compensate the counterparty. Deals may be constructed such that the premium for buying the cap equals the premium at which the write will buy the floor from the company.(Adrian Buckley , Multi national finance , Op., Cit., P.230).

" An interest rate collar is a combination of the purchase of an interest rate cap and the sale of an interest rate floor. It is used to limit the effects of interest rate increases at the expense of giving up the effects of interest rate decreases [1].

أما "روبرت ميرتون" فقد تناول تعريف عقد الطوق على الوجه التالي :

" يشتمل عقد الطوق على مزيج من عقد القاع Floor وعقد السقف Cap. ويعرف شراء عقد الطوق بشراء عقد الحد الأقصى لسعر الفائدة "Cap" وبيع عقد الحد الأدنى أو ما يعرف بعقد القاع "Floor" بسعر تعاقد لعقد السقف Cap يزيد عن سعر التعاقد لعقد القاع Floor، أما علاوة المخاطرة المقبوضة (أو ثمن المخاطرة أو التعويض) Premium مقابل بيع عقد الحد الأقصى Cap فإنها تعوض العلاوة أو التعويض المدفوع لشراء عقد القاع Floor. وآخر ما تم التوصل إليه هو عقد الطوق "المجاني" أو ذو التكلفة الصفرية Costless Collar والذي يتساوى من خلاله – تماما – التعويض المدفوع مقابل عقد القاع Floor مع التعويض المدفوع مقابل عقد السقف Cap.

وهكذا فليس هناك تعويض يتم دفعه مقدما بين الأطراف الداخلية في عقد الطوق المجاني.

وليس مفاد ما تقدم أن هذا العقد خالي من المخاطرة بل تحيطه المخاطرة شأنه شأن سائر عقود المشتقات المالية [2].

ولنضرب لذلك مثلا :

لو افترضنا أن "س"من الناس اشترى عقد سقف Cap من "ص" ودفع تعويضا قدره 5000 دولار أمريكي لبائع العقد نظير تحمل الأخير لمخاطر ارتفاع أسعار الفائدة، والتزامه بسداد الفرق

---

(1) Robert Merton , Op. Cit. P.545.

(2)A collar combines a floor and a cap. Purchasing a collar is defined as both buying a cap and selling a floor, with the strike rate on the cap set higher than the strike rate on the floor. The premium received for selling the cap offsets the premium paid to purchase the floor. One specialised version of a collar is the costless collar, in which the premium paid for the floor exactly equals the premium received for the cap. Thus, no upfront payment is made between counterparties entering into costless collar.(Robert Merton, Op., Cit., p545).

بين سعر التعاقد وسعر "الليبور". فإذا انخفض سعر "الليبور" خلافا لتوقعات "س" خسر هنالك "س" قيمة التعويض المدفوع إلى "ص". فإذا كان "س" قد باع في نفس الوقت عقد قاع Floor إلى "ص" وقبض منه 5000 دولار مقابل تحمله مخاطر انخفاض أسعار الفائدة، فإنه يعوض بالتعويض المقبوض التعويض المدفوع. ولكن نظرا لانخفاض أسعار الفائدة فإن "س" يتحمل خسائر غير محدودة يدفعها إلى "ص" بقيمة الفرق بين سعر التعاقد وسعر "الليبور".

اتفاقيات أسعار الفائدة الآجلة
Forward Rate Agreement (FRA)

عرفها "ريلي" بالآتي :

" اتفاقية أسعار الفائدة الآجلة (FRA) تتقدم جميع الاتفاقيات الأساسية لأسعار الفائدة في السوق غير الرسمية.

ومن خلال هذه الاتفاقية يوافق طرفان اليوم على تبادل مستقبلي للتدفقات النقدية على أساس سعرين مختلفين من أسعار الفائدة. أحد التدفقات النقدية يرتبط بسعر فائدة ثابت عند إنشاء الصفقة بينما الآخر يتقرر في تاريخ لاحق (السعر المعوم) وفي تاريخ التسوية فإن الفرق بين سعري الفائدة يتم ضربه في المبلغ الأساسي الذي تحتسب على أساسه الفائدة. وكما أن سعر "الليبور" يستخدم دائما كمؤشر للأسعار المعومة، فإن عقود أسعار الفائدة الآجلة (FRA) هي المكافئ في السوق غير الرسمية لعقود اليورو دولار المستقبلية التي يجري التعامل عليها في بورصة شيكاغو للتجارة، باستثناء أمرين مهمين : أولاهما أن عقود أسعار الفائدة الآجلة لا تتطلب ضمانا، وثانيهما أنه لا تجري تسويات يومية وفقا لتوجهات الأسعار "Marked to Market" [1].

أما معجم المشتقات المالية فقد عرف هذه الاتفاقية بالآتي :

" اتفاقية أسعار الفائدة الآجلة يمكن استخدامها لتغطية تكاليف اقتراض بأسعار معومة

Future floating rate borrowing costs

---

(1) Reilly , Op., Cit., pp.917 – 919.

وسعر الفائدة الذي يتم الاتفاق عليه مضروبا في مقدار قياسي Notional amount يغطي فترة معينة مستقبلية بدايتها تعرف بتاريخ التسوية ونهايتها تعرف بتاريخ الاستحقاق. في تاريخ التسوية إذا ما كانت أسعار الفائدة الحقيقية Actual interest rates (كسعر الليبور) أعلى من السعر المتفق عليه فإن بائع اتفاقية السعر الآجل The seller of (FRA) يدفع إلى الشاري الفرق بين السعر المتفق عليه والسعر السائد.

وإذا ما كانت أسعار الفائدة السائدة منخفضة، فإن الشاري يدفع للبائع الفرق بين سعر الفائدة السائد وسعر التعاقد. ومفاد ما تقدم أن مشتري اتفاقية أسعار الفائدة الآجلة قد بادل سعرا معوما بسعر ثابت متوقعا ارتفاع أسعار الفائدة.

ولما كانت هذه الاتفاقية إحدى أدوات السوق غير الرسمية فإن هذه الاتفاقية تتميز على عقود أسعار الفائدة المستقبلية (في السوق الرسمية) بأنه يجري تفصيلها بالنسبة للمقدار الذي يتم احتساب الفائدة على أساسه وكذا بالنسبة للاستحقاق.

وبالإضافة إلى ما تقدم فإن اتفاقيات أسعار الفائدة الآجلة لا تجري عليها التسويات اليومية لأسعار الفائدة. كما أنه لا يتم دفع هامش عند بداية التعاقد وذلك على النقيض من العقود المستقبلية في الأسواق الرسمية. كما أنه لا يتم دفع أية تعويضات Premiums، إلا أن هذه العقود أكثر تكلفة بالمقارنة بالعقود المستقبلية بسبب مرونتها، وكلما زادت شروط مشتري هذه العقود كلما زادت أثمانها وإن شئت فقل ارتفعت تكاليفها. ومن عيوبها أن مخاطر الائتمان والتوقف عن الدفع فيها قائمة. ولأن هذه الاتفاقيات من أدوات السوق غير الرسمية فإنها عديمة السيولة "Illliquid" ولا يمكن بيعها [1].

أما "روبرت ميرتون" أشهر الكتاب في مسائل المشتقات فقد عرف هذا العقد بالآتي :

" اتفاقية سعر الفائدة الآجلة A forward Rate Agreement (FRA) هي أحد عقود السوق غير الرسمية "OTC" التي تتم بين طرفين والتي يمكن من خلالها تبادل المدفوعات بين الطرفين

---

(1) Taylor , Dictionary of Derivatives , Op., Cit., p. 56.

ولكن على فترة واحدة [1]. أحد الأطراف يلتزم بدفع سعر فائدة ثابت (يتم تحديده عند بدء التعاقد) بينما يلتزم الآخر بأن يدفع سعرا معوما للفائدة على مقدار يتم تحديده مسبقا. ويشبه هذا العقد اتفقا مبادلة أسعار الفائدة والتي تغطي فترة واحدة ".

ويقدم "ميرتون" مثالا لذلك بقوله :

بفرض أن الشركة A والشركة B اتفقا على الدخول في عقد فائدة آجل على مقدار مائة مليون دولار (قيمة تعاقدية يتم من أساسها احتساب الفائدة) FRA $^3/_9$. والذي بموجبه سوف يدفع A سعرا ثابتا مقداره 5% بينما سوف يدفع B سعرا معوما على أساس سعر الليبور لمدة ستة أشهر. أما المصطلح FRA $^3/_9$ فيشير إلى مدة العقد. بمعنى أن العقد يبدأ بعد مضي ثلاثة أشهر من الاتفاقية وينتهي بعد تسعة أشهر من نفس التاريخ. وعلى هذا الأساس فإن فترة العقد لمدة ستة أشهر سوف تبدأ بعد ثلاثة أشهر، ولمدة ثلاثة أشهر في المستقبل.

فإذا ما كان سعر الليبور خلال الشهور الثلاثة 4% فإنه يتعين على A أن يدفع إلى B سعر الفائدة الثابت 5% (معدلة على أساس نصف سنوي). وعلى **B** أن يدفع إلى A 4% (معدلة على أساس عائد نصف سنوي). وأيا كان الأمر فإن دفعات الفائدة يتم تسويتها كالمبادلات تماما. وعند احتساب مقدار التسوية فإن صافي الدفعة ما لم يكن مستحقا في نهاية فترة العقد يتم خصمه باستخدام السعر التأشيري وهو هنا سعر الليبور لمدة 6 أشهر.

ووفقا للمثال المتقدم إذا ما كان سعر "الليبور" لمدة ستة أشهر هو 4% فإن A يدفع إلى B 2,45 مليون دولار أمريكي بينما يدفع B إلى A 1,96 مليون دولار أمريكي. أما عن كيفية احتسابها فقد تم خصم قيمة الفائدتين الثابتة والمتغيرة وفقا لسعر الليبور وهو 4% وذلك على الوجه التالي :

أولا : الدفعة وفقا لسعر الفائدة الثابتة.

= المبلغ الأساسي 100,000, 000 $ × 5 % × $\frac{1}{2}$ (سنة) = 2, 500 ,000 $.

(1) Robert Merton, Op.,Cit., p.539.

ثانيا : الدفعة وفقا لسعر "الليبور".

= المبلغ الأساسي 000 ,100,000 $ × 4 % × $\frac{1}{2}$ (سنة) = 000, 000, 2 $.

القيمة الحالية للفائدة الثابتة وفقا لجداول القيمة الحالية.

= 000, 2500 × 9800, =000, 450, 2 $.

القيمة الحالية للفائدة المعومة وفقا لسعر الليبور

= 000, 2000 × 9800, =000, 960, 1 $.

بمعنى أن A يدفع إلى B ما يمثل الفرق بين القيمة الحالية لدفعة الفائدة الثابتة ودفعة الفائدة المتغيرة

= 000, 450, 2 - 000, 960, 1 = 000, 490 $.

أي 49 مليون دولار أمريكي [1].

هذا، ويذكر "روبرت ميرتون" أن هذه العقود استخدمت لأول مرة في عام 1982 وهو نفس العام الذي استخدمت فيه المبادلات أيضا.

وقد بدأت البنوك التجارية في التوسع في استخدام عقود أسعار الفائدة الآجلة لتثبيت أسعار الفائدة التي تخشى صعودها أو لتثبيت الإيرادات التي تخشى هبوطها [2].

---

(1) تم الاستعانة بجداول القيمة الحالية بمعرفة الباحث لتحقيق الأرقام المذكورة في المثال.

(2) "A forward rate agreement is an OTC contract between two counterparties that provides for the exchange of payments between the two over a single future contract period. One counterparty commits to pay a fixed rate of interest (Set at inception of contract) and the other commits to pay a floating rate of interest (Set at the start of the contract period) on a predetermined notional amount. An FRA is similar to a swap agreement that covers only one future interest payment period ".

(Robert Merton , Op., Cit., pp. 539-540.)

المبحث الخامس
إدارة المخاطر

تمهيــــد

قديما قالوا إن الحياة كلها مخاطرة، وأن روح المخاطرة ولدت مع الإنسان منذ بدء الخليقة. فالإنسان الأول فرضت عليه غريزة البقاء، وبيئة مستوحشة تحكمها شريعة الغاب أن يكون في صراع دائم من أجل الحياة، تحيط به المخاطر من كل مكان، ومع هذا لم يكن بوسعه أن يتحوط ضد هذه المخاطر، بل إن مجرد مدافعته للمخاطر كانت تنطوي على مخاطر أعظم.

وإذا ما تجاوزنا مراحل العصور البدائية إلى عصر الحضارة والمدنية، فإن السؤال الذي يفرض نفسه هو :

هل استطاع الإنسان مع تعاقب الأزمان، وتقدم فنون الإنتاج، والتقدم العلمي المذهل الذي شمل كل جوانب الحياة، أن يتخلص من المخاطر التي تهدد حياته وآماله ومنشآته ليعيش في عالم بلا مخاطر ؟

من الثابت من استقراء السنن الكونية التي تحكم هذا العالم أن مجرد تصور عالم بلا مخاطر هو استغراق في عالم الخيال، وهو ضرب من ضروب المستحيل بكافة المقاييس والمعايير.

إن نوعية المخاطر بالمقارنة بالأزمنة السحيقة، وبفضل التقدم العلمي،ورقي المجتمعات،قد تبدلت وتباينت، ولكن المخاطر ستظل باقية ما بقيت الحياة،ملازمة للإنسان ملازمة الظل لصاحبه. والشواهد على ذلك غير محدودة وغير متناهية.

أرأيت إذا عبرت الطريق فثمة مخاطرة،وإذا ما كنت تقود سيارة فثمة مخاطرة، وإذا أبحرت في سفينة فثمة مخاطرة، وإذا أقلعت بك طائرة فثمة مخاطرة، وإذا ما كنت تعمل بالمناجم فثمة مخاطرة، وإذا اشتغلت بالسياسة فثمة مخاطرة،وإذا استثمرت أموالك فثمة مخاطرة، وإذا احتبستها أو اكتنـزتها فثمة مخاطرة، وإذا ما أقدمت دولة نامية على تثبيت سعر عملتها فثمة مخاطرة، وإذا ما أقدمت على تحرير سعر الصرف وأطلقت العنان لقوى العرض والطلب فثمة مخاطرة، وإذا ما رؤي

رفع سعر الفائدة لمحاربة الدولرة، أو بغرض استقطاب رءوس الأموال المهاجرة فثمة مخاطرة، وإذا ما رؤي تخفيض سعر الفائدة لتشجيع الاستثمار فثمة مخاطرة.

وقد كان طبيعيا أن تزداد المخاطر وتتعدد وتتنوع مع تعاظم حجم النشاط الاقتصادي،وزيادة حجم التبادل التجاري، وظهور الشركات العملاقة التي أفرزتها عمليات الاندماجات الكبرى غير المسبوقة في تاريخ التطور الرأسمالي الحديث [1] والتي أدت إلى زيادة الاختلالات القائمة بين الاقتصاد العيني من ناحية والمالي من ناحية أخرى [2] وصعود الاقتصاد الرمزي على حساب الاقتصاد الحقيقى لتحل صناعة النقود محل صناعة السلع [3] فضلا عن نمو الشركات العملاقة متعدية الجنسيات والتي تتحكم في 75% من إجمالي حركة التجارة الدولية للسلع المصنعة في الوقت الراهن - كما تتحكم في 75 % من تمويل أبحاث التنمية الصناعية في الدول النامية مما دعا كثيرا من الكتاب والمفكرين إلى القول بأن هذه الشركات تعوق بل وتدمر عملية التطور والتقدم في الدول الأقل نموا [4].

والمخاطر التي تعرضنا لها أهون بكثير مما لم نتعرض له. فإذا عرجنا بالحديث إلى المؤسسات الاستثمارية التي تتعامل في أسواق العقود المستقبلية فإن هذه المؤسسات أشد عرضة للمخاطر من كل ما سبق أن قدمناه. فالمخاطر في هذه الأسواق تباع وتشترى شأنها في ذلك شأن سائر السلع التي تباع في مختلف الأسواق، وهو ما عبر عنه " هانس "، " بيتر مارتين " وآخرون بقولهم :

---

(1) ولعل أخطر عمليات الاندماج هي تلك التي تمت بين المؤسسات المالية والمصرفية الكبرى كاندماج " بنك أوف أميريكا Bank of America مع تشيز بنك Chase Bank كما يجري الآن دمج بنك " بانكرز ترست " الأمريكي Banker's Trust مع أكبر البنوك الألمانية " دوتش بنك " Deutche Bank في إطار اندماج مصرفي عابر للقارات، واندماج City Corporation وهي أكبر المؤسسات المالية في الولايات المتحدة وشركة ترافيلرز Travellers وهي من أكبر مؤسسات النقل والسياحة (د/ محمود عبد الفضيل - مصر والعالم على أعتاب ألفية جديدة ص 136)

(2) د. محمود عبد الفضيل - المرجع السابق تحت عنوان الهوس الاندماجي ص 141.

(3) د. فؤاد مرسي، الرأسمالية تجدد نفسها - سلسلة عالم المعرفة ص 291.

(4) ومن أشهر هذه الشركات General Electric، General Motors، Intel وشركة Simens وهذه الشركات جميعها أطلق عليها فريدمان " الماشية طويلة القرون..!! (د. محمود عبد الفضيل - مصر والعالم - مرجع سابق - ص 123).

" لقد صارت المخاطر نفسها سلعا متداولة في الأسواق " [1]

كما عبر عن ذات المعنى صندوق النقد الدولي بقوله :

" إن أسواق المال قد قامت بتطوير وسائل غير محدودة للمتاجرة في المخاطر من خلال استخدام أدوات المشتقات المالية.

Financial markets have developed infinite methods to trade risk through the use of financial derivatives instruments [2].

فالمقترض الذي يتوجس خيفة من ارتفاع أسعار الفائدة وليس على استعداد لتحمل مخاطر ارتفاعها بمعنى أنه Risk Averse فإنه قد يلجأ لشراء عقد الحد الأقصى لسعر الفائدة "Cap" والذي يقبل بموجبه بائع هذا العقد بأن يتحمل أية زيادة في سعر الفائدة عن القدر الذي حدده مشتري العقد نظير دفع الأخير لثمن المخاطرة.

ويسترعي انتباهنا هنا أن لدينا بائعا للمخاطرة، ولدينا مشتري لها. البائع هنا هو المقترض الذي لا يرغب في تحمل مخاطر ارتفاع سعر الفائدة، والمشتري هنا هو محرر العقد "The writer" الذي يقبل المخاطرة بل ويسعى في طلبها مقابل الثمن الذي يقبضه عند تحرير العقد، بينما تحقق الخطر على الجانب الآخر أمر احتمالي بمعنى أنه قد يقع وقد لا يقع.

ونظير لما تقدم وضع المصرف أو المقرض الذي يساوره القلق من انخفاض أسعار الفائدة، وليس على استعداد لتحمل مخاطر انخفاضها، فإنه قد يلجأ إلى شراء عقد الحد الأدنى لسعر الفائدة "Floor" والذي يقبل بموجبه من يبيع العقد "seller or writer" أن يعوض الطرف الآخر (المصرف) عن أية خسائر تنجم عن انخفاض سعر الفائدة عن القدر الذي حدده مشتري العقد نظير دفع المصرف ثمن المخاطرة لمحرر العقد.

بإمعان النظر فيما تقدم سوف يسترعي انتباهنا هنا أن المصرف لا يرغب في تحمل مخاطر

---

(1) فخ العولمة، هانس، بيتر مارتين وهارولد شومان، ترجمة د. عدنان عباس، مراجعة د. رمزي زكي – سلسلة عالم المعرفة، أكتوبر 98.

(2) IMF, working paper, Op., Cit., p.14.

انخفاض سعر الفائدة، بينما الطرف الآخر يقبل و يُقْبِل على تحمل المخاطر التي يتوجس منها المصرف خيفة مقابل حصوله على ثمن المخاطرة. إذن فنحن هنا بصدد بائع للمخاطرة وهو المصرف، وبين مشتري لها وهو المضارب الذي قام بتحرير العقد.

وقد عبر عن ذلك " شانس" بقوله " إن أسواق المشتقات تمكن أولئك الراغبين في تقليل المخاطر من تحويلها إلى أولئك الراغبين في زيادتها ".

" Derivative markets enable those wishing to reduce their risk to transfer it to those wishing to increase it [1].

بينما يحدد "Francis" الدور الحقيقي والأساسي للمشتقات فيما يتعلق بالمخاطرة تحديدا قاطعا نافيا للجهالة بقولة :

" إن الدور الأساسي لمنتجات المشتقات هو تحويل المخاطر من مستثمر لآخر أو من مجموعة من المستثمرين إلى أخرى دون أن يقتضي ذلك بيعا للأصول محل التعامل".

Derivative products serve principally to shift risk from one investor or group of investors to another without necessitating the sale of underlying assets [2].

يستفاد مما تقدم أنه ما تم تصميم المشتقات المالية إلا بغرض المتاجرة في مخاطر السوق حيث يجري بيع المخاطر وشرائها ونقلها من أولئك الذين يتوجسون خيفة من نتائجها إلى أولئك الذين يسعون في طلبها ولديهم الرغبة في تحملها مقابل الثمن الذي يتقاضونه مسبقا " أي عند تحرير العقد"

و إذا كان بعض الكتاب وأغلب المسئولين عن صناعة القرار يغلفون هذه الأدوات بحيث تبدو مغايرة لحقيقتها إدراكا منهم أن جمهور المتعاملين قد لا يتقبلون هذه الأدوات بقبول حسن إذا ما تم الإفصاح عنها بالشفافية المطلوبة، إلا أن كتاب الغرب أنفسهم لا يرون في ذلك حرج.

فتحت عنوان المراهنات على أسعار الفائدة والتغيرات غير المتوقعة في أسعارها :

---

(1) Don M. Chance, An Introduction to Derivatives, Op., Cit., p.12.

(2) Jack Clark Francis, the hand-book of Equity Derivatives, Op., Cit., p.444.

Betting on interest rates and unexpected changes in interest rates.

يذكر "Sinkey" أن أعمال البنوك بطبيعتها تتضمن المراهنة على اتجاهات أسعار الفائدة، و بالنسبة للبنوك الكبرى المراهنة على حركات أسعار الصرف

" By its nature, the business of banking involves betting on interest rate movements and for large banks, betting on exchange rate movements [1].

ويتناول "Elton Gruber" الأدوات التي تمثل جانب الرهان على أداء أصل معين أو مجموعة من الأصول أو ورقة مالية معينة أو حزمة من هذه الأوراق بقوله :

" Futures and options are securities that represent side bets on the performance of individual or bundle of securities " [2].

صناعـة المخـاطر Risk Industry

الأغرب من كل ما تقدم أنه ليست كل المخاطر التي تتعرض لها المؤسسات المالية وكافة الجهات التي تتعامل في أسواق المال نتاجا طبيعيا لأداء المنشآت والمؤسسات التي تكون أصولها المالية محلا للتعاقد في مختلف الأسواق، ذلك أن كثيرا من الأدوات التي قدمتها دوائر البحث والابتكار وأخضعتها لعمليات رياضية معقدة، وخلعت عليها اسم " نظريات قوالب البناء Building Blocks" لم تكن في حقيقتها سوى أدوات للمراهنة والقمار. وهذا يعني أن هناك صناعة تم ولوجها إلى ساحة المعاملات في أسواق المال متقنعة بثوب الحداثة والإبداع، وهذه الصناعة هي صناعة المخاطر.

وإذا كانت الجهات التي قامت بصناعة المخاطر، هي ذاتها التي قامت بصناعة أدوات التحوط ضد المخاطر، فليس في الأمر ما يثير الدهشة، وإنما يكشف القناع عن دور الهندسة المالية ودوائر البحث والابتكار في خلق أدوات مالية جديدة تجني من ورائها هذه الجهات أرباحا وفيرة.

---

(1) Joseph F. Sinkey, Commercial Financial Management 4th ed., Op., Cit., p. 480.

(2) Elton Gruber, Op., Cit., p. 18.

وقد كشف تيار الكتاب الغربيين عن زيف هذه الأدوات وكشف النقاب عن المخاطر التي تترتب عليها.

يذكر " روبرت مارتون " الحائز على جائزة نوبل في المشتقات أن أدوات المشتقات قد تعرضت لنقد عنيف، و أنها قد وصفت بأنها أكذوبة كبرى "giant fad" مدفوعة من قبل المؤسسات الاستثمارية وكذا المصدرين لأوراق الشركات، وأن مؤسسات الخدمات المالية والبورصات تدعم هذه الابتكارات لأنها تترقب من وراء هذا النشاط الضخم أرباحا وفيرة.

Financial and regulatory communities, who see much of this alleged innovation as nothing more that a giant fad, driven by firms of financial services and institutional investors,......, and organized markets that see huge profits from this vast activity [1].

بل إن بيتر دراكر الاقتصادي الأمريكي " النمساوي الأصل " واجه العالم بالحقيقة" أن المشتقات المالية التي كانت من أبرز الأدوات التي تمخض عنها الفكر المالي، ووصفت بأنها علمية، لم تكن أكثر علمية من أدوات القمار التي يجري التعامل عليها في " مونت كارلو" أو " لاس فيجاس" [2].

ليس هذا فحسب بل إن واحدا من أكثر الكتاب تحمسا للمشتقات المالية كشف النقاب عن زيف هذه الأدوات بقوله :

" إن بورصة وول ستريت كانت تحاول استغباء العالم ومخادعته بمبتكرات رياضية لا تجلب نفعا ولا تدفع ضرا.

Wall Street was trying to fool the world with mathematics but useless creation [3].

بل إن " شانس " نفسه هو أيضا الذي ذهب إلى أن أسواق العقود المستقبلية والمشتقات يطلق

---

(1) Robert Merton, Op., Cit., P. 3.

(2) Peter Drucker, Economist, Op., Cit., P. 27.

(3) Don M. chance, An introduction to derivatives, Op., Cit., p.568.

عليها أحيانا أنها " أسواقا مضاربية " ومن ثم فإن المضاربين فى هذه الأسواق يوصفون بأنهم أكثر قليلا من كونهم مقامرين.

In fact futures and options markets are sometimes called speculative markets, consequently, these speculators have been characterized as being little more than gamblers [1].

وذهب هانس بيتر مارتن أن ما بين 1%، 3% من التعامل فى المشتقات الغرض منه درء المخاطر عن النشاط الصناعى والتجارى مباشرة، وبالتالى فإن كل العقود الأخرى ليست سوى عملية رهان منظمة [2] وأضاف أنه أصبح يسود المجتمع الأمريكى برمته مبدأ " الرابح يحصل بمفرده على كل الثمار ". [3] "The winner talks all"

ولم يخالف فى ذلك اتحاد المصارف العربية، فقد أكد أن عمليات الخيار التى تتم على المكشوف "هى قمار حقيقى له أصوله وفنونه ولاعبوه وله بالطبع نتائجه [4].

وجوه الشبه والاختلاف بين عقود التأمين وعقود المشتقات

فى ضوء الجدل المحتدم حول المشتقات المالية ودورها فى إدارة المخاطر يثور التساؤل بين الحين والآخر عن وجوه الشبه والاختلاف بين أدوات المشتقات التى يتم استخدامها من قبل المؤسسات المالية والأفراد كأداة للتحوط ضد المخاطر، وعقود التأمين على أساس أن الغرض من إنشاء هذه العقود أو تلك هو درء المخاطر أو التحوط ضدها أو تقليلها إلى أدنى حد ممكن.

وإذا ما كان هناك العديد من وجوه الشبه بين العقدين، فهل هما شىء واحد متعدد الصور متباين الأشكال ؟ أم أنهما شيئان مختلفان ولكل منهما طبيعة مغايرة للأخرى ؟ أم أن عقود المشتقات تعد امتدادا طبيعيا لعقود التأمين فرضته مقتضيات التطور، وسيطرة أسواق المال، وهيمنة الاقتصاد

---

(1) Ibid, Op., Cit., p.14

(2) هانس وبيتر مارتن – مرجع سابق، ص 108

(3) المرجع السابق، ص 220

(4) الهندسة المالية – اتحاد المصارف العربية – مرجع سابق، ص 135

المالى على الاقتصاد العينى ؟

وقبل محاولة الإجابة عن هذه التساؤلات فقد يكون من المفيد أن نعرض فى إيجاز شديد لنشأة **عقود التأمين.**

ترجع البداية الحقيقية لفكرة التأمين إلى القرن السابع عشر وتحديدا فى الثانى من سبتمبر عام 1666م حيث شب حريق هائل استمر أربعة أيام متتالية فى مدينة لندن قضى خلالها على 50% من مبانى العاصمة الإنجليزية. وقد أدى هذا الحريق إلى ظهور الحاجة إلى مد فكرة التأمين المعروفة بالنسبة للسفن وما عليها من بضائع إلى " البر" فى صورة التأمين من خطر الحريق، ومن إنجلترا انتشرت هذه الصورة من صور التأمين انتشارا سرطانيا فى جميع أنحاء العالم حتى وصلت إلى ما هى عليه الآن من انتشار [1].

تعريف عقد التأمين

عرف المشرع المصرى عقد التأمين فى المادة 747 من القانون المدنى بالآتى :

" التأمين عقد يلتزم المؤمن بمقتضاه أن يؤدى إلى المؤمن له أو إلى المستفيد الذى اشترط التأمين لصالحه مبلغا من المال أو إيرادا مرتبا أو عوض مالى آخر فى حالة وقوع الحادث أو تحقق الخطر المبين بالعقد، وذلك نظير قسط أو أية دفعة مالية أخرى يؤديها "المؤمن له" للمؤمن [2].

ومن التعريف المتقدم يمكن استخلاص أهم خصائص عقد التأمين والتى تناولها شراح القانون بقدر كبير من التفصيل على الوجه الذى سنبينه مع مقارنتها بعقود المشتقات المستخدمة فى إدارة المخاطر.

---

(1) د. محمد حسام محمود لطفي، الأحكام العامة لعقد التأمين، دراسة مقارنة بين القانون المصري والقانون الفرنسي ص 15 – 16.

وفي نفس المعنى انظر د. فتحي عبد الرحيم عبد الله - التأمين - ص 10-11.

(2) د. رضا عبد الحليم - مدى جواز التأمين عن الخطر الظنى - دراسة مقارنة - ص 4

أولا: عقد التأمين عقد ملزم للجانبين

Contract synallagmatique au bilateral

ويقصد بذلك أن كل طرف فى عقد التأمين يجد سبب التزامه فى التزام الطرف الآخر، فتدور التزامات الطرف الأول "المؤمن" وجودا وعدما مع التزامات الطرف الثانى[1].

ورغم أن عقود المشتقات المستخدمة فى التحوط ضد المخاطر - والتى يقوم من خلالها أحد الأطراف بنقل المخاطرة إلى طرف آخر نظير دفعه مبلغا من المال كثمن للمخاطرة - تنطوى على التزام الجانبين، إلا أن وجه الخلاف فى ماهية الالتزام فى العقدين لا يمكن إغفالها. وتفصيل ذلك أن التزام "المؤمن" فى عقد التأمين هو التزام معلق على شرط، وهذا الشرط هو التزام الطرف الآخر بسداد الأقساط، فإذا امتنع "المؤمن له" أو راوغ فى السداد رغم إعذاره، سقط حقه فى المطالبة بالتعويض عن القدر الناتج عن تحقق الخطر، والأمر ليس كذلك فى عقود المشتقات المالية، ذلك أن الثمن المدفوع من قبل المؤسسة أو الشخص المتحوط ضد الخطر إنما يتم الوفاء دفعة واحدة عند تحرير العقد، ومن ثم فلا وجه لتعليق التزام طرف على آخر.

ثانيا: التأمين عقد معاوضة Contract a caractère onèreux

يقصد بذلك أن عقد التأمين هو عقد يحصل فيه كل طرف على مقابل لما يعطى، فيدفع "المؤمن له" القسط، ويحصل فى مقابل ذلك على الأمن والأمان من عواقب تحقق خطر معين خلال مدة العقد.

وينفى شراح القانون أن "المؤمن" فى عقود التأمين لا يلتزم بدفع أى شىء عند عدم تحقق الخطر خلال فترة التأمين، ويضيفون أن هذا القول لا يسنده المنطق السليم، لأن العبرة فى النظر إلى تقابل الالتزامات التعاقدية هو إلى لحظة إبرام العقد وليس إلى لحظة تنفيذه، ففى الأحوال التى لا يدفع فيها "المؤمن" مبلغ التأمين عند انتهاء مدة التأمين، ينصرف معنى الالتزام بالضمان إلى ما قدمه "المؤمن" للمتعاقد معه من أمان واطمئنان طيلة فترة التعاقد[2].

---

(1) د. محمد حسام محمود لطفى - مرجع سابق - ص 93

(2) د. محمد حسام محمود لطفى - مرجع سابق - ص 95

ويؤكد نفس المعنى د. فتحى عبد الرحيم، فيبرر عدم حصول "المؤمن له" على مبلغ التأمين فى حالة انقضاء التأمين دون وقوع الخطر، بأن الأقساط المدفوعة فى هذه الحالة تعتبر مقابلا للأمان الذى وفره "المؤمن" "للمستأمن" بتعهده بتحمل تبعة الخطر الذى يخشى "المؤمن له" مغبته خلال فترة العقد [1].

وفيما يتعلق بهذا الركن فلا وجه للخلاف بين عقود التأمين وعقود المشتقات المستخدمة فى التحوط ضد المخاطر، حيث يقوم الطرف المتحوط بنقل المخاطرة إلى آخر نظير المبلغ الذى يدفعه كثمن للمخاطرة عند تحرير العقد.فإذا وقع الخطر قام الطرف الثانى بتعويض الطرف الأول عن الخسائر أو الأعباء التى ترتبت على وقوع الخطر المتحوط ضده، وإذا لم يقع، فلا شىء على الطرف الثانى.أما المبلغ الذى تقاضاه عند تحرير العقد فهو ثمن تحمله للمخاطرة سواء تحققت أم لم تتحقق.

ورغم ما ساقه شراح القانون وما قدموه من أسباب للتدليل على أن هذا العقد من عقود المعاوضة ولو لم يلتزم "المؤمن" بدفع أى شىء عند عدم تحقق الخطر خلال فترة التأمين، وقولهم أن "المؤمن له" قد حصل على الأمن والأمان والاطمئنان بمعنى أنه ذهب عنه روع تحقق الخطر، فإنه يكون قد حصل بذلك على مقابل الأقساط التى دفعها، فلم يكن مستغربا أن يكون ذلك هو نفس المفهوم الذى استقر فى وجدان المتعاملين فى المشتقات المالية كأحد الآثار التى ترتبت على تهجين الشعوب بثقافة الغرب، ذلك أن الأمن والأمان لا يصلحان أن يكونا عوضا فى العقود المالية، وإنما يصلحان أن يكونا عوضا فى عقود الخدمات كالحراسة والأمن (Care service)للتأمين ضد مخاطر السرقة، وهو الأمر الذى سنعالجه تفصيلا فى الباب الثانى بمشيئة اللـه تعالى.

ثالثا: عقد التأمين عقد احتمالي أو من عقود الغرر Contract aleatoire

ففرصة الكسب أو الخسارة قد تصيب أحد الطرفين، وتفصيل ذلك أنه عند إبرام العقد لا يعرف المؤمن مقدار ما يأخذ ولا مقدار ما يعطى وذلك متوقف على وقوع الخطر أو عدم وقوعه، فالخطر المؤمن منه غير محقق الوقوع من حيث المبدأ كالسرقة أو الحريق فكلها أخطار احتمالية

(1) د. فتحى عبد الرحيم - مرجع سابق ص 197

الوقوع[1]. ويعد العقد احتماليا إذا لم يعرف أى من الطرفين أو أحدهما مقدار ما يأخذ ومقدار ما يعطى عند إبرام العقد [2]. وبتطبيق ذلك على أدوات المشتقات المستخدمة فى التحوط ضد مخاطر تقلب الأسعار فلا خلاف أنها من عقود الغرر، وأن الخطر غير مؤكد الوقوع، كما أنه غير مستحيل الوقوع. ولذلك تتفق عقود التأمين مع عقود المشتقات من حيث كون كل منها من العقود الاحتمالية أو من عقود الغرر.

رابعا: عقد التأمين من عقود الإذعان Contract d'adhesion

يوصف عقد التأمين بأنه من عقود الإذعان تأسيسا على أنه ليس "للمؤمن له" إلا أن يقبل الوثيقة كما هى أو يرفضها كما هى [3].

وبتطبيق ذلك على عقود المشتقات المستخدمة فى التحوط ضد مخاطر تقلب الأسعار، فالأمر على خلاف ذلك تماما، حيث إن أغلب تلك العقود تتم من خلال السوق غير الرسمية، وفى تلك الأسواق يجرى تفصيل العقود وفقا لرغبة ومشيئة المتعاقدين وتفضيلاتهم.

ومع هذا، فإن ذلك الركن ليس على قدر كبير أو حتى قليل من الأهمية عندما نكون بصدد مقارنة فيما بين عقد التأمين وعقود المشتقات المستخدمة للتحوط ضد مخاطر تقلب الأسعار فقد استبان لنا من العرض المتقدم الآتى :

1- أن الغرض من استخدام عقود التأمين أو عقود المشتقات هو درء الأخطار، أو التحوط ضد مخاطر تقلب الأسعار.

2- سواء كنا بصدد عقود التأمين أو عقود المشتقات، فإن المؤسسة أو الشخص الذى لا يرغب فى تحمل المخاطرة ويسعى إلى من يقبل تحملها يقوم بدفع مبلغ من المال للطرف الآخر نظير تحمل هذا الأخير تبعات المخاطرة فى حالة وقوعها.

3- إن الخطر احتمالى فى جميع الحالات، بمعنى أنه غير مؤكد الوقوع، وإذا كان غير مؤكد

---

(1) د. فتحى عبد الرحيم - مرجع سابق ص 194

(2) د. محمد حسام - مرجع سابق - ص 94-95

(3) د. محمد حسام محمود لطفى - مرجع سابق - ص 98

الوقوع، فإنه أيضا غير مستحيل الوقوع. بل هو - كما يرى شراح القانون - أهم عناصر عقد التأمين[1] ليس هذا فحسب، بل وهو العنصر الذى شرع التأمين من أجله[2] والأمر لا يختلف فى عقود المشتقات عن عقود التأمين فى هذا الصدد، فلو كان الخطر مؤكد الوقوع ما كان هناك من يقبل تحمل المخاطرة، ولو كان الخطر مستحيل الوقوع، ما كان هناك حاجة أصلا لأدوات المشتقات والتى تخندقت وراءها المؤسسات المالية والمصرفية كخط دفاع حصين فى مواجهة تقلبات أسعار الفائدة وسعر الصرف وأسعار الأصول.

وقد يكون من المفيد للوقوف على وجوه الشبه بين عقد التأمين وعقود المشتقات المستخدمة فى التحوط ضد مخاطر تقلبات الأسعار أن نتناول - تطبيقا للمعطيات التى تناولناها ووجوه الاستدلال التى ناقشناها – أحد صور عقود التأمين وأحد صور عقود المشتقات أخذا فى الاعتبار أن الحكم على الشىء فرع من تصوره.

أولا: فيما يتعلق بعقد التأمين

لو أن إحدى الشركات الصناعية الكبرى تعاقدت مع إحدى شركات التأمين فى مصر على تأمين منشآتها وأفرانها ضد الحريق، وأبدت استعدادها لاتخاذ كافة الإجراءات الوقائية التى تقترحها شركة التأمين، وتم إبرام العقد لمدة خمس سنوات على أن تقوم الشركة بدفع أقساط التأمين فى أول كل سنة مالية، ومقدار القسط السنوى عشرة آلاف جنيه مصرى، وعلى أن يلتزم "المؤمن" (شركة التأمين) بتعويض الشركة عن أية تلفيات أو خسائر فى حالة تحقق الخطر المؤمن ضده.

وبفرض أن مدة العقد قد انقضت دون حدوث أية خسائر أو تلفيات بمعنى عدم وقوع أى ضرر نتيجة عدم تحقق الخطر وأن "المؤمن له" قام بسداد جميع الأقساط فى مواعيدها.

فما هى الآثار التى تترتب على هذا العقد ؟

يمكن إجمال تلك الآثار فى :

---

(1) د. محمد حسام – مرجع سابق – ص 15-16

(2) د. فتحى عبد الرحيم – مرجع سابق ص 7

1- استيلاء شركة التأمين "المؤمن" على مبلغ 50 ألف جنيه مصري تمثل جملة الأقساط المدفوعة من قبل "المؤمن له" ورغم إجماع شراح القانون على أن هذا العقد من عقود المعاوضات، إلا أنه ليس هناك أي التزام على "المؤمن" يتعين الوفاء به "للمؤمن له" وخلافا للواقع يرى شراح القانون أن " المؤمن " أعطى للمؤمن له " الأمن والأمان مقابل الأقساط المدفوعة من قبل "المؤمن له".

2- تكبد "المؤمن له" خسائر قدرها 50 ألف جنيه مصري مقابل نقل المخاطرة للطرف الثاني رغم عدم وقوع الخطر أو تحقق الضرر.

ثانيا: صورة لأحد عقود المشتقات المالية

بفرض أن إحدى الشركات التجارية حصلت على قرض من بنك ميدلاند قيمته 3 مليون جنيه استرليني، وكان أحد شروط البنك أن يتم سداد الفائدة وفقا لسعر "الليبور".

ونظرا لأن أسعار الفائدة تتقلب من حين لآخر صعودا وهبوطا، لذلك فإن هذه المنشأة كانت تتوجس خيفة من ارتفاع سعر الفائدة. ولذلك قامت الشركة بشراء عقد الحد الأقصى لسعر الفائدة "cap" واتفقت مع الطرف الآخر على الآتي :

أ- تحديد سعر الفائدة على مقدار أساسي 3 مليون جنيه استرليني بنسبة 10% وما زاد على هذه النسبة يتحمله الطرف الثاني.

ب- يقوم الطرف الأول بدفع 100 ألف جنيه استرليني للطرف الثاني نظير تحمل الطرف الثاني لمخاطر ارتفاع أسعار الفائدة.

وبفرض أن سعر الفائدة لم يتجاوز 9.2% خلال فترة العقد.

فما هي الآثار المترتبة على هذا العقد ؟

يمكن إجمال الآثار المترتبة على عقد الحد الأقصى لسعر الفائدة في الآتي :

1) حصول الطرف الثاني الذي قبل تحمل المخاطرة على مبلغ 100 ألف جنيه استرليني من الطرف الأول.

2) تكبد الطرف الأول - الذي قام بشراء " عقد الحد الأقصى لسعر الفائدة " بغرض نقل مخاطرة ارتفاع سعر الفائدة إلى غيره - لخسائر قدرها 100 ألف جنيه استرليني.

3) ليس هناك أي التزام على الطرف الثاني مقابل ثمن المخاطرة التي حصل عليها رغم عدم تحققها.

بالنظر إلى العقدين المتقدمين فسوف يسترعى انتباهنا أن العقدين ليسا سوى شيئا واحدا وإن اختلفت المسميات.

وإذا كنا قد انتهينا فيما تقدم إلى أن المخاطرة صارت تباع وتشترى شأنها في ذلك شأن سائر السلع في مختلف الأسواق، وأن الأمر لا يختلف فيما يتعلق بعقود التأمين عن عقود المشتقات المالية، ذلك أن عقد التأمين - وفقا لما ذكره أحد شراح القانون - ليس إلا عقد يبيع بمقتضاه المؤمن "الأمان " إلى المؤمن له [1].

وفي تقديري الشخصي فإن عقد التأمين قد تم تكييفه وتصويره بصورة مغايرة للواقع، فما هو إلا أداة لنقل المخاطر من قبل المؤسسات أو الأفراد أو الهيئات التي لا ترغب في تحملها إلى الجهات التي ترغب وتسعى في طلبها وتحمل تبعاتها [2] مقابل قبض ثمن المخاطرة والتي تتضاءل فرص حدوثها في ظل الإجراءات والتدابير والضوابط الوقائية التي تلزم بها شركات التأمين المستأمنين.

وما انتهيت إليه في هذا الصدد بعد أن قلبت الأمر على كل وجه، ثبت أن غيري من غير شراح القانون قد تناولوه ولكن دون عقد مقارنة بين عقد التأمين وعقود المشتقات. فقد ذهب Benton Gup إلى القول :

" إن شراء وثيقة تأمين هي إحدى وسائل نقل المخاطرة من الشخص الذي لا يريد تحملها إلى شركة التأمين والتي تبدي استعدادها لتحملها مقابل الحصول على الثمن.

---

(1) د. محمد حسام محمود لطفي - مرجع سابق، ص 32.

(2) Risk transfer : the shifting of risk through insurance, as securitization of debt because of risk oversion : http://biz.yahoo.

com/f/g/rr.html 22/07/2002.

Transferring Risk

Buying insurance is one method of transferring risk from some one who does not want it to an insurance company that is willing to take it for a price [1].

ومن ثم فإننا لا نرى وجها جوهريا واحدا للخلاف بين عقد التأمين وعقود المشتقات المستخدمة كأدوات التحوط ضد مخاطر تقلبات الأسعار، فهما وجهان مختلفان لعملة واحدة. وإذا أخذنا فى الاعتبار قيام شركات التأمين بالتعامل مع بعض الأخطار مؤكدة الوقوع كالتأمين على الحياة، وأن كافة عقودها من عقود الإذعان، وأنها قد تقوم بإقراض المستأمن بضمان وثيقة التأمين، إلى غير ذلك من المسائل الشكلية، فيمكننا إن ننتهى إلى أن عقود المشتقات المستخدمة كأدوات للتحوط ضد مخاطر تقلبات الأسعار ليست إلا امتدادا طبيعيا لعقد التأمين، فرضته مقتضيات التطور والمدنية الحديثة، وسيطرة أسواق المال، وهيمنة الاقتصاد المالى على الاقتصاد العينى.

تعريف : إدارة المخاطر :

إدارة المخاطر هي ذلك الفرع من علوم الإدارة الذي يتعلق بالآتي :

1 – المحافظة على الأصول الموجودة لحماية مصالح المودعين، والدائنين والمستثمرين Depositors, creditors and investors.

2 – إحكام الرقابة والسيطرة على المخاطرة في الأنشطة أو الأعمال التي ترتبط أصولها بها كالقروض Loans والسندات Bonds والتسهيلات الائتمانية Credit Facilities وغيرها من أدوات الاستثمار Other investment instruments.

3 – تحديد العلاج النوعي لكل نوع من أنواع المخاطرة وعلى جميع مستوياتها، وتقويم إدارة المنشأة، والعمليات التي تقوم بها يوما بيوم.

Assessing the firm's day – to – day administration and operations.

4 – العمل على الحد من الخسائر وتقليلها إلى أدنى حد ممكن وتأمينها من خلال الرقابة الفورية

---

(1) Benton Gup, Op., Cit., p. 16.

307

أو من خلال تحويلها إلى جهات خارجية إذا ما انتهت إلى ذلك إدارة prompt supervision المنشأة، ومدير إدارة المخاطر.

Transferring risk's to outsiders by management and head of risk management.

5 - تحديد التصرفات والإجراءات التي يتعين القيام بها فيما يتعلق بمخاطر معينة للرقابة على الأحداث والسيطرة على الخسائر.

6 - المسئولية الكلية عن شراء التأمين للإبقاء على المخاطر عند المستوى الذي حددته الإدارة " البند ثالثا " وذلك بعد تنفيذ التصرفات المشار إليها " بالبند خامسا ".

Overall responsibility for purchasing insurance to hold risks at levels determined by management in item " 3" after implementing the actions set by management in item " 6".

7 - إعداد الدراسات قبل الخسائر أو بعد حدوثها pre-loss and post-loss studies وذلك بغرض منع أو تقليل الخسائر المحتملة، مع محاولة تحديد أية مخاطرة يتعين السيطرة عليها واستخدام الأدوات التي تؤدي إلى دفع حدوثها، أو تكرار مثل هذه المخاطرة.

To prevent occurrence or repetition of such losses

8 - حماية صورة المنشأة بتوفير الثقة المناسبة لدى المودعين، والدائنين، والمستثمرين، بحماية قدرتها الدائمة على توليد الأرباح رغم أية خسائر عارضة والتي قد تؤدي إلى تقلص الأرباح أو عدم تحققها.

Protection of the organizations' image, by provideng reasonable comfort and confidence to its depositors, creditors and investors by safeguarding its continued ability to generate profits despite accidental loss that could curtail or prevent earnings in a specific period [(1)].

---

(1) William T. Thornhill, Effective risk Management for Financial Organizations , p. 1:3.

ومن أهم التعريفات التي وقع عليها اختيارنا التعريفين التاليين نظرا لاختلاف الرؤى لكل منهما، وإن كان ذلك لا ينطوي على اختلاف المفاهيم.

أما التعريف الأول فقد تناول إدارة المخاطر على الوجه التالــي :

" يقصد بإدارة المخاطر عملية تحديد وتقويم المخاطر، واختيار وإدارة التقنيات، للتكيف مع المخاطر التي يمكن التعرض لها.

" The process of identifying and evaluating risks and selecting and managing techniques to adopt to risk exposure [1].

ويتفق التعريف المتقدم مع أغلب التعريفات التي تناولتها المراجع الأجنبية في مجال إدارة المخاطر

[2]
.

أما التعريف الآخر فهو " لفرانسيس " Jack Clark Francis وقد جاء تعريفه متسما بقدر كبير من المرونة والواقعية وبعيدا عن القوالب التقليدية والمألوفة، ذلك أنه لم يغفل الجانب السيكولوجي للمدير المالي أو للشخص الطبيعي المتحوط ضد المخاطر المحتمل حدوثها، الأمر الذي يترتب عليه اختلاف الأسلوب الذي يتم به إدارة تلك المخاطر من شخص لآخر أو من جهة لأخرى.

يقول فرانسيس :

" إن إدارة المخاطر تعني شيئا مختلفا لكل متعامل في السوق. إن مدير أحد الأصول أو الخصوم قد يطلب الحماية ضد تقلب الأسعار، وعلى النقيض من ذلك قد يبحث آخر عن الحماية ضد عدم تقلب الأسعار.

وحماية شخص من الخسائر المطلقة أو النسبية هي فرصة آخر لتحقيق الربح.

ولذلك فإن التعقيد المتنامي لتقنيات إدارة المخاطر والاهتمام الزائد للحماية من التزاوج غير

(1) Http: // www. Duke.edu/~ charvey/calsses/wpg/bfglosr.htm

(2) a) Sandy Mckenzie, Risk Management with Derivatives, p.5.

  b) Bob Ritchie & David Marshall, Business Risk Management , p.140.

الملائم للأصول والخصوم أدى إلى التوسع في هيكلة أدوات إدارة المخاطر والتي تروق للمستثمرين ومصدري السندات وصانعي الأسواق.

" Risk management means something different to each market participant. One asset – or liability manager may seek protection from volatility, while another looks for protection from non volatility. One person's protection from absolute or relative loss is another's opportunity of profit [1].

وأحد الافتراضات المهمة لإدارة محافظ الأوراق المالية Portfolio Management أن الإنسان بطبيعته لا يميل إلى المخاطرة people assumed to dislike risk و من لا يميل إلى المخاطرة اصطلح على تسميته "Risk Averse " بمعنى أنه لو خير بين أصلين يُدر كل منهما عائدا مماثلا للآخر، فسوف يقع اختياره حتما على الأصل الذي تقل فيه نسبة المخاطرة عن الآخر.

فلو افترضنا أن أمام أحد المستثمرين فرصة لاستثمار أمواله في إحدى سندات الشركات والتي تغل عائدا يقينيا 10 %، وأن أمامه في نفس الوقت أن يستثمر أمواله في أوراق إحدى الشركات والتي من المتوقع أن يصل عائدها إلى 16 % إن نجحت خطتها في فتح منافذ جديدة للتسويق أو أن تنخفض إلى 4 % إن أخفقت في ذلك. سوف نلحظ هنا أن الفرص أمام المستثمر متساوية، لأن متوسط عائد الورقة الثانية 10 % أيضا. إلا أن المستثمر الذي يتجنب المخاطرة Risk averse investor سوف يُقبل على شراء الورقة الأولى ويعرض عن الثانية لأن الألم pain أو التضحية المقترنة بحصوله على عائد تنخفض نسبته إلى 4 % أعظم من المنفعة الناتجة عن زيادة العائد إلى 16 %، وهو الأمر الذي دعا بعض الكتاب إلى القول بأن نظرية إدارة محفظة الأوراق المالية Portfolio management theory قامت على قواعد علم الاقتصاد ومساهمة علم الإحصاء لأنها أخذت بنظرية المنفعة عند الاختيار [2].

ويقدم " Frank Reilly " الدليل على أن أغلب المستثمرين "Risk averse" أي ضد

(1) Jack Clark Francis, Op., Cit., p.623.

(2) محاضرتنا بمعهد الدراسات المصرفية خلال شهر نوفمبر 1998 عن إدارة محافظ الأوراق المالية.

المخاطرة، بأنهم يقومون بشراء وثائق التأمين على الحياة Life insurance، والتأمين على السيارات Car insurance، والتأمين الصحي Health insurance.

ويرى أن شراء التأمين ينطوي على أعباء أو تكاليف مقابل الحماية من خطر غير مؤكد، وقد تكون التكلفة مرهقة للمؤمن، بينما الخطر احتمالي، قد يقع وقد لا يقع. ويستطرد " ريلي" أنه ليس مفاد ما تقدم أن جميع البشر ضد المخاطرة، وليس كل واحد أيضا يتحمل تكاليف شراء وثيقة تأمين، ومع هذا فإن البعض قد يشترون وثائق تأمين على السيارات للتحوط ضد المخاطر، ويقومون في ذات الوقت بشراء أوراق اليانصيب Lottery tickets أو يقامرون في حلبة السباق Race tracks أو في "Las Vegas " – باعتبارها من أشهر أماكن القمار في العالم – رغم أنهم يعلمون أن العائد سالبا دائما، ولكنهم يدفعون رغبة في الإثارة المقترنة بهذه المخاطرة Risk excitement.

وهذا النوع من تفضيل المخاطرة Risk preference وتجنب المخاطرة Risk aversion يشير إلى نوعية أخرى من المستثمرين وهو من يقف على الحياد منها، فلا هو يأمن المخاطر ولا يتوجس خيفة منها وهو ما يطلق عليه neutral risk investor بمعنى أنه لا يتعامل بحساسية مع المخاطرة أو ما يوصف بأنه Insensitive to risk.

وهناك صنف آخر من المستثمرين من عشاق المخاطرة Risk lovers وهؤلاء على استعداد لقبول عوائد متوقعة أدنى من غيرها Lower expected returns مع مخاطرة أعلى Higher Risk ويرون في تنويع محافظ الأوراق المالية لتقليل المخاطرة ما وصفوه بأنه Mere child's play.

لذلك لم يكن مستغربا أن يذكر " فرانسيس" أن إدارة المخاطر تعني شيئا مختلفا لكل متعامل في الأسواق.

ماهيــة المخاطرة   Risk Definition

يقول " فرانك ريلي " رغم وجوه الخلاف بين المخاطرة وعدم اليقين، فإن أحد طرق تعريف المخاطرة هو عدم التأكد أو عدم اليقين من النتائج المستقبلية والتعريف البديل قد يكون احتمال النتائج العكسية.

Definition of Risk

Although there is a difference in the specific definition of risk and uncertainty, one way to define risk is the uncertainty of future outcomes. An alternative definition might be the probability of an adverse outcome [1].

بينما يعرفها صاحب إدارة المخاطر في المؤسسات المالية بالآتـي :

" هي فرصة الضرر أو التلف أو الخسارة بما يعني الخطر، وفي مجال التأمين والبنوك يعبر عنها كميا بدرجة أو احتمال الخسارة ".

Risk is the chance of injury , damage, or loss , a hazard. In insurance and banking risk is expressed quantitatively as the degree or probability of loss [2].

بينما عرفها " جون داونز " بالآتـي :

" المخاطرة هي إمكانية الخسارة أو عدم المكسب والتي يمكن قياسها،وتختلف المخاطرة عن عدم التأكد والذي لا يمكن قياسه "

Risk: measurable possibility of losing or not gaining money. Risk is differentiated from uncertainty, which is not measurable [3].

ويتفق " ثورن هيل " Thornhill " مع التعريف المتقدم في تعريف المخاطرة بقوله :

" ابتداء فمن الناحية الفنية، فإن المخاطرة وعدم التأكد ليسا شيئا واحدا. والموقف ينطوي على مخاطرة عندما تكون جميع النتائج الممكنة تم تسجيلها، والتغير الذي تسبب فيه حدوثها من الممكن التنبؤ به. ومهما كان الأمر فعندما تكون النتيجة المطلوبة والتغير الذي أحدثهالم يتم مقابلتهما فإننا نكون بصدد عدم التأكد."

---

(1) Keith Reilly, Op., Cit., p.253.

(2) Dimitris N. Chorafas, Risk Management in Financial Institutions, p.6 & 105.

(3) John Downes Dictionary of Finance and Investment terms, P 347.

Technically, risk and uncertainty are not the same. a situation is risky when all possible outcomes are listed and the change caused by their occurrence is forseen. However when an outcome is required, and the changes that cause it to occur are net met, then the scenario can be characterized as uncertain [1].

ويتناول بقدر من التفصيل صاحب إدارة المخاطر بمفهوم عدم التأكد فيذكر :

" عدم التأكد هي الأشياء التي لا يمكن معرفتها على وجه اليقين، ولم يتم تقريرها على وجه مُرضٍ، وغير مستقرة، وتنطوي في ذات الوقت على توقفها على غيرها.

Uncertainty is the quality or state of not being certain. A state characterized by doubt. Uncertainties are thing not exactly known, not well determined, unsettled, involving contingencies [2].

واستطرادا في تحديد مفهوم عدم التأكد لإزالة كل أسباب الالتباس بين مفهوم المخاطرة وعدم التأكد نتناول في هذا الصدد ما تناوله أحد كبار الكتاب وهو " آرثر وليام " والكاتب " مايكل سميث ".

Certainty is a state of being free from doubt. [3]

فالتأكد بمفهوم المخالفة هو حالة التحرر من الشك. أما عدم التأكد فقد عرفه الكاتب بالآتـــي:

" عدم التأكد هو الشك في مقدرتنا على التنبؤ بالمستقبل "

Uncertainty is doubt about our ability to predict the future [4].

---

(1) William T. Thornhill, Effective Risk Management, p.22.

(2) Dimitris N. Chorafas , Op., Cit., p. 108.

(3) Arthur William, Micheal L. Smith, the Devil, Op., Cit. , (The introduction).

(4) Ibid.

وهذا يجعلنا نتأمل فيما ذكره " صمويل جونسون" الكاتب الإنجليزي المشهور :

" إنه ليس حكيما ذلك الذي يترك اليقين إلى عدم اليقين He is no wise man that will quit
certainty for an uncertainty " [1].

وإلى معنى قريب مما ذكره أغلب الكتاب في مفهوم عدم التأكد تصدى الكاتب الإنجليزي Bob
Ritchie لمفهوم عدم التأكد بقوله :

" أن عدم التأكد إنما يوجد في المواقف التي يفتقر فيها صانع القرار للمعرفة الكاملة، والمعلومات، أو
الفهم المتعلق بالقرار المقترح ونتائجه الممكنة.

Uncertainty is said to exist in decisions situations where the decision-maker lakes
complete knowledge , information or understanding concerning the proposed decision
and its possible consequences [2].

والتعريف الذى وقع اختيارنا عليه فى تحديد مفهوم المخاطرة والذى يجمع بين كافة التعريفات
المتقدمة، ذلك التعريف الموجز الذى تناوله الكاتب الشهير Madura :

"المخاطرة هى احتمال اختلاف النتائج عن التوقعات "

Risk is the probability that the result of an event will differ from the expected outcome
[3].

أساليب التعامل مع المخاطرة

وقد يثار التساؤل فى ضوء العرض المتقدم للمخاطرة عن الأساليب التى يمكن اتباعها للتعامل مع
المخاطرة :

Methods to deal with risk

---

(1) Don M. Chance, Options & Futures, Op., Cit., p 5-6.

(2) Bob Ritchie, David Marshall , Business Risk management , p.120

(3) Madura , Introduction to financial management , p.110

هناك ثلاثة أساليب :

1- تجنب المخاطرة Avoiding Risk

2- تقليل المخاطرة Reducing Risk

3- نقل المخاطرة إلى الغير Transferring Risk

إذا ما تم تطبيق هذه الأساليب على إحدى المؤسسات ولتكن البنوك فما هو المتعين على البنوك لتنفيذ تلك الأساليب ؟

فيما يتعلق بالأسلوب الأول : تجنب المخاطرة :

1- تتجنب البنوك مخاطر الائتمان بالامتناع عن منح القروض مرتفعة المخاطرة

Refusing to make certain loans that they believe very high risk

2- تجنب مخاطر أسعار الفائدة بعدم الاستثمار فى أوراق مالية طويلة الأجل

Avoiding interest rate risk by not investing in very long term securities.

هذا فيما يتعلق بالأسلوب الأول

الأسلوب الثانى : تقليل المخاطرة :

تقوم البنوك بتقليل المخاطرة من خلال الآتـى :

1- رصد سلوك القروض Monitoring the behavior of loans من أجل استبابة علامات التحذير لمشاكل التوقف عن الدفع Default problems مبكرا.

2- تقوم أيضا بتقليل مخاطر أسعار الفائدة باستخدام سياسة إدارة الأصول والخصوم Assets/Liabilities Management (ALM) والتى يجرى تصميمها لذلك الغرض.

الأسلوب الثالث : نقل المخاطرة :

إن شراء التأمين buying insurance هو إحدى وسائل نقل المخاطرة من شخص ما لا يرغب فى تحملها إلى شركة التأمين التى تبدى استعدادها لتحملها مقابل الثمن.

وقد أصبح من الممكن الآن من خلال عقود المشتقات نقل المخاطر من البنوك أو غيرها إلى جهات أو مؤسسات أخرى ترغب فى تحملها. وكافة عقود المشتقات إما بغرض التحوط Hedging أو بغرض المضاربة، والمتحوطون Hedgers هم الذين يقومون بنقل المخاطر إلى الغير، بينما المضاربون Speculators هم الذين يقومون بقبول تحمل المخاطرة.

وعامة فإن نقل المخاطرة للغير لا يتم بغير ثمن.

However , Transferring risk is not free.

فهناك تكلفة للمتاجرة فى المشتقات والتحوط ضد المخاطر ينبغى أخذها فى الحسبان مقارنة بالمخاطر المتحوط ضدها [1].

---

(1) Benton E. Gup – Robert Brooks , Op., Cit., p.16

التحوط Hedging

من خلال العرض المتقدم تم استعراض المخاطرة فى حدود ما يسمح به البحث ودون التطرق إلى المخاطر التى لا تتعلق مباشرة بالبحث ما لم يكن ذلك اقتضاء للضرورة.

والتحوط ضد المخاطر هو أحد الأساليب الثلاث التى تم مناقشتها للتعامل مع المخاطرة فى إطار إدارة المخاطر.

تعريف التحوط :

عرفه اتحاد المصارف العربية بأنه " فن إدارة مخاطر الأسعار من خلال أخذ مراكز عكسية عند التعامل فى أدوات المشتقات.

Hedging is the art of managing price risks by taking offsetting positions in derivative instruments [(1)].

بينما عرفه صندوق النقد الدولى بأنه وسيلة تقليل مخاطرة مالية بطلب مركز فى إحدى الأدوات يعوض به - جزئيا أو كليا - مخاطرة تقترن بمركز آخر.

Hedging : A method of reducing financial risk by acquiring a position in one instrument which offset , either partially or entirely , a risk inherent in another position [(2)].

أما موسوعة التمويل المصرفى من منظور تطبيقى فعرفت التحوط بما يلى :

التحوط هو شراء أو بيع عقد آجل فى مقابل شراء أو بيع سابق لكمية متساوية من نفس السلعة أو كمية معادلة لسلعة أخرى والتى تتحرك أسعارها فى اتجاه موازٍ لها.

Hedging : A sale or purchase of a contract for future delivery against a previous purchase or sale of the same commodity or an equivalent quantity of another

---

(1) اتحاد المصارف العربية - الهندسة المالية - القسم الإنجليزى - ص 12

(2) IMF Working paper , Op., Cit., p.12

commodity that has a parallel price movement [1].

أما جوزيف سينكى فقد تناول مفهوم التحوط بالمعنى العام إذ عرف التحوط بالآتى :

" التحوط هو أن تحمى نفسك من الخسارة "

"Hedging is to protect yourself from losing" [2].

بينما عرفه " شانس " بالآتى :

" التحوط هو العملية التى يبحث من خلالها أحد المستثمرين عن حماية مركز له فى السوق الحاضرة باستخدام مركز مضاد باستخدام المشتقات "

Hedging is a transaction in which an investor seeks to protect a position in the spot market by using an opposite position in derivatives [3].

أما "Desmond" فقد حرص على تناول جوهر التحوط دون حاجة فى الخوض فى تفاصيله إلا ما اقتضت الضرورة، ولذا فإنه يعرفه بالآتى :

" إن جوهر التحوط هو تقليل حجم المخاطرة، وتحويلها من خلال العقود المستقبلية إلى مشاركين آخرين فى السوق "

إلا أنه يستطرد بعد عرض هذا التعريف مبينا أن العقود المستقبلية تمكن المتحوط من تثبيت أسعار الفائدة، وأسعار الصرف وأسعار السندات أو أسعار الأسهم لحين تنفيذها فى وقت لاحق.

ويضيف أنه لبلوغ تلك الغاية فإن على المتحوط أن يختار أداة تكون حركتها إلى حد بعيد بسعر معادل للمراكز الحاضرة.

" The essence of hedging is reduction of risk , its transference via futures contracts to other participants in the market.

---

(1) Encyclopedia of Banking Finance , Fl. Garcia , Charles , J. Woelfel , 9th ed. 1991 , p.591.

(2) Joseph Sinkey , Op., Cit., p.482

(3) Don M. Chance , Introduction to derivatives , Op., Cit., p.12

Financial futures contracts allow the hedging. The central feature of financial futures contracts for hedging is that they enable the hedger to lock-in exchange rates , Bond prices , or equity prices for a transition to be carried out at a future date [(1)].

Hedging is used to insure against a change in the value of assets already held , and to protect against an advance price movement in assets that are to be bought in future [(2)].

وفى تعريف آخر لشانس (chance) أيضا :

Hedging is a transaction designed to reduce or , in some cases , eliminate risk [(3)].

فالتحوط فى هذا التعريف هو عملية يتم تصميمها لتقليل - أو فى بعض الحالات - تصفية المخاطرة.

وآخر التعريفات والتى وقع عليها اختيار الباحث هو التعريف التالى :

يعرف التحوط على أنه إزالة الآثار السلبية التى تصاحب التطورات غير الملائمة فى أسعار الصرف، أو أسعار الفائدة، أو قيم الأصول المستثمر فيها، أو الحد منها إلى أدنى درجة ممكنة[(4)].

لماذا التحوط ؟ Why Hedge?

سؤال يفرض ويطرح نفسه على بساط البحث، وضع فى موضع آخر من قبل بعض الكتاب فى صيغة إثبات على النحو التالى :

" أن تتحوط أو لا تتحوط فتلك هى القضية "

---

(1) Desmond , the Paribas derivative hand book , Op., Cit., p.29

(2) Dictionary of derivatives , Op., Cit., p.63

(3) Don M. Chance , An introduction to derivatives , Op., Cit., p.351

(4) اتحاد المصارف العربية - الهندسة المالية - مرجع سابق - ص105

To hedge or not to hedge , that is the question.

لماذا تتحوط المنشآت ؟ وهل التحوط ضرورة يترتب على تركها الإضرار بتلك المنشآت ؟ وهل التحوط يترتب عليه زيادة ثروة المساهمين ؟

We must wonder whether hedging can actually increase shareholder wealth ?

من الواضح من النص التالى أن واحدا من أشهر الكتاب الفرنسيين فى مجال التمويل والاستثمار وهو Modigliani-Miller يرى أن التحوط ليس ضرورة :

If the famous Modigliani-Miller propositions are correct , then the value of the firm is independent of any financial decisions , which include hedging [(1)].

فالكاتب هنا يرى أنه لو صحت افتراضات "Modigliani" الشهير لوسعنا القول إن قيمة المنشأة مستقلة تماما عن القرارات المالية، ومنها التحوط.

ومن الأمور التى يحتج بها على عدم حاجة المنشأة إلى التحوط هو أن ذلك شأن المساهمين وليس شأن الشركة، وأن بوسع هؤلاء التحوط للوصول إلى مزيج مقبول من العائد والمخاطرة

More acceptable combination of return and risk

ويرد على ذلك بالآتى :

1- أن المساهمين ليس لديهم القدرة على تقويم الأصول وجمع مخاطر الشركة القابلة للتحوط .Firm's hedgeable

2- أنه قد لا يكون بوسع المساهمين تحديد الفترات التى ترتفع فيها درجة المخاطر.

3- أنهم قد لا يكون بوسعهم تحديد عدد العقود المستقبلية اللازمة للتحوط من المخاطر الكلية.

4- أنه فضلا عما تقدم فإن هناك سببا آخر لقيام المنشآت ذاتها بالتحوط وهو التمتع بمزية

---

(1) Don M. Chance , An introduction to derivatives , Op., Cit., p.351-352

تخفيض الضرائب على أساس أن هذه المصروفات أيضا Tax-deductible (شأنها فى ذلك شأن استخدام الفائدة كأداة لخفض الضرائب من خلال تفضيل القروض على رأس المال المملوك (نظرية الرافعة المالية – Financial leverage).

5- وفضلا عما تقدم فإن التحوط أيضا يقلل من فرص الإفلاس probability of Bankruptcy.

استراتيجيات التحوط ضد المخاطر

هناك عدد كبير من الاستراتيجيات التى يتم استخدامها للتحوط ضد المخاطر، أو لتقليلها إلى أدنى حد ممكن. ولعل أهم تلك الاستراتيجيات الاستراتيجيتان الآتيتان :

1) استراتيجية التحوط القصير   Short Hedge

2) استراتيجية التحوط الطويل   Long Hedge

والمصطلحان المتقدمان يتم توظيفهما فى التمييز بين التحوط الذى ينطوى على مركز قصير Short position والتحوط الذى ينطوى على مركز طويل Long position

وسنحاول من خلال استعراض هاتين الاستراتيجيتين إزالة وجوه الخلط والالتباس الذى شاع بين كثير من الممارسين والدارسين سواء بسواء من حيث الدلالة ووجوه الاستخدام.

يدور استخدام مصطلح التحوط القصير والتحوط الطويل short hedge and long hedge أو المركز القصير والمركز الطويل short position and long position حول مسألة التسليم أو التسلم Making delivery or accepting delivery فإذا ما كنا بصدد التسلم فثمة مركز طويل، وإذا ما كنا بصدد التسليم فثمة مركز قصير.

فإذا ما كان المستثمر يحتفظ بمركز طويل فى السوق الحاضرة In the spot market، فإنه يكون ممتلكا للأصل ذاته، بينما الذى يحتفظ بمركز قصير فى ذات السوق فليس مالكا للأصل وإنما هو مقترض له، وعليه التزام برده لمن اقترضه منه، ولذلك فإن حيازته هنا سلبية.

ونتناول كل من هاتين الاستراتيجيتين بقدر أكبر من التفصيل :

321

التحوط القصير Short Hedge

فالشخص الذى يمتلك سلعة أو أحد الأصول، ويخشى انخفاض سعر هذه السلعة أو هذا الأصل، فإنه سوف يأخذ فى الاعتبار التحوط ضد انخفاض السعر من خلال الاحتفاظ بمركز قصير فى بورصة العقود المستقبلية short position in futures. فإذا انخفض السعر فى السوق الحاضرة spot market ، فإن السعر سوف ينخفض أيضا فى بورصة العقود المستقبلية. ويطلق على هذا التحوط، التحوط القصير لأن المتحوط يحتفظ بمركز قصير فى المستقبليات، بأن يتعاقد على بيع هذا الأصل فى بورصة العقود، ولو افترضنا أن سعر هذا الأصل اليوم هو 100$ وأنه تعاقد على بيع هذا الأصل فى بورصة العقود بذات السعر وهو 100$، فإذا انخفض السعر إلى 80$ فإن الخسارة التى منى بها نتيجة انخفاض السعر الذى فى حيازته سوف يعوضها الربح الذى سيجنيه من خلال العقد المستقبلى وبذات الفرق بين السعرين حيث سيكون بوسعه شراء هذا الأصل من السوق الحاضرة بسعر 80$ ويبيعه فى بورصة العقود وفقا للعقد بسعر 100$.

نقـــد وتعليـــق :

ولكننا نتساءل، أرأيت إن ارتفع السعر من 100$ إلى 120$ ؟ نستطيع أن نجزم هنا بأن المتحوط قد منى بخسارة رغم أن قيمة الأصل الذى فى حيازته قد ارتفعت وبنفس قيمة الخسارة التى منى بها نتيجة ارتفاع سعر الأصل إلى 120$ والتزامه بأن يبيعه بـ100$ فقط وفقا للعقد المبرم فى بورصة العقود المستقبلية.

وإذا قيل وأين الخسارة وقد ارتفعت فيه الأصل الذى فى حيازته بنفس القيمة، قلنا هى تكلفة الفرصة المضاعة فيما لو لم يتم التحوط حيث إن قيمة الأصل كانت ستواصل ارتفاعها دون أن يقابل ذلك التزاما يمثل خسارة على الجانب الآخر. ليس هذا فحسب، بل إن المشترى فى الأصل مضارب على الصعود فمن يشترى سهما فإنه يتوقع صعوده، فإذا ما صدقت توقعاته وارتفع السعر كانت سببا فى خسارته بسبب إقدامه على التحوط ضد انخفاض الأسعار، إذن التحوط هنا كان مجلبة للخسارة.

التحوط الطويل Long Hedge

ويطلق عليه أيضا التحوط التوقعى Anticipatory Hedge لأن المتحوط يتوقع شراء سلعة أو أصل نقدى Cash commodity من خلال السوق الحاضرة spot market فى تاريخ لاحق.

ويستهدف هذا النوع من التحوط تجميد أو تثبيت سعر الشراء to lock in purchase price ويستخدم التحوط الطويل لحماية المستثمر ضد انخفاض أسعار الفائدة [1].

فالشخص الذى يخطط لشراء سلعة ما فى تاريخ مستقبلى لاحق وهو يخشى أية زيادة فى سعر السلعة، قد يقوم بشراء عقد مستقبلى، فإذا ما ارتفع سعر السلعة، فإن السعر فى بورصة العقود المستقبلية سوف يرتفع أيضا وينتج ربحا سوف يعوض ولو جزئيا التكلفة المالية لشراء السلعة. وهذا ما يشار إليه بالتحوط الطويل لأن المتحوط يحتفظ بمركز طويل فى سوق المستقبليات Futures market.

ومثال آخر على ذلك حينما يقوم شخص ما بالبيع على المكشوف أى أنه يبيع ما لا يملك فى السوق الحاضرة وهو يتوقع انخفاض السعر، وعلى أمل أن يشتريها بالتالى بسعر منخفض ويربح الفرق بين السعرين، إلا أن البائع على المكشوف ليس على ثقة تماما من انخفاض السعر، فتقلبات السوق ليست مأمونة فيقرر شراء عقد مستقبلى Futures contract، فإذا ما ارتفع السعر فإنه سوف يحقق ربحا يغطى به الخسارة نتيجة البيع على المكشوف.

نقـــد وتعليـــق :

أرأيت إن انخفض السعر وهو ما يتفق وتوقعات المستثمر حين باع هذه السلعة على المكشوف، فإن الربح الذى يحققه نتيجة مطابقة النتائج للتوقعات يذهب سدى مع شرائه لتلك السلعة بسعر يزيد على سعرها الحالى وهو بالمفهوم الاقتصادي يعنى خسارة يقينية تتمثل فى الربح الذى كان قاب قوسين أو أدنى من تحقيقه لولا قيامه بالتحوط.وفوات فرصة تحقيقه لهذا الربح هو ذاته تكلفة الفرصة المضاعة The cost of lost opportunity.

مـــثال آخـــر

بفرض أن مدير محفظة يخطط لشراء سندات إحدى الشركات للشهر المقبل، إلا أنه كان يخشى فى ذات الوقت ارتفاع الأسعار قبل أن يشرع فى الشراء، فى هذه الحالة فإنه سوف يتعاقد على شراء

---

(1) Benton Gup - Robert Brook's , Op., Cit., p.113

هذا الأصل فى بورصة العقود المستقبلية كى يثبت السعر عند الحدود التى يرغب فيها to lock in the price.

فإذا ما ارتفع سعر هذه السندات من 1000$ إلى 1050$ فإن الزيادة فى السعر تمثل ربحا يقينيا للمستثمر، وتشير إلى أن المستثمر قد أفلت نتيجة تحوطه وتثبيته للسعر من خسارة مؤكدة.

نقـد وتعليـق :

وماذا لو اتجهت الأسعار فى اتجاه عكسى أو مغاير وانخفضت من 1000$ إلى 950$ ؟

لا شك أن المستثمر يمنى هنا بخسارة قدرها 50$ تمثل تكلفة الفرصة المضاعة فيما لو لم يلجأ إلى التحوط ضد ارتفاع الأسعار، وهو ما يعنى أن التحوط هنا كان مجلبة للخسارة.

فالتحوط هنا إنما ذهب بقيمة الوفورات التى كان المستثمر سيحققها بانخفاض السعر الحاضر فيما لو لم يلجأ إلى التحوط، بمعنى أن إنشاء عقد جديد ذهب بهذه الوفورات وهو ما يمثل خسارة هى ذاتها تكلفة الفرصة المضاعة.

بالنظر إلى المثال المتقدم، فإنه سوف يسترعى انتباهنا الآتى :

أن التغير فى السعر المستقبلى قد تم تعويضه بتغير مساوٍ ولكن فى الاتجاه العكسى أو المضاد فى السوق النقدية (السوق الحاضرة).

$$\Delta \text{ Cash price} = \Delta \text{ Future price}$$

$$\Delta C = \Delta F$$

ولكن ذلك مع افتراض أن التغير فى السعر كان متساويا تماما فى السوقين، ولكن هذا ليس صحيحا تماما، فثمة فروق بين السعرين.

ولأن التغيرات فى السعر للسلعة النقدية وأسعار العقود المستقبلية ليست متماثلة تماما، فمن الضرورى لتحديد عدد العقود أن يتم تعويض حساسية السعر.

وحساسية السعر يتم قياسها من خلال نسبة التحوط Hedge Ratio (HR) والتى يتم

احتسابها بقسمة النسبة المئوية للتغير فى الأداة النقدية على التغير فى النسبة المئوية للأداة المستقبلية[1].

$$HR = \frac{\%\Delta C}{\%\Delta F} \qquad (2)$$

وإذا افترضنا أن نسبة التغير فى السعر النقدى هى 12% وأن هذا التغير مقترن بتغير فى السعر المستقبلى هو 6%

∴ فنسبة التحوط = 12 % ÷ 6 % = 2

وتشير هذه النسبة إلى أن الأداة النقدية متقلبة ضعف تقلب الأداة المستقبلية .

وللحصول على الثمن المعادل نقوم بضرب نسبة التغير فى السعر المستقبلى فى نسبة التحوط.

To obtain price equivalency , multiply the change in the future price by the hedge ratio [3].

ويمكن الوصول إلى عدد العقود باستخدام ما يسمى بالتحوط المرجح weighted hedges والذى يعتمد على معامل التحول conversion factor [4].

The Basis

هذا ويطلق على الفرق بين سعر السوق الحاضرة present market والسوق المستقبلية future market مصطلح The basis.

[1] Benton , Op., Cit., p. 109-110

[2] The hedge ratio is the number of futures contracts one should use to hedge a particular exposure in the spot market. options & Futures , Op., Cit. , p.365

[3] Benton , Op., Cit. , p.110

[4] Ibid , p.110

The basis is the difference between the cash price and the future price [1].

ملخص " مواقف التحوط " Hedging Situations [2]

الحالة اليوم	المخاطرة	التحوط الملائم
حيازة أصل	احتمال انخفاض سعر الأصل	تحوط قصير
تخطيط لشراء أصل	احتمال ارتفاع سعر الأصل	تحوط طويل
بيع أصل على المكشوف	احتمال ارتفاع سعر الأصل	تحوط طويل
إصدار سندات بسعر معوم	احتمال ارتفاع سعر الفائدة	تحوط قصير
التخطيط لإصدار سندات	احتمال ارتفاع سعر الفائدة	تحوط قصير

بالنظر إلى الجدول المتقدم وعرضنا السابق لاستراتيجيات التحوط نخلص إلى الآتى :

1- العمليات التى تستهدف تصفية مخاطر انخفاض قيمة سلعة أو ورقة مالية أو تقليلها إلى أدنى حد ممكن هى من قبيل التحوط القصير [3].

2- العقود المستقبلية المشتراة للحماية من ارتفاع أسعار الأصول أو انخفاض أسعار الفائدة هى من قبيل التحوط طويل الأجل.

استراتيجيات تأمين المحافظ

وهناك استراتيجيتان أخريان تتعلقان بتأمين المحافظ Portfolio Insurance :

الاستراتيجية الأولى : هى استراتيجية التحوط الساكن Static Strategy.

الاستراتيجية الثانية : هى استراتيجية التحوط المتحرك Dynamic Strategy.

ونتناول فيما يلى هاتين الاستراتيجيتين من وجهة نظر مختلف الكتاب.

---

(1) Options & Futures , Op., Cit., p.336

(2) Don M. Chance , An introduction to derivatives , Op., Cit., p.355

(3) Dictionary of Finance and investment terms , Op., Cit., p.110

الاستراتيجية الأولى : استراتيجية التحوط الساكن

ويطلق عليها البعض مدرسة التحوط الساكن.

وتدور هذه الاستراتيجية أو فلسفة هذه المدرسة حول التقيد بتغطية المخاطر ساعة اتخاذ القرار فقط ودونما حاجة إلى متابعة، بما يعني أن الهدف من التحوط هنا هو تثبيت السعر حتى تاريخ الاستحقاق [1].

بينما عرف صاحب معجم المشتقات هذه الاستراتيجية بآلاتي :

" التحوط الساكن هو استراتيجية معترف بها. وتنطوي هذه الاستراتيجية على بيع محفظة الأسهم وشراء العدد المناسب من الشهادات التي تصدرها الشركات وتعطي لحاملها الحق في شراء أسهم أو سندات في تاريخ مستقبلي بسعر محدد مسبقا "warrants" على أن يتم وضع الفائض النقدي في وديعة بسعر فائدة ثابت على أن يعكس الوضع في نهاية السنة أو في أية فترة أخرى يتم اختيارها.

A static hedge is also a recognized strategy that would involve selling the equity portfolio, buying the appropriate number of warrants, putting the surplus cash on deposit at risk-free rates and reversing the trades at the end of a year or a whatever period has been selected [2].

الاستراتيجية الثانية : استراتيجية التحوط المتحرك

يطلق عليها البعض مدرسة التحوط المتحرك.

وتدور فلسفة هذه الاستراتيجية حول تحقيق عوائد إضافية بعد القيام بعملية التحوط، أي أنها تلجأ إلى تعديل مراكزها المتحوط ضدها نتيجة توقعاتها لاتجاهات أسعار الصرف أو سعر الفائدة أو قيمة الأصول، بمعنى أن يكون هناك نوعا من المضاربة على المراكز المغطاة [3].

---

(1) اتحاد المصارف العربية – الهندسة المالية – مرجع سابق ص 105

(2) Andrew Inglis Taylor, Dictionary of Derivatives, p. 96.

(3) اتحاد المصارف العربية – مرجع سابق – ص 105.

ووفقا لاستراتيجية التحوط المتحرك، فإنه يتعين أن يكون لدى الجهة التي تتعامل بهذه الاستراتيجية الدراية الكافية بالتعامل في هذه الأسواق، ومن لا دراية لهم بالتعامل في هذه الأسواق فعليهم بالتحوط الساكن [1].

أما معجم المشتقات فيتناول مفهوم التحوط المتحرك مع الاستعانة بمثال تطبيقي لتذليل المعاني وإزالة البهمة ووجوه الالتباس.

" لو فرض أننا بصدد تأمين محفظة للأوراق المالية. وأنه يمكن تقسيم الأصول المكونة لهذه المحفظة بين أصول خالية من المخاطرة كالسندات الحكومية، وأصول خطرة Risky Assets كالأسهم أو مؤشرات الأسهم المستقبلية Stock index futures في إطار استراتيجية التحوط المتحرك. النسبة بين الأصول الخطرة وغير الخطرة لن تظل ساكنة في ضوء تغيرات الأسعار. ففي التحوط المتحرك للعملة فإن نسبة التحوط لمحفظة العملة يتم تخفيضها كلما ارتفعت قيمة العملة، ويتم رفع هذه النسبة مع هبوط أسعارها، وهو ما يعني زيادة مستوى المناعة. وعملية التغير في الأوزان يتم وفقا لبرامج الحاسب الآلي والتي تم تصميمها لتأكيد حد أدنى للعائد المستهدف.

ومن مساوئ هذه الاستراتيجية أن برامج الحاسب الآلي سوف تستجيب لهبوط الأسعار بالتوصية باستراتيجية البيع مما يؤدي إلى زيادة هبوط الأسعار.

ويذكرنا صاحب المعجم هنا بما حدث في انهيار الأسواق العالمية في أكتوبر عام 1987 والذي يعزوه صاحب المعجم إلى برامج الحاسب الآلي الخاضعة لهذه الاستراتيجية والتي استتبعها سيل من البيع الآلي automatic heavy selling لمؤشر العقود المستقبلية، والتي بدورها دفعت الأسعار لمزيد من الانخفاض، لتدور في دائرة مفرغة (خبيثة) من الانخفاضات A vicious circle of declines مما ترتب عليها انهيار الأسواق العالمية.

(1) المرجع السابق – ص 105.

استراتيجية التحوط الجزئي مقابل التحوط الكلي [1]

Micro Hedging versus Macro Hedging

وثمة استراتيجيات أخرى تعتمد على ما إذا كان التحوط يتم على أحد أو بعض أصول أو خصوم المنشأة أم أن التحوط يشمل كافة أصول وخصوم المنشأة في مجموعها.

الأولى يطلق عليها التحوط الجزئي Micro Hedging، والأخرى يطلق عليها التحوط الكلي Macro Hedging.

في التحوط الجزئي يقع اختيار المنشأة على بعض الأصول والخصوم بغرض التحوط لها من حين لآخر. فالمنشأة التي تقوم على سبيل المثال بشراء إحدى المواد الخام قد تقوم بعمليات تحوط عليها دون غيرها من المواد الخام. بل إن نفس المادة قد تتحوط لها المنشأة في أوقات دون أخرى.

والتحوط الكلي إنما يحدث عندما تتحوط المنشأة لكافة المخاطر التي تتعرض لها. ولعل البنوك تفعل ذلك أحيانا على أساس تجانس الأنشطة التي تقوم بها.

ولكن لأنه من الصعب بالنسبة لأي منشأة أن تقرر كل ما تتعرض له من مخاطر، فإن أغلب المنشآت لا تلجأ إلى التحوط الكلي، وإذا ما قررت إحدى المنشآت أن تتحوط لكافة الأنشطة التي تقوم بها فليس هناك ما يدعو إلى استمرارية المنشأة. ذلك أن المنشآت إنما تتحوط لعدم تأكد مؤقت حول مستقبل سلعة معينة أو لتثبيت سعر قائم تستطيع من خلاله أن تحقق ربحا.

وهناك عدد من الخطوات التمهيدية التي ينبغي لمدير المحفظة أن يلتزم بها قبل الشروع في تنفيذ استراتيجيات التحوط، فمن خلال هذه الخطى يمكن للمدير أن يُقَوِّم ما يمكن إنجازه وكذا ما لا يمكن للتحوط إنجازه.

الخطوات التمهيدية للتحوط **Preliminary steps** [2]

1 – تحديد أي نوع من أنواع العقود المستقبلية هو أكثر أدوات التحوط تناسبا.

---

(1) Option & Futures, Op.,Cit., p.,365.

(2) Frank J. Fabozi, Bond Portfolio Management , p. 383.

The most appropriate hedging

The target of the hedge	2 – تحديد الهدف من التحوط
Effectiveness of the hedge	3 – تقدير مدى فعالية التحوط
Absolute Risk	4 – تحديد المخاطر الكلية للمركز الذي تم التحوط له
The proper hedge Ratio	5 – تحديد نسبة التغطية الصحيحة أو الملائمة

مخاطر استخدام أدوات المشتقات
في التحوط ضد الأخطار

نظرا لما ينطوي عليه استخدام أدوات المشتقات من مخاطر لذلك فإن استخدامها كأداة للتحوط ضد المخاطر كان مدعاة لانتقادات عنيفة من جانب العديد من الكتاب.

وسوف نشرع ابتداء بعرض مختلف الانتقادات التي تناولتها الأسفار العلمية المتخصصة بما فيها كتابات أكثر الكتاب تحمسا للمشتقات المالية.

أولا: المخاطر الائتمانية

هي المخاطر المتمثلة في الخسائر الناتجة عن نكوص أحد الأطراف عن الوفاء بالتزاماته الناشئة عن أحد عقود المشتقات المالية [1] وقد أصبحت مخاطر الائتمان مصدر قلق وإزعاج للمتاجرين في المبادلات والمشتقات في السوق غير الرسمية.

Credit risk is a major concern to swaps and derivative dealers. The –over – the – counter derivatives are not immune from credit risk [2].

ثانيا : مخاطر السيولة Liquidity Risk

أما مخاطر السيولة فتتحقق عند عدم تمكن البائع من الحصول على ثمن الأوراق محل التعاقد في موعدها مما قد يضطره إلى الاقتراض أو تسييل Liquidating بعض أصوله حتى يتمكن من مقابلة التزاماته قبل الغير، وكذلك يتعرض الشاري لذات المخاطرة عند قيامه بالوفاء بثمن الأوراق التي تعاقد على شرائها دون أن يتمكن من حيازة الأوراق المتعاقد عليها في موعدها. في هذه الحالة أيضا قد يضطر إلى اقتراض الأوراق محل العقد أو الدخول في عقد جديد [3] .

---

[1] اتحاد المصارف العربية – الهندسة المالية - مرجع سابق ص 22 - 25

(2) Don M. Chance, An Introduction to Derivatives, Op., Cit., PP 529 – 531.

(3) Consultative Report , Bank for International Settlements, Switzerland , January 2001., p39.

ثالثا : مخاطر الإحلال Replacement Risk

أما مخاطر الإحلال فلا تتعلق بإخفاق أحد الأطراف في الوفاء بالتزامه خلال فترة التسوية، وإنما بعدم قدرته على الوفاء بهذا الالتزام مطلقا، وهو الأمر الذي يضطر معه الطرف الآخر إلى الدخول في عقد جديد حتى يتمكن من الوفاء بالتزاماته قبل الغير مع تحمله لخسائر جسيمة والتي تتمثل في الفرق بين سعر التعاقد وسعر السوق للأوراق المتعاقد عليها (1).

رابعا : مخاطر تشغيلية Operational Risk

تنشأ المخاطر التشغيلية من خلال عمليات التسوية والمقاصة نتيجة عدم كفاءة نظم المعلومات أو الرقابة الداخلية، والإخفاق في إجراء عمليات التسوية والمقاصة بكفاءة عالية الأمر الذي يترتب عليه خسائر للمشاركين في السوق لم يكن في وسع أحد التنبؤ بها نتيجة التأخير في التسوية أو الأخطاء، أو الغش.

Sources of operational risk arising in the clearing and settlement process. Potential operational failures include errors , or delays in transaction processing, system deficiencies, fraudulent activities [2].

---

(1) Bis, Op.,Cit., p. 39

(2) Ibid , p. 39.

ومن غرائب الأمور أنه بينما أوصى بنك التسويات الدولية بأن تتم عمليات التسوية بين المتعاملين فور عقد الصفقات وفي ذات يوم التداول No latter than trade date T + O وذلك بغرض إيجاد حل للمخاطر التي تتعرض لها أسواق المشتقات الدولية على وجه الخصوص، إلا أن ظاهر هذه التوصية يصرف الأنظار عن حقيقتها، فالتقرير يحرص في التوصية الخامسة على إنجاز الهدف المعلن بأن تتم التسوية في ذات اليوم لا من خلال تملك البائع لما يبيعه، ولا لتملك الشاري للثمن الذي يبذله، ولكن من خلال السماح بالتعامل على المكشوف لتيسير عمليات الإقراض والاقتراض حتى يتمكن أطراف العقد من إتمام التسوية في نفس اليوم، ولهذا يدعو في هذه التوصية إلى الآتي :

يجب تشجيع عمليات الإقراض والاقتراض كوسيلة للتعجيل بتسوية عمليات الأوراق المالية، و أما عن الحواجز التي تعوق عمليات إقراض الأوراق المالية فينبغي إزالتها. هذا رغم أن التقرير ذاته يشير في ص 12 إلى = = أن عمليات الإقراض لمساندة البيع على المكشوف يعد أمرا غير مشروع في بعض الظروف وبعض الأسواق لبعض الدول. (Bis. Op., Cit., P. 11)

خامسا : مخاطر قانونية   Legal Risks

وترجع هذه المخاطرة إلى كون هذه العقود ليست ملزمة قانونا وبمعنى آخر ليس لها قوة التنفيذ وتصبح عملية الالتزام أكثر صعوبة إذا كانت العقود دولية.

Legal Risk : The risk that derivatives contracts are not legally enforceable [1] .

سادسا : مخاطر سوقية   Market Risk

ذلك أن كل تغير في حركة الأسعار في السوق النقدية (أو الحاضرة) يقترن بتغير مماثل في أسواق العقود المستقبلية باستثناء الفوارق الطفيفة في الأسعار الناتجة عن حساسية السوق، وهذا بدوره يؤدي إلى إضعاف المركز المالي للمنشأة والناشئ عن مركزها في المشتقات.

Market Risk: The risk that movement in financial market prices impair or firm's financial condition due to its position in derivatives [2] .

سابعا : التقليل من فعالية السياسة النقدية

Reducing of the effectiveness of momentary policy

فأحد الانتقادات الموجهة للمشتقات أنها تسمح لرجال ومؤسسات الأعمال بالتوسع في استخدام الرفع المالي وطلب القروض وتجاهل القيود التي تفرضها سياسة النقد الغالي Tight or Dear money policy باعتبارها سياسة انكماشية تستهدف الحد من التوسع في منح الائتمان، و أن استخدام المشتقات يسمح للمقترضين بتأجيل أو إرجاء (to defer) تأثير أسعار الفائدة واستمرارهم في التوسع في أنشطة الاقتراض بما يتعارض مع السياسات التي تقررها السلطات النقدية [3] .

---

(1) The Journal of Finance, vol.54. No.4. Aug 1999, pp 1465 – 1498.

(2) Ibid, pp 1465 – 1498.

(3) Hong Kong Bulletin, Monetary Authority May, 1995, Derivatives boon or bane, p.37.

ثامنا : تحرك السعر في الاتجاه العكسي للتحوط

Prices move in the opposite direction

إن احتمال تحرك سعر الأصل، أو السلعة أو أسعار الصرف، أو أسعار الفائدة في غير الاتجاه الذي تم التحوط له، أي في الاتجاه العكسي للتحوط أمرٌ وارد، وهو الأمر الذي يعني أن التحوط قد يكون مجلبة للربح، كما قد يكون مجلبة للخسارة.

In some cases, the price of the commodity being hedged and that of the future contract move in opposite direction. Then hedge will produce either a profit or a loss on both the spot and the futures positions [1] .

تاسعا : مخاطرة الكمية   **Quantity Risk**

لو افترضنا أن مزارعا يرغب في تثبيت السعر to lock in price الذي سوف يباع به المحصول الذي لم يحصد بعد، المزارع قد يبيع عقدا مستقبليا، وحينئذ ينشئ سعرا مستقبليا للمحصول. ولكن ما لا يعرفه المزارع ولا يستطيع أن يتحوط له هو عدم العلم أو التنبؤ أو التأكد من حجم المحصول.

وهكذا قد يتحول إلى بائع على المكشوف، وقد لا تعوضه تقلبات الأسعار عن الأضرار التي يمكن أن تحيط به فيما يعرف بخنق المكشوف squeezing the shorts

وهنا يتوقف هذا المزارع قبل عملية التحوط متسائلا to hedge or not to hedge وهو ما يؤكد أن التحوط يمكن أن يضاعف من المخاطر الكلية thus the hedge actually can increase the overall risk [2] وأن التحوط قد لا يكون هو الاستراتيجية الصحيحة للتعامل مع المخاطر غير المرغوب فيها.

عاشــرا : إن انهيار أحد البنوك بسبب المتاجرة في المشتقات قد يؤثر تأثيرا جوهريا على النظام

---

(1) Chance, Option & Futures, Op.,Cit., p. 361.

(2) Chance, An Introduction to Derivatives, Op.,Cit., p. 359.

المصرفي الدولي كله.

It is feared that a bank's failure caused by derivatives trading could have major impact on international banking system [(1)].

حادي عشر : إن من يشتري عقد خيار شراء "Call Option" أو عقد الحد الأقصى لسعر الفائدة "Cap" تكون خسارته محدودة بقدر ثمن الخيار الذي يدفعه، أو ثمن شراء عقد السقف "Cap" الذي يدفعه للطرف الثاني، بينما خسائر من يكتب عقد الخيار أو يبيع عقد الحد الأقصى للفائدة خسائر غير محدودة، والمخاطرة قد تكون جسيمة.

ثاني عشر : يقر أغلب الكتاب الغربيين أن أدوات المشتقات من جنس الرهان، فقد ذهب Elton Gruber إلى القول " إن العقود المستقبلية وعقود الاختيارات إنما تمثل جانب الرهان على أداء ورقة مالية أو حزمة من هذه الأوراق " [(2)].

وذهب اتحاد المصارف العربية إلى القول :

" إن عمليات الخيار من قبيل الرهان والقمار الحقيقي وهو علم له أصوله وفنونه ولاعبوه ونتائجه " [(3)].

وذهب " جاك كلارك فرانسيس " إلى تأكيد المعنى المتقدم فذكر أن الخيارات على مؤشرات الأسعار تعد أسلوبا مفيدا لتقليل مخاطر السوق، وببساطة للمراهنة على اتجاهات السوق وحركة الأسعار [(4)].

ثالث عشر: ذهب عدد كبير من الكتاب إلى أن عقود المشتقات من عقود القمار : فذهب "بيتر دراكر" إلى القول :

" إن المنتجات التي ظهرت خلال الثلاثين عاما الماضية كانت في الغالب مشتقات مالية، زعموا

---

(1) Hong Kong Bulletin, Op., Cit., p.38.

(2) Elton Gubor, Op., Cit., p.18.

(3)اتحاد المصارف العربية - الهندسية المالية - مرجع سابق - ص 135

(4) Jack Clark Francis, Op., Cit., p. 651.

إنها علمية، لكنها في حقيقة الأمر لم تكن أكثر علمية من أدوات القمار في " لاس فيجاس" أو " مونت كارلو" [1].

بل وذهب بعض الكتاب في انتقاداتهم للمشتقات إلى أن المتعاملين في هذه الأسواق قد وصفوا بأنهم أكثر من مقامرين [2].

وذهب البعض في إدانة هذه الأدوات ووصفها بأنها من قبيل القمار المقنن إلى القول :

" إنه لن يكون بالوسع الإفلات من النقد الموجه إلى عقود الخيار والعقود المستقبلية بأنها تسهم في رعاية القمار المقنن "

" Futures and options markets probably will never scape the criticism that they foster legalised gambling " [3].

ويذكر نفس الكاتب في وجوه النقد الموجهة للمشتقات الآتي :

" إن أسواق المشتقات قد لقيت نقدا عنيفا من غير المتعاملين فيها، شاملة الاتهام أن تلك الأنشطة هي في الحقيقة من القمار المقنن [4]، بل أعلن " جورج سوروس " أن بعض أدوات المشتقات قد تم تصميمها خصيصا لتمكين المؤسسات الاستثمارية من المقامرة، وأنه لم يكن بوسع هذه المؤسسات ممارستها قبل السماح لها بذلك ".

رابـــع عشـــر : ليس هناك ما هو أدحض في الدليل من أن تكون أرباح أحد الأطراف تمثل خسارة الطرف الآخر " One investor's gains are another's losses [5].

ويتفق مع كل الكتاب المتقدمين Henry Emery أن هذه العقود من عقود القمار وأن ما يخسره طرف ما هو مكسب الطرف الآخر

---

(1) Peter Drucker, Op., Cit., p 27.

(2) Chance, Introduction to Derivatives, p.12.

(3) Chance, An Introduction to Derivatives, p.12.

(4) Ibid, p.14.

(5) Ibid, p.12.

" One party must lose just what the other wins" [1].

خامس عشــر : إن أسواق العقود المستقبلية والاختيارات قد لعبت دورا مدمرا في أحداث الانهيار الذي اجتاح الأسواق العالمية في 19 أكتوبر 87، والذي كان أشد سوءا من أحداث الانهيار الذي اجتاح هذه الأسواق عام 29 [2].

سادس عشــر : إن التحوط ضد المخاطر لا يترتب عليه درء المخاطر أو حتى تقليلها بل تظل باقية على ما هى عليه، وإنما ينصرف الأمر إلى مجرد تحويل المخاطرة من الشخص أو الجهة التي لا ترغب في تحملها إلى الشخص أو الجهة التي تسعى في طلبها وتبذل الأموال لزيادتها، وما ينطبق على المشتقات هنا ينطبق أيضا على التأمين ضد حوادث السرقة، والحريق، والكوارث الطبيعية، وتأمين النقل البحري والجوي والبري، والتأمين ضد مخاطر المسئولية المدنية للأطباء، والصيادلة، والمحامين.

ونسوق هنا من قبيل الإيجاز النصوص التي تناولها كتاب الغرب في هذا الصدد على سبيل الإشارة وليس على سبيل الحصر.

1- The traditional function of the future market is to shift the risk of price changes from those who do not want it (hedgers) to those who do want it [3].

2- Options and futures markets allow the transfer of risk from those wanting to remove or decrease it , to those wanting to assume or increase risk [4].

3- Derivative markets enable those wishing to reduce their risk to transfer it to

---

(1) Edward Chancellor, the devil, Op., Cit., p.2007.

(2) The paribas derivative handbook, Op., Cit., p.13.

(3) Benton Gub, Op., Cit., p. 105.

(4) Chance, Options & Futures, Op.,Cit., p.12.

those wishing to increase it [1].

3- Derivatives products serve principally to shift risk from one investor or group of investors to another without necessitating the sale of underlying assets [2].

سـابع عشـر : انتهينا من خلال هذا المبحث إلى أن صناعة المخاطر قد تم ولوجها إلى ساحة المعاملات الدولية، وأن الذي قام بصناعة أدواتها هي مراكز البحث والابتكار والمهندسون الماليون، وأن الذي قام بصناعة أدوات التحوط ضد هذه المخاطر هي ذات الجهات. وقد كان ذلك سببا في توجيه النقد العنيف إلى هذه الأدوات من قبل العديد من الكتاب والذين انتهوا إلى أن " العديد من الابتكارات المزعومة ليست سوى بدعة أو أكذوبة كبرى Giant fad مدفوعة من قبل المؤسسات الاستثمارية لأنها تترقب من وراء هذا النشاط الضخم أرباحا وفيرة " [3].

ثامن عشـر : ليس هناك ما هو أدل على زيف الأدوات التي قدمتها مراكز البحث والابتكار، وأنها من جنس الرهان والقمار، وأن هذه الأدوات تنطوي على مخاطر جسيمة تضر بالمؤسسات المالية والقوى الإنتاجية .... ليس هناك ما هو أدل على ذلك من عدم السماح للأمريكيين بالتعامل في أسواق العقود المستقبلية على أوراق الشركات الأمريكية، أما غير الأمريكيين فقد تم تقديم كافة التسهيلات لهم من خلال مد عدد ساعات العمل لتغطية فروق التوقيت في مختلف بقاع المعمورة وهو ما تناوله "Madura" تحت عنوان

"Non-U.S participation in U.S. Futures Contracts"

تاسـع عشـر : من خلال تناولنا لأدوات المشتقات خلال رحلة البحث ودور هذه الأدوات في التحوط ضد المخاطر أثبتنا عدم جدوى التحوط، و أنه قد ينطوي على خسارة، و أن عدم التحوط قد يكون أجدى من التحوط، فضلا عن أنه إذا ما ثبت أن هذا التحوط كان فيه مجلبة لمصلحة أو منفعة فإنه ينطوي في ذات الوقت على مخاطرة للطرف الآخر، فما كان ربحا لأحد الأطراف فهو خسارة الطرف الآخر وهو ما لا يتحقق إلا في عقود القمار.

---

(1) Don M. Chance, Derivatives Markets, Op., Cit., p.12.

(2) Jack Clark Francis, the hand book of Equity Derivatives, Op., Cit., p. 444.

(3) Robert Merton, Financial Engineering, Op.,Cit., p.3.

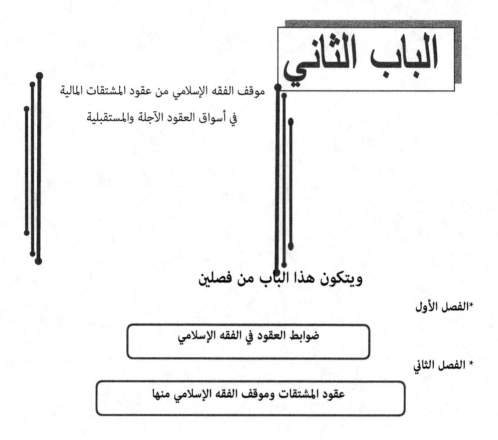

الباب الثاني

موقف الفقه الإسلامي من عقود المشتقات المالية

في أسواق العقود الآجلة والمستقبلية

ويتكون هذا الباب من فصلين

*الفصل الأول

ضوابط العقود في الفقه الإسلامي

* الفصل الثاني

عقود المشتقات وموقف الفقه الإسلامي منها

339

الفصل الأول
ضوابط العقود في الفقه الإسلامي

يتكون هذا الفصل من أربعة مباحث :

المبحث الأول : العقد في الفقه الإسلامي

المبحث الثاني : دور الإرادة في حرية التعاقد وإنشاء العقود وما يترتب عليها من آثار

المبحث الثالث : أقسام العقود

المبحث الرابع : الغرر وأثره في صحة عقود البيع في الفقه الإسلامي

المبحث الأول
العقـــد
فى الفقـــه الإســـلامى

تمهيــد

لا بد للحياة من ضوابط ، وبدونها تضطرب الحياة ولا تستقيم وتشيع الفوضى ، وتنتهك الحرمات ، وتستباح الأعراض ، وتستلب الأموال ، وتغتصب الحقوق ، وتقوض المصالح ، وتعم المفاسد ، ويسود الظلم ، وتنعدم المروءة ، وتعم البلوى .

وتلك الضوابط من شأنها الارتقاء بالسلوك الإنساني على وجه العموم ، والسمو بأفعال وتصرفات البشر على وجه الخصوص ، إلى القدر الذي يليق بتكريم الخالق العظيم لبنى آدم وتفضيله لهم على كثير من خلقه بنعمة العقل والعلم والنطق ، وبما أودعه اللـه سبحانه وتعالى فى الإنسان من الأسرار التى استأهل بها الخلافة فى الأرض وعمارتها .

يقول اللـه سبحانه وتعالى : ﴿ ۞ وَلَقَدْ كَرَّمْنَا بَنِيٓ ءَادَمَ وَحَمَلْنَٰهُمْ فِي ٱلْبَرِّ وَٱلْبَحْرِ وَرَزَقْنَٰهُم مِّنَ ٱلطَّيِّبَٰتِ وَفَضَّلْنَٰهُمْ عَلَىٰ كَثِيرٍ مِّمَّنْ خَلَقْنَا تَفْضِيلًا ۝٧٠ ﴾ [الإسراء: 70] .

ومن تلك الضوابط ما يتعلق بحياة الإنسان مع نفسه التى بين جنبيه ، ومنها ما يتعلق بحياته مع غيره من الناس من الأقربين والأبعدين ؛ من الأهل والعشيرة ، من الجماعة والأمة ومن الأصدقاء والأعداء . ومنها ما يتعلق بحياته مع ربه ومولاه الذي خلقه فسواه .

والإسلام يقيم هذه الضوابط فى حياة الناس ويكفل لها الاحترام الواجب فلا تنتهك ، ولا يترك الأمر فيها للأهواء والشهوات ، ولا للمصالح المتعارضة ، التى يراها فرد أو جماعة أو حتى جيل بأسره . ففى تلك الضوابط التى أقامها صاحب الشرع الحنيف مصلحة العباد ولو رأى الناس جميعا أن المصلحة فى غيرها ، وحسبنا أن نتلو قول اللـه سبحانه وتعالى :

﴿ قُلْ ءَأَنتُمْ أَعْلَمُ أَمِ ٱللَّهُ ﴾ [البقرة: 140] .

﴿ إِن يَتَّبِعُونَ إِلَّا ٱلظَّنَّ وَمَا تَهْوَى ٱلْأَنفُسُ ﴾ [النجم: 23] .

﴿ وَٱللَّهُ يَعْلَمُ وَأَنتُمْ لَا تَعْلَمُونَ ۝١٩ ﴾ [النور: 19] .

﴿ ثُمَّ جَعَلْنَٰكَ عَلَىٰ شَرِيعَةٍ مِّنَ ٱلْأَمْرِ فَٱتَّبِعْهَا وَلَا تَتَّبِعْ أَهْوَآءَ ٱلَّذِينَ لَا يَعْلَمُونَ ﴿١٨﴾ ﴾ [الجاثية: 18]

والعقد أحد مصادر الالتزام فى الفقه الإسلامي ، ومن هذه العقود عقد البيع ، وهو أهم العقود الناقلة للملكية ، وأكثرها دورانا فى المعاملات ، ومساسا بحياة الناس ، فى مأكلهم ، ومشربهم، وملبسهم ، وتجارتهم ، ومبادلاتهم وكل ما تقوم به حياتهم .

والبيع نظام دنيوى :

قال اللـه تعالى : ﴿ **يَٰٓأَيُّهَا ٱلَّذِينَ ءَامَنُوٓاْ أَنفِقُواْ مِمَّا رَزَقْنَٰكُم مِّن قَبْلِ أَن يَأْتِيَ يَوْمٌ لَّا بَيْعٌ فِيهِ وَلَا خُلَّةٌ وَلَا شَفَٰعَةٌ وَٱلْكَٰفِرُونَ هُمُ ٱلظَّٰلِمُونَ ﴿٢٥٤﴾** ﴾ [البقرة: 254] .

قال تعالى : ﴿ **قُل لِّعِبَادِيَ ٱلَّذِينَ ءَامَنُواْ يُقِيمُواْ ٱلصَّلَوٰةَ وَيُنفِقُواْ مِمَّا رَزَقْنَٰهُمْ سِرًّا وَعَلَانِيَةً مِّن قَبْلِ أَن يَأْتِيَ يَوْمٌ لَّا بَيْعٌ فِيهِ وَلَا خِلَٰلٌ ﴿٣١﴾** ﴾ [إبراهيم: 31] .

والبيوع ليست ذات طبيعة واحدة ، فبعضها ينعقد على أصول مادية أى عينية ، وبعضها يتم على أصول مالية حاضرة تترتب عليها آثارها وأحكامها فور إنشائها ، والبعض الآخر يتم على أصول مالية غير حاضرة لا تترتب عليها آثارها ولا أحكامها ، ولا يتحقق انعقادها ولا وجودها فى نظر الشارع على ما سوف نرى ، وهذه ما تسمى فى أسواق العقود المستقبلية بالبيوع الآجلة .

والبيع فى اللغة يختلف عن البيع فى الاصطلاح .

أولا : البيع فى اللغة :

والبيع فى اللغة ضد الشراء ، والبيع هو الشراء أيضا ، وهو من الأضداد ، وبعت الشىء أى اشتريته ، وفى الحديث « **لا يبع أحدكم على بيع أخيه** » - قال أبو عبيدة أى لا يشترِ على شراء أخيه ، فوقع النهى هنا على المشترى لا على البائع [1] ويقال للمشترى والبائع "بيعان" ، لقوله صلى اللـه عليه وسلم « **البيعان بالخيار مالم يتفرقا** » والحديث رواه الشيخان بالاتفاق .

---

(1) لسان العرب لابن منظور مادة بيع.

ثانيا : البيع فى الفقه الإسلامي :

للبيع فى الفقه الإسلامي معنيان أحدهما عام والآخر خاص : أما البيع بمعناه العام فهو معاوضة مال بمال تمليكا وتملكا على التأبيد ، وهذا المعنى يشمل المقايضة والصرف والسلم والبيع [1] ، وأما البيع بمعناه الخاص فيعرف بأنه معاوضة عين بدين تمليكا وتملكا على التأبيد [2]. ويسمى هذا البيع بالبيع المطلق بمعنى أنه إذا أطلق لفظ البيع انصرف معناه إلى هذا المعنى الخاص .

مشروعية البيع :

والبيع جائز شرعا بنص القرآن والسنة والإجماع ، أما القرآن فلقوله تعالى : ﴿ وَأَحَلَّ ٱللَّهُ ٱلْبَيْعَ ﴾ [البقرة: 275] وقوله تعالى : ﴿ وَأَشْهِدُوٓا۟ إِذَا تَبَايَعْتُمْ ﴾ [البقرة: 282]، وأما السنة فلقوله صلى الله عليه وسلم «**البيعان بالخيار ما لم يتفرقا** » [3] ، وقوله : « **رحم الله رجلا سمحا إذا باع وإذا اشترى وإذا اقتضى**» [4] ، وأما الإجماع فقد أجمع المسلمون " أن من باع معلوما من السلع حاضرا بمعلوم من الثمن ، وقد أحاط البائع والمشترى بالسلعة معرفة ، وهما جائزا الأمر أن البيع جائز" [5] .

وقد عرف ابن قدامة البيع على الوجه التالي :

البيع : مبادلة المال بالمال ، تمليكا ، وتملكا. واشتقاقه : من الباع ، لأن كل واحد من المتعاقدين يمد باعه للأخذ والإعطاء . ويحتمل أن كل واحد منهما كان يبايع صاحبه ، أي يصافحه عند البيع ، ولذلك سمي البيع صفقة . وقال بعض أصحابنا : هو الإيجاب والقبول ، إذا تضمن عينين للتمليك . والبيع جائز بالكتاب والسنة والإجماع . أما الكتاب ، فقول الله تعالى : ﴿ وَأَحَلَّ ٱللَّهُ ٱلْبَيْعَ ﴾ [البقرة: 275] .

وقوله تعالى : ﴿ وَأَشْهِدُوٓا۟ إِذَا تَبَايَعْتُمْ ﴾ [البقرة: 282] وقوله تعالى :

---

(1) د. عبد الناصر توفيق العطار ، مرجع سابق ص 56

(2) ثمن البيع فى الفقه الإسلامي هو دين " أى شىء موصوف فى الذمة سواء كان من النقود أو غير النقود - المرجع السابق ص ، 59 .

(3) رواه الشيخان بالاتفاق كما رواه ابن عمر وحكيم ابن حزام - انظر اللؤلؤ والمرجان باب الصدق فى البيع والبيان.

(4)رواه البخارى عن جابر ، انظر البخارى بشرح السندى ، باب السهولة والسماحة فى الشراء والبيع - ص 27 - ج5 .

(5) الإجماع لابن المنذر - ص 94 - ط دار الأوقاف الجديدة - بيروت .

﴿ إِلَّآ أَن تَكُونَ تِجَٰرَةً عَن تَرَاضٍ مِّنكُمْ ﴾ [النساء: 29] وقوله تعالى : ﴿ لَيْسَ عَلَيْكُمْ جُنَاحٌ أَن تَبْتَغُواْ فَضْلًا مِّن رَّبِّكُمْ ﴾ [البقرة: 198] وروى البخاري ، عن ابن عباس ، قال : كانت عكاظ ومجنة ، وذو المجاز ، أسواقا في الجاهلية ، فلما كان الإسلام تأثموا فيه فأنزلت : ﴿ لَيْسَ عَلَيْكُمْ جُنَاحٌ أَن تَبْتَغُواْ فَضْلًا مِّن رَّبِّكُمْ ﴾ . يعني في مواسم الحج. وعن الزبير نحوه .

وأما السنة ، فقول النبي صلى الله عليه وسلم : « **البيعان بالخيار ما لم يتفرقا** ».[1] متفق عليه . وروى رفاعة أنه خرج مع النبي صلى الله عليه وسلم إلى المصلى ، فرأى الناس يتبايعون ، فقال : « يامعشر التجار ، فاستجابوا لرسول الله صلى الله عليه وسلم ورفعوا أعناقهم وأبصارهم إليه ، فقال : « إن التجار يبعثون يوم القيامة فجارا إلا من بر وصدق » .[2] قال الترمذي : هذا حديث حسن صحيح . وروى أبو سعيد ، عن النبي صلى الله عليه وسلم أنه قال : « التاجر الصدوق الأمين مع النبيين والصديقين والشهداء » [3]. قال الترمذي : هذا حديث حسن في أحاديث كثيرة سوى هذه . وأجمع المسلمون على جواز البيع في الجملة ، والحكمة تقتضيه ، لأن حاجة الإنسان تتعلق بما في يد صاحبه ، وصاحبه لا يبذله بغير عوض ، ففي شرع البيع وتجويزه شرع طريق إلى وصول كل واحد منهما إلى غرضه ، ودفع حاجته [4] .

العقد فى الفقه الإسلامى

نظرا لإن العقد هو أحد مصادر الالتزام فى الفقه الإسلامي ، كما أنه أحد مصادر الالتزام فى القوانين الوضعية . فقد يكون من المفيد أن نصدّر هذا المبحث بمفهوم الالتزام ومصادره فى القوانين الوضعية التى تطبق نصوصها وأحكامها أغلب الدول العربية والإسلامية مع المقارنة بمفهوم الالتزام فى الفقه الإسلامي و الذى فقدت فى غيابه هذه الأمة أعز ما تملك من تراث أثرى الحياة البشرية كلها .

---

(1) الحديث رواه البخاري ومسلم بالاتفاق ، انظر اللؤلؤ والمرجان فيما اتفق عليه الشيخان ، باب ثبوت خيار المجلس للمتبايعين ، كتاب البيوع ص 136 .

(2) و (3) الحديثان رواهما الترمذي في كتاب البيوع ، وابن ماجة في التجارات ، والدارمي في كتاب البيوع ، انظر موسوعة فقه الحديث .

(4) المغني لابن قدامة، كتاب البيوع ، الجزء الرابع ، مسألة 2751، ص 1.

أولا : مفهوم الالتزام في القوانين الوضعية

1) تعريف الالتزام :

ويعرف الالتزام "L'obligation" بأنه رابطة قانونية ما بين دائن ومدين ، يكون للأول بمقتضاها أن يطالب بإعطاء شيء ، أو القيام بعمل ، أو بالامتناع عن عمل .[1] ويذكر الدكتور عبد الرزاق السنهوري أن الحق في الفقه الغربي المشتق من القانون الروماني إما شخصي وإما عيني ، أما الحق الشخصي أو " الالتزام " فهو رابطة ما بين شخصين دائن ومدين ، بمقتضاها يطالب الدائن المدين بإعطاء شيء أو القيام بعمل ، أو بالامتناع عن عمل . أما الحق العيني فهو سلطة يعطيها القانون لشخص على عين بالذات [2].

أما الدكتور محمد لبيب شنب فيعرف الالتزام بأنه واجب قانوني على شخص معين يسمى الملتزم أو المدين ، بمقتضاه يكون على هذا الشخص أن يقوم بأداء مالي لمصلحة شخص آخر يسمى الدائن [3].

المذهب المادي للالتزام

كان جوهر الالتزام قديما يكمن في طرفيه : الدائن والمدين ، ولذلك كان الالتزام يعتبر رابطة شخصية بين هذين الطرفين ،بحيث لا يمكن تصور نشوء الالتزام إلا إذا وجد الدائن والمدين ، وتعين كل منهما بذاته ،ولم يكن متصورا بقاء الالتزام بعد نشوئه إلا إذا بقى هذان الطرفان .

أما في الوقت الحاضر فالعنصر الأساسي في الالتزام ليس طرفاه ،بل محل الالتزام ،أي الأداء الذي يتعين على المدين القيام به لمصلحة الدائن ،فهذا الأداء هو الذي يحدد القيمة الاقتصادية للالتزام ،ومن ثم أمكن تصور نشوء الالتزام رغم عدم وجود دائن أو رغم عدم تعيين الدائن . كذلك أمكن تصور بقاء الالتزام قائما رغم تغير أحد طرفيه أو كليهما وهذا هو المذهب المادي

---

(1) د. محيى الدين إسماعيل علم الدين – نظرية العقد مقارنة بين القوانين العربية والشريعة الإسلامية الطبعة الثالثة – ص 5 .

(2) د. عبد الرزاق السنهوري ، مصادر الحق في الفقه الإسلامي ، ج 1- ص 13 .

(3) د. محمد لبيب شنب ،مرجع سابق ،ص3.

للالتزام الذي أخذت به التشريعات الحديثة ،والذي تأخذ به الشريعة الإسلامية منذ ما يزيد عن ألف عام.[1] وعقب الدكتور عبد العظيم شرف الدين على تعريف الالتزام في الفقه الإسلامي في المادة 168 (مرشد الحيران) أنه يبدو أن الطابع المادي للالتزام واضح في نزعة الفقه الإسلامي في تصويره لفكرة الالتزام .[2]

أنواع الالتزام

يقسم الالتزام عادة من زاويتين من حيث موضوعه ومن حيث مصدره .

أولا: تقسيم الالتزام من حيث موضوعه

1) الالتزام بإعطاء أو عمل أو امتناع عن عمل

أ - الالتزام بإعطاء

الالتزام بإعطاء يعني التزام المدين بنقل ملكية شيء ،أو بترتيب حق عيني للدائن على شيء. ويرى الدكتور محيي الدين إسماعيل أنه لما كان نقل الملكية يتم كقاعدة عامة بمجرد انعقاد العقد فإن الالتزام بإعطاء الشيء ينفذ في نفس اللحظة التي ينشأ فيها.

ب - الالتزام بعمل

أما الالتزام بعمل فهو يوجب على المدين القيام بعمل معين لصالح الدائن كالتزام رسام بأن يرسم لوحة أو التزام عامل بأن يحضر في مواعيد معينة لدى رب العمل للقيام بما يكلفه به[3] والتزام الوكيل بإبرام تصرف قانوني لحساب الموكل والتزام المقاول بإقامة بناء [4].

ولكن الدكتور عبد المنعم فرج الصده له رأي آخر فتحت عنوان : الفرق بين الالتزام بإعطاء والالتزام بعمل ، قال " قد يتبادر إلى الذهن لأول وهلة أنه يقصد بالالتزام بإعطاء ، الالتزام

---

(1) د . محمد لبيب شنب ، مرجع سابق ،ص6.

(2) د.عبد العظيم شرف الدين ،نظرية العقد /ط1 عام 1988 ص9.

(3) د.محيي الدين إسماعيل - مرجع سابق ص15/14

(4) د.محمد لبيب شنب - مرجع سابق ص 7

بتسليم (وإلى ذلك ذهب الدكتور محيي الدين إسماعيل) ولكن هذا غير صحيح ، فالالتزام بإعطاء هو التزام بنقل الملكية ، أما الالتزام بالتسليم فهو التزام بعمل . والالتزام بإعطاء يستلزم التسليم وعلى ذلك نصت المادة 206 بقولها " الالتزام بنقل حق عيني يتضمن الالتزام بتسليم شيء "

ولتقريب هذا المعنى للأذهان في التفرقة بين الالتزام بإعطاء والالتزام بتسليم نضرب المثل التالي :

لنفرض أني بعتك عقارا فإنه ينشأ في ذمتي التزام بنقل ملكية العقار وهو التزام بإعطاء وكذا التزام بتسليم العقار وهو التزام بعمل . ولو فرض بعد البيع أنني قمت بتسليمك العقار ، فإني أكون بذلك قد قمت التزامي بالتسليم ، ولكن يبقى الالتزام بنقل ملكية العقار ، وأظل مالكا للعقار بالرغم من التزامي بالتسليم [1].

جـ – الالتزام بالامتناع عن العمل

وقد يتطلب الأداء المطلوب من المدين القيام به لمصلحة الدائن أن يمتنع المدين عن عمل كان يجوز له القيام به لولا وجود الالتزام ، ومثال ذلك التزام تاجر بالامتناع عن فتح محل منافس لتاجر آخر في منطقة معينة [2] وكالتزام مطرب بعدم الغناء إلا في ملهى معين [3] أو كعدم تعلية جدار [4].

ويطلق على الالتزام بالامتناع عن عمل الالتزام السلبي .

2) الالتزام الشخصي والالتزام العيني

الالتزام الشخصي هو الذي يلتزم فيه المدين بشخصه ، بمعنى أن تكون ذمته ضامنة للوفاء بما عليه من التزام ، أي أن للدائن ضمانا عاما على جميع أموال المدين.

أما الالتزام العيني فإنه يتقرر على عاتق شخص معين ، نظرا لثبوت حق عيني لهذا الشخص على شيء معين بالذات مملوك للمدين ،فيرتبط وجود الالتزام بوجود هذا الحق العيني ،

---

(1) د.عبد المنعم فرج الصده – مرجع سابق ص17

(2) د.محمد لبيب شنب – مرجع سابق ص 7

(3) د.محيي الدين إسماعيل – مرجع سابق ص 15

(4) د.عبد المنعم فرج الصده – مرجع سابق ص 18

فيقال إن الالتزام عيني ، وفي هذه الحالة لا يعتبر الملتزم مدينا بشخصه ، بل باعتباره مالكا لهذا الشيء [1].

فإذا رهن شخص عقارا ضمانا لدين عليه ، ثم قام ببيع هذا العقار إلى شخص آخر بعد قيد الرهن ، فإن مشتري العقار يلتزم بالوفاء بدين البائع في حدود قيمة العقار الذي اشتراه ، وهذا الالتزام التزام عيني لأنه لم يتقرر على عاتق المشتري بصفته الشخصية بل بوصفه أصبح مالكا للعقار المرهون [2].

3) الالتزام ببذل عناية والالتزام بتحقيق غاية .

الالتزام ببذل عناية أو ما يطلق عليه أيضا الالتزام بوسيلة l'obligation de anoyen يقتضي من المدين بذل ما في وسعه لتنفيذ ما تعهد به كالطبيب يلتزم بعلاج المريض ولكنه لا يلزم بأن يحقق له الشفاء فهو لا يضمن ذلك ولو التزم المدين بأن يتعقب نتيجة معينة فهو لا يلزم بأن يصل إليها ، إذ يكفي منه الوفاء بالتزامه أن يكون قد قدم العناية الكافية لتحقيق هذه العناية [3].

ومثل ذلك المحامي فإنه لا يلتزم بتحقيق نتيجة ، وهي كسب الدعوى لمصلحة موكله ، ذلك أن الشفاء أو كسب الدعوى لا تمثل محل التزام المدين ، وإنما الالتزام هنا يتمثل في القيام بالوسيلة التي تحقق هذا الهدف .

وقد نصت المادة (211 مدني مصري) على أنه في الالتزام بعمل إذا كان المطلوب من المدين هو أن يحافظ على الشيء أو أن يقوم بإدارته أو أن يتوخى الحيطة في تنفيذ التزامه ، فإن المدين يكون قد وفى بالالتزام إذا بذل في تنفيذه من العناية كل ما يبذله الشخص العادي ولو لم يتحقق الغرض المقصود ، هذا ما لم ينص القانون أو الاتفاق على غير ذلك [4].

أما الالتزام بتحقيق غاية l'obligation de resultat أو الالتزام المحدد فهو كالتزام البائع بنقل

---

(1) د.عبد الله مبروك النجار - مصادر الالتزام الإرادية وغير الإرادية ص9

(2) د.محمد لبيب شنب - مرجع سابق - ص12.

(3) د.محيي الدين إسماعيل - مرجع سابق ،ص18.

(4) د.عبد الله مبروك النجار - مرجع سابق - ص 18 .

ملكية المبيع إلى المشتري ،والتزام الناقل بتوصيل الراكب أو البضاعة إلى مكان الوصول ، فلا يعتبر البائع موفيا بالتزامه إلا بانتقال الملكية للمشترى ، ولا يكون البائع موفيا بالتزامه ولو كان قد بذل كل ما في وسعه في سبيل تحقيق انتقال الملكية [1] .

تقسيم الالتزام من حيث مصدره

يقصد بمصدر الالتزام السبب المنشئ له ، وذلك كعقد البيع فإنه سبب لالتزام البائع بتسليم المبيع ، والتزام المشتري بدفع الثمن ، والعمل غير المشروع هو سبب في التزام من تسبب في الضرر بأن يقوم بتعويض من أصيب بالضرر ، والتزام الأب بالإنفاق على أولاده مصدره نص القانون المقرر للنفقة [2] .

وأغلب التشريعات الحديثة تقسم مصادر الالتزام إلى خمسة مصادر هى : العقد ، والإرادة المنفردة ، والعمل غير المشروع (ويشمل الجريمة وغير الجريمة) ، والإثراء بلا سبب ، والقانون [3] .

والتقنين المصرى لم يورد نصا لبيان مصادر الالتزام وإن كان قد تناولها وبنفس الترتيب السابق تحت عنوان مصادر الالتزام [4] .

وأغلب شراح القانون يردون هذه المصادر إلى نوعين اثنين فقط هما :

1) المصادر الإرادية .

2) المصادر غير الإرادية .

المصادر الإرادية :

وفيها تتجه إرادة المدين إلى الالتزام . وقد يلتزم المدين بإرادته وحدها ، وهذا هو الالتزام بإرادة

---

(1) د.محمد لبيب شنب - مرجع سابق ،ص8

(2) د. عبد الله مبروك النجار ، مرجع سابق ، ص26 .

(3) د. محيى الدين إسماعيل ، مرجع سابق ، ص21 .

(4) د. محيي الدين إسماعيل - مرجع سابق - ص21 .

منفردة ، وقد ينشأ الالتزام بالإرادة المشتركة لكل من المدين والدائن أى باتفاق إرادتين ، و هذا هو العقد .

المصادر غير الإرادية :

وفيها يفرض الالتزام على المدين رغما عن إرادته .

أ) إما لأنه ارتكب خطأ سواء كان هذا الخطأ عمديا أو غير عمدى بأن نشأ عن إهماله أو تقصيره ، وهذا هو العمل غير المشروع .

ب) وإما أن المدين أثرى على حساب غيره بلا سبب ، كما فى الفضالة ، فإذا قام شخص فضولى بترميم حائط جاره الآيل للسقوط ، فإن صاحب الحائط (المدين) يكون قد أثرى على حساب الجار دون سبب فيلزم بتعويضه .

جـ) وقد يلتزم المدين رغم إرادته دون أن يصدر منه فعل خاطئ ، وهنا ينشأ الالتزام من نص القانون كالتزام الأب بالإنفاق على عياله [1].

غير أن الدكتور محيى الدين إسماعيل تناول ذات التقسيم لتلك المصادر بصيغة مغايرة وهى تقسيم الالتزام من حيث مصدره إلى :

أ- التصرف القانونى .

ب- الواقعة القانونية .

فالتصرف القانونى يشمل المصادر الإرادية وهى العقد والإرادة المنفردة ، بينما الواقعة القانونية تشمل المصادر الأخرى وهى الجريمة ، وشبه الجريمة وأحيانا القانون .

والتصرف القانونى تعبير عن الإرادة بقصد إحداث آثار قانونية مقصودة لذاتها ، أما الواقعة القانونية فهى واقعة مادية غير إرادية " كالوفاة " أو واقعة إرادية ولكنها لا تقصد إلا ترتيب الالتزام بصفة مباشرة يترتب عليها الالتزام [2].

---

(1) د. عبد المنعم فرج – مرجع سابق – ص21.

(2) د . محيي الدين إسماعيل - مرجع سابق – ص 22 .

الالتزام في الفقه الإسلامي

أولا الالتزام في اللغة :

قال صاحب لسان العرب في مادة " لزم " اللزوم معروف والفعل لزم ، يلزم ، والفاعل لازم ، والمفعول به ملزوم التزمه وألزمه إياه فالتزمه ، وفي قوله تعالى : ﴿ وَلَوْلَا كَلِمَةٌ سَبَقَتْ مِن رَّبِّكَ لَكَانَ لِزَامًا ﴾ [طه: 129] أى لكان العذاب لازما لهم . وفي المعجم الوسيط التزم الأمر أو الشىء أى أوجبه على نفسه [1] وألزمه المال أو العمل فالتزمه ، " والتزم فلان لفلان بمال " تعهد به يؤديه إليه [2].

تشير موسوعة الفقه الإسلامي إلى أنه لم يكن لكلمة الالتزام في الفقه الإسلامي مدلول خاص اصطلح عليه الفقهاء حتى كان ذلك يقتضيهم أن يعنوا ببيانه ، بيانا تتميز به حقيقته ، ويتميز به عن مدلوله لغة ، وتتحدد به مواضع استعماله وتطبيقه وآثاره ومصادره وإنما كان أساس استعمالهم هذه الكلمة فيما يبدو دلالتها اللغوية .

وقد حاول الحطاب الفقيه المالكى وضع تعريف للالتزام وسماه تحرير الكلام في مسائل الالتزام فعرفه بالآتى :

"إلزام الشخص نفسه شيئا من المعروف مطلقا ومقيدا أو معلقا على شىء ، فهو بمعنى العطية ، وقد يطلق على ما هو أخص من ذلك وهو التزام المعروف [3].

ولكن استعمال الفقهاء الآخرين لكلمة التزام يدل على أنهم قد استعملوها فيما هو أهم من هذا المعنى ، ففى مذهب الحنفية يقول السرخسى فى مبسوطه :

العبد فى التزام ضمان المال كالحر ، وفى التزام ضمان الجناية على النفس كالمحجور عليه ، ويقول

---

(1) المعجم الوسيط – مجمع اللغة العربية – مادة لزم .

(2) موسوعة الفقه الإسلامي ج 23 – ص 242 .

(3) موسوعة الفقه الإسلامي ج 23 – ص 243 .

الحموى فى تعريف الفقه هو أمر شرعى مقدر المحل يقبل الإلزام والالتزام [1] .

ويقول العز بن عبد السلام فى كتابه قواعد الأحكام فى البيع " إذا كان العوضان من الديون فهو مقابلة التزام دين بالتزام دين ، وفى البيع ، إذا كان البيع عينا ، فهو التزام الدين فى مقابلة تلك العين " [2] .

ويقول الميدانى صاحب اللباب فى شرح الكتاب " وإذا لم يعرف للمفلس مال وطلب غرماؤه حبسه وهو يقول " لا مال لى " ولم يصدقه ، حبسه الحاكم فى كل " دين التزمه بدلا عن مال حصل فى يده " لأن حصول ذلك فى يده يدل على غناه فكان ظالما ، وفى كل دين التزمه بعقد كالمهر والكفالة [3] .

أما التعريف الذى اختارته موسوعة الفقه الإسلامي فهو كالآتى :

تعريف الالتزام :

" هو أن يوجب الإنسان على نفسه أمرا إما باختياره وإرادته كما فى الالتزام بالعقد سواء كان من جانبين كالإجارة أو من جانب واحد كالوقف وإما بإيجاب الشارع وذلك لما له من الولاية العامة" [4] .

وعرفه أحمد إبراهيم بك بالآتى :

"الالتزام إيجاب الإنسان أمرا على نفسه إما باختياره وإرادته من تلقاء نفسه ، وإما بإلزام الشارع إياه ، فيلتزمه لأن الشرع ألزمه به امتثالا وطاعة لأمر الشارع [5] .

وقد انتقد هذا التعريف د. عبد الله مبروك النجار على أساس أن إلزام الشرع للإنسان ليس من قبيل إيجابه على نفسه أمرا ، ولذلك عرفه بالآتى :

---

(1) المرجع السابق – ص 243 .

(2) المرجع السابق ص 244 .

(3) الميدانى – اللباب فى شرح الكتاب – ص 287/ 88 .

(4) موسوعة الفقه الإسلامي – مرجع سابق – ج23 – ص 242 .

(5) الشيخ أحمد إبراهيم بك ، الالتزامات وما يتعلق بها من الأحكام فى الشرع الإسلامي – ص21 .

" الالتزام : ترتيب الشارع شغل ذمة الإنسان بما يجب أداؤه بناء على سبب إرادى أو غير إرادى" [1].

ويفرق الدكتور عبد الناصر العطار بين الالتزام والإلزام " فالالتزام هو إيجاب الشخص على نفسه أمرا جائزا شرعا " فهو يرتبط بالإرادة ومصادرها هى العهد (الإرادة المنفردة) والعقد . أما الإلزام فهو إيجاب المشرع على شخص أمرا [2].

الغرض من الالتزام :

لا يصح الالتزام بما هو محظور شرعا والالتزام به باطل لا ينعقد ولذلك فإنه لا ينبغى أن يتخذ وسيلة إلى محظور .

وخلاصة ما ذهب إليه كثير من الفقهاء فى هذا الصدد ، أن الملتزم إذا اتجهت إرادته من إنشاء التزامه إلى جعله وسيلة لتحقيق غرض لم يكن مقصودا للشارع من شرعه ، فقد يكون هذا الغرض مباحا غير محظور ، وقد يكون محظورا حرمه الشارع فإذا كان مباحا يؤثر ذلك فى صحة الالتزام اتفاقا ، ذلك بأن الغرض فى هذه الحال حاجة للملتزم غير محظور عليه تحقيقها سدادا للعوزة ومنفعة له دون إضرار بأحد ، وذلك مطلوب له وجائز شرعا ، وقد رأى التزامه طريقا إلى ذلك فجعله وسيلة إلى تحصيله فلا حرج عليه فى ذلك . ولمثل هذا شرعت الالتزامات على العموم . وإذا كان غرضا محظورا حرمه الشارع فإن ضمنَّ عبارته ما يدل عليه كان اتفاقا فاسدا باتفاق جميع الفقهاء لاقترانه بشرط محظور .[3] وقد ذهب الحنابلة إلى إبطال كل عقد تبين أن الباعث عليه أمر محظور سواء تضمنت صيغته ما يدل عليه أم لم تتضمنه . وسنعود إلى هذا الأمر عند الحديث عن الإرادة الظاهرة والباطنة .

موضوع الالتزام :

الالتزام قد يكون إيجابيا ، وقد يكون سلبيا . فإذا ما كان التزاما بفعل ، كأداء المدين ، تسليم

---

(1) د. عبد الـلـه مبروك النجار ، مرجع سابق ، 6-7

(2) د . عبد الناصر العطار ، نظرية الالتزام في الشريعة الإسلامية والتشريعات العربية ، ص 22 .

(3) موسوعة الفقه الإسلامي - مرجع سابق ، ج 23 ، ص 255 .

المبيع ، وقيام الأجير بعمله كان التزاما إيجابيا وهو الأغلب فى أحوال الالتزام ، وإذا كان التزاما بامتناع عن عمل كالتزام المضارب بأن لا يعمل فى غير بلد العقد ، والتزام مستأجر الدابة بأن لا يخرج بها من البلد أو أن يشترط المؤجر على المستأجر أن لا يؤجر العين لغيره ، وقد روى حكيم ابن حزام رضى اللـه عنه أنه كان يشترط على الرجل إذا أعطاه ماله مقارضة " أن لا تجعل مالى فى كبد رطبة ، ولا تحمله فى بحر ، ولا تنـزل به فى بطن مسيل ، فإذا فعلت شيئا من ذلك فقد ضمنت مالى" [1].

وورد فى موسوعة الفقه الإسلامي أن قواعد الفقهاء تقضى بأن لا يكون محل العقد الذى ينشأ بين طرفيه مجرد امتناع عن عمل كالتعاقد على أن لا يقوم أحد المتعاقدين بفتح محل تجارى فى مكان معين ، لأن ذلك عدم ، والعدم لا يقابل بالمال مما تقضى به أصولهم وإنما المطالب أن يكون الامتناع لازما من لوازم العقد وآثاره غير المباشرة وذلك مثل الامتناع عن استعمال الوديعة إذ أنه لازم من لوازم العقد [2].

وكما أن الالتزام بالعمل أو الامتناع عن العمل هو أحد تقسيمات القوانين الوضعية للالتزامات من حيث الموضوع فقد استبان لنا أن الالتزام بالعمل أو الامتناع عن عمل هو أحد صور الالتزامات في الفقه الإسلامي .

وكما أنه يجرى تقسيم الالتزامات من حيث المصدر في القوانين الوضعية إلى مصادر إرادية ومصادر غير إرادية فإنه يجرى تقسيم مصادر الالتزامات أيضا في الفقه الإسلامي إلى قسرى واختيارى .

---

(1) موسوعة الفقه الإسلامي ، مرجع سابق ، ص257 .

(2) المرجع السابق – ج3 – ص257 .

مصادر الالتزامات في الفقه الإسلامي

تنقسم مصادر الالتزامات إلى مصادر قسرية ومصادر اختيارية فالالتزام يكون قسريا إذا ما كان نتيجة لإلزام من كان له حق الإلزام ، أو الولاية الشرعية في فرض الالتزام كما في التكاليف الدينية التي ألزم الله بها عباده من زكاة وصلاة وغير ذلك من التكاليف الشرعية ، ومثلها المؤن المالية التي جعل لولي الأمر حق فرضها على الرعية كالخراج ، ويقابل مصادر الالتزام القسرية في الفقه الإسلامي المصادر غير الإرادية في القوانين الوضعية .

المصادر الاختيارية للالتزام :

أما المصادر الاختيارية التي ينشأ عنها الالتزام ، فتكون بإلزام الإنسان نفسه بأمر لم يكن مطلوبا منه من قبل وهو نوعان :

الأول : منشأه العقد :

فينتج عن تعاقد وارتباط بين الإنسان وغيره ، وهذا التعاقد قد يكون لازما لا يستقل أحد طرفيه بفسخه كما في الإجارة ، وقد يكون غير لازم فيستقل أحد طرفيه بفسخه كما في الهبة والوكالة والشركة والعارية والقرض.

الثاني : منشأه الإرادة المنفردة :

وهو ما صدر عن عهد قطعه الإنسان على نفسه بإرادته المنفردة [1].

وقد ذهب الدكتور محيى الدين إسماعيل إلى القول : إنه إذا كانت التشريعات الحديثة قد قصرت عن أن تجعل الإرادة المنفردة مصدرا عاما للالتزام ، فإن الفقه الإسلامي قد جعل للإرادة المنفردة مجالا واسعا . وذهب الدكتور السنهوري وهو بصدد بيان مكانة الإرادة المنفردة في الالتزامات الشرعية تحت عنوان " اتساع ميدان الإرادة في الفقه الإسلامي " إلى القول :

للإرادة المنفردة في الفقه الإسلامي ميدان فسيح تنتج فيه آثارا قانونية متنوعة ، فهناك تصرفات هى عقود في الفقه الغربي وتتم في الفقه الإسلامي بإرادة منفردة ، وهناك تصرفات تتم بإرادة منفردة

---

(1) موسوعة الفقه الإسلامي - مرجع سابق - ج23 ص 258 بتصرف .

فى كل من الفقه الإسلامى والفقه الغربى .

وهناك آثار قانونية غير إنشاء الالتزام تحدثها الإرادة المنفردة شأنها فى ذلك شأن الفقه الغربى . وفوق ذلك فإن مذهب مالك " إمام دار الهجرة ، عليه وعلى ساكنها أفضل الصلاة والسلام " قد بلغ فى هذا مبلغ الفقه الجرمانى ، فقد جعل من الإرادة المنفردة مصدرا عاما للالتزام [1] .

أما الإمام محمد أبو زهرة فيبرز دور الإرادة المنفردة فى إنشاء الالتزام فيقول " فإنه من المقرر بلا خلاف أن التصرفات الشرعية التى ينشأ عنها التزام للشخص قد تنشأ بإرادة منفردة ، وقد تنشأ بتوافق إرادتين ، وعندئذ نجد أن الشريعة الإسلامية تتلاقى مع النظرية القانونية التى تقرر جواز إنشاء الالتزام بإرادة منفردة . فالفقه الألمانى يجعل الإرادة المنفردة سببا للالتزام خلاف الفقه الفرنسى . حيث يقصر الفقه الفرنسى السببية الإرادية على العقد ، ويشير إلى أن الفقه الألمانى لا يقتصر على جعل الإرادة المنفردة من أسباب الالتزام ، بل يقرر هذا ، ويزيد أنها مناط الالتزام فى العقد الذى يتكون بتوافق إرادتين [2] .

وقد يثار التساؤل عن دور الإرادة المنفردة – فى الفقه الألمانى – فى إنشاء الالتزام فى العقود .

ينقل إلينا الإمام أبو زهرة عن فقه القانون الألمانى أن إحدى الإرادتين هى التى أنشأت الالتزام، وأن إرادة الدائن لم تشترك فى الإنشاء ، وإنما انضمت إلى الإرادة الأولى ليثبت الحق للدائن فكأن العقد الذى يتم لإرادتين يتم فيه عملان :

أحدهما إنشاء الالتزام وقد استبدت به إرادة المدين منفردة ، و الثانى إثبات الحق للدائن وذلك يتم بإرادة الدائن لأن من المقرر أن حقا لا يثبت لشخص جبرا عنه .

والشريعة الإسلامية تعتبر الإرادة منشئة للالتزام فى كل تصرف ينشأ عنه التزام.

والتصرفات التى من هذا القبيل منها :

---

(1) د. عبد الرزاق السنهورى – مرجع سابق – ج1 – ص43 (أى فقه يشبه الآخر !).

(2) الإمام محمد أبو زهرة – الملكية ونظرية العقد فى الشريعة الإسلامية – ص191 .

أ) **الوقف :** ويتم الالتزام الذى ينشأ بمقتضاه بمجرد صدور الصيغة الدالة على إنشائه .

ب) **الإبراء :** فهو يتم من الدائن بغير حاجة إلى قبول المدين .

جـ - **الكفالة :** وتنعقد بإرادة واحدة عن الإمام مالك ، وكذا تصح ولو كان المكفول له غير معين أو غائبا .

ويضيف الإمام الشيخ محمد بو زهرة أن المتتبع للتصرفات الشرعية المستقرئ لها يجد فى ثناياها تصرفات كثيرة بإرادة واحدة منفردة ، فالمتتبع لأحكام الشفعة يجد أن الفقهاء يقررون أن البائع لو حط عن المشترى بعض الثمن لزمه ذلك بالنسبة للشفيع ، وإن لم يصدر قبول لذلك الحط من الشفيع فكان ذلك تصرفا يتم التزامه بإرادة واحدة .

وهناك قاعدة عامة فى الشريعة أن كل تصرف هو فى أصله للإسقاط لا للنقل ، ينعقد بإرادة منفردة ، هى إرادة من يملك الإسقاط ، ولو ترتب على الإسقاط حقوق وواجبات، فالطلاق يتم بإرادة منفردة ، هي إرادة من يملك الإسقاط وإن ترتب عليها حقوق للمرأة ، منها وجوب مؤخر الصداق ، ووجوب العدة عليها ، وغير ذلك [1].

انقضاء الالتزام

ينقضي الالتزام بسبب من الأسباب الآتية :

* الأول : الوفاء

ويكون الوفاء بأداء الملتزم به ، ذلك أن محل الالتزام هو محل الوفاء ، فإذا كان الالتزام بأداء مال كان الوفاء بأداء هذا المال ، وإذا كان بتسليم عينى كان الوفاء بتسليمها .

* الثانى : الإبـــراء

وهو إسقاط الملتزم له ما التزم له به ، ويكون فيما يقبل الإسقاط كالديون والحقوق ، ولا يصح فيما لا يقبل الإسقاط كالأعيان ، وعلى ذلك يبرأ المشترى من التزامه بالثمن إذا أبرأه البائع إذا كان الثمن دينا ثابتا فى الذمة ، ولا يبرأ البائع من التزامه بتسليم المبيع إلى المشترى إذا أبرأه المشترى منه

(1) الشيخ محمد أبو زهرة ، مرجع سابق ، من ص 191 / 195 .

وكان عينا لأن الأعيان لا تقبل الإسقاط .

* الثالث : انقضاء مدة الالتزام

وهذا إذا كان الالتزام مؤقتا كما فى الإجارة ، وكما فى الكفالة المؤقتة ، فإذا كفل شخص آخر دينه لمدة شهرين فقط من وقت العقد ثم مضت هذه المدة انتهى التزام الكفيل ولم يجز مطالبته بالدين بعدها .

* الرابع : استحالة التنفيذ

ذلك أنه يشترط فى الملتزم به أن يكون غير مستحيل لأن الغرض من الالتزام التنفيذ ، والمستحيل غير قابل للتنفيذ ، وهذا بيِّن فيما لا يتصور وجوده وهو المستحيل عقلا أما المستحيل عادة فقد اختلف فى انعقاد الالتزام به بين الفقهاء فمنهم من سوى بينه وبين المستحيل عقلا كزفر والشافعى ، ومنهم من فرق بينهما فذهب إلى انعقاده بالمستحيل عادة .

* الخامس : اتحاد الذمة

بحلول المدين محل الدائن فى الدين كله أو بعضه ، ومثال ذلك يظهر فى الوراثة ، فإذا كان المورث دائنا لوارثه بألف جنيه ولم يكن له وارث سواه فإن الدين ينتقل بالوراثة عند الوفاة إلى هذا الوارث ويحل فيه محل مورثه ، وبذلك يصبح دائنا لنفسه وعندئذ يسقط التزامه بالدين إذ لا يلتزم الإنسان لنفسه .

* السادس : المقاصـــة

وهو تساقط دينين متساويين متماثلين لشخصين يدين كل منهما الآخر بأحدهما .

* السابع : الحوالـــة

وهى نقل الدين من ذمة المدين المحيل إلى ذمة المحال عليه [1].

(1) موسوعة الفقه الإسلامي – مرجع سابق – ج23 – من ص 270-280

العقـــد

قبل أن نشرع فى عرض ماهية العقود فى الفقه الإسلامى فقد يكون من المفيد أن نتناول فى عجالة مفهوم العقد فى القوانين الوضعية للوقوف على وجوه الاتفاق والاختلاف بينهما .

* يعرف التقنين المدنى الفرنسى العقد فى المادة (1101) بأنه " اتفاق يلتزم بمقتضاه شخص أو أكثر تجاه آخر أو آخرين بإعطاء شىء أو عمل أو الامتناع عن شىء " [1].

* ومن هذا التقنين استقى التقنين المدنى الجزائرى نص المادة 54 منه والتى تنص على الآتى :

"العقد اتفاق يلتزم بموجبه شخص أو عدة أشخاص آخرين بمنح أو فعل أو عدم فعل شىء ما " [2].

* ويعرفه عبد الفتاح عبد الباقى بأنه " ارتباط الإيجاب بالقبول على إحداث أثر يرتبه القانون " [3].

* ويعرفه الدكتور السنهورى بأنه " توافق إرادتين على إحداث أثر قانونى سواء كان هذا الأثر هو إنشاء التزام أو نقله أو تعديله أو إنهائه " [4].

* وعرفه الدكتور فرج الصدة بأنه اتفاق بين إرادتين على إحداث أثر قانونى له طابع مالى [5].

* بينما عرفته المادة 73 من مشروع التقنين المدنى المصرى بالآتى :

"العقد هو ارتباط الإيجاب الصادر من أحد المتعاقدين بقبول الآخر على وجه يثبت أثره فى المعقود عليه ".

* ويطابق هذا النص التعريف الوارد فى المادة 262 من مرشد الحيران والذى نصه:

---

(1) د. محيى الدين إسماعيل علم الدين – نظرية العقد ، مقارنة بين القوانين العربية والشريعة الإسلامية ، ص71

(2) المرجع السابق – ص72

(3) المرجع السابق – ص72 .

(4) السنهورى ،الوجيز ، فقرة 22 ، ص27

(5) د. عبد المنعم فرج الصدة – مرجع سابق – ص65 .

" العقد هو عبارة عن ارتباط الإيجاب الصادر من أحد المتعاقدين بقبول الآخر على وجه يثبت أثره فى المعقود عليه - ويترتب على العقد التزام كل واحد من العاقدين بما وجب به للآخر " [1].

* بينما عرفه الدكتور محمد لبيب بأنه " توافق إرادتين على إنشاء التزام أو نقله أو تعديله أو انقضائه " [2].

ومن التعريف المتقدم استخلص صاحبه أن العقد يتميز بخصيصتين أساسيتين :

أولاهما : وجود إرادتين

فإذا نشأ التزام عن إرادة واحدة اعتبرت كافية لإنشاء الالتزام ، ولكن مصدر هذا ا لالتزام لا يكن عقدا ، بل تصرفا قانونيا صادرا عن إرادة منفردة . هذا هو شأن الوعد بجائزة الذى يلزم الواعد دون حاجة إلى اقتران إرادته بإرادة أخرى ، وشأن الوصية التى تؤدى إلى نقل الملكية بإرادة الموصى فقط دون حاجة إلى قبولها من جانب الموصى له .

أما إذا احتاج نشوء الالتزام إلى أكثر من إرادة فإن مصدره يكون عقدا ، وهذا هو شأن البيع ، والإيجار ، والقرض ، والهبة ، والشركة ، وغيرها من العقود التى لا تنعقد ولا ترتب التزامات إلا إذا تلاقت إرادتان على انعقادها . ففى البيع تتلاقى إرادة البائع مع إرادة المشترى وفى الإيجار تتوافق إرادة المؤجر مع إرادة المستأجر ، وفى القرض تلتقى إرادة المقرض مع إرادة المقترض وهكذا .

ثانيهما : الغرض من العقد هو إنشاء التزام

أى واجب قانونى ملزم ، وعلى ذلك لا يعتبر من قبيل العقد توافق إرادتين على حضور وليمة عشاء ، أو الذهاب لتعزية صديق لأنه ليس من شأن ذلك إنشاء واجب ملزم [3].

ويستفاد مما تقدم:

أ- أن الالتزام قد ينشأ عن إرادة واحدة ، كما ينشأ عن اتفاق إرادتين ، فإذا نشأ عن إرادة واحدة

---

(1) د. محيى الدين إسماعيل - مرجع سابق - ص493 .

(2) د. محمد لبيب ، مرجع سابق - ص22 .

(3) د. محمد لبيب ، مرجع سابق - ص23 .

فإن مصدر هذا الالتزام يكون تصرفا قانونيا وليس عقدا أما إذا احتاج نشوء الالتزام إلى أكثر من إرادة فإن مصدر الالتزام يكون عقدا .

ب - أن نية إنشاء الالتزام هى التى تميز بين العقد وبين اتفاقات المجاملات .

العقد فى الفقه الإسلامي

أولا : العقد لغة :

هو الربط والشد والضمان والعهد .قال صاحب لسان العرب ، المعاقدة : المعاهدة ، وعاقده : عاهده ، وقوله : ﴿ يَٰٓأَيُّهَا ٱلَّذِينَ ءَامَنُوٓاْ أَوۡفُواْ بِٱلۡعُقُودِ ﴾ قال هى العهود . ونقل صاحب لسان العرب عن الزجاج قوله ﴿ أَوۡفُواْ بِٱلۡعُقُودِ ﴾ قال "خاطب اللـه المؤمنين بالوفاء بالعقود التى عقدها اللـه عليهم ، والعقود التى يعقدها بعضهم على بعض على ما يوجبه الدين ، وعقدة كل شىء إبرامه" [(1)].

وقال الجصاص فى تفسير قوله تعالى :﴿ يَٰٓأَيُّهَا ٱلَّذِينَ ءَامَنُوٓاْ أَوۡفُواْ بِٱلۡعُقُودِ ﴾ روى عن ابن عباس ، ومجاهد ، ومطرف ، والربيع ، والضحاك ، والسدى ، والثورى قالوا : العقود فى هذا الموضع أراد بها العهود .

قال الجصاص والعقد فى اللغة هو الشد . تقول عقدت الحبل إذا شددته [(2)].

وقال صاحب أحكام العقود في الشريعة الإسلامية والقانون المدني ، وأصل العقد في اللغة العربية إحكام الشيء وتقويته والجمع بين أطرافه بالربط المحكم ، فيقال عقدت الحبل بمعنى شددته وقويته وربطت بين أطرافه ثم استعمل اللفظ في الربط بين كلامين فكان لابد للعقد في حقيقته من طرفين أي من عاقدين [(3)].

أما صاحب نظرية العقد فيقول " وردت كلمة العقد فى اللغة فى الجمع بين طرفى الشىء ،

---

(1) لسان العرب لابن منظور ، مادة عقد ص 3031-3033 .

(2) أحكام القرآن للجصاص فى تفسير قوله تعالى " يا أيها الذين آمنوا أوفوا بالعقود" – سورة المائدة ، الآية رقم 1

(3) د.عبد الناصر توفيق العطار ، أحكام العقود في الشريعة الإسلامية والقانون المدنى ص- 40 .

تقول عقدت الحبل أى جمعت بين طرفيه ، وربطت أحدهما بالآخر . ومن الجلى أن استخدام المعنى الحسي وهو عقد الحبل هو الأصل ، واستخدم في معنى يشبه المعنى الحسي وهو ربط الإيجاب بالقبول [1].

أما صاحب الملكية ونظرية العقد فى الشريعة الإسلامية فيقول " يطلق العقد فى اللغة على الجمع بين أطراف الشىء وربطها ، وضده الحل ، ويطلق بمعنى إحكام الشىء وتقويته ، ومن معنى الربط الحسى بين طرفى الحبل أخذت الكلمة للربط المعنوى للكلام أو بين الكلامين " [2].

ويبين اتفاق صاحب نظرية العقد وصاحب الملكية ونظرية العقد فى المعنى اللغوى لكلمة العقد اتفاقا تاما استخلاصا واستنباطا ، واتفاق التعريفين الآخرين مع سائر التعريفات التى تناولناها فى نص العقد لغة .

العقد اصطلاحا :

عرفه صاحب مرشد الحيران فى المادة 262 بأنه :

"عبارة عن ارتباط الإيجاب الصادر من أحد العاقدين بقبول الآخر على وجه يظهر أثره فى المعقود عليه [3].

وأما الشيخ على الخفيف فقد عرف العقد بالآتى :

" هو الربط بين كلامين أو ما يقوم مقامهما " صادرين عن شخصين على وجه يترتب عليه أثره الشرعى [4].

أما صاحب أحكام العقود فى الشريعة الإسلامية والقانون المدنى فيعرف العقد بالآتى :

يعرف العقد فى الفقه الإسلامي بأنه ارتباط القبول بالإيجاب على وجه يثبت أثرا شرعيا فى

---

(1) د.عبد العظيم شرف الدين – نظرية العقد ، ص3

(2) الإمام محمد أبو زهرة – الملكية ونظرية العقد فى الشريعة الإسلامية – ص179 .

(3) د. عبد الرزاق السنهورى – مصادر الحق فى الفقه الإسلامي -ج1 – ص40 .

(4) الشيخ على الخفيف ، مختصر أحكام المعاملات الشرعية ، العقد ، ص55 .

المحل المعقود عليه [1]

فعقد البيع يرتبط فيه القبول بالإيجاب على وجه يثبت للمشترى الملك فى المبيع ، فيصير مالكا له بعد أن كان مملوكا للبائع ، ويثبت للبائع الحق فى ثمن المبيع ، وهذا هو الأثر الشرعى الذى يثبت فى المحل المعقود عليه وهو تمليك المبيع للمشترى وتمليك الثمن للبائع .

أما صاحب الملكية ونظرية العقد فى الشريعة الإسلامية فقد تناول تعريف العقد بمعناه العام ، كما تناول تعريف العقد بمعناه الخاص . فقال إن من الفقهاء من يعممون ، فيطلقون كلمة العقد على كل تصرف شرعى سواء كان ينعقد بكلام طرف واحد أم لا ينعقد إلا بكلام طرفين (بمعنى أنهم يطلقون كلمة العقد على كل تصرف شرعى ينعقد بالإرادة المنفردة وحدها ، كما يطلقون كلمة العقد على كل تصرف شرعى لا ينعقد إلا بتوافق إرادتين) . "فكلمة العقد عندهم تشمل التصرفات الشرعية التى تتم بإرادة منفردة وكذا التصرفات الشرعية التى لا تتم إلا بتوافق إرادتين" ، وأضاف أن أكثر الفقهاء لا يطلقون على الطلاق والإبراء والإعتاق وغيرها مما يتم بكلام طرف واحد من غير كلام الطرف الثانى – اسم العقد ، ويطلقون على البيع ، والهبة ، والزواج ، والإجارة وغيرها مما لا يتم إلا بربط كلامين من طرفين اسم العقد .

وإن من الفقهاء من يطلق كلمة العقد على كل تصرف شرعى سواء أكان ينعقد بكلام طرف واحد أم لا ينعقد إلا بكلام طرفين ، ومن هؤلاء " أبو بكر الرازى " صاحب أحكام القرآن والذى يسمى البيع والنكاح والإجارة وسائر عقود المعاوضات عقودا لأن كل واحد من العاقدين قد ألزم نفسه الوفاء بشىء من جانبه ، وكذلك تسمى الشركة والمزارعة ، والمساقاة ، وغيرها عقودا ، لما فيها هذا المعنى ،وكذلك العهد أوالحلف على شىء فى المستقبل يسمى أيضا عقدا لأن الحالف أو المتعهد قد ألزم نفسه الوفاء بما حلف عليه ، أو بما تعهد به ، بل إن الرازي يعد كل شرط يشترطه الشخص على نفسه عقدا لأنه التزم وفاءه فى المستقبل .

ويذكر الإمام أننا لا نكاد نجد فقيها يطلق كلمة عقد ويريد الطلاق ، أو الإعتاق ، أو اليمين من غير تنبيه ، لذلك نعد الاصطلاح الشائع الأغلب إطلاق العقد فى المعنى الخاص دون العام الذي

---

(1) د. عبد الناصر توفيق العطار، أحكام العقود فى الشريعة الإسلامية والقانون المدنى – ص40 .

يراد به ما يرادف التصرف الشرعي ⁽¹⁾.

وقد يخالف رأي الإمام ما ذكره صاحب نظرية العقد بقوله " أما الجمهور من الفقهاء فإنهم يطلقون العقد على مطلق الالتزام سواء كان من طرفين كالبيع أم كان من طرف واحد كالوقف وإبراء المدين من الدين كله أو بعضه ، والتنازل عن حق النفقة والطلاق ⁽²⁾.

وقريب من ذلك ما ذكره الشيخ علي الخفيف بقوله " فإنك تجد بعض الفقهاء عندما يبنون الأحكام العامة للعقود يستعملون كلمة العقد ويريدون بها جميع الالتزامات الشرعية سواء كانت اتفاقا بين طرفين أم كانت التزاما من شخص واحد ،وترى ذلك في كتب المالكية ، والشافعية ، والحنابلة أظهر منه في كتب الحنفية ⁽³⁾.

القصود ودورها في إنشاء العقود

يقول الإمام أبو زهرة " قوام صحة العقود الرضا ، والإرادة هى العامل الأول فى تكوين العقد ، واللفظ معبر عن هذه الإرادة ، كاشف عنها ، ولكن أتناط الأحكام بتلك الإرادة فيبحث عنها من غير تقيد باللفظ المكون للعقد ؟ أم العبرة بظاهر القول فيعتبر معلنا عن تلك الإرادة من غير بحث فيما وراءه للكشف عنها ، وتقصى أغوارها ؟ ⁽⁴⁾.

قبل أن نشرع فى عرض آراء فقهاء المسلمين فى دور القصود فى إنشاء العقود فقد يكون من المفيد أن نعرض لما ذكره شراح القانون فى الدول العربية والإسلامية التى تحتكم إلى القوانين الوضعية ، الذين تناولوا القصود فى العقود تحت عنوان " دور الإرادة الظاهرة والإرادة الباطنة فى إنشاء العقود " .

الإرادة الظاهرة والإرادة الباطنة :

يقول د. محيى الدين إسماعيل " الأصل أن يعبر المتعاقد عن إرادته فى وضوح تام لا يثير لبسا ،

---

(1) الإمام محمد أبو زهرة – مرجع سابق – ص 180-181

(2) د.عبد العظيم شرف الدين – مرجع سابق – ص6

(3) الشيخ علي الخفيف – مرجع سابق – ص56

(4) الإمام محمد أبو زهرة ، مرجع سابق ، ص 218 .

وهنا لا تثار مع وجود هذا التعبير مشكلة ، لأن الإرادة والتعبير متطابقان ، أما إذا اختلف التعبير عن الإرادة ، فهل نأخذ بالتعبير باعتباره الأمر الظاهر وتترك الإرادة وهى أمر نفسى لا سبيل إلى الاطلاع عليه ؟ أم نأخذ بالإرادة باعتبارها الأصل ولا نعتد بالتعبير لأنه لم يكن حقيقة مقصود المتعاقد ؟ تباينت الاتجاهات فى هذا الصدد ؛ فالمدرسة الفرنسية ذات النزعة اللاتينية تأخذ بالإرادة وتدع التعبير ، وهذه هى نظرية الإرادة الباطنة . أما المدرسة الألمانية فتأخذ بالتعبير وتدع الإرادة وتسمى نظريتها بنظرية الإرادة الظاهرة .

على أن الأمر فى الحقيقة ليس أخذا مطلقا أو تركا مطلقا ، وإنما يتقيد كل اتجاه بضوابط تخفف من حدته ، وهو ما يشير إلى تقارب المذهبين عملا ، رغم تباعدهما نظريا . فنظرية الإرادة الباطنة Le théorie de la volonté interne تعتبر التعبير عن الإرادة قرينة عليها ، ولكنها قرينة تقبل إثبات العكس بحيث يستطيع المتعاقد الذى صدر عنه تعبير عن إرادته لا يطابقها أن يقيم الدليل على إرادته الحقيقية ، فتأخذ النظرية بها وتترك التعبير .

ونظرية الإرادة الباطنة فى أخذها بالإرادة الحقيقية أو بديلها الإرادة المفترضة هى فى الحالين نظرية ذات طابع شخصى لأنها تنشد دائما الإرادة فى ذاتها .

نظرية الإرادة الظاهرة :   volonté externe

أما نظرية الإرادة الظاهرة أو " نظرية إعلان الإرادة " فهى نظرية موضوعية "objectif" فتنظر إلى الإرادة باعتبارها ظاهرة اجتماعية لا ظاهرة نفسية ، فلا تنظر إليها داخل النفس ، وإنما تنظر إليها من خلال التعبير عن الإرادة صريحا أو ضمنيا وتقف عنده وحده . فالتعبير ليس قرينة قابلة لإثبات العكس ، بل هو قرينة على الإرادة لا تقبل إثبات العكس . وقد أخذ القانون المصري بنظرية الإرادة الباطنة وأكملها بنظرية الإرادة الظاهرة [1] .

أما الدكتور محمد لبيب شنب فيشير إلى أن القانون لا يعتد بالإرادة وما بقيت كامنة في نفس صاحبها ، فهو يستلزم إخراجها أو إظهارها ، وبعبارة أخرى التعبير عنها في الحيز الخارجي بحيث يمكن التحقق من وجودها .

---

(1) د. محيى الدين إسماعيل ، مرجع سابق ، ص 152-162 .

وتحت عنوان نظرية الإرادة الباطنة يشير إلى أن العقد يستمد قوته الملزمة من إرادة أطرافه الحقيقية ، وأنه إذا كان من الواجب التعبير عن هذه الإرادة ، فذلك لا ينفي أن العبرة بالإرادة ذاتها لا بهذا التعبير . ويضيف أنه إذا حدث واختلف التعبير عن الإرادة الباطنة ، وجب الأخذ بهذه الإرادة لأنها هي الإرادة الحقيقية ، واستبعاد التعبير أو الإرادة الظاهرة .

أما عن مضمون هذه النظرية فيشير إلى أن القوة الملزمة للعقد إنما تُستمد من التعبير عن الإرادة ، والقانون إذ يشترط للاعتداد بالإرادة التعبير عنها في الحيز الخارجي ، إنما يربط وجود العقد وقوته الملزمة بهذا التعبير باعتباره ظاهرة اجتماعية في ذاته لا باعتباره دليلا على وجود الإرادة الباطنة .وعلى ذلك إذا اختلف التعبير عن الإرادة الباطنة ،فالعبرة بالتعبير لأن التعاقد تم وفقا له ، فيجب الوقوف عنده ، وعدم البحث فيما وراءه [1] .

تقـويم النظريتيـن :

يضيف الدكتور لبيب شنب أن نظرية الإرادة الباطنة أكثر اتفاقا مع منطق العقد باعتباره عملا إراديا ، وإذا كان القانون يتطلب التعبير عنها فذلك لما يترتب على العقد من أثار تتطلب أن يكون من الممكن التحقق من وجوده بأدلة ملموسة ومحسوسة ، ولكن نظرية الإرادة الباطنة تهدد استقرار المعاملات إذ لو أبيح للشخص أن يتمسك بإرادته الباطنة في الحالات التي تختلف فيها الإرادة عن التعبير الذي صدر عنها ، لما أمكن للمتعاقد أن يطمئن إلى كون التعبير يتفق تماما مع النية الحقيقية للمتعاقد معه ، ومن شأن ذلك إشاعة روح التردد بين الناس ، وقلقلة المعاملات . وهذا ما جاءت نظرية الإرادة الظاهرة لعلاجه [2] .

آراء فقهــاء المسلمين

يشير الإمام أبو زهرة إلى أن من الفقهاء من كان الغالب على فروعه وأصوله الأخذ بظاهر القول من غير بحث عن النيات والأغراض والمقاصد ، إلا إذا دل عليها بلفظ يعلنها في العقد ، ومن الفقهاء من أخذ بالنيات والدوافع ويفسر ألفاظ العقد على مقتضى ما تعطيه تلك النيات ، وما تومئ

---

(1) د.محمد لبيب شنب – مرجع سابق – ص96-97 .

(2) د.محمد لبيب شنب – مرجع سابق – ص96-98.

إليه تلك الأغراض ويضيف ، أن أظهر من يأخذ بظاهر العقود وعباراتها المكونة لها من غير النظر إلى النيات والأغراض الشافعي رضي الـلـه عنه ، فهو لا يأخذ إلا بمقتضى ظاهر الألفاظ في العقود وما تدل عليه . فالنيات أمور علمها عند الـلـه ولا يجليها إلا يوم يكون الأمر كله لله . وكثيرون من الفقهاء قد أخذوا بألفاظ العقود محمولة على النيات ، مفسرة بها ، ما دامت قد قامت على هذه النيات قرائن ظاهرة وشواهد قائمة ، أما ما خفي واستترته النفس ولم تعلنه فلا يناط به شيء لأنه لا يمكن العلم به و الـلـه يقول : ﴿ وَلَا تَقْفُ مَا لَيْسَ لَكَ بِهِۦ عِلْمٌ ﴾ [الإسراء: 36] وحجة هؤلاء أن ألفاظ العقود ما كانت لها قوة إنشاء العقود إلا لأنها إخبارات عن النفس وما يجول بها من معاني ، وما تنفعل به من رغبات ، وما يختفي في ثناياها من نيات ، فلا بد إذن لصحتها من مطابقة خبرها لحقيقته . فإذا لم تكن الأخبار مطابقة للنيات والأغراض كانت أخبارا كاذبة ، فتفقد مانيط بها من تكوين العقد ، وإذن فالألفاظ إذا لم تكن متطابقة مع النية والمقصد ومرمى العاقد من العقد لا ينشأ منها عقد ، ولا يناط بها حكم[1].

أما الشيخ علي الخفيف فيقول " إذا اتجهت إرادة العاقد في إنشاء عقده إلى جعله وسيلة لتحقيق غرض لم يكن مقصودا من شرع العقد وكان هذا الغرض هو الباعث عليه ، فإن الرأي في ذلك يتبع حكم ذلك الغرض ، فإن كان غرضا مباحا غير محظور لم يؤثر ذلك في صحة العبارة ولا في ترتيب أثرها عليه ، لأن الغرض عندئذ حاجة للعاقد ، وقد رأى العقد وسيلة إليها فجعله طريقة إلى تحصيلها ولمثل هذا شرعت العقود على الجملة .

وإن كان غرضا محظورا حرمه الشارع فقد اختلف في ذلك رأي العلماء ، فمنهم من سوى بين هذه الحال والتي قبلها ، فلم يجعل لذلك القصد أثرا ، فصحح العبارة ، ورتب الالتزام ولم يعن بالغرض ما دام أمرا باطنيا ليس في العبارة ما يدل عليه ، وإن كان معلوما لدى العاقدين . ومنهم من أبطل العقد بسبب هذا القصد متى قام الدليل عليه ، واعتبر العبارة لهذا لاغية لا يترتب عليها التزام. ومن الفريق الأول أبو حنيفة والشافعي ومن الفريق الثاني أحمد بن حنبل والصاحبان وبناء على ذلك تكون الإجارة على عصر العنب لاتخاذه خمرا أو حمل الخمر إلى من يشربها ، وبيع السلاح إلى

---

(1) الإمام محمد أبو زهرة – مرجع سابق – ص 218-220.

الكفار أو للبغاة أو إلى قطاع الطرق أو لأهل الفتنة ، كل ذلك يعتبر عقودا صحيحة عند أبي حنيفة والشافعي ومن يرى رأيهم ، لأن المدار على العبارة الظاهرة وهي السليمة ، أما النيات والمقاصد فمتروك أمرها إلى اللـه وتستوجب إثم صاحبها فقط ولا تقتضي إبطال عقده.

وذهب الحنابلة إلى إبطال كل هذه العقود ، وكذلك كل عقد يعين على معصية إذا ظهر القصد ، وإن جاز أن يزول هذا القصد ويتبدل ، لأنها قد اتخذت وسيلة إلى أمر غير مشروع وما جعلها الشارع وسيلة إلى محرم ، وفي تصحيحها إعانة على معصية ، والإعانة عليها بأي وسيلة أمر محظور[1].

أما صاحب نظرية العقد فقد ذهب إلى أن هناك مذهبين في العقد أحدهما شخصي ، وهو يرى أن العقد وليد الإرادة الباطنة ، وثانيهما مادي وهو يرى أن العقد وليد الإرادة الظاهرة .

والقانون الفرنسي على رأس التشريعات التي أخذت بنظرية الإرادة الباطنة ، والعبرة فيه بإرادة المتعاقدين التي تختلج في الضمير . والتعبير المادي عن هذه الإرادة مجرد دليل عليها ، فإن اتفق مع الإرادة الحقيقية أخذ به وإلا فالعبرة بالمقاصد والمعاني لا بالألفاظ والمباني ، أما القانون الألماني فقد أخذ بنظرية الإرادة الظاهرة[2].

أما عن موقف الشريعة الإسلامية من المذهبين فيقول صاحب نظرية العقد :

"يجمل بنا أن نقرر أن الشريعة الإسلامية قد عنيت بالإرادة الباطنة ، فالأساس في صحة المعاملات المالية هو التراضي[3] ، الذي دل عليه قوله تعالى: ﴿ يَٰٓأَيُّهَا ٱلَّذِينَ ءَامَنُواْ لَا تَأۡكُلُوٓاْ أَمۡوَٰلَكُم بَيۡنَكُم بِٱلۡبَٰطِلِ إِلَّآ أَن تَكُونَ تِجَٰرَةً عَن تَرَاضٖ مِّنكُمۡ ﴾ [النساء: 29]

إلا أن الدكتور عبد الرزاق السنهوري له رأي آخر فيذكر أن في الفقه الإسلامي قواعد كلية توهم أن العبرة بمقصود المتعاقدين ، أي بنية المتعاقدين وإرادتهما الباطنة ، ومن ذلك ما جاء بالمادة

---

(1) الشيخ علي الخفيف – مرجع سابق – ص 68-69، انظر الكافي في الفقه على مذهب الإمام أحمد للإمام ابن قدامة الحنبلي ، ج 2 ، ص 14 ، دار إحياء الكتب العربية .

(2) د.عبد العظيم شرف الدين – مرجع سابق – ص6-7.

(3) د.عبد العظيم شرف الدين – مرجع سابق – ص7.

الثانية من المجلة < مجلة الأحكام العدلية >:

" إن الأمور بمقاصدها " وقاعدة " إنما الأعمال بالنيات " أي أن الأحكام الشرعية التي تترتب على أفعال المكلفين منوطة بمقاصدهم من تلك الأفعال ، فلو أن الفاعل المكلف قصد بالفعل الذي فعله أمرا مباحا كان فعله مباحا ، وإن قصد أمرا محرما كان فعله محرما.

ويستطرد قائلا ، ومن ذلك أيضا ما جاء بالمادة الثالثة من المجلة من أن " العبرة في العقود للمقاصد والمعاني ، لا للألفاظ والمباني ، ولهذا جرى حكم الرهن في البيع بالوفاء ، وإن كان منعقدا بلفظ البيع ، لأنه لم يقصد تمليك المبيع للمشتري ، بل تأمينه على دينه".

ويحاول الدكتور السنهوري أن يفند هذه القواعد الكلية فيعزى بعض الأحكام التي أجمع عليها فقهاء الأمة سلفها وخلفها إلى العرف وليس إلى القواعد الكلية التي تبنى عليها الأحكام ، فهو يرى أن بيع الوفاء رهن لأن العرف قد جرى بأن هذا الضرب من التعامل لا يقصد به تمليك المبيع للمشتري بل تأمينه على دينه ، ويستطرد قائلا فمن باع ماله بيع وفاء فهو يرهنه ، هذه هي إرادته الظاهرة تعتد بها أيا كانت إرادته الباطنة [1].

ويستشف من ذلك أن ما ذهب إليه الدكتور السنهوري هو من قبيل ليّ النصوص وصرفها عن حقيقتها دون مقتضى لذلك فهو يجعل الرهن الذي لم يرد له ذكر في العقد من قبيل الإرادة الظاهرة وهذا من قبيل قلب الأمور وصرفها عن حقيقتها وإلا فبما نسمي " البيع " الذي ورد في صلب العقد نصا ؟ أيكون هو الإرادة الباطنة !

ومن غرائب الأمور أن يدعم الدكتور السنهوري رأيه بما نصت عليه المادة 68 من مجلة الأحكام العدلية " دليل الشيء في الأمور الباطنة يقوم مقامه ".

ويفسر الدكتور السنهوري هذه القاعدة تفسيرا منافيا لمقصودها فيقول :

" أي يحكم بالظاهر فيا يتعذر الاطلاع علية".

وكنا نود لو أنه بيننا اليوم لنقول له " أنه لا يجوز صرف اللفظ عن ظاهره إلا بقرينة تمنع إرادة

(1) مصادر الحق في الفقه الإسلامي - مرجع سابق - ج 6 - ص 30 / 35

المعنى الحقيقي "

ودليل الشيء في الأمور الباطنة هو القرينة التي تقوم عليها فتكشف عن الإرادة الباطنة فتقوم مقامها .

وقد ذهب الإمام ابن قيم الجوزية إلى القول :

" وقد تظاهرت أدله الشرع وقواعده على أن القصود في العقود معتبرة ، وإنها تؤثر في صحة العقد وفساده ، و في حله وحرمته ، بل وأبلغ من ذلك أنها تؤثر في الفعل الذي ليس بعقد تحليلا وتحريما فيصير حلالا تارة ، وحراما تارة باختلاف النية والقصد ، كما يصير العقد صحيحا تارة وفاسدا تارة باختلافها ، وهذا كالذبح ، فإن الحيوان يحل إذا ذبح من أجل الأكل ، ويحرم إذا ذبح لغير الـلـه [1].

أما الذين يأخذون بالإرادة الظاهرة فيأتي في مقدمتهم الشافعية وقد جاء في الأم وهو أوضح دلالة من غيره:

" أصل ما أذهب إليه " أن كل عقد كان صحيحا في الظاهر لم أبطله بتهمة أو بعادة بين المتبايعين ، وأجزته لصحة الظاهر ، وأكره لهما النية ، بحيث لو ظهرت أفسدت البيع."

وكذلك أكره للرجل أن يشتري السيف على أن يقتل به ، ولا يحرم على بائع أن يبيعه ممن يرى أنه يقتل به ظلما لأنه قد لا يقتل به ، فلا أفسد عليه هذا البيع ، وكذلك أكره للرجل أن يبيع العنب ممن يرى أنه يعصره خمرا، ولا أفسد عليه البيع إذ باعه إياه ، لأنه قد باعه حلالا ، وقد يمكن ألا يجعله خمرا أبدا ، كما يمكن في صاحب السيف أن لا يقتل به أحدا أبدا، ولو نكح رجل امرأة عقدا صحيحا وهو ينوي ألا يمسكها إلا يوما أو أقل أو أكثر لم أفسد النكاح ، إنما أفسده أبدا بالعقد الفاسد" [2].

أما مذهب الإمام مالك كما جاء في المدونة :

---

(1) أعلام الموقعين عن رب العالمين، لابن قيم الجوزية ج3 ، ص96.

(2) الأم، للإمام أبي عبد الـلـه محمد بن إدريس الشافعي ج3 - كتاب البيوع " باب النهي عن بيع الكراع والسلاح في الفتنة " ، ص 65.

قال مالك : لا يعجبني أن يبيع الرجل داره مما يتخذه كنيسة ، ولا أن يؤجرها منه ، ولا أن يبيع شاته من مشرك إذا علم أنه يشتريها ليذبحها لوثنه ،وقال أيضا ولا يكري دابته منهم إذا علم أنهم إنما إسْتكْروَهْا ليركبوها إلى أعيادهم [1].

وقال أيضا إذا أجر المسلم داره إلى نصراني ليبيع فيها الخمر فالإجارة باطلة .وقال الإجارة على القتل أو على الضرب أو على ما لا يجوز شرعا غير جائزة [2].

وفي الحطّاب : ويحرم بيع الحربيين آلة الحرب من سلاح ونحوه ، ويحرم بيع الدار وشرائها ممن يتخذها كنيسة ، أو ممن يجعل فيها الخمر [3].

وفي الشرح الكبير للدردير : ويمنع بيع كل شيء علم أن المشتري قصد به أمر لا يجوز كبيع جارية لأهل الفساد ، وبيع أرض لتتخذ كنيسة ، أو خمارة ، وبيع العنب لمن يعصره خمرا ، والنحاس لمن يتخذه ناقوسا [4].

أما الحنابلة فقد ذهبوا إلى إبطال كل عقد تبين أن الباعث عليه أمر محظور ، سواء تضمنت صيغته ما يدل عليه ، أم لم تتضمنه وكان أمرا باطنيا معنويا ، وإن جاز ألا يكون ، لأنه اتخذ وسيلة إلى أمر غير مشروع ، ولم يجعله الشارع وسيلة إلى محظور ، وفي تصحيحه إعانة على المعصية ، والإعانة عليها بأي طريقة أمر محظور . ولا يحتج بسلامة العبارة وخلوها مما يدل عليها، وقد قال رسول الله صلى الله عليه وسلم :« **وإنما لكل امرئ ما نوى** » وهذا عام يعم العبادات ، والمعاملات ، والأقوال والأفعال ، وهو دليل على أن من نوى بالبيع ربا قارف الربا وليس يعصمه منه صورة البيع ، ومن نوى بالزواج التحليل كان تيسا مستعارا ، كما دل على ذلك الحديث، ولا يبعده عن ذلك صورة عقد الزواج [5].

وقد ذهب ابن رجب الحنبلي في قواعده إلى الآتي :

---

(1) المدونة للإمام مالك ، كتاب الجعل والإجارة ، باب في إجارة الكنيسة - مسألة "414".

(2) موسوعة الفقه الإسلامي – مرجع سابق – ج23 ، ص256.

(3) موسوعة الفقه الإسلامي – مرجع سابق – 256.

(4) موسوعة الفقة الإسلامي ، مرجع سابق ، ص256.

(5) أعلام الموقعين عن رب العالمين للإمام ابن قيم الجوزية – ج3 ، ص96.

"تعتبر الأسباب في عقود التمليكات كما يعتبر في الأيمان ، ويخرج على ذلك مسائل متعددة":

* منها : مسائل العينة.

* ومنها : هدية المقترض قبل الأداء فإنه لا يجوز قبولها ممن لم يجر له عادة.

* ومنها : هدية المشركين لأمير الجيش فإنه لا يخُتص بها على المذهب بل هي غنيمة أو فيء على اختلاف الأصحاب.

* ومنها : هدايا العمال ، قال أحمد في رواية أبي طالب في الهدايا التي تهدى للأمير فيعطى منها الرجل قال : هذا الغلول ، ومنع الأصحاب من قبول القاضي هدية من لم يجر العادة بهديته له قبل ولايته.

* ومنها : هبة المرأة زوجها صداقها إذا سألها ذلك ، فإن سببها طلب استدامة النكاح ، فإن طلقها فلها الرجوع فيها نص عليه أحمد في رواية عبد الـلـه.

* ومنها : الهدية لمن يشفع له شفاعة عند السلطان ونحوه فلا يجوز ، ذكره القاضي ، وأومأ إليه لأنها كالأجرة ، والشفاعة من المصالح العامة فلا يجوز أخذ الأجرة عليها ، وفيه حديث صريح في السنن.

* ومنها : ما نص عليه أحمد في رواية ابن ماهان فيمن اشترى لحما ثم استزاد البائع فزاده ، ثم رد اللحم بعيب فالزيادة لصاحب اللحم لأنها أخذت بسبب اللحم فجعلها تابعة للعقد.

* ومنها : ما حكاه الأثرم عن أحمد في المولى يتزوج العربية يفرق بينهما ، فإن كان دفع إليها بعض المهر ولم يدخل بها يردوه وإن كان أهدى هدية يردونها عليه ، قال القاضي في الجامع لأن هذه الحالة تدل على أنه وهب له بشرط بقاء العقد ، فإذا زال ملك الرجوع بها كالهبة بشرط الثواب [(1)].

وقد يتوهم البعض أن الظاهرية هم أول من يعملون بالإرادة الظاهرة ولا يلتفتون إلى مشروعية السبب أو الباعث إلى إنشاء العقد ، والأمر على خلاف ذلك تماما ، ففي المحلي للإمام ابن

---

(1) القواعد في الفقه الإسلامي للحافظ أبي الفرج عبد الرحمن بن رجب الحنبلي ط 2 - 1408هـ - القاعدة الخمسون بعد المائة ، ص348.

حزم الظاهري قال :" ولا يحل بيع الشيء ممن يوقن أنه يعصي الله به ، أو فيه ، وهو مفسوخ أبدا كبيع كل شيء ينبذ أو يعصر ممن يوقن أنه يعمله خمرا ، وكبيع الدراهم الرديئة ممن يوقن أنه يدلس بها ، وكبيع الغلمان ممن يوقن أنه يفسق بهم أو يخصيهم ، وكبيع المملوك ممن يوقن أنه يسيء ملكته. أو كبيع السلاح أو الخيل ممن يوقن أنه يعدو بها على المسلمين ، أو كبيع الحرير ممن يوقن أنه يلبسه ، وهكذا في كل شيء لقول الله تعالى : ﴿ وَتَعَاوَنُوا۟ عَلَى ٱلْبِرِّ وَٱلتَّقْوَىٰ وَلَا تَعَاوَنُوا۟ عَلَى

ٱلْإِثْمِ وَٱلْعُدْوَٰنِ ﴾ [المائدة: 2] والبيوع التي ذكرنا تعاون ظاهر على الإثم والعدوان بلا تطويل ،

وفسخها تعاون على البر والتقوى ، فإن لم يوقن بشيء من ذلك فالبيع صحيح لأنه لم يعن على إثم ، فإن عصى المشتري الله تعالى بعد ذلك فعليه [1].

وما ذهب إليه المالكية والحنابلة والظاهرية هو ما أميل إليه ، وأدين الله عليه ويتفق مع الفطرة التي خلق الله الناس عليها.

---

(1) المحلي لأبي محمد علي بن أحمد بن سعيد بن حزم الظاهري الجزء التاسع ، ص 29-30.

المبحث الثاني
دور الإرادة فى
حرية التعاقد وإنشاء
العقود وما يترتب عليها من آثار

يطرح مبدأ سلطان الإرادة وحرية التعاقد في الفقه الإسلامي عددا من القضايا التي احتدم الجدل في شأنها بين الموسعين والمضيقين. وقد طرح كل فريق ما لديه من الحجج والأدلة والبراهين التي تشير إلى سلامة استدلاله وقوة برهانه . وأهم القضايا التي كانت محل خلاف في هذا الصدد هي:

أولا: هل الأصل في العقود الحظر أم الإباحة.

ثانيا: هل الآثار التي تترتب على العقد تخضع لإرادة المتعاقدين أم أنها من ترتيب الشارع الحكيم.

وقبل أن نشرع في عرض موقف الفقه الإسلامي من هذه القضايا ، فقد يكون من المفيد أن نعرض ابتداء للفكر السائد الذي تناولته أغلب التشريعات التي تحتكم إليها الدول العربية والإسلامية ، ثم نتناول موقف الفقه الإسلامي من هذه القضايا المهمة للوقوف على وجوه الاتفاق والاختلاف معها.

مبدأ سلطان الإرادة

يعتبر العقد وقوامه الإرادة ، مصدرا من مصادر الالتزام في جميع القوانين، الأمر الذي يطرح التساؤل التالي:

هل للعقد قيمة ذاتية ، أم أنه يستمد قيمته من اعتراف القانون كمصدر للالتزام وبعبارة أخرى ، لو فرض أن القانون لم ينص على العقد كمصدر من مصادر الالتزام فهل يكون من قدرة العقد مع ذلك إنشاء التزامات ؟

تجيب نظرية الإرادة عن هذا السؤال ، بأن الإرادة لها سلطان ذاتي أو قيمة ذاتية لا تستمدها من اعتراف القانون بها ، فالقانون عندما يقرر أن العقد أو الإرادة بصفة عامة يعتبر مصدرا للالتزامات ،

لا يفعل إلا تقرير الأمر الواقع ، والاعتراف للإرادة بهذه السلطة أو بهذا السلطان أمر تقتضيه طبيعة الأشياء [1].

حرية الفرد في إنشاء الالتزامات :

وأساس مبدأ سلطان الإرادة في نظر القائلين به هو أن الأفراد أحرار ، ولا يتقيد الفرد وفقا لهذا الأصل إلا بإرادته ، وهذه الإرادة لا تترتب على الالتزامات التي نشأت عنها ظلما ، فلا يتصور أن يشكو الشخص ظلما من الالتزام الواقع على عاتقه إذا كان هو الذي ألزم نفسه به ، فالفرد هو خير من يعرف مصلحة نفسه ويدافع عنها [2].

فإذا قيل هذا كله صحيح ولكن ذلك بفرض أن جميع الالتزامات تنشأ بمحض إرادة الفرد وذلك من خلال العقود المبرمة بين فرد وآخر أو آخرين ، ولكن الواقع غير ذلك ، فهناك التزامات أُخر مصدرها القانون ولا شأن لإرادة الأفراد بها ، فإن ذلك مردود عليه بأن القانون الذي فرضها هو في الحقيقة من عمل الإرادة الجماعية ، وأن أساس العلاقات في هذا المجتمع هو العقد الاجتماعي الذي نادى به "جان جاك روسو" فأساس الملكية حرية الإرادة ، وحقوق الأسرة تنشأ عن عقد الزواج "الذي يتم بمحض إرادة الزوجين" بل أن العقوبات الجنائية يبررها أن المجرم قد ارتضى مقدما أن ينال جزاء ما اقترف.

ويمكن القول بناء على ذلك أن الأفراد هم الذين أرادوا هذه القوانين وما ينشأ عنها من التزامات وعقوبات.

وإذا كانت الإرادة هي أساس العقد وقوته ، فليس معنى ذلك أن الإرادة التي يعتد بها على كل حال ، ولهذا ذهب الدكتور محيي الدين إسماعيل إلى القول إن الإرادة التي يعتد بها هي الإرادة التي اتجهت اتجاها سليما نحو غايتها ، أي الإرادة التي لم تكن مشوبة بعيب من العيوب ، فالإرادة المكرهة أو التي يشوبها الغلط أو التدليس لا تنشئ عقدا صحيحا ، بل يكون لصاحبها أن يتمسك بالعيب فيبطل العقد [3].

---

(1) د.محمد لبيب شنب ، مرجع سابق ، ص27.

(2) د. محيي الدين إسماعيل ، مرجع سابق ، ص78 "بتصرف".

(3) د.محيي الدين إسماعيل ، مرجع سابق ، ص79.

ويمكن صياغة مبدأ سلطان الإرادة على النحو التالي :

"يشير مبدأ سلطان الإرادة l'autonomie de la volonte إلى أنه يكفي توافق إرادتين لإنشاء الالتزام ، أي لانعقاد العقد ، بما يعني حرية الإرادة في إنشاء العقود وفي تحديد آثارها [1].

وهذا المبدأ لم تعرفه الشرائع القديمة كالقانون الروماني ، حيث ظلت الشكلية في هذا القانون حتى أواخر تطوره هي الشكلية ، أما الرضائية فكانت هي الاستثناء.

تطور العقد ومبدأ سلطان الإرادة :

وقد ظل الحال كذلك في القرون الوسطى إلى أن قوى سلطان الكنيسة واستقرت قواعد القانون الكنسي ، فأصبح الوعد ملزما للواعد ، والإخلال به خطيئة دينية.

ومن جانبه يؤكد الدكتور محيي الدين إسماعيل أن تلك العقود قد لحقها التطور شكلا وموضوعا.

أولا: من ناحية الشكل:

فمن ناحية الشكل لم يعد ملزما للانعقاد أساسا شكل معين للعقد ، وأصبحت الإرادة وحدها كافية لانعقاد العقد ولو كانت إرادة ضمنية ، وأضاف أنه قد أصبح من النادر أن يشترط المشرع في العقد شكلا قانونيا محددا.

ثانيا:من حيث الموضوع:

أما من ناحية موضوع العقد ومضمونه فقد أصبح من حق الأفراد إبرام العقود التي يرونها ، واختيار الشروط التي تلائمهم غير مقيدين بالأحكام التي يضعها القانون لعقد من العقود ما لم تكن متعلقة بالنظام العام ، وهو الأمر الذي يقصد منه حماية المتعاقدين أنفسهم ، وتأكيد صحة التراضي بينهم ، ولهم حق إبرام عقود لم ينص عليها القانون وأن يمزجوا بين أشكال مختلفة من العقود ليصلوا إلى تحقيق ما تنشده الإرادة [2].

---

(1) د.عمر السيد أحمد عبد الله ، نظرية العقد في قانون المعاملات المدنية الإماراتي ، دراسة مقارنة بالفقه الإسلامي ، ص5.

(2) د.محيي الدين إسماعيل ، مرجع سابق ، ص80.

وقد ازدهر مبدأ سلطان الإرادة في القرنين الثامن عشر والتاسع عشر بفعل عوامل متعددة ، منها انتشار المذهب الفردي الذي يقدس الحرية الفردية ويجعل للقانون غاية واحدة هي ضمان الحرية . وقد أثر هذا المذهب على الفلسفة القانونية والاجتماعية والاقتصادية ، فسادت فكرة القانون الطبيعي في مجال الفلسفة ، وظهرت فكرة العقد الاجتماعي في مجال الفلسفة الاجتماعية ، وانتصرت فكرة الحرية الاقتصادية في مجال الفلسفة الاقتصادية.

ويفند الدكتور عمر عبد الله على فكرة "العقد الاجتماعي" والذي انطوى على رد جميع الالتزامات الإرادية وغير الإرادية إلى الإرادة ، وهو الذي نادى به "جان جاك رسو" بقوله: "غير أن إغراق أصحاب المذهب الفردي في تمجيد الإرادة قد وصل إلى حد مجانبة الحقيقة ، فيقرر الحقائق التالية: إن شبه العقد والجريمة وشبه الجريمة لا تستند إلى الإرادة ، بل هي ظروف يرتب القانون على تحققها التزامات معينة ، ولو لم تتجه الإرادة إلى إحداث هذه الالتزامات ، والملكية نظام لا دخل لإرادة المالك فيه ، فكثيرا ما يتدخل المشرع للحد من حرية التملك ، والزواج لا شأن للإرادة في تنظيم أحكامه ، بل يستقل القانون بذلك ، والميراث ليس بوصية مفترضة إذ هو أسبق من الناحية التاريخية على الوصية ، وروابط القانون العام لا أثر للإرادة فيها [1].

ونحن نتفق كل الاتفاق مع هذا النقد الصريح لفكرة العقد الاجتماعي والذي لم يصب الحق ولم يسع إلى الحقيقة ، بل انطوى على توفيق لا يليق ، وإشاعة الأكاذيب ، وزخرفة الإفك وتزيين الباطل.

وهكذا كانت القاعدة فيما يتعلق بمبدأ سلطان الإرادة ، أن الإرادة سيدة موفورة السلطان [2].

النقد الموجه لمبدأ سلطان الإرادة :

ومع الغلو الشديد لتوجهات القائلين بسلطان الإرادة ، اشتد الهجوم على هذا المبدأ منذ مطلع القرن العشرين ، وخاصة من قبل أصحاب المذاهب الاشتراكية ، بل يمكن القول إن الهجوم على هذا المبدأ بدأ مع منتصف القرن التاسع عشر ، بعد انتشار الثورة الصناعية ، وما استتبعها من قيام

---

(1) د.عمر عبد الله ، مرجع سابق ، ص7.

(2) د. محيي الدين إسماعيل ، مرجع سابق ، ص84.

الشركات العملاقة ، والتي اقترن بقيامها إنشاء العديد من العقود والتي وُصم أغلبها بأنها من عقود الإذعان.

وسقطت بذلك الكثير من المبادئ التي رسخت في النفوس وتشبع بها الأفراد في ظل سيادة سلطان الإرادة ، ومن هذه المبادئ " أن الفرد هو خير من يدافع عن حقوق نفسه" في حين أن عقود الإذعان لم تدع خيارا للفرد إلا أن يذعن ويعلن قبوله لما يملي عليه من الشروط التعسفية المجحفة التي يتضمنها العقد تحت وطأة العوز والحاجة ورغم أنف إرادته الحقيقية الباطنة ، ورغم أنف مبدأ سلطان الإرادة.

" وبخلاف النظرية الاشتراكية التي تصدت بالمعارضة لمبدأ سلطان الإرادة فإن معارضة الفقيه ديجي"Duguit" الذي أخذ على مبدأ سلطان الإرادة إعطاؤه للأفراد الحق في إنشاء الالتزامات ، الأمر الذي يستوجب الاعتراف للفرد بحق شخصي يعلو على حق المجتمع. فهناك قواعد لا تحركها الإرادة الفردية مثل قواعد الأهلية بالنسبة للقصر ، وقواعد المسئولية التقصيرية ، فليست إرادة مرتكب الفعل الضار هي التي تحركها" [1].

النتائج التي تمخض عنها الهجوم على مبدأ سلطان الإرادة:

كان من نتائج الهجوم على مبدأ سلطان الإرادة أن أعيد النظر في هذا المبدأ سواء من جانب المشرع أو من جانب القضاء . ولم تعد الحرية التعاقدية هي حرية الفرد في أن يتعاقد أو لا يتعاقد ، فهناك حالات يفرض فيها التعاقد أو عدم التعاقد على الفرد رغم إرادته فلا سلطان لإرادته في هذه الحالات ، فهناك التأمين الإجباري على السيارات لمصلحة الغير الذي انتشر في مختلف الدول ، ولم يعد المالك حرا في اختيار المستأجر وخاصة في حالات الامتداد الضمني لعقود الإيجار [2].

كما كان من نتائج الهجوم على مبدأ سلطان الإرادة أن قيدت حرية التعاقد باتساع نطاق النظام العام بما يفرضه من قيود على حرية إبرام العقود . كما تأثرت حرية عدم التعاقد ، فظهرت صور للعقود الجبرية التي يرغم الشخص على إبرامها كعقود بيع السلع الضرورية ، وتدخل القانون

---

(1) د.محيي الدين إسماعيل ، مرجع سابق ، ص89-90.

(2) د.محيي الدين إسماعيل ، مرجع سابق ، ص94.

لإنشاء علاقات قانونية لم تكن لتنشأ أبدا إلا بتوافق إرادتي طرفيها ، ويظهر ذلك بصفة خاصة في مجال إيجار الأماكن المبنية حيث تنشأ الرابطة أحيانا بقوة القانون رغما عن إرادة مالك المكان [1].

حرية تحديد آثار العقود:

وفيما يتعلق بحرية تحديد آثار العقود ، لم يعد للمتعاقدين مجال كبير في الاتفاق على ما يخلفه العقد من آثار ، فبصدور قوانين يُنَص على أن قواعدها قواعد آمرة لا يجوز الاتفاق على مخالفتها أصبح تحديد آثار العقود من المشرع لا من المتعاقد

وإزاء ما تعرض له مبدأ سلطان الإرادة من انتكاسات أنكر بعض الشراح القوة الذاتية للعقد ، وقالوا إن قوة العقد على إنشاء الالتزامات إنما تستمد من القانون الذي يعترف بالعقد كمصدر للالتزام ، مما يجعل أساس القوة الملزمة للعقد في سلطان القانون لا في سلطان الإرادة ، وبحيث إنه لو لم ينص القانون على العقد كمصدر من مصادر الالتزام ، فإن العقد يكون عاجزا عن إنشاء أي التزام [2].

وقد لخص "ديموج Demogue" نتائج نظرية سلطان الإرادة في ست :

أولا: التعاقد ونوعه حر في حدود النظام العام.

ثانيا: أثر الالتزام هو ما أراده المتعاقدان.

ثالثا: العبرة بالإرادة الباطنة لا بالإرادة الظاهرة.

رابعا: يفسر القاضي العقد طبقا لنية المتعاقدين الصريحة والضمنية.

خامسا: لا يجوز تعديل الالتزام إلا بإرادة المتعاقدين الصريحة والضمنية.

سادسا: لا ينقضي الالتزام إلا بإرادة المتعاقدين.

---

(1) د.مجمد لبيب شنب ، مرجع سابق ، ص31-32.

(2) د.محمد لبيب شنب ، مرجع سابق ، ص32-33.

حرية التعاقد في الفقه الإسلامي

من المقرر أن أغلب العقود إنما شرعت للحاجة والمصلحة لا للتقرب والعبادة ، فذلك ما يدل عليه وجودها قبل الشرع ، وما يتفق وطبيعتها ، وما يقتضيه إقرار الشرع إياها على وجه جعلها كفيلة بأن تحقق للناس مصالحهم ، وتوفر لهم رغائبهم وحاجاتهم ، ثم لا تكون مع ذلك سببا لغشهم أو الإضرار بهم ، وهذا ما تفيده نصوص الشريعة إجمالا وتفصيلا ، ومقتضى ذلك أن تطلق الحرية للناس في أن ينشئوا من العقود ما تدعوهم الحاجة إلى إنشائه ، متى كان في مصلحتهم ولا يتعارض مع أسس الدين وقواعده الكلية وعندئذ يتناوله عموم قوله تعالى : ﴿ **يَٰٓأَيُّهَا ٱلَّذِينَ ءَامَنُوٓاْ أَوۡفُواْ بِٱلۡعُقُودِ** ﴾ [المائدة: 1] ، وقوله تعالى في سورة الإسراء: ﴿ **وَأَوۡفُواْ بِٱلۡعَهۡدِۖ إِنَّ ٱلۡعَهۡدَ كَانَ مَسۡـُٔولٗا** ﴾ [الإسراء: 34] فيجب الوفاء به ، وإلى هذا ذهب فريق من العلماء ، وخالف أهل الظاهر فقالوا لا يجوز إحداث عقد لم يرد به الشرع لأننا إن أحدثناه ولم نجعله ملزما لم يكن عهدا ولا عقدا وإن ألزمنا به أنفسنا فقد أحدثنا في الدين ما ليس منه ، وذلك بأن أوجبنا على أنفسنا ما لم يوجبه الله علينا في شرعه ، ولا إيجاب من الله تعالى[1].

وقد ذهب ابن تيمية إلى أن تصرفات العباد من الأقوال والأفعال نوعان ؛ عبادات يصلح بها دينهم وعادات يحتاجون إليها في دنياهم ، فاستقراء أصول الشريعة أن العبادات التي أوجبها الله أو أباحها لا يثبت الأمر بها إلا بالشرع ، وأما العادات فهي ما اعتادها الناس في دنياهم مما يحتاجون إليه، **والأصل فيه عدم الحظر فلا يحظر منه إلا ما حظره الله ورسوله** ، وذلك لأن الأمر والنهي مما شرع الله تعالى ، والعبادة لا بد أن تكون مأمورا بها ، فما لم يثبت أنه مأمور كيف يحكم عليه بأنه عبادة، **وما لم يثبت من العادات أنه منهي عنه كيف يحكم عليه أنه محظور** ، ولهذا كان أصل أحمد وغيره من فقهاء الحديث أن الأصل في العبادات التوقيف ، فلا يشرع منها إلا ما شرعه الله تعالى وإلا دخلنا في معنى قوله : ﴿ **أَمۡ لَهُمۡ شُرَكَٰٓؤُاْ شَرَعُواْ لَهُم مِّنَ ٱلدِّينِ مَا لَمۡ يَأۡذَنۢ بِهِ ٱللَّهُۚ** ﴾ [الشورى: 21] .

والعادات الأصل فيها العفو فلا يحظر منها إلا ما حرمه الله وإلا دخلنا في معنى قوله : ﴿ قُلۡ أَرَءَيۡتُم مَّآ أَنزَلَ ٱللَّهُ لَكُم مِّن رِّزۡقٖ فَجَعَلۡتُم مِّنۡهُ حَرَامٗا وَحَلَٰلٗا ﴾ [2].

(1) الشيخ علي الخفيف ، مرجع سابق ، ص70.

(2) مجموعة فتاوي ابن تيمية الكبرى لشيخ الإسلام تقي الدين ابن تيمية ج3 ص272، والآية 59 سورة يونس .

ويقول ابن تيمية إن العقود والشروط فيها ما يحل منها وما يحرم ، وما يصح منها وما يفسد والذي يمكن ضبطه في هذه القاعدة قولان أحدهما :

أن يقال الأصل في العقود والشروط فيها ونحو ذلك الحظر إلا ما ورد الشرع بإجازته فهذا قول أهل الظاهر وكثير من أصول أبي حنيفة تنبني على هذا ، وكثير من أصول الشافعي وأصول طائفة من أصحاب مالك وأحمد ، فإن أحمد قد يعلل أحيانا بطلان العقد بكونه لم يرد به أثر ولا قياس كما قاله في إحدى الروايتين في وقف الإنسان على نفسه ، وكذلك طائفة من أصحابه قد يعللون فساد الشروط بأنها تخالف مقتضى العقد **ويقولون ما خالف مقتضى العقد فهو باطل** أما أهل الظاهر فلم يصححوا لا عقدا ولا شرطا إلا ما ثبت جوازه بنص أو إجماع [1].

أما أبو حنيفة فأصوله تقتضي أنه لا يصحح في العقود شرطا يخالف مقتضاها المطلق ، وإنما يصحح الشرط في المعقود عليه إذا كان العقد مما يمكن فسخه [2].

والإمام الشافعي يوافق الإمام أبا حنيفة أن كل شرط خالف مقتضى العقد فهو باطل.

ويرى ابن تيمية أن عمدة هؤلاء جميعا قصة بريرة المشهورة وهو ما أخرجاه عن عائشة في الصحيحين ، قالت جاءتني بريرة فقالت كاتبت أهلي على تسع أواق في كل عام أوقية ، فأعينيني فقلت إن أحب أهلُكِ أن أعُدها لهم ويكون ولاؤك لي فعلت فذهبت بريرة إلى أهلها فقالت لهم فأبوا عليها ، فجاءت من عندهم ورسول الله صلى الله عليه وسلم جالس فقالت :إني قد عرضت ذلك عليهم فأبوا إلا أن يكون لهم الولاء ، فقال صلى الله عليه وسلم **خذيها واشترطي لهم الولاء فإنما الولاء لمن أعتق** ، ففعلت عائشة ثم قام رسول الله صلى الله عليه وسلم في الناس فحمد الله وأثنى عليه ثم قال : " **أما بعد ما بال رجال يشترطون شروطا ليست في كتاب الله ، ما كان من شرط ليس في كتاب الله فهو باطل ، وإن كان مائة شرط ، قضاء الله أحق ، وشرط الله أوثق ، وإنما الولاء لمن أعتق** " [3].

---

(1) المرجع السابق ص323، انظر حاشية ابن عابدين ، ج 3 ، صفحة 228 (في الحظر والإباحة)، مرجع سابق ، وانظر أيضا المهذب لأبي اسحاق إبراهيم بن علي بن يوسف الشيرازي ، ج 1 ، ص 419 ، مرجع سابق

(2) مجموعة فتاوى ابن تيمية ، مرجع سابق ، ص324، وانظر أيضا الأشباه والنظائر لابن نجيم الحنفي ، ص 367 في القول في الشرط والتعليق ، وانظر أيضا بدائع الصنائع ، ج4 ، ص 195 ، مرجع سابق.

(3) الحديث أخرجه الشيخان ، البخاري في كتاب البيوع ، باب البيع والشراء مع النساء ، ومسلم في كتاب العتق في باب الولاء لمن اعتق ، واللفظ للبخاري.

ويرى ابن تيمية أن من يتمسك بهذا الحديث فله حجتان أحدهما قوله صلى اللـه عليه وسلم "**ما كان من شرط ليس في كتاب اللـه فهو باطل** "، ثانيا: أنهم يقيسون جميع الشروط التي تنافي مقتضى العقد على اشتراط الولاء لأن العلة فيه كونه مخالفا لمقتضى العقد ، وذلك لأن العقود توجب مقتضياتها بالشرع ، فإرادة تغييرها تغيير لما أوجبه الشرع بمنزلة تغيير العبادات ، فالعقود مشروعة على وجه ، فاشتراط ما يخالف مقتضاها تغيير للمشروع ولهذا كان أبو حنيفة ومالك والشافعي في أحد القولين لا يجوزون أن يشترط في العبادات شرطا يخالف مقتضاها ، وقالوا إن العقود والشروط التي لم تشرع تعدى لحدود اللـه وزيادة في الدين [(1)].

وقد ذهب ابن تيمية إلى تأويل الحديث الذي احتج به الجمهور في إبطال كل شرط يخالف مقتضى العقد إلى القول:

" أما عن احتجاجهم بقوله صلى اللـه عليه وسلم "**من اشترط شرطا ليس في كتاب اللـه فهو باطل وإن كان مائة شرط ، كتاب اللـه أحق ، وشرط اللـه أوثق** " إن المراد هنا " و اللـه أعلم " المشروط لا نفس التكلم ، ولهذا قال وإن كان مائة شرط . أى وإن كان مائة مشروط ، وليس المراد تعميم التكلم بالشرط ، والدليل على ذلك قوله ، كتاب اللـه أحق وشرط اللـه أوثق ، أى كتاب اللـه أحق من هذا الشرط ، وشرط اللـه أوثق منه ، وهذا إنما يكون إذا خالف ذلك الشرط كتاب اللـه وشرطه بأن يكون المشروط مما حرم اللـه [(2)].

وتأويل الحديث على هذا الوجه قد لا يستقيم مع صراحة النص ولا السياق الذي ورد به في حديث بريرة ، وحجتنا فى ذلك ما جزم به الإمام النووى فى شأن الدلالة القاطعة النافية لما عداها فى حديث رسول اللـه صلى اللـه عليه وسلم " فى قصة بريرة " قال الإمام النووى رحمه اللـه " قوله صلى اللـه عليه وسلم : "**كل شرط ليس فى كتاب اللـه فهو باطل وإن كان مائة شرط** " صريح فى إبطال كل شرط ليس له أصل فى كتاب اللـه تعالى ، وقوله صلى اللـه عليه وسلم : **وإن كان مائة شرط** ، أنه لو شرطه مائة مرة توكيدا فهو باطل ، كما قال صلى اللـه عليه وسلم فى الرواية الأولى " **من اشترط شرطا ليس فى كتاب اللـه فليس له وإن شرطه مائة مرة** ، قال العلماء

---

(1) الفتاوى لابن تيمية ، مرجع سابق ، المجلد الثالث ص236/325.

(2) الفتاوي لابن تيمية ، مرجع سابق ، ص 339 .

الشروط فى البيع ونحوه أقسام ، **أحدها** شرط يقتضيه إطلاق العقد بأن شرط تسليمه إلى المشترى ، وتبقية الثمرة على الشجر إلى أوان الجداد أو الرد بالعيب . **الثانى** شرط فيه مصلحة وتدعو إليه الحاجة كاشتراط الرهن والضمين والخيار وتأجيل الثمن ونحو ذلك ، وهذان القسمان جائزان ولا يؤثران فى صحة العقد بلا خلاف . **الثالث** اشتراط العتق فى العبد المبيع أو الأمة وهذا جائز أيضا عند الجمهور لحديث عائشة وترغيبا فى العتق . **الرابع** ، ما سوى ذلك من الشروط كشرط استثناء منفعة وشرط أن يبيعه شيئا آخر أو يكريه داره أو نحو ذلك ، فهذا شرط باطل مبطل للعقد هكذا قال الجمهور . وقال أحمد لا يبطله شرط واحد وإنما يبطله شرطان و اللـه أعلم[1].

استدلال ابن القيم على جواز الشرط وإن خالف مقتضى العقد

وإذا كان الجمهور على أن كل شرط خالف مقتضى العقد فهو باطل ، فقد ذهب الإمام ابن القيم إلى الاستدلال ببعض الأحاديث التى صحت عن رسول اللـه صلى اللـه عليه وسلم لإثبات أن الشرط لا يبطل العقد ما لم يحل حراما أو يحرم حلالا فاحتج بحديث النبى صلى اللـه عليه وسلم " **من باع نخلا قد أبرت فثمرتها للبائع إلا أن يشترط المبتاع** "[2]. قال فهذا الشرط خلاف مقتضى العقد المطلق وقد جوزه الشارع[3].

واحتج بقوله صلى اللـه عليه وسلم " من باع عبدا وله مال ، فماله للبائع إلا أن يشترطه المبتاع "[4].

واحتج أيضا بما جاء فى المسند والسنن عن سفينة (خادم رسول اللـه صلى اللـه عليه وسلم) قال كنت مملوكا لأم سلمة ، فقالت ، أعتقتك واشترطت عليك أن تخدم رسول اللـه صلى اللـه عليه وسلم ما عشت ، فقلت

---

(1) انظر صحيح مسلم بشرح النووي ، كتاب العتق ، ص 142 ، المطبعة المصرية ومكتبتها.

(2) الحديث رواه الشيخان بالاتفاق ، وأخرجه البخارى فى كتاب البيوع ، باب من باع نخلا قد أبرت أو أرضا مزروعة عن عبد اللـه بن عمر . " انظر اللؤلؤ والمرجان فيما اتفق عليه الشيخان - كتاب البيوع مسألة 991 ض 140 .

(3) أعلام الموقعين عن رب العالمين، للإمام ابن قيم الجوزية ، الجزء الثالث باب العقود الموافقة لكتاب اللـه بالشروط جائزة ، ص 340/338 .

(4) رواه مسلم " تتمة لحديث من باع نخلا قد أبرت " عن ابن عمر ، كتاب البيوع - باب من باع نخلا وعليها ثمر ، ض 191 الجزء العاشر .

ولو لم تشترطى [1].

واحتج بحديث جابر " أنه كان يسير على جمل قد أعْيا فأراد أن يسيبه ، قال ولحقنى النبى صلى الـلـه عليه وسلم فدعا لى ، وضربه فسار سيرا لم يسْر مثله ، فقال بِعْنيه ، فقلت لا ثم قال بعنيه ، فبعته واستثنيت حملانه إلى أهلى (وفى لفظ لأحمد والبخارى وشرطت ظهره إلى المدينة ، فلما قدمنا أتيته بالجمل ونقدنى ثمنه ثم انصرفت ، فأرسل فى إثرى قال ما كنت لآخذ جملك ، فخذ جملك ذلك فهو مالك)[2].

واحتج أيضا بما ذكره الإمام أحمد أن محمد بن سلمة الأنصارى اشترى من نبطى حزمة حطب واشترط حملها إلى قصر سعد [3].

واحتج أيضا بما ذكره الإمام أحمد أن عبد الـلـه بن مسعود اشترى جارية من امرأته وشرطت عليه أنه إن باعها فهى لها بالثمن ، ويقول : وفى ذلك اتفاقهما على صحة البيع والشرط [4].

أما شمس الدين الأسيوطى صاحب جواهر العقود ومعين القضاة فقد ذهب إلى القول بالآتى :

" إن باع بشرط ينافى مقتضى البيع - كما إذا باع عبدا بشرط أن لا يبيعه أو لا يعتقه ، أو دارا بشرط أن يسكنها البائع ، أو ثوبا بشرط أن يخيطه له - بطل البيع عند أبى حنيفة والشافعى ، وعن ابن أبى ليلى ، والنخعي ، والحسن : البيع جائز والشرط فاسد ، وقال ابن شبرمة : البيع والشرط جائزان ، وقال مالك إذا شرط من منافع البيع يسير - كسكنى الدار - صح - وقال أحمد إن شرط سكنى اليوم واليومين لم يفسد العقد [5].

---

(1) الحديث رواه أبو داود فى السنن عن سعيد بن جمهان عن سفينة ، كتاب الطهارة - باب التخلى عن الحاجة ، وابن ماجة فى الأحكام والحديث مرفوع لرسول الـلـه صلى الـلـه عليه وسلم .

(2) الحديث رواه الشيخان بالاتفاق ، واللفظ للبخارى ، أخرجه فى كتاب الشروط (انظر اللؤلؤ والمرجان) ، كتاب المساقاة ، باب بيع البعير واستثناء ركوبه - ص 154 .

(3) أعلام الموقعين عن رب العالمين ، مرجع سابق ، ص 339 .

(4) أعلام الموقعين عن رب العالمين ، مرجع سابق ، ص 339 .

(5) الشيخ شمس الدين محمد بن أحمد المنهاجى الأسيوطى - جواهر العقود ومعين القضاة والموقعين والشهود الطبعة الثانية ، الجزء الأول ص 62 .

وفي اختلاف فقهاء المذاهب قال أبو اسحق الشاطبي في الموافقات يمكن أن يرجع في هذا القبيل ما خرَّج ثابت في الدلائل عن عبد الصمد بن عبد الوارث ، قال وجدت في كتاب جدي " أتيت مكة فأصبت بها أبا حنيفة وابن أبي ليلى وابن شبرمة ، فأتيت أبا حنيفة فقلت له ما تقول في رجل باع بيعا واشترط شرطا ؟ قال البيع باطل والشرط باطل ، وأتيت ابن أبي ليلى ، فقال البيع جائز والشرط باطل ، وأتيت ابن شبرمة فقال البيع جائز والشرط جائز ، فقلت سبحان اللـه ثلاثة من فقهاء الكوفة يختلفون علينا في مسألة ، فأتيت أبا حنيفة فأخبرته بقولهما ، فقال لا أدري ما قالا ، حدثني عمرو بن شعيب عن أبيه عن جده أن رسول اللـه صلى اللـه عليه وسلم **نهى عن بيع وشرط** [1] ، فأتيت ابن أبي ليلى فأخبرته بقولهما ، فقال لا أدري ما قالا ، حدثنا هشام بن عروة عن أبيه عن عائشة أن النبي صلى اللـه عليه وسلم قال " **اشتري بريرة واشترطي لهم الولاء ، فإن الولاء لمن أعتق** "، فأجاز البيع وأبطل الشرط ، فأتيت ابن شبرمة فأخبرته بقولهما فقال ، ما أدري ما قالاه، حدثني مسعود بن حكيم عن محارب بن دثار عن جابر بن عبد اللـه قال " اشتري مني رسول اللـه صلى اللـه عليه وسلم ناقة ، فشرطت حملاني ، فأجاز البيع والشرط . قال الإمام الشاطبي فيجوز أن يكون كل واحد منهما اعتمد في فتياه على كلية ما استفاد من حديثه ، ولم ير غيره من الجزئيات معارضا فأطرح الاعتماد عليه . و اللـه أعلم [2].

أما ابن رشد (الحفيد) فقد ذهب إلى أن الأصل في اختلاف الناس في هذا الباب ثلاثة أحاديث :

أحدها حديث جابر قال :" **ابتاع مني رسول اللـه** صلى اللـه عليه وسلم **بعيرا وشرط ظهره إلى المدينة** " قال ، وهذا الحديث في الصحيح.

والحديث الثاني حديث بريرة أن رسول اللـه صلى اللـه عليه وسلم قال: " **كل شرط ليس في كتاب اللـه فهو باطل ولو كان مائة شرط** " ، والحديث متفق على صحته.

والثالث حديث جابر قال :" **نهى رسول اللـه صلى اللـه عليه وسلم عن المحاقلة والمزابنة والمخابرة والثنيا ،**

---

(1) قال الشوكاني في نيل الأوطار في أبواب الشروط في البيع أخرجه ابن حزم في المحلي والخطابي في المعالم والطبراني في الأوسط والحاكم في علوم الحديث من حديث عمرو بن شعيب عن جده بلفظ " نهي عن بيع وشرط " ج 5 ص 178 /179.

(2) الموافقات في أصول الشريعة لأبي اسحق الشاطبي ، الجزء الرابع ، ص 231

ورخص في العرايا " وهو أيضا في الصحيح ، أخرجه مسلم.

ومن هذا الباب ماروي عن أبي حنيفة أنه روى " **أن رسول الله** صلى الله عليه وسلم **نهى عن بيع وشرط** "(1).

فاختلف العلماء لتعارض هذه الأحاديث في بيع وشرط فقال قوم : البيع فاسد والشرط جائز ، ومن قال بهذا القول الشافعي وأبو حنيفة ، وقال قوم : البيع جائز والشرط جائز ، ومن قال بهذا القول ابن أبي ليلى ، وقال أحمد البيع جائز مع شرط واحد ، وأما مع شرطين فلا . فمن أبطل البيع والشرط أخذ بعموم نهيه عن بيع وشرط ، ولعموم نهيه عن الثُنيا ، ومن أجازهما جميعا أخذ بحديث عمرو الذي ذكر فيه البيع والشرط ، ومن أجاز البيع وأبطل الشرط أخذ بعموم حديث بريرة ، ومن لم يجز الشرطين وأجاز الواحد احتج بحديث عمرو بن العاص أخرجه أبو داود (2) قال:قال رسول الله صلى الله عليه وسلم " **لا يحل سلف وبيع ولا يجوز شرطين في بيع ، ولا ربح ما لم يضمن ولا بيع ما ليس عندك**"(3).

أما ابن قدامة الحنبلي فنقل عن الخرقي قوله:"ولا يبطل البيع بشرط واحد ، وأنه يصح في المذهب اشتراط منفعة البائع في المبيع ، مثل أن تشتري ثوبا وتشترط على بائعة خياطته قميصا ، أو جُرزة حطب ، ويشترط حملها إلى موضع معلوم نص عليه أحمد ، في رواية مهنا ، وغيره ، حتى قال القاضي لم أجد بما قال الخرقي رواية في أنه لا يصح .

واحتج أحمد بأن محمد بن سلمة اشترى من نبطي جرزة حطب وشارطه على حملها . وبه قال إسحق ، وأبو عبيد .**وروي عن النبي** صلى الله عليه وسلم **أنه نهى عن بيع وشرط** ويقول ابن قدامة ولم يصح أن النبي صلى الله عليه وسلم **نهى عن بيع وشرط** ، إنما الصحيح أن النبي صلى الله عليه وسلم **نهى عن شرطين في بيع** كذا ذكره الترمذي ، وهذا

(1) انظر بلوغ المرام شرح أدلة الأحكام لابن حجر العسقلاني ، كتاب البيوع ، باب شروطه ومانهي عنه ، الحديث رقم 752 ، ص 194 . والحديث من رواية أبي حنيفة عن عمرو بن شعيب بلفظ نهي عن بيع وشرط ، ومن هذا الوجه أخرجه الطبراني في الأوسط ، قال وهو غريب.

(2) بداية المجتهد ونهاية المقتصد لابن رشد الحفيد ، الجزء لثاني - الباب الرابع ، في بيوع الشروط والثنيا ص 202.

(3) الحديث صححه ابن خريمة والحاكم وأخرجه ابن حبان والحاكم أيضا بلفظ لا يحل سلف وبيع ، ولا شرطان في بيع ، وقال الترمذي حديث حسن صحيح (انظر نيل الأوطار للشوكاني - أبواب الشروط في البيع - باب النهي عن جمع شرطين - الجزء الخامس ص179.

دال بمفهومه على جواز الشرط الواحد قال أحمد: إنما النهي عن شرطين في بيع ، أما الشرط الواحد فلا بأس به [1].

أما صاحب مراتب الإجماع فقال:

"واختلفوا في جواز الشرط وبطلانه ، وفي البيع إذا اشترط الشرط قبله أو معه أيجوز البيع أم يبطل [2].

ويقول الإمام الشاطبي ، ولو شرط مقتضى العقد لم يضره ولم ينفعه ، ومقتضى العقد مستفاد منه بجعل الشارع لا من الشرط [3].

ويقول صاحب بلغة السالك لأقرب المسالك إلى مذهب الإمام مالك ويجوز للشخص أن يبيع نحو الشاة ويستثني قدرا من الأرطال أقل من ثلثها إن بيعت قبل الذبح أو السلخ، فإن بيعت بعدها جاز له استثناء ما يشاء [4].

وقال صاحب الروضة الندية شرح الدرر البهية "ولا يصح الاستثناء في البيع"مثل أن يبيع عشرة أفراق إلا شيئا لأن فيه جهالة مفضية إلى المنازعة، والمفسد هو المفضي إلى المنازعة "إلا إذا كان معلوما" لحديث جابر وابن حبان وصححاه "إلا أن تعلم ، ولو باع الصبرة إلا صاعا منها فالبيع باطل عند الشافعي ، وصحح مالك أن يستثنى منها ما لا يزيد عن ثلثها [5].

وقال بن عبد البر النمري القرطبي "بيع الجارية على أن يتخذها أم ولد أو على أن لا يخرج بها من البلد أو على أن لا يبيعها ولا يهبها.فهذا كله فاسد [6].

(1) المغني لابن قدامة -كتاب البيوع - باب بيع الأصول والثمار - مسألة 2818 ط دار إحياء التراث العربي.

(2) مراتب الإجماع لابن حزم - كتاب البيوع - ص95.

(3) الموافقات للإمام الشاطبي ج4 ص161.

(4) بلغة السالك لأقرب المالك للشيخ أحمد بن محمد الصاوي المالكي ج3 باب البيوع وأحكامها

(5) الروضة الندية - شرح الدرر البهية لأبي الطيب صديق بن حسن بن علي الحسيني القنوجي البخاري - كتاب البيع - ج2 ص101.

(6) الكافي في فقه أهل المدينة لابن عبد البر النمري القرطبي(المالكي) باب جملة من البيوع الفاسدة والحكم فيها ص356.

وقال في أنوار المسالك – شرح عمدة السالك وعدة الناسك – ولا يصح بيع وشرط مثل بعتك بشرط أن تقرضني مائة ، ويصح بيع وشرط في صور وهي شرط الأجل في الثمن بشرط أن يكون الأجل معلوما ، وأن يرهن به رهنا [1] .

وهو ما يعني أن البيع لا يبطله الشرط ما لم يخالف مقتضى العقد .

ويقول الشيخ الإمام محمد أبو زهرة إن حرية التعاقد ليست أمرا متفقا عليه بين فقهاء المسلمين ، بل هي موضع خلاف طويل ، وأن الأكثرية منهم لا يطلقون تلك الحرية إطلاقا ، والقلة منهم هم الذين يطلقونها ، ويفتحون أبوابها على مصاريعها، وذلك الخلاف مبناه الخلاف في التشديد والتساهل في جعل آثار العقود من عمل الشارع.

ويضيف الإمام أن الذين شددوا في جعل كل آثار العقود من الشارع قالوا أن الأصل في العقود المنع حتى يقوم الدليل على الإباحة ، ومع الإباحة وجوب الوفاء . والذين تساهلوا وجعلوا لإرادة العاقدين سلطانا في آثار العقود جعلوا الأصل في العقود الإباحة ووجوب الوفاء بها حتى يقوم الدليل على المنع والتحريم .

ويضيف الإمام أنه على القول الأول نكون مقيدين بعدد العقود التي تذكرها الكتب ووردت بها الآثار ، ودلت عليها المصادر الشرعية ، و الأدلة الفقهية ، فما لم يقم عليه الدليل فهو ممنوع ، والوفاء به غير لازم ، لأنه لا التزام إلا ما ألزم به الشرع ، وما لم يرد دليل على وجوب الوفاء فلا وفاء [2] .

ويبسط الإمام القول في الهوة ومساحة الاختلاف بين القول الأول الذي بني أحكامه على أساس أن الأصل في العقود الحظر حتى يقوم الدليل على الإباحة ، والقول الثاني والذي بمقتضاه يكون الناس أحرارا في أن يعقدوا ما شاءوا من العقود ، ويشترطوا ما شاءوا من الشروط فيما يرون فيه مصلحتهم إلا إذا قام الدليل على المنع ، فعندئذ لا يجب الوفاء .

(1) أنوار المسالك – شرح عمدة السالك وعدة الناسك – للشيخ محمد الزهري الغمراوي (الشافعي) – كتاب البيع – ص159.

(2) الإمام الشيخ محمد أبو زهرة ، الملكية ونظرية العقد في الشريعة الإسلامية ص233.

ومن المسائل التي اختلف فيها فقهاء الحنابلة أن من الشروط الفاسدة التي لا يفسد بها العقد ولكن يلغو بها الشرط عند الحنابلة ، أن يشترط في العقد ما ينافي مقتضاه الشرعي ، كأن يشترط البائع على المشتري ألا يبيع ما اشتراه ، أو لا يقفه ، أو أن يقفه على إنسان معين ، أو أن يشترط المشتري على البائع أنه إذا باعه بأقل مما اشترى رجع عليه بالفرق ، وهذا النوع من الشروط فاسد ، لا يفسد به العقد فيصح العقد ويلغو الشرط ، لأنه يعتبر رفعا للعقد الذي رضيه العاقدان فيكون لغوا [1] .

ولكن الذي نعلمه ونقلناه في هذا المبحث عن الإمام ابن القيم استدلاله بالحديث الصحيح **"من باع نخلا قد أبرت فثمرتها للبائع إلا أن يشترط المبتاع"** واحتج بأن هذا الشرط خلاف مقتضى العقد وقد جوزه الشارع .

---

(1) الشيخ علي الخفيف - مختصر أحكام المعاملات الشرعية ،العقد ص72. وأيضا د . محمد يوسف موسى ، مرجع سابق ، ص427 (انظر كشف القناع ج2 ص40).

رأي من ذهب إلى المنع من العقود والشروط
إلا ما أذن به الشارع

قال ابن حزم كل شرط ليس في كتاب الله فهو باطل ، فصح أن كل شرط حكمه الإبطال إلا شرطا جاء بإباحته القرآن أو السنة ، وكل عقد وكل صلح فهو بلا شك شرط فحكمها الإبطال أبدا حتى يصححهما قرآن أو سنة ⁽¹⁾.

ويقول ابن حزم إذا ذكر الشرط في حال عقد البيع فالبيع باطل مفسوخ والشرط باطل ، أي شرط كان لا تحاش شيئا إلا سبعة شروط فقط فإنها لازمة والبيع صحيح إن اشترطت في البيع وهي

1- اشتراط الرهن فيما تبايعاه إلى أجل مسمى.

2- اشتراط تأخير الثمن إن كان دنانيرا أو دراهم إلى أجل مسمى.

3- اشتراط أداء الثمن إلى الميسرة وإن لم يذكر أجلا .

4- اشتراط صفات المبيع التي يتراضيانها معا ، ويتبايعان ذلك الشيء على أنه بتلك الصفة.

5- واشتراط أنه لا خلابة.

6- وبيع العبد أو الأمة فيشترط المشتري ما لهما أو بعضه مسمى معينا أو جزءا منسوبا مشاعا.

7- أو بيع أصول نخل فيها ثمرة قد أبرت فيشترط المشتري الثمرة لنفسه أو جزءا معينا منها أو مسمى مشاعا في جميعها.

فهذه ولا مزيد وسائرها باطل كمن باع مملوكا بشرط العتق ، أو دابة واشترط ركوبها مدة مسماة ، قلت أو كثرت ، أو إلى مكان مسمى قريب أو بعيد ، أو دارا واشترط سكناها ساعة فما فوقها ⁽²⁾ أو غير ذلك من الشروط كلها ⁽³⁾.

وقال: وبرهان ذلك عن عائشة أن رسول الله صلى الله عليه وسلم خطب الناس فحمد الله وأثنى عليه بما هو

---

(1) المحلي لابن حزم ، كتاب الصلح ، مسألة 1269 ، ص162 ، الجزء الثامن .

(2) ذكر عن ابن تيمية الداري قوله: مثلي كمثل أم موسى رد عليها ولدها وأعطيت أجر رضاعها.

(3) المحلي لابن حزم ، مرجع سابق ، ص412 ج 8.

أهله ثم قال :أما بعد ما بال أقوام يشترطون شروطا ليست في كتاب الـلـه ، ما كان من شرط ليس في كتاب الـلـه فهو باطل ، وإن كان مائة شرط ، قضاء الـلـه أحق وشرط الـلـه أوثق."

يقول ابن حزم فهذا الأثر كالشمس صحة وبيانا يرفع الإشكال كله ، فلما كانت الشروط كلها باطلة غير ما ذكرنا ، كان كل عقد من بيع أو غيره عقد على شرط باطل ، باطلا لأنه عقد على أنه لا يصح إلا بصحة الشرط ، والشرط لا صحة له فلا صحة لما عقد.

وأما عن تصحيحه للشروط السبعة التي ذكرها ، فقال منصوص على صحتها وكل ما نص رسول الـلـه صلى الـلـه عليه وسلم فهو في كتاب الـلـه عز وجل ، فأما اشتراط الرهن في البيع إلى أجل مسمى فلقوله تعالى : ﴿ وَلَمْ تَجِدُواْ كَاتِبًا فَرِهَـٰنٌ مَّقْبُوضَةٌ ﴾ [البقرة: 283] وأما اشتراط الثمن إلى أجل مسمى فلقوله تعالى : ﴿ إِذَا تَدَايَنتُم بِدَيْنٍ إِلَىٰٓ أَجَلٍ مُّسَمًّى فَٱكْتُبُوهُ ﴾ [البقرة: 282] وأما اشتراط أن لا خلابة ، فلحديث رسول الـلـه صلى الـلـه عليه وسلم الذي رواه ابن عمر قال : إن منقذا سفع في رأسه مأمومة في الجاهلية فخبلت لسانه فكان يخدع في البيع ، فقال له رسول الـلـه صلى الـلـه عليه وسلم **بع وقل لا خلابة ثم أنت بالخيار ثلاثا من بيعك** ، قال ابن عمر فسمعته يقول إذا باع"لا خذابة لا خذابة " [1] .

وأما اشتراط الصفات التي يتبايعان عليها من السلامة فلقول الـلـه تعالى : ﴿ لَا تَأْكُلُوٓاْ أَمْوَٰلَكُم بَيْنَكُم بِٱلْبَـٰطِلِ إِلَّآ أَن تَكُونَ تِجَـٰرَةً عَن تَرَاضٍ مِّنكُمْ ﴾ [النساء: 29]

وأما اشتراط الثمن إلى الميسرة فلقول الـلـه تعالى : ﴿ وَإِن كَانَ ذُو عُسْرَةٍ فَنَظِرَةٌ إِلَىٰ مَيْسَرَةٍ ﴾ [البقرة: 280] .

وأما اشتراط ثمن النخل المؤبر فلحديث رسول الـلـه صلى الـلـه عليه وسلم ، عن ابن عمر عن أبيه أن رسول الـلـه صلى الـلـه عليه وسلم قال :"من باع عبدا وله مال فماله للبائع إلا أن يشترطه المبتاع ، ومن باع نخلا قد أبرت فثمرتها للبائع إلا أن يشترط المبتاع" [2] .

وعن الرواية التي نقلناها عن الإمام الشاطبي في الموافقات في شأن اختلاف الفقهاء في المسألة ،

---

(1) الحديث رواه الشيخان بالاتفاق بلفظ "ذكر رجل رسول الـلـه صلى الـلـه عليه وسلم أنه يخدع في البيوع ، فقال إذا بايعت فقل لا خلابة. انظر بلوغ المرام من أدلة الأحكام للإمام ابن حجر العسقلاني.

(2) سبق تناول تخريج الحديث وذكره بن حزم ص409 في المحلى ج8.

الواحدة ، تناول ابن حزم هذه الرواية وما ذهب إليه أبو ثور إلى الأخذ بهذه الأحاديث كلها . قال ابن حزم :"فعن عبد الوارث - وهو ابن سعيد التنوري - قال قدمت مكة فوجدت بها أبا حنيفة وابن أبي ليلى ، وابن شبرمة فسألت أبا حنيفة عمن باع بيعا واشترط شرطا ؟ فقال البيع باطل والشرط باطل ، ثم سألت ابن أبي ليلى عن ذلك ، فقال البيع جائز والشرط باطل ، ثم سألت ابن شبرمة عن ذلك ؟ فقال: البيع جائز والشرط جائز ، فرجعت إلى أبي حنيفة فأخبرته بما قالا فقال: لا أدري ما قالا - حدثنا عمرو بن شعيب عن أبيه عن جده أن رسول الله صلى الله عليه وسلم **نهى عن بيع وشرط البيع باطل والشرط باطل** ، فأتيت ابن أبي ليلى فأخبرته بما قالا فقال: لا أدري ما قالا - حدثنا هشام بن عروة عن أبيه عن عائشة أن رسول الله صلى الله عليه وسلم قال:"**اشترى بريرة واشترطي لهم الولاء**" البيع جائز والشرط باطل ، فأتيت ابن شبرمة فأخبرته بما قالا فقال لا أدري ما قالا ، حدثنا مسعر بن كدام عن محارب بن دثار عن جابر بن عبد الله قال: **ابتاع مني رسول الله صلى الله عليه وسلم جملا واشترط ظهره إلى المدينة**" البيع جائز والشرط جائز.

يقول ابن حزم وذهب أبو ثور إلى الأخذ بهذه الأحاديث كلها فقال:"إن اشترط البائع بعض ملكه كسكنى الدار من مسماة أو دهره كله ، أو خدمة العبد كذلك ، أو ركوب الدابة كذلك ، جاز البيع والشرط لأن الأصل له والمنافع له ، فباع ما شاء وأمسك ما شاء ، وكل بيع اشترط فيه ما يحدث في ملك المشتري فالبيع جائز والشرط باطل كالولاء ونحوه ، وكل بيع اشترط فيه عمل أو مال على البائع أو علي المشتري فالبيع والشرط باطلان معا [1].

قال أبو محمد هذا خطأ من أبي ثور لأن منافع ما باع البائع من دار أو عبد أو دابة فإنما هي له ما دام كل ذلك في ملكه فإذا خرج عن ملكه فمن الباطل والمحال أن يملك ما ملكه الله من منافع.

فأما قول أحمد فخطأ أيضا لأن تحريم رسول الله صلى الله عليه وسلم الشرطين في بيع ، ليس مبيحا لشرط واحد ولا مُحرِما له لكنه مسكوت عنه في هذا الخبر ، فوجب طلب حكمة في غيره ، فوجدنا قوله صلى الله عليه وسلم :"**كل شرط ليس في كتاب الله فهو باطل**".

أما عن حديث جابر في الجمل وشرطه ظهره ، قال أبو محمد ، أن ركوب جابر الجمل كان

---

(1) ابن حزم - المحلى - مرجع سابق - ص 416- ج 8 .

تطوعا من رسول الـلـه صلى الـلـه عليه وسلم ، ثم قال:وإذا صح أن هذا البيع لم يتم ، ولم يوجد في شيء من ألفاظ ذلك الخبر أصلا أن البيع تم بذلك الشرط ، فقد بطل أن يكون في هذا الخبر حجة في جواز بيع الدابة واستثناء ركوبها أصلا [1].

ويتناول ابن حزم في الأحكام في أصول الأحكام الآيات الكريمة التي احتج بها من أباح حرية التعاقد مطلقا وبوجوب إنفاذ الشروط فقال أبو محمد إن كل ما ذكروا من ذلك لا حجة لهم في شيء منه ، أما قول الـلـه عز وجل : ﴿ وَأَوْفُواْ بِٱلْعَهْدِ ۖ إِنَّ ٱلْعَهْدَ كَانَ مَسْـُٔولًا ﴾ [الإسراء: 34] وقوله : ﴿ كَبُرَ مَقْتًا عِندَ ٱللَّهِ أَن تَقُولُواْ مَا لَا تَفْعَلُونَ ﴾ [الصف: 3] وقوله : ﴿ وَٱلَّذِينَ هُمْ لِأَمَٰنَٰتِهِمْ وَعَهْدِهِمْ رَٰعُونَ ﴾ [المؤمنون: 8] وقوله : ﴿ أَوَكُلَّمَا عَٰهَدُواْ عَهْدًا نَّبَذَهُۥ فَرِيقٌ مِّنْهُم ﴾ [البقرة: 100] وقوله عز وجل : ﴿ وَٱلْمُوفُونَ بِعَهْدِهِمْ إِذَا عَٰهَدُواْ ﴾ [البقرة: 177] وقوله : ﴿ بَلَىٰ مَنْ أَوْفَىٰ بِعَهْدِهِۦ وَٱتَّقَىٰ ﴾ [آل عمران: 76] وقوله : ﴿ وَمَنْ أَوْفَىٰ بِعَهْدِهِۦ مِنَ ٱللَّهِ ﴾ [التوبة: 111] وقوله تعالى : ﴿ أَوْفُواْ بِٱلْعُقُودِ ﴾ [المائدة: 1] وقوله عز وجل : ﴿ يُوفُونَ بِٱلنَّذْرِ ﴾ [الإنسان: 7] وقوله سبحانه وتعالى : ﴿ إِنَّهُۥ كَانَ صَادِقَ ٱلْوَعْدِ ﴾ [مريم: 54]

والحديثان اللذان فيهما " **أوف بنذرك** " ، فهذا ليس جميعا على عمومه ولكنه في بعض العهود وبعض العقود وبعض النذور وبعض الشروط وهو قول رسول الـلـه صلى الـلـه عليه وسلم: "**لا نذر في معصية الـلـه تعالى، ولا فيما لا يملك العبد** " [2] وقوله صلى الـلـه عليه وسلم: " **من نذر أن يطيع الـلـه فليطعه ، ومن نذر أن يعص الـلـه تعالى فلا يعصه**"[3] مع ما ذكرنا من قوله صلى الـلـه عليه وسلم: " **كل شرط ليس في كتاب الـلـه فهو باطل**".

ويقول ابن حزم إن من حرم على نفسه (بالشرط) أن يتزوج على امرأته ، أو أن يتسرى عليها ، أو أن لا يرحلها ، أو أن لا يغيب عنها ، فقد حرم ما أحل الـلـه تعالى ، وما أمر الـلـه تعالى به إذ يقول : ﴿ فَٱنكِحُواْ مَا طَابَ لَكُم مِّنَ ٱلنِّسَآءِ مَثْنَىٰ وَثُلَٰثَ وَرُبَٰعَ ﴾ [النساء: 3] ، فصح يقينا أن الوعد الذي

---

(1) المحلى لابن حزم – مرجع سابق – ج 8 – ص 418

(2) صحيح مسلم ، كتاب النذر ، ج 11 ، ص 101 ، وقال النووي في شرح الحديث على أن من نذر معصية كشرب الخمر ونحو ذلك فنذره باطل ولا تلزمه كفارة يمين ولا غيرها ، قال وبهذا قال مالك والشافعي وأبو حنيفة وداود وجمهور العلماء وقال أحمد تجب فيه كفارة اليمين.

(3) رواه البخاري في صحيحه – كتاب الإيمان والنذور – باب النذر فيما لا يملك ولا معصية.

يكون إخلافه خصلة من خصال النفاق ، إنما هو الوعد بما افترض الله تعالى الوفاء به وألزم فعله [1].

يقول ابن حزم وهكذا القول فيما احتجوا به من قول رسول الله صلى الله عليه وسلم: " **أحق الشروط أن توفوا به ما استحللتم به الفروج** " [2] ، فإنما هذا بلا شك في الشروط التي أمر الله تعالى أن يستحل بها الفروج من الصداق المباح ملكه ، والنفقة والكسوة ، والإسكان ، والمعاشرة بالمعروف وترك المضارة أو التسريح بإحسان لا بما نهى الله تعالى أن يستحل به الفروج من الشروط الفاسدة المفسدة من تحليل حرام أو تحريم حلال أو إسقاط واجب أو إيجاب الساقط [3].

وقال أبو محمد فلما قام البرهان بكل ما ذكرنا ، وجب أن كل عقد أو شرط أو عهد أو نذر التزمه المرء فإنه ساقط مردود ولا يلزمه شيء منه أصلا إلا أن يأتي نص أو إجماع على ذلك الشيء الذي التزمه فإن جاء نص أو إجماع بذلك لزمه وإلا فلا .

بل وذهب شيخ الإسلام منصور بن يونس البهوتي الحنبلي صاحب كشاف القناع عن متن الإقناع في سفره " الروض المربع - شرح زاد المستقنع " إلى ما هو أبعد من ذلك في صحة بعض الشروط فقال :

والمعتبر من الشروط ما كان في صلب العقد ، أو اتفقا عليه قبله ، وهي قسمان : صحيح ، وإليه أشار بقوله :

(إذا شرطت المرأة طلاق ضرتها) ، أو(أن لا يتسرى) ، أو(أن لا يتزوج عليها) أو(أن لا يخرجها من دارها ، أو بلدها) ، أو (أن لا يفرق بينها ، وبين أولادها) ، أو أبويها أو(أن لا ترضع ولدها الصغير) ، أو (شرطت نقدا معينا تأخذ منه مهرها) أو شرطت (زيادة في مهرها) ، صح الشرط ، وكان لازما ، فليس للزوج فكه بدون إبانتها ، ويسن وفاؤه به .

(فإن خالفه ، فلها الفسخ) على التراخي ومن شرط أن لا يخرجها من منزل أبويها ، فمات

---

(1) الإحكام في أصول الأحكام لابن حزم - الباب الثالث والعشرون في استصحاب الحال . ج 2 ص 601 .

(2) رواه البخاري في كتاب النكاح - باب شروط النكاح عن عقبة بن عامر .

(3) الإحكام في أصول الأحكام لابن حزم - ص 624

أحدهما بطل الشرط[1] .

الـرأي

إذا نظرنا إلى دور الإرادة في إنشاء العقود والالتزامات في الفقه الإسلامي سوف يسترعي انتباهنا أن أصول أغلب المذاهب التي تبنى عليها الأحكام لا تطلق للإرادة سلطانها في إنشاء العقود وما يترتب عليها من التزامات .

فجمهور الفقهاء لا يجيزون أي شرط يخالف مقتضى العقد ، وما خالف عندهم مقتضى العقد فهو باطل . وتفصيل ذلك " أن النهي عن العقد قد يرد على أركانه كما قد يرد على شروطه ، وقد يرد على وصف يقترن بهذه الأركان ، فإذا ورد النهي على الأركان أو شرائطها بطل العقد " [2] .

ولما كان البيع بمعناه العام مباحا بالكتاب والسنة و الإجماع ما لم يكن المعقود عليه غير قابل لحكم العقد شرعا ، ويكون كذلك إذا لم يكن مالا متقوما مملوكا ، فغير المال ، والمال غير المقوم ، والمال المتقوم غير المملوك كل ذلك مما تأبى طبيعته التعامل عليه ، وكل عقد يرد عليه باطلا ، لذلك تنحصر وجوه الخلاف بين الأئمة الأعلام في الشروط المقترنة بالعقود .

وإذا كان جمهور الفقهاء لا يجيزون أي شرط يخالف مقتضى العقد ، فإن الظاهرية أشد تمسكا بحديث رسول الله صلى الله عليه وسلم : " **كل شرط ليس في كتاب الله فهو باطل وإن كان مائة شرط** " ولهم في هذا الحديث مستمسك وحجة داحضة في إبطال كل شرط ليس في كتاب الله .

وقد حصروا الشروط غير المبطلة للعقود في سبع ، تناولناها في الصفحات المتقدمة جملة وتفصيلا .

ليس هذا فحسب ، بل استدل الظاهرية ومعهم الحنفية والشافعية والمالكية بما رواه الطبراني في الأوسط عنه " **نهى رسول الله صلى الله عليه وسلم عن بيع وشرط** " [3] .

---

(1) الروض المربع - شرح زاد المستقنع - شيخ الإسلام منصور بن يونس البهوتي ، ص 524 - باب الشروط في النكاح .

(2) د . عبد الناصر العطار - نظرية الالتزام في الشريعة الإسلامية والتشريعات العربية ص 246 .

(3) انظر بلوغ المرام من أدلة الحكام للإمام ابن حجر العسقلاني - الحديث برقم 752 - باب البيوع .

وإذا كان ابن حزم قد حدد الشروط غير المفسدة للعقود في سبع ، فقد تناولها الإمام النووي في ثلاثة أقسام (تقدم ذكرها) لا تخرج في مجملها عما ذكره ابن حزم قال الإمام النووي وما سوى ذلك فهو شرط باطل مبطل للعقد وبه قال الجمهور ، قال وذلك كشرط استثناء منفعة ، وشرط أن يبيعه شيئا ، أو يكري داره أو نحو ذلك .

ولما كانت حرية التعاقد على هذا النحو تدور حول الشروط المقترنة بالعقود وكذا بدور الإرادة في تحديد الآثار التي تترتب عليها ، لذلك فليس بوسع أحد أن يزعم بحرية التعاقد في الفقه الإسلامي ، ومن زعم ذلك قلنا له ائتنا بأثارة من علم إن كنت من الصادقين .

وليس مفاد ذلك – كما قد يتصور البعض – أن العقود الجائزة في الشريعة الإسلامية قد وردت على سبيل الحصر ، أو أن كل ما يستحدث بعد ذلك من عقود غير العقود المعلومة المسماة في صدر الإسلام غير جائزة ، فكما قال الشهرستاني " نعلم قطعا ويقينا أن الحوادث والوقائع في العبادات والتصرفات مما لا يقبل الحصر والعد ، ونعلم قطعا أنه لم يرد في كل حادثة نص ، ولا يتصور ذلك أيضا ، فإذا كانت النصوص متناهية والوقائع غير متناهية ، وما لا يتناهى لا يضبطه ما يتناهى علم قطعا أن الاجتهاد والقياس و اجب الاعتبار حتى يكون بصدد كل حادثة اجتهاد [1] .

الإرادة وإنشاء العقود

العقد في القانون كما عرفه أحد مشاهير شراح القانون هو " توافق إرادتين على إحداث أثر قانوني سواء كان هذا الأثر هو إنشاء التزام أو نقله أو تعديله أو انهائه " [2] .

يبين من تعريف العقد على الوجه المتقدم أنه من عمل الإرادة ، فالإرادة هي التي تنشئه وتحدد الآثار التي ترمي إليها منه وهو ما يعبر عنه في القانون بمبدأ سلطان الإرادة .

فإذا كانت الإرادة هي التي تنشئ العقود والالتزامات في القوانين الوضعية ، فهي أيضا التي تنشئ الآثار التي تترتب عليها . فإرادة الفرد لا تتوقف عند مجرد إنشاء العقد ، ولكنها أيضا هي التي تحدد الآثار التي تترتب على العقود التي تنشئها ، فالعقد شريعة المتعاقدين في القانون ما لم يكن

---

(1) الملل والنحل للشهرستاني – ج 1 – ص 34 .

(2) د . عبد الرزاق السنهوري – الوجيز – مرجع سابق – فقرة 22 ص 27 .

مشتملا على شيء يخالف النظام العام .

أما في الشريعة الإسلامية ، فالإرادة تنشئ العقد فقط ولكن آثار العقود وأحكامها تكون من الشارع ، لا من العاقد فالعاقد ينشئ العقد فقط ، ولكن لا ينشئ الآثار ، وتأثير إرادته في تكوين العقد وإيجاده ، لا في إعطاء أحكامه و آثاره وعلى ذلك تكون مقتضيات العقود كلها من أعمال الشارع لا من أعمال العاقد ولذا يقول الفقهاء عن العقود أنها أسباب جعلية شرعية [1] .

ويقول الإمام أبو زهرة ، ولأن الشارع جعل الأحكام الشرعية مترتبة على العقود ، فإفادة البيع نقل الملكية من البائع إلى المشتري واستحقاق البائع للثمن وغير ذلك من الأحكام ليس من ذات الإيجاب والقبول وما وراءهما من إرادة العاقدين ورضاهما وتوافق رغباتهما فقط ولكن لأن الشارع جعل ذلك العقد طريقا لثبوت هذه الآثار وتلك الأحكام [2] .

ويقول الدكتور محمد يوسف موسى إن إرادة المتعاقدين هي التي تنشئ العقد حقا ، لكن الشريعة تتدخل في ترتيب ما لكل عقد من حكم وآثار ، ولهذا يقول الفقهاء بأن العقود (أسباب جعلية شرعية) لأحكامها وآثارها ومقتضياتها .

ويفسر الدكتور محمد يوسف موسى العلاقة بين العقد وآثاره فيقول بأن الرابطة بين العقد وحكمه وآثاره باعتبار أحدهما سببا والآخر مسببا ليست رابطة طبيعية عقلية ، بمعنى إن وجد السبب ترتب عليه وجود المسبِّب حتما ، لاشيء سوى أن السبب قد وجد ، بل هي رابطة جعلها الشارع بينهما اعتدنا وجودها دائما حتى اعتقدنا أنها طبيعية يوجبها العقل وطبائع الأشياء.

فالنار لا تحرق بطبيعتها ، بل لأن الله جعلها سببا للإحراق ، والبذرة من الحب متى وضعت في الأرض الصالحة للإنبات لا يكون منها نبتة وشجرة بطبيعتها ، بل لأن الله أراد أن تكون لهذا سببا . وعقد البيع والنكاح لا يترتب على كل منهما حكمه وآثاره ترتيبا عقليا طبيعيا ، بل لأن الشارع أراد أن يترتب على كل منهما حكمه وآثاره [3] .

(1) الإمام محمد أبو زهرة - الملكية ونظرية العقد في الشريعة الإسلامية - مرجع سابق ، ص 225 .

(2) الشيخ محمد أبو زهرة - مرجع سابق ، ص 226 .

(3) د . محمد يوسف موسى - الأموال ونظرية العقد في الفقه الإسلامي ، ص 411 .

ومسألة ترتيب آثار العقود وأحكامها عليها ، على اعتبار أن العقود أسباب جعلية من الشارع مسألة يكاد يجمع عليها الفقهاء ، ولهذا تكون إرادة الإنسان مقصورة على إنشاء العقد فقط ، أما آثاره فمن عمل الشارع حتى لا يبغي بعض الناس على بعض بما يشترطون وحتى يكون لكل تصرف حكمه من المشرع الحكيم [1] .

ويقرر الإمام الغزالي أن اللـه هو الذي أضاف الأحكام إلى أسبابها لأن الأسباب لا توجب الحكم لذاتها ، بل بإيجاب اللـه تعالى ، فالسبب هو ما يحصل الحكم عنده لا به [2] .

وقد يقول قائل إن العقود اختيارية رضائية ، و أساس الاختيار والرضا أن يكون للعاقد اختيار حر لآثار العقد وأحكامه ، فإذا جعلت الشريعة الإسلامية آثار العقود من اختصاص الشارع لا من عمل العاقد كان في ذلك هدم لأصل الاختيار أو الرضا ، وقد أجاب عن هذا القول الشاطبي وغيره بأن موضع الاختيار والرضا في إيقاع الأسباب بإنشاء العقود ، و إن ذلك واسع الرضا ، وليس بالمدى القصير الضيق . أما الآثار والأحكام فبترتيب الشارع حفظا للعدل بين الخلق ، وصونا للمعاملات عن دواعي الفساد ، ومنعا للغرر في الصفقات ، وحسما لمادة الخلاف بين الناس [3] .

---

(1) د . محمد يوسف موسى – الأموال ونظرية العقد في الفقه الإسلامي ، ص 411 / ص 413 .

(2) المستصفى من علوم الأصول – ج 1 – ص 93 – 94 .

(3) الشيخ محمد أبو زهرة – الملكية ونظرية العقد في الشريعة الإسلامية – مرجع سابق – ص 228 .

المبحث الثالث
أنواع العقود وأقسامها في
الفقه الإسلامي

أنواع العقود وأقسامها في الفقه الإسلامي والقوانين الوضعية

يختلف تقسيم العقود في القوانين الوضعية التي يطبق أحكامها أغلب الدول العربية والإسلامية عن تقسيم العقود في الفقه الإسلامي . ويبدأ الاختلاف باختلاف مفهوم العقد ذاته في الفقه الإسلامي عن مفهوم العقد في القوانين الوضعية . فالعقد في الفقه الإسلامي كما يتم باتفاق إرادتين بإيجاب وقبول متوافقين دالين على إنشائه في محل قابل لحكمه ، فإنه قد يتم أيضا بالإرادة المنفردة أو ما يطلق عليه البعض الإرادة الأحادية كالوقف ، والضمان ، والإبراء وغير ذلك من العقود التي لا تفتقر إلى القبول ، وذلك على خلاف العقد في القوانين الوضعية والذي لا يتم إنشاؤه إلا باتفاق إرادتين على إحداث أثر قانوني .

ولعل أهم أسباب الاختلاف ترجع إلى أن العقود في ظل القوانين الوضعية قد جعلت أسبابا لإيجاب الحكم لذاتها ، أي لإحداث الأثر القانوني الذي اتجهت إرادة الطرفين إلى إحداثه ولو كان وسيلة إلى محظور شرعي ما لم يكن مخالفا للنظام العام . وعلى النقيض من ذلك فإن العقود في الفقه الإسلامي لا توجب الحكم لذاتها ، بل تجب - كما قال الإمام الغزالي [1] ، بإيجاب الله تعالى . ولذا يقال إن العقود أسباب جعلية شرعية ، والشارع هو الذي يرتب عليها أحكامها وآثارها . ولم نؤمر بالوفاء بالعقود والعهود لكي تكون وسيلة إلى محظور أو أمر منهي عنه شرعا . فمن يتعاقد مع آخر على بيع صفقة من الخمور تحت مظلة القوانين الوضعية ، فقد جعل العقد سببا لإحداث الأثر القانوني الذي سعى إليه وهو تمليك المشتري للخمور وتملك الثمن ، وقد جعل العقد وسيلة إلى محرم .

وقبل أن نعرض لأنواع العقود وأقسامها في الفقه الإسلامي فقد يكون من المفيد أن نعرض لأنواع العقود في القوانين الوضعية لإبراز وجوه الاتفاق ووجوه الاختلاف معها .

---

(1) المستصفى من علم الأصول للإمام أبي حامد الغزالي ، ص 178 .

هذا ، وقد استرعى انتباهنا اتفاق أغلب شراح القانون على تقسيم العقود وأنواع العقود التي تندرج تحت هذه الأقسام ، وإن كان البعض يميل إلى الوقوف عند الأصل ، بينما البعض الآخر يميل إلى الإطناب بتناول ما يتفرع عنها من العقود .

أولا: أقسام العقود في القوانين الوضعية (1)

أ - من حيث تكوين العقد : إما أن يكون رضائيا أو شكليا أو عينيا .

ب - من حيث أثر العقد: أما أن يكون ملزما للجانبين وإما أن يكون ملزما لجانب واحد ، وإما أن يكون من عقود المعاوضة وإما أن يكون من عقود التبرع

ج - من حيث طبيعة العقد: تنقسم إلى عقود محددة ، وعقود احتمالية .

د - من حيث التنظيم التشريعي للعقد : تنقسم إلى عقود مسماة وعقود غير مسماة .

هـ - من حيث موضوع العقد ومضمونه: تنقسم إلى عقود بسيطة وعقود مختلطة .

و - من حيث المدة التي يستغرقها : تنقسم إلى عقود فورية وعقود زمنية .

وهناك تقسيمات أخرى أقل أهمية نتعرض لها باختصار وهي تقسيم العقود إلى عقود رئيسية وعقود تبعية ، وعقود حسن النية وعقود حرفية ، وعقود المساومة وعقود الإذعان ، وعقود مفروضة ، وتنقسم إلى عقود فردية وعقود جماعية ، وهذه تنقسم إلى عقود مدنية وعقود إدارية .

أولا : العقود الرضائية والعقود غير الرضائية

تنقسم العقود من حيث الأركان اللازمة لانعقادها إلى عقود رضائية وعقود غير رضائية.

العقود الرضائية : العقود الرضائية هي العقود التي يكفي لانعقادها تراضي طرفيها ، أي توافق إرادتين على إنشائها دون حاجة إلى أي إجراء آخر ودون حاجة إلى إفراغ التراضي في شكل خاص ، فيجوز أن يتم هذا التراضي بالكتابة ، أو شفويا ، أو بالإشارة المفهمة أو الدالة .

رضائية العقود هي الأصل في معظم التشريعات الحديثة ، بمعنى أن اعتبار العقد رضائيا لا

---

(1) د. محيي الدين إسماعيل ، مرجع سابق ، ص 107 -110 .

يحتاج إلى تصريح خاص في القانون ، فيكفي لاعتبار عقد ما رضائيا ألا يتطلب لانعقاده شكلا أو إجراء خاصا . وعلى هذا الأساس تعتبر عقود البيع والإيجار والقرض والوديعة والوكالة عقودا رضائية [1].

ويضيف بعض شراح القانون أن هذا النوع من العقود هو القاعدة العامة في العقود بعد التطور واسع المدى الذي حققه مبدأ سلطان الإرادة (أما العقود غير الرضائية) كالعقود الشكلية والعينية فتعتبر استثناء ، حتى لقد قيل " إن الثيران تربط من قرونها ، أما الرجال فمن عباراتهم " ليس هذا فحسب بل إن الكنسيون صاغوا مبدأ مخالفا للقانون الروماني وهو أن العقد العاري (أي العاري من الشكل) ينشئ الدعوى ولكن فقهاء القانون الروماني وقفوا ضد هذا المبدأ بشدة [2].

ويضيف الدكتور عبد الله مبروك أن مبدأ الرضائية ليس من النظام العام وأنه إذا ما كان الأصل أن العقود رضائية ، وأن الشكلية ما هي إلا استثناء على هذا الأصل ، ومن ثم فإنها لا تكون لازمة لانعقاد العقد إلا إذا نص القانون على ذلك صراحة إلا أنه بوسع المتعاقدين أن يجعلا من العقد الرضائي عقدا شكليا برغم عدم اشتراط القانون شكلا معينا لانعقاده [3].

العقود غير الرضائية

العقود غير الرضائية هي العقود التي لا يكفي لانعقادها التراضي عليها ، بل يجب فضلا عن هذا التراضي توافر إجراء آخر ، والإجراء الآخر الذي يجب توافره في العقد غير الرضائي قد يكون شكلا معينا يجب أن يتخذه التراضي ، وقد يكون تسليم شيء معين أو عين معينة . وبناء على ذلك تنقسم العقود غير الرضائية إلى عقود شكلية وعقود عينية [4].

---

(1) د . محمد لبيب شنب ، مرجع سابق ص 38 .

(2) د . محيي الدين إسماعيل ، مرجع سابق ، ص 110 – 112 .

(3) د . عبد الله مبروك ، مرجع سابق ص 39 .

(4) د . محمد لبيب شنب ، مرجع سابق ص 38 .

العقود الشكلية Contract solennel

العقد الشكلي هو العقد الذي لا ينعقد إلا إذا اتخذ رضاء الطرفين شكلا معينا يحدده القانون ، وغالبا ما يكون الشكل المطلوب هو الكتابة ، والكتابة قد تكون رسمية أي يقوم بتحريرها موظف عام مختص وفقا للأوضاع التي يحددها القانون ويسمى موثق العقود ، وفي هذه الحالة يسمى العقد الشكلي عقدا رسميا لأن انعقاده يتطلب إفراغ رضا الطرفين في محرر رسمي [1].

ويضيف الدكتور عمر السيد عبد اللـه أنه لابد في تكوين العقد الشكلي من الإعراب عن الإرادتين في شكل خاص حدده القانون . وقد نص القانون المدني المصري في شأن عقد الهبة وعقد الرهن الرسمي على أن كلا منهما يجب لانعقاده تحرير ورقة رسمية به ، فهما لذلك من العقود الشكلية [2].

العقد العيني Le contrat Reel

يقول الدكتور محيي الدين إسماعيل هو عقد لا يكفي لانعقاده مجرد التراضي ، بل لا ينعقد إلا بتسليم شيء من أحد الطرفين إلى الآخر [3] ومثال ذلك عقد هبة المنقول (الهبة اليدوية) كما جاء في المادة 507 مدني ، فهبة المنقول لا تتم بمجرد تراضي الواهب والموهوب له ، بل يجب فضلا عن التراضي أن يسلم الواهب الشيء الموهوب إلى الموهوب له ، فإن لم يحصل تسلم ، فلا تنعقد الهبة ، وبالتالي لا يستطيع الموهوب له إجبار الواهب على تسليمه الشيء لعدم وجود عقد يلزمه بذلك[4].وتنص المادة 1453 من قانون المعاملات المدنية الإماراتى الحيازي على إنه " يشترط لتمام الرهن الحيازي ولزومه أن يقبضه الدائن ، وللدائن أن يرجع عن الرهن قبل التسليم [5].

---

(1) المرجع السابق ، ص 39 .

(2) د . عمر السيد عبد اللـه - مرجع سابق - ص 11 .

(3) د . محيي الدين إسماعيل ، مرجع سابق ، ص 116 ، 117 .

(4) د عبد اللـه مبروك النجار - مرجع سابق ص 39 ، د. محمد لبيب شنب - مرجع سابق ص 39 .

(5) د . عمر السيد عبد اللـه - مرجع سابق ص 12 .

نقد وتعقيب

وفيما يتعلق بتقسيم العقود إلى عقود رضائية وعقود غير رضائية ، فقد استوقفنا نعت العقود التي لا يتم إفراغها في شكل خاص يحدده القانون " وهي العقود الشكلية " أو تلك التي لا يترتب عليها تسليم شيء من أحد الأطراف إلى آخر وهي العقود العينية " بأنها عقود غير رضائية . ذلك أن نفي صفة الرضائية عن هذه العقود يجعلها من عقود الإذعان ، رغم أن الرضا ركن أساسي في هذه العقود .

وإذا كان شراح القانون لا ينفون من خلال تعريفهم لتلك العقود احتواءها لركن الرضا أو عنصر التراضي بل يرونه واجبا في تلك العقود فيعرفون العقود غير الرضائية بأنها العقود التي لا يكفي لانعقادها التراضي عليها ، بل يجب فضلا عن هذا التراضي توافر إجراء آخر . لذلك فإن المتأمل لهذا النص يدرك على الفور وجوب التراضي في العقود التي وصفت بالعقود غير الرضائية . وهذه التسمية لا تستقيم مطلقا مع مضمون هذه العقود رغم ورودها في كافة المصادر والمراجع القانونية دون أن يوجه أحد من شراح القانون وفقهائه إلى ذلك نقدا أو مطعنا .

ثانيا : العقد الملزم لجانب والعقد الملزم لجانبين

العقد الملزم لجانب واحد Le contrat unilateral عقد يرتب الالتزام في جانب أحد الطرفين والحق في جانب الطرف الآخر فيكون الطرف الملتزم مدينا غير دائن ، والطرف صاحب الحق دائنا غير مدين ، ومثاله عقد الهبة ، فالواهب مدين غير دائن .

والعقد الملزم لجانب واحد يختلف عن التصرف الصادر من جانب واحد ، فالتصرف الصادر من جانب واحد تصرف بإرادة منفردة بينما العقد الملزم لجانب واحد لا ينعقد بإرادة منفردة بل لابد من إيجاب وقبول ليتكون العقد .

أما العقد الملزم للجانبين أو العقد التبادلي bilateral فهو يرتب حقوقا والتزامات في جانب كل من طرفيه ، فاجتمع في كل من المتعاقدين صفة الدائن والمدين ومثاله عقد البيع وعقد الإيجار وعقد العمل وعقد التأمين ، ففي عقد البيع يلتزم البائع بتسليم المبيع ويلتزم المشتري بدفع الثمن . وفي عقد

الإيجار يلتزم المؤجر بتسليم العين المؤجرة ، وبضمان الانتفاع بها ، كما يلتزم المستأجر بدفع الأجرة وبالمحافظة على العين المؤجرة وردها عند انتهاء عقد الإيجار [1] .

أهمية التفرقة بين العقود الملزمة لجانبين والعقود الملزمة لجانب واحد

أولا : في العقود الملزمة لجانبين إذا لم يقم أحد المتعاقدين بتنفيذ التزامه ، كان للمتعاقد الآخر أن يطالب بفسخ العقد (مادة 175 مدني مصري) أما في العقود الملزمة لجانب واحد فلا مجال للفسخ ولا يكون أمام الدائن إلا أن يطالب مدينه بتنفيذ التزامه تنفيذا عينيا ، أو تنفيذا بمقابل عن طريق التعويض .

ثانيا : في العقود الملزمة للجانبين إذا لم يقم أحد المتعاقدين بتنفيذ التزامه كان للمتعاقد الآخر بدلا من أن يطالب بالفسخ أن يمتنع عن الوفاء بالالتزام الذي يقع على عاتقه ويدفع بعدم تنفيذه حتى يقوم الطرف الأول بتنفيذ التزامه ، وهو ما يسمى بالدفع بعدم التنفيذ وهو لا يتصور إلا في العقود الملزمة للجانبين [2] .

ثالثا : عقود المعاوضة وعقود التبرع

عقد المعاوضة : عرفه بعض شراح القانون بأنه " العقد الذي يحقق منفعة لجميع أطرافه بحيث يأخذ كل منهم مقابلا لما يعطيه.[3] بينما عرفه البعض الآخر بأنه " العقد الذي يأخذ فيه كل من المتعاقدين مقابلا لما أعطى ، كالبيع فهو عقد معاوضة بالنسبة إلى البائع بأخذ الثمن في مقابل نقل ملكية المبيع ، وهو معاوضة بالنسبة للمشتري لأنه يأخذ المبيع في مقابل الثمن [4] ونفس المعنى تناوله الدكتور محيي الدين إسماعيل في تعريفه لعقد المعاوضة فهو عنده " عقد يأخذ فيه كل متعاقد مقابلا لما يعطي ، فكل منهما يعطي ليأخذ" . ففي عقد البيع يقدم البائع الشيء المبيع مقابل حصوله على الثمن ، وكذلك المشتري يدفع الثمن ليحصل على المبيع ، وقل مثل ذلك عن الإيجار والتأمين

---

(1) د. محيي الدين إسماعيل ، مرجع سابق ، ص 119 و ص 120 .

(2) د. عبد الله مبروك النجار ، مصادر الالتزام الإرادية وغير الإرادية ، ص 42 .

(3) د . محمد لبيب شنب ، مرجع سابق ، ص 54 .

(4) د . عمر السيد عبد الله ، مرجع سابق ، ص 14 .

والوديعة المأجورة وغيرها [1].

عقد التبرع : أما عقد التبرع Contrat a titre فيقدم فيه أحد الطرفين الأداء La prestation ولا يحصل على مقابل له ، ومثاله عقد الهبة ، وعقد عارية الاستعمال ، وعقد القرض بلا فائدة ، وعقد الوديعة غير المأجورة ، وعقد الوكالة بلا أجر ، وعرفه بعض شراح القانون بأنه العقد الذي لا يأخذ منه المتعاقد مقابلا لما أعطى ، ولا يعطي المتعاقد الآخر مقابلا لما أخذ كعقد الهبة والعارية والوديعة بغير أجر. وليس مفاد ما تقدم أن عقد التبرع هو العقد الملزم لجانب واحد ، فالعقد الملزم لجانب واحد قد يكون من عقود المعاوضة كالوديعة المأجورة [2].

ويستفاد مما تقدم أن العقد الملزم لجانب واحد أعم من عقد التبرع ، فكما أنه يشمل عقود التبرع فإنه قد يشمل أيضا عقود معاوضة .

رابعا : العقد المحدد والعقد الاحتمالي

العقد المحدد

العقد المحدد " Le contrat commutatif هو العقد الذي يعرف فيه كل من طرفيه عند التعاقد مقدار ما يأخذ أو مقدار ما يعطي . ولا يلزم فيه أن يكون مقدار الأدائين متكافئا بل يكفي أن يكون محددا ، كذلك يعتبر العقد محددا ولو كان أحد الأداءين أو كلاهما مؤجلا" [3].

العقد الاحتمالي أو عقد الغرر

العقد الاحتمالي أو عقد الغرر Le contrat aleatoire هو " العقد الذي لا يتحقق فيه وقت التعاقد مقدار الأداء الذي يبذله أو يأخذه كل متعاقد لوجود عنصر الاحتمال فيه ، كعقد التأمين ، وعقد الرهان ، وعقد اليانصيب ، وعقد بيع الثمار قبل بدو صلاحها ، والزرع قبل نباته بثمن

---

(1) د . محيي الدين إسماعيل ص 126 – 127 .

(2) د . عمر السيد عبد الله - مرجع سابق ، ص 14 .

(3) د . محيي الدين إسماعيل ، مرجع سابق ص 131 ، د . عبد الله مبروك ، مرجع سابق ، ص 45، والدكتور محمد لبيب مرجع سابق ص 58 .

جزاف [1].

بينما عرفه الدكتور محمد لبيب بأنه العقد الذي لا يمكن لطرفيه أن يحددا وقت إبرامه قيمة ما يعطيانه أو يأخذانه ، إذ يتوقف تحديد هذه القيمة على أمر مستقبلي غير محقق الوقوع أي على احتمال . ومثاله عقد التأمين على الحياة ، فهو عقد بمقتضاه يلتزم شخص (المؤمن) في مواجهة شخص آخر (المؤمن له أو المستأمن) بأن يدفع مبلغا من المال إلى شخص ثالث (المستفيد) في حالة وفاة المؤمن له خلال مدة معينة ، وذلك مقابل أقساط يدفعها له هذا الأخير . فلا المؤمن ولا المؤمن له يعرفان وقت إبرام العقد عدد الأقساط التي ستدفع لأن الالتزام بدفع الأقساط يتوقف بمجرد وفاة المؤمن له ، وتاريخ هذه الوفاة غير محدد وقت إبرام العقد . وقد تنقضي مدة التأمين دون أن يتوفى المؤمن له ، فيدفع أقساط التأمين كاملة ، وقد يتوفى بعد العقد بفترة قصيرة فلا يدفع إلا عددا قليلا من الأقساط .

كذلك يعتبر عقد المراهنة من عقود الغرر إذ أن كل متراهن يدفع مبلغا من النقود أملا في تحقيق ربح قد يتحقق وقد لا يتحقق ، وبالتالي فإن ما يأخذه كل متراهن لا يمكن تحديده مقدما وقت إبرام العقد [2].

خامسا : العقد المسمى والعقد غير المسمى

تنقسم العقود بالنظر إلى تنظيم المشرع أو عدم تنظيمه لها إلى عقود مسماة وعقود غير مسماة .

أولا : العقود المسماة :

عرف الدكتور محمد لبيب العقد المسمى بأنه " العقد الذي وضع له المشرع اسما خاصا وتكفل ببيان القواعد المنظمة له ، سواء في القانون المدني أو في القوانين الأخرى " [3].

أما الدكتور عبد الله مبروك النجار فقد عرف العقد المسمى بأنه العقد الذي نظمه المشرع

---

(1) د . عمر السيد عبد الله ، مرجع سابق ، ص 14 .

(2) د . محمد لبيب شنب ، مرجع سابق ، ص 60/59 وكذلك د . عبد الله مبروك ، مرجع سابق ، ص 45

(3) د . محمد لبيب شنب ، مرجع سابق ، ص 35 .

ووضع له اسما معينا ، وقد سمى القانون المدني المصري أنواعا معينة من العقود منها ما يرد على الملكية كالبيع والمقايضة ، و الهبة والشركة ، والقرض والصلح ، و منها ما يرد على الانتفاع كالإيجار والعارية ومنها ما يرد على عمل الإنسان كالمقاولة والعمل والوكالة والوديعة والحراسة ومنها عقود الغرر ، ومنها عقود التأمينات الشخصية كالكفالة ، ومنها عقود التأمينات العينية كالرهن الرسمي والرهن الحيازي [1].

بينما عرفه د . محيي الدين إسماعيل بالآتي :

العقد المسمى le contrat nomme عقد سماه القانون باسم معين ونظم أحكامه تشريعيا مثل عقد البيع وعقد الإيجار [2].

ثانيا : العقود غير المسماة Le contrat innome

العقد غير المسمى هو " عقد لم ينص المشرع على تنظيم له وإنما هو من صنع الأفراد في معاملاتهم ، وقد يكون صورة مستحدثة من التعامل ، وقد يكون مزيجا من عدة عقود معروفة مثل عقد النزول في الفندق ، ومثل عقد البحث عن الميراث حيث يلتزم شخص بأن يسعى ليثبت لآخر ميراثا يستحقه ويتفق على هذا العمل نظير جزء من الميراث [3].

أما الدكتور محمد لبيب فيعرف العقود غير المسماة بأنها " العقود التي لم ينظمها المشرع بالاسم ، ولم يبين القواعد الخاصة بانعقادها وآثارها " و مثالها العقد الذي يبرمه النزيل مع صاحب الفندق ، والعقد الذي يبرمه العميل مع صاحب مطعم أو مقهى بقصد تناول طعام أو شراب والعقد المبرم بين مؤلف ودار من دور النشر [4].

وترجع التفرقة بين العقود المسماة وغير المسماة إلى عهد القانون الروماني ، حيث كانت العقود المسماة هي العقود التي يعرفها القانون المدني ، ثم بعد تطور طويل اعترف القانون الروماني بطائفة

---

(1) د . عبد اللـه مبروك النجار - مرجع سابق ، ص 37 .

(2) د . محيي الدين إسماعيل ، مرجع سابق ، ص 133 .

(3) المرجع السابق ، ص 133 .

(4) د . محمد لبيب شنب - مرجع سابق - ص 35 .

العقود غير المسماة (1). والعقود غير المسماة لا حصر لها لأن الإرادة من سلطانها أن تنشئ ما تشاء من العقود في حدود النظام العام وحسن الآداب ، وإذا ما انتشرت بعض هذه العقود اهتم بها المشرع وأضافها إلى قائمة العقود المسماة كعقد المقامرة والرهان وعقد التأمين فقد أضافها كل من التقنين المدني المصري والقانون المدني الأردني وقانون المعاملات المدنية الاتحادي إلى قائمة العقود المسماة (2).

ويلاحظ أن فكرة اعتبار عقد ما ، مسمى أو غير مسمى نسبية يمكن أن تتغير من زمان لآخر ومن مكان إلى آخر ، فعقد الإيجار يمكن أن يكون غير مسمى في البلاد التي يقل فيها تأجير العقارات بصفة عامة كما هو الحال في بعض الدول الخليجية ، وكما في عقد التأمين حيث لم يكن من العقود المسماة في القانون المدني المصري القديم ، فلما ازدادت أهميته " وصار التأمين إجباريا بحكم القانون في بعض المجالات ومنها التأمين على السيارات " نظمه المشرع في التقنين المدني المصري الجديد واعتبره مسمى (3).

أهمية تقسيم العقد

أما عن أهمية تقسيم العقود إلى مسماة وغير مسماة ، يقول الدكتور محيي الدين إسماعيل إنها ترجع إلى تحديد الأحكام التي تطبق على كل منها . فالعقد المسمى يرجع في أحكامه إلى التنظيم التشريعي له ، فإن لم يرد فيه حكم للمسألة المطروحة بحثنا عن الحكم في القواعد العامة . أما العقود غير المسماة فيرجع في شأنها إلى القواعد العامة في الالتزامات (4).

سادسا : العقد البسيط والعقد المختلط

العقد البسيط هو - كما عرفه صاحب مصادر الالتزام الإرادية وغير الإرادية - العقد الذي يتناول نوعا واحدا من العقود كالبيع أو الإيجار ، أما العقد المختلط فهو الذي يجمع بين عدة عقود متعاصرة امتزج بعضها بالآخر ، وغالبا ما يكون من العقود غير المسماة ، وذلك كالعقد بين النزيل

---

(1) د . محيي الدين إسماعيل - مرجع سابق - ص 134 .

(2) المرجع سابق - ص 134 .

(3) د . عبد الله مبروك النجار - مرجع سابق - ص 37 .

(4) د . محيي الدين إسماعيل - مرجع سابق - ص 135 .

وصاحب الفندق ، فهو يمثل عقد إيجار بالنسبة للغرفة ، وعقد عمل بالنسبة للخدمة ، وعقد بيع بالنسبة للطعام ، وعقد وديعة بالنسبة للأمتعة ، وكذلك العقد بين صاحب المسرح والجمهور فهو يمثل عقد إيجار بالنسبة للمقعد وعقد عمل بالنسبة للرواية التي تعرض [1].

سابعا : العقد الفوري والعقد الزمني

العقد الفوري Contrat a execution instante هو العقد الذي يتم تنفيذه دفعة واحدة كعقد البيع ، إذ بمجرد تمام العقد يقوم البائع بتسليم المبيع والمشتري بدفع الثمن . وقد يتراخى تنفيذ العقد إلى أجل محدود اختياريا . كما لو اتُّفق على تأجيل تسليم المبيع أو على تأجيل دفع الثمن ، أو إجباريا أو كبيع شيء في حالته المستقبلية إذ يجب مرور بعض الوقت لإعداد المبيع ، ولكن التأجيل في حالتي الاختيار والإجبار لا يؤثر على طبيعته ، بل يظل عقدا فوريا لأن تدخل عنصر الزمن فيه يعتبر تدخلا عارضا لا يؤثر على مقدار الثمن أو على مقدار المبيع [2].

أما الدكتور محيي الدين إسماعيل فيعرف العقد الفوري بأنه " العقد الذي تنفذ الأداءات فيه دون توقف على عنصر الزمن ، ففي عقد البيع يمكن أن يتم تسليم المبيع ودفع الثمن فور التعاقد كما يمكن أن يتم ذلك في وقت لاحق يحدده المتعاقد ، أي أن يكون التنفيذ مؤجلا ولكن مقدار الأداء ليس متوقفا على الزمن بل هو محدد سلفا تحديدا مكانيا . فالعقد الفوري حقيقة مكانية لأنه يقاس بمقياس مكاني ، أما العقد الزمني Le contrat successif فهو الذي يكون الزمن عنصرا جوهريا فيه ، أي يكون الزمن هو المقياس الذي به يقدر الأداء فهو حقيقة زمنية لأن المحل فيه يمتد في الزمان لا في المكان ، ومثاله عقد الإيجار ، لا تقدر فيه المنفعة التي يحصل عليها المستأجر إلا بوحدات من الزمن ، وقل مثل ذلك في عقد العمل وعقد الوديعة ، وعقد عارية الاستعمال وعقد التأمين [3].

ثامنا : عقود المفاوضة وعقود الإذعان والعقود المفروضة

عقود المفاوضة Les contratd de libre discussion أو كما تسمى أحيانا Les contrats de

(1) د . عبد الله مبروك ، مرجع سابق ، ص 46 وكذلك د . عمر السيد عبد الله ، مرجع سابق ، ص 18 .

(2) المرجع السابق – ص 46 .

(3) د . محيي الدين إسماعيل – مرجع سابق – ص 140 .

gre` a gre` هي " عقود تبرم بين الأفراد بحرية تامة في مناقشة شروطها ، وتتم بعد أن ينتهي التفاوض بين الأطراف إلى تلاقي وجهات النظر على أمر معين [1] وقد عرفه د . محمد لبيب بأنه العقد الذي يكون لطرفيه أن يناقشا شروطه بحرية قبل إبرامه ، والأصل أن كل العقود من هذا النوع لأن انعقادها يقوم على التراضي ومن حق كل طرف أن يناقش العقد قبل أن يرضى به [2].

عقد الإذعان

أما عقد الإذعان Contrat d'adhesion فهو العقد الذي يضع فيه أحد طرفيه مشروع العقد بصفة عامة ، ويقبله الطرف الآخر دون أن يكون له حرية مناقشته أو طلب تعديله [3]. ويضيف صاحب التعريف أنه قد استقر رأي الفقه والقضاء في شأن عقود الإذعان أنه " يشترط لاعتبار العقد عقد إذعان توافر الشروط الآتية :

أولا : أن يستقل أحد الطرفين بوضع مشروع العقد بحيث يقتصر دور الطرف الآخر على إبداء رأيه المتضمن قبول إبرام العقد أو عدم قبوله ، دون أن يكون له أن يطلب تعديل الشروط التي وضعها المتعاقد الآخر أو أن يضيف لها شروط جديدة . وفي ذلك تقول المادة 100 من القانون المدني " القبول في عقود الإذعان يقتصر على مجرد التسليم بشروط مقررة يضعها الموجب ولا يقبل مناقشة فيها" .

ثانيا : أن يتوجه الطرف الذي وضع شروط العقد بمشروعه إلى الناس كافة أو إلى طائفة منهم ، لا إلى شخص أو أشخاص معينين بالذات ، وبعبارة أخرى يتعين أن يكون الإيجاب عاما موجها للجمهور بحيث يتم العقد مع أي شخص يقبل التعاقد بالشروط الواردة في هذا الإيجاب دون نقاش .

ثالثا : أن يكون للطرف الذي وضع مشروع العقد التفوق الاقتصادي على الطرف الآخر .

فإذا توافرت الشروط السابقة اعتبر العقد عقد إذعان . لذلك يعتبر عقد النقل عن طريق

---

(1) المرجع السابق ، ص 140 .

(2) د . محمد لبيب شنب - مرجع سابق - ص 48 .

(3) المرجع السابق – ص 48 إلى 51 .

القطارات أو الطائرات من عقود الإذعان وينطبق على ذلك عقد توصيل التيار الكهربائي ، أو الماء أو الغاز ، أو خدمة الهاتف لأن الجهات التي تقدم الخدمات السابقة تحتكر تقديمها وتنفرد بوضع شروطها ولأن الخدمات السابقة تعتبر خدمات ضرورية .

النقد الموجه لعقود الإذعان

وينكر بعض الشراح وبصفة خاصة شراح القانون العام الطبيعة العقدية لعقود الإذعان على أساس انعدام حرية الطرف المذعن في المناقشة والمساومة ، ويدفع آخرون هذا النقد بأنه ليس من شأن ذلك نفي الطبيعة العقدية عن هذه العقود . ذلك أن وجود العقد يتوقف على إرادة إبرامه وما دامت هذه الإرادة متوافرة لدى الطرفين ، فإننا نكون بصدد عقد ، ولا يقدح في ذلك أن أحد الطرفين قد استقل بوضع شروط هذا العقد [1].

وإذ يرى شراح القانون أن الطرف المذعن يستطيع ألا يتعاقد ، وأن تعرضه للحرمان من السلعة أو الخدمة الضرورية لا ينفي أن له الحرية في أن يتعاقد أو لا يتعاقد ، فإنه يحق لنا أن نتساءل أي خيار هذا الذي ينطوي على أمرين كل منهما أسوأ وأمر من الآخر ، ويعطي للطرف القوي الحق في ذبح الطرف الضعيف كمن يخيَّر إنسانا أشرف على الهلاك من شدة الجوع بين أن يتناول طعاما مسموما أو أن تشتد عليه مخمصة الجوع حتى يلفظ أنفاسه الأخيرة ، ثم هم بعد ذلك يتحدثون عن سلطان الإرادة .

في الشريعة الإسلامية جُعل الخيار لدفع الغبن والتغرير في المعاملات بين العباد ، بينما أقرت القوانين الوضعية الغبن الفاحش واعتبرته من طبيعة هذه العقود ولو انطوى على ظلم بيِّن تأباه العدالة ما لم يكن الغبن واقعا على الصغير أو مريض مرض الموت أو المحجور عليه . فنحن والأمر كذلك أمام مقارنة بين شريعة قوامها الرحمة والعدالة وشريعة هي شريعة الغاب .

العقد المفروض

هو عقد ذو نصوص مفروضة بواسطة الدولة أو بواسطة منظمات مهنية بحيث يجب على

(1) د . محمد لبيب شنب – مرجع سابق – ص 51 .

الطرفين معا في كل عقد من هذا النوع الامتثال للنصوص الموضوعة مقدما وألا يخرجوا عليها في اتفاقهم .

وهاتان الصورتان الأخيرتان " أي عقود الإذعان والعقود المفروضة " هما من نتائج انتكاس مبدأ سلطان الإرادة [1].

ثانيا : أقسام العقود في الفقه الإسلامي

ذهب بعض الكتاب المعاصرين ومنهم صاحب مصادر الحق في الفقه الإسلامي إلى أن فقهاء الشريعة الإسلامية لم يضعوا تقسيما للعقد في ذاته ، بل تناولوا عقودا أسموها عقدا عقدا ، ولم يراعوا في ترتيبها فكرة معينة أو صلة ظاهرة بين متقدم ومتأخر . قال ويكفي أن نورد على سبيل المثال كتابا فقهيا يعتبر من أبرز كتب الفقه الإسلامي وهو كتاب البدائع للكاساني في الفقه الحنفي ، نراه قد تكلم في العقود بالترتيب الآتي :

(1)الإجارة (2) الاستصناع (3) البيع (4) الكفالة (5) الحوالة (6) الوكالة (7) الصلح (8) الشركة (9) المضاربة (10) الهبة (11) الرهن (12) المزارعة (13) المعاملة (أي المساقاة) (14) الوديعة (15) العارية (16) القسمة (17) الوصايا (18) القرض .

وتساءل الدكتور السنهوري صاحب مصادر الحق في الفقه الإسلامي ألا يوجد في الفقه الإسلامي عقود أخرى غير هذه العقود ؟

ثم يعاود التساؤل " معبرا عما يدور في خلجات نفسه : هل عرف الفقه الإسلامي مبدأ حرية التعاقد ، فيجوز التعاقد على أي أمر لا يخالف النظام العام ولا الآداب [2].

وهذا التساؤل يكشف عما في خبيئة نفس صاحبه كأحد شراح القانون الذين استبد بهم مبدأ سلطان الإرادة وحرية الفرد في التعاقد ما لم يخالف النظام العام . وذلك رغم انتكاسة هذا المبدأ باستباحة عقود الإذعان وصحة العقود التي تبنى على الغبن الفاحش بزعم أن ذلك من طبيعة هذه

---

(1) د . محيي الدين إسماعيل – مرجع سابق – ص 140 .

(2) د . عبد الرزاق السنهوري – مصادر الحق في الفقه الإسلامي ، ج 1 ص 80 .

العقود ، ثم بتدخل المشرع الوضعي في تقييد حرية الأفراد بإصدار تشريعات تحد من سلطان الإرادة في إنشاء العقود والآثار التي تترتب عليها .

وكنا نود - لو أنه بيننا اليوم لنسأله - وأين حرية التعاقد التي يقطر قلبه دما عليها من نظرية التعسف في استخدام الحق في القوانين الوضعية ؟

فالقانون الفرنسي الذي صدر عام 1804 على أساس تعاليم المذهب الفردي ، والذي يعتبر الفرد هو العنصر الأهم في الجماعة تبنى نظرية الحق المطلق فكان من آثار ذلك أن أصبحت الحقوق الفردية مقدسة ، ومصدر سلطات مطلقة ، لا يسأل أربابها عما يترتب على استعمالهم إياها من الأضرار التي قد تلحق بالغير .

وحسبنا أن نشير إلى ما نصت عليه المادة الرابعة من القانون المدني المصري الجديد بعد تطور الفقه القانوني الحديث وإلغاء القانون المدني القديم في مصر .

" من استعمل حقه استعمالا مشروعا لا يكون مسئولا عما ينشأ عن ذلك من ضرر".

ويستفاد من ذلك عدم المسئولية عن الأضرار التي تلحق بالغير والتي تنشأ عن الاستعمال الذي يراه القانون مشروعا .

أما الاستعمال التعسفي غير المشروع فهو الذي تترتب عليه المسئولية إذا نشأ عنه ضرر .

وقد حددت المادة الخامسة من القانون المدني المصري هذه المعايير في الآتي :

1) إذا لم يقصد به سوى الإضرار بالغير.

2) إذا كانت المصالح التي يرمي إلى تحقيقها قليلة الأهمية بحيث لا تتناسب البتة مع ما يصيب الغير من الضرر بسببها .

3) إذا كانت المصالح التي يرمي إلى تحقيقها غير مشروعة [1].

ومن غرائب الأمور أن ينتهي اجتهاد الدكتور السنهوري به إلى القول " أن الأصل في الفقه

―――――――――――

(1) الدكتور فتحي الدريني ، نظرية التعسف في استعمال الحق في الفقه الإسلامي ، ص 332 .

الإسلامي هو حرية التعاقد في حدود النظام العام ، إلا أن كثرة القواعد التي تعتبر من النظام العام تضيق من هذه الحرية "[1].

وإني لأعجب من إقحام فضيلته لمصطلحات القانون الوضعي على الفقه الإسلامي ومنها مصطلح النظام العام الذي لا يعرفه الفقه الإسلامي . فإذا كانت قواعد النظام العام في القوانين الوضعية قواعد آمره لا يجوز الاتفاق على مخالفتها ، فإن كافة الأحكام الشرعية سواء كان مصدرها الكتاب أو السنة أو إجماع الأمة لا يجوز الاتفاق على مخالفتها ، فشريعة الـلـه حاكمة لا محكومة ، وكل من يخضعها للأهواء إنما ينزل بشرع الـلـه من عليائه ويجعله خاضعا لأهواء البشر وصدق عز من قائل ﴿ وَمَنْ أَحْسَنُ مِنَ ٱللَّهِ حُكْمًا لِّقَوْمٍ يُوقِنُونَ ﴾ [المائدة: 50] والفقه الإسلامي الذي أثرى البشرية كلها يوم أن كانت غارقة في الظلمات لا يفتقر لتلك المصطلحات الوافدة من الغرب وإن شئت فقل من دار الحرب .

وذهب الدكتور محيي الدين إسماعيل إلى أن أفضل التقسيمات للعقود في الفقه الإسلامي في نظر بعض الفقهاء المعاصرين هو تقسيم العقود بحسب محلها ، وهو التقسيم المتبع في كتاب " مرشد الحيران " لمحمد قدري باشا في المواد 263 إلى 266 وعنه نقلت التقنيات المدنية في العراق ومصر وسوريا.

فالمادة 263 من مرشد الحيران تنص على أنه " يصح أن يرد العقد على الأعيان منقولة كانت أو عقارا لتمليكها بعوض أو بغير عوض " .

والمادة 264 تنص على أنه " يصح أن يرد العقد على الأعيان لحفظها وديعة أو لاستهلاكها بالانتفاع بها قرضا ورد بدلها " .

والمادة 265 تنص على الآتي :

" يجوز ورود العقد على منافع الأعيان للانتفاع بها بعوض إجارة أو بغير عوض إعارة ورد عينها لصاحبها " .

---

(1) الدكتور عبد الرزاق السنهوري ، مرجع سابق ، ج 1 ، ص 81 .

والمادة 266 تنص على الآتي :

" يصح أن يرد العقد على عمل معين من الأعمال الصناعية أو على خدمة معينة " [1].

بينما ذهب الشيخ أحمد إبراهيم بك صاحب المعاملات الشرعية المالية [2] إلى أن العقود تنقسم إلى عدة مجموعات تنتظم كل مجموعة منها وحدة ذاتية تجعلها نوعا على حدة وهي :

أ - **المعاوضات** : ويندرج فيها كل أنواع المبادلات سواء أكانت مالا بمال كالبيع ، أم مالا بمنفعة كالإجارة ، أم مالا بغير مال و لامنفعة كالزواج ، والخلع .

ب - **التبرعات** : كالهبة والوصية والإعارة والإبراء من الدين والمحاباة في البيع والشراء ، والكفالة والحوالة في بعض صورها .

ج - **ما يكون تبرعا ابتداء ومعاوضة انتهاء** :ـ كالإقراض ، والكفالة والحوالة في بعض صورها .

د - **الإسقاطات** : كالوقف ، والطلاق ، العتاق ، والإبراء من الدين ، وتسليم الشفعة بعد ثبوتها.

هـ - **الإطلاقات** : كالإمارة ، والقضاء، والوكالة، والمضاربة ، والطلاق ، والعتاق ، والإيصاء.

و - **التقييدات** :ـ كعزل الوكيل والحجر على الصبي .

بينما ذهب صاحب الأموال ونظرية العقد في الفقه الإسلامي إلى القول بالآتي :

ينقسم العقد إلى ضروب مختلفة من التقاسيم ، وكل منها يستند إلى اعتبار خاص ، هذا الاعتبار قد يكون استكماله أو عدم استكماله لأركانه وشروطه ، أو بتعبير آخر حسب حكمه ووصفه ، وقد يكون بحسب طبيعته ، أو بحسب اتصال حكمه بصيغته أو عدم اتصاله بها أو بحسب آثاره التي تترتب عليه .

---

(1) د. محيي الدين إسماعيل - مرجع سابق ، ص 108 ، و د. عبد الرزاق السنهوري - مصادر الحق في الفقه الإسلامي ، ج 1 ، ص 79 .

(2) أحمد إبراهيم بك ، المعاملات الشرعية المالية ، ص 81 .

ووفقا لما تقدم فالعقد إما صحيح تترتب عليه آثاره ، وإما غير صحيح ، والصحيح إما نافذ في الحال ،
وإما موقوف ، والنافذ إما لازم لا يجوز فسخه ، و إما غير لازم يمكن فسخه من طرفيه أو طرف واحد ، ثم
غير الصحيح إما فاسد و إما باطل [1].

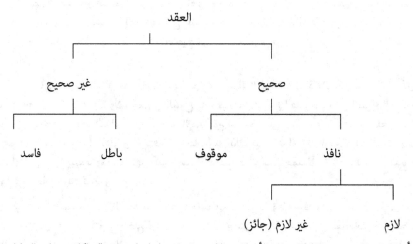

أما العقد الصحيح وفقا لتعريف الأحناف والذي وقع اختيارنا عليه فهو " ماكان سببا صالحا لترتيب
حكمه وآثاره عليه ، ويكون كذلك متى صدر عن أهله في محل قابل لحكمه ، ولم يعرض له أمر أو وصف
يجعله منهيا عنه شرعا ، فإن كان العقد بيعا لزم لصدوره صحيحا أن يباشره شخصان مميزان بإيجاب
وقبول متوافقين دالين على إنشائه ، في محل قابل لحكمه وهو المال المتقوم ، ولم يقترن به توقيت ولا
جهالة في البيع ، ولا عدم تقوم في الثمن ، ولم تلابسه جهالة فاحشة ، ولم يصاحبه ما يوجب غررا أو يفضي
إلى نزاع أو يؤدي إلى فقد شرط من شروط صحته ولا غير ذلك مما جعله الشارع سببا للنهي عنه " [2].

(1) د. محمد يوسف موسى ، مرجع سابق ، ص 435 .

(2) الشيخ محمد خاطر - مفتي الديار المصرية السابق ، محاضرات في الفقه الإسلامي ، ص 40 ، والشيخ على الخفيف ، مختصر أحكام
المعاملات الشرعية ، ص 112 .

ويعرفه الفقهاء أيضا بأنه ما شرع بأصله ووصفه [1] ويضيف الدكتور يوسف موسى " ولا نكاد نجد خلافا بين الفقهاء في تقسيم العقد أولا إلى صحيح وغير صحيح ، ثم تقسيم الصحيح إلى أقسامه التي ذكرناها ولكن الخلاف على أشده في تقسيم العقد غير الصحيح ".

فقسمة العقد غير الصحيح إلى فاسد وباطل هو مذهب الأحناف ، أما الفقهاء أصحاب المذاهب الأخرى فلا يرون هذه القسمة ، فغير الصحيح عندهم هو الذي لم ينعقد أصلا ولا يترتب عليه أي حكم أو أثر. ولذا فإن العقد عند غير الأحناف إما صحيح أو غير صحيح ويعبرون عن هذا بالفاسد أو الباطل على حد سواء .

وذهب صاحب الكافي في فقه أهل المدينة في باب جملة البيوع الفاسدة والحكم فيها إلى أن كل ما لا يجوز بيعه ولا العقد عليه ، ولا العمل في البيوع به ، فهو من البيوع الفاسدة ، فمن البيوع الفاسدة عند مالك وأصحابه البيع بعد النداء الثاني إذا قعد الإمام يوم الجمعة على المنبر ، أو أن يشتري سلعة بدنانير أو دراهم لا يعرف وزنها ، أو بفلوس لايعرف عددها ، ومن ذلك بيع (شراء) الجارية أو أن لا يخرج بها من البلد أو على أن لا يبيعها ولايهبها فهذا كله فاسد [2] ويصح ذلك عند أحمد لأن البيع والشرط عنده جائز ، و أما غير الجائز عنده فبيع وشرطان .

وأما عند الشافعية ، يقول صاحب الأشباه والنظائر في قواعد وفروع فقه الشافعية ، الباطل والفاسد عندنا مترادفان إلا في الكتابة والخلع والعارية والوكالة والشركة والقراض ، وفي العبادات في الحج ، فإنه يبطل بالردة ويفسد بالجماع ولا يبطل [3].

أما صاحب اللباب البغدادي الحنفي فيذكر أن باب البيع الفاسد يشتمل على ثلاثة أنواع : باطل ، وفاسد ، ومكروه .

فأما الباطل : ما لم يكن مشروعا بأصله ووصفه .

---

(1) د . محمد يوسف موسى ، مرجع سابق ، ص 435 .

(2) الكافي في فقه أهل المدينة المالكي ، للإمام محمد بن عبد البر النمري القرطبي ، باب جملة من البيوع الفاسدة ، ص 356 .

(3) الأشباه والنظائر للإمام جلال الدين عبد الرحمن السيوطي ص 286 .

وأما الفاسد : ما يكون مشروعا بأصله دون وصفه وقد يطلق المصنف الفاسد على الباطل لأنه أعم إذ كل باطل فاسد ، و لا عكس ، ومنه قوله (إذا كان أحد العوضين أو كلاهما محرما فالبيع فاسد أي باطل وذلك كالبيع بالميتة أو بالدم أو بالخمر أو بالخنزير) [1] .

وقال صاحب فتح القدير أن بيع الطير في الهواء والسمك في الماء لا يجوز لعدم المحل ، فإن الطير ليس مملوك أصلا قبله وما ليس بمملوك لأحد لا يكون محلا للبيع ، وبيع الآبق ينعقد فاسدا [2] .

وقال صاحب اللباب : ومن جمع بين حر وعبد ، أو شاة ذكية وميتة بطل البيع فيهما [3] .

وجاء في الأشباه والنظائر لابن نجيم

" في العقود : البيع نافذ وموقوف ، ولازم ، وغير لازم ، وفاسد ، وباطل " .

والباطل والفاسد عندنا في العبادات مترادفان ، وفي النكاح كذلك ، لكن قالوا نكاح المحارم فاسد عند أبي حنيفة رحمه الله فلا حد ، وباطل عندهما رحمهما الله فيحد ، وفي جامع الفصولين : نكاح المحارم قيل باطل وسقط الحد لشبهة الاشتباه ، وقيل فاسد وسقط الحد لشبهة العقد (انتهى) .

وأما في البيع ، فمتباينان ، فباطله ما لا يكون مشروعا بأصله ووصفه ، وفاسده ماكان مشروعا بأصله دون وصفه ، وحكم الأول أنه لا يملك بالقبض ، وحكم الثاني أنه يملك به .

وأما في الإجارة فمتباينان ، قالوا لا يجب الأجر في الباطلة ، كما إذا استأجر أحد الشريكين شريكه لحمل طعام مشترك ، ويجب أجر المثل في الفاسدة .

وأما في الرهن فقال في جامع الفصولين فاسدة يتعلق به الضمان ، وباطلة لا يتعلق به الضمان بالإجماع ومن الباطل لو رهن شيئا بأجر نائحة أو مغنية [4] .

---

(1) اللباب في شرح الكتاب للميداني الحنفي ، كتاب البيوع ، ص 239 ، باب البيع الفاسد .

(2) فتح القدير في فروع الفقه الحنفي لكمال الدين بن الهمام ، كتاب البيوع ، مسألة 54،كتاب البيع الفاسد.

(3) اللباب للميداني ، مرجع سابق ، ص 243 .

(4) الأشباه والنظائر ، لابن نجيم ، أحكام العقود ، ص 337 / 338 .

وقال صاحب اللباب من باع أمة على أن يستولدها ، أو عبدا على أن يعتقه المشتري فالبيع فاسد، وكذلك لو باع عبدا على أن يستخدمه البائع شهرا ، أو دارا على أن يسكنها أو على أن يقرضه المشتري درهما ، أو على أن يُهدى إليه هدية فالبيع فاسد ، ومن باع عينا على ألا يسلمها إلى رأس الشهر فالبيع فاسد ، ومن اشترى ثوبا على أن يقطعه البائع ويخيطه قميصا فالبيع فاسد ، والبيع إلى النيروز والمهرجان وصوم النصارى وفطر اليهود - إذا لم يعرف المتبايعان ذلك - فاسد ، ولا يجوز.[1] وبيع حبل الحبلة جزم في البحر ببطلانه لعدم تحقق وجوده وشراء الثوب على أن يخيطه البائع فاسد لأنه شرط لا يقتضيه العقد ، والبيع إلى النيروز وغيره فاسد لجهالة الأجل بعدم علم المتبايعين .

ويذكر الدكتور يوسف موسى رأى جمهور الفقهاء أن نهي الشارع عن عقد من العقود معناه إثم من يقدم عليه ، وعدم اعتباره إن وقع فعلا ، وحينئذ لا يكون له أثر ، بل يعتبر أنه لم ينعقد فيكون فاسدا أو باطلا بمعنى واحد ، وأنه لا فرق بين أن يكون النهي راجعا لأصل العقد وأركانه ، وبين أن يكون راجعا لأمر أو وصف آخر عَرَضَ للعقد . فما دام الشارع قد نهى عنه فلا قيمة ولا اعتبار مطلقا . بل يعتبر غير منعقد وباطلا ، ورسول الله صلى الله عليه وسلم يقول:" **كل عمل ليس عليه أمرنا فهو رد ، ومن أحدث في ديننا ما ليس منه فهو رد** "[2]. أما الأحناف فيرون أن النهي عن بعض العقود قد يكون معناه إثم من يقوم عليها ، لا إبطالها .

العقود المكروهة :

أما عن العقود المكروهة فمنها تلقي الجلب (أي تلقي الركبان) ، وهو (مبادرة) بعض أهل البلد لتلقي الآتين إليها فيشتري منهم ما معهم ، ثم يبيع بالثمن الذي يروق له لأهل البلد وهذا مكروه إن كان يضر بالأهلين .

ومنها بيع الحاضر للبادي ، وقيل معناه أن يؤثر البائع أهل البادية على أهل البلد عنده فيبيع لهم

(1) اللباب ، مرجع سابق ، ص 240 / 243 .

(2) د . محمد يوسف موسى ، مرجع سابق ، ص 437 / 438 .

طمعا في زيادة الثمن [1].

أقسام العقد النافذ

أ - العقد اللازم وغير اللازم

وينقسم العقد النافذ وهو الذي تترتب عليه أحكامه و آثاره في الحال إلى لازم وغير لازم وهو المعبر عنه عند الحنفية بالعقد الجائز.

ويراد بالعقد اللازم مالا يستقل بفسخه أحد طرفيه ، وذلك كالبيع و الصلح و الإجارة والمساقاة والمزارعة ، والنكاح ، والخلع ، والحوالة .

أما غير اللازم فهو ما يستقل أحد طرفيه بفسخه كالشركة والوكالة والقرض والوصية والايصاء والعارية والوديعة .

وقد يكون العقد غير لازم بالنسبة لأحدهما لازما بالنسبة للآخر كالرهن فإنه لازم بالنسبة إلى الراهن غير لازم بالنسبة إلى المرتهن فله أن يستقل بفسخه ، وكالكفالة فهي لازمة بالنسبة للكفيل غير لازمة بالنسبة إلى المكفول له لتعلق حق صاحب الدين بالكفالة .

ب - العقود الموقوفة :

من العقود ما هو موقوف على إجازة غير العاقد ، كعقد الفضولي الذي يتوقف على إجازة صاحبة خلافا للإمام الشافعي الذي يرى أن عقد الفضولي لا ينعقد وهو باطل لا تلحقه الإجازة ، ومن العقود الموقوفة عقد الصبي المميز فهو موقوف على إجازة وليه أو وصيه [2].

حكم تصرفات الفضولي : قال صاحب كفاية الأخيار الشافعي [3] " من باع مال غيره بلا ولاية ولا وكالة ، فالجديد الأظهر بطلان البيع لقوله عليه الصلاة والسلام: " **لا طلاق إلا فيما يُملكُ ، ولا عتاق إلا فيما يُملكُ ، ولا بيع إلا فيما يُملكُ ، ولا وفاء بنذر إلا فيما يُملكُ** . قال ، قال

---

(1) المرجع السابق ، ص 446/445 .

(2) الشيخ محمد خاطر مفتي الديار المصرية سابقا - محاضرات في الفقه الإسلامي ، ص 47 .

(3) كفاية الأخيار في حل غاية الاختصار للإمام تقي الدين أبي بكر الحسيني ، وكتاب البيوع ، ص 243.

الترمذي حسن ، وقال النووي وقد روي عن طرق بمجموعها يرتفع عن كونه حسنا . ويقتضي أنه صحيح . قال والقديم أنه موقوف إن أجاز مالكه نفذ وإلا فلا ، واحتج بحديث عروة فانه قال: " **وضع إليَّ رسول الـلـه** صلى الـلـه عليه وسلم **دينارا لأشتري له شاة فاشتريت له شاتين ، فبعت أحدهما بدينار ، وجئت بالشاة والدينار إلى رسول الـلـه** صلى الـلـه عليه وسلم **فذكرت له ما كان من أمري ، فقال بارك الـلـه لك في صفقة يمينك"** قال رواه الترمذي بسند صحيح [(1)].

وقال صاحب الكافي في فقه أهل المدينة ومن وكل ببيع سلعة فباعها بما لا يشبه بياعات الناس ضمن ، وكذلك إذا وكل بشراء شيء فاشتراه بما لا يتغابن به الناس بمثله ضمن ولو أمره رب المال أن يشتري نوعا من المتاع فاشترى غيره ضمن وكذا قال مالك في المدونة [(2)].

وقال الإمام أبو زهرة ، واعتبار عقد الفضولي منعقدا موقوفا بالنسبة لأحكامه على إجازة من له حق الإجازة إن وجد - هذا قول أبي حنيفة ومالك وأحمد في رواية عنه وخالف الشافعي وقال : إن تصرفات الفضولي لا تنعقد بل تصدر باطلة . جاء في المجموع في تصرف الفضولي ما نصه " إن مذهبنا المشهور هو بطلانه ، ولا يقف على الإجازة ، وكذلك الوقف والنكاح وسائر العقود ، وبهذا قال أبو ثور وابن المنذر وقال مالك يقف البيع والشراء والنكاح على الإجازة ، فإن أجازه من عقد له صح ، و إلا بطل [(3)].

وقال صاحب الإرشاد إلى سبيل الرشاد " الحنبلي " ولو وكله في ابتياع سلعة ، فابتاعها ثم باعها بغير إذن الموكل ، فعلى روايتين ، إحداهما البيع باطل ، والرواية الأخرى البيع موقوف على إجازة الموكل وردِّه ، فإن أجاز صح ، وإن رده بطل [(4)]. وقال صاحب الروض المربع شرح زاد المستقنع" فإن باع ملك غيره بغير إذنه لم يصح ، ولو صح حضوره وسكوته ، ولو أجازه المالك" [(5)].

---

(1) انظر بلوغ المرام من أدلة الحكام ، لابن حجر العسقلاني ، حديث 772 ، ص 199 وفيه زيادة .. فكان لو اشترى ترابا يسرع فيه . قال رواه الخمسة إلا النسائي .

(2) الكافي في فقه أهل المدينة ، لابن عبد البر ، كتاب الوكالات ، ص 396 ، والمدونة في باب الوكالة .

(3) الشيخ محمد أبو زهرة ، مرجع سابق ، ص 355 / 357 .

(4) الإرشاد إلى سبيل الرشاد ، محمد بن أحمد بن محمد بن أبي موسى الهاشمي الحنبلي ، كتاب باب الوكالة، ص 368 .

(5) الروض المربع ، شرح زاد المستقنع ، للشيخ منصور بن يونس البهوتي الحنبلي ، باب كتاب البيع ص 307 .

وقال صاحب الدرر البهية : " وإذا خالفه لما هو انفع أو إلى غيره ورضى به صح ، لكون الرضا مناطا مسوغا لذلك ، ومجوزا له ، وإذا لم يرض لم يلزمه ما وقع من الوكيل مخالفا"[1].

وقال صاحب السيل الجرار المتدفق على حدائق الأزهار " البائع لمال غيره بغير إذنه لا يسمى بيعه بيعا شرعيا ولا هو البيع الذي أذن اللـه به بقوله " تجارة عن تراض "[2] ، وعقد الفضولي لا يصح أصلا لأن رضاه ليس هو الرضا المعتبر قوله " تجارة عن تراض " فكان فعله كالعدم "[3].

وقال صاحب الهداية : و من باع ملك غيره بغير أمره فالمالك بالخيار إن شاء أجاز البيع ، و إن شاء فسخه ، قال ، وقال الشافعي رحمه اللـه لا ينعقد لأنه لم يصدر عن ولاية شرعية لأنها بالملك أو بإذن المالك وقد فقدا ، ولا انعقاد إلا بالقدرة الشرعية[4].

ثانيـا : تقسيم العقد حسب طبيعته أو اتصال حكمه بصيغته

العقـــد

منجز — مضاف للمستقبل — معلق على شرط

ليست كل العقود تترتب عليها آثارها في الحال ، فبعض العقود تترتب عليها آثارها فور انعقادها ، و بعضها يتأخر ترتيب الأحكام عليه إلى زمن مستقبل يحدده العاقدان ، والبعض الآخر

---

(1) الروضة الندية ، شرح الدرر البهية للإمام أبي الطيب صديق بن حسن بن على الحسيني ، كتاب الوكالة ص 233 .

(2) آية 29 من سورة النساء .

(3) السيل الجرار المتدفق على حدائق الأزهار ، لشيخ الإسلام محمد بن على الشوكاني ، كتاب البيع ص 52

(4) الهداية ، من كتاب فتح القدير لكمال الدين ابن الهمام ، كتاب البيوع ، باب الاستحقاق ، فصل في بيع الفضولي المسائل من 50 إلى 53 .

قد لا يترتب عليه أحكامه مطلقا إذا ما كان العقد معلقا على شرط غير محقق الحصول . لذلك كانت صيغة العقد وطبيعته أيضا هي الفيصل في ترتيب آثار العقود . فالصيغة وحدها قد تكون كافية في ترتيب آثار العقود بمجرد الانتهاء منها ، وقد لا تكفي الصيغة وحدها في ترتيب أحكام العقد " وذلك في العقود التي يتوقف تمامها على القبض " [1] لذلك كان من هذه العقود ما هو منجز ، ومنها ما هو مضاف إلى زمن مستقبل ، ومنها ما هو معلق على شرط من الشروط .

والأصل في العقود التنجيز إلا عقدي الوصية والايصاء فإنهما دائما مضافان إلى ما بعد الموت ولو جاءت صيغتها منجزة ، وغيرها من العقود يصح تنجيزها من غير استثناء .

1 ـ العقد المنجز

وقد ذهب الفقهاء إلى تعريف العقد المنجز بأنه " ما صدر على وجه تترتب عليه آثاره في الحال ، بأن تكون صيغته غير معلقة على شرط بأداة من أدوات التعليق [2] ولا الإضافة إلى زمن مستقبل سواء كانت مطلقة أو مقترنة بشرط" [3].

حكم العقد المنجز

تترتب عليه آثاره بمجرد انعقاده ، وهو ما يعني أن ثمة التزام شرعي يترتب على إنشاء العقد وقد جعل الشارع العقد سبيلا لثبوت هذه الآثار .

والأثر الشرعي الذي يترتب عليه عقد البيع هو انتقال ملكية المبيع إلى المشتري وانتقال الثمن إلى البائع . ذلك أن هذه العقود إنما وضعت شرعا لإفادة التمليك في الحال ، فإذا كانت الصيغة غير

---

(1) العقود التي يتوقف تمامها على القبض كقعود الهبة ، والصدقة ، والعارية ، والوديعة ، والرهن ، والقرض والشركة والمضاربة (الشيخ على الخفيف ، مرجع سابق ، ص 75) .

(2) أدوات التعليق هي إن وأخواتها .

(3) تكون الصيغة مضافة إلى زمن مستقبل ومطلقة كأن يقول شخص لآخر أجرتك داري هذه شهرا ابتداء من الآن، فيقول الآخر قبلت ، ومثال الاقتران بشرط أن يقول أجرتك سيارتي هذه ابتداء من الآن ثلاث ساعات بشرط أن تدفع لي الأجرة مقدما ، فيقول قبلت " الشيخ محمد خاطر ، مرجع سابق ، ص 37 ".

مؤدية لذلك كانت غير محققة لهذا المقتضى فلا تدل على العقد ولا ينعقد بها [1].

2 ـ العقود المضافة إلى أجل

جرى تقسيم الفقهاء للعقود من حيث انعقادها إلى ثلاثة أقسام :

أ - عقود لا تكون إلا مضافة : وهي عقود الوصية والايصاء فإنها تكون مضافة دائما إلى ما بعد الموت و لا يمكن أن تتصل أحكامها بإنشائها .

ب - عقود لا تنعقد بصيغة مضافة : وهي العقود التي تفيد تمليك الأعيان في الحال كعقد البيع وعقد الزواج .

جـ - عقود يصح أن تكون منجزة ويصح أن تكون مضافة إلى المستقبل ، وهي عقود التمليكات التي لا يمكن تحقيق مقتضاها متصلة بصيغتها كالإجارة والإعارة والمزارعة فإنها لتمليك المنافع ، لا تملك دفعة واحدة [2].

وكما سبق أن قدمنا في موضع سابق ، فقد يقال إن السلطان الأول في إنشاء العقد و آثاره التي تترتب عليه هو لإرادة المتعاقدين ، لكن الفقه ينظر إلى الأمر نظرة أخرى وهي أن إرادة المتعاقدين هي التي تنشئ العقد حقا ، لكن الشريعة تتدخل في ترتيب ما لكل عقد من حكم وآثار. فإذا كان العقد شريعة المتعاقدين في القانون الوضعي بالنسبة لآثاره وكل ما اشتمل عليه ، ما لم يكن مشتملا على شيء يخالف النظام العام ، فكل ما ارتضاه العاقد يكون صحيحا واجب الوفاء ولو انطوى على غبن فاحش ، أما في الشريعة الإسلامية فإن الإرادة تنشئ العقد فقط ، بينما أحكام العقود و آثارها تكون من الشارع الحكيم ، فإفادة البيع نقل الملكية إلى المشتري والثمن إلى البائع وغير ذلك من الأحكام ليس من ذات الإيجاب والقبول ولكن لأن الشارع جعل ذلك العقد طريقا لثبوت هذه الآثار [3].

---

(1) الشيخ على الخفيف ، مرجع سابق ، ص 55 ، د. عبد الناصر العطار ، أحكام العقود في الشريعة الإسلامية والقانون ، مرجع سابق ، ص 59 .

(2) الإمام محمد أبو زهرة ، مرجع سابق ، ص ت261 / 262 .

(3) الإمام محمد أبو زهرة ، مرجع سابق ، ص 262 ، د . محمد يوسف موسى ، مرجع سابق ، ص 411 .

3- العقد المعلق

هو ما كان بصيغة ترتب وجود العقد على أمر يوجد في المستقبل ، كمن يقول إن جاء ابني من السفر سالما تصدقت بكذا . أو كمن يقول إن ثبت ما يدعيه زيد من دين على أخي فأنا الكفيل بأدائه. ففي كل الصور لم يوجد العقد في الحال ، بل الصيغة تفيد احتمال وجوده في المستقبل ، وأقرب هذه الصيغ القول " إن بلغ سعر السهم في السوق كذا فاشتري لي مائة سهم ". وعلى ذلك يكون الفرق بين تعليق العقد وإضافته إلى المستقبل أن تعليق العقد يقتضي ألا يوجد حتى يوجد أو يتحقق الأمر الذي رتب وجوده عليه ، بمعنى أنه معلق على شرط لا يتحقق إلا بتحقق الشرط ، أما إضافة العقد إلى المستقبل فتقتضي وجوده في الحال ، ولكن أحكامه هي التي تؤخر إلى المستقبل ، ولذا يقولون إن العقد المعلق قبل وجود الأمر المعلق عليه لأحكامه اسما فقط ، وليس سببا فعليا ولا حقيقة [1].

أما الإمام جلال الدين السيوطي فيتناول في الأشباه والنظائر تقسيم العقود على وجه يختلف كثيرا عن التقسيمات السابقة ، وسنتناول ذلك في إيجاز لا يخل بأصول التقسيم .

أولا : التقسيم
من حيث نوع العقود

* إذا كان المبيع غير الذهب والفضة بواحد منهما، فالنقد ثمن ، وغيره مثمن ، ويسمى هذا العقد بيعا ، وإذا كان غير نقد سمي هذا العقد معاوضة ، ومقايضة ، ومناقلة ومبادلة .

* وإن كان نقدا سمي صرفا أو مصارفة .

* وإن كان المثمن مؤخرا سمي سلما أو سلفا

* وإن كان المبيع منفعة سمي إجارة .

* أو رقبة العبد له سمي كتابة .

* أو بضعا سمي صداقا أو خلعا .

* وإن كان كل منهما دينا سمي حوالة .

_____

(1) المرجع السابق ، ص 257 / 258 بتدخل طفيف .

* أو المبيع دينا والثمن عينا ممن هو عليه سمي استبدالا .

* وإن كان بمثل الثمن الأول لغير البائع الأول سمي تولية .

* أو بزيادة سمي مرابحة ، أو نقص سمي محاطة .

* أو إدخالا في بعض المبيع سمي إشراكا .

* أو بمثل الثمن الأول للبائع الأول سمي إقالة .

ثانيا : تقسيم العقد من حيث كونه
لازما أو جائزا

العقود الواقعة بين اثنين على أقسام :

الأول : لازم من الطرفين قطعا كالبيع والصرف والسلم والتولية .

الثاني : جائز من الطرفين قطعا كالشركة ، والوكالة ، والقراض ، والوصية ، والعارية ، والوديعة ، والقرض .

الثالث : مافيه خلاف والأصح أنه لازم منهما ، وهو المسابقة والمناضلة بناء على أنها كالإجارة .

الرابع : ما هو جائز ويئول إلى اللزوم ، وهو الهبة ، والرهن قبل القبض ، والوصية قبل الموت .

والخامس : ماهو لازم من الموجب جائز من القابل ، كالرهن ، والكتابة ، والضمان ، والكفالة ، وعقد الأمان ، والإمامة العظمى .

التقسيم الثالث
من حيث الإيجاب والقبول

* من العقود ما لا يفتقر إلى الإيجاب والقبول لفظا

ومنها ما يفتقر إلى الإيجاب والقبول لفظا .

* ومنها ما يفتقر إلى الإيجاب لفظا ولا يفتقر إلى القبول لفظا بل يكفي الفعل .

* ومنها ما لا يفتقر إليه أصلا بل شرطه عدم الرد .

* ومنها ما لا يرتد بالرد.

فهذه خمسة أقسام

فالأول : الهدية فلا يشترط فيها الإيجاب والقبول لفظا ومنه الصدقة ، قال الرافعي وهي كالهدية بلا فرق ومنه ما يخلعه السلطان على العادة ومنه ما قلنا بصحة المعاطاة فيه .

والثاني : البيع ، والصرف ، السلم ، والتولية ، والإجارة ، والنكاح ، والصداق ، وعوض الخلع .

والثالث : الوكالة ، والقراض ، والوديعة ، والعارية ، والجعالة .

والرابع : الوقف على ما اختاره النووي .

والخامس : الضمان ، والإبراء ، والصلح عن دم العمد على الدية ، وكذا الوقف في وجه .

التقسيم الرابع
من حيث القبــض

فمن العقود ما لا يشترط فيها القبض ، لا في صحته ، ولا في لزومه ، ولا استقراره .

* ومنها ما يشترط في صحته .

* ومنها ما يشترط في لزومه .

* ومنها ما يشترط في استقراره .

* فالأول النكاح : لا يشترط قبض المنكوحة .والحوالة : فلو أفلس المحال عليه ، أو جحد ، فلا رجوع للمحتال ، والوكالة والوصية ، والجعالة .

* والثاني : الصرف ، وبيع الربوي ، ورأس مال السلم .

* والثالث الرهن والهبة .

* والرابع : البيع والسلم .

428

التقسيم الخامس
من حيث المـــدة

قال : قال البلقيني : كل عقد كانت المدة ركنا فيه لا يكون إلا مؤقتا ، كالإجارة ، والمساقاة ، و الهدنة ، وكل عقد لا يكون كذلك لا يكون إلا مطلقا [(1)] .

ويبين مما تقدم أن تقسيم العقود من جانب فقهاء المسلمين لا يرتقي إليه تقسيم شراح القانون الوضعي وأن ماذكره الدكتور السنهوري افتئاتا على فقهاء المسلمين ظلما وجحودا لا يرتقي بصاحبه إلى مرتبة الناقد المنصف الحصيف [(2)] .

---

(1) الأشباه والنظائر في قواعد ومشروع فقه الشافعية للإمام جلال الدين عبد الرحمن السيوطي ص 275 / 282 .

(2) فقوله إن فقهاء المسلمين تناولوا عقودا أسموها عقدا عقدا ، وإنهم لم يراعوا في ترتيبها فكرة معينة ، أو صلة ظاهرة بين متقدم ومتأخر ، ثم اجتراؤه على فقهاء المسلمين عامة ليس في هذا الموضع فقط ، بل في مواضع عديدة واختياره لواحد من أسفار الفقه الإسلامي وهو كتاب بدائع الصنائع في ترتيب الشرائع والذي أشار إليه بأنه أبرز كتب الفقه الإسلامي ليهيل عليه التراب في تقسيمه للعقود ، ثم تساؤله : ألا يوجد في الفقه الإسلامي عقودا أخرى غير هذه العقود ؟؟ إننا نربأ بأنفسنا عن أن نزيد لأنه قد أفضى إلى ربه ، أما بالنسبة لفقهاء المسلمين، وهم الذين تركوا لنا تراثا هو أعز ما نملك ، أثروا به البشرية كلها ، فحسبنا أن نتلوا قوله سبحانه وتعالى ﴿ وَٱتَّقُواْ ٱللَّهَ وَيُعَلِّمُكُمُ ٱللَّهُ وَٱللَّهُ بِكُلِّ شَيْءٍ عَلِيمٌ ﴿٢٨٢﴾ ﴾ [البقرة: 282] .

المبحث الرابع
الغرر وأثره في عقود البيع
في الفقه الإسلامي

أولا : الغرر في اللغة

يقول اللـه سبحانه وتعالى في كتابه الكريم : ﴿ يَٰٓأَيُّهَا ٱلۡإِنسَٰنُ مَا غَرَّكَ بِرَبِّكَ ٱلۡكَرِيمِ ٦ ﴾ [الانفطار: 6]

قال أبو إسحاق : أي ما خدعك وسول لك حتى أضعت ما وجب عليك [1] وقال غيره ماغرك أي ما خدعك بربك وحملك على معصيته والأمن من عقابه ، فزين لك المعاصي والأماني الكاذبة ولم تخفه وأمنت عقابه [2] وقال صاحب مختار الصحاح : بفتحتين هو الخطر [3] وفي المعجم الوسيط : الغرر هو الخطر والغرر التعريض للهلكة ، وبيع الغرر : بيع ما يتجاهله المتبايعان ، أو ما لا يوثق بتسلمه [4] .

وقال صاحب لسان العرب غره ، يغره ، غرا ، غرورا ، وغرة ، فهو مغرور وغرير : أي خدعه و أطمعه بالباطل وقال الأصمعي " ولا يغرنكم بالله الغرور : أي الأباطيل ، وغرر بنفسه وماله : أي عرضهما للهلكة من غير أن يعرف ، والاسم الغرر ، والغرر الخطر ، والتغرير حمل النفس على الغرر وبيع الغرر المنهي عنه ما كان له ظاهر يغر المشتري وباطن مجهول ، وقال الأزهري ويدخل في بيع الغرر البيوع المجهولة التي لا يحيط بكنهها المتبايعان حتى تكون معلومة ، وفي حديث مطرِّف "إن لي نفسا واحدة وإني أكره أن أغرر بها " [5] .

---

(1) لسان العرب لابن منظور ص 3235

(2) المرجع السابق ص 3235

(3) مختار الصحاح للرازي " مادة غرر " ص 471

(4) المعجم الوسيط – مجمع اللغة العربية ج . م . ع . مادة : الغرر .

(5) لسان العرب لابن منظور ، مرجع سابق ، ص 3232 .

ثانيا : الغرر عند المفسرين

قال ابن كثير : قوله تعالى : ﴿ يَٰٓأَيُّهَا ٱلۡإِنسَٰنُ مَا غَرَّكَ بِرَبِّكَ ٱلۡكَرِيمِ ﴾ أي ما غرك بربك العظيم حتى أقدمت على معصيته وقابلته بما لا يليق كما جاء في الحديث يقول الله تعالى يوم القيامة : يا ابن آدم ما غرك بي ، يا ابن آدم ماذا أجبت المرسلين ، قال ابن أبي حاتم حدثنا ابن أبي عمر ، حدثنا سفيان أن عمر سمع رجلا يقرأ ﴿ يَٰٓأَيُّهَا ٱلۡإِنسَٰنُ مَا غَرَّكَ بِرَبِّكَ ٱلۡكَرِيمِ ﴾ فقال عمر الجهل[1].

وجاء في تفسير القرطبي ﴿ مَا غَرَّكَ بِرَبِّكَ ٱلۡكَرِيمِ ﴾ أي ما غرك حتى كفرت بربك الكريم أي المتجاوز عنك ، قال قتادة رواه الحسن عن عمر رضي الله عنه . وقال صالح ابن مسمار بلغنا أن رسول الله صلى الله عليه وسلم قرأ ﴿ يَٰٓأَيُّهَا ٱلۡإِنسَٰنُ مَا غَرَّكَ بِرَبِّكَ ٱلۡكَرِيمِ ﴾ فقال غره جهله ، وقال عمر رضي الله عنه ، كما قال الله تعالى : ﴿ إِنَّهُۥ كَانَ ظَلُومٗا جَهُولٗا ﴾ وقيل غره عفو الله إذ لم يعاقبه أول مرة [2].

وفي تفسير الإمام النسفي : قال : ﴿ يَٰٓأَيُّهَا ٱلۡإِنسَٰنُ ﴾ : قيل الخطاب لمنكري البعث ﴿ مَا غَرَّكَ بِرَبِّكَ ٱلۡكَرِيمِ ٱلَّذِي خَلَقَكَ ﴾ أي : أي شيء خدعك حتى ضيعت ما وجب عليك مع كرم ربك حيث أنعم عليك بالخلق والتسوية والتعديل . وعنه صلى الله عليه وسلم حين تلاها قال : **غره جهله** . وعن عمر • قال : غره حمقه ، وعن الحسن قال : غره شيطانه ، وعن الفضيل قال : لو خوطبتُ يوم القيامة ماغرك بربك الكريم " أقول ستورك المرخاة " [3].

أما صاحب زاد المسير في علم التفسير فقال ، قوله : ﴿ يَٰٓأَيُّهَا ٱلۡإِنسَٰنُ مَا غَرَّكَ بِرَبِّكَ ٱلۡكَرِيمِ ﴾ قال الزجاج أي ما خدعك وسول لك حتى أضعت ما وجب عليك ، وقال غيره المعنى ما الذي أمنك من عقابه وهو كريم متجاوز إذ لم يعاقبك عاجلا ، وقيل للفضيل بن عياض لو أقامك الله سبحانه يوم القيامة وقال ما غرك بربك ماذا كنت تقول ، قال أقول " غرني ستورك المرخاة " [4].

---

(1) تفسير القرآن العظيم للإمام أبي الفداء إسماعيل بن كثير القرشي الدمشقي ، ج 4 ، ص 480 / 481 .

(2) الجامع لأحكام القرآن للإمام القرطبي ، تفسير سورة الإنسان .

(3) تفسير النسفي ، سورة الانفطار .

(4) زاد المسير في علم التفسير لابن الجوزي – سورة الانفطار .

أما صاحب صفوة التفاسير ، فقال :﴿ يَٰٓأَيُّهَا ٱلْإِنسَٰنُ مَا غَرَّكَ بِرَبِّكَ ٱلْكَرِيمِ ۝٦ ﴾ أي : أي شيء خدعك بربك الحليم الكريم حتى عصيته وتجرأت على مخالفة أمره مع إحسانه إليك وعطفه عليك[1] .

ثالثا : الغرر في اصطلاح الفقهاء

1 - الحنفيــــة

قال صاحب بدائع الصنائع في ترتيب الشرائع : " الغرر هو الخطر الذي استوى فيه طرف الوجود والعدم بمنزلة الشك " .

وقال صاحب فتح القدير : " **الغرر ما طوى عنك علمه** " [2] .

وقال صاحب شرح فتح القدير : " والغرر الخطر ، وغير المملوك على خطر ثبوت الملك وعدمه جُعل من بيع الخطر " [3] .

وقال صاحب المبسوط " نهى رسول الله صلى الله عليه وسلم عن بيع الغرر"[4] ، والغرر ما يكون مستور العاقبة [5] .

وقال صاحب تبيين الحقائق ، شرح كنز الدقائق :" **الغرر ما يكون مجهول العاقبة لا يدري أيكون أم لا** " [6].

---

(1) صفوة التفاسير للشيخ الدكتور محمد على الصابوني .

(2) فتح القدير لكمال الدين بن الهمام ، شرح الهداية ، الجزء السادس ، كتاب البيوع الفاسدة ، مسألة 512 .

(3) شرح فتح القدير للشيخ محمد بن عبد الواحد السيواسي ، ج 6 ، ص 410 .

(4) الحديث رواه مالك في الموطأ في باب بيع الغرر ، قال : حدثني يحيى عن مالك ، عن أبي حازم بن دينار عن سعيد ابن المسيب أن رسول الله صلى الله عليه وسلم نهى عن بيع الغرر ، كتاب البيوع ، ج 2 ، ص 664 ، ورواه مسلم في كتاب بطلان بيع الحصاة والبيع الذي فيه غرر عن أبي هريرة • قال : نهى رسول الله صلى الله عليه وسلم عن بيع الحصاة وعن بيع الغرر. وذكره الشوكاني في باب النهي عن بيع الغرر ، عن أبي هريرة أن النبي صلى الله عليه وسلم نهى عن بيع الحصاة وعن بيع الغرر ، وقال رواه الجماعة إلا البخاري .

(5) المبسوط لشمس الدين السرخسي ، كتاب البيوع ، ج 12 ، ص 194 .

(6) تبيين الحقائق ، شرح كنز الدقائق ، للزيلعي ، الجزء الرابع ، ص 46 .

وقال صاحب التحرير المختار لرد المحتار :" **الغرر ما طوى عنك علمه** " [1] .

ويميز فقهاء الحنفية في هذا الصدد بين نوعين من الغرر :

الأول : غرر في أصل المعقود عليه وهذا يوجب بطلان العقد وذلك كبيع الحمل في بطن أمه فإنه باطل لاحتمال أن يكون إنتفاخا أو أن يولد ميتا ، وكبيع ضربة القانص والغائص أي ما يستخرجه الصياد في شبكته ، والغائص في غوصته من الدُرَر (اللآلئ) فلا ينعقد البيع في شيء من ذلك للغرر فإنه أشبه بالقمار . ولذا كانت المباحات لا يجوز بيعها قبل إحرازها :

الثاني : غرر في الأوصاف والمقادير ونحوها من النواحي الفرعية وهذا ما يوجب فساد العقد [2] .

وبالنظر إلى التعريفات المتقدمة يسترعى انتباهنا أنه يجمع بينها جميعا أن بيع الغرر ينطوي على خطر ، وأن الحصول على عوض غير موثوق به ، وأن المعقود عليه يتردد ما بين العدم وماله خطر العدم ، أو بين الحصول وعدم الحصول ، وجهالة إما بجنس المعقود عليه ، أو بالثمن ، أو بالصفة ، أو بالقدر ، أو بالأجل إذا ما كان الثمن مؤجلا .

ويمكننا أن نحمل هنا أغلب ما ذكره فقهاء الحنفية في كتبهم من مفردات الغرر أو تلك البيوع التي توصف بأنها من بيوع الغرر في إيجاز لا يخل وبقدر ما يحتمله هذا المبحث .

مفردات الغرر عند الحنفية

قالوا لا يجوز بيع السمك في الماء لأنه بيع لما ليس عنده ولا في حظيرة إذا كان لا يؤخذ إلا بصيد لأنه غير مقدور التسليم ، ولا بيع الطير في الهواء للعجز عن التسليم ، ولا يجوز بيع الحمل ولا النتاج (أي بيع الأجنة في بطون الأمهات) ولا حبل الحبلة كما ورد في السنن والصحيحين عن ابن عمر   - رضي الله عنهما- أن رسول الله صلى الله عليه وسلم نهى عن بيع حبل الحبلة ، وهو نتاج النتاج لأنه ينطوي على غرر. قال صاحب فتح القدير فعسى أن لا تلد الناقة ، أو تموت قبل ذلك ، ولا بيع اللبن في الضرع

---

(1) التحرير المختار لرد المحتار للشيخ عبد القادر الرافعي الفاروقي ـ كتاب البيوع ـ فصل في التصرف في المبيع والثمن ، ص 157 .

(2) د . مصطفى أحمد الزرقا ، المدخل الفقهي العام ، المجلد الأول ، ص 697 مسألة 374 .

للغرر ، فعساه أن يكون انتفاخا ، ولا جذع في سقف إذا كان يضره القطع أما مالا يضيره القطع فيجوز ، ولا يجوز بيع حلية من سيف لأنه لا يمكن تسليمه ، ولا ضربة القانص لأنه مجهول ، ولأن فيه غررا . قال في تهذيب الأزهري : نهى عن ضربة الغائص وهو الغواص ، يقول أغوص غوصة فما أخرجه من اللآلئ فهو بكذا ، فهذا بيع باطل لعدم ملك البائع للمبيع قبل العقد فكان غررا ولجهالة ما يخرج (فتح القدير) ، ولا بيع النحل (عند أبي حنيفة وأبي يوسف) وقال محمد - رحمه الـلـه - يجوز إذا كان محرزا (الهداية) قال صاحب فتح القدير إنه من الهوام عند أبي حنيفة وأبي يوسف فلا يجوز بيعه . ولا يجوز بيع العبد الآبق لنهي النبي صلى الـلـه عليه وسلم ، ولأنه لا يقدر على تسليمه ، ولا البيع إلى أجل مجهول كالبيع إلى النيروز ، وصوم النصارى ، وقطر اليهود ، فالبيع فاسد لجهالة الأجل ويفضي إلى المنازعة . وعرف بهذا التعليل أن المراد بالمؤجل هنا هو الثمن لا المبيع لأن مجرد تأجيل المبيع مفسد . ولا بيع المزابنة وهو بيع التمر على رءوس النخل بخرصه تمرا ، لنهي رسول الـلـه صلى الـلـه عليه وسلم عن المزابنة والمحاقلة ، ولما رواه البخاري عن أنس رضى الـلـه عنه أن رسول الـلـه صلى الـلـه عليه وسلم نهى عن المحاقلة والمخابرة ، والملامسة ، والمنابذة ، والمزابنة [1] . ونُهي عن بيع المنقول قبل القبض لكونه غررا . ومن اشترى شاة على أنها حامل فالعقد فاسد لأن الحبل في البهائم زيادة مجهلة ، فإنه لا يدري أن انتفاخ بطنها من ريح أو ولد ، وأن الولد حي أم ميت ، ذكرا أم أنثى ، واحدا أو مثنى (المبسوط) والمجهول إذا ضم إلى معلوم يصير الكل مجهولا .

وقال صاحب تحفة الفقهاء " البيوع الفاسدة أنواع ، منها أن يكون المبيع مجهولا والثمن مجهولا جهالة توجب المنازعة لأنها مانعة من التسليم والتسلم ، وبدونه يكون البيع فاسدا لأنه لا يفيد مقصوده ، وبيانه إذا اشترى شاة من قطيع ، أو اشترى أحد الأشياء الأربعة بكذا على أنه بالخيار بين أن يأخذ واحدا منها ، وكذا إذا باع العبد بمائة شاة من هذا القطيع ، ونحوه لا يجوز لجهالة الثمن . ولو باع إلى حصاد ، والدياس ، أو إلى رجوع الحاج وقدومهم فالبيع فاسد ، أو بيع مال الغير على أن

---

(1) الحديث رواه الخمسة إلا ابن ماجة وصححه الترمذي عن جابر • بلفظ نهى رسول الـلـهصلى الـلـه عليه وسلم **عن المحاقلة والمزابنة والمخابرة وعن الثنيا إلا أن تعلم** كذا في سبل السلام ، باب المحاقلة والمزابنة ص 814 ، قال والمحاقلة فسرها أبو عبيد ببيع الطعام في سنبله ، والمزابنة تقدم ذكرها ، والمخابرة هي المزارعة . وذكره الشوكاني في نيل الأوطار في باب بطلان البيع قبل بدو الصلاح ج5 ، ص 175 ، وفي مسلم في باب البيوع المنهي عنها ج 10 ، ص 192 بلفظ " نهى رسول الـلـه صلى الـلـه عليه وسلم **عن المحاقلة** والمزابنة والمخابرة وعن بيع التمر حتى يبدو صلاحه " .

يشتري به فيسلمه إليه لأنه باع ما ليس بمملوك له في الحال ، ومنها ما هو مملوك له لكن قبل القبض ، ومنها إدخال الشرطين في بيع واحد وذلك أن يقول " إن أعطيتني حالا فبألف ، وإن أجلت شهرا فبألفين فهو فاسد ، لما روى أن النبي صلى الـلـه عليه وسلم نهى عن الشرطين في بيع ، وكذا بيع ذراع من الثوب لأنه تبع ولا يمكن تسليمه إلا بضرر ، أو بيع الإلية .

وقال صاحب الهداية ، ولا يجوز بيع الصوف على ظهر الغنم لأنه من أوصاف الحيوان ولأنه ينبت من أسفل فيختلط المبيع بغيره ، قال وقد صح عن النبي صلى الـلـه عليه وسلم **أنه نهى عن بيع الصوف على ظهر الغنم وعن لبن في ضرع وعن سمن في لبن** ، وهو حجة على أبي يوسف - رحمه الـلـه - في بيع الصوف حيث جوز بيعه فيما يروى عنه ، وقال ولا يجوز البيع بإلقاء الحجر والملامسة والمنابذة ، وهذه بيوع كانت في الجاهلية وهو أن يتراوض الرجلان على سلعة أو يساومان فإذا لمسها المشتري أو نبذها إليه البائع أو وضع المشترى عليها حصاة لزم البيع ، وقد نهى صلى الـلـه عليه وسلم **عن بيع الملامسة والمنابذة ولأن فيها تعليقا بالخطر** ، قال ولا يجوز بيع ثوب من ثوبين لجهالة المبيع ، ولو قال على أنه بالخيار في أن يأخذ أيهما شاء جاز استحسانا ، قال ولا يجوز بيع النحل وهذا أيضا عند أبي حنيفة وأبي يوسف - رحمهما الـلـه - وقال محمد - رحمه الـلـه - يجوز إذا كان محرزا وهو قول الشافعي - رحمه الـلـه - لأنه حيوان منتفع به [1].

بيـع الجـزاف

وقال صاحب البحر الرائق ويباع الطعام كيلا وجزافا لحديث البخاري " فإذا اختلفت هذه الأصناف فبيعوا كيف شئتم " . قال والجزاف بيع شيء لا يعلم كيله ولا وزنه ، وهو اسم من جازف مجازفة . قال ، و الجزاف (بالضم) خارج عن القياس . قال ، قال ابن القطاع جزف في الكيل جزافا أي أكثر منه ، وفيه الجزاف والمجازفة في البيع وهي المساهلة ، والكلمة دخيلة في العربية (فارسية) وأقيم مكان الكيل والوزن . وفي السراج الوهاج " القسمة كالبيع إذا وقعت فيما يجري فيه الربا مجازفة لا يصح " [2].

---

(1) الهداية شرح بداية المبتدي ، للمرغياني ، كتاب البيوع ، ص 49 .

(2) البحر الرائق ، شرح كنز الرقائق لابن نجيم الحنفي ، ج 5 ، ص 305 .

بيع المغيب في الأرض

وقال ، إن باع ما هو مغيب في الأرض كالجزر والبصل وأصول الزعفران والثوم والشلجم والفجل أن باع بعد ما ألقى في الأرض قبل النبات لا يجوز البيع ، فإن باع بعدما نبت نباتا معلوما يعلم وجوده تحت الأرض يجوز البيع ويكون مشتريا شيئا لم يره ، ثم لا يبطل خياره مالم ير الكل ويرضى به . هذا عند أبي حنيفة ، وعلى قول صاحبيه لا يتوقف خيار الرؤية على رؤية الكل وعليه الفتوى ، فإن كان مما يكال أو يوزن بعد القطع كالجزر والثوم والبصل ، فإذا قلع البائع شيئا من ذلك أو قلع المشتري بإذن البائع ينظر إن كان المقلوع يدخل تحت الكيل أو الوزن يثبت خيار الرؤية ، وإن كان المغيب يباع بعد القلع عددا كالفجل قطع البائع بعضه أو قلع المشتري بإذن البائع لا يلزمه ما لم ير الكل لأنه من العدديات المتفاوتة . وإن قلع المشتري بغير إذن البائع لزمه الكل إلا أن يكون ذلك شيئا يسيرا . وإن اختصم البائع والمشتري قبل القلع فقال المشتري أخاف إن قطعته لا يصلح لي فيلزمني ، وقال البائع أخاف إن قلعته لا ترضى به وترده فتتضرر بذلك يتطوع إنسان بالقلع وإلا يفسخ القاضي العقد بينهما [1] .

بيـع الغائب :

وبيع الغائب جائز عند الحنفية على أن يكون المشتري بالخيار إذا رآه . قال صاحب تحفة الفقهاء : " إذا اشترى شيئا لم يره بأن اشترى فرسا مجللة ، أو جارية منتقبة ، أو كرى حنطة في هذا البيت ، أو عبدا تركيا في هذا البيت ، فإنه يجوز إذا وُجد كذلك ، وللمشتري الخيار إذا رآه. قال وهذا عند الشافعي فاسد [2] .

2 ــ المالكيــة

* قال صاحب الكافي في فقه أهل المدينة :

" وجملة معنى الغرر أن كل ما يتبايع به المتبايعان مما يدخله الخطر ، والقمار ، وجهل معرفة المبيع والإحاطة بأكثر صفاته ، فإن جهل منها اليسير ، أو دخلها الغرر في القليل ، ولم يكن القصد إلى

---

(1) البحر الرائق ، شرح كنز الرقائق لابن نجيم الحنفي ، ج 5 ، ص 326 .

(2) تحفة الفقهاء للسمرقندي ، ج 2 ، ص 45 .

موافقة الغرر ، فليس من بيوع الغرر المنهي عنها ، لأن النهي إنما يتوجه إلى من قصد الشيء واعتمده [1] .

* أما صاحب الفواكه الدواني فقد عرف الغرر بالآتي :

" الغرر كما قال ابن عرفة ماشك في حصول عوضيه أو المقصود منه غالبا ، وهو حرام سواء كان في ثمن وهو ما يدفعه المشتري أو في مثمون وهو ما يدفعه البائع ، والمراد أحد العوضين أو مما كان العقد بيعا أو غيره وكان الخطر في أجل فلا يجوز [2] .

* وقال صاحب حاشية الدسوقي على الشرح الكبير :

" والغرر التردد بين أمرين أحدهما على الغرض والثاني على خلافه [3] .

وعرفه أيضا أنه ما يحتمل حصوله وعدم حصوله [4] .

* وقال صاحب جواهر الإكليل شرح مختصر خليل :

" الغرر أي الخطر ، والتردد بين ما يوافق الغرض ومالا يوافقه [5] . ونقل عن المازري قوله " بيع الغرر ما تردد بين السلامة والعطب " [6] .

* وجاء في المدونة :

" وقال لي مالك : وتفسير ما نهي عنه رسول الله صلى الله عليه وسلم من بيع الغرر " أن يعمد الرجل إلى الرجل قد ضلت راحلته أو دابته أو غلامه ، وثمن هذه الأشياء خمسون دينارا ، فإن وجدها المبتاع ذهب من مال البائع بثلاثين دينارا ، وإن لم يجدها ذهب البائع منه بعشرين دينارا ، وهما لا يدريان

---

(1) الكافي في فقه أهل المدينة لابن عبد البر النمري القرطبي ، كتاب العيوب ، باب ماورد النهي عنه من البيوع عن النبي صلى الله عليه وسلم ، ص 363 .

(2) الفواكه الدواني على رسالة ابن أبي زيد القيرواني ، للنفراوي المالكي ، ج 2 ، ص 80 .

(3) حاشية الدسوقي على الشرح الكبير للشيخ محمد عرفة الدسوقي ، ج 3 ، ص 55 .

(4) حاشية الدسوقي على الشرح الكبير ، ج 3 ، ص 60 .

(5) جواهر الإكليل ، شرح مختصر خليل في مذهب الإمام مالك إمام دار التنزيل للآلي ، ج 2 ، ص 21 .

(6) المرجع السابق ، تعريف المازري بذات الصفحة .

كيف يكون حالهما بعد ذلك . ولا يدريان أيضا إن وجدت تلك الضالة كيف تؤخذ ، وماحدث فيها من أمر الله ، مما يكون فيه نقصها وزيادتها ، فهذا أعظم المخاطرة [1].

أما صاحب المنتقى (شرح موطأ دار الهجرة) فعرف الغرر بالآتي : " نهيه صلى الله عليه وسلم عن بيع الغرر يقتضي فساده ، ومعنى بيع الغرر و الله أعلم ماكثر فيه الغرر وغلب عليه حتى صار البيع يوصف ببيع الغرر ، الذي لا خلاف في المنع منه " [2].

والتعريف المتقدم الذي عرف الغرر بذاته ، فكأنما يرى أنه لا حاجة إلى تعريفه لأنه معروف ، وكذا فعل إمام دار الهجرة ، وإنما الذي استغرق التعريف نفي صفة الغرر عن البيوع التي يقترن بها الغرر اليسير .

* وقال صاحب كفاية الطالب الرباني :

" الخطر والغرر لفظان مترادفان بمعنى واحد وهو ما جهلت عينه ، وقيل ما تردد بين السلامة والعطب في ثمن أو مثمون أو أجل فلا يجوز " [3].

* أما إمام دار الهجرة على ساكنها أفضل الصلاة والسلام ، فقد أفرد في الموطأ بابا لبيع الغرر ، عرف من خلاله الغرر ، لا من خلال الصيغ المعتادة التي قد لا تستغرق المعنى المقصود فلا تنتج مدلولها ولا تصيب مرادها ، وإنما من خلال نقل صور من الغرر تكشف في غير لبث عن حقيقة هذه البيوع وما يعتريها من مخاطر عدم الحصول أو المقامرة أو الجهالة المفضية إلى المنازعة والخصومة فقال: " ومن الغرر والمخاطرة أن يعمد الرجل قد ضلت دابته ، أو أبق غلامه وثمن الشيء من ذلك خمسون دينارا فيقول رجل : أنا آخذه منك بعشرين دينارا ، فإن وجده المبتاع ذهب من البائع ثلاثون دينارا ، وإن لم يجده ذهب البائع من المبتاع بعشرين دينارا .

قال مالك ، والأمر عندنا أن من المخاطرة والغرر اشتراء ما في بطون الإناث من النساء والدواب ، لأنه لا يدري أيخرج أم لا يخرج ، فإن خرج لم يُدَر أيكون حسنا أم قبيحا ، أم تاما أم

(1) المدونة الكبرى للإمام مالك بن أنس برواية سحنون ، باب بيع الغرر ، ج 10 ، ص 206 .

(2) المنتقى شرح موطأ مالك للباجي ، الجزء الخامس ، باب بيع الغرر ، ص 41 .

(3) كفاية الطالب الرباني لرسالة أبي زيد القيرواني لأبي الحسن المالكي ، ج 2 ، ص 194 .

ناقصا ، أم ذكرا أم أنثى ، وذلك كله يتفاضل ، إن كان على كذا فقيمته كذا ، وإن كان على كذا فقيمته كذا .

قال مالك ، ولا يحل بيع الإناث واستثناء ما في بطونها ، وذلك أن يقول الرجل للرجل   ثمن شاتي الغزيرة (أي كثيرة اللبن) ثلاثة دنانير ، فهي لك بدينارين ولي ما في بطنها فهذا مكروه لأنه غرر ومخاطرة .

قال مالك ، ولا يحل بيع الزيتون بالزيت ، ولا الجُلجُلان بدُهن الجلجلان [1] ولا الزبد بالسمن لأن المزابنة تدخله [2] ولأن الذي يشتري الحب وما أشبهه بشيء مسمى مما يخرج منه لا يدري أيخرج منه أقل من ذلك أو أكثر فهذا غرر ومخاطرة [3] .

وقال صاحب حاشية العدوي الخطر ما لم يتيقن وجوده كقوله بعني فرسك بما أربح غدا ، والغرر ما يتيقن وجوده وشك في تمامه ، كبيع الثمار قبل بدو صلاحها [4] .

وبمراجعة التعريفات المتقدمة ، وبنظرة فاحصة متفحصة ، سوف يبين لنا أن هذه التعريفات – على كثرتها – لا تختلف في قليل أو كثير فيما بينها ، وجميعها تصب وتنصهر في بوتقة واحدة ، وهي مفهوم الغرر المفسد للبيوع عند المالكية . فليس كل غرر مفسد للبيوع عندهم . وليس هناك ما هو أدل على ذلك مما ذهب إليه الباجي في " المنتقى " بقوله :

" ما كثر فيه الغرر وغلب عليه حتى صار يوصف ببيع الغرر فهذا الذي لا خلاف في المنع منه ، وأما يسير الغرر فإنه لا يؤثر في فساد عقد بيع ، فإنه لا يكاد يخلو عقد منه ، وإنما يختلف العلماء في فساد أعيان العقود لاختلافهما فيما فيه من الغرر ، وهل هو من حيز الكثير الذي يمنع الصحة أو من

---

(1) الجلجلان هو السمسم في قشره قبل أن يحصد .

(2) المزابنة : لغة هي الدفع واصطلاحا هي بيع التمر بالتمر كيلا ، وبيع الكرم بالزبيب كيلا ، ومنها الزبانية ملائكة العذاب يدفعون الكفرة إلى نار جهنم (انظر سبل السلام ، ج3 ، ص 815 ، وفي المدونة قلت لابن القاسم فما الملامسة في قول مالك ، قال ، قال مالك ، الملامسة أن يلمس الرجل الثوب ولا ينشره ولا يتبين ما فيه أو يبتاعه ليلا وهو لا يعلم ما فيه ، والمنابذة أن ينبذ الرجل إلى الرجل ثوبه ، وينبذ الآخر إليه ثوبه ، قال مالك لايجوز بيعه .

(3) الموطأ للإمام مالك بن أنس ، كتاب البيوع ، باب بيع الغرر ، ج 2 ، ص 664 – 665 .

(4) حاشية العدوي على شرح كفاية الطالب الرباني للشيخ على الصعيدي العدوي المالكي ج 2 ، ص 194 .

حيز القليل الذي لا يمنعها .

وأفصح ابن رشد الحفيد عن اتفاق الفقهاء على مفهوم الغرر المفسد للعقود بقوله : وأصول هذا الباب في البيوع المنهي عنها من قبل الغبن الذي سببه الغرر ، والغرر يوجد في المبيعات من جهة الجهل بوصف الثمن والمثمون ، أو بقدره ، أو بأجله ، إن كان هناك أجل و إما من جهة الجهل بوجوده أو تعذر القدرة عليه . قال ، وهذا راجع لتعذر التسليم ، أو من جهة الجهل بسلامته ، قال أعني بقاءه .

قال ومن البيوع التي توجد فيها هذه الضروب من الغرر بيوع منطوق بها ، وبيوع مسكوت عنها ، **والمنطوق أكثره متفق عليه ، وإنما يختلف في شرح أسمائها** [1] .

أما صاحب المنتقى فقد حدد تلق الغرر بالمبيع في ثلاثة أوجه :

1 – من جهة العقد .

2 – من جهة العوض .

3 – من جهة الأجل .

– قال أما الغرر من جهة العقد فمثل البيعتين في بيعة لأنه لا يدري أي العوضين ابتاع أو باع ، ومن ذلك بيع الحصاة وهو من بيوع الجاهلية ، تكون حصاة بيد البائع فإذا سقطت وجب البيع. قال ، ومن ذلك بيع العربان .

وأما من جهة العوض " المبيع والثمن " أن يكون أحدهما مجهول الصفة حين العقد كشراء الأجنة (في بطون الأمهات) واشتراطها ، قال مالك لاخير في بيع الرمكة [2] وهو غير مقدور على تسليمه كالعبد الآبق والجمل الشارد ، وكبيع الغائب من غير صفة ، وقد يكون مقدورا على تسليمه ويكون الغرر فيه من أجل حاله كالعبد أو غيره من الحيوان لمرض يخاف منه الموت قال ابن حبيب هو من الغرر . أما الجهالة في الثمن أن يبيعه السلعة بقيمتها أو بما يعطي فيها .

(1) بداية المجتهد ونهاية المقتصد لابن رشد الحفيد – البيوع المنهي عنها من قبل الغبن ، ص 187 .

(2) الرمكة : قال صاحب لسان العرب في مادة "رمك" الرمكة هي الفرس التي تتخذ للنسل .

وأما تعلق الغرر بالأجل بأن يكون مجهولا أو بعيدا . فأما المجهول فمثل أن يكون إلى ميسرة أو إلى أن يبيع المبيع وما أشبه ذلك. وأما البيع من أهل الأسواق على التقاضي وقد عرفوا أن قدر ذلك الشهر ونحوه فجوزه مالك [1] .

وقال صاحب الشرح الصغير على بلغة السالك لأقرب المسالك إلى مذهب الإمام مالك:

- ثم بين (أي المصنف) شروط المعقود عليه بقوله : " وقدره على تسليمه ، لا طير في الهواء ، ولا وحش في الفلاة ، وعدم جهل به ، فلا يصح بيع مجهول الذات ، ولا القدر ولا الصفة " [2] .

ونقل صاحب التاج والإكليل عن ابن الحاجب قوله " الجهل بالمثمون مبطل كزنة حجر مجهول "

ونقل عن ابن عرفة قوله :

" جهل أحد العوضين جملة وتفصيلا يفسد بيعه فيها" .

ونقل عن المدونة :

" لايعجبني أن يجمع الرجلان سلعتيهما في البيع فيبيعانها بثمن يسميانه لأن كل واحد لا يدري بما باع ولا بما يطالب في الاستحقاق " [3] .

وقال الدسوقي :

لا بد من كون الثمن والمثمن معلومين للبائع والمشتري وإلا فسد البيع ، وجهل أحدهما كجهلهما على المذهب ، سواء علم العالم منهما بجهل الجاهل أو لا ، وقيل يخير الجاهل منهما إذا لم يعلم العالم بجهله ، فإن علم بجهله فسد البيع كجهلهما معا [4] .

* وقد ذهب الآبي في بيان شروط صحة المعقود عليه إلى الآتي :

---

(1) المنتقي - شرح موطأ مالك للباجي ، ج 5 ، ص 41 - 42 .

(2) الشرح الصغير للشيخ أحمد الدردير ، كتاب البيوع ، ص 11 .

(3) التاج والإكليل ، شرح مختصر خليل لابن أبي القاسم العبدري ، ج 4 ، ص 278 .

(4) حاشية الدسوقي ، مرجع سابق ، ج 3 ، ص 15 .

" عدم جهل من العاقدين أو أحدهما بمثمون أو (بمثمن) ، فلا يصح بيع شيء مجهول جملة وتفصيلا كبيع ما في بيت ، أو ما وُهب له ، أو ما ورثه ، وهما لايعلمان ، بل ولو جُهل المعقود عليه تفصيلا وعلمت جملته [(1)] .

وذهب صاحب كفاية الطالب إلى القول بعدم جواز شراء سلعة ببعيره الشارد (وهذا في الثمن) ومثاله في المثمون أن يشتري منه عبده الآبق بعشرة دراهم ، ومثاله في الآجل أن يشتري منه سلعة إلى قدوم زيد ولا يدري متى يقدم ، ولا يجوز بيع الغرر ، ولا بيع شيء مجهول ، ولا إلى أجل مجهول [(2)].

* وقال ابن عبد البر في التمهيد

" قال أبو عمر أبطل رسول اللـهصلى اللـه عليه وسلم ما كان عليه أهل الجاهلية من أخذ الشيء على وجه القمار ، وإباحة بالتراضي ، وبذلك نطق القرآن في قوله عز وجل :﴿ يَـٰٓأَيُّهَا ٱلَّذِينَ ءَامَنُواْ لَا تَأْكُلُوٓاْ أَمْوَٰلَكُم بَيْنَكُم بِٱلْبَـٰطِلِ إِلَّآ أَن تَكُونَ تِجَـٰرَةً عَن تَرَاضٍ مِّنكُمْ ﴾ [النساء: 29] .

وقد نهى رسول اللـه صلى اللـه عليه وسلم عن بيوع كثيرة وإن تراضى بها المتبايعان . قال واختلف البيع على البرنامج ، وهو بيع ثياب أو سلع غيرها على صفة موصوفة والثياب حاضرة لا يوقف على عينها لغيبتها ، ولا ينظر إليها [(3)].

* وقال صاحب مواهب الجليل :

" من شرط صحة البيع أن يكون معلوم العوضين ، فإن جهل لثمن أو المثمون لم يصح البيع .قال : وظاهر كلامه أنه متى حصل الجهل بأحد العوضين من المتبايعين أو من أحدهما فسد البيع . قال : وصرح بذلك الشارح في الكبير [(4)] .

* وضرب صاحب الفواكه الدواني مثلا للعوضين وهي الثمن والمثمون بقوله :

---

(1) جواهر الإكليل ، شرح مختصر خليل في مذهب الإمام مالك إمام دار التنزيل للآبي ، ج 2 ، ص 21 .

(2)كفاية الطالب ، مرجع سابق ، ج 2 ، ص 194 .

(3) التمهيد لابن عبد البر ، ج 13 ، ص 14 .

(4) مواهب الجليل للحطاب ، ج 4 ن ص 276 .

" ومثال الغرر في الثمن أن يشتري سلعة معينة بعبد آبق أو بما في يده أو صندوقه". ومثال الغرر في المثمون أن يكون المبيع عبدا آبقا أو دابة في السباق ، قال ، ومثال الغرر في الأجل أن يشتري سلعة بثمن إلى اليسار أو حتى يقدم زيد ، قال خليل واغتفر غرر يسير للحاجة لم يقصد كأساس الدار المبيعة ، وكالجبة المحشوة ، أما السمك في الماء والطير في الهواء فممتنع إجماعا [1] .

بيع الجــزاف

* قال صاحب كفاية الطالب

" الجزاف " هي بيع الشيء بلا كيل ولا وزن ولا عدد فإن بيعه قبل قبضه جائز على المشهور ، ولا فرق بين الجزاف وغيره [2] .

* ونقل صاحب التاج والإكليل عن بن المواز قوله :

قال مالك لا يباع جزافا إلا ما يكال أو يوزن ، وقد يكون شيئا مما يباع عددا ، يباع جزافا كالجوز والتين والبيض وذلك فيما كثر وشق عدده . وقال ابن رشد أن من شرط بيع الجزاف وإن كان على كيل أن يكون مرئيا . ونقل الباجي عن مالك لا تباع الدار الغائبة على الصفة إلا مزارعة . ومن المدونة ، حوائط الشجر الغائبة يباع تمرها كيلا أو جزافا [3] .

* وقال صاحب بلغة السالك لأقرب المسالك لمذهب الإمام مالك :

ويجوز بيع الصبرة أو الثمرة جزافا ، ويستثنى قدر الثلث فأقل ، إن كان المستثنى كيلا ، قال ، قوله " وبخلاف بيع (جزاف) عرفه ابن عرفة بقوله " وهو بيع ما يمكن علم قدره دون أن يعلم ، وهذا مبني على ما اختاره ابن رشد من أنه لا يشترط في الجزاف الحضور سواء كان زرعا قائما ، أو صبرة طعام أو غيرهما دائما يشترط فيه :

1 - الرؤية بالبصر .

(1) الفواكه الدواني ، مرجع سابق ، ج 2 ، ص 80 .

(2) كفاية الطالب ، مرجع سابق ، ج 2 ، ص 191 .

(3) التاج والإكليل ، مرجع سابق ، ج 4 ، ص 285 .

2- ولم يكثر جدا : حاصلة أن ماكثر جدا يمنع بيعه جزافا سواء كان مكيلا أو معدودا لتعذر حرزه ، وما كثر لا جدا يجوز بيعه جزافا مكيلا كان أو معدودا أو موزونا لإمكان حرزه ، وأما ماقل جدا فيمنع بيعه جزافا إن كان معدودا لأنه لا مشقة له في علمه بالعد ، ويجوز إن كان مكيلا أو موزونا ولو كان لا مشقة في كيله أو وزنه [1] .

* قال صاحب الشرح الصغير :

قوله وبخلاف بيع جزاف وهو بيع ما يكال أو يوزن أو يعد جملة بلا كيل ولا وزن ولا عد ، والأصل فيه المنع للجهل ، لكن أجازه الشارع للضرورة والمشقة [2] .

* وتناول فقه المعاملات على مذهب الإمام مالك حكم بيع الجزاف وشروطه على الوجه التالي .

حكم بيع الجزاف

الجزاف هو ما جهل قدره أو وزنه أو كيله أو عدده ، وهو جائز ، والأصل فيه قوله تعالى :

﴿ وَأَحَلَّ ٱللَّهُ ٱلْبَيْعَ وَحَرَّمَ ٱلرِّبَوٰاْ ﴾ . وفي الصحيح كان الصحابة رضوان الله عليهم أجمعين يتبايعون الثمار جزافا .

شروط صحة بيع الجزاف

1) أن يكون غير مسكوك ، فالمسكوك من الدنانير والدراهم يمتنع شراؤه جزافا لأنه من بيع المخاطرة والقمار ، فإذا كانا غير مسكوكين جاز بيعهما جزافا إذا لم يتعامل بهما ، فإن تعومل بهما فلا يجوز بيعهما جزافا .

2) ألا تكون آحاده مقصودة ، ولم يقل ثمنه ، كالجوز واللوز ، أما إذا قصدت آحاده وكانت قليلة الثمن كالرمان والبيض فإنه يجوز بيعها جزافا .

---

(1) بلغة السالك لأقرب المذاهب لمذهب الإمام مالك ، للشيخ أحمد الصاوي ، الجزء الثالث ، باب البيوع وأحكامها ، ص 23 .

(2) الشرح الصغير على بلغة السالك ، باب في البيوع وأحكامها ، ج 3 ، ص 22 / 23 .

3) أن يكون كثيرا بحيث لا يعلم قدره ، فلا يجوز شراء ما يمكن عده بلا مشقة جزافا كالحيتان .

4) أن يكون معلوم الجنس كقمح أو شعير احترازا مما لو قال اشتر مني صبرة من طعام [1] .

5) ألا يشتريه مع مكيل .

6) ألا يكثر جدا .

7) أن يكون مرئيا بالبصر .

8) أن يكون المتعاقدان جاهلين بمقداره .

9) أن يكون في أرض مستوية [2] .

بيع المغيب في الأرض (المستور)

* قال صاحب الفواكه الدواني بجواز بيع مغيب الأصل كالبصل والجزر والفجل لأنها من البقول وهو كذلك كما قال المصنف لكن يشترط في حال بيعها أن يقلع منها شيء ويراه المشتري كما هو ظاهر كلام ابن رشد وغيره لأنه لا يكفي رؤية ظاهرها . ولكن ذكر الناصر اللقاني أنه يكفي في جواز بيع مغيب الأصل رؤية ظاهره لأنه برؤية ورقة يُستدل على ما في الأرض من كبر وصغر على ما هو معروف لأرباب الخبرة [3] .

بيع الغائـــب

قال ابن رشد الحفيد :

المبيعات على نوعين ، مبيع حاضر مرئي ، فهذا لا خلاف في بيعه أو متعذر الرؤية ، فهنا اختلف العلماء ، فقال قوم بيع الغائب لا يجوز بحال من الأحوال لا ما وصف ، ولا مالم يوصف ،

---

(1) (اشتر مني صبرة من طعام) أي دون كيل أو وزن أي جزافا .

(2) فقه المعاملات على مذهب الإمام مالك ، المجلس الأعلى للشئون الإسلامية ، مصر (الكتاب 78) البيوع ، ص 90 / 91 .

(3) الفواكه الدواني ، مرجع سابق ، ج 2 ، ص 130 / 131 .

وهذا أشهر قولي الشافعي وهو المنصوص عند أصحابه ، قال ابن رشد : أعني أن بيع الغائب على الصفة لا يجوز . وقال مالك وأكثر أهل المدينة : يجوز بيـع على الصفة إذا كانت غيبته مما يؤمن أن تتغير فيه قبل القبض صفته ، وقال أبو حنيفة ، يجوز بيع العين الغائبة من غير صفة ، ثم له إذا رآها الخيار . فإن شاء أنفذ البيع وإن شاء رده.

والمبيع على الصفة عند الحنفية من شرطه عندهم خيار الرؤية وإن جاء على الصفة .

وعند مالك إذا جاء على الصفة فهو لازم .

وعند الشافعي لا ينعقد البيع أصلا في الموضعين [1] .

وسبب الخلاف ـ كما يقول ابن رشد الحفيد ـ هل نقصان العلم المتعلق بالصفة عن العلم المتعلق بالحس هو جهل مؤثر في بيع الشيء فيكون من الغرر الكثير ، أم ليس بمؤثر وأنه من الغرر اليسير المعفو عنه ؟ يقول ابن رشد المالكي فالشافعي رآه من الغرر الكثير ومالك رآه من الغرر اليسير ، وأما أبو حنيفة فإنه رأى أنه إذا كان له خيار الرؤية أنه لا غرر هناك ، وإن لم تكن له رؤية ، وأما مالك فرأى أن الجهل المقترن بعدم الصفة مؤثر في انعقاد البيع .ولا خلاف عن مالك أن الصفة إنما تنوب عن المعاينة [2] .

وقال في التمهيد إن الصفة عند مالك تقوم مقام المعاينة ، وقد روى عن النبي صلى الـلـه عليه وسلم أنه قال " **لا تصف المرأة المرأة لزوجها حتى كأنه ينظر إليها** "

قال ابن عبد البر :

فأقام هنا الصفة مقام المعاينة . قال ، وقال مالك يجوز بيع السلع كلها وإن لم يرها المشتري إذا وصفها له ولم يشترط النقد ، فإن لم يصفها لم يجز [3] .

_____

(1) بداية المجتهد ونهاية المقتصد لابن رشد الحفيد ، ج 2 ، كتاب البيوع ، باب البيوع المنهي عنها من قبل الغبن الذي سببه الغرر ، ص 197 .

(2) المرجع السابق ، ص 197 .

(3) التمهيد لما في الموطأ من المعاني والأسانيد لابن عبد البر النمري ، ج 3 ، ص 15 ، أما الحديث الذي تناوله وهو وصف المرأة المرأة لزوجها حتى كأنه ينظر إليها فقد رواه أيضا صاحب شرح فتح القدير بألا يصف الرجل =

وقال في كفاية الطالب ، ولا بأس ببيع الشيء الغائب بشروط ستة :

1- أن يقع على الصفة ، قال وظاهره أنه لو بيع دون صفة ، ولا تقوم رؤية لا يجوز وإن كان على خياره .

2- البائع لا يوثق بوصفه إذ قد يقصد الزيادة في الصفة لينفق سلعته .

3- أن يكون المشتري ممن يعرف ما وصف له .

4- ألا يكون المبيع بعيدا جدا .

5- ألا يكون قريبا يمكن رؤيته بغير مشقة .

6- ولا ينقد [1].

وقال في المدونة ، قال ابن وهب : بلغني أن رسول الله صلى الله عليه وسلم **نهى عن بيع الغيب كله من كل شيء يديره الناس بينهم** [2].

وإذا كان ابن رشد الحفيد قد خصص فصلا للبيوع المنهي عنها من قبل الغبن الذي سببه الغرر ، فإني قد أطلت الوقوف عند ما ذكره صاحب بلغة السالك لأقرب المسالك فيما نصه :

" وبيع الغبن جائز ، وبحث في تعليله بأن ما ضاع لأحد المتبايعين في الغبن ينتفع به الآخر" [3]

ولو صح هذا عندي لكان أكل أموال الناس بالباطل مغنما وتركه مغرما ، فمبلغ علمي أن بيع الخيار الذي شرع على خلاف القياس ، وإلى هذا ذهب الجمهور خلافا للحنابلة ، إنما شرع ليكون وسيلة إلى كمال الرضا ، والاطمئنان إلى سلامة المبيع ، ودفع الغبن ، ومنع التغرير والأمن من الانخداع وهو ما لا يستقيم مع القول بجواز بيع الغبن .

= الرجل بين يدي امرأته حتى كأنها تنظر إليه ، ولا تصف المرأة المرأة بين يدي زوجها حتى كأنه ينظر إليها وقال وقد جُعل الموصوف كالمرئي – شرح فتح القدير ، ج 7 ، ص 77 .

(1) كفاية الطالب ، مرجع سابق ، ج 2 ، ص 224 .

(2) المدونة الكبرى ، مرجع سابق ، ج 10 ، ص 206 .

(3) بلغة السالك لأقرب المسالك لمذهب الإمام مالك للشيخ أحمد الصاوي ، ج 13 ، ص 18 .

وقد عرف صاحب لسان العرب الغبن بأنه الخديعة [1] وعرف أكثر الفقهاء والمفسرين الغرر المنهي عنه بأنه الخديعة وفي حديث حبان بن منقذ الذي كان يخدع في البياعات مستمسك لرد القول بإباحة الغبن في الفقه الإسلامي وكذلك الأمر بالنسبة للناجش الذي يزيد في السلعة لا ليشتريها ولكن ليغر بها غيره ، فالنجش أحد صور الغبن ، قال فيه ابن أبي أوفى : الناجش آكل ربا خائن ، وقال ابن بطال أجمع العلماء على أن الناجش عاصي بفعله ، والعاصي آثم ومنتهك لحرمات اللـه [2] .

3 ـ الشافعيــــة

* جاء في حاشية قليوبي وعميرة على شرح جلال الدين المحلي على منهاج الطالبين للشيخ محيي الدين النووي :

" الغرر هو ما انطوت عنه عاقبته ، أو تردد بين أمرين أغلبهما أخوفهما " [3] .

* وقال صاحب نهاية المحتاج إلى شرح المنهاج :

" الغرر هو ما احتمل أمرين أغلبهما أخوفهما .. قال ، وقيل ما انطوت عنا عاقبته " [4] .

* وقال صاحب المهذب :

" والغرر ما انطوى عنه أمره وخفي عليه عاقبته " [5] .

* وقال صاحب حاشية البيجرمي:

" الغرر هو ما انطوت أي عاقبته أو ما تردد بين أمرين أغلبهما أخوفهما " [6] .

* وقال صاحب مغني المحتاج إلى معرفة معاني ألفاظ المنهاج :

---

(1) لسان العرب لابن منظور ، مادة " غبن " في البيع والشراء .

(2) سبل السلام في شرح بلوغ المرام ، ج 3 ، خيار الغبن ، ص 841 .

(3) حاشية قليوبي وعميرة على شرح جلال الدين المحلي على منهاج الطالبين المجلد الأول ، الكتاب الثاني ، ص 161.

(4) نهاية المحتاج إلى شرح المنهاج للرملي الشهير بالشافعي الصغير ، ج 3 ، ص 405 .

(5) المجموع شرح المهذب ص 257 .

(6) حاشية البيجرمي على شرح منهج الطلاب ، ج 2 ، ص 183 .

448

" قال ، قال الماوردي والغرر ما تردد بين متضادين أغلبهما أخوفهما " [1] .

* وقال صاحب المجموع شرح المهذب

" والغرر ما انطوى عنه أمره ، وخفى عليه عاقبته " [2] .

وبالنظر إلى كافة التعريفات المتعددة يسترعي انتباهنا أنها تدور جميعا وتلتقي حول معنى واحد وهو انطواء الغرر على جهالة ، أو الشك في حصول أحد العوضين ، أو هما معا .

وللإمام النووي - عليه رحمة الله - قولا سديدا ورؤية ثاقبة في مسألة الغرر .

يقول - رحمه الله - " وأما النهي عن بيع الغرر فهو أصل عظيم من أصول كتاب البيوع ، ولهذا قدمه مسلم ، ويدخل فيه مسائل كثيرة غير منحصرة ، كبيع الآبق والمعدوم والمجهول وما لا يقدر على تسليمه ، ومالم يتم ملك البائع عليه ، وبيع السمك في الماء ، واللبن في الضرع ، وبيع الحمل في البطن ، وبيع بعض الصبرة مبهما وبيع ثوب من أثواب ، وشاة من شياه ، ونظائر ذلك ، وكل هذا بيع باطل لأنه غرر من غير حاجة ، وقد يحتمل بعض الغرر بيعا إذا دعت إليه حاجة كالجهل بأساس الدار ، وكما إذا باع الشاة الحامل والتي في ضرعها لبن فإنه يصح للبيع لأن الأساس تابع للظاهر من الدار ولأن الحاجة تدعو إليه ، فإنه لا يمكن رؤيته . وكذا القول في حمل الشاة ولبنها . وكذلك أجمع المسلمون على جواز أشياء فيها غرر حقير منها أنهم أجمعوا على صحة بيع الجبة المحشوة و إن لم يُر حشوها ، ولو بيع حشوها بانفراده لم يجز ، وأجمعوا على جواز إجارة الدار والدابة والثوب ونحو ذلك شهرا ، مع أن الشهر قد يكون ثلاثين يوما ، وقد يكون تسعة وعشرين وأجمعوا على جواز دخول الحمام بالأجرة مع اختلاف الناس في استعمالهم للماء ، وقد قدر مكثهم ، وأجمعوا على جواز الشرب من السقا بالعوض مع جهالة قدر المشروب واختلاف عادة الشاربين ، وعكس ذلك أجمعوا على بطلان بيع الأجنة في البطون والطير في الهواء . قال النووي قال العلماء من البطلان بسبب الغرر والصحة مع وجوده على ما ذكرناه وهو أنه إذا دعت حاجة إلى ارتكاب الغرر ولا يمكن الاحتراز عنه إلا بمشقة وكان الغرر حقيرا جاز البيع وإلا فلا ، وما وقع من اختلاف العلماء في صحة البيع

---

(1) مغني المحتاج إلى معرفة معاني ألفاظ المنهاج ، محمد خطيب الشربيني ، ج 2 ، ص 12 .

(2) المجموع شرح المهذب للإمام النووي – ج 9 ، ص 245 .

فيها وفساده كبيع العين الغائبة مبني على هذه القاعدة . فبعضهم يرى أن الغرر حقير وبعضهم يراه ليس بحقير فيبطل البيع و اللـه أعلم [1].

* وقال صاحب فتح العزيز (في شروط المعقود عليه) " أن يكون المبيع مقدورا على تسليمه فلا يصح بيع الآبق والضال والمغصوب, وإن قدر المشتري على انتزاعه من يد الغاصب دون البائع صح . والقدرة على التسليم لابد منها ليخرج العقد من أن يكون بيع غرر ويوثق بحصول العوض [2].

* وجاء في حاشية قليوبي وعميرة :

" و لا يصح بيع المرهون بعد إذن مرتهنه للعجز عن تسليمه شرعا ، ولا يصح بيع الضال والآبق والمغصوب للعجز عن تسليمهم في الحال. قال ، وبين شروط البيع العلم به عينا وقدرا وصفة حذرا من الغرر لما رواه مسلم عن أبي هريرة أن النبي صلى اللـه عليه وسلم **نهى عن بيع الغرر** [3].

* وجاء في نهاية المحتاج لشرح المنهاج :

" من شروط البيع قدرة البائع حسا وشرعا على تسليمه بلا كبير مشقة وإلا لم يصح فلا يصح بيع الضال كبعير ندَّ [4] وطير في الهواء وإن اعتاد العود إلى محله لما فيه من الغرر ولأنه لا يوثق به لعدم عقله . قال ولا يغتفر الجهل للضرورة . أو المسامحة . قال ولا يصح بيع اللبن في الضرع وإن حلب منه شيء ، ورؤى قبل البيع للنهي ولاختلاطه بالحادث ، ولعدم تيقن وجود قدر اللبن المبيع ، ولا بيع الصوف قبل جذه أو تذكيته [5].

* وقال صاحب التنبيه :

---

(1) صحيح مسلم بشرح النووي ، كتاب البيوع ، باب بطلان بيع الحصاة والبيع الذي فيه غرر، ج 10 ، ص 156 .

(2) فتح العزيز ، شرح الوجيز للإمام أبي القاسم عبد الكريم بن محمد الرافعي ، مع المجموع شرح المهذب كتاب البيوع ، ص 135 ، مطبعة التضامن الأخوي بمصر .

(3) حاشية قليوبي وعميرة ، مرجع سابق ، المجلد الأول ، ج 2 ، ص 158 / 161 .

(4) ندَّ البعير أي نفر وذهب على وجهه شاردا ، انظر مختار الصحاح (مادة) ندد .

(5) نهاية المحتاج إلى شرح المنهاج للرملي ، كتاب البيع ، ص 398 /421 .

"ولا يجوز بيع مالا يملكه إلا بولاية أو نيابة ، ولا بيع مالم يتم ملكه عليه كالمملوك بالبيع قبل القبض ، فإما ملكه بالإرث أو الوصية ، أو عاد إليه بفسخ عقد جاز له بيعه قبل القبض ولا يجوز بيع العربون ولا بيع المعدوم ، ولا يجوز بيع ما يجهل قدره كبيع الصبرة إلا قفيزا منها ، ولا يجوز بيع ما يجهل صفته كالحمل في البطن واللبن في الضرع والمسك في الفأرة وبيع ذراع من دار وهما لا يعلمان ذرعان الدار ، وفي بيع الأعيان التي لم يرها المشتري قولان أصحهما أنه لا يجوز والثاني أنه يجوز إذا وصفها ، ويثبت للمشتري الخيار إذا رآها ، وإن رآها قبل العقد وهي مما لا يتغير غالبا جاز بيعها . ولا يجوز البيع بثمن إلى أجل مجهول كالبيع إلى العطاء وبيع حبل الحبلة وهو في قول أبي عبيدة أن يقول " إذا ولدت هذه الناقة وولدت ولدها فقد بعتك الولد"[1] .

* وقال صاحب المهذب في باب ما نهي عنه من بيع الغرر :

" ولا يجوز بيع المعدوم كالتمرة التي لم تخلق لما روي أبو هريرة رضى الله عنه أن النبي صلى الله عليه وسلم **نهي عن بيع الغرر** ، والغرر ما انطوى عنه أمره وخفي عليه عاقبته ، ولهذا قالت عائشة رضى الله عنها في وصف أبي بكر • " فرد نشر الإسلام على غره ، أي على طيه ، والمعدوم قد انطوى عنه أمره وخفى عليه عاقبته لم يجز بيعه ، وروى جابر رضى الله عنه أن النبي صلى الله عليه وسلم **نهى عن المعاومة وفي بعضها عن بيع السنين** [2] ، قال ولا يجوز بيع ما لم يستقر ملكه عليه كبيع الأعيان المملوكة بالبيع والإجارة والصداق وما أشبهها من المعاوضات قبل القبض لما روى أن حكيم بن حزام قال " يارسول الله إني أبيع بيوعا كثيرة فما يحل لي منها مما يحرم ، قال صلى الله عليه وسلم **لا تبع ما لم تقبضه** [3] وفي حديث ثابت أن رسول الله صلى الله عليه وسلم **نهى أن تباع السلع حيث تبتاع حتى يحوزها التجار إلى رحالهم** [4] .

---

(1) التنبيه في الفقه الشافعي للفيروز أبادي الشيرازي أبو إسحاق ، ج 1 ، ص 88 .

(2) قال الإمام النووي بيع المعاومة وهو بيع السنين فمعناه أن يبيع ثمر الشجرة عامين أو ثلاثة أو أكثر ، وهو باطل بالإجماع ، ونقل فيه الإجماع ابن المنذر وغيره لهذه الأحاديث ولأنه بيع غرر لأنه بيع معدوم ومجهول وغير مقدور على تسليمه (صحيح مسلم بشرح النووي - باب بيع المعاومة وهو بيع السنين ص 193).

(3) الحديث رواه مسلم في صحيحه في باب بطلان بيع المبيع قبل القبض بلفظ من ابتاع طعاما فلا يبعه حتى يقبضه . قال ابن عباس وأحسب كل شيء بمنزلة الطعام ، مسلم ج 10 ، ص 169 .

(4) المهذب في كتاب الفقه للإمام الشافعي للشيرازي ج1 ، ص 264-267 ، والحديث رواه البخاري ، انظر البخاري بشرح السندي ج2 ، ص 15 ، باب ما يذكر في بيع الطعام والحكرة عن الزهري عن سالم عن أبيه ، =

* وقال صاحب تحفة المحتاج بشرح المنهاج

ونهى رسول الله صلى الله عليه وسلم عن عسب الفحل ، وعسب الفحل (ضرابه) أي طروقه للأنثى وهذا هو الأشهر ، ويقال (ماؤه) فالتقدير عن بدل عسبه من أجرة ضرابه ، وثمن مائه أي عن إعطاء ذلك وأخذه (فيحرم ثمن مائه) ويبطل بيعه لأنه غير معلوم ، ولا متقدم ولا مقدور على تسليمه (وكذا أجرته) للضراب في الأصح ، لأن فعل الضراب غير مقدور عليه للمالك ويجوز الإهداء لصاحب الفحل ، بل لو قيل بندبة لم يبعد وتسن إعارته للضراب . وعن (الملاقيح وهي ما في البطون) من الأجنة (والمضامين) وهي (ما في أصلاب الفحول) من الماء . رواه مالك مرسلا وانعقد عليه الإجماع لفقد شروط البيع [1] .

* وقال صاحب المجموع :

" ولا يجوز بيع المبيع قبل قبضه عقارا كان أم منقولا ، لا بإذن البائع ولا بغير إذنه ، لا قبل أداء ولا بعده . وبيع المعدوم باطل بالإجماع . ونقل ابن المنذر وغيره إجماع المسلمين على بطلان بيع الثمرة سنتين ونحو ذلك [2].

* وقال السيوطي صاحب الأشباه والنظائر في قواعد وفروع فقه الشافعية وبيع المعدوم منه

" حبل الحبلة ، والمضامين والملاقيح ، وما لا منفعة فيه ، ومالا يقدر على تسليمه وكل نجس

= قال رأيت الذين يشترون الطعام مجازفة يضربون على عهد رسول الله صلى الله عليه وسلم أن يبيعوه حتى يؤووه إلى رحالهم ، ورواه ابن حجر في فتح الباري - كتاب البيوع ، باب 55 - انظر موسوعة الحديث الشريف للمجلس الأعلى للشئون الإسلامية ، حديث رقم 1675 ورواه صاحب سبل السلام بلفظ "عن ابن عمر رضى الله عنهما قال " ابتعت زيتا في السوق ، فلما استوجبته لقيني رجل فأعطاني به ربحا حسنا فأردت أن أضرب على يد الرجل ، فأخذ رجل من خلفي بذراعي ، فالتفت ، فإذا هو زيد بن ثابت فقال لاتبعه حيث ابتعته حتى تحوزه إلى رحلك ، فإن رسول الله صلى الله عليه وسلم " **نهى أن تباع السلع حيث تبتاع حتى يحوزها التجار في رحالهم** " . قال الصنعاني رواه أحمد وأبوداود واللفظ له وصححه ابن حبان والحاكم .

(1) تحفة المحتاج بشرح المنهاج للشيخ شهاب الدين أحمد بن حجر الهيثمي الشافعي مع حواشي الشرواني والشيخ أحمد بن قاسم العبادي ، ج 4 ، ص 292 ، طبعة بولاق .

(2) المجموع شرح المهذب للإمام النووي ، ج 9 ، ص 245 / 252 .

وما يتعلق به حق الله تعالى ، والآدمي كالوقف والأضحية ، والرهن والربا ، وبيع وشرط مفسد ، والمنابذة والملامسة والحصاة وعسب الفحل والمجهول وما لا يقبض من غير البائع والمحاقلة ، والمزابنة ، والثمار قبل بدو الصلاح من غير شرط القطع والغرر والسلاح للحربي والكالئ بالكالئ[1].

حكم بيع الغائب في الفقه الشافعي

* قال صاحب كفاية الأخبار الشافعي :

وبيع شيء موصوف في الذمة فجائز ، وبيع عين غائبة لم تشاهد فلا يجوز " وقال والبيع إن كان على عين غائبة لم يرها المشتري ولا البائع ، أو لم يرها أحد المتعاقدين . **وفي معنى الغائبة الحاضرة التي لم تُر** ، قال وفي صحة ذلك قولان أحدهما ونص عليه في القديم والجديد أنه لا يصح وبه قال الأئمة الثلاثة ، وطائفة من أئمتنا وأفتوا به ، منهم البغوي والروياني قال . وقال النووي في شرح المهذب ، وهذا القول قاله جمهور العلماء من الصحابة والتابعين ، و الله أعلم . قلت ، ونقله الماوردي عن جمهور أصحابنا . قال : ونص عليه الشافعي في ستة مواضع ، واحتجوا له بحديث إلا أنه ضعيف ، والجديد الأظهر ، ونص عليه الشافعي في ستة مواضع أنه لا يصح لأنه غرر وقد نهى رسول الله صلى الله عليه وسلم **عن بيع الغرر** ، وقوله لم نشاهد ، يؤخذ منه أنه إذا شوهدت ولكنها كانت وقت العقد غائبة أنه يجوز، وهذا فيه تفصيل وهو إنه إن كانت العين مما لا تتغير غالبا كالأواني ونحوها أو كانت لا تتغير في المدة المتخللة بين الرؤية أو الشراء صح العقد لحصول العلم والمقصود ، ثم إن وجدها كما رآها فلا خيار له إذ لا ضرر.

* وقال صاحب المجموع ، قال المصنف - رحمه الله تعالى - ولايجوز بيع العين الغائبة إذا جهل جنسها أو نوعها لحديث أبي هريرة أن النبي صلى الله عليه وسلم **نهى عن بيع الغرر** ، وفي بيع مالا يعرف جنسه أو نوعه غرر كبير[2].

* وقال ابن رشد الحفيد ، قال قوم بيع الغائب لا يجوز بحال من الأحوال لا ما وصف ، ولا ما

---

(1) الأشباه والنظائر في قواعد وفروع فقه الشافعية للسيوطي ، كتاب البيع ، ص 449 .

(2) المجموع شرح المهذب ، مرجع سابق ، ج 9 ، ص 274 .

لم يوصف ، وهذا أشهر قولي الشافعي وهو المنصوص عند أصحابه . قال ابن رشد أعني أن بيع الغائب عند الشافعي على الصفة غير جائز [1].

حكم بيع الجزاف عند الشافعية

قال صاحب المغني ، ولو باع بعضه ببعض جزافا ، أو كان جزافا من أحد الطرفين . لم يجز ، قال ابن المنذر أجمع أهل العلم على أن ذلك غير جائز إذا كان من صنف واحد وذلك لما روي مسلم ، عن جابر قال " نهى رسول اللـه صلى اللـه عليه وسلم **عن بيع الصبرة من التمر لا يعلم قليلها بالكيل المسمى من التمر** ، وفي قول النبي صلى اللـه عليه وسلم " **الذهب بالذهب وزنا بوزن** " إلى تمام الحديث دليل على أنه لا يجوز بيعه إلا كذلك ولأن التماثل شرط والجهل به يبطل البيع كحقيقة التفاضل. وما لا يشترط فيه التماثل كالجنسين وما لا ربا فيه يجوز بيع بعضه ببعض كيلا ، ووزنا وجزافا. ولو قال بعتك هذه الصبرة بهذه الصبرة وهما من جنس واحد ولا يعلمان كيلهما لم يصح لما ذكرنا . وإن علما كيلهما وتساويا صح البيع . وإن باع صبرة بصبرة من غير جنسها صح عند من يجوز بيع المكيل بالمكيل جزافا ، وإن قال بعتك هذه الصبرة بهذه مثلا بمثل ، فكيلتا فكانتا سواء ، صح البيع ، وإن زادا إحداهما فرضى صاحب الناقصة بها على نقصها ، أو رضى صاحب الزائدة برد الفضل على صاحبه جاز ، وإن امتنعا فسخ البيع بينهما . ذكر هذا الفصل القاضي وهو مذهب الشافعي [2].

* وقال صاحب حاشية البيجرمي

" وضابط الجزاف هو ما لم يقدر بكيل ولا وزن " [3].

* وقال الشافعي في الأم :

" وبيع الجزاف كله بشيء من صنفه كيلا والرطب بالتمر إذا كان الرطب ينقص شيء واحد متفاضل أو مجهول فقد حرم أن يباع إلا مستويا [4].

---

(1) بداية المجتهد ونهاية المقتصد ، مرجع سابق ، ج 2 ، ص 197 .

(2) المغني لابن قدامة ، باب الربا والصرف ، ج 4 ، ص 14 .

(3) حاشية البيجرمي ، مرجع سابق ، ج 2 ، ص 193 .

(4) الأم للإمام الشافعي ، ج 3 ، ص 25 .

حكم بيع المغيب في الأرض عند الشافعية

قال صاحب المجموع " لا يجوز بيع الجزر والثوم والبصل والفجل والسلق في الأرض لأن المقصود مستور ، ويجوز بيع أوراقها الظاهرة بشرط القطع "[1].

* قال ابن رشد الحفيد :

وأما الجمهور فإن هذا كله عندهم من بيع ما لم يخلق ومن باب النهي عن بيع الثمار معاومة ، واللفت والجزر ، والكرنب جائز عند مالك بيعه إذا بدا صلاحه وهذا مستحقاته للأكل ، ولم يجزه الشافعي إلا مقلوعا ، ومن هذا الباب بيع الجوز واللوز والباقلا في قشره أجازه مالك ومنعه الشافعي[2].

4 - الحنابلـــة

* عرف صاحب المبدع في شرح المقنع الغرر بالآتي :

قال " فسره القاضي وجماعة بأنه ما تردد بين أمرين ليس أحدهما أظهر[3].

* وعرفه ابن تيمية بالآتي :

" والغرر ما لا يقدر على تسليمه سواء كان موجودا أو معدوما كالعبد الآبق والبعير الشارد ونحو ذلك مما قد لا يقدر على تسليمه بل قد يحصل وقد لا يحصل هو غرر لا يجوز بيعه[4].

* وعرفه صاحب زاد المعاد بأكثر من تعريف فقال :

" الغرر هو ما تردد بين الحصول والفوات "[5].

" الغرر هو ما طويت معرفته وجهلت عينه "[6].

---

(1) انظر المجموع شرح المهذب للإمام النووي ، مرجع سابق ، جزء 9 ، ص 232

(2) بداية المجتهد ونهاية المقتصد ، مرجع سابق ، ج 2 .

(3) المبدع في شرح المقنع للشيخ الإمام إبراهيم بن محمد بن مفلح الحنبلي ، ج4 ، ص 23 .

(4) كتب ورسائل وفتاوي ابن تيمية لشيخ الإسلام أحمد عبد الحليم بن تيمية ج 20 ، ص 543 .

(5) زاد المعاد في هدى خير العباد لابن قيم الجوزية ، ج 4 ، ص 268 .

(6) المرجع السابق ، ج 4 ، ص 268 .

" الغرر ما تردد بين الوجود والعدم " [1] .

وهذه التعاريف في مجملها لا تختلف جملة وتفصيلا عما ذكره الفقهاء في مختلف المذاهب ويستوقف الباحث هنا ما ذكره ابن القيم في تعريفه للغرر " بأنه ما تردد بين الوجود والعدم " خاصة وأنه يرى أن العلة في المنع لا الوجود ولا العدم وإنما الذي نُهي عنه هو بيع الغرر وهو مالا يقدر على تسليمه ، وقال أنه ليس في كتاب الله ولا في سنة رسول الله صلى الله عليه وسلم ، ولا في كلام أحد من الصحابة أن بيع المعدوم لا يجوز لا بلفظ عام ولا بمعنى خاص ، وإنما في السنة النهي عن بعض الأشياء التي هي معدومة ، كما فيها النهي عن بعض الأشياء التي هي موجودة ، فليست العلة في المنع للعدم ولا للوجود ، بل الذي وردت به السنة النهي عن بيع الغرر وهو ما لا يقدر على تسليمه سواء كان موجودا أو معدوما كبيع العبد الآبق ، والبعير الشارد وإن كان موجودا ، إذ موجب البيع تسليم المبيع ، فإذا كان البائع عاجزا عن تسليمه فهو غرر ومخاطرة وقمار ، فإنه لا يباع إلا بوكس ، فإن أمكن المشتري تسلمه كان قد قمر البائع ، وإن لم يمكنه ذلك قمره البائع . وهكذا المعدوم الذي هو الغرر نهي عنه للغرر لا للعدم [2] .

وفي قول الإمام ابن القيم نظر . ذلك أن نهي رسول الله صلى الله عليه وسلم عن بيع الإنسان ما ليس عنده يقتضي النهي عن بيع المعدوم أو ما ليس موجودا عند العقد ، وإلا فيما نفسر قوله صلى الله عليه وسلم **لا تبع ما ليس عندك** ، ونهيه صلى الله عليه وسلم **عن بيع الثمار قبل بدو صلاحها** يقتضي النهي عن بيع ماله خطر العدم ، فالثمار قبل بدو صلاحها لا تأمن العاهة والفساد ، وإذا بيعت قبل بدو صلاحها فإنه لا ينتفع بها ، وما لا ينتفع به لا يجوز بيعه لأنه ليس بمال ، وغير المال ، والمال غير المتقوم ، والمال المتقوم غير المملوك لا يصلح أن يكون محلا للبيع والشراء ، فوجب القول إن بيع الثمار قبل بدو صلاحها هو بيع لماله خطر العدم. بل قد تنزل بالثمر جائحة من السماء فتهلك الثمار وتذهب بالمال ، وفي هذا يقول من لا ينطق عن الهوى صلى الله عليه وسلم " **أرأيت إن منع الله الثمرة فبما يستحل أحدكم مال أخيه**" ولذلك فإن احتجاج الإمام ابن القيم بأن في السنة النهي عن بعض الأشياء التي هي موجودة يستغرقه قول الفقهاء بالنهي عن بيع المعدوم وماله خطر العدم .

(1) المرجع السابق ، ج 4 ، ص 268 .

(2) أعلام الموقعين عن رب العالمين لابن قيم الجوزيه ، ج 1 ، ص 357 / 358 .

وإذا كان الفقهاء قد أجمعوا على عدم جواز بيع غير المقدور على تسليمه سواء كان حاضرا أم غائبا ، موجودا أو معدوما ، فإن النهي عن بيع المعدوم وماله خطر العدم استغرق الأشياء الموجودة المنهي عنها لاحتمال عدم حصول العوض فيها كبيع الثمار قبل بدو صلاحها وكذلك الأشياء المعدومة أو غير الموجودة عند العقد والتي يقتضيها نهي رسول اللـه صلى اللـه عليه وسلم **عن بيع الإنسان ما ليس عنده**، واستبان لنا أنه ليس هناك ثمة خلاف بين ما ذكره الإمام ابن القيم وما انتهى إليه الجمهور ، وليس هناك ما هو أدل عل ذلك من تعريف الإمام ابن القيم نفسه للغرر بأنه ما تردد بين الوجود والعدم . فمخافة صيرورة الموجود إلى معدوم وبالتالي عدم اليقين في حصول أحد العوضين هو عند ابن القيم من قبيل الغرر المنهي عنه وهو ما يتلاقى مع ما انتهى إليه الجمهور.

ونتفق مع الدكتور صديق الضرير في اضطراب تعريفات ابن القيم فقد تناول في كتابه الغرر وأثره في العقود حكم بيع المعدوم في مختلف المذاهب ، فقال : وقد اضطربت تعريفات ابن القيم ، فالغرر عنده تارة مالا يُقدر على تسليمه فقط ، وتارة هو ما تردد بين الوجود والعدم فقط ، وتارة ما تردد بين الحصول والفوات ، وما طويت معرفته وجهلت عينه.[1] أ.هـ .

ورغم اتفاقنا في اضطراب التعريفات التي تناولها ابن القيم ، إلا أننا لا نسلم للدكتور الضرير فيما انتهى إليه في حكم بيع المعدوم وهو الأمر الذي استخلصه بعد إمعان النظر فيما تناوله فقهاء الأمة على اختلاف مذاهبهم في مسألة بيع المعدوم ، حيث انتهى فضيلته إلى الآتي :

" فالقاعدة التي ينبغي السير عليها في بيع المعدوم هي إن كل معدوم مجهول الوجود في المستقبل لا يجوز بيعه ، وأن كل معدوم محقق الوجود في المستقبل بحسب العادة يجوز بيعه[2]".

أما وإني لا أسلم له بذلك من منطلق أمانة العرض والتجرد من الأهواء وعدم التعصب لرأي أو التحيز لفكر ونزولا على مقتضى الشرع والدين . ذلك أني لا أعرف شيئا معدوما محقق الوجود في المستقبل إلا أن يكون الموت أو الحساب واليوم الآخر . وقلت ، لعل غيري يعرف فسألت الثقات من أهل العلم عن الشيء المعدوم محقق الوجود في المستقبل فلم أقف على شيء أبلغ به مرامي وأصل

---

(1) د . الصديق محمد الضرير ، الغرر وأثره في العقود في الفقه الإسلامي ، دراسة مقارنة ، ص 23 .

(2) المرجع السابق ، ص 358 .

به إلى مرادي ، فرجعت إلى الفن الرابع في الأشباه والنظائر لابن نجيم الحنفي ولكني لم أهتد أيضا إلى ذلك . وكنت أود أن يضرب لنا فضيلته مثلا نهتدي به . إلا أنه لم يفعل . ولذلك فإني لا أسلم له بما انتهى إليه وخالف فيه جمهور الفقهاء . والرأي عندي أن النهي عن بيع المعدوم وماله خطر العدم ، والجهل بالثمن والمثمون والأجل ، كل ذلك من قبيل الغرر المفسد للبيوع والذي نهى رسول اللـه صلى اللـه عليه وسلم عنه .

مفردات الغرر عند الحنابلة

قال صاحب الروض المربع شرح زاد المستقنع :

يشترط في المعقود عليه أن يكون مقدورا على تسليمه ، لأن ما لا يقدر على تسليمه شبيه المعدوم فلا يصح بيعه ، فلا يصح بيع آبق علم خبره ، ولا بيع شارد ، ولا طير في الهواء ولو ألف الرجوع ، ولا بيع سمك في ماء لأنه غرر مالم يكن مرئيا بمحوز يسهل أخذه منه لأنه معلوم يمكن تسليمه ، ولا يصح بيع مغصوب من غير غاصبه وقادر على أخذه من غاصبه لأنه لا يقدر على تسليمه ، فإن باعه من غاصبه أو قادر على أخذه صح لعدم الغرر ، فإن عجز بعده فله الفسخ وأن يكون المبيع معلوما عند المتعاقدين لأن جهالة البيع غرر ، ومعرفة المبيع إما برؤية له أو لبعضه أو متقدمة بزمن لا يتغير فيه المبيع ظاهرا ، ويلحق بذلك ما عرف بلمسه ، أو شمه ، أو ذوقه ، أو صفة تكفي في السلم فتقوم مقام الرؤية في بيع ما يجوز السلم فيه خاصة . فإن اشترى مالم يره ، بلا وصف ، أو رآه وجهله بأن لا يعلم ما هو ، أو وصف له بما لا يكفي سلما لم يصح البيع لعدم العلم بالمبيع . ولا يباع حمل في بطن ، ولبن في ضرع منفردين للجهالة ، فإن باع ذات لبن أو حمل دخلا تبعا ، ولا يباع مسك في فأرته - أي الوعاء الذي يكون فيه - للجهالة ولا نوى في تمرة للجهالة ، ولا صوف على ظهر لأنه متصل بالحيوان فلم يجز إفراده بالعقد كأعضائه ، ولا بيع فجل ونحوه مما المقصود منه مستتر بالأرض (قبل قلعه) للجهالة ، ولا يصح بيع الملامسة بأن يقول بعتك ثوبي هذا على أنك متى لمسته فهو عليك بكذا ، أو يقول أي ثوب لمسته فهو لك بكذا . ولا بيع المنابذه كأن يقول أي ثوب نبذته إلى - أي طرحته - فهو عليك بكذا لقول أبي هريرة أن النبي صلى اللـه عليه وسلم **نهى عن الملامسة والمنابذة** ، قال متفق عليه ، وكذا بيع الحصاة كأرميها فعلى أي ثوب وقعت فلك بكذا ونحوه ، ولا بيع عبد غير معين من عبيد ونحوه كشاة من قطيع وشجرة من بستان ، للجهالة ولو تساوت القيم . ولا يصح استثناء إلا

معينا ، فلا يصح بعتك هؤلاء العبيد إلا واحدا " للجهالة ، ويصح " إلا هذا ونحوه " لأنه صلى اللـه عليه وسلم **نهى عن الثنيا إلا أن تعلم**[1] . ويصح بيع الباقلاء ونحوه كالحمص والجوز اللوز في قشره ، يعني ولو تعدد قشره **لأنه مستور بحائل من أصل الخلقة** . ويشترط أن يكون الثمن معلوما للمتعاقدين ، وإن باعه بما باع به زيد وجهالة ، أو جهله أحدهما لم يصح البيع للجهل بالثمن ، أو باع معلوما ومجهولا يتعذر علمه ولم يقل كل منهما بكذا لم يصح البيع لأن المجهول لا يمكن تقديمه ، فلا طريق إلى معرفة ثمن المعلوم .

* وقال صاحب كتاب الإرشاد إلى سبيل الرشاد :

" ولا يجوز بيع المحاقلة ، وهو بيع السنبل بالحنطة كيلا ، ولا بيع المزابنة وهو بيع الرطب في رءوس النخل بالتمر كيلا ولا يجوز بيع رطب بيابس من جنسه متساويا ولا متفاضلا ، نقدا ولا نسيئة .

قال ، ولا يجوز بيع الحمل دون أمه ، ولا شراء المغانم قبل أن تقسم ، ولا الصدقات قبل أن تقبض . قال ولا بأس ببيع العين الغائبة الموصوفة وبنقد الثمن فيها وهي في ضمان البائع حتى يقبضها المبتاع ، وللمشتري خيار الرؤية إن خالفت الصفة . ولا يجوز بيع العطاء قبل قبضه .

ولا يجوز بيع المعاومة وهو بيع الثمر سنين لحديث جابر بن عبد اللـه أن رسول اللـه صلى اللـه عليه وسلم نهى عن بيع السنين[2] ولا يجوز بيع الثمار قبل بدو صلاحها ولا بيع العنب حتى يسود ولا بيع الحب حتى يشتد ، ويجوز بيع ذلك إذا بدا صلاح بعضه وإن كان يسيرا من كثير ، **وقد قيل لا يباع منه إلا ما بدا صلاحه دون غيره ، والأول أصح** . ولا يجوز بيعتان في بيعه مثل أن يشتري سلعة بعشرة دراهم نقدا أو بعشرين نسيئة إلى أجل قد لزمت بأحد الثمنين ، ولا بيع ما ليس عنده فإن فعل ذلك كان البيع

---

(1) رواه مسلم (2859) والترمذي (1211) عن جابر بن عبد اللـه " موسوعة الحديث النبوي الشريف " وقال صاحب سبل السلام رواه الخمسة إلا ابن ماجة وصححه الترمذي ، وقال الثنيا منهي عنها إلا أن تعلم وصورة ذلك أن تبيع شيئا وتستثنى بعضه ولكن إذا كان ذلك البعض معلوما صحت نحو أن يبيع أشجارا أو أعنابا ويستثني واحدة معينة فإن ذلك يصح اتفاقا ، قالوا لو قال إلا بعضها فلا يصح لأن الاستثناء مجهول ، سبل السلام ، كتاب البيوع ، ج 3 ، ص 814 – 815 .

(2) النهي عن بيع السنين سبق تخريجه في هذا المبحث .

باطلا[1] .

* وقال صاحب المغني :

ولا يجوز بيع الآبق وجملته : أن بيع العبد الآبق لا يصح سواء علم مكانه أو جهله وكذلك ما في معناه من الجمل الشارد والفرس العائر (الذي انفلت من صاحبه) وشبههما قال وبهذا قال مالك والشافعي وأبو ثور وابن المنذر ، وأصحاب الرأي ، وعن ابن سيرين لابأس ببيع الآبق إذا كان علمهما فيه واحدا ، وعن شُريح مثله ، وإذا باع طائرا في الهواء لم يصح ، مملوكا أو غير مملوك ، أما المملوك فلأنه غير مقدور عليه ، وغير المملوك لعلتين ، إحداهما العجز عن تسليمه والثانية أنه غير مملوك له . وكذلك بيع الحمل في لبطن دون الأم ولا خلاف في فساده ، قال ابن المنذر ، وقد أجمعوا على أن بيع الملاقيح والمضامين غير جائز ، وإنما لم يجز بيع الحمل في البطن لوجهين ، أحدهما جهالته ، فإنه لا تعلم صفته ولا حياته ، والثاني أنه غير مقدور على تسليمه . قال ، وروى ابن عمر أن النبي صلى الله عليه وسلم نهى عن بيع حبل الحبلة "متفق عليه" ومعناه نتاج النتاج ، قاله أبو عبيدة ، وعن ابن عمر قال :" كان أهل الجاهلية يتبايعون لحم الجزور إلى حبل الحبلة ، وحبل الحَبَلة أن تنتج الناقة ثم تحمل التي نُتَجت فنهاهم النبي صلى الله عليه وسلم " رواه مسلم ، وكلا البيعين فاسد . أما الأول فلأنه بيع معدوم ، وإذا لم يُجز بيع الحمل فبيع حمله أولى ، وأما الثاني فلأنه بيع إلى أجل مجهول . ولا يجوز بيع اللبن في الضرع واختلف في بيع الصوف على الظهر فروى أنه لا يجوز بيعه لأنه متصل بالحيوان ، فلم يُجز إفراده بالعقد ، وروى أنه يجوز بشرط جزه في الحال لأنه معلوم يمكن تسليمه فجاز بيعه . ولا يجوز بيع ما تُجهل صفته كالمسك في الفار وهو الوعاء الذي يكون فيه . فإذا فتح وشاهد ما فيه جاز وإن لم يشاهده لم يجز بيعه للجهالة . وقال ، وقال بعض الشافعية يجوز لأن بقاءه في فأرة مصلحة له ، فإنه يحفظ رطوبته ، وذكاء رائحته . والبيض في الدجاج والنوى في التمر لا يجوز بيعهما للجهل بهما . قال ، ولا نعلم في هذا خلافا .

قال وبيع عسب الفحل غير جائز ، وعسب الفحل : ضرابُه ، وبيعه أخذ عوضه ، وتسمى الأجرة ، وإجارة الفحل للضراب حرام والعقد فاسد وبه قال أبو حنيفة والشافعي وحكى عن

---

(1) الإرشاد إلى سبيل الرشاد للشريف محمد بن أحمد بن محمد بن أبي موسى الهاشمي ، ص 198 / 204 .

مالك جوازه ، قال ولنا ما روى ابن عمر " أن النبي صلى الله عليه وسلم **نهى عن بيع عسب الفحل** " رواه البخاري وعن جابر • قال " **نهى رسول الله صلى الله عليه وسلم عن ضراب الجمل** " رواه مسلم . ولأنه مما لا يقدر على تسليمه ولأن ذلك متعلق باختيار الفحل وشهوته ، ولأن المقصود هو الماء وهو مما لا يجوز إفراده بالعقد ، وهو مجهول . قال وإجارة الظئر [1] خولف فيه الأصل لمصلحة بقاء الآدمي فلا يقاس عليه ما ليس مثله [2] .

* وقال صاحب عمدة الفقه ولا يجوز بيع مجهول كالحمل والغائب الذي لم يوصف ولم تتقدم رؤيته ولا معجوز عن تسليمه ولا بيع المغصوب إلا لغاصبه أو من يقدر على أخذه منه ولا غير معين كعبد من عبيده أو شاة من قطيعه إلا فيما تتساوى أجزاؤه كقفيز من صبرة [3] .

وجاء في شرح الزركشي على مختصر الخرقي : وأما المعقود عليه فيشترط له شروط: كونه معلوما للمتعاقدين برؤية حال العقد بلا ريب وكذلك على المذهب بصفة ضابطة لما يختلف به الثمن غالبا ، أو برؤية متقدمة بشرط عدم تغير المبيع غالبا .

- كونه مقدورا على تسليمه [4] .

حكم بيع الغائب عند الحنابلة

قال صاحب كتاب الإرشاد إلى سبيل الرشاد :

ولا بأس ببيع العين الغائبة الموصوفة وبنقد الثمن فيها وهي في ضمان البائع حتى يقبضها المبتاع وللمشتري خيار الرؤية إن خالفت الصفة ، ولا خيار له إن لم تخالفها . فأما العين الغائبة غير الموصوفة فلا يجوز بيعها [5] .

---

(1) الظئر : هي المرضعةُ غير ولدها " انظر لسان العرب لابن منظور "

(2) المغني لابن قدامة الحنبلي ، ج 4 ، باب الربا والصرف ، ص 151 – 159 .

(3) عمدة الفقه لابن قدامة الحنبلي ، ج 1 ، ص 47 .

(4) شرح الزركشي على مختصر الخرقي للشيخ محمد بن عبد الله الزركشي المصري الحنبلي ، المجلد الرابع ص 383 .

(5) الإرشاد إلى سبيل الرشاد ، كتاب البيوع ، مرجع سابق ، ج 4 ، ص 190 .

حكم بيع المغيب في الأرض

قال ابن قدامة ولا يجوز بيع ما المقصود منه مستور في الأرض كالجزر والفجل والبصل والثوم حتى يقلع ويشاهد وهذا قول الشافعي وابن المنذر ، وأباحه مالك والأوزاعي ، وإسحاق لأن الحاجة داعية إليه ، قال ابن قدامة ، دلنا أنه مبيع مجهول لم يره ، ولم يوصف له ، فأشبه بيع الحمل ولأن النبي صلى اللـه عليه وسلم " **نهى عن بيع الغرر** " رواه مسلم ، وهذا غرر[1] .

حكم بيع الجزاف

* قال صاحب الإرشاد إلى سبيل الرشاد :

ولا خير فيما يوزن بما يوزن جزافا ، ولا فيما يكال بما يكال جزافا اتفقت الأجناس أم اختلفت . ولا بأس ببيع المكيل بالموزون جزافا والموزون بالمكيل جزافا .

* وقال صاحب المغني

"إنه لا يجوز بيع المكيل بالمكيل وزنا ولا بيع الموزون بالموزون كيلا ، ولو باع بعضه ببعض جزافا أو كان جزافا من أحد الطرفين لم يجز ، قال ابن المنذر أجمع أهل العلم على أن ذلك غير جائز إذا كانا من صنف واحد وذلك لما روى مسلم عن جابر قال نهى رسول اللـه صلى اللـه عليه وسلم **عن بيع الصبرة من التمر لا يعلم مكيلها بالكيل المسمى من التمر**[2].

5 - الظاهـــرية

عرف صاحب المحلى الغرر بالآتي :

" الغرر أن لا يدري البائع أي شيء هو الذي باع ، ولا يدري المشتري أي شيء اشترى - قال وهذا حرام بلا شك "[3] .

---

(1) المغني لابن قدامة ، مرجع سابق ، ج4 ن ص 70 .

(2) المغني لابن قدامة ، مرجع سابق ، ج 4 ، ص 14 .

(3) المحلى لبي محمد على بن أحمد بن سعيد بن حزم ، الجزء الثامن ، كتاب البيوع ، ص 430 ، مسألة 1457 .

وقال في موضع آخر

" وإنما الغرر ما عقد على جهل بمقداره وصفاته حين العقد " [1] .

والتعريفان المتقدمان يدوران معا حول الجهالة بجنس المبيع أو صفته أو قدره .

وإذا كان الجمهور قد ذهب إلى النهي عن بيع المعدوم وماله خطر العدم ، فقد ذهب ابن حزم إلى مخالفة الجمهور ومخالفة أيضا من خالف الجمهور ، ذلك أن ابن تيمية وتلميذه ابن القيم قد ذهبا إلى أنه ليس في كتاب الله ولا في سنة رسول الله صلى الله عليه وسلم ولا في كلام أحد من الصحابة أن بيع المعدوم لا يجوز لا بلفظ عام ولا بمعنى خاص ، وإنما في السنة النهي عن بيع بعض الأشياء التي هي معدومة كما فيها النهي عن بعض الأشياء التي هي موجودة ، فليست العلة في المنع للعدم ولا للوجود ، بل الذي وردت به السنة النهي عن بيع الغرر وهو ما يقدر على تسليمه سواء كان موجودا أو معدوما كبيع العبد الآبق والبعير الشارد وإن كان موجودا . أما ابن حزم فلا يرى بأسا ببيع العبد الآبق والبعير الشارد فيقول ، **بيع العبد الآبق عرف مكانه أو لم يعرف جائز ، وكذلك بيع الجمل الشارد عرف مكانه أم لم يعرف** ، وكذلك الشارد من سائر الحيوان ومن الطير المتفلت

وغيره إذا صح الملك عليه قبل ذلك ، وإلا فلا يحل بيعه ، وأردف قائلا ، وقد أتينا بالبرهان على وجوب بيع الغائبات ، قال ، ومنع قوم ذلك واحتجوا بأنه لا يقدر على تسليمه ، قال ، وهذا لا شيء لأن التسليم لا يلزم ولا يوجبه قرآن ، ولا سنة ، ولا دليل أصلا ، وإنما اللازم أن لا يحول البائع بين المشتري وبين ما اشترى منه فقط فيكون إن فعل ذلك عاصيا ظالما ، ومنع آخرون من ذلك واحتجوا بأنه غرر وقد **نهى رسول الله صلى الله عليه وسلم عن بيع الغرر** .

ومن أغرب ما ذهب إليه ابن حزم قوله ، وليس هذا غررا لأنه بيع شيء قد صح ملك بائعه عليه وهو معلوم الصفة والقدر فعلى ذلك **يباع ويملكه المشتري ملكا صحيحا فإن وجده فذلك وإن لم يجده فقد استعاض الأجر الذي هو خير من الدنيا وما فيها وربحت صفقته** . وأغرب منه قوله ولو كان هذا غررا لكان **بيع الحيوان كله حاضره وغائبه غررا لا يحل ولا يجوز لأنه لا يدري مشتريه أيعيش ساعة بعد ابتياعه أم يموت ، ولا يدري أيسلم أم يسقم** . فهو لا يسلم بأن ذلك غرر وإنما

---

(1) المرجع السابق ، ج 8 ، ص 389 ، مسألة 1421 .

الغرر عنده ما عقد على جهل بمقداره وصفاته حين العقد .

فإذا قيل له نهى رسول اللـه صلى اللـه عليه وسلم **عن بيع السمك في الماء** لأنه غرر ، قال احتجوا بخبر فيه يزيد بن أبي زياد وهو ضعيف ، ولو صح لما كان لهم فيه حجة لأنه إنما يكون نهيا عن بيعه قبل أن يصاد [1] . فإذا قلنا له نعم لأنه معدوم عند العقد وغير مقدور على تسليمه ، قال لاهذا ولاذاك بل لأنه لم يكن في ملكه قبل أن يصاد والقدرة على التسليم لا تلزم ، هذا هو المستفاد مما قدمناه .

و إذا قيل له إن رسول اللـه صلى اللـه عليه وسلم **نهى عن بيع الآبق** قال هي آثار مكذوبة لا يحل الاحتجاج بها ولو صحت لكنا أبدر إلى الأخذ بها منكم ، ويقول ، وهي كما روينا من طريق عبد الرزاق عن يحيي ابن العلاء عن جهضم بن عبد اللـه عن محمد بن زيد العبدي عن حوشب الأشعري عن أبي سعيد الخدري " **نهى رسول اللـه** صلى اللـه عليه وسلم **عن بيع العبد وهو آبق ، وعن أن تباع المغانم قبل أن تقسم ، وعن بيع الصدقات قبل أن تقبض**".

ونهي رسول اللـه صلى اللـه عليه وسلم عن شراء ما في بطون الأنعام حتى تضع وعن مافي ضروعها إلا بكيل وعن شراء العبد الآبق وعن شراء المغانم حتى تقسم وعن شراء الصدقات حتى تقبض ، وعن ضربة الغائص ، وهو الحديث الذي رواه أبو سعيد الخدري قال إنه من جملة الأحاديث المكذوبة عن جهضم بن عبد اللـه عن محمد بن زيد العبدي عن شهر بن حوشب الأشعري عن أبي سعيد الخدري[2] .

ومما لا شك فيه أن استباحة بيع العبد الآبق أو البعير الشارد وما ماثله هو استباحة لأكل أموال الناس بالباطل فإنه إن وجده فقد قمر البائع لإنه لا يشتريه إلا بوكس الثمن وإن لم يجده فقد قمره البائع فهذا البيع من جنس القمار والغرر الذي حرمه الشارع

فهو ينطوي على بيع معدوم أو ماله خطر العدم

---

(1) المحلى لابن حزم ، مرجع سابق ، ص 388 / 390 .

(2) الحديث ذكره ابن حزم عن أبي سعيد " **نهى رسول اللـه** صلى اللـه عليه وسلم **عن شراء مافي بطون الأنعام حتى تضع وعن مافي ضروعها إلا بكيل وعن شراء العبد الآبق وعن شراء المغانم حتى تقسم وعن شراء الصدقات حتى تقبض وعن ضربة الغائص**" ، المحلى ج 8 ، ص 390 .

على ما شك في حصول أحد عوضيه .

وعلى بيع ما لا يقدر على تسليمه .

وعلى بيع ما تردد بين الوجود والعدم .

ولا حجة لابن حزم في هذا ولا دليل ولا برهان وحسبنا قوله :

" فإن وجده فذلك ، وإن لم يجده فقد استعاض الأجر الذي هو خير من الدنيا وما فيها وربحت صفقته ".

ولا نعلم مخالفا لما ذكره الفقهاء أن من شروط المعقود عليه أن يكون مملوكا للبائع وقت البيع لقوله صلى الـلـه عليه وسلم " **لاتبع ما ليس عندك** " إلا أن يكون سلما ، وأن يكون مقدورا على تسليمه عند العقد فإن كان العاقد عاجزا عن تسليم المعقود عليه لا ينعقد البيع وإن كان مالكا له كبيع الآبق وبيع البعير الشارد ، ولم يخالف في شرط القدرة على تسليم المعقود عليه سوى ابن حزم والذي يراه غير لازم .

من مفردات بيع الغرر عند الظاهرية

قال أبو محمد لا يحل بيع حيوان حي واستثناء عضو منه أصلا ، ولا يحل بيع جلد حيوان حي دون لحمه ولا دون عضو مسمى منه أصلا ، ولا يجوز بيع مخيض لبن قبل أن يمخض ، ولا الميش[1] قبل أن يخرج لأنه لا يخرج ولا يتميز ولا يعرف مقداره فقد يخرج المخض قليلا وقد يخرج كثيرا [2] ، ولا يجوز بيع تراب الصاغة أصلا بوجه من الوجوه لإنه إنما يقصد المشتري ما فيه من قطع الفضة والذهب وهو مجهول لا يعرف فهو غرر وقد **نهى رسول الـلـه** صلى الـلـه عليه وسلم **عن بيع الغرر**[3] **ونهى رسول الـلـه** صلى الـلـه عليه وسلم **عن بيع النخل حتى يزهو وعن السنبل حتى** يبيض ويأمن العاهة نهى البائع والمشتري ، قال وعن طريق أبي داود عن حماد بن سلمة عن حميد عن أنس " أن النبي صلى الـلـه عليه وسلم **نهى عن بيع العنب حتى يسود وعن بيع الحب حتى يشتد** ، قال ولا يصح غير هذا أصلا "[4]. قال ، ولا يجوز البيع بثمن مجهول

(1) الميش : حلب نصف مافي الضرع ، فإذا جاوز النصف فليس بميش ، المحلى ، مرجع سابق 398 .

(2) المحلى ، مرجع سابق ، ص 398 / 399 .

(3) المرجع السابق ، ص 404 .

(4) المحلى ، مرجع سابق ، ص 405 .

ولا إلى أجل مجهول كالحصاد والجداد والعطاء وما أشبه هذا [1] ولا يجوز بيع النوى قبل إخراجه وإظهاره دون ما عليه ، ولا بيع البيض دون القشر قبل إخراجه عنه ، ولا بيع حب الجوز ، واللوز ، والفستق ، والصنوبر ، والبلوط ، وكل ذي قشر دون قشره قبل إخراجه من قشره ، ولا بيع العسل دون شمعه قبل إخراجه من شمعه ولا بيع سمن من لبن قبل إخراجه لأن كل ذلك غرر لا يدري مقداره ولا صفته ولا رآه أحد فيصفه [2] .

حكم بيع الغائب عند الظاهرية

قال أبو محمد ، فإن بيع شيء من الغائبات بغير صفة ولم يكن مما عرفه البائع لا برؤية ولا بصفة، ولا مما عرفَّه للمشتري برؤية أو بصفة فالبيع فاسد مفسوخ أبدا لا خيار في جوازه أصلا . ويجوز ابتياع المرء ما وصفه له البائع صدقه أو لم يصدقه ، ويجوز بيع المرء ما وصفه له المشتري صدقه أو لم يصدقه ، فإن وجد المبيع بتلك الصفة فالبيع لازم ، وإن وجد بخلافها فالبيع باطل ولا بد [3] ، قال وجائز بيع الثوب الواحد المطوي أو في جرابه أو الثياب الكبيرة كذلك إذا وصف كل ذلك ، فإن وجد كل ذلك كما وصف فالبيع لازم وإلا فالبيع باطل [4].

حكم بيع المغيب في الأرض

قال أبو محمد ، ولا يحل بيع شيء مغيب في غيره مما غيبه الناس إذا كان مما لم يره أحد لا مع وعائه ولا دونه ، فإن كان قد رؤى جاز بيعه على الصفة كالعسل والسمن في ظرفه واللبن كذلك وغير ذلك كله ، والجزر والبصل والكرات والسلجم والفجل قبل أن يقلع [5] وقال في موضع آخر، وأما الجزر والبصل والكرات والفجل فكل ذلك شيء لم يره قط أحد ولا تدري صفته فهو بيع غرر وأكل مال بالباطل [6].

---

(1) المرجع السابق ، ص 444 .

(2) المرجع السابق ص 394 .

(3) المحلى لابن حزم ، مرجع سابق ، ج 8 ، ص 342 .

(4) المرجع السابق ، ص 344 .

(5) المرجع السابق ، ص 392 .

(6) المحلى لابن حزم ، مرجع سابق ، ص 395 .

بيع الجزاف عند الظاهــرية

قال أبو محمد ، ولا يحل أن يباع قمح بقمح إلا مثلا بمثل ، كيلا بكيل ، يدا بيد ، عينا بعين ولا يحل أن يباع شعير بشعير إلا كذلك ، ولا تمر بتمر إلا كذلك . وجاز بيع كل صنف مما ذكرنا بالأصناف الأُخر منها متفاضلا ومتماثلا وجزافا ، وزنا وكيلا كيف ما شئت إذا كان يدا بيدِ [1] .

6 - الـزيديــة

عرف صاحب السيل الجرار المتدفق على حدائق الأزهار الغرر بالآتي :

" الغرر هو مالم يقف المشتري على حقيقته " [2] .

وهذا التعريف قريب ممن قال " الغرر ما طوى عنك علمه وخفى عليك باطنه وسره" [3] .

وبيع المجهول جائز عند الزيدية وهو ما يستفاد من قول الشوكاني " وأما اعتبار أن يكون في مالين معلومين فغير مسلم ، فإنه إذا حصل الرضا وطيبة النفس ببيع المجهول تفصيلا المعلوم جملة كان البيع صحيحا إذا لم يكن فيه نوع من أنواع الغرر الذي ورد النهي عن البيع مع وجودها . وظاهر كلامه أيضا أنه ليست الجهالة في المعقود عليه فقط هي الجائزة بل وفي الثمن لأن قوله " وأما اعتبار أن يكون في مالين معلومين فغير مسلم ، إنما يشمل العوضين ، الثمن والمثمن" .

ويشترط الزيدية ملك المعقود عليه عند العقد ، وهو ما يستفاد من قوله " وأما اعتبار كونهما مما يصح تملكه في الحال فظاهر ، لأن الشيء الذي لا يثبت عليه الملك لا يصح بيعه إذ المانع الشرعي من تملكه مانع من بيعه ، لأن البيع مترتب على ثبوت الملك وأثر من آثاره ، قال وهكذا الكلام إذا كان الثمن لذلك المبيع لا يصح " [4].

---

(1) المرجع السابق ، ج 8 ، ص 498 .

(2) السيل الجرار المتدفق على حدائق الأزهار لشيخ الإسلام محمد بن على الشوكاني ، الجزء الثالث ، كتاب البيع ، ص 104 .

(3) مختصر شرح سنن أبي داود ، ج 5 ، ص 47 .

(4) السيل الجرار ، مرجع سابق ، ج 3 ، ص 9 / 10 .

مفردات الغرر عند الزيدية

قال صاحب السيل الجرار لا يجوز بيع ما اشتمل على نوع من أنواع الغرر مع كونه يصح بيعه " قال والمبيع يتعين فلا يصح معدوما إلا في السلم "

يقول الشوكاني واعلم أن الشارع قد نهى عن بيع المعدوم على العموم فقال لحكيم بن حزام لما قال له يارسول الله " يأتينى الرجل فيسألني عن البيع ليس عندي ما أبيعه منه ، ثم أبتاعه من السوق، فقال صلى الله عليه وسلم " **لاتبع ما ليس عندك** " ، قال أخرجه أحمد وأهل السنة ، وقال الترمذي حسن صحيح وأخرجه بن حبان في صحيحه [1].

قال والحاصل أن بيع شيء قبل قبضه منهي عنه وذكر الحديث فقال " وفي الصحيحين أيضا من حديث ابن عباس أن النبي صلى الله عليه وسلم **قال : " من ابتاع طعاما فلا يبعه حتى يستوفيه** ، قال ابن عباس ، ولا أحسب كل شيء إلا مثله [2].

قال " وما كان مجهول الكمية والكيفية فهو مجهول الكنه ، ومن جملة ما يصدق عليه بيع الغرر الذي ورد النهي عنه في الأحاديث الصحيحة بيع المجهول بأي نوع من أنواع الجهالة ، فالعلم بالجنس لا يرفع الجهالة فلا يكون ذلك مسوغا للبيع " [3] .

وينتهي الشوكاني إلى أن أدلة النهي عن بيع الغرر قد تناولت هذا وما فوقه من الجهالة وما هو دونه ، فلا يخرج عن ذلك إلا ما خصصه الدليل من هذا العموم كبيع الغائب وبيع الجزاف[4] .

وذكر الإجماع عن نهي بيع الكالئ بالكالئ ، وقال وقد أخرجه أيضا الدار قطني والحاكم وصححه على شرط مسلم من حديث رافع بن جذع [5].

---

(1) المرجع السابق ، ج 3 ، ص 14 / 15 .

(2) المرجع السابق ، ص 16 / 17 .

(3) السيل الجرار ، مرجع سابق ، ص 30 .

(4) المرجع السابق ، ص 30 .

(5) السيل الجرار ، مرجع سابق ، ج 3 ، ص 15 / 16 .

ومن المعلوم أن النهي عن بيع الدين بالدين أو مايعرف بالكالئ بالكالئ إنما لأن المبيع لا يصلح أن يكون دينا في الذمة إلا أن يكون سلما ، ولما في ذلك من الغرر لعدم القدرة على التسليم [1].

قال الشوكاني " وأما قوله " وملصق كالفص ونحوه " فإن كان مجرد الإلصاق لا يوجب الجهالة فالبيع صحيح وإلا فلأنه من بيع الغرر .

ونُهي عن " ماء الفحل للضراب " قال لما في صحيح البخاري وغيره من حديث ابن عمر قال " **نهى النبي** صلى الـلـه عليه وسلم **عن عسب الفحل** "، ولما في مسلم وغيره من حديث جابر أن النبي صلى الـلـه عليه وسلم **نهى عن بيع ضراب الفحل** . قال والنهي حقيقة في التحريم ، وإلى التحريم ذهب الجمهور ، قال وهو الحق [2].

قال ولا طير في الهواء ، قال الشوكاني قد ثبت بالأحاديث الصحيحة النهي عن بيع الغرر وهذا من أعظم أنواعه وقد أثبت صلى الـلـه عليه وسلم الغرر فيما هو دون هذا فأخرج أحمد من حديث ابن عمر أن النبي صلى الـلـه عليه وسلم **قال " لا تشتروا السمك في الماء فإنه غرر "** قال وشراء العبد الآبق من جملة أنواع الغرر ، وقد ورد النهي عنه في حديث أبي سعيد ، قال وفي إسناده مقال ،ولكن هو مندرج تحت الأحاديث الصحيحة المصرحة بالنهي عن بيع الغرر لأن ما كان يتضرر تسليمه حال البيع أو الاطلاع على كنهه فهو غرر كثير [3].

قال " أو حمل أو لبن لم ينفصلا "

قال الشوكاني : المنع من هذا قد دخل تحت أدلة النهي عن بيع الغرر وهذا منه لأنه لا يحاط بكنهها قبل خروجها وقد دخلا أيضا تحت بيع المعدوم لأنهما معدومان ، قال ، وقد دخل أيضا المنع عن بيع الحمل تحت الأحاديث المصرحة بالنهي عن بيع الملاقيح ، والمضامين ، وعن **نهي رسول الـلـه** صلى الـلـه عليه وسلم **عن شراء ما في بطون الأنعام حتى تضع ، وعن بيع ما في ضروعها إلا بكيل** [4].

قال ولو لم يرد في المنع من بيع هذين وأمثالهما إلا الأحاديث الصحيحة في النهي عن بيع الغرر ،

---

(1) المرجع السابق ، ص 32 .

(2) المرجع السابق ص 39 .

(3) المرجع السابق ، ص 44 / 45 .

(4) السيل الجرار ، مرجع سابق ، ج 3 ، ص 46 .

وفي النهي عن بيع المعدوم لكان في ذلك ما يغني عن غيره .

" أو ثمر قبل نفعه "

قال الشوكاني الأدلة المصرحة بالنهي عن بيع الثمار قبل صلاحها ثابتة في الصحيحين وغيرها ثبوتا أوضح من شمس النهار حتى وقع التأكيد لهذا النهي بزيادة لفظ " نهى البائع والمبتاع " قال ثم ورد بيان الصلاح عن الشارع في حديث أنس في الصحيحين أن النبي صلى الـلـه عليه وسلم **نهى عن بيع الثمرة حتى تزهى ، قالوا وماتزهى ؟ قال تحمر** ، ثم أكد ماورد عن النهي بحديث أنس في الصحيحين من قوله صلى الـلـه عليه وسلم **أرأيت إن منع الـلـه الثمرة فبما يستحل أحدكم مال أخيه** [1].

حكم بيع الغائب عند الزيدية

قال الشوكاني : قوله " من اشترى غائبا ذكر جنسه صح ، وله رده عقيب رؤية مميزة بتأمل لجميع غير المثلى إلا ما يعفى ، أقول لا يخفاك أنه قد صح النهي أن يبيع البائع ما ليس عنده كما قدمنا، وبيع البائع للغائب هو من بيع ما ليس عنده ، وصح أيضا النهي عن بيع الغرر ، وهو ما لم يقف المشتري على حقيقته ، والغائب عن المشتري الذي لم يكن قد رآه هو غير واقف على حقيقته ، فلا بد أن يأتي دليل يخصص هذا البيع من النهيين ، ولم يثبت في ذلك شيء تقوم به الحجة فإن حديث " من اشترى ما لم يره فله الخيار " [2] في إسناده من هو متهم بالوضع كما قال ابن حجر في التلخيص ، وقد تغرر بروايته مرفوعا الدار قطني والبيهقي وقالا : المعروف أن هذا من قول ابن سيرين ، وأيضا روى من طرق مرسلة وفيها أيضا من لا يقوم به الحجة [3].

حكم المغيب في الأرض

قال صاحب رسالة الغرر وأثره في العقود في الفقه الإسلامي :

اختلف فقهاء الزيدية في بيع المغيب في الأرض على رأيين :

---

(1) المرجع السابق ، ص 47 .

(2) المرجع السابق ، ج 3 ، ص 103 / 104 .

(3) المرجع السابق ، ص 104 .

الرأي الأول : وهو المعتمد بأنه لا يجوز بيع كامن في الأرض كأصل البصل والجزر والثوم والفجل للجهالة كالحوت في الماء .

الرأي الثاني : يصح بيع كل كامن يدل فرعه عليه كالبصل والثوم وسواء كانت قد ظهرت فروعه أو لم تظهر فروعه إذا قد بلغ مدة الانتفاع به ولكن المشتري يخير إذا رآه كالغائب إن لم يتضرر بالقلع [1].

بيع الجزاف عند الزيدية

قال جاز بيع الجزاف بالدليل الذي خصصته أحاديث النهي عن بيع الغرر ، وهو ما ثبت في الصحيحين وغيرها من حديث ابن عمر : قال : كانوا يبتاعون الطعام جزافا على السوق ، فنهاهم رسول الـلـه صلى الـلـه عليه وسلم أن يبيعوه حتى ينقلوه . ونقل الشوكاني قول ابن قدامة ، " يجوز بيع الصبرة جزافا لا نعلم فيه خلافا إذا جهل البائع والمشتري قدرها .

قال الشوكاني ، وإنما قلنا إن الدليل الوارد بجواز بيع الجزاف مخصص لأحاديث النهي عن بيع الغرر لأن بيع الجزاف غررا في الجملة ، إذ الجزاف ما لم يعلم قدره على التفصيل [2].

ويمكننا أن نجمل ما ذكره الفقهاء في مختلف المذاهب لتحديد ماهية ومفهوم الغرر على الوجه التالي :

الغرر ماطوي عنك علمه وخفى عنك باطنه وسره .

الغرر ما يكون مستور العاقبة .

الغرر ما يكون مجهول العاقبة ولا يدري أيكون أم لا .

الغرر هو الخطر الذي استوى فيه طرف الوجود والعدم .

الغرر ماشك في حصول أحد عوضيه أو المقصود غالبا .

---

(1) الغرر وأثره في العقود في الفقه الإسلامي ، رسالة دكتوراه ، كليةالشريعة والقانون ، ياسين أحمد إبراهيم درادكه ، ص 211 .

(2) السيل الجرار ، مرجع سابق ، ج 3 ، ص 32.

الغرر التردد بين أمرين أحدهما على الغرض والثاني على خلافه .

الغرر ما يحتمل حصوله وعدم حصوله .

الغرر أي الخطر والتردد بين ما يوافق الغرض وما لا يوافقه .

الغرر ما تردد بين السلامة والعطب .

الغرر ما تردد بين السلامة والعطب في ثمن أو مثمون أو أجل .

الغرر هو ما انطوت عنه عاقبته أو تردد بين أمرين أغلبهما أخوفهما .

الغرر هو ما احتمل أمرين أغلبهما أخوفهما وقيل ما انطوت عنا عاقبته .

الغرر ما تردد بين متضادين أغلبهما أخوفهما .

الغرر هو الذي لا يعرف كل طرف فيه ما الذي ملك بإزاء ما بذل .

الغرر ما تردد بين أمرين ليس أحدهما أظهر .

الغرر ما لا يوثق بحصول العوض فيه .

الغرر ما لا يقدر على تسليمه سواء كان موجودا أو معدوما .

الغرر هو ما تردد بين الحصول والفوات .

الغرر هو ما طويت معرفته وجهلت عينه .

الغرر ما تردد بين الوجود والعدم .

الغرر هو ما عقد على جهل بمقداره وصفاته حين العقد .

الغرر أن لا يدري البائع أي شيء هو الذي باع ، ولا يدري المشتري أي شيء اشترى .

الغرر هو ما لم يقف المشتري على حقيقته .

صور مستحدثة من عقود الغرر
تناولت أغلب كتب الفقه الإسلامي وكتب فقه الحديث العقود والبيوع المنهي عنها والتي توصف
بأنها من بيوع الغرر . إلا أن أغلب هذه الكتب لم يفرد أو يخصص لتلك البيوع أبوابا

مستقلة ، وإنما تناولتها أغلب كتب الفقه في أبواب البيوع الفاسدة أو البيوع المنهي عنها .

وقد صدَّر الإمام النووي - عليه رحمة اللـه - تعقيبه على أحاديث النهي عن بيع الغرر" في صحيح مسلم " بأن بيع الغرر أصل عظيم من أصول كتاب البيوع .

ومن بيوع الغرر التي لا يَخلُ منها مصدر فقهي تلك البيوع التي توصف بأنها من بيوع الجاهلية كبيع الملامسة ، والمنابذة وبيع الحصاة ، وهذه البيوع وغيرها اندثرت مع تعاقب العصور ولم يعد لها من أثر سوى في بطون الكتب .

ومن بيوع الغرر أيضا تلك البيوع التي استحدثت والتي أفرزتها المدنية المادية المعاصرة وتم ولوجها إلى ساحة المعاملات في البلاد الإسلامية بعد اندماج الحضارة المادية الغربية في الحضارات ذات الأصول الدينية كالحضارة الإسلامية ، وبيوع أخرى فرضت على العالم تحت أسماء وعناوين ولافتات ما أنزل اللـه بها من سلطان ، وإنما أرادوا بها أن تكون آلية للسيطرة والهيمنة على الدول النامية ، وتلك التي وقعت في أسر التخلف وتسعى للفكاك من قبضته لتنطلق في معراج النمو والتقدم .

وإذ سعت تلك القوى التي لم تخف عداوتها للإسلام إلى عولمة المجتمعات الإسلامية ، زعموا أن العالم كله " قرية كونية صغيرة " مستهدفين بذلك فرض أنماط معينة من السلوك يتم من خلالها تقويض القيم الدينية والعقدية وهو أحد أشكال الإمبريالية الثقافية التي تسعى إلى تهجين العالم وتجريده من خصوصياته ، وفرض النموذج الغربي على الشعوب التي تدين بالإسلام .

ومن تلك العقود المستحدثة التي أفرزتها المدنية المادية المعاصرة عقود التأمين بسائر أنواعها وصنوفها ، وكذا الأدوات المتعامل عليها في أسواق الأوراق المالية كالأسهم والسندات ، والعقود المتعامل عليها في أسواق العقود المستقبلية المعروفة بأسواق " الكونتراتات " كالعقود الآجلة والمستقبلية ، وعقود المبادلات ، فضلا عن عقود الخيار التي تموج بها تلك الأسواق . زد على ذلك بعض الآليات كصناديق التأمين على الودائع وصناديق الاستثمار .

وأغلب هذه العقود والآليات قدمتها مراكز البحث والابتكار في الدول الغربية إما على سبيل المقامرة أو لمواجهة الآثار غير المرغوب فيها الناتجة عن تقلبات أسعار الصرف أو تقلبات أسعار الفائدة .

ونجتزئ من بين هذه العقود عقد التأمين نظرا لأهميته ، ولأن هذا العقد قد تشعب كالخلايا السرطانية التي تدمر في جسم المجتمع فاشتقت منه العديد من العقود كعقود المشتقات المالية .

وسوف يكون تناولنا لمفهوم هذا العقد بالقدر الذي يسمح به هذا المبحث وبغرض تصحيح التكييف العلمي لهذه العقود وتصويب الأساس العلمي الذي تقوم عليه وتصويب المفاهيم مراعاة للآثار التي تترتب على مغايرة التصوير العلمي للحقيقة وأخذا في الاعتبار أن الحكم على الشيء فرع من تصوره .

عقد التأمين

أولا : التأمين لغة :

من الأمن ، وهو طمأنينة النفس ، وزوال الخوف ، والأصل أن يستعمل في سكون القلب واطمئنانه ، وهو ضد الخوف والفزع ، فالمولى سبحانه وتعالى يقول : ﴿ ٱلَّذِىٓ أَطْعَمَهُم مِّن جُوعٍ وَءَامَنَهُم مِّنْ خَوْفٍۭ ﴿٤﴾ ﴾ [قريش: 4] ويقول عز وجل : ﴿ وَإِذْ جَعَلْنَا ٱلْبَيْتَ مَثَابَةً لِّلنَّاسِ وَأَمْنًا ﴾ [البقرة: 125] أي المكان الذي يحس فيه القلب بالسكون والأمان .

وسئل رسول الله صلى الله عليه وسلم عن المؤمن فقال : المؤمن من آمنه الناس على أموالهم وأنفسهم [(1)].

ويرى أستاذنا الدكتور محمد عبد الستار الجبالي أن كلمة التأمين هي اشتقاق جديد من " الأمن " وتطلق على العقود الحديثة التي تصدرها شركات التأمين كصكوك [(2)].

ثانيا : التأمين اصطلاحا :

عرفته المادة 747 من القانون المدني المصري بالآتي :

" التأمين عقد يلتزم المؤمن بمقتضاه أن يؤدي إلى المؤمن له أو إلى المستفيد الذي اشترط التأمين لصالحه مبلغا من المال أو إيرادا مرتبا ، أو بأي عوض مالي آخر في حالة وقوع الحادث أو تحقق الخطر المبين في العقد ، وذلك مقابل قسط أو أية دفعة مالية أخرى يؤديها المؤمن له للمؤمن [(3)].

---

(1) أخرجه بن ماجة في سننه عن ابن عمر – حديث رقم 3934 ، ج 2 ، ص 1298 .

(2) أ. د. محمد عبد الستار الجبالي ، المرجع السابق ، ص 9 .

(3) القانون المدني المصري .

وعرفه الدكتور فتحي عبد الرحيم بالآتي :

" التأمين هو عملية جماعية القصد منها توزيع الآثار الضارة للخطر الذي يلحق واحدا من الجماعة على أفرادها جميعا ، بحيث يذوب الخطر في النهاية " [1].

بينما عرفه مجمع اللغة العربية بالآتي :

" التأمين عقد يلتزم أحد طرفيه وهو المؤمن قبل الطرف الآخر وهو المستأمن بأداء ما يتفق عليه عند تحقق شرط أو حلول أجل في نظير مقابل نقدي معلوم [2].

ومن التعريفات التي تتسم بقدر كبير من الدقة ، تعريف المجلس الأعلى للشئون الإسلامية والذي يعرف التأمين على الوجه التالي :

" يمكن تعريف التأمين بأنه عقد بين مستأمن وهيئة فنية مؤمنة ، يقتضي أن يدفع الأول للثانية أقساطا مالية معلومة ، أو دفعة واحدة ، في مقابل تحملها تبعة خطر يجوز التأمين منه ، بأن تدفع للمستأمن أو للمستفيد من التأمين عوضا ماليا مقدرا إذا تحقق الخطر المؤمن منه " [3].

ولصاحب التعريف الأخير إشارة ليس بوسعنا أن نهملها يقول خلالها ، أما من الناحية الاقتصادية ، فقد رجعت فيها إلى مؤلفات بعض علماء الاقتصاد ، ومن أهمها كتاب لباحث أمريكي مترجم تحت عنوان " فلسفة النظام التعاوني في المجتمعات الحديثة " ، وترجع أهميته إلى نظرته للتأمين التجاري من الناحية الاقتصادية ، وتوضيح مدى خطورته على الاقتصاد القومي ودعوته إلى الأخذ بالنظام التعاوني دون النظام التجاري [4].

وقد تناولنا من خلال المبحث الخامس والأخير في الباب الأول وجوه الشبه والاختلاف بين

---

(1) د . فتحي عبد الرحيم ، مرجع سابق ، ص 13.

(2) التأمين وموقف الشريعة الإسلامية " المجلس الأعلى للشئون الإسلامية بمصر ، إعداد محمد السيد الدسوقي" ص 18 .

(3) المجلس الأعلى للشئون الإسلامية ، التأمين وموقف الشريعة الإسلامية منه ، إعداد محمد السيد الدسوقي ، مرجع سابق ، ص 17 .

(4) المجلس الأعلى للشئون الإسلامية ، مرجع سابق ، ص 7 .

عقود التأمين وعقود المشتقات المالية ، وأثبتنا أن عقود المشتقات ما هي إلا صور مستحدثة من عقود التأمين ، وأن كلا منهما يقوم على نقل المخاطرة ممن لا يرغب في تحملها إلى المؤسسة أو الجهة التي تسعى حثيثا لتحملها مقابل الحصول على ثمن تحمل المخاطرة . وهو ما يعني أن المخاطر صارت تباع وتشترى شأنها في ذلك شأن سائر السلع في سائر الأسواق.

أثبتنا كذلك أن عقود التأمين قد تم تكيفها وتصويرها بصورة مغايرة للواقع .

وقد ذهب كتاب الغرب الذين ابتدعوا تلك العقود إلى ما ذهبنا إليه ، يقول"بنتون كب " :

" إن شراء وثيقة تأمين هي إحدى وسائل نقل المخاطرة من الشخص الذي لا يريد تحملها إلى شركة التأمين والتي تبدي استعدادها لتحملها مقابل الحصول على الثمن ".

يقول " بنتون " تحت عنوان .... Transferring Risk

Buying insurance is one method of transferring risk from one who does not want it to an insurance company that is willing to take it for a price[1].

ويدخل النشاط التأميني تحت مفهوم إدارة المخاطر سواء قام بهذا النشاط شركات التأمين أو غيرها من الجهات التي تؤمن الغير ضد أنواع أُخر من المخاطر مثل مخاطر تقلبات أسعار الفائدة أو مخاطر تقلبات أسعار الصرف أو أسعار السلع .

ونخلص مما تقدم أن عملية التأمين التجاري ضد المخاطر أيا كان نوعها وأيا كانت الجهة التي تقوم بها هي آلية يتم من خلالها انتقال المخاطرة من الشخص أو الجهة التي لا ترغب في تحملها إلى الشركة أو المؤسسة التي تسعى حثيثا لتحملها مقابل الحصول على ثمن تحمل المخاطرة .

أما ما يذكره البعض - افتئاتا على الحقيقة - أن التأمين التجاري عملية جماعية القصد منها توزيع الآثار الضارة للخطر الذي يلحق واحدا من الجماعة ، على أفرادها جميعا بحيث يذوب الخطر

---

(1) Benton Cup, Op.,Cit.,p.16 .

في النهاية ، وأن المؤمن لا يتحمل نتيجة الخطر بل جماعة المستأمنين [1] ، فهو قول موغل في الغلط ويجافي الحقيقة ، فالمستأمنين لا يعرف بعضهم بعضا ، ولم تتجه إرادة واحد منهم إلى التضامن مع آخرين لتوزيع المخاطر أو تقليلها ، ولا حتى خطر ذلك على بال واحد منهم ، وإنما يتعاقد كل منهم بإرادته المنفردة مع شركة التأمين وهو لا يضع في اعتباره مطلقا مصلحة الآخرين.

أما مسألة توزيع المخاطر على أكبر عدد من المستأمنين فهي مسألة فنية تتعلق بالمؤمن وليس بالمستأمن . فلأن شركة التأمين تسعى لتحقيق أكبر ربح ممكن بأقل تكلفة أو خسارة محتملة ، فإنها تبذل كل ما في وسعها لزيادة عدد المستأمنين لتقليل الخسائر المحتملة ، تماما كما يسعى البائع لزيادة عدد المشترين لزيادة حجم مبيعاته ، ذلك أن زيادة عدد المستأمنين من شأنه تقليل حجم الخسائر المحتملة التي قد تتعرض لها الشركة ، ولا شأن لذلك بمن تم وصفهم أنهم جماعة المستأمنين رغم أنه لا تجمع بينهم رابطة ولا عهد ولا ميثاق ، والعلاقة بين المستأمن والمؤمن مشوبة بتناقض المصالح لأن مكسب أحد الطرفين يمثل خسارة الطرف الآخر .

وقد ذهب بعض الفقهاء المعاصرين إلى تجويز التعامل في عقود التأمين بزعم أن الحاجة تدعو إليها ، " وأن الغرر الذي ينطوي عليه عقد التأمين من الغرر اليسير الذي لا يترتب عليه منع ولا خطر ، ومن ثم فلا يؤثر على بطلان المعاوضات" وحجتهم في ذلك : أن هذا الغرر لا يفضي إلى نزاع بين المتعاقدين " [2] بل وذهب الدكتور مصطفى الزرقا إلى أن عقد التأمين لا غرر فيه وانتقد القانونيين في عده من العقود الاحتمالية دون تحفظ ، وخلافا لذلك فإن الدكتور السنهوري قد تعرض لوجود الغرر في عقد التأمين في موضعين من كتابه "الوسيط" فبدا في أحد الموضعين وكأنه يسلم بوجود الغرر في عقد التأمين ولكنه يجوزه للضرورة . بينما ذهب الدكتور صديق الضرير إلى أن الغرر الكثير هو ما غلب على العقد حتى صار العقد يوصف به ، وأضاف قائلا ، وأرى أن هذا الضابط ينطبق على عقد التأمين ، فإن من أركان عقد التأمين التي لا يوجد بدونها " الخطر " والخطر هو حادثة محتملة لا تتوقف على إرادة أحد الطرفين ، ولذا لا يجوز التأمين إلا من حادث مستقبل غير محقق الوقوع . ومما يدل على أن الغرر تمكن من عقد التأمين وأصبح صفة ملازمة له أن كثيرا من

(1) د. فتحي عبد الرحيم ، مرجع سابق ، ص 13.

(2) دكتور محمد عبد الستار الجبالي ، أحكام عقد التأمين في الشريعة الإسلامية ، مرجع سابق ، ص 144 .

القوانين تذكره تحت عنوان " عقود الغرر "[1].

ومن هذه القوانين التي أشار إليها الدكتور الضرير جملة القانون المدني المصري الذي تناول في الباب الرابع عقد التأمين تحت عنوان " عقود الغرر " .

ولكن الذي لا نوافق عليه الدكتور الضرير قوله أن التأمين ليس قمارا . فهو يرى أن القمار ضرب من اللهو واللعب يقصد به الحصول على المال عن طريق الحظ والمصادفة ، وهو يؤدي دائما إلى خسارة أحد الطرفين وربح الطرف الآخر.

ومن عجب أن ينفي الدكتور الضرير عن عقد التأمين أنه من عقود القمار ، مع أن الحجة في هذا ظاهرة بل وأسطع من شمس النهار .

وليس يصح في الأذهان شيء إذا احتاج النهار إلى دليل ولقد ساق فضيلته الحجة وأقامها على نفسه دون أن يفطن إلى ذلك بقوله :

" إن القمار يؤدي دائما إلى خسارة أحد الطرفين وربح الطرف الآخر . قال ولهذا وصفه القرآن بأنه موقع في العداوة والبغضاء [2].

ولا ندري كيف لم يفطن الدكتور الضرير إلى أن كل عقد من عقود التأمين التجاري ينطوي على خسارة لأحد الطرفين ومكسب للطرف الآخر . وبمعنى آخر " إن مكسب أحد الطرفين يمثل خسارة الطرف الآخر . وهو ما عبر عنه كتاب الغرب بأنفسهم بقولهم :

" One party's gains are the other party's losses" [3].

ليس هذه فحسب ، بل وذهب الاقتصادي الغربي الشهير " بول صامويلسون " A. Paul Samuelson صاحب كتاب "Economics" إلى تقرير حقيقة يحاول بعضنا وأدها رغم أن الغربيين هم الذين ابتدعوا هذه العقود ، فقال :

---

(1) الغرر وأثره في العقود في الفقه الإسلامي ، مرجع سابق ، ص 650 .

(2) الغرر وأثره في العقود ، مرجع سابق ، ص 651 .

(3) Jack Clark Francis, Management of Investment, Op.,Cit., P. 639 .

" إن أبرز صور توزيع المخاطر (أي تقليلها بتوزيعها على أكبر عدد ممكن لتجنب الخسارة) هو التأمين وهو أحد أنواع القمار على الجانب الآخر .

The major form of risk spreading is insurance which is a kind of gambling in reverse [1].

ورغم أن الدكتور الضرير يرى أن التأمين التجاري ينطوي على غرر كثير ، وأن الغرر قد غلب على العقد وتمكن منه وصار عنصرا ملازما لعقد التأمين حتى صار العقد يوصف به ، إلا أنه لم يكن منصفا للحقيقة بقوله إن التأمين ليس قمارا ، وكان عمدته فيما ذهب إليه في نفي صفة القمار عن عقود التأمين ، هو أن التأمين جدٌ والقمار لعبٌ ، وأن التأمين يعتمد على أسس علمية والقمار يعتمد على الحظ [2].

وما ذكره الدكتور الضرير لا حجة له فيه ، بل هو قول مرسل موغل في الغلط ، بل وليس له حظ من النظر ، وعذره في ذلك عدم علمه أن صناعة التأمين تدخل فيما يسمى بصناعة المخاطر وهذه الصناعة بكل المقاييس هي عمل تجاري تسعى الشركات التي تقوم به إلى تحقيق أكبر ربح ممكن بأدنى تكلفة ممكنة ، أما السلع المتداولة والتي تتعامل بها هذه الشركات فهي المخاطرة Risk ولا غرابة في ذلك حيث أصبحت المخاطرة تباع وتشترى في الأسواق شأنها في ذلك سائر السلع ، فالشخص الذي لا يرغب في تحمل المخاطرة والذي يوصف علميا بأنه Risk averse أي ضد المخاطرة ، يسعى إلى من يقبل تحمل مغبة هذه المخاطرة نيابة عنه وهو على استعداد أن يدفع ثمن نقل المخاطرة إلى الغير ، في حين تسعى الجهة الأخرى حثيثا في البحث عمن ينقل إليها المخاطرة مقابل حصولها على ثمن انتقال المخاطرة إليها Risk price ، رغم أن المخاطرة حدث احتمالي يحدث تارة ، وتارة لا يحدث ، واحتمالات عدم حدوثها أرجح من احتمالات حدوثها بسبب الاحتياطيات والتدابير الوقائية التي يتم اتخاذها من قبل الناقل للمخاطرة وهو المستأمن ، ومن انتقلت إليه المخاطرة وهو المؤمن ، وهذه المسائل تخضع لما يعرف بعلم إدارة المخاطر . Risk Management

---

(1) Paul A. Samuelson, William D. Nordhaus, Economics, P. 193.

(2) الغرر و أثره في العقود ، مرجع سابق ، ص 648-649

أما أن القمار لا يوجد إلا في اللعب فالأدلة على فساد هذا القول كثيرة ونذكر منها على سبيل التذكرة :

أ- ذكر الإمام ابن القيم أن بيع الإنسان ما ليس عنده من قسم القمار والميسر لأنه قصد أن يربح ببيعه ما ليس عنده ، والمشتري لا يعلم أنه يبيعه ثم يشتري من غيره ، وأكثر الناس لو علموا لم يشتروا منه ، بل يذهبون ويشترون من حيث اشترى هو ، وليست هذه المخاطرة مخاطرة التجارة   بل مخاطرة المستعجل بالبيع قبل القدرة على التسليم.

وقال إن بيع الإنسان ما ليس عنده إنما هو بيع الغرر الذي قد يحصل وقد لا يحصل وأنه مـن جنس القمار والميسر ، والمخاطرة فيه مخاطرتان ، مخاطرة التجارة ، والخطر الثاني الميسر الذي يتضمن أكل أموال الناس بالباطل[1].

وما ذكره الإمام ابن القيم هنا لا يتعلق باللعب وإنما يتعلق ببيع الغرر الذي قد يحصل وقد لا يحصل فوصم بأنه من جنس القمار والميسر.

ب - وما ذكره صاحب الكافي في فقه أهل المدينة دليل آخر نضيفه إلى ما قاله ابن القيم . قال ابن عبد البر :

وجملة معنى الغرر أن كل ما يتبايع به المتبايعان مما **يدخله الخطر والقمار** وجهل معرفة المبيع والإحاطة بأكثر صفاته.

جـ - وقال الإمام مالك إمام دار الهجرة على ساكنها أفضل الصلاة والسلام " الميسر ميسران ميسر اللهو وميسر القمار ، فمن ميسر اللهو النرد والشطرنج والملاهي كلها ، وميسر القمار ما يتخاطر عليه الناس "[2]

د - وما انتهت إليه فتوى دار الإفتاء في جمهورية مصر العربية في شأن التأمين على العقار " بأنه

---

(1) رسالة القياس في الشرع الإسلامي لابن تيمية وابن القيم الجوزية ص 38،46 وأعلام الموقعين عن رب العالمين ج1 ص357 ، وزاد المعاد ج4 ص 262.

(2) انظر تفسير الإمام القرطبي ، محمد بن أحمد بن أبي بكر بن فرح القرطبي أبي عبد الـله ،ج3 ، ص 53 ، طبعة دار الشعب.

في معنى القمار" لأن هذا العمل معلق على خطر وهو ما عساه أن يلحق العقار المؤمن عليه من الضرر ، وتارة هذا الضرر يقع وتارة لا يقع ، فيكون هذا العمل **قمارا معنى** يحرم الإقدام عليه [1].

فهل أخطأ مفتي الديار المصرية في نعته لعقد التأمين بأنه في معنى القمار لأنه معلق على خطر يقع تارة ولا يقع تارة أخرى ؟

وإذا كان اتحاد المصارف العربية قد ذهب في وصف عقود الاختيار التي تتم على المكشوف (وهي من عقود البيع وليست من اللعب في شيء) بأنها قمار حقيقي له أصوله وفنونه ولاعبوه وله بالطبع نتائجه [2] ، فهل يكون الاتحاد قد تجاوز وخلط بين ما هو جد وما هو لعب ؟

" نترك الإجابة للدكتور الصديق الضرير أمد الله لنا في أجله ".

---

(1) الفتوى رقم 667 الصادرة عن دار الإفتاء المصرية " الفتاوى الإسلامية " طبعة وزارة الأوقاف – المجلس الأعلى للشئون الإسلامية – المجلد الرابع ص 1401 / 1403 والفتوى لفضيلة الشيخ محمد بخيت مفتي الديار المصرية في 15 يناير 1919 م.

(2) الهندسة المالية – اتحاد المصارف العربية ، مرجع سابق ، ص 135.

الفصل الثاني
موقف الفقه الإسلامي من العقود والأدوات المتعامل عليها في أسواق المشتقات

ويتكون هذا الفصل من المباحث التالية:

تمهيد

المبحث الأول: موقف الفقه الإسلامي من البيوع الآجلة والمستقبلية .

المبحث الثاني : موقف الفقه الإسلامي من عقود الاختيار.

المبحث الثالث : موقف الفقه الإسلامي من عقود المبادلات.

المبحث الرابع : موقف الفقه الإسلامي من عقود تثبيت أسعار الفائدة.

483

تمهيـــد

يتصدى هذا الفصل لموقف الشريعة الإسلامية من سائر العقود والبيوع التي يجري التعامل عليها في أسواق العقود الآجلة والمستقبلية .

وقد يكون من المفيد قبل أن نشرع في عرض موقف الفقه الإسلامي من هذه البيوع أن نتوقف قليلا عند بعض المسائل التي عرضنا لها آنفا لما لها من أهمية في طرح تصور شامل لطبيعة ونوعية تلك البيوع التي تموج بها تلك الأسواق والتي قدمتها مراكز البحث والابتكار كأدوات لإدارة المخاطر التي تتعرض لها المؤسسات المالية والمصرفية ، والمنشآت الخاصة والحكومية ، وسائر الأفراد والجهات ، خاصة وأنه لا نظير لهذه المعاملات في أسواقنا ؛ وأخذا في الاعتبار أن الحكم على الشيء فرع من تصوره . ونمر على تلك المسائل مر السحاب حتى لا ينسحب البساط من تحت أقدامنا ، أو أن ننـزلق في التفاصيل التي تموج بها هذه البيوع .

ومن المسائل التي تطرح تصورا عاما لتلك البيوع ما يلي :

* إن سوق الأوراق المالية سوق كسائر الأسواق تلتقي من خلالها قوى العرض والطلب وتتحدد على أساسها الأثمان ، إلا أنها تختلف عن غيرها من الأسواق من حيث إنه يجري التعامل في الأسواق السلعية على أصل الثروة وهي أصول مادية ملموسة سواء كانت سلعا استهلاكية أو وسيطة أو استثمارية ، بينما يجري التعامل في أسواق الأوراق المالية في حقوق على هذه الثروة وهي صكوك الأسهم التي في حوزة المساهمين أو صكوك السندات التي تمثل حقوقا أو التزامات في ذمة أصحاب المشروع . ولأن حقوق أصحاب المشروع تتمثل في أصول يتعذر تصفيتها لحساب أحد المستثمرين إذا ما رغب في الانسحاب من الشركة ، ظهرت الحاجة إلى أسواق الأوراق المالية حيث تباع الحقوق وتشترى دون مساس بأصل الثروة المتمثلة في أصول المشروع . ويطلق على هذه السوق "السوق الحاضرة" .

* وبظهور المشتقات المالية لم يعد المضاربون وإن شئت فقل المقامرون في حاجة إلى التعامل في الأصول التقليدية التي يجري التعامل عليها في أسواق الأوراق المالية وهي الأسهم والسندات حيث توفر عقود المشتقات وسيلة بديلة للمضاربة بما يغني عن تملك تلك الأصول التي تتناولها هذه العقود حيث يجري انتقال ملكية هذه العقود من شخص لآخر أو من جهة لأخرى قبل تواريخ استحقاقها أو نفاد مدة سريانها .

* لا يجري تنفيذ أغلب العقود التي يجري إبرامها في تلك الأسواق ، فهذه العقود لا يقصد المتعاقدون بعقدها تمليك ولا تملك ولا تسليم ولا تسلم ؛ ولا يقتضي أن يكون البائع مالكا أصلا لما يبيع ، ولا المشتري مالكا وقت العقد للمال الذي يبذله في الشراء ، ولا تخرج هذه العمليات عن كونها مراهنة من جانب طرفي العقد على محض اتجاهات الأسعار .

* المشتقات المالية ليست أصولا مالية كما أنها ليست أصولا عينية ، وإنما هي عقود كسائر أنواع العقود إلا أنها مضافة إلى أجل ، لا من حيث الثمن فقط ولكن من ناحية الثمن والمثمون ، بمعنى أنها تنطوي على بيع دين بدين ، وتشتق هذه العقود قيمتها من أصول أخرى تكون محلا للتعاقد ، بمعنى أن أداءها يتوقف على أداء أصول أخرى .

* بالرغم من أن المشتقات المالية يجري استخدامها في إدارة المخاطر أو التحوط ضد المخاطر ، إلا إنها تتسم بقدر كبير من المخاطرة ، فالمتعاقدين في حقيقة الأمر أحدهما بائع للمخاطرة والآخر مشتري لها ، وهو ما يعني أن شخص ما أو جهة ما لديها الرغبة في تقليل بعض المخاطر المالية أو التخلص منها ، وجهة أخرى تسعى إلى تحمل المخاطر نيابة عن الآخرين وهي تأمل في الحصول على ثمن المخاطرة أو ما يسمى بمكافأة المخاطرة .

* أكد صندوق النقد الدولي على صورية تلك العقود في الدراسة التي أعدها عن المشتقات بقوله " إن انتقال ملكية الأصل محل التعاقد و التدفقات النقدية المقابلة أمر غير ضروري "

" Any transfer of ownership of the underlying asset and cash flows becomes unnecessary "[1].

* يقر كتاب الغرب أن أقل من 2 % (اثنين في المائة) من العقود القائمة يتم تسويتها بالتسليم وهذا إقرار من جانبهم أيضا بصورية هذه العقود.

In fact generally less than 2% of outstanding contracts are settled by delivery [2].

---

(1) IMF. Working paper , Op., Cit., p.51

(2) Fabozzi, Op., Cit., p.102

* ذهب عدد كبير من الكتاب إلى أن عقود المشتقات من عقود القمار ، فذهب بيتر دراكر إلى القول
" إن المنتجات العلمية خلال الثلاثين عاما الماضية كانت في الغالب مشتقات مالية زعموا أنها علمية ،
لكنها في حقيقة الأمر لم تكن أكثر علمية من أدوات القمار في " لاس فيجاس " أو " مونت كارلو " [1].

* بل وذهب بعض الكتاب في انتقاداتهم للمشتقات إلى أن المتعاملين في هذه الأسواق قد وُصفوا
بأنهم أكثر من مقامرين [2].

* وذهب البعض في إدانة هذه الأدوات ووصفها بأنها من قبيل القمار المتضمن إلى القول:

" إنه لن يكون بالوسع الإفلات من النقد الموجه إلى عقود الخيار والعقود المستقبلية بأنها تسهم في
رعاية القمار المقنن .

Futures and options markets probably will never escape the criticism that they
faster legalized gambling [3].

* ذهب دافيد كورتين صاحب كتاب العولمة والمجتمع المدني إلى كشف النقاب عن حقيقة ما يجري
في هذه الأسواق إلى القول " إن أكثر من تريليون دولار " تتداولها الأيدي التماسا لعوائد مالية قصيرة الأجل
دون أن تكون لها أية علاقة بالإنتاج أو التجارة في أي سلع أو خدمات فعلية.

ويضيف ، لقد أصبح النظام المالي المعولم ناديا عملاقا للقمار حيث يراهن فيه اللاعبون أو المقامرون
على التقلبات قصيرة الأجل في أسعار الصكوك المالية بحثا عن مكاسب فورية لا علاقة لها بالمساهمات
الإنتاجية ، وهي لا تضيف قيمة لأي منتج حقيقي ، وإنما تعتمد على استخلاص الثروة من بين أيدي
الآخرين [4].

(3) Peter Drucker , Op., Cit., p.27

(4) Chance, Introduction to derivatives, Op., Cit., p.12.

(3) Ibid, p. 12.

(4) العولمة والمجتمع المدني ، ديفيد سي كورتين ، ص 21 ، ترجمة شوقي جلال ، المكتبة الأكاديمية بالدقي -
القاهرة.

* إن التحوط ضد المخاطر لا يترتب عليه درء المخاطر أو حتى تقليلها ، بل تظل باقية على ما هي عليه ، وإنما ينصرف الأمر إلى مجرد تحويل المخاطرة من الشخص أو الجهة التي لا ترغب فى تحمل المخاطرة إلى الجهة التي تسعى في طلبها .

* وأخيرا وليس آخرا ، فقد قدمنا الدليل على زيف تلك الأدوات التي قدمتها مراكز البحث والابتكار باعتبارها مشتقات مالية ، وأنها من جنس القمار والرهان ، وأن هذه الأدوات تنطوي على مخاطر جسيمة تضر بالمؤسسات المالية والقوى الإنتاجية ، وقد كان دليلنا دامغا وداحضا لكل ما تروجه دوائر البحث والابتكار ، بما أثبتناه من عدم السماح للأمريكيين بالتعامل في أسواق العقود المستقبلية على أوراق الشركات الأمريكية ، أما غير الأمريكيين فقد تم توفير كافة التسهيلات إليهم للتعامل على المشتقات في الأسواق الأمريكية .

المبحث الأول
موقف الفقه الإسلامي مـــــن
البيوع الآجلة والمستقبلية

البيوع الآجلة والبيوع إلى أجــل

قبل أن نلج في مسألة البيوع الآجلة وجب علينا التنبيه إلى أن ثمة خطأ شائع لم يسلم منه المشتغلون بأعمال الوساطة المالية والبورصات أو العاملون في مجال التمويل والاستثمار ، منشؤه الخلط بين البيع الآجل بمدلوله الاقتصادي والذي يعد السمة الأساسية للتعامل في أسواق العقود الآجلة والمستقبلية ، والبيع إلى أجل والمصطلح عليه أيضا ببيع النسيئة . ففي البيع الأول تأجيل الثمن والمثمن ، ولا يترتب عليه بالتالي تسليم ولا تسلم ، ولا تمليك حقيقي ولا تملك ، بينما ينصب التأجيل في البيع إلى أجل وهو بيع النسيئة على الثمن دون المثمن ، ويطلق على البيع الآجل Forward Contracts أما البيع إلى أجل أو ما يسمى ببيع النسيئة فيطلق عليه Credit Sale .

تعريف البيع الآجل :

سبق تعريف البيع الآجل بأنه اتفاقية بين طرفين أحدهما مشتري والآخر بائع بغرض شراء أو بيع سلعة معينة أو عملة معينة ، أو ورقة مالية معينة في تاريخ مستقبلي لاحق يعرف بتاريخ التصفية أو تاريخ التسوية ، وبسعر متفق عليه عند إنشاء العقد .

ويستفاد من التعريف المتقدم أنه لا يترتب على هذا العقد تمليك ولا تملك ولا تسليم ولا تسلم فالثمن والمثمن مؤجلين إلى يوم التصفية ، بمعنى أن العقد لا تترتب عليه آثاره عند إنشاء العقد وإنما يتم تأجيلها إلى يوم التصفية .

وإذا ما كان التعامل يتم من خلال بورصة العقود وهي سوق رسمية للعقود المستقبلية Future Contracts فبوسع المضارب أن يتنازل عن العقد بنقل ملكيته إلى آخر قبل تاريخ التسوية أما إذا كان التعامل يتم من خلال أسواق العقود الآجلة Forward Contracts Markets وهي أسواق غير رسمية فالتسليم يكون ملزما في تاريخ التصفية وليس بوسع المضارب نقل ملكية العقد إلى آخر قبل تاريخ التسوية .

الخيارات المتاحة للمضارب في تاريخ التصفية :

أمام المضارب في تاريخ التصفية ثلاثة خيارات :

الخيار الأول : أن يقوم المضارب بتسليم الأصل محل التعاقد تسليما فعليا إن كان بائعا ويتسلمه إن كان مشتريا .

الخيار الثاني : أن يبيع ما اشتراه ويشتري ما باعه ويحصل على الفرق .

الخيار الثالث : أن يؤجل التصفية إلى ميعاد التصفية التالي مقابل دفع مبلغ معين يسمى بدل التأجيل .

فإذا ما وقع اختيار المضارب على الاختيار الثالث فيتعين عليه في هذه الحالة إخطار شركة الوساطة المالية التابع لها برغبته في التأجيل قبل ميعاد التصفية ، وتحصل التصفية مرتين في الشهر وتستغرق في المرة الواحدة ثلاثة أيام .

وأغلب العمليات الآجلة وبنسبة 98% تجرى على المكشوف بمعنى أن المضارب لا يمتلك الأصول التي يبيعها وقت إبرام العقد . ومن الأمور المسلم بها أن المشتري مضارب دائما على الصعود ، بمعنى أنه يتوقع صعود أسعار الأصول محل التعاقد ولذلك فهو يشتري آجلا ويبيع عاجلا بينما البائع يتوقع دائما هبوط السعر ولذلك يقال إنه مضارب على الهبوط فيبيع عاجلا بسعر مرتفع على أن يعاود شراء ما باعه بسعر منخفض ويحصل على فرق السعر .

هذا وتنقسم العمليات الآجلة إلى قسمين رئيسيين :

1- عمليات باتة قطعية .

2- عمليات آجلة خيارية .

وسوف نعالج من خلال هذا المبحث العمليات أو البيوع الآجلة الباتة القطعية .

البيوع الآجلة الباتة القطعية

ماهية العمليات الباتة :

عرفها البعض بأنها تلك التي بت فيها فلا يمكن فسخها أو إلغاؤها ، بل يتعين على المتعاقدين

تنفيذها [1].

بينما عرفها البعض بأنها العمليات التي يكون التعاقد فيها ملزما للطرفين ، فلا يكون لأحدهما حق العدول عن إتمام الصفقة ، بل يلتزم البائع بتسليم الأوراق المبيعة التي تعهد بتسليمها والمشتري بدفع الثمن المتفق عليه [2].

والذي نستخلصه من التعريفين المتقدمين أن العمليات الباتة القطعية هي التي يتحدد لتنفيذها موعد ثابت يسمى يوم التصفية أو يوم التسوية Settlement Date فيلتزم المشتري بدفع الثمن ، والبائع بتسليم المبيع ، ولا خيار لأحدهما في فسخ العقد ، أو إلغائه بمعنى أن العقد يكون لازما فلا يستقل أحد طرفيه بفسخه ، إلا أن لكل من المتعاقدين أن يصفي مركزه بأن يبيع نقدا أي عاجلا ما اشتراه آجلا ، وله أو عليه الفرق بين سعر التعاقد وسعر التصفية ، ولكل من المتعاقدين أيضا أن يؤجل موعد التصفية إلى التصفية المقبلة ، بنقل مركزه إلى غيره مقابل سداد فائدة أو بدل عن فترة التأجيل يسمى ببدل التأجيل .

ونتناول فيما يلي مثالا تطبيقيا نفصل به ما أجمل ونوضح به ما أبهم حتى نتمكن من طرح تصور شامل لطبيعة وأساليب أداء تلك البياعات .

مثـال :

بفرض أن أحد المضاربين على الصعود (وهم الذين يتوقعون ارتفاع أسعار بعض الأصول) تعاقد في 15 يونيو 2000 م على شراء مائة سهم من أسهم الشركة "س" تسليم أول يوليو 2000 بسعر السهم مائة دولار وهو يأمل ويتوقع ارتفاع السعر في تاريخ التصفية ، إلا أنه فوجئ بانخفاض سعر السهم إلى 90 دولار أمريكي .

أمام هذا المستثمر أن يلجأ إلى واحدة من ثلاث :

الأولى : استلام الأوراق المتعاقد عليها استلاما فعليا ، ودفع الثمن المقابل ، وهذا الاحتمال

---

(1) د.إبراهيم محمد أبو العلا، بورصات الأوراق المالية والقطن ، مكتبة معهد التخطيط القومي 84 م ، 658 / 4035

(2) د. عبد العزيز مهنا، الأسواق وتصريف المنتجات ، ص 14 ، دار الكتب المصرية ي / 18307

يكون قائما إذا ما كان المشتري راغبا في تملك المعقود عليه ، إلا أن هذا الاحتمال أقرب إلى الافتراضات النظرية منه إلى الواقع ، لأنه يصطدم بالغرض الذي تبرم من أجله هذه العقود وهو المضاربة على فروق الأسعار ، ولو كان المتعاقد راغبا حقا في الاستثمار لكان توجهه إلى أسواق البيوع الحاضرة [1] ، أما مايزعمه البعض بأن التوجه إلى أسواق العقود المستقبلية لشراء أصول مالية أو عملات أجنبية بغرض تثبيت السعر خشية ما يعتري الأسعار من تغيرات وتقلبات ، فهو قول مدحوض بأن التحوط ضد المخاطر ينطوي في حد ذاته على مخاطرة وفد أسقطنا حجج القائلين بالتحوط ضد المخاطر بمعاملات تنطوي على مخاطر أخرى في الصفحات المتقدمة .

الثانية : أن يقوم بتصفية مركزه فيبيع عاجلا ما اشتراه آجلا ويتحمل فرق السعر والذي تبلغ قيمته في هذه الحالة 1000 دولار ، وهو لن يقدم على هذه التصفية إلا إذا كانت فروق الأسعار طفيفة وغير مؤثرة ، أو إذا استبان له أن الأسعار سوف تتجه لمزيد من الهبوط .

الثالثة : إذا توقع تحسن السعر في التصفية التالية بما يعوضه عن خسارته فإنه يصدر إلى شركة الوساطة المالية التابع لها أمرا بتأجيل مركزه ، فتبحث له الشركة عن ممول ينقل إليه مركز المضارب حتى ميعاد التصفية التالية ، والممول هو شخص يرغب في استثمار أمواله فيتسلم الأوراق بدلا من المضارب ويدفع ثمنها حسب سعر التصفية ، أي أنه يشتريها منه نقدا ، ثم يبيعها له بالأجل مقابل حصوله على بدل التأجيل ، ويطلق على الناقل بالفرنسية "Reporteur".

ولو افترضنا أن المضارب تمكن من تأجيل مركزه إلى التصفية التالية في 15 يوليو 2000 م مقابل بدل تأجيل بنسبة 0.5 % ، وبفرض بأن صادفت توقعاته توجهات السوق وأن سعر السهم قد ارتفع في تاريخ التسوية التالية إلى 110 دولار أمريكي ، فإنه من الممكن تصوير مركز المضارب على الوجه التالي :

---

(1)A buyer who wants to make immediate title to an asset should look for a seller in the spot market . Kennth Garbade, Securities Markets Ch.15 , P.304, Mc Grow- hill Book Company, New York.

مركز المضـــارب

تاريخ التعاقد	تاريخ التسوية	الكمية المتعاقد عليها		السعر	جملة المبالغ		البيان
		شراء	بيع	$	المتيقن قبضه $	المتعين دفعه $	
15 يونيو 2000م	أول يوليو 2000	100		100		10 000	جملة المبالغ المتعاقد عليها
	" " "		100	90	9000		بيع للناقل بسعر التصفية
	" " "	100		90		9000	شراء إلى التصفية المقبلة
	" " "					45	بدل تأجيل 0.5%
أول يوليو 2000	15 يوليو 2000		100	110	11000		بيع بعد تحسن مركزه في التصفية التالية
					20000	19045	
					ربح	955	صافي ربحه بعد دفع بدل التأجيل وبعد تحسن السعر

ويبين مما تقدم أن المضارب قد تمكن من تحويل خسارته البالغة 1000$ إلى ربح قدره 955$ بعد نقل مركزه إلى التصفية التالية .

موقف الفقه الإسلامي من البيوع الآجلة :

للوقوف على موقف الفقه الإسلامي من البيوع الآجلة نعالج من خلال هذا المبحث المسائل التالية :

1- مدى اتصال العقد بأحكامه وآثاره .

2- حكم بيع الإنسان ما ليس عنده .

3- حكم بيع الإنسان ما لم يقبضه .

4- حكم بيع الكالئ بالكالئ .

5- حكم بدل التأجيل .

أولا : من حيث مدى اتصال العقد بأحكامه وآثاره :

تقدم القول في موضع سابق أنه ليست كل العقود تترتب عليها آثارها في الحال ، فبعض العقود تترتب عليها آثارها فور انعقادها ، وبعضها يتأخر ترتيب الأحكام عليه إلى زمن مستقبل يحدده المتعاقدان ، والبعض الآخر لا تترتب عليه أحكامه مطلقا وذلك إذا ما كان العقد معلقا على شرط غير محقق الحصول . وانتهينا إلى أن الأصل في العقود التنجيز إلا عقدي الوصية والإيصاء فإنهما مضافان دائما إلى ما بعد الموت . والعقد المنجز تترتب عليه آثاره الشرعية بمجرد انعقاده ، أما عن الأثر الشرعي الذي يترتب عليه عقد البيع فهو انتقال ملكية المبيع إلى المشتري وانتقال ملكية الثمن إلى البائع .

هذا من ناحية العقود المنجزة ، أما العقود المضافة إلى أجل ، وهي موضوع هذا المبحث فهي تلك العقود التي لا تتصل بآثارها وأحكامها . وإذا كانت بعض العقود لاتنعقد إلا مضافة إلى أجل فإن من العقود ما لا ينعقد بصيغة مضافة ولذا جرى تقسيم الفقهاء لهذه العقود من حيث انعقادها أو عدم انعقادها إلى عدة تقسيمات نتناولها على الوجه التالي :

1- عقود لا تكون إلا مضافة ، وهي عقود الوصية والإيصاء فإنها تكون دائما مضافة إلى ما بعد الموت ولا يمكن أن تتصل بأحكامها وآثارها .

2- عقود لا تنعقد بصيغة مضافة وهي العقود التي تفيد تمليك الأعيان في الحال كعقد البيع وعقد الزواج .

3- عقود يصح أن تكون منجزة ويصح أن تكون مضافة إلى المستقبل ، وهي عقود التمليكات التي لا يمكن تحقيق مقتضاها متصلة بصيغها كالإجارة والإعارة والمزارعة فإنها لتمليك المنافع ، والمنافع لا تملك دفعة واحدة [1].

ولما كانت العقود التي تفيد تمليك الأعيان في الحال كعقود البيع لا تنعقد بصيغة مضافة إلى أجل لأن هذه العقود إنما وضعت شرعا لإفادة التمليك والتملك في الحال ، فإذا كانت الصيغة غير مؤدية لذلك كانت غير محققة لهذا المقتضى ، فلا تدل على العقد فلا ينعقد بها [2].

وقد يقال إن السلطان الأول في إنشاء العقد وآثاره التي تترتب عليه هو لإرادة المتعاقدين ، لكن الفقه ينظر إلى الأمر نظرة أخرى ، وهي أن إرادة المتعاقدين هي التي تنشئ العقد حقا ، لكن الشريعة تتدخل في ترتيب ما لكل عقد من حكم وآثار [3]. فإذا ما كان العقد شريعة المتعاقدين في القانون الوضعي بالنسبة لآثاره وكل ما اشتمل عليه ما لم يكن مخالفا للنظام العام ، فكل ما ارتضاه العاقد من أحكام يكون صحيحا واجب الوفاء ولو انطوى على غبن فاحش . أما في الشريعة الإسلامية فالأمر مختلف تماما . وتفصيل ذلك أن الإرادة في الشريعة الإسلامية تنشئ العقد فقط ، بينما أحكام العقود و آثارها تكون من الشارع لا من العاقد ، فإفادة البيع نقل الملكية من البائع إلى المشتري واستحقاق البائع للثمن ، وغير ذلك من الأحكام ليس من ذات الإيجاب والقبول ولكن لأن الشارع جعل ذلك العقد طريقا لثبوت هذه الآثار . ومسألة أن آثار العقد لا تكون إلا بحكم من الشارع وأن العقود ما هي إلا أسباب جعلية شرعية لأحكامها وآثارها يكاد يجمع عليها الفقهاء ، وقد صرحت بهذا كتب الفقه وبينتها كتب الأصول وذكرتها كتب الفروع [4].

(1) الإمام محمد أبو زهرة ، الملكية ونظرية العقد في الشريعة الإسلامية ، مرجع سابق ، ص 261 – دار الفكر العربي.

(2) المرجع السابق ، ص 261

(3) د. محمد يوسف موسى ، الأموال ونظرية العقد في الفقه الإسلامي / ص410-411 ، دار الفكر العربي عام 1987 .

(4) المرجع السابق ، ص 412 ، الشيخ الإمام محمد أبو زهرة ، مرجع سابق ، ص 256 - 264 .

وبالنظر إلى العقود التي يتم إنشاؤها في أسواق البيوع الآجلة يبين من أول وهلة أن هذه العقود لا تترتب عليها آثارها فور إنشائها ، رغم أن عقد البيع من العقود التي تفيد التمليك في الحال ، حيث لا يتم عند إنشاء هذه العقود تسليم الثمن ولا المثمن ، وإنما تتأجل آثار العقد وأحكامه إلى يوم التصفية . ولذلك كانت صيغة العقد غير مؤدية لأحداث آثاره وأحكامه التي رتبها الشارع وكانت غير محققة لهذا المقتضى ، فلا تدل على العقد ، فلا تنعقد بها . ولكن عقد البيع من العقود التي تفيد تمليك الأعيان في الحال ، لذلك فإنه لا ينعقد بصيغة مضافة إلى أجل [1].

---

(1) ومن عجب أن ذهب أحد العلماء المعاصرين إلى الاستشهاد ببعض النصوص التي وردت في كتب الفروع عن بعض الأئمة الذين ارتضتهم الأمة لأمر دينها ، فراح يلوي أعناق تلك النصوص وهو بصدد الاستدلال على سلامة البيوع التي تتم في أسواق البيوع الآجلة عامدا إلى الخلط بين الألفاظ التي وردت في عبارات الفقهاء وأقاموا على أساسها الأحكام ، وذات الألفاظ التي شاع استعمالها في العلوم غير الشرعية والتي لا تدل على معانيها ، فقد ذهب الدكتور محمد الشحات الجندي صاحب كتاب معاملات البورصة في الشريعة الإسلامية إلى القول بالآتي :

تقوم المضاربة على التعامل الآجل فتعقد الصفقات بين البائع والمشتري على أن يتم التنفيذ في أجل محدد ، وهو ما يثير مدى شرعية البيع الآجل . وأردف قائلا : ولو أردنا التعرف على رأي الفقه في هذا النوع من التعامل لوجدنا الآتي :

يرى الحنفية أن البيع إلى أجل معلوم جائز .

بيوع الآجال جائزة عند المالكية إذا انتفت التهمة فيها.

يرى الشافعية أن من باع بثمن مؤجل لم يجز إلى أجل مجهول .

وانتهى إلى القول بالآتي :

إن ملاحظة رأي الفقهاء في البيع المؤجل نجد أنه يتردد بين الإباحة والحظر ، وإن كان الرأي الغالب هو إجازة البيع المؤجل على أن يكون الأجل معلوما ، وأن تتجه النية إلى تسليم البيع في الأجل المحدد .

وهذا الذي قاله لا أساس له ولا سند ، ولا دليل ولا برهان ، بل هو قول موغل في الغلط ، خالف فيما انتهى إليه ما أجمع عليه فقهاء الأمة سلفها وخلفها من عدم جواز بيع الأعيان إلى أجل إلا أن يكون سلما ، أما عن استدلاله بما ذكره الفقهاء في كتبهم فقد كان استدلالا باطلا وتحريفا للكلم عن مواضعه . فمن المعروف أن البيع الآجل الذي تناوله الفقهاء في أبواب البيوع ، هو البيع الذي تأجل فيه الثمن دون المثمون ، والبيع بهذا المعنى يختلف عن البيع الآجل في البورصات والذي لا يدل لفظه على معناه لغة ولا شرعا ، إذ يتأخر فيه تسليم المبيع كما يتأخر فيه تسليم الثمن إلى الأجل الذي حدده المتعاقدان ، فلا البائع يُملك المبيع للمشتري عند إنشاء العقد ، ولا =

وقد ذكر ابن رشد الحفيد الإجماع على عدم جواز بيع الأعيان إلى أجل فقال ، وأجمعوا على أنه لا يجوز بيع الأعيان إلى أجل ، وأن من شرطها تسليم المبيع إلى المبتاع بأثر عقد الصفقة [1].

ورغم أن الدكتور السنهوري عمد إلى تفنيد الإجماع بما ذكره ابن القيم في أعلام الموقعين بقوله " فلا الشارع أوجب أن يكون كل بيع مستحق التسليم عقيب العقد ، ولا العاقدان التزما ذلك ، بل تارة يعقدان العقد على هذا الوجه وتارة يشترطان التأخير إما في الثمن وإما في المثمن ، وقد يكون للبائع غرض صحيح ومصلحة في تأخير التسليم للمبيع ، كما كان لجابر رضي الله عنه غرض صحيح في تأخير تسليم بعيره إلى المدينة فكيف يمنعه الشارع ما فيه مصلحة له ولا ضرر على الآخر فيها إذ قد رضي بها كما رضي النبي ﷺ بتأخير تسليم البعير " [2]. وقد فند الإمام ابن حزم ما انتهى إليه ابن القيم في شأن حديث جابر واستثناء ركوب البعير ، فقال أما عن حديث جابر في الجمل وشرطه ظهره ، فركوب الجمل كان تطوعا من رسول الله ﷺ ، وإذ صح أن هذا البيع لم يتم ، ولم يوجد في شيء من ألفاظ ذلك الخبر أصلا أن البيع تم بذلك الشرط ، فقد بطل أن يكون في هذا الخبر حجة في جواز بيع الدابة واستثناء ركوبها أصلا [3]. زد على ذلك أن جمهور الفقهاء لا يجيزون أي شرط يخالف مقتضى العقد ، وما خالف عندهم مقتضى العقد فهو باطل ، فالنهي عن العقد قد يرد على أركانه ، كما قد يرد على شروطه ، وقد يرد على وصف يقترن بهذه الأركان ، فإذا ورد النهي على الأركان أو شرائطها بطل العقد .

ومع هذا لم يبد الدكتور السنهوري موافقته صراحة لما نقله عن الإمام ابن القيم ، بل راح يبرر ما أجمع عليه الفقهاء بالتالي :

= المشتري يُملك الثمن للبائع ، وهو ما يعني تأخر آثار العقد إلى يوم التصفية وهو اليوم المحدد للتنفيذ. ومثل هذه العقود التي تتعلق بالتمليكات لا يجوز إضافتها إلى أجل وإلا كانت غير مؤدية لإحداث آثار العقد التي رتبها الشارع ، وغير محققة لهذا المقتضى ، فلا ينعقد بها العقد ، وهو ما يعني أن عقد البيع من العقود التي لا يجوز إضافتها إلى أجل .

(1) بداية المجتهد ونهاية المقتصد لابن رشد الحفيد ، ج 2 ، ص 198 ، دار الكتب الحديثة – شارع الجمهورية

(2) أعلام الموقعين عن رب العالمين – المجلد الأول – مرجع سابق ، دار الحديث – خلف الجامع الأزهر – ص 359

(3) المحلى لابن حزم ، مرجع سابق ، ج 8 ، ص 418 – دار التراث .

وفي رأينا أن السبب في عدم جواز بيع الأعيان إلى أجل لا يرجع إلى الغرر ، بل يرجع إلى اعتبارات معروفة في الصياغة الفنية في الفقه الإسلامي . فالتأجيل لا يكون إلا في الديون إذ هي التي تحتملها الذمة ، أما الأعيان فلا تحتملها الذمة فلا يجوز في القياس تأجيلها[1].

ثانيـا : موقف الفقه الإسلامي من

1- بيع الإنسان ما لا يملك .

2- بيع الإنسان ما لم يقبض .

لما كانت السمة الغالبة للبيوع الآجلة أنها تتم على المكشوف ، بمعنى أن البائع لا يمتلك الأصول التي يبيعها ، ومن غير المعتاد أو المألوف امتلاكه لها ، فالبائع إنما يدخل السوق مضاربا على الهبوط [2] متوقعا انخفاض أسعار الأصول التي يتعاقد على بيعها عند حلول تاريخ التسوية أو ما

---

(1) د.عبد الرزاق أحمد السنهوري ، مصادر الحق في الفقه الإسلامي ، مرجع سابق ، ج 3 / 50 الهامش - دار إحياء التراث العربي .

(2) تناولنا في موضع سابق وبقدر كبير من الإسهاب والتفصيل مفهوم المضاربة عند الاقتصاديين ، وذكرنا أنها تنصرف إلى معنى واحد وهو التوقع ، ومن ثم تقدير فرص الكسب لاغتنامها ، واحتمالات الخسائر لتجنبها . وذكرنا أن البائع الذي يشتري في يومه ليبيع في غده يوصف بأنه مضارب على الهبوط ، بمعنى أنه يتوقع انخفاض أسعار الأصول التي يعرضها للبيع ، فيبيع في يومه بثمن مرتفع ، على أن يعاود في غده شراء ما باعه بثمن منخفض ليحقق بذلك ربحا رأسماليا لعدم تعلقها أو ارتباطها بربحية المنشأة أو نتائج أعمالها . أما المشتري في تلك السوق فيوصف بأنه مضارب على الصعود ، بمعنى أنه يتوقع ارتفاع أسعار الأصول التي يقرر شراءها ، فيشتري في يومه بثمن منخفض على أن يعاود في غده بيع ما اشتراه بثمن مرتفع محققا بذلك هامشا من الربح يتمثل في الفرق بين السعرين .

ومما يؤسف له أن لفظ المضاربة استخدم وشاع استخدامه بين عامة الناس وخاصتهم - إلا من عصمه اللـه - في غير معناه ليشير إلى المقامرات التي تجري في أسواق رأس المال وأسواق العقود الآجلة والمستقبلية ، ولم يكن هذا الأمر مستغربا ، فقد أشار ابن خلدون في مقدمته إلى أنه " لما فسدت ملكة اللسان العربي استعمل كثير من كلام العرب في غير موضعه ميلا مع هجنة المستعربين في اصطلاحاتهم المخالفة لصريح اللغة العربية (مقدمة ابن خلدون للعلامة عبد الرحمن بن خلدون ، ص 340 ، دار مكتبة الهلال ببيروت) واللغة العربية كما يقول الإمام الشاطبي من أهم العلوم الخادمة للشريعة وعلوم اللسان ، هادية للصواب ، إذ أنها فقه التعبد بالألفاظ الشرعية الدالة على معانيها كيف تؤخذ وتؤدى " الاعتصام للإمام أبي إسحق إبراهيم بن موسى بن محمد الشاطبي =

= الغرناطي – ج 2 ، ص 94/293 – دار مروان للطباعة والنشر والتوزيع " ولفظ المضاربة من الألفاظ الشرعية الدالة على معانيها وقد عرفها صاحب لسان العرب بالآتي:

المضاربة لغة : مأخوذة من الضرب في الأرض لطلب الرزق ، قال الله تعالى : وآخرون يضربون في الأرض يبتغون من فضل الله ﴿ وَءَاخَرُونَ يَضْرِبُونَ فِى ٱلْأَرْضِ يَبْتَغُونَ مِن فَضْلِ ٱللَّهِ ﴾ [المزمل: 20] ، ويقال فلان يضرب المجد أي يكسبه ويطلبه ، والطير الضوارب التي تطلب الرزق وقال وهي مفاعلة من الضرب في الأرض والسير فيها للتجارة (لسان العرب لابن منظور ، مرجع سابق ، مادة ضرب ، ص 2566 طبعة دار المعارف)

أما المعجم الوسيط فقد عرف المضاربة بالآتي :

كلمة المضاربة مشتقة من الفعل ضارب ، ويقال ضارب لفلان في ماله أي اتجر له فيه على أن له حصة معينة من الربح ، " وضارب في السوق " أي اشترى في الرخص وتربص حتى يرتفع السعر ، وأضاف المعجم أنها كلمة مستحدثة .(المعجم الوسيط لمجمع اللغة العربية ، مادة ضرب ، ص 557 – شركة الإعلانات الشرقية).

وقال الإمام أبو الحسن الماوردي " اعلم أن القراض والمضاربة اسمان لمسمى واحد ، فالقراض لغة أهل الحجاز ، والمضاربة لغة أهل العراق وفي تسميته قراضا تأويلان ، أحدهما وهو تأويل البصريين أنه سمي بذلك لأن رب المال قطعه من ماله ، والقطع يسمى قراضا والتأويل الثاني وهو تأويل البغداديين أنه سمي قراضا لأن لكل واحد منهما صنعا كصنع صاحبه في بذل المال من أحدهما ووجود العمل من الآخر .أما المضاربة ففي تسميتها بذلك تأويلان : أحدهما أنها سميت بذلك لأن كل واحد منهما يضرب في الربح بسهم ، والثاني أنها سميت بذلك لأن العامل يتصرف فيها برأيه واجتهاده (المضاربة للإمام أبي الحسن علي بن محمد بن حبيب الماوردي ، ص 117 / 118 – دار الوفاء للطباعة والنشر – القاهرة)

أما المضاربة في الاصطلاح فقد تم تعريفها بالآتي :

المضاربة اصطلاحا :

قال ابن قدامة الحنبلي المضاربة وتسمى قراضا أيضا ومعناها أن يدفع رجل ماله إلى آخر يتجر له فيه على أن ما حصل من الربح بينهما حسب ما يشترطانه ، قال وأجمع أهل العلم على جواز المضاربة في الجملة .(المغني لابن قدامة ، مرجع سابق ، ص 26 – مكتبة جمهورية مصر – الحسين)

أما البهوتي صاحب كشاف القناع عن متن الإقناع ، فقد عرف المضاربة في كتابه (الروض المربع شرح زاد المستقنع) بالآتي : المضاربة من الضرب في الأرض ، وهو السفر للتجارة – قال الله تعالى " وآخرون يضربون في الأرض يبتغون من فضل الله " (المزمل آية 20) وتسمى قراضا ومعاملة وهي دفع مال معلوم (لمُتجر) أي لمن يتجر (به ببعض ربحه)أي بجزء مشاع معلوم منه " الروض المربع شرح زاد المستنقع لمنصور بن يونس البهوتي – ص 402 – دار المؤيد – مؤسسة الرسالة ".

أما صاحب القوانين الفقهية المالكي فعرف المضاربة بالآتي :" القراض ويسميه العراقيون المضاربة ، وصفته أن يدفع رجل مالا لآخر ليتجر به ويكون الفضل بينهما حسبما يتفقان عليه من النصف أول الثلث أو الربع، =

أما صاحب كفاية الأخبار الشافعي فعرف المضاربة بالآتي :

يطلق عليه البعض تاريخ التصفية ، وأنه سيكون بوسعه حينئذ شراء ذات الأصول التي سبق التعاقد على بيعها بسعر أقل من السعر الذي باع به ، محققا بذلك هامشا من الربح يتمثل في الفرق بين سعري البيع والشراء ، ومن هنا يمكن تكييف البيع الآجل على أنه :

1- بيع الإنسان لما ليس عنده .

2- بيع الإنسان ما لم يقبض .

أما عن كونه ينطوي على بيع الإنسان ما ليس عنده ، فلأن المعقود عليه لم يكن في حيازة البائع عند إنشاء العقد ، ولا يعد الشيء موجودا إن كان محتمل الوجود أو لم يكن وجوده يقينا. وأما عن كونه ينطوي على بيع الإنسان ما لم يقبض ، فلأن البائع باع ما لم يكن في ملكه ، وغلب على ظنه أنه سيكون بمقدوره أن يشتري من السوق الأصل الذي تعاقد على بيعه ، سواء كان أصلا ماليا أو أصلا عينيا ملموسا .

= وذلك بعد إخراج رأس المال . " القوانين الفقهية لمحمد بن أحمد بن جزي الكلبي الغرناطي ، ص 186 ، مطبعة النهضة بتونس عام 1926 ".

" القراض والمضاربة بمعنى واحد ، والقراض مشتق من القرض وهو القطع لأن المالك قطع قطعة من ماله ليتجر فيها وقطعة من ربحه ، وحده في الشرط عقد على نقد ليتصرف فيه العامل بالتجارة فيكون الربح بينهما على حسب الشرط من مساواة أو مفاضلة " (كفاية الأخبار في حل غاية الاختصار لأبي بكر محمد بن الحسيني - ص 301 - دار إحياء الكتب العربية - عيسى البابي الحلبي وشركاه)

أما صاحب بداية المبتدى الحنفي فقد عرف المضاربة بالآتي : " المضاربة عقد على الشركة بمال أحد الجانبين والعمل من الجانب الآخر ولا تصح إلا بالمال الذي تصح به الشركة ومن شرطها أن يكون الربح بينهما مشاعا لا يستحق أحدهما دراهم مسماة ، ولا بد أن يكون المال مسلما للمضارب " (بداية المبتدى في فقه الإمام أبي حنيفة لعلي بن أبي بكر بن عبد الجليل الميرغنتاني ، مرجع سابق ، ج 1 ، ص 178)

وذكر ابن المنذر في الإجماع الآتي : " وأجمعوا على أن القراض بالدنانير والدراهم جائز ، وأجمعوا على أن للعامل أن يشترط على رب المال ثلث الربح أو نصفه أو ما يجتمعان عليه بعد أن يكون ذلك معلوما جزءا من أجزاء "(الإجماع لابن المنذر ، ص 58 - دار الكتب العلمية - بيروت) .

أولا موقف الفقه الإسلامي من بيع الإنسان ما ليس عنده :

الحنفية :

* قال صاحب الهداية شرح بداية المبتدى :

قال ، ولا يجوز بيع السمك قبل أن يصطاد لأنه باع ما لا يملكه ولا في حظيرة إذا كان لا يؤخذ إلا بصيد مقدور التسليم ، ومعناه إذا أخذه ثم ألقاه فيها ولو كان يؤخذ من غير حيلة جاز إلا إذا اجتمعت فيها بأنفسها ولم يسد عليها المدخل لعدم الملك [1].

* وقال صاحب فتح القدير ، (قوله ولا يجوز بيع السمك في الماء) ، بيع السمك في البحر أو النهر لا يجوز ، فإن كانت له حظيرة فدخلها السمك ، فإما أن يكون أعدها لذلك فما دخلها ملكه وليس لأحد أن يأخذه ، ثم إن كان يؤخذ بغير حيلة اصطياد جاز بيعه لأنه مملوك مقدور التسليم ، وإن لم يكن يؤخذ إلا بحيلة لا يجوز بيعه لعدم القدرة على التسليم عقيب البيع ، وإن لم يكن أعدها لذلك لا يملك ما يدخل فيها فلا يجوز بيعه لعدم الملك [2].

* أما صاحب حاشية ابن عابدين :

فقد عقب على بيع العشب والكلأ ، فقال إن الكلأ ما لا ساق له والشجر له ساق فلا تدخل فيه حتى يجوز بيعها إذا نبتت في أرضه لكونها ملكه ، وصرح منلاخسرو بفساد هذا البيع وصرح في شرح الوقاية ببطلانه وعلله بعدم الإحراز ، وكأن الشارح لما رأى القول بالفساد معللا بعدم الملك حمله على أن المراد به البطلان **لأن بيع ما لا يملك باطل** كما علم مما مر ولكنه لا يوافق غرض المصنف فلعدم الملك لاشتراك الناس فيه اشتراك إباحة لا ملك فلأنه لا يحصل للمشتري فيه فائدة لأنه لا يتملكه بدون بيع [3].

---

(1) الهداية شرح بداية المبتدئ لعلي بن أبي بكر بن عبد الجليل الميرغيناني أبو الحسين ، مرجع سابق ، ج 3 ، ص43 ، المكتبة الإسلامية ، بيروت .

(2) شرح فتح القدير لمحمد بن عبد الواحد السيواسي ، ج 6 ، ص 410 ، دار الفكر ، بيروت.

(3) رد المحتار على الدر المختار على متن تنوير الأبصار لمحمد أمين بن عمر بن عابدين المشهور بكتاب حاشية ابن عابدين ، ج 5 ، ص 66 - دار الفكر - بيروت.

الشافعية :

* قال المزني ، قال الشافعي أخبرنا مالك عن أبي حازم بن دينار عن ابن المسيب أن رسول الــله صلى الــله عليه وسلم نهى عن بيع الغرر ... قال ، ومن بيوع الغرر عندنا بيع ما ليس عندك وبيع الحمل في بطن أمه والعبد الآبق والطير والحوت قبل أن يصادا وما أشبه ذلك [1].

* وقال صاحب المهذب في حكم بيع ما لا يملك :

" ولا يجوز بيع ما لا يملكه بغير إذن مالكه لما روى حكيم بن حزام أن النبي صلى الــله عليه وسلم **قال لا تبع ما ليس عندك** ولأن ما لا يملكه لا يقدر على تسليمه فهو كالطير في الهواء أو كالسمك في الماء " [2].

المالكية :

فتشت في أغلب كتب فقه المالكية عن حكم بيع الإنسان ما ليس عنده ، فلم أقف على نص صريح في هذا الصدد إلا أنه استوقفني ما ذكره صاحب الفواكه الدواني وهو :

" أما السمك في الماء والطير في الهواء فهو ممتنع إجمالا " [3] وبإمعان النظر في النص المتقدم ، رأينا أن علة المنع هنا لا تخرج عن إحدى اثنتين :

الأولى : إما لكونه غررا ، بمعنى أن المعقود عليه يتردد بين الوجود والعدم أو بين الحصول وعدم الحصول أو بين الحصول والفوات .

الثانية : وإما لكونه غير مملوك لصاحبه عند إنشاء العقد ، كما صرح بذلك صاحب الهداية بأنه لا يجوز بيع السمك في الماء قبل أن يصطاد لأنه باع ما لا يملكه ، أو ما صرح به صاحب فتح القدير بعدم جواز بيعه لعدم الملك [4].

أما الكتاب الثاني من كتب المالكية الذي تناول مسألة ملكية المعقود عليه للبائع عند إنشاء

---

(1) مختصر المازني بهامش كتاب الأم للإمام الشافعي ، ج 2، ص 204 طبعة مصورة عن طبعة بولاق 1321هـ.

(2) المهذب في فقه الإمام الشافعي ، إبراهيم بن علي يوسف الشيرازي أبو إسحاق ، ج 1 ، ص 262 – دار الفكر – بيروت .

(3) الفواكه الدواني على رسالة أبي زيد القيرواني ، مرجع سابق ، ج 2 ، ص 80 .

(4) الهداية ، مرجع سابق ، ج 3 ص 43 ، شرح فتح القدير للسيواسي ، مرجع سابق ، ج 6 ، ص 410 .

العقد فهو كتاب الشرح الصغير بقوله : " وبقي من شروط اللزوم أن يكون العاقد مالكا أو وكيلا عنه وإلا فهو صحيح غير لازم " [1].

ويستفاد من النص المتقدم أن البيع يكون صحيحا ولو لم يكن المعقود عليه مملوكا للبائع عند إنشاء العقد غير أنه لا يكون لازما وغير اللازم هو ما يستقل أحد طرفيه بفسخه ويعبر عنه عند الحنفية بالجائز .

ومع هذا فليس بوسع باحث أن يغفل أو يتجاهل ما ذكره الإمام الشيخ محمد أبو زهرة في كتابه القيم الملكية ونظرية العقد - وذلك من قبيل أمانة العرض - ولو كان ذلك مشكلا في البحث حيث ذكر فضيلته الآتي :

" وقد كان مذهب مالك أقل تمسكا بشرطية وجود المعقود عليه لينعقد العقد ، فأجاز العقد على معدوم سيوجد إذا كان العقد عقد تبرع كالوقف والهبة ، ولم يجز العقد إلا على موجود في عقود المعاوضات ولو كان سيوجد لأن ذلك يؤدي إلى الغرر والقمار في عقود المعاوضات " [2].

والنص المتقدم يستفاد منه خلافا لما ذكره صاحب الشرح الصغير - عدم جواز بيع الإنسان ما لا يملكه أو ما ليس عنده .

وهذا ما أميل إليه ويستقيم مع ما ذكره صاحب الفواكه الدواني : أن بيع السمك في الماء والطير في الهواء ممتنع إجمالا " [3] والعلة الظاهرة لكونه معدوما عند إنشاء العقد ، وبمعنى آخر ليس في ملك البائع عند إنشاء العقد .

الحنابلة :

* قال صاحب المغني :

---

(1) الشرح الصغير على أقرب المسالك لمذهب الإمام مالك للشيخ أحمد بن محمد بن أحمد الدردير ، ج 4 ، ص 19 ، مطبعة عيسى البابي الحلبي وشركاه .

(2) الإمام الشيخ محمد أبو زهرة ، الملكية ونظرية العقد ، مرجع سابق ، ص 268/267 قال والنص منقول من رسالة العقود والشروط للشيخ أحمد إبراهيم بك .

(3) الفواكه الدواني على رسالة أبي زيد القيرواني ، مرجع سابق ، ج 2 ، ص 80 .

" إذا باع طائرا في الهواء لم يصح مملوكا أو غير مملوك ، أما المملوك فلأنه غير مقدور عليه ، وغير المملوك فلا يجوز لعلتين إحداهما العجز عن تسليمه والثانية أنه غير مملوك له " [1].

وذكر في موضع آخر قول النبي صلى الله عليه وسلم لحكيم بن حزام " **لا تبع ما ليس عندك** " قال ، رواه ابن ماجة والترمذي ، وقال حديث حسن صحيح ، يعني ما لا تملك ، لأنه ذكره جوابا له حين سأله أنه يبيع الشيء ثم يمضي فيشتريه ويسلمه [2].

وقال ولا يجوز أن يبيع عينا لا يملكها ليمضي ويشتريها ويسلمها ، رواية واحدة ، وهو قول الشافعي ، ولا نعلم فيه مخالفا لأن حكيم بن حزام قال للنبي صلى الله عليه وسلم " إن الرجل يأتيني فيلتمس من البيع ما ليس عندي ، فأمضي إلى السوق فأشتريه ثم أبيعه منه " ، فقال النبي صلى الله عليه وسلم " **لا تبع ما ليس عندك** " [3].

* وقال صاحب الروض المربع :

ويشترط في صحة البيع سبعة شروط " وذكر في الرابع منها " أن يكون العقد من مالك للمعقود عليه أو من يقوم مقامه كالوكيل والولي لقوله صلى الله عليه وسلم لحكيم بن حزام :" **لا تبع ما ليس عندك** " قال ، رواه ابن ماجة والترمذي وصححه [4].

* وقال صاحب كتاب الإرشاد إلى سبيل الرشاد :

" ولا يبيع ما ليس عنده ، فإن فعل كان البيع باطلا لقول النبي صلى الله عليه وسلم لحكيم بن حزام " **لا تبع ما ليس عندك** " [5].

* وقال ابن القيم :

(1) المغني لابن قدامة ، مرجع سابق ، ص 151 ، ج4 ، مسألة 3049 ، الناشر مكتبة القاهرة ، الصنادقية بالأزهر .

(2) المرجع السابق ، مسألة 3054 ، ص 154 ، 155

(3) المرجع السابق ، مسألة 3055 ، ص 155

(4) الروض المربع شرح زاد المستقنع للبهوتي ، مرجع سابق ، كتاب البيع ص 307

(5) الإرشاد إلى سبيل الرشاد للشريف محمد بن أحمد بن محمد بن أبي موسى الهاشمي ، كتاب البيوع وما يتعلق بالبيوع ، ص 199 ، الناشر مؤسسة الرسالة -القاهرة .

" وبيع الإنسان ما ليس عنده من قسم القمار والميسر لأنه قصد أن يربح على هذا لما باعه ما ليس عنده والمشتري لا يعلم أنه يبيعه ثم يشتري من غيره ، وأكثر الناس لو علموا ذلك لم يشتروا منه بل يذهبون ويشترون من حيث اشترى "[1].

الظـاهـرية :

* يرى ابن حزم أن عدم القدرة على تسليم المعقود عليه لا تفسد البيع إذا صح الملك عليه قبل ذلك وإلا فلا يحل بيعه فقال : بيع العبد الآبق عرف مكانه أو لم يعرف جائز ، وكذلك بيع الجمل الشارد عرف مكانه أو لم يعرف ، وكذلك الشارد من سائر الحيوان ، ومن الطير المنفلت وغيره إذا صح الملك عليه قبل ذلك ، وإلا فلا يحل بيعه . قال وأتينا بالبرهان على وجوب بيع الغائبات[2] .

ويستفاد مما تقدم أيضا أن الظاهرية لا يجيزون بيع الإنسان ما لا يملكه .

الـزيـديـة :

* قال صاحب الروضة الندية شرح الدرر البهية :

ولا يحل بيع ما ليس عند البائع لحديث حكيم ابن حزام قال " قلت يا رسول الـلـه يأتيني الرجل فيسألني عن البيع ليس عندي أبيعه منه ثم ابتاعه من السوق فقال صلى الـلـه عليه وسلم:"**لا تبع ما ليس عندك**" قال ، أخرجه أحمد وأهل السنن وصححه الترمذي وابن ماجة ، والمراد بقول ما ليس عندك أي ليس في ملكك وقدرتك ، وفي بيع ما ليس عنده بيع مال غيره بغير إذنه لأنه غرر لا يدري هل يجيزه غيره أو لا وهو قول الشافعي[3].

* وقال صاحب السيل الجرار المتدفق على حدائق الأزهار :

" واعلم أن الشارع قد نهى عن بيع المعدوم على العموم ، فقال لحكيم بن حزام لما قال له:

---

(1) رسالة القياس في الشرع الإسلامي لابن القيم ، مرجع سابق ، ص 46/38 دار الآفاق الجديدة -بيروت ، وأعلام الموقعين عن رب العالمين لابن القيم ج1 ص 357 مرجع سابق وزاد المعاد ج 4 ص 262 مرجع سابق

(2) المحلي لابن حزم ، مرجع سابق ، ص 390/388 .

(3) الروضة الندية شرح الدرر البهية لأبي الطيب صديق بن حسن بن علي الحسيني القنوجي البخاري ، ج2 ، ص 106 ، مكتبة دار التراث 22 ش الجمهورية القاهرة .

يا رسول اللـه " يأتيني الرجل فيسألني عن البيع ليس عندي أبيعه منه ثم أبتاعه من السوق ؟ فقال صلى اللـه عليه وسلم : " لا تبع ما ليس عندك " أخرجه أحمد وأهل السنن ، وقال الترمذي حسن صحيح ، وأخرجه ابن حبان في صحيحه ، وقد روى من غير وجه عن حكيم ⁽¹⁾ .

* وقال في نيل الأوطار في باب بيع ما لا يملكه ليمضي فيشتريه ويسلمه " عن حكيم بن حزام قال ، قلت يا رسول اللـه يأتيني الرجل فيسألني عن البيع ليس عندي ما أبيعه منه ، ثم أبتاعه من السوق ، فقال صلى اللـه عليه وسلم :"لا تبع ما ليس عندك" ، رواه الخمسة . قال الحديث أخرجه أيضا ابن حبان في صحيحه وقال الترمذي حسن صحيح ، وقد روي من غير وجه عن حكيم ا . هـ .

قال وقوله " لا تبع ما ليس عندك " أي ما ليس حاضرا عندك ولا غائبا في ملكك وتحت حوزتك " ⁽²⁾

وما ذكره الشوكاني يستقيم مع مقصود النص وعلة النهي يتفق والفطرة التي خلق اللـه الناس عليها . والنص ظاهره التحريم لما لم يكن في ملك الإنسان ولا داخلا تحت مقدرته لتسليمه لمن يشتريه .

بيع الإنسان ما ليس عنده عند أهل السنن وأصحاب الحديث ⁽³⁾ .

* سنن الترمذي :

" حدثنا قتيبة – حدثنا هشيم عن أبي بشر عن يوسف بن ماهك عن حكيم بن حزام قال: أتيت رسول اللـه صلى اللـه عليه وسلم فقلت يأتيني الرجل فيسألني من البيع ما ليس عندي أبتاع له من السوق ثم أبيعه ، **قال لا تبع ما ليس عندك** " (الحديث 1153) .

_____

(1) السيل الجرار المتدفق على حدائق الأزهار لشيخ الإسلام محمد بن علي الشوكاني ج 3 ص 15 – طبعة المجلس الأعلى للشئون الإسلامية 1415 هـ 1994 م .

(2) نيل الأوطار شرح منتقى الأخبار من أحاديث سيد الأخيار محمد بن علي بن محمد الشوكاني ، ج 5 ، ص 166 – مكتبة الدعوة الإسلامية ، شباب الأزهر .

(3) المصدر : موسوعة الحديث الشريف – ترقيم العالمية ، ورواه صاحب نيل الأوطار في باب النهي عن بيع مالا يملكه فيمضي فيشتريه ويسلمه ، ص 155 ، ج 5 ، مرجع سابق .

* وفي سنن أبي داود :

" حدثنا أبو عوانة عن أبي بشر عن يوسف بن ماهك عن حكيم بن حزام قال يا رسول اللـه صلى اللـه عليه وسلم يأتيني الرجل فيريد مني البيع ليس عندي أفأبتاعه له من السوق ، فقال: **"لا تبع ما ليس عندك "** (الحديث رقم 14773).

* وفي سنن النسائي :

" حدثنا زياد بن أيوب ، قال حدثنا أبو بشر عن يوسف بن ماهك عن حكيم بن حزام قال ، سألت رسول اللـه صلى اللـه عليه وسلم فقلت يأتيني الرجل فيسألني من البيع ما ليس عندي أبيعه منه ثم أبتاعه من السوق ، قال: **" لا تبع ما ليس عندك "** (الحديث رقم 4534).

* وابن ماجة في التجارات :

" حدثنا محمد بن بشار ، حدثنا محمد بن جعفر ، حدثنا شعبة عن أبي بشر ، قال سمعت يوسف بن ماهك يحدث عن حكيم بن حزام قال ، قلت يا رسول اللـه الرجل يسألني البيع وليس عندي أفأبيعه قال : **"لا تبع ما ليس عندك "** (الحديث رقم 2178).

حكم بيع الإنسان ما لم يقبض في الفقه الإسلامي :

1 ـ الحنفيـــة :

* قال شمس الدين السرخسي صاحب المبسوط وبيع المبيع قبل القبض لا يجوز لحديث عمرو بن شعيب عن أبيه عن جده أن النبي صلى اللـه عليه وسلم نهى عن بيع ما لم يقبض ، ولما بعث رسول اللـه صلى اللـه عليه وسلم غياث بن أسد - رضي اللـه عنه - قاضيا وأميرا ، قال انههم عن أربعة :

* بيع ما لم يقبضوا .

* وعن ربح مالم يضمنوا .

* وعن شرطين في بيع .

* وعن بيع وسلف [1].

(1) المبسوط لشمس الدين السرخسي المجلد السادس ج 12 ، ص 163 - دار المعرفة للطباعة والنشر ببيروت

وقال ، وليس لمشتري الطعام أن يبيعه قبل أن يقبضه لما روي أن النبي صلى الـلـه عليه وسلم نهى عن بيع الطعام قبل أن يقبض ، وكذلك ما سوى الطعام من المنقولات لا يجوز بيعه قبل القبض عندنا ، وقال مالك - رضي الـلـه عنه - يجوز لأن النبي صلى الـلـه عليه وسلم خص الطعام بالذكر عند النهي فذلك دليل على أن الحكم فيما عداه بخلافه ، وإلا فليس لهذا التخصيص فائدة ، وحجتنا ما روي عن النبي صلى الـلـه عليه وسلم أنه نهى عن بيع ما لم يقبض (وقال) صلى الـلـه عليه وسلم لغياث بن أسد حين وجهه إلى مكة قاضيا وأميرا ، سر إلى أهل بيت الـلـه وانههم عن بيع ما لم يقبضوا ، وكلمة ما للتعميم فيما لا يعقل ، ثم تخصيص الشيء بالذكر عندنا لا يدل على أن الحكم فيما عداه بخلافه ، قال الـلـه تعالى : ﴿ فَلَا تَظْلِمُوا۟ فِيهِنَّ أَنفُسَكُمْ ﴾ وذلك لا يدل على أنه يجوز ذلك في غير الأشهر الحرم ، كيف وراوي هذا الحديث ابن عباس رضي الـلـه عنهما (وقال) به روايته وأحسب كل شيء مثله ، والكلام في هذه المسألة ينبني على أصل وهو أنه عند مالك فيما سوى الطعام البيع لا يبطل بهلاك المعقود عليه قبل القبض وعندنا يبطل لفوات القبض المستحق بالعقد كما في الطعام [1].

* وقال صاحب الاختيار لتعليل المختار

قال : (لا يجوز بيع المنقول قبل القبض) لأنه صلى الـلـه عليه وسلم نهى عن بيع ما لم يقبض ، ولأنه عساه يهلك فينفسخ البيع فيكون غررا ، وكذا كل ما ينفسخ العقد بهلاكه كبدل الصلح والإجارة لما ذكرنا وما لا ينفسخ العقد بهلاكه يجوز التصرف فيه قبل القبض كالمهر وبدل الخلع والصلح عن دم العمد لأنه غرر فيه [2].

2 ـ الشـافعيـة :

روي الإمام الشافعي في الأم عن سفيان بن عيينة عن عمرو بن دينار عن طاوس عن ابن عباس رضي الـلـه عنهما قال " أما الذي نهى عنه رسول الـلـه صلى الـلـه عليه وسلم أن يباع حتى يقبض الطعام ، قال ابن عباس برأيه ولا أحسب كل شيء إلا مثله ، قال الشافعي وبهذا نأخذ ، فمن ابتاع شيئا كائنا ما كان

---

(1) المرجع السابق ، المجلد السابع ، ج 13 ، ص 8 ، والحديث أخرجه البيهقي في السنن الكبرى ج5،ص313

(2) الاختيار تعليل المختار للإمام عبد الـلـه محمود بن موردين محمد أبي الفضل محمد الدين الموصلي المتوفى 683 هـ ص 9 كتاب البيوع ، طبعة الأزهر الشريف 1420 هـ - 99 / 2000 م .

فليس له أن يبيعه حتى يقبضه [1].

* وقال صاحب كفاية الأخيار الشافعي فيما يحرم من البيوع :

" ولا بيع ما ابتاعه حتى يقبضه ، تقدير الكلام ، ولا يجوز بيع الذي ابتاعه حتى يقبضه سواء كان عقارا أو غيره ، أذن فيه البائع أم لا ، وسواء أعطى المشتري الثمن أم لا ، وحجة ذلك ما روى حكيم بن حزام قال : قلت يا رسول اللـه إني أبتاع هذه البيوع فما يحل لي وما يحرم علي ، قال يا ابن أخي ، لا **تبيعن شيئا حتى تقبضه** ، قال البيهقي إسناده متصل وفيه أحاديث أخر" [2].

* وقال صاحب المهذب :

" ولا يجوز بيع ما لم يستقر ملكه عليه كبيع الأعيان المملوكة بالبيع والإجارة والصداق وما أشبهها من المعاوضات قبل القبض [3].

3 ـ المـالكيـــة :

* قال صاحب القوانين الفقهية :

في باب " بيع الطعام قبل قبضه " ، فمن اشترى طعاما أو صار له بإجارة أو صلح أو أرش جناية أو صار لامرأة في صداقها فلا يجوز له أن يبيعه حتى يقبضه ويجوز له أن يهبه أو يسلفه قبل قبضه [4].

* وقال صاحب كفاية الطالب الرباني :

" ومن ابتاع طعاما ربويا كان أو غيره فلا يجوز بيعه قبل أن يستوفيه لما صح من نهيه صلى اللـه عليه وسلم عن

---

(1) الأم للإمام الشافعي ، مرجع سابق ، ج 3 ، ص 60 .

(2) كفاية الأخيار حل في غاية الاختصار للإمام تقي الدين أبي بكر الحسيني الدمشقي الشافعي ، ج 1 ، ص 247 – عيسى البابي الحلبي وشركاه .

(3) المهذب في فقه الإمام الشافعي للشيرازي ، مرجع سابق ، ج 1 ، ص 262 .

(4) القوانين الفقهية لابن جزي : محمد بن أحمد بن جزي الكلبي الغرناطي ج 1 ، ص 170 – مطبعة النهضة بتونس 1926 .

ذلك واحترز بالطعام عن غيره فإنه يجوز قبل قبضه [1].

* وقال صاحب الكافي في فقه أهل المدينة :

" كل ما اشتريت من العروض كلها الحيوان والعقار والثياب وغير ذلك ما خلا المبيع من الطعام على الكيل فلا بأس عند مالك أن يبيع ذلك كله قبل أن يقبضه " [2].

* أما صاحب بداية المجتهد ونهاية المقتصد :

فقد خالف فقهاء المالكية فيما انتهوا إليه أن غير الطعام يجوز بيعه قبل القبض بقوله :

" أما ما كان بيعا بعوض فلا خلاف في اشتراط القبض فيه وذلك في الشيء الذي يشترط فيه القبض واحد من العلماء. وأما ما كان خالصا للرفق : أعني القرض ، فلا خلاف أيضا أن القبض ليس شرطا في بيعه ، أعني أنه يجوز للرجل أن يبيع القرض قبل أن يقبضه [3].

4- الحنـــابلـة :

* قال صاحب الإرشاد إلى سبيل الرشاد :

" ومن ابتاع ما ليس بمكيل ولا موزون فله بيعه قبل قبضه وكذلك العقار" [4].

* وقال صاحب الروض المربع شرح زاد المستقنع :

(ومن اشترى قليلا ونحوه) وهو الموزون والمعدود والمزروع (صح) البيع ولزم بالعقد حيث لا خيار (ولم يصح تصرفه فيه) ببيع أو هبة أو إجارة أو رهن أو حوالة (حتى يقبضه) لقوله صلى الله عليه وسلم "**من ابتاع طعاما فلا يبيعه حتى يستوفيه** " متفق عليه ، قال (وما عداه) أي عدا ما اشترى بكيل أو وزن أو عد أو ذرع ، كالعبد والدار (يجوز المشتري فيه قبل قبضه) [5].

---

(1) كفاية الطالب لأبي حسن المالكي ، مرجع سابق، ج 2 ، ص 191 ، دار الفكر ، بيروت

(2) الكافي في فقه أهل المدينة لابن عبد البر ، مرجع سابق ، ص 319 باب بيع ما اشترى قبل أن يقبض .

(3) بداية المجتهد ونهاية المقتصد لابن رشد الحفيد ، مرجع سابق ، ج 2 ، ص 184 .

(4) الإرشاد إلى سبيل الرشاد ، مرجع سابق ، كتاب البيوع ، ص 187 .

(5) الروض المربع شرح زاد المستقنع ، مرجع سابق ، ص 337/336 .

* إلا أن ما ورد عن فقهاء الحنابلة ليس محل اتفاق تماما فقد ذكر صاحب المغني :

قال من اشترى ما يحتاج إلى قبضة لم يجز بيعه حتى يقبضه وكل ما يحتاج إلى قبض إذا اشتراه لم يجز بيعه حتى يقبضه لقول النبي صلى الـلـه عليه وسلم "**من ابتاع طعاما فلا يبعه حتى يستوفيه**" متفق عليه ، ولم أعلم بين أهل العلم خلافا..وأما غير ذلك فيجوز بيعه قبل قبضه في أظهر الروايتين ويروى مثل هذا عن عثمان بن عفان رضى الـلـه عنه، وسعيد بن المسيب والحكم وحماد والأوزاعى وإسحق.

إلا أنه ذكر رواية أخرى لأحمد "لا يجوز بيع شيء قبل قبضه واختاره ابن عقيل" وهذا الذي ذكره ابن عقيل ما ندين الـلـه عليه لقول رسول الـلـه صلى الـلـه عليه وسلم لغياث بن أسد حينما بعثه إلى مكة قاضيا وأميرا **انههم عن بيع ما لم يقبضوا وربح ما لم يضمنوا**.وهذا عام فى الطعام وغير الطعام وهو أيضا ما ذكره ابن عباس الذي روى الحديث "ولا أحسب كل شيء إلا مثله" [1].

5 ـ الظـاهـرية:

ذكر ابن حزم حديث رسول الـلـه صلى الـلـه عليه وسلم" **إذا ابتعت بيعا فلا تبعه حتى تقبضه** ، قال والقول فيه كالقول في الآية ﴿ **وَأَشْهِدُوٓاْ إِذَا تَبَايَعۡتُمۡ** ﴾ [البقرة: 282] سواء سواء لأنه لا بيع بينهما إلا بعد التفرقة أو التخيير ،وإلا فلم يبتع المبتاع أصلا ولا باع البائع البتة.

وما يستفاد من قوله موافقته على ما ذهب إليه الفقهاء رغم محاولة الانتقاص من شأن ما ذكروه بعبارات ملتوية مثل قوله وإن رغمت أنوف المخالفين [2].

بيع الإنسان ما لم يقبض عند أصحاب الحديث

روى البخاري في صحيحه في باب بيع الطعام قبل أن يقبض وبيع ما ليس عندك : [3]

* "حدثنا علي بن عبد الـلـه حدثنا سفيان ، قال الذي حفظناه من عمرو بن دينار سمع طاوسا يقول سمعت ابن عباس -رضي الـلـه عنهما- يقول : أما الذي نهى عنه النبي صلى الـلـه عليه وسلم فهو الطعام أن يباع

---

(1) المغنى لابن قدامة ،مرجع سابق،ص 86 ، الحديث سبق تخريجه.

(2) المحلى لابن حزم ،مرجع سابق ج 8،ص358 .

(3) البخاري بشرح السندي،ج،كتاب البيوع،ص 16 دار إحياء الكتب العربية ، عيسى الباب الحلبي وشركاه.

حتى يقبض، قال ابن عباس ولا أحسب كل شيء إلا مثله.

* وقال حدثنا عبد الله بن مَسْلَمة حدثنا مالك عن نافع عن ابن عمر -رضى الله عنهما- أن النبي صلى الله عليه وسلم قال: **"من ابتاع طعاما فلا يبعه حتى يستوفيه"** زاد إسماعيل **من ابتاع طعاما فلا يبعه حتى يقبضه.**

* وقال حدثنا يحيى بن بُكيْر حدثنا الليث عن ابن يونس عن ابن شهاب قال أخبرني سالم بن عبد الله أن ابن عمر -رضي الله عنهما- قال لقد رأيت الناس في عهد رسول الله صلى الله عليه وسلم يبتاعون جزافا يعني الطعام يُضربون أن يبيعوه في مكانهم حتى يؤووه في رحالهم.

* وروى مسلم في صحيحه في باب بطلان بيع المبيع قبل القبض: "حدثنا يحيى بن يحيى حدثنا حماد عن عمرو بن دينار عن طاوس عن ابن عباس أن رسول الله صلى الله عليه وسلم قال: **"من ابتاع طعاما فلا يبعه حتى يستوفيه** " قال ابن عباس وأحسب كل شيء إلا مثله"[1].

* وفي رواية أخرى لمسلم:"حدثنا إسحق بن إبراهيم ومحمد بن رافع وعبد بن حُميد قال ابن رافع حدثنا ، وقال الآخران أخبرنا عبد الرازق أخبرنا مَعْمَر عن ابن طاوس عن أبيه عن ابن عباس قال، قال رسول الله صلى الله عليه وسلم: **"من ابتاع طعاما فلا يبعه حتى يقبضه"** ، قال ابن عباس وأحسب كل شيء بمنزله الطعام.

* وروى مسلم أيضا في صحيحه عن يحيي بن يحيي ، قال قرأت على مالك عن نافع عن ابن عمر قال كنا في زمان رسول الله صلى الله عليه وسلم نبتاع الطعام فيبعث علينا من يأمرنا بانتقاله من المكان الذي ابتعناه فيه إلى مكان سواه قبل أن نبيعه.

* روى أيضا في صحيحه عن حرملة بن يحيي قال حدثنا ابن وهب أخبرني يونس عن ابن شهاب أخبرني سالم بن عبد الله أن أباه قال قد رأيت الناس في عهد رسول الله صلى الله عليه وسلم إذا ابتاعوا الطعام جزافا يُضرَبون في أن يبيعوه في مكانهم وذلك حتى يؤووه إلى رحالهم.

ويعقب على هذه الأحاديث الإمام النووي بقوله وفى هذه الأحاديث النهى عن بيع المبيع حتى

---

(1) صحيح مسلم بشرح النووي ج 10،ص 168/ ص 171- المطبعة المصرية ومكتبتها.

يقبضه البائع ،قالوا ونقل الإجماع على بطلان بيع الطعام المبيع قبل قبضه ،قالوا وإنما الخلاف فيما سواه ⁽¹⁾.

* وروى ابن حجر العسقلاني عن ابن عمر - رضى الـلـه عنهما - قال:

ابتعت زيتا في السوق ، فلما استوجبته لقيني رجل فأعطاني به ربحا حسنا فأردت أن أضرب على يد الرجل ، فأخذ رجل من خلفي بذراعي ، فالتفت ، فإذا هو زيد بن ثابت ، فقال ، لا تبعه حيث ابتعته حتى تحوزه إلى رحلك فإن رسول الـلـه صلى الـلـه عليه وسلم نهى أن تباع السلع حيث تبتاع حتى يحوزها التجار إلى رحالهم . رواه أحمد وأبو داود واللفظ له وصححه ابن حبان و الحاكم ⁽²⁾.

* وروى صاحب نيل الأوطار في باب نهى المشترى عن بيع ما اشتراه قبل قبضه الأحاديث التالية:

1- عن جابر قال ، قال رسول الـلـه صلى الـلـه عليه وسلم : "إذا ابتعت طعاما فلا تبعه حتى **تستوفيه**" ، رواه أحمد ومسلم.

2- وعن أبي هريرة قال : نهى رسول الـلـه صلى الـلـه عليه وسلم **أن يشترى الطعام ثم يباع حتى يستوفى** ، رواه أحمد ومسلم. ولمسلم أن النبي صلى الـلـه عليه وسلم قال: "من اشترى طعاما فلا يبعه **حتى يكتاله**".

3- وعن حكيم بن حزام قال ، قلت يا رسول الـلـه إني أشترى بيوعا فما يحل إلى منها وما يحرم على ؟ قال: "إذا اشتريت شيئا فلا تبعه حتى تقبضه" ، رواه أحمد.

4- وعن زيد بن ثابت أن النبي صلى الـلـه عليه وسلم **نهى أن تباع السلع حيث تبتاع حتى يحوزها التجار إلى رحالهم** ، رواه أبو داود والدارقطني.

5-وعن ابن عمر قال ، كانوا يتبايعون الطعام جزافا بأعلى السوق فنهاهم رسول الـلـه صلى الـلـه عليه وسلم أن يبيعوه حتى ينقلوه ،رواه الجماعة إلا الترمذي وابن ماجة.

---

(1) صحيح مسلم بشرح النووي ج 10، ص 168-ص 171- باب بطلان بيع المبيع قبل القبض ، مرجع سابق.

(2) بلوغ المرام من أدلة الأحكام للإمام ابن حجر العسقلاني- كتاب البيوع ، حديث755 ، ص 194- دار الجيل-بيروت

6- وعن ابن عباس أن النبي صلى الـلـه عليه وسلم قال:"من ابتاع طعاما فلا يبعه حتى يستوفيه" ، وقال ابن عباس ولا أحسب كل شيء إلا مثله ، رواه الجماعة إلا الترمذى.

* قال الشوكاني حديث حكيم بن حزام يعم كل بيع ، ويجاب عن حديث ابن عمر وجابر الذين احتج بهما مالك ومن معه بأن التنصيص على كون الطعام المنهي عن بيعه لا يستلزم عدم ثبوت الحكم في غيره ، قال ويكفي في رد هذا المذهب حديث حكيم فإنه يشمل بعمومه غير الطعام وحديث زيد بن ثابت فإنه مصرح بالنهي في السلع [1].

والذي ذكره الشوكاني هو ما ذكره فقهاء الحنفية في رد ما ذهب إليه المالكية ، والأحاديث في مجملها ، تشير إلي أن النهى يشمل الطعام وغيره وهى أسطع برهانا وأظهر ثبوتا من الشمس في وضح النهار.

بيع الكالئ بالكالئ

أولا : الكالئ في اللغة:

قال صاحب مختار الصحاح الكالئ في اللغة هو النسيئة ، وقال في معنى الحديث الذي روى عن نهيه صلى الـلـه عليه وسلم عن بيع الكالئ بالكالئ فقال هو بيع النسيئة بالنسيئة وكان الأصمعي لايهمزه [2].

وقال صاحب لسان العرب : "وكلأ الدين أي تأخر ،والكالئ والكلأة النسيئة والسلفة وذكر حديث رسول الـلـه صلى الـلـه عليه وسلم وفسره بما قاله أبو عبيدة أنه يعنى النسيئة بالنسيئة [3].

وقال في المعجم الوسيط :كلأ الدين كلئا : تأخر فهي كالئ وكالٍ ، وكلأ بصره في الشيء : ردده فيه ، وكلأ الـلـه فلانا كلئا وكلاء . وكلاءة : حفظه ، وفي التنزيل ﴿ قُلْ مَن يَكْلَؤُكُم بِٱلَّيْلِ وَٱلنَّهَارِ مِنَ ٱلرَّحْمَٰنِ ﴾ [الأنبياء: 42] [4].

---

(1) نيل الأوطار شرح منتقى الأخبار من أحاديث سيد الأخيار ، كتاب البيوع ، ج 5 ، ص 157-160، مكتبة الدعوة الإسلامية شباب الأزهر.

(2) مختار الصحاح لمحمد بن أبي بكر بن عبد القادر الرازى ، مادة كلأ ص 575 دار ومكتبة الهلال-بيروت.

(3) لسان العرب لابن منظور ، مرجع سابق ، مادة كلأ.

(4) المعجم الوسيط ، مرجع سابق ، مادة كلأ ، ج 2 ، ص 825 .

ثانيا : حكم بيع الكالئ بالكالئ فى الفقه الإسلامي :

1 ـ الحنفية:

* قال الجصاص في أحكام القرآن في مسألة بيع الكالئ بالكالئ :

ومن أبواب الربا الدين بالدين وقد روى موسى بن عبيدة عن عبد اللـه بن دينار عن ابن عمر عن النبي صلى اللـه عليه وسلم **أنه نهى عن الكالئ بالكالئ** ، وفى معجم الألفاظ عن الدين بالدين وهما سواء. وقال في حديث أسامة بن زيد إنما الربا في النسيئة إلا أنه في العقد عن الدين بالدين ، وأنه معفو عنه بمقدار المجلس لأنه جاء له أن يسلم دراهم في كر[1]حنطة وهما دين بدين إلا أنهما إذا افترقا قبل القبض بطل العقد ، وكذلك بيع الدراهم بالدنانير جائز ، وهما دينان، وإن افترقا قبل التقابض بطل [2].

* وقال صاحب بدائع الصنائع :

ومنها ألا تكون الأجرة منفعة هي من جنس المعقود عليه كإجارة السكنى بالسكنى والخدمة بالخدمة والركوب بالركوب والزراعة بالزراعة حتى لا يجوز شيء من ذلك عندنا وعند الشافعي لأن هذا في معنى بيع الدين بالدين لأن المنفعتين معدومتان وقت العقد فكان بيع الكالئ سديدا [3].

* قال صاحب شرح فتح القدير :

قال، قال مالك لا بد شرعا من قبض أحد العوضين كي لا يلزم الكالئ بالكالئ أى الدين بالدين [4].

2 ـ الشافعية :

* قال أبو حامد الغزالي في الوسيط:

---

(1) الكر=40أردبا.

(2) أحكام القرآن للجصاص ، أحمد بن على الرازي الملقب بالجصاص وكنيته أبو بكر الذي انتهت إليه رئاسة المذهب الحنفي في عصره ، ج2 ،ص 186 ، مرجع سابق .

(3) بدائع الصنائع للكسائي ، مرجع سابق ، ج4 ، ص 194

(4) شرح فتح القدير لمحمد بن عبد الواحد السيواس ، مرجع سابق ، ج7 ،ص 136.

الشرط السادس (في السلم) تسليم رأس المال في المجلس لأن رأس المال إذا كان دينا كان بيع الكالئ بالكالئ وإن كان عينا فيجب تعجيله لأنه احتمل الغرر في المسلم فيه لحاجة فيجبر ذلك بتأكد العوض الثاني بالتعجيل.

* وقال صاحب الإقناع في حل ألفاظ أبي الشجاع

أما بيع الدين بالدين فلا يصح سواء اتحد الجنس أم لا للنهى عن بيع الكالئ بالكالئ وفسر ببيع الدين بالدين منقول من أرض وشجر ونحو ذلك [1].

3 ـ المالكيـــة:

* قال صاحب القوانين الفقهية :

وينقسم البيع من وجه آخر أربعه أقسام إحداهما أن يعجل الثمن والمثمون وهو بيع النقد ، الثاني أن يؤخر الثمن والمثمون وهو بيع الدين بالدين وهو لا يجوز [2].

* أما صاحب الكافي في فقه أهل المدينة فقال:

إنه مما نهى عنه الكالئ بالكالئ ، وهو الدين بالدين قال وهذا باب يشبع ويتشعب وتكثر فروعه على مذهب مالك [3].

وذكر ابن رشد الحفيد صاحب بداية المجتهد ونهاية المقتصد إجماع الفقهاء على عدم جواز بيع الدين بالدين فقال ، أما بالنسيئة فلا يجوز بإجماع لا في العين ولا في الذمة لأنه الدين بالدين المنهي عنه [4].

---

(1) الإقناع في حل ألفاظ أبي الشجاع-محمد الشربينى الخطيب ، ج 2 ، ص 280 دار الفكر بيروت.

(2) القوانين الفقهية لابن جزى مرجع سابق ، ج 1 ، ص 165

(3) الكافي في فقه أهل المدينة لابن عبد البر ،مرجع سابق ،ص 264.

(4) بداية المجتهد ونهاية المقتصد لابن رشد الحفيد ، مرجع سابق،ج 2 ،ص 157.

4 ـ الحنابلـة:

* قال صاحب المغنى بيع الدين بالدين لا يصح وذلك بالإجماع [1].

* وقال ابن القيم في أعلام الموقعين أنه قد ورد النهى عن بيع الكالئ بالكالئ ، وقال ، والكالئ هو المؤخر الذي لم يقبض كما لو أسلم شيئا في شيء في الذمة وكلاهما مؤخر فهذا لا يجوز بالاتفاق وهو بيع كالئ بكالئ [2].

5 ـ الزيديـة:

* قال صاحب الروضة الندية شرح الدرر البهية ونهى عن "الكالئ بالكالئ" أي المعدوم بالمعدوم لحديث ابن عمر والدارقطنى والحاكم وصححه أن النبي صلى الله عليه وسلم " **نهى عن بيع الكالئ بالكالئ** " قال ، ورواه الشافعي بلفظ نهى عن الدين بالدين ، وقال ويؤيده ما أخرجه الطبرانى عن رافع بن خديج أن النبي صلى الله عليه وسلم " **نهى عن بيع الكالئ بالكالئ دين بدين**"

قال وفي إسناده موسى بن عبيدة الزيدي وهو ضعيف ، وقد قال أحمد فيه لا تحل الرواية عنه عندي ، ولكن إجماع الناس على أنه لا يجوز بيع دين بدين.انتهى [3].

بيع الكالئ بالكالئ عند أصحاب الحديث :

* روى ابن حجر العسقلاني عن ابن عمر - رضى الله عنهما - أن النبي صلى الله عليه وسلم نهى عن بيع الكالئ بالكالئ ، يعنى الدين بالدين.رواه إسحاق والبراء بسند ضعيف [4].

* ورواه الشوكاني في باب النهى عن بيع الدين بالدين في نيل الأوطار قال:

"عن ابن عمر أن النبي صلى الله عليه وسلم نهى عن بيع الكالئ بالكالئ" رواه الدارقطنى.

---

(1) المغنى لابن قدامة ، مرجع سابق،ج 4 ، مسألة 3192، ص 224.

(2) أعلام الموقعين عن رب العالمين لابن القيم ، مرجع سابق ، ج 1 ،ص 350.

(3) الروضة الندية شرح الدرر البهية- مرجع سابق ،ج 2 ،ص 99.

(4) بلوغ المرام من أدلة الإحكام للإمام ابن حجر العسقلاني ، حديث برقم 796 ، ص 206 دار الجيل بيروت.

وقال الشوكاني الحديث صححه الحاكم على شرط مسلم وعقب بأنه تفرد به موسى بن عبيدة كما قال والدارقطني وابن عدى ،وقد قال فيه أحمد لا تحل الرواية عنه عندي ولا أعرف هذا الحديث عن غيره ، وقال ليس هذا أيضا حديث يصح ولكن إجماع الناس على أنه لا يجوز بيع دين بدين ، وقال الشافعي أهل الحديث يوهنون هذا الحديث [1].

وأيا كان رأي أهل الحديث فالإجماع منعقد على عدم جواز بيع الكالئ بالكالئ.

الإجماع: ذكر ابن المنذر في كتاب الإجماع :

"إنهم قد أجمعوا على أن بيع الدين بالدين لا يجوز" [2].

* وقال صاحب المغني :

"بيع الدين بالدين لا يصح وذلك بالإجماع" [3].

* وقال ابن رشد الحفيد في بداية المجتهد ونهاية المقتصد.

"أما بيع النسيئة بين الطرفين فلا يجوز بإجماع لا في العين ولا في الذمة لأنه الدين بالدين المنهي عنه"

[4]

ومن جماع ما سلف يتبين أن بيع الدين بالدين لا يجوز بإجماع الفقهاء.

بدل التأجيل وحكمه في الفقه الإسلامي:

تقدم القول في موضع سابق أن لكل من المتعاقدين في أسواق البيوع الآجلة أن يؤجل الموعد المحدد لتنفيذ العقد والمصطلح على تسميته في البورصات بموعد التصفية إلي موعد لاحق ، ويتم ذلك كما سبق أن أوضحنا بنقل مركزه إلي غيره من المضاربين أو الممولين الراغبين في تثمير أموالهم

---

(1) نيل الأوطار للشوكاني ، مرجع سابق ، ج 5 ،ص 156. باب النهى عن بيع الدين بالدين وجوازه بالعين ممن هو عليه.

(2) الإجماع لابن المنذر ، ص 53، مسألة 482، دار الكتب العلمية ببيروت.

(3) المغني لابن قدامة ، مرجع سابق ، مسألة 3192 ، ص 224.

(4) بداية المجتهد ونهاية المقتصد لابن رشد الحفيد ، مرجع سابق، ج 2 ، ص 157.

مقابل فائدة تسمى ببدل التأجيل ، حيث يقوم هذا الممول باستلام الأوراق المالية بدلا من المضارب ودفع قيمتها نقدا حسب سعر التصفية ثم يبيعه إلى المضارب الراغب في تأجيل مركزه آجلا مقابل الحصول على زيادة في قيمة القرض مشروطة ومحددة سلفا زمنا ومقدارا وترتبط بمدة التأجيل فتزيد بزيادتها وتقل بقصرها وتعرف هذه الزيادة ببدل التأجيل.

* قال صاحب نظرية العقد في الشريعة الإسلامية :

وقد أجمع العلماء على أن الزيادة في الدين نظير الأجل من قبيل الربا المحرم شرعا بنص الكتاب وأن من ينكره أو يمارى فيه فإنما ينكر أمرا قد علم من الدين بالضرورة [1].

* وقال الرازي الشهير بالجصاص صاحب أحكام القرآن :

معلوم أن ربا الجاهلية إنما كان قرضا مؤجلا بزيادة مشروطة فكانت الزيادة بدلا من الأجل فأبطله الله تعالى وحرمه وقال : ﴿ وَإِن تُبۡتُمۡ فَلَكُمۡ رُءُوسُ أَمۡوَٰلِكُمۡ ﴾ [البقرة: 272] وقال تعالى: ﴿ وَذَرُواْ مَا بَقِيَ مِنَ ٱلرِّبَوٰٓاْ ﴾ [البقرة: 278] حظر أن يؤخذ للأجل عوض ، ولا خلاف أنه لو كان عليه ألف درهم حالا فقال له أجلني أزدك فيها مائة درهم لا يجوز [2].

وذكر صاحب المغنى في هذا المعنى أن كل قرض شرط فيه أن يزيده فهو حرام بغير خلاف [3].

الإجـــماع :

وذكر ابن المنذر في إجماعاته إجماع الفقهاء على أن المسلف إذا شرط عشر السلف هدية أو زيادة فأسلفته على ذلك إن أخذه الزيادة ربا [4].

السُـــنة :

روى ابن حجر العسقلاني عن على قال : قال رسول الله صلى الله عليه وسلم " **كل قرض جر منفعة فهو ربا** ".

---

(1) بحوث في الربا للإمام الشيخ محمد أبو زهرة ، ص 18- دار الفكر العربي.

(2) أحكام القرآن للجصاص ، ج 2 ، ص 186

(3) المغنى لأبن قدامة ، مرجع سابق ، ج 4 ، ص 360.

(4) الإجماع لابن المنذر ، مرجع سابق ، ص 55 ،مسألة 508.

قال رواه الحارث عن أبي أسامه[1].

ويبين مما تقدم أن بدل التأجيل هو من قبيل ربا النسيئة المحرم شرعا بالكتاب والسُنة وإجماع الأمة.

ونخلص من جميع ما ذكرناه إن البيع البات في أسواق البيوع الآجلة والمستقبلية والذي لا يترتب عليه تمليك المبيع للمشترى ولا الثمن للبائع عند إنشاء العقد ويتأخر فيه تسليم الثمن والمثمن إلى يوم التصفية المحدد لتنفيذ العقد غير جائز من جميع الوجوه عند جمهور الفقهاء ولذات الأسباب التي تقدم تفصيلها والتي نوجزها فيما يلي:

1- العقود المضافة إلى أجل التي يتم إنشاؤها في أسواق البيوع الآجلة لا تفيد التمليك في الحال ، لذلك كانت صيغه العقد غير مؤدية لإحداث آثاره وأحكامه التي رتبها الشارع وكانت غير محققة لهذا المقتضى ، لذلك فإنها لا تدل على العقد فلا ينعقد بها وقد ذكرنا اتفاق الفقهاء على عدم جواز بيع الأعيان إلى أجل إلا في السلم.

2- إن هذه البيوع تنطوي على بيع الإنسان ما ليس عنده وجمهور الفقهاء على عدم انعقاد هذا البيع.

3-لما كان البيع في أسواق البيوع الآجلة يقوم في أغلبه على بيع الإنسان ما اشتراه قبل أن يقبضه وهو ما يسمى في البورصات بالبيع على المكشوف ، فقد استبان لنا من العرض المتقدم أن الجمهور على عدم جواز هذا النوع من البيوع.

4-لما كانت البيوع التي تجرى في هذه الأسواق يتأجل فيها تسليم المبيع كما يتأجل فيها تسليم الثمن كانت من قبيل النسيئة بالنسيئة ودخلت بالتالي في معنى بيع الكالئ بالكالئ المنهي عنه شرعا بإجماع الفقهاء .

5- جرت العادة على أن يقوم المضارب بتأجيل مركزه إلى تاريخ لاحق إذا لاح له تعرضه لخسائر في موعد التصفية وذلك مقابل سداده لمبلغ من المال يسمى ببدل التأجيل لمن ينقل إليه مركزه سواء كان مضاربا يرغب في تأجيل التسليم أو ممولا يرغب في تثمير أمواله.

---

(1) بلوغ المرام من أدلة الأحكام للإمام ابن حجر العسقلاني ، مرجع سابق ، ص 210 ، الحديث 812 قال وإسناده ساقط ، وله شاهد ضعيف عن فضالة بن عبيد عبد البيهقي ، وآخر موقوف عن عبد الـلـه بن سلام عند البخاري.

وحيث إن بدل التأجيل يمثل زيادة مشروطة على أصل القرض محددة زمنا ومقدارا يدفعها المستقرض وهو المضارب للمقرض وهو الممول لذلك فإن بدل التأجيل بهذا المعنى من ربا النسيئة المحرم شرعا. الأمر الذي يستفاد منه فساد هذه البيوع من جميع الوجوه .

توصيات مجمع الفقه الإسلامي :

وقد جاء ضمن توصيات المجمع الفقهي الإسلامي لرابطة العالم الإسلامي في شأن هذه البيوع ما يلي : [1]

....

خامسا: إن العقود الآجلة بأنواعها التي تجرى على المكشوف أي على الأسهم والسلع التي ليست في ملك البائع ، بالكيفية التي تجرى في السوق المالية غير جائزة شرعا لأنها تشتمل على بيع الشخص ما لا يملك اعتمادا على أنه سيشتريه فيما بعد ويسلمه في الموعد ، وهذا منهي عنه شرعا لما صح عن رسول الله صلى الله عليه وسلم "لا تبع ما ليس عندك" وكذلك ما رواه أحمد وأبو داود بإسناد صحيح عن زيد بن ثابت - رضي الله عنه - أن النبي صلى الله عليه وسلم نهى أن تباع السلع حيث تبتاع حتى يحوزها التجار إلى رحالهم.

سادسا : ليست العقود الآجلة في السوق المالية من قبيل بيع السلم الجائز في الشريعة الإسلامية وذلك للفرق بينهما من وجهين :

أ) في السوق المالية لا يدفع الثمن في العقود الآجلة في مجلس العقد وإنما يؤجل دفع الثمن إلى موعد التصفية ، بينما إن الثمن في بيع السلم يجب أن يدفع في مجلس العقد.

ب) في السوق المالية تباع السلعة المتعاقد عليها وهى في ذمة البائع الأول وقبل أن يحوزها المشتري الأول عدة بيوعات وليس الغرض من ذلك إلا قبض أو دفع فروق الأسعار بين البائعين والمشترين غير الفعليين مخاطرة منهم على الكسب والربح كالمقامرة سواء بسواء ،بينما لا يجوز بيع المبيع في عقد السلم قبل قبضه.

_____

(1) المجمع الفقهي الإسلامي لرابطة العالم الإسلامي بمكة المكرمة الدورة السابعة للمجمع صدر القرار التالي سنه 1404هـ حول سوق الأوراق المالية والبضائع. نقلا عن كتاب المعاملات المالية المعاصرة في ميزان الفقه الإسلامي د. على أحمد السالوس ، الطبعة الثانية ، مكتبة الفلاح ، الكويت ، ص 452 .

المبحث الثاني
موقف الفقه الإسلامي
من عقود الاختيار
موقف الفقه الإسلامي من البيوع المتعارف عليها
ببيع الخيار في أسواق العقود الآجلة والمستقبلية

الخيار لغة : هو الاسم من الاختيار وهو طلب خير الأمرين بإمضاء البيع أو فسخه ، وهذا المعنى الذي اختاره ابن الأثير في النهاية وذكره صاحب لسان العرب قريب من المعنى الشرعي [1] .

الخيار شرعا : عرفه صاحب أحكام المعاملات الشرعية بالآتي :

" هو ما يثبت لأحد العاقدين أو لغيرهما من الحق في إمضاء العقد أو فسخه بناء على اشتراط ذلك له " [2] .

* وقال صاحب أنيس الفقهاء :

" الخيار اسم من الاختيار ، ومنه خيار الرؤيا ، وفي درر الأحكام " وخيار الشرط أنواع فاسد وفاقا كما إذا قال اشتريت على أني بالخيار ، أو على أني بالخيار أياما ، أو على أني بالخيار أبدا ، وجائز وفاقا ، وهو أن يقول على أني بالخيار ثلاثة أيام فما دونها ، ومختلف فيه وهو أن يقول على أني بالخيار شهرا أو شهرين فإنه فاسد " ، ثم أبي حنيفة وزفر والشافعي - رحمهم الله - جائز [3] .

وقد شرع الخيار ليكون وسيلة إلى كمال الرضا ، ودفع الغبن ، ومنع التغرير ، والأمن من الانخداع [4] .

قال صاحب روضة الطالبين ، يجوز شرط الخيار للعاقدين ولأحدهما بالإجماع ويجوز أن يشرط

(1) لسان العرب لابن منظور ، مرجع سابق ، مادة خيَّر ، ص 384 .

(2) مختصر أحكام المعاملات الشرعية (العقد) للشيخ الخفيف ، ص 120 ، مطبعة السنة المحمدية ، القاهرة .

(3) أنيس الفقهاء في تعريفات الألفاظ المتداولة بين الفقهاء لقاسم القونوي – ج 21 ، ص 205 – دار الوفاء ، جدة .

(4) الشيخ محمد خاطر مفتى الديار المصرية السابق ، محاضرات في الفقه الإسلامي ، ط1 ، ص 66/65 ، دار وهدان للطباعة والنشر 1389 هـ ، 1970م.

لأحدهما يوم ، ولآخر يومان أو ثلاثة ، فإن شرطه لغيرهما فإن كان الغير أجنبيا فقولان أحدهما يفسد البيع ، وأظهرهما يصح [1].

وتثبت الخيارات بأحد أمرين ، إما باشتراط العاقد ، و إما بتقرير الشارع ، ولهذا ذهب المالكية إلى تقسيم الخيار إلى قسمين (تروى و نقيصة) أما خيار التروى ويقال له أيضا خيار الشرط فهو الذي ينصرف إليه لفظ الخيار عند الإطلاق ، وقد عرفه صاحب الشرح الصغير بالآتي :

" هو بيع وقف بته أي لزومه على إمضاء ممن له الخيار من مشتري أو بائع أو غيرهما ، ويحصل بشرط من المتبايعين ولا يكون بالمجلس ، وسمي خيار ترو لما فيه من معنى النظر والتأمل في إبرام البيع من عدمه [2].

قال الشيخ أحمد الصاوي المالكي ، قوله ولا يكون بالمجلس أي فإنه غير معمول به على مشهور المذهب ، واشتراطه مفسد للبيع لأنه من المدة المجهولة وإن ورد به الحديث ، وهو قوله صلى الله عليه وسلم " **البيعان بالخيار ما لم يفترقا** " [3] ، وهذا الحديث – وإن كان صحيحا – لكن عمل أهل المدينة مقدم عليه عند مالك ، لأن عملهم كالتواتر ، والتواتر يفيد القطع بخلاف الحديث ، فإنه خبر آحاد وهو إنما يفيد الظن . ونقل ابن يونس عن أشهب أن الحديث منسوخ ، وبعضهم حمل التفرق في الحديث على تفرق الأقوال لا تفرق الأبدان [4].

وقد ثبت خيار الشرط بما روي في الصحيحين عن ابن عمر - رضى الله عنهما - قال ذكر رجل لرسول الله صلى الله عليه وسلم وهو حبان " إنه يخدع في البيوع فقال له " **من بايعت فقل لا خلابة ، ثم أنت بالخيار**

---

(1) روضة الطالبين وعمدة المفتين للإمام النووي ، ج 3 ، ص 446 ، المكتب الإسلامي ، بيروت .

(2) الشرح الصغير للشيخ أحمد بن محمد بن أحمد الدردير ، ج 4 ، ص 175 ، عيسى الباب الحلبي .

(3) الحديث رواه البخاري ومسلم بالاتفاق عن ابن عمر - رضي الله عنهما - ورواية أخرى عن حكيم بن حزام بلفظ " البيعان بالخيار مالم يتفرقا فإن صدقا وبينا بورك لهما في بيعهما ، وإن كذبا وكتما محقت بركة بيعهما". انظر صحيح مسلم باب من يخدع في البيوع ج 10 ، ص 176 ، واللؤلؤ والمرجان فيما اتفق عليه الشيخان ، باب الصدق في البيع والبيان ، ص 137 ، والبخاري بشرح السندي في باب البيعان بالخيار ، ج 2 ، ص 12 ، دار إحياء الكتب العربية ، عيسى البابي الحلبي وشركاه .

(4) الشرح الصغير ، مرجع سابق ، ج 4 ، ص 175.

في كل سلعة ابتعتها ثلاث ليال ، إن رضيت فأمسك وإن سخطت فارددها على صاحبها "[1] .

وذكر ابن رشد الحفيد أن عمدة الجمهور في جواز بيع الخيار حديث حبان بن منقذ وفيه "**ولك الخيار ثلاثا**" وما روي في حديث ابن عمر " **البيعان بالخيار ما لم يتفرقا إلا بيع الخيار**"[2] .

واستدل الشافعي بهذين الحديثين على جواز بيع الخيار في كتابه الأم [3].

وقال صاحب القوانين الفقهية " والخيار المشروط هو خيار التروي للاختيار والمشورة وفيه خمس مسائل ، المسألة الأولى في حكمه : يجوز أن يشترطه البائع أو المشتري أو كلاهما ، ثم لمن اشترطه أن يمضي البيع أو يرده مالم تنقض مدة الخيار أو يظهر منه ما يدل على الرضا إذا اشترطاه معا [4].

وقال القدوري البغدادي الحنفي ، خيار الشرط جائز في البيع للبائع والمشتري ولهما الخيار ثلاثة أيام فما دونها ولا يجوز أكثر من ذلك عند أبي حنيفة [5].

وقال صاحب المبسوط " قال - رحمه الله - بلغنا عن رسول الله صلى الله عليه وسلم أنه قال: " **من اشترى شاة محفلة فهو يؤخر النظرين ثلاثة أيام** " وفي رواية **بخير النظرين** ففيه جواز اشتراط الخيار [6].

ورغم ما ذكره صاحب مراتب الإجماع أنهم قد " اتفقوا أن البيع بخيار ثلاثة أيام بلياليها جائز[7] ، فقد ذكر صاحب الملكية ونظرية العقد في الشريعة الإسلامية أن خيار الشرط مخالف

---

(1) الحديث أورده الشوكاني في باب شرط السلامة من الغبن ، ج 5 ، ص 287 ، دار الحديث ، وقال رواه البخاري في تاريخه وابن ماجة والدار قطني . ورواه أيضا صاحب اللؤلؤ والمرجان فيما اجتمع عليه الشيخان في باب من يخدع في البيع بلفظ إذا بايعت فقل لا خلابة ، واللفظ للبخاري .

(2) بداية المجتهد ونهاية المقتصد لابن رشد الحفيد ، ج 2 ، ص 267 ، ط دار الكتب الحديثة .

(3) الأم للإمام الشافعي ، الجزء الثالث ، باب بيع الخيار ، ص 3 ، ط بولاق.

(4) القوانين الفقهية لابن جزي ، مرجع سابق ، ج 1 ، ص 180 .

(5) اللباب في شرح الكتاب للميداني على المختصر المشتهر باسم الكتاب للإمام أبي الحسين أحمد بن محمد القدروري. باب خيار الشرط ، ص 227 .

(6) المبسوط لشمس الدين السرخسي ، المجلد السابع ، ج 13 ، ص 38 ، دار المعرفة للطباعة والنشر ، بيروت

(7) مراتب الإجماع لابن حزم ، ص 99 ، دار الآفاق الجديدة ، بيروت .

لمقتضى العقد ، ولذلك قالوا إن الأصل والقياس أن يكون شرطا فاسدا مفسدا لعقد المعاوضة ولكن الفقهاء أجازوه استحسانا لسببين :

أحدهما : ورود الأثر بصحته وإجازته ، فقد ورد في الحديث أن حبان بن منقذ كان يغبن في البياعات فقال له النبي صلى الـلـه عليه وسلم: "**إذا بايعت فقل لا خلابة ، ثم أنت بالخيار ثلاثة أيام**" . فهذا الحديث صريح في إجازة الشرط ، ومن المقرر أن ورود الأثر بصحة شرط يجعله صحيحا ، وإن كان مخالفا لمقتضى العقد، لأن النص في الشريعة حاكم على العقود ، لا خاضع لأقيستها .

ثانيهما : إن الحاجة قد تدعو إليه ، فقد يخشى أحد العاقدين الانخداع إما لعدم الصدق في الأسواق ، أو لأنه لم يكن ذا خبرة تامة بصنف المعقود عليه ، وقد يريد أن يشاور من يهمه الرضا بالمعقود عليه . فكان من مقتضى هذا أن يعقد العقد مشترطا لنفسه حق الفسخ أمدا حتى يستطيع أن يدرأ عن نفسه التغرير و مغبته باستشارة أهل الخبرة وحتى يضمن رضا من يهمه رضاه ، ونرى من هذا أن الحكمة في شرعية خيار الشرط هي الاستيثاق من الرضا والتمكن من أسبابه والاحتياط له بحياطته بكل دواعي العلم ليكون على بينة تامة ، ومعرفة صحيحة [1].

ولعل ذلك أحد الأسباب التي دعت الظاهرية إلى إبطال شرط الخيار ، يقول ابن حزم ، وكل بيع وقع بشرط خيار للبائع أو للمشتري أو لهما جميعا أو لغيرهما خيار ساعة أو يوم أو ثلاثة أيام أو أكثر أو أقل فهو باطل تخيرا إنفاذه أو لم يتخيرا. وقال ابن حزم ، أما احتجاج أبي حنيفة والشافعي بحديث منقذ وأن النبي صلى الـلـه عليه وسلم جعل له الخيار ثلاثة أيام فيما اشترى فعجب عجيب جدا أن يكونا أول مخالف لهذا الحديث وقولهما بفساد بيعه جملة إن كان يستحق الحجر ويخدع في البيوع ، أو جواز بيعه جملة ولا يرده إلا من عيب إن كان لا يستحق الحجر ، وقال ابن حزم أن كل ما قالوه لا حجة لهم فيه لأن خبر المصراة إنما فيه الخيار للمشتري أحب البائع أم كره ، لا برضى منه أصلا ، ولا بأن يشترط في حال عقد البيع . وأما خبر منقذ فكذلك أيضا لأنه إنما هو خيار يجب لمن قال عند التبايع (لا خلابة) بائعا كان أو مشتريا سواء رضي بذلك معاملة أو لم يرض لم يشترطه الذي جعل له في نفس العقد [2].

---

(1) الملكية ونظرية العقد في الشريعة الإسلامية ، للإمام محمد أبو زهرة ، مرجع سابق ، ص 390 .

(2) المحلى لابن حزم ، مرجع سابق ، ج 8 ، ص 378/370 .

ويعلم مما تقدم أن الظاهرية لا يجيزون شرط الخيار ويبطلونه .

أما الحنابلة فيجيزون بيع الخيار ، قال صاحب الإرشاد إلى سبيل الرشاد، وبيع الخيار جائز إذا ضربا أجلا معلوما ، وإن كان أكثر من ثلاث ، فإن مات من له الخيار قبل انقضاء مدته بطل الخيار ولم يرثه ورثته . قال أحمد - رضي اللـه عنه - ثلاثة أشياء لا تورث ما لم تقع المطالبة بها قبل الموت ، خيار الشرط ، والشفعة ، والحدود [1].

وقال صاحب السيل الجرار المتدفق على حدائق الأزهار :

" ويصح ولو بعد العقد لا قبله شرط الخيار مدة معلومة لهما أو لأحدهما أو لأجنبي ، وقال ، وهذا الخيار جاءت به السنة الصحيحة منها ما يثبت في الصحيحين وغيرهما من حديث ابن عمر أن النبي صلى اللـه عليه وسلم قال: " **المتبايعان بالخيار ما لم يتفرقا** " وفي رواية **أو يخير أحدهما الآخر .**

قال ، وفي الباب أحاديث كثيرة تدل على ثبوت خيار الشرط ، منها قصة حبان بن منقذ [2].

وأما القسم الثاني وهو خيار النقيصة ويطلق عليه أيضا خيار العيب ، فقد قسمه المالكية قسمين، الأول ما وجب لفقد شرط والثاني ما وجب لظهور عيب في المبيع [3].

وقد عرفه الشافعية بأنه كل ما ينقص العين أو القيمة نقصا يفوت به غرض صحيح [4].

بينما عرفه صاحب كشاف القناع بقوله : العيب نقيصة يقتضي العرف سلامة المبيع منها غالبا [5].

وقد عرف صاحب المغني العيوب بأنها النقائص الموجبة لنقص المالية في عادات التجار ، لأن البيع إنما صار محلا للعقد باعتبار صفة المالية ، فما يوجب نقصا فيها يكون عيبا ، والمرجع في ذلك إلى العادة في عرف أهل هذا الشأن وهم التجار [6].

---

(1) الإرشاد إلى سبيل الرشاد ، ص 200 ، مؤسسة الرسالة .

(2) السيل الجرار المتدفق على حدائق الأزهار للشوكاني ، مرجع سابق ، ج 3 ، باب الخيارات ، ص 106 ، 107 .

(3) الشرح الصغير على أقرب المسالك لمذهب الإمام مالك ، ج 4 ، ص 198 ، عيسى الحلبي .

(4) نهاية المحتاج ، مرجع سابق ، الجزء الثالث ، ص 108 .

(5) كشاف القناع على متن الإقناع ، مرجع سابق ، ج 3 ، ص 215 .

(6) المغني لابن قدامة ، ج 4 ، ص 115 ، مكتبة القاهرة .

ولا أحسب أننا بحاجة إلى الإفاضة أو الدخول في تفاصيل خيار النقيصة أو العيب لعدم اتصاله بالبحث .

رأي الفقه المعاصر في بيوع الخيار التي تتم في البورصات

قبل أن نعرض لآراء الفقهاء المعاصرين في مسألة البيوع الخيارية الشرطية التي يجري التعامل عليها في أسواق العقود الآجلة والمستقبلية ، يتعين علينا ابتداء إزالة وجوه الالتباس فيما اشتبه على كثير من الناس في مسألة بيع الخيار في الشريعة الإسلامية من ناحية ، والبيوع الخيارية الشرطية في أسواق العقود الآجلة والمستقبلية من ناحية أخرى .

إن إلقاء نظرة عابرة على المفاهيم الأساسية للعمليات الخيارية الشرطية في أسواق العقود الآجلة والمستقبلية وماهية هذه البيوع وأنواعها ووجوه النقد التي وجهت إليها ، لا تذر للباحث خيارا إلا أن يقرر وهو على بينة من أمره ، وعلى قناعة تامة ، انعدام الصلة فيما بين بيع الخيار في الشريعة الإسلامية ، وبيع الخيار ، في أسواق العقود المستقبلية ، وأنهما شيئان مختلفان ، ولعل وجه الشبه الوحيد فيما بينهما اتفاقهما في الألفاظ والمباني ، بينما وجوه التناقض بينهما على الجانب الآخر غير متناهية في المقاصد والمعاني . فالخيار في الشريعة الإسلامية إنما شرع - كما تقدم القول - لكي يكون وسيلة إلى كمال الرضا ودفع الغبن ، ومنع التغرير ، والأمن من الانخداع ، بينما الخيار في بورصات العقود والأسواق المستقبلية إنما يتم على محض المراهنة على اتجاهات الأسعار ولذلك فهو من جنس الرهان والقمار ، وفضلا عما ذكره الكتَّاب الغربيون أن المضاربين في العقود المستقبلية والخيارات يوصفون بأنهم أكثر قليلا من كونهم مقامرين وهو الأمر الذي تناولناه في موضع سابق ونحن بصدد الحديث عن صناعة المخاطر ، وقد ذهب اتحاد المصارف العربية أيضا إلى التأكيد على أن عمليات الخيار التي تتم على المكشوف (ونادرا ما تتم على خلاف ذلك) هي قمار حقيقي له أصوله وفنونه ولاعبوه وله بالطبع نتائجه [1].

ومن المفارقات بين الخيارين ، أن الخيار في أسواق العقود الآجلة و المستقبلية يباع ويشترى شأنه في ذلك شأن سائر السلع التي تباع وتشترى في الأسواق وهو الأمر الذي يكشف النقاب عن

---

(1) الهندسة المالية ، اتحاد المصارف العربية ، مرجع سابق ، ص 135 .

حقيقة هذه البيوع وإنها لا تشترك مع بيع الخيار في الشريعة الإسلامية سوى في المسميات اللفظية. فثمن الخيار يمثل الثمن المبذول من قبل من يشتري حق الخيار لمن يبيع له هذا الحق ، في مقابل أن يكون لمشتريه حق مطالبة الأخير أن يشتري منه إن كان الخيار شراء أو أن يبيع إليه إن كان الخيار بيعا ، أو أن يكون له الخيار في أن يشتري منه أو أن يبيع إليه الأصل محل التعاقد خلال مدة الخيار إن كان الخيار مزدوجا.

ولذلك فنحن لا نجد وجها للتشابه بين بيع الخيار في الشريعة الإسلامية وبيع الخيار في أسواق العقود الآجلة والمستقبلية .

الرأي الوارد بالموسوعة العلمية والعملية للبنوك الإسلامية في بيع الخيار [1].

تصدت الموسوعة العلمية والعملية للبنوك الإسلامية لحكم البيوع الشرطية الخيارية التي تنعقد في أسواق العقود الآجلة والمستقبلية فعرضت لآراء مختلف المذاهب في مسألة خيار الشرط وخلصت من هذه الآراء إلى أن خيار الشرط جائز عند فقهاء المسلمين عدا الظاهرية .

ولما كان أحد أركان عقد الخيار في هذه الأسواق بل والباعث عليه هو أن يدفع من يشتري حق الخيار إلى من باع له هذا الحق مبلغا من المال مقابل تخويله حق فسخ العقد خلال مدة الخيار إذا ما استبان له اتجاه الأسعار في السوق في غير صالحه ، أو تنفيذه إذا ما اتجهت الأسعار حسبما توقع في صالحه ، إلا أن الموسوعة ذهبت إلى أن المال الذي يأخذه بائع حق الخيار من المشتري هو حق للبائع لا يرد إلى دافعه وكان وجه استدلالهم على ذلك قوله تعالى : ﴿ يَٰٓأَيُّهَا ٱلَّذِينَ ءَامَنُوٓاْ أَوۡفُواْ بِٱلۡعُقُودِ ﴾ [المائدة: 1] وقوله صلى الله عليه وسلم : " **المسلمون عند شروطهم إلا شرطا أحل حراما أو حرم حلالا** " [2] ، وأنه لما كان للطرف الآخر نفس الحق في الخيار فإنه يجوز أن يبيع حقه هذا .

ولم تخص الموسوعة بهذا الرأي العمليات الشرطية البسيطة دون غيرها ، بل ألحقت بها في قياس سقيم غيرها من البيوع الشرطية التي تتم في هذه السوق فجاء في الموسوعة : "وكما جوزنا العمليات

---

(1) الموسوعة العلمية والعملية للبنوك الإسلامية ، بحث عن البورصة ورأي التشريع الإسلامي ، ج 5 ، ص 387 .

(2) رواه الترمذي وصححه ، وصححه ابن حبان من حديث أبي هريرة رضي الله تعالى عنه قال ابن حجر العسقلاني وقد أنكروا عليه لأن رواية كثير بن عبد الله بن عمرو ضعيف ، انظر بلوغ المرام ، باب الصلح ، حديث 821 .

الشرطية البسيطة ، فإننا نرى جواز العمليات الشرطية المركبة لنفس الأسباب " .

وحينما انتقلت الموسوعة لبيان حكم العمليات المضاعفة لم تجد الموسوعة ما يقدح في صحة هذه البيوع فذكرت أن العمليات التي يكون للبائع الحق في مضاعفة بيع الكمية التي باعها كما يكون للمشتري نفس الحق وذلك بسعر يوم التعاقد مقابل تعويض يدفعه الراغب في المضاعفة عند اتضاح الأسعار ، ولا يرد إليه ، وتختلف قيمة التعويض حسب كمية الزيادة وموضوع المخزون ، إن ذلك جائز أيضا إذا كانت الكمية المضاعفة معلومة ، وكان وجه الاستدلال على هذا الحكم في الموسوعة أن هذا شرط لا يحل حراما ولا يحرم حلالا والمسلمون عند شروطهم .

رأي صاحب رسالة عمل شركات الاستثمار الإسلامية في السوق العالمية :

استهل الباحث تحليله الفقهي لهذه العمليات بتفنيد الآراء التي انتهت إليها الموسوعة العلمية والعملية للبنوك الإسلامية والتي ارتأى الباحث عدم مصادفتها للصواب وذهب الباحث إلى أن العقود الشرطية الآجلة غير صحيحة استنادا إلى الآتي :

1 – تعارض شروطها مع بعض المبادئ العامة في أحكام المعاملات .

2 – أن هذه الشروط تعتبر من الشروط الفاسدة في مختلف المذاهب .

3 – عدم صحة هذه البيوع لاشتراكها في العلة مع بعض العقود غير المشروعة .

ونجتزئ من التفاصيل التي ساقها الباحث ما يعضد حجته ويبرز فكرته ولا يخل بالمعاني وبالقدر الذي يسمح به البحث [1] .

1 – من حيث تعارض هذه الشروط مع بعض المبادئ العامة في أحكام المعاملات :

أ- تعارض العقود الآجلة الشرطية مع قصد الشارع من إباحة خيار الشرط.

ب- تعارضها مع قاعدة العدل المطلوبة في المعاملات .

(أ) أما من حيث تعارضها مع قصد الشارع من إباحة خيار الشرط:

---

(1) أحمد محيي الدين ، عمل شركات الاستثمار الإسلامية في السوق العالمية ، ص 366 وما بعدها (أصلها رسالة ماجستير) وطبع على نفقة بنك البركة .

ذكر الباحث انعقاد الإجماع على أن خيار الشرط مخالف للأصل مخالف للقياس ، ومع ذلك أقره الفقهاء استحسانا نظرا لحاجة الناس فيما يجدونه من معاملات واستدل على ذلك بما نقله عن ابن رشد بقوله :" الخيار في البيع أصله غرر وإنما جوزته السنة لحاجة الناس إلى ذلك " ، واستطرد الباحث قائلا إن الخيار لم يشرع لكي يرى المستفيد منه هل تطور الأسعار يكون لصالحه فينفذ الصفقة أم لا يكون كذلك فيختار فسخ العقد ، وأضاف الباحث ، وهو بصدد تفنيد الرأي بصحة البيوع الشرطية المركبة أن خيار الشرط لم يبح من أجل أن يقدر المستفيد منه هل هو بائع أم مشتري أو أن يطلب المشتري المزيد من السلعة المشتراة أو البائع لمزيد من السلعة المباعة " في حالة البيوع المضاعفة " إذا رأى أن ذلك يحقق له مكاسب .

(ب) تعارض البيوع الشرطية مع قاعدة العدل :

كشف الباحث القناع عما يشوب هذه البيوع من عيوب وما تنطوي عليه من ظلم لأحد العاقدين بقوله :" وعدم العدل في العقود الآجلة الشرطية يكمن في أعطاء أحد العاقدين فرصة واسعة لأن يحقق أرباحا على حساب المتعاقد الآخر ، فبعد أن يكون قد عرف مستوى الأسعار القائمة في السوق ، وقارن بينها وبين أسعار التعاقد فإنه يختار هل ينفذ العقد أم يفسخه ، " وذلك في العقود الشرطية البسيطة " وهل يستزيد من البيع أو الشراء أم يكتفي بالكمية المتعاقد عليها ، وذلك في العقود المضاعفة ، وهل يختار وضع البائع أم المشتري " وذلك في العقود الخيارية المزدوجة " .

وقد ارتأي الباحث أن كل هذه البيوع تنطوي على ظلم وجور ، ونقل عن ابن تيمية قوله:" والأصل في العقود جميعها هو العدل فبه بُعثت الرسل وبه أُنزلت الكتب ".

2 - اعتبار هذه الشروط من الشروط الفاسدة في العقد :

عرض الباحث وهو بصدد إثبات فساد هذه الشروط لآراء الفقهاء في مختلف المذاهب ، ونسوق في هذا الموضع بعضا منها لبيان وجوه الفساد فيها ، ففي المذهب الحنفي ذكر الزيلعي في " تبيين الحقائق " أن البيع الفاسد هو الذي يشترط فيه شرط فيه منفعة لأحد العاقدين لا يوجبها العقد، وبتأمل البيوع الشرطية يبين أنها جميعا تتضمن منفعة لأحد العاقدين لا يقتضيها العقد ، وفي الفقه الحنبلي ذكر صاحب كشاف القناع الشروط الفاسدة التي يحرم اشتراطها ومنها :

* كل شرط يقتضي إنشاء عقد جديد يبطل البيع ، وهو بيعتان في بيعه ، المنهي عنه ، والنهي يقتضي الفساد .

* إذا كان الشرط منافيا لمقتضى العقد .

وقد عقب الباحث على ذلك أن البيع مع خيار الزيادة هو اشتراط لعقد جديد يتناول الكميات الزائدة عن عقد البيع الأساسي ، كما أن البيع بشرط الانتقاء أي أن يحدد أحد العاقدين هل هو مشتري أو بائع فيه منافاة لمقتضى عقد البيع.

ويكاد يتفق المذهب الشافعي مع المذهب الحنفي ، ولذا نقل الباحث عن صاحب المجموع قوله : " إن الشرط الفاسد هو الشرط الذي ليس من مقتضى العقد ويتعلق به غرض يورث التنازع وينافي مقتضى البيع " [1] .

ولما كان المالكية يرون أنه مما يخل بصحة البيوع هو ما يتضمن الشروط من صنفي الفساد والغرر ، فقد استدل الباحث على فساد هذه الشروط بقول ابن رشد " فما كان دخول هذه الأشياء فيه كثيرا من قبل الشرط أبطله وأبطل الشرط " وذكر الباحث أن هذه البيوع تشتمل على غرر مؤثر وجهالة فاحشة .

3 - قياس العقود الشرطية على بعض المعاملات الفاسدة المحرمة :

كشف الباحث النقاب عن اشتراك البيوع الآجلة الشرطية في العلة مع بعض العقود غير المشروعة واستدل بذلك على عدم صحتها ، وفصل وجوه الفساد في هذه البيوع فيما يلي :

(أ)تضمن البيع بشرط الانتقاء غررا فاحشا ، إذ لا غرر أكثر من أن لا يدري المتعاقد حين العقد أهو بائع أم مشتري.

(ب) في البيع بشرط الزيادة جهل بمقدار المحل حيث لا يعلم كل من البائع والمشتري مقدار المباع أو المشتري.

(جـ) إن الأصل في عقد البيع أنه من العقود اللازمة من الجانبين وإنما أبيح شرط الخيار استحسانا للحاجة إليه ولا حاجة تدعو إلى شرط الانتقاء أو شرط الزيادة .

(د) ذكر الباحث أن البيع بشرط التعويض فيه علة النهي عن بيع العربون والجمهور على أن

(1) المجموع للإمام النووي ، ج 9 ، ص 346 ، دار الفكر ، بيروت .

بيع العربون لا يجوز لأنه مال بغير عوض .

رأي الباحث :

يتفق رأينا مع التخريج الفقهي لأحكام البيوع الشرطية التي تناولها صاحب رسالة عمل شركات الاستثمار الإسلامية في السوق العالمية والذي انتهى من خلاله إلى عدم مشروعية البيوع الشرطية الآجلة وعدم صواب الرأي الذي جاء بالموسوعة العلمية والعملية للبنوك الإسلامية ، ولكننا نتوقف عند ما ذكره من بيع العربون ، ونعقب عليه وعلى ما ورد في شأنه في البحوث المقدمة للمؤتمر السادس لمجمع الفقه الإسلامي وذلك في الصفحات التالية .

وإذ نقر صاحب تلك الرسالة فيما قدمه من أسباب فساد هذه البيوع ، وما توصل إليه من أحكام ، وهو الأمر الذي يغنينا عن إعادة ذكرها ، فإننا نضيف إلى ما قدمه من أسباب فساد هذه البيوع أسبابا أُخر تدعمها قرائن قاطعة تظاهر الرأي الشرعي الذي توصلنا إليه وتؤيده ، وتعبر الأسباب السابقة وتلك اللاحقة في مجموعها عن وجهة نظرنا في هذه المسألة من الناحية الشرعية ، وتخلص هذه الأسباب فيما يلي :

* انطواء البيوع الآجلة الشرطية على بيع الإنسان ما ليس عنده .

* صورية أغلب البيوع الخيارية الشرطية وحصول الإيجاب والقبول على محض المراهنة .

* اقتران هذه العقود ببعض الشروط الفاسدة وذلك من حيث :

1 – مدة الخيار .

2 – اشتراط منفعة لأحد طرفي العقد مقابل حق الخيار هو من قبيل الشرط الفاسد لكونه :

(أ) منافيا لمقتضى العقد .

(ب) انطواء هذا الشرط على مصلحة زائدة فيها شبهة الربا وتعد من جنس القمار والرهان المحرم شرعا .

3 – بيع حق الخيار وتداوله من مشتري لآخر خلال مدة الخيار إنما هو بيع لما لا يصلح أن يكون محلا للعقد شرعا.

أولا : انطواء البيوع الآجلة الشرطية على بيع الإنسان ماليس عنده :

لما كانت البيوع الآجلة الشرطية هي أحد صور البيوع الآجلة في أسواق العقود الآجلة والمستقبلية والتي انتهينا في موضع سابق إلى بطلانها شرعا ، لانطوائها على بيع الإنسان ما ليس عنده ، فإن هذا البطلان ينسحب أيضا على البيوع الشرطية لاشتراكها في العلة مع البيوع الباتة الآجلة ، وإذا كنا قد بسطنا في موضع متقدم لأقوال الفقهاء في مختلف المذاهب ونقلنا إجماعهم على عدم جواز بيع الإنسان ما ليس عنده ، فقد حرصنا على أن نعرض لرأي الإمام ابن قيم الجوزية بسبب ما ينسب إليه ظلما ، أو جهلا بإباحته بيع الإنسان ما ليس عنده فنقلنا عنه قوله :" أن بيع الإنسان ما ليس عنده إنما هو من بيع الغرر وأنه من جنس القمار والميسر ، ونقلنا كذلك عن صاحب مصادر الحق في الفقه الإسلامي اشتراط الفقهاء أن يكون محل العقد موجودا وقت التعاقد ، فإذا لم يكن موجودا فالعقد باطل ، حتى لو كان المحل محتمل الوجود ، بل حتى لوكان محقق الوجود في المستقبل .

ولأننا نبتغي الوصول بالحكم إلى غايته وهو إصابة وجه الحق الذي قصده الشارع فقد رأينا أن ندعم رأينا بمزيد من الأدلة العلمية والعملية والتي تطرح تصورا جليا لهذه البيوع تزول معه وجوه الشك والريب التزاما بالقاعدة الأصولية التي تقول أن الحكم على الشيء فرع من تصوره .

يقول أحد علماء التمويل والاستثمار المتخصصين في شئون البورصات :

After establishing a brokerage account you could tell your broker to sell a call option on IBM stock, you do not need to own the stock, you just need to maintain a certain balance in your brokerage account [1].

ومفاد ما تقدم أن بوسعك بعد أن تفتح حسابا لدى أحد بيوت السمسرة أن تطلب من سمسارك أن يبيع لك عقد خيار شراء لأسم شركة IBM .

ولن تكون في حاجة إلى امتلاك هذه الأسهم " والتي تبيع للغير حق شرائها " وكل ما تحتاجه هو أن يكون لك رصيد معين في حسابك لدى السمسار .

---

(1) Madura, Introduction to Financial Management . Op., Cit., P.527.

ويبين مما تقدم أن بيوع الاختيار وإن شئت فقل البيوع الخيارية الشرطية في أسواق العقود الآجلة والمستقبلية تنطوي على بيع الإنسان ما ليس عنده.

ثانيا : صـورية أغلب البيوع الخيارية الشرطية :

من الأمور الثابتة التي لا ينازع فيها منازع أن أغلب البيوع الشرطية صورية ولا يجري تنفيذها ولا يترتب عليها بالتالي تمليك ولا تملك فلا المشتري يتملك المبيع ولا البائع يمتلك الثمن . ولما كانت عقود البيع إنما وضعت شرعا لإفادة التمليك ، فإذا كانت غير مؤدية لذلك كانت غير محققة لهذا المقتضى[1] وما خالف مقتضى العقد فهو باطل[2] فالبيع في الفقه الإسلامي تمليك وتملك على التأبيد ، به يُملِّك البائع المبيع للمشتري ويتملك الثمن ، ويُملِّك المشتري الثمن للبائع ويتملك المبيع ويتم ذلك بحكم الشرع وعلى سبيل التأبيد .

وكما ذهب صاحب أحكام العقود في الشريعة الإسلامية والقانون المدني فإن البيع لا ينعقد بمجرد التعبير عن الرضا إلا إذا كانت هناك نية البيع ونية الشراء ، فالنية لابد منها في كل من الإيجاب والقبول والنية في البيع هي أن يقصد الشخص بتعبيره معاوضة مال بمال تمليكا وتملكا أي يقصد معنى البيع ، ويقصد كذلك آثاره وهي التمليك والتملك [3] فالعبرة بالمقاصد والمعاني لا بالألفاظ والمباني .

ولهذا أيضا نقل د. يوسف موسى عن تقي الدين ابن تيمية قوله أن الله هو الذي جعل العقود أسبابا إلى أحكام قصدها منها وناطها بها فشرع البيع سببا لملك الأموال بطريق المعاوضة ، والهبة سببا لملك المال تبرعا ، والنكاح سببا لملك البضع ، والخلع سببا لحصول البينونة ، فالعقود إذن أسباب جعلية شرعية والشارع هو الذي يرتب عليها أحكامها وآثارها [4].

وقد تظاهرت أدلة الشرع وقواعده على أن القصود في العقود معتبرة وأنها تؤثر في صحة العقد

---

(1) الإمام أبو زهرة ، الملكية ونظرية العقد في الشريعة الإسلامية ص 237.

(2) المرجع السابق ، ص 237 ، والشروط والعقود من فتاوي ابن تيمية ، ج 3 ، ص 323 .

(3) د . عبد الناصر توفيق العطار ، أحكام العقود في الشريعة الإسلامية والقانون ، ص 103 .

(4) فتاوي ابن تيمية ، ج 3 ، ص 214 ، مطبعة دار المنار .

وفساده وفي حله وحرمته ، بل وأبلغ من ذلك أنها تؤثر في الفعل الذي ليس بعقد النية والقصد . فالحيوان يحل إذا ذبح لأجل الأكل ويحرم إذا ذبح لغير اللــه ، ومن جلس في المسجد ولم ينو الاعتكاف لم يحصل له ، ولو أكل طعاما حراما يظنه حلالا لم يأثم به ، ولو أكله وهو يظنه حراما وقد أقدم عليه أثم بنيته فالنبي صلى اللــه عليه وسلم قال كلمتين كفتا وشفتا وتحتهما كنوز العلم " **إنما الأعمال بالنيات ولكل امرئ ما نوى** " فبين في الجملة الأولى أن العمل لا يقع إلا بالنية ، ثم بين في الجملة الثانية أن العامل ليس له من عمله إلا ما نواه ، وهذا يعم العبادات والمعاملات والإيمان والنذور وسائر العقود والأفعال ، فمن نوى بعقد النكاح التحليل كان محللا ولا يخرجه من ذلك صورة عقد النكاح [1].

وإذا كنا قد أثبتنا أن البيوع الشرطية تنطوي على بيع الإنسان ما ليس عنده وأن بائع حق الخيار لن يكون مضطرا لامتلاك الأوراق محل عقد الخيار ، فإن ما لم نذكره هو السبب في عدم اضطراره لامتلاك هذه الأوراق ، وهذا في الواقع هو السبب الثاني لبطلان هذه البيوع هو صوريتها فإذا قيل وما الدليل على ذلك قلنا الأدلة على ذلك كثيرة ونذكرها تباعا بنصوصها التي وردت بها في المراجع الغربية والتي نشأت هذه الأسواق في حضانتها .

In fact most investors who sell call and put options expect the market price of the underlying stock to remain fairly stable, in this way, the investors keep the proceeds from the sale of the options without ever being forced to buy or sell the stock [2].

وتفصيل ما تقدم أن معظم المستثمرين الذين يقومون ببيع حق الخيار يتوقعون استقرار أسعار الأوراق محل التعاقد وعدم تقلبها خلال فترة العقد ، الأمر الذي ينتفي معه قيام أية مصلحة لمشتري حق الخيار تدفعه إلى مطالبة الطرف الآخر إلى تنفيذ العقد ، ومع هذا فإن استقرار الأسعار ليس هو السبب الوحيد لعدم تنفيذ العقد إذ تنتفي مصلحة حامل امتياز الشراء في تنفيذ العقد فيما لو انخفضت الأسعار عن سعر التعاقد أو ارتفعت عن سعر التعاقد ولكن بما لا يغطي ثمن شراء حق

---

(1) أعلام الموقعين عن رب العالمين ، ابن القيم   ج3، ص 96 ، دار الحديث.والحديث رواه الشيخان بالاتفاق، انظر البخاري بشرح السندي ، ج4،ص158، ومسلم باب الإيمان ، بيان من قال مُطرنا بالنوء .

(2) Madura, Introduction to Financial Management , P. 527.

الخيار ، وتنتفي كذلك مصلحة حامل حق خيار البيع في تنفيذ العقد فيما لو ارتفعت الأسعار عن سعر التعاقد او انخفضت بما لا يغطي ثمن حق الخيار. أما الحالة الوحيدة التي يلجأ معها مشتري حق الخيار إلى المطالبة بتنفيذ العقد ، فهي ارتفاع السعر بما يتجاوز ثمن حق الخيار إذا كان الخيار شراء أو انخفاضه بما يسمح بتغطية ثمن حق الخيار وتحقيق هامشا من الربح في حالة خيارات البيع.

ويؤكد صاحب المرجع السابق في موضع آخر أن معظم المستثمرين الذين يقومون بشراء حقوق خيار البيع والشراء يؤثرون التربح من بيع حقوق الخيار عن تنفيذها ، وفي هذا الصدد يقول المؤلف :

Most investors who purchase call and put options sell their options for a profit (or loss rather than exercising them) [1].

ولم يكن ذلك رأي الكاتب السابق وحده . بل يشاركه في ذلك آخرون ، ولذلك يذكر صاحب كتاب الاستثمار أن أكثر من 50 % من عقود خيارات الشراء لا يتم تنفيذها وأن مؤدى ذلك ارتفاع نسبة المخاطرة في عقود خيار البيع والشراء.

More than 50% of call options are unexercised this suggests as a Principle call options and put options are too risky [2].

مـدة الخـيار

قال صاحب بداية المبتدي " ولهما الخيار ثلاثة أيام فما دونها ولا يجوز أكثر منها" [3].

وقال القدوري :

" خيار الشرط جائز في البيع للبائع والمشتري ولهما الخيار ثلاثة أيام فما دونها ولا يجوز أكثر من ذلك عند أبي حنيفة - رحمه اللـه - ، وقال أبو يوسف ومحمد يجوز إذا سمى مدة معلومة " [4].

---

(1) Madura, Op.,Cit., P.526.

(2) Fredrick Amling, Op., Cit., p.184.

(3) بداية المبتدي للميرغناني ، ج 1 ، ص 132 ، مطبعة محمد علي صبح بالقاهرة .

(4) المختار من كتاب اللباب في شرح الكتاب ، ص 227 ، الشركة المصرية للطباعة والنشر .

أما صاحب شرح فتح القدير فقد استدل على عدم جواز مدة الخيار عن ثلاث بالآتي :

" قال ، إن حبان (بن منقذ) كان رجلا ضعيفا ، وكان بدماغه مأمومة أفسدت حاله ، وكانت قد أصابته آمة في رأسه فكسرت لسانه ، ونازعت عقله ، وبلغ من السن مائة وثلاثين سنة كما في تاريخ البخاري الأوسط ، فأي حالة تزيد عن هذه من الضعف إلا عدم الضعف بالكلية ، ومع ذلك لم يجعل له النبي صلى اللـه عليه وسلم سوى ثلاثة أيام ، فلا شك في دفع الزائد ، مع أنه وجد ما ينفيه صريحا ، وهو وإن لم يبلغ درجة الحجة فلا شك أنه يستأنس به وهو ماروي عن أنس أن رجلا اشترى من رجل بعيرا وشرط عليه الخيار أربعة أيام فأبطل رسولا اللـه صلى اللـه عليه وسلم البيع وقال: **"الخيار ثلاثة أيام"** [1].

وقال صاحب القوانين الفقهية :

" المسألة الثانية في مدته وأولها ثم العقد ، وآخرها مختلف باختلاف المبيعات ، ففي الديار والأرض الشهر ونحوه فما دونه ، وقال ابن الماجشون الشهر والشهران ، وفي الرقيق جمعه فما دونها ، وروى ابن وهب شهرا ، وفي الدواب والثياب ثلاثة أيام فما دونها ، وفي الفواكه ساعة ، وقال الشافعي وأبو حنيفة أمد الخيار ثلاثة لايزاد عليها ، وأجازه ابن حنبل لأي أمد اشترط " [2].

وقال صاحب الشرح الكبير :

" ولما كانت مدة الخيار تختلف بخلاف المبيع بينها بقوله : ومدته كشهر أي شهر وستة أيام في دار ومثلها بقية أنواع العقار" [3].

ونقل إلينا صاحب الشرح الصغير :

" أن منتهى مدة الخيار في العروض خمسة أيام وفي العقار ستة وثلاثون يوما " [4].

وقد بين ابن رشد الحفيد سبب الخلاف عند الفقهاء في هذه المسألة بقوله :

---

(1) شرح فتح القدير للسيواسي ، مرجع سابق ، ج 6 ، ص 301 .

(2) القوانين الفقهية لابن جزي ، مرجع سابق ، ج 1 ، ص 180.

(3) الشرح الكبير للشيخ أحمد الدردير ، ج 3 ، ص 91 ، دار الفكر ، بيروت .

(4) الشرح الصغير للشيخ أحمد الدردير ، باب البيوع ، ج 4 ، ص 176 ، مطبعة عيسى البابي الحلبي .

"من لم يجز الخيار إلا ثلاثا فهو لأن الأصل أن لا يجوز الخيار ، فلا يجوز معه إلا ما ورد فيه النص في حديث منقذ بن حبان وذلك كسائر الرخص المستثناة من الأصول ، وقد جاء تحديد الخيار بالثلاث في حديث المصراة وهو قوله من اشترى مصراة فهو بالخيار ثلاثة أيام[1].

وقال صاحب روضة الطالبين وعمدة المفتين :

" يجوز أن يشترط لأحدهما يوما ولآخر يومان أو ثلاثة "[2].

وقال صاحب كفاية الأخيار الشافعي:

" وأما خيار الشرط فإنه يصح بالسنة والإجماع بشرط ألا تزيد عن ثلاثة أيام ، فإن زاد بطل البيع ، ونقل عن الزركشي قوله : اعلموا أنهم قطعوا بالبطلان فيما زاد عن ثلاثة ، وإنما لم يخرجوه لأن الشرط الفاسد إذا اقترن بالعقد يقتضي غالبا إما زيادة في الثمن أو محاباة[3].

وقال صاحب المغني :[4]

والخيار يجوز أكثر من ثلاث ، يعني ثلاث ليالٍ بأيامها ، وإنما ذكر الليالي لأن التاريخ يغلب فيه التأنيث ، قال الله تعالي : ﴿ ۞ وَوَٰعَدۡنَا مُوسَىٰ ثَلَٰثِينَ لَيۡلَةٗ ﴾ [الأعراف: 142] وفي حديث حبان " ولك الخيار ثلاثا" ، ويجوز اشتراط الخيار ما يتفقان عليه من المدة المعلومة ، قلت مدته أو كثرت ، وبذلك قال أبو يوسف ومحمد وابن المنذر ، وحُكِيَ ذلك عن الحسن بن صالح ، والعنبري ، وابن أبي ليلى ، وإسحاق ، وأبي ثور ، وأجازه مالك فيما زاد عن الثلاث بقدر الحاجة مثل قرية لا يصل إليها في أقل من أربعة أيام لأن الخيار لحاجته فيقدر بها : وقال:

"وقال أبو حنيفة والشافعي لا يجوز أكثر من ثلاث ، لما روي عن عمر -رضي الله عنه- أنه

---

(1) بداية المجتهد ونهاية المقتصد ، مرجع سابق ، ج 2 ، ص 268 ، والحديث أخرجه ابن ماجة في كتاب التجارات ، باب بيع المصراة ، ج 2 ، ص 753 ، برقم 2239 عن محمد بن سيرين عن أبي هريرة ، انظر الجامع الكبير لجلال الدين السيوطي ، سلسلة مجمع البحوث الإسلامية برقم 3022 .

(2) روضة الطالبين وعمدة المفتين للإمام النووي ، ج 3 ، ص 446 ، المكتب الإسلامي ، بيروت .

(3) كفاية الأخيار حل في غاية الاختصار ، مرجع سابق ، ج 1 ، ص 357 .

(4) المغني لابن قدامة الحنبلي ، ج 4 ، ص 18 ، دار الفكر ، بيروت .

قال، ما أجد لكم أوسع مما جعل رسول اللـه صلى اللـه عليه وسلم لحبان ، جعل له الخيار ثلاثة أيام ، إن رضي أخذ ، وإن سخط ترك ، ولأن الخيار ينافي مقتضى البيع لأنه يمنع الملك وإطلاق التصرف ، وآخر حد لقله ثلاث ، قال اللـه تعالي : ﴿ فَقَالَ تَمَتَّعُوا فِي دَارِكُمْ ثَلَاثَةَ أَيَّامٍ ﴾ [هود: 65] بعد قوله : ﴿ فَيَأْخُذَكُمْ عَذَابٌ قَرِيبٌ (٦٤) ﴾ [هود: 64]

أما صاحب مراتب الإجماع فقال :

" اتفقوا على أن البيع بخيار ثلاثة أيام بلياليها فجائز" [1].

قال صاحب الملكية ونظرية العقد في الشريعة الإسلامية " فحجة الذين قيدوا المدة بثلاثة أيام لا تعدوها أن شرط الخيار ثبت على خلاف القياس ، إذ هو شرط مخالف لمقتضى العقد ، **بينما حجة أحمد والصاحبان** أن الخيار شرع للتروي لدفع الغبن والتغرير والأمن من الانخداع ، وقد تدفع الحاجة إلى تعيين مدة أطول ، فجاز تعيين هذه المدة ويترك الأمر إلى تقدير العاقدين" [2].

وإذا تأملنا حجة من قالوا إن " الحاجة قد تدفع إلى تعيين مدة أطول فيترك الأمر إلى تقدير العاقدين ، وأنه ربما ذكر رسول اللـه صلى اللـه عليه وسلم هذه المدة "الأيام الثلاثة" لكفايتها لحبان ، ولكن عساها لا تكفي غيره ، وأن قصد العاقدين تعيين مدة أطول دليل على حاجتهم إليها ، ثم إذا أمعنا النظر في مدة الخيار للبيوع التي تجري في البورصات والتي تمتد من مدة أدناها شهرا إلى اثنى عشر شهرا [3] لوجدنا هذا الشرط فاسدا عند مالك وأبي حنيفة وزفر والشافعي ، ثم إذا نظرنا إلى تقدير العاقدين وما قد تدعو إليه الحاجة فسوف ندرك على الفور مدى فساد هذا الشرط لاقترانه بشرط آخر أكثر فسادا وهو ارتباط ثمن بيع الخيار بمدة الخيار فيزيد ثمن البيع بزيادة المدة ويقل بنقصانها وهذا ما نبه إليه الزركشي - رحمه اللـه - بقوله " أن الشرط الفاسد يقترن به غالبا زيادة في الثمن " أما سبب هذه الزيادة عند خبراء البورصات وعلماء التمويل والاستثمار فهو أنه كلما طالت المدة كلما زادت

---

(1) مراتب الإجماع لابن حزم ، ص 99 ، دار الآفاق الجديدة .

(2) الملكية ونظرية العقد للإمام محمد أبو زهرة ، مرجع سابق ، ص 390 .

(3) The length of the option varies from thirty days to one year Investment. Fredrick Amling. Op.,Cit., p 181.

احتمالات تنفيذ عقد الخيار من جانب حامله [1] ، وهو الأمر الذي يستفاد منه أن طول مدة الخيار وقصرها في هذه البيوع لا تدعو إليه حاجة أو ضرورة وإنما تستخدم كأداة للمقامرة والحصول على أموال بغير مقابل ، وتعد بالتالي وسيلة لأكل أموال الناس بالباطل ، ونخلص من ذلك أن طول المدة في هذه البيوع ليس دليلا على الحاجة عند من يرى ذلك والتوسع في مسألة جاءت على خلاف القياس لا تدعو إليه ضرورة خاصة مع هذا النوع من البيوع والتي لم يشرع الخيار لأجلها ونحن مع قول ابن عمر الذي سبق أن اثبتناه وننحاز إلى النص والذي لم يثبت خلافه في قول صحيح ولا سقيم .

اشتراط منفعة لأحد طرفي العقد مقابل حق الاختيار هو من قبيل الشرط الفاسد لكونه :

أ ـ منافيا لمقتضى العقد ومقصوده:

ذهب جمهور الفقهاء إلى أن كل شرط يخالف مقتضى العقد فهو باطل [2] ومقتضى العقد هو ما رتبه الشارع عليه ، بمعنى أن الشرط يكون مما لا يقتضيه العقد إذا لم يفهم من صيغته بدون ذكره فمقتضى العقد أن يقوم البائع بتمليك المبيع للمشتري ، وأن يقوم المشتري بتمليك الثمن للبائع ومن مقتضى العقد تصرف كل واحد من العاقدين فيما يصير إليه من بيع وثمن ، فلا يمنع أحد المتعاقدين من استعمال ما يثبته العقد له من حقوقه ، فمن باع دارا إلى آخر واشترط عليه ألا يبيعها مطلقا كان شرطه مخالفا لمقتضى العقد ومقصوده ، ومن باع أرضا واشترط على الطرف الآخر أن يقفها على جهة معينة ولو كانت جهة خيركان شرطه منافيا لمقتضى العقد،ومن اشترط على البائع إذا باع ما اشتراه بأقل مما اشترى رجع عليه بالباقي كان شرطه منافيا لمقتضى العقد ، ونحو ذلك مما يترتب على العقد شرعا وإن لم يذكر ، ولذلك ذهب المالكية إلى أن من اشترط شرطا لا يقتضيه العقد وينافي مقصوده كان الشرط مفسدا للبيع ، ومن اشترط شرطا لا يقتضيه العقد ولا ينافيه كما إذا باعه بشرط الأجل

(1) Writers of longer item option charge larger premiums than writers of short term options on the same security. The charge is higher simply because the probability that the option will be exercised and that the writer will lose money increases with the length of time the option remains open, Management of Investment , Op Cit. P 641.

(2) مجموعة فتاوى ابن تيمية الكبرى ج 3 ، ص 323- 324 دار المنار .

أو الخيار أو الرهن أو الضمان فإن البيع في كل هذا صحيح وكذلك الشرط .

يقول الزيلعي في تبيين الحقائق : الأصل أن كل شرط لا يقتضيه العقد وهو غير ملائم ولم يرد الشرع بجوازه ولم يجر التعامل فيه ، وفيه منفعة لأهل الاستحقاق مفسد لما رويناه ، فإن شرط ما يقتضيه العقد كشرط الملك للمشترى ، والشرط الملائم للعقد كالرهن والكفالة جائز لأنه يؤكد مقتضى العقد ، أو شُرط في العقد ما ورد في الشرع بجوازه كالخيار والأجل .

وتعليل فساد العقد يرجع إلى أن اشتراط منفعة زائدة على أصل العقد يعد ربا لأنه يخلو من عوض يقابله ، والعقود التي تتضمن المعاوضة يفسدها الربا ، والشرط الباطل عند الحنفية هو ما ليس موافقا لمقتضى العقد ، ولا مؤكدا له ، ولم يرد به الشرع ، ولم يجر به عرف وكان لأحد المتعاقدين فيه منفعة .

وذهب الشافعية إلى أن الشرط يكون فاسدا إذا كان مما لا يقتضيه العقد وأن من شرط أن يرد مبيعا بعيب فإن ذلك من مقتضى العقد ، وذهب الحنابلة إلى أن من اشترط شرطا ينافي مقتضاه فإن الشرط يكون فاسدا لا يعمل بمقتضاه ولكن البيع صحيح [(1)].

* وقال صاحب المجموع : و لأنه شرط لم ين على التغليب ولا هو من مقتضي العقد ولا من مصلحته فأفسد العقد.

وبالنظر إلى المال المبذول الذي يحصل عليه أحد طرفي العقد مقابل بيعه لحق الخيار ، وبذل الطرف الآخر لهذا المال مقابل تخويله الحق في فسخ العقد خلال الفترة المحددة به إذا ما استبان له أن الأسعار في السوق تتجه في غير صالحه ، يبين أن هذا الشرط ينافي مقتضى العقد ومقصوده للأسباب الآتية :

أولا : إن هذا الشرط لا يفهم من صيغه العقد إذا لم يرد ذكره بالعقد .

ثانيا : أن الثمن المبذول مقابل حق الخيار إنما جرى بذله من جانب مشترى هذا الحق على محض

---

(1) بدائع الصنائع ، الجزء الرابع ، ص 141 ، دار الكتاب العربي ، وعلى الخفيف ، مختصر أحكام المعاملات الشرعية ، مرجع سابق ، ص 74 ، والجز يرى ، الفقه على المذاهب الأربعة ص 226 - 228 ، دار الإرشاد للتأليف والطبع ، والمجموع للإمام النووي ، ج 9 ، ص 349 - دار الفكر- بيروت .

المراهنة على ارتفاع الأسعار أو انخفاضها في السوق أثناء فتره العقد وهذا مما ينافى مقصود العقد والذي هو مقصود الشارع .

ب- انطواء هذا الشرط على مصلحة زائدة فيها شبهة الربا وتعد من جنس القمار والرهان المحرم شرعا :

إن حصول أحد العاقدين على مال بغير عوض مقابل جعل الخيار للطرف الآخر يمثل مصلحة زائدة فيها شبهة الربا واضحة ، باعتبار الربا زيادة مال بلا مقابل في معاوضة مال بمال ومن يحصل على ثمن بيع حق الخيار إنما يفعل ذلك مقامرة ومراهنة على استقرار الأسعار في السوق أو اتجاهها في غير مصلحة تنفيذ العقد من جانب الطرف الآخر ، أما الطرف الآخر فإنه يبذل هذا المال على محض المراهنة على ارتفاع الأسعار أو انخفاضها وفقا لمركزه وما يحقق مصلحته كبائع أو مشتري ، فإذا ما اتجهت الأسعار في غير مصلحته فحسبه تكبد المال المبذول مقابل حق الخيار باعتباره أخف الضررين وأهون الشرين حيث يصبح تنفيذ العقد من جانبه شرا يدرأه عن نفسه بالفسخ وتكبد ثمن حق الخيار ، بل إن مشترى الخيار سوف يكون متأهبا لأن يدفع ضعف هذا المال في حالة الخيار المزدوج والذي يخول له الحق في أن يكون بائعا أو مشتريا ، فإذا ما اتجهت الأسعار إلى الارتفاع اختار أن يكون مشتريا بالسعر المتعاقد عليه وان انخفضت الأسعار في السوق اختار أن يكون بائعا بالسعر المتعاقد عليه محققا الفرق بين الأسعار في السوق وسعر التعاقد ، وحيث إن كلا من مشترى حق الخيار وبائعه لا يمتلك غالبا هذه الأوراق ومشترى هذا الحق قد يكون له حق البيع فقط أو حق الشراء فقط أو هما معا . بينما بائع حق الخيار قد يكون بائعا فقط أو مشتريا فقط ، فإذا ما اضطر العاقد الذي جعل الخيار لصاحبه إلى تنفيذ العقد فإن هذا يعنى خسارة محققة له سواء كان بائعا أو مشتريا وتفصيل ذلك أنه لو كان بائعا فسوف يضطر إلى شراء الأوراق المتعاقد عليها بسعر السوق والذي يزيد عن سعر التعاقد ، ولو كان مشتريا فإنه سيشترى بسعر التعاقد والذي يزيد عن سعر السوق ، ولذلك يحرص بائع حق الخيار في البيوع الشرطية المزدوجة على مضاعفة ثمن بيع حق الخيار بسبب ضعف مركزه وبما يقلل من فرص تنفيذ العقد إذا لم تغط فروق الأسعار ثمن الخيار .

ويبين مما تقدم أن هذا النوع من العقود تتعارض فيه مصلحة العاقدين تعارضا بينا ، فما كان مظن منفعة لأحد الأطراف يمثل مضرة للطرف الآخر ، لذلك كانت أرباح مشترى حق الخيار تمثل

خسارة بائع حق الخيار ، وهو ما يعبر عنه أحد علماء الاستثمار وشئون البورصات بقوله :

The profits for the put buyer are losses for the writer of the put and vice-versa [(1)].

وعبر الكاتب عن ذلك في موضع آخر بقوله وحيث إن أرباح أحد الأطراف تمثل خسارة الطرف الآخر ...إلخ .

Since one party's gains are the other party's losses ...etc [(2)].

وهذا لا يتحقق إلا في عقود القمار .

أما ما ذهب إليه صاحب رسالة عمل شركات الاستثمار الإسلامية في السوق العالمية أن البيع بشرط التعويض فيه علة النهى عن بيع العربون والجمهور على أن بيع العربون لا يجوز لأنه مال بغير عوض ، فإننا نتفق معه أن المال المبذول مقابل حق الخيار مال بغير عوض في عقد بيع أي في عقد من عقود المعاوضات ولذلك فلا خلاف في حرمته و إنما نختلف معه في قياسه على بيع العربون ، فما أبعد الشقة بين العربون وثمن الخيار . فثمن الخيار ليس تعويضا كما ذكر الباحث ، ذلك أن الخيار في هذه الأسواق يباع ويشترى شأنه شأن سائر السلع وهو عند من يتعاملون في هذه البيوع ثمنا للمخاطرة لأن المخاطر أيضا تباع وتشترى شأنها شأن سائر السلع في مختلف الأسواق ، و إنما يتم بذله مراهنة على محض اتجاهات الأسعار في السوق ، وبائع الخيار يتقاضى هذا المال وهو على ثقة أن الطرف الآخر لن يلزمه تنفيذ العقد لأنه يتصور أن أسعار السوق التي يراهن على توجهاتها سوف تتجه في غير صالح مشترى حق الخيار ، وبالتالي لن يقوم بالمطالبة بتنفيذه ، فإذا لم يقم بتنفيذه ، فما بذله مشترى الخيار فهو خسارته وما قبضه بائع الخيار هو مكسبه ولذلك ذكر كتاب الغرب أنفسهم أن مكسب أحد الأطراف يمثل خسارة الطرف الآخر .

Since one party's gains are other party's losses....... [(3)]

أما إذا اتجهت الأسعار في صالح مشترى الخيار فإن بائع حق الخيار سوف يلتزم بتنفيذ العقد

---

(1) management of Investments, Op.,Cit., P.644.

(2) Ibid. P.639.

(3) Management of Investment, Op.,Cit.,P.639.

محققا خسارة تمثل الفرق بين سعر التعاقد وسعر السوق ، والربح الذي يحققه مشتري الخيار يمثل خسارة بائع الخيار مخصوما منه ثمن الخيار الذي قبضه عند التعاقد .

The profit for the put buyer are losses for the writer of the put and vice-versa (1).

ويحاول بعض الكُتاب أن يستعيض عن لفظ ثمن الخيار Option Price بلفظ أقل وأهون وطئا على النفس لما له من دلالة قاطعة على أنه بيع لما لا يقبل البيع أصلا وهو الخيار لأنه ليس بمال ، فيطلقون عليه افتئاتا على الحقيقة لفظ تعويض ، وفى هذا تحريف للكلم عن مواضعه ، وهذا ليس من قبيل الاختلاف في الرأي.

فليس كل خلاف جاء معتبرا

إلا خلاف له حظ من النظر.

وقد أدى ذلك إلى حدوث الخلط والالتباس عند بعض العلماء فشبه بعضهم ثمن الخيار ببيع العربون ، ومن ثم ذهب البعض إلى تحليله لأن بعض الفقهاء ومنهم الحنابلة لا يحرمون بيع العربون وهو قياس فاسد وسقيم . وبعض الفقهاء يعتبرون بيع العربون من قبيل الهبة في مقابل ما قد يتعرض له البائع أو الصانع الذي تقاضى العربون من ضرر ، وتفصيل ذلك :

أولا : صح الحديث عن عمرو بن شعيب عن أبيه عن جده قال : "نهى رسول الله صلى الله عليه وسلم عن بيع العُربان " رواه أحمد وأبو داود وهو لمالك في الموطأ (2).

والحديث رواه أيضا ابن حجر العسقلاني عن عمرو بن شعيب قال " نهى رسول الله صلى الله عليه وسلم عن بيع العُربان" ، رواه مالك ، قال بلغني عن عمرو بن شعيب به (3).

وجاء في الموطأ: حدثنى يحيى عن مالك ، عن الثقة عنده ، عن عمرو بن شعيب ، عن أبيه عن

---

(1) - Ibid.Page.644.

(2) الحديث رواه الشوكاني في باب النهى عن بيع العربون وقال يدل على تحريم البيع مع العُربان وبه قال الجمهور خالف في ذلك أحمد فأجازه وحديث عمرو بن شعيب قد ورد من طرق يقوى بعضها بعضا ولأنه يتضمن الحظر وهو أرجح من الإباحة . انظر ج 5 ، ص 153 ، باب النهى عن بيع العربون .

(3) الحديث رواه ابن حجر العسقلاني في بلوغ المرام من أدلة الأحكام ، مرجع سابق ، ص 194 حديث 754.

جده أن رسول الله صلى الله عليه وسلم نهى عن بيع العُربان.

قال مالك ، وذلك فيما نُرى ، و الله أعلم ، أن يشترى الرجل العبد أو الوليدة ، أو يتكارى الدابة ، ثم يقول للذي اشترى منه أو تكارى منه أعطيك دينارا أو درهما أو أكثر من ذلك أو أقل ، على أني إن أخذت السلعة ، أو ركبت ما تكاريت منك فالذي أعطيتك هو من ثمن السلعة أو من كراء الدابة ، وإن تركت ابتياع السلعة ، أو كراء الدابة فما أعطيتك لك باطل بغير شيء [1].

وقال صاحب روضة الطالبين : والعربون هو أن يشترى سلعة من غيره ويدفع إليه دراهم على أنه إن أخذ السلعة فهي من الثمن وإلا فهي للمدفوع إليه مجانا ، قال ويفسر أيضا بأن يدفع دراهم إلى صانع ليعمل له خفا أو خاتما أو ينسج له ثوبا على أنه إن رضيه فالمدفوع من الثمن وإلا فهو للمدفوع إليه [2].

وقال صاحب مغني المحتاج : ولا يصح بيع العربون وهو أن يشترى سلعة ويعطى دراهم مثلا تكون من الثمن إن رضى السلعة وإلا فهبة للنهى عنه .

ورواه أبو داود وغيره ولأن فيه شرطين فاسدين أحدهما شرط الهبة والثاني شرط الرد على تقدير أن لا يرضى [3].

وقال صاحب جواهر العقود :

ويحرُم بيع العربون وهو أن يشترى السلعة ويدفع إليه درهما من الثمن إن رضى السلعة وإلا فهو هبة [4].

و يتبين من العرض المتقدم أنه لا يصح في قياس صحيح ولا حتى سقيم قياس ثمن الخيار

---

(1) الموطأ للإمام مالك بن أنس - كتاب البيوع - ج 2 ، باب ما جاء في بيع العربان ص 609 ، 610 ، عيسى البابي الحلبي وشركاه.

(2) روضة الطالبين وعمدة المفتين ، مرجع سابق ، ج 4 ، ص 59 .

(3) مغني المحتاج لمحمد الخطيب الشربيني ، ج 2 ، ص 39 ، دار الفكر بيروت .

(4) جواهر العقود - محمد بن أحمد المنهاجي الأسيوطي الشافعي ،ج1 ، ط 2 ، ص 61 ، دار الكتب العلمية ، بيروت.

الذي هو من قبيل الرهان والقمار على بيع العربون والذي لم يجمع على تحريمه الفقهاء واعتبره البعض هبة (للنهى) مقابل الضرر.

وقد تنبه بعض الفقهاء لمحاولة البعض تصوير ثمن الخيار على أنه بيع عربون في البحوث والمناقشات التي دارت خلال الدورة السادسة لمؤتمر مجمع الفقه الإسلامي فذهب الشيخ محمد تقى العنانى فى نقده لتلك المحاولات بقوله : إن تصوير المسألة على أنه بيع عربون ، هذا التصوير يدخل الفقهاء في بيع العربون وهل هو جائز أو غير جائز وكذا في الأسئلة التي تأتى من الاقتصاديين إلى الفقهاء محاولة بأن يضعوا التصوير الذي يريدون أن يصلوا به إلى الإجابة وقال ، إن السلعة نفسها غير مرادة ، و إنما الهدف الاستفادة من فروق الأسعار ، يعنى مسألة مقامرة ، متوقع الانخفاض ، إذا انخفض السعر يستفيد ، ومتوقع الارتفاع إذا ارتفع السعر يستفيد والعكس لا يستفيد ، ولذلك فرق كبير بين العربون وبين هذا التعامل الموجود في الأسواق المالية(1) .

و أحد القواعد الكلية في الإسلام أنه لا ضرر ولا ضرار وكل ضرر مؤكد مدفوع وكل مصلحة مؤكدة مجلوبة وأحكام النصوص مشتملة على مصالح العباد ودافعة لأضرارهم .

ومن القرائن القاطعة التى نقدمها لدحض أية فرية تزعم صحة هذه البيوع لتجانسها في الاسم مع بيع الخيار في الشر يعة الإسلامية ، ما كتبه " فرانسيس هيرست " مؤكدا أن هذه البيوع من قبيل المراهنة و القمار فيقول إذا كان الفيصل بين المضاربة بمفهومها العام والرهان يبدو ضئيلا للغاية ، فإن الفرق بينهما يتضاءل حتى لا تكاد تراه العين المجردة للمراقب العادي في حالة البيوع الشرطية الخيارية ، و تكاد تنعدم هذه الفروق أمام القضاة ذوى البصائر الحادة والذين وهبوا حياتهم في التمييز والتمحيص واستخلاص الأشياء من الشوائب التي تغير ملامحها في حالة البيوع الشرطية المزدوجة .

---

(1) مجلة مجمع الفقه الإسلامي - الدورة السادسة ، العدد السادس- الجزء الثاني- 1410هـ / 1990م . ص 171 وإني أهيب بمجمع الفقه الإسلامي غيرة على دين الـله ألا يتم الاستعانة بأصحاب التخصصات العلمية الدقيقة سوى من عرف عنهم العدالة والاستقامة في السيرة والدين و الغيرة على دين الـله أخذا في الاعتبار أن الحكم على الشيء فرع من تصوره ، ومجمع الفقه الإسلامي هو غاية المنتهى في الوصول بالأحكام الشرعية وخاصة في مسائل المعاملات إلى مقاصد الشريعة الإسلامية و إصابة وجه الحق فيها.

"if the line between common speculation and a bet appears rather fine, it is almost invisible to the naked eye of an ordinary observer in the case of options, and hardly visible in the case of double options even to the sharp eyes of judges whose lives have been given up to the marking and refining of distinction [1].

وليست الأدلة التي قدمناها رغم قوتها هي كل ما في جعبتنا بل ولدينا مزيد لتمزيق آخر قناع عن هذه البيوع لتبدو بصورتها الحقيقية من غير رتوش الأمر الذي يمتنع معه الخلط و يزول معه الالتباس .

إذا كان تنفيذ العقود الخيارية الشرطية كما أوضحنا رهن بتقلبات الأسعار في السوق إذا ما تجاوز فرق السعر المال المدفوع من جانب صاحب حق الخيار ، فإن من العقود الخيارية ما يمتنع بمقتضاه على من جعل له حق الخيار المطالبة بتنفيذ العقد حيث لا تقتضي هذه العقود تسليم ولا تسلم ولا تمليك ولا تملك لأنها تقوم على محض المراهنة على اتجاهات الأسعار في السوق وتسوية الفروق ويطلق على هذه الأداة المالية التي استحدثها الفكر المالي الغربي Index Options أي العقود الخيارية المرتبط بمؤشرات الأسعار و تشتمل على خيارات بيع و خيارات شراء ، وقد عبر جاك كلارك فرانسيس عن استخدامات هذه البيوع في المراهنة بقوله :

Index options are useful way of reducing market risk , and also of simply betting on the direction the market will take [2].

وضرب الكاتب المذكور مثالا على الكيفية التي تتم بها عمليات المراهنة تحت عنوان .

Betting on the market with an index option

أي المراهنة على اتجاهات السوق من خلال مؤشرات الأسعار لبيوع الخيار ، وإذا كان القانون الأمريكي إلى وقت قريب لم يكن يجيز الحصول على فروق الأسعار و يعتبرها من القمار .

The New York Laws hold that such customers are gambling in difference and that

---

(1) Francis W,. Hirst . The Stock Exchange .

(2) Management of Investment , Op., Cit. , p. 651.

such transaction are invalid [1].

فإن القانون التجاري المصري قد استباح المقامرة على هذه الفروق إذ تقضي المادة 3/73 أن الأعمال المضافة إلى أجل المعقودة في بورصة مصرح بها طبقا لقانون البورصة و لوائحها وتكون متعلقة ببضائع أو أوراق ذات قيمه مسعرة تعتبر مشروعة أو صحيحة ولو كان قصد المتعاقدين منها أنها تؤول إلى مجرد دفع الفرق [2].

ويبين مما تقدم أن ثمن حق الخيار هو مال مبذول ممن جعل له الخيار بغير عوض ، وما كان بذله لهذا المال إلا على محض المراهنة على ارتفاع الأسعار أو انخفاضها في الأسواق ، وما كان الإيجاب أو القبول ممن جعل الخيار لصاحبه إلا مراهنة على استقرار الأسعار وعدم تغيرها خلال فتره الخيار والاطمئنان إلى أن الطرف الآخر لن يلجأ إلى تنفيذ العقد طالما استقرت الأسعار أو لم تتحرك في الاتجاه الذي يحقق لحامل الخيار مصلحة مؤكدة في تنفيذ العقد .

وما شرع الخيار لكي يكون أداة للمراهنة ووسيلة للمقامرة ، وما أذن فيه رسول اللـه صلى اللـه عليه وسلم إلا لدفع الغبن والتغرير عمن يظلم في البيعات ، ومن لا دراية لهم بمسائل البيع و الشراء و عقد الصفقات في الأسواق .

جـ- بيع حق الخيار وتداوله من مشتري لآخر إنما هو بيع لما لا يقبل حكم العقد شرعا :

اشترط الفقهاء فيما يكون محلا لعقد أن يكون قابلا لحكم العقد شرعا ، فلا ينعقد البيع ما لم يكن المبيع مالا متقوما مملوكا ، فغير المال ، والمال غير المتقوم والمال المتقوم غير المملوك كل ذلك تأبي طبيعته التعاقد عليه ، وكل عقد يرد عليه يكون باطلا [3].

---

(1) Ibid

(2) قانون التجارة المصري - الهيئة العامة للمطابع الأميرية 1985. وقد تم تعديل هذه المادة بالمادة 46 لإزالة أي لبس في جواز البيوع الصورية والتي تنتهي إلى مجرد الحصول على فروق الأسعار دون حاجة إلى تمليك أو تملك للأصول محل التعاقد .

(3) مصادر الحق في الفقه الإسلامي - مرجع سابق ج 2 ، ص 93

ويقول ابن الأثير أن المال في الأصل ما يملك من الذهب و الفضة ثم أطلق على كل ما يقتنى ويملك من الأعيان و ينتفع به على وجه معتاد [1].

ويقول الإمام الشافعي بأنه لا يقع اسم مال إلا على ما له قيمة يباع بها ويلزم متلفه [2].

وقال الحنفية المالية للشيء لا تثبت إلا بالتمول ، و التمول صيانة الشيء و إحرازه [3].

وذهب الشيخ علي الخفيف إلى القول بأن الشيء لا يكون مالا عند الفقهاء إلا إذا توفر فيه أمران : إمكان حيازته ، و إمكان الانتفاع به على وجه معتاد ، فما ليس في الإمكان حيازته فلا يعد مالا وإن انتفع به - كضوء الشمس وحرارتها ، وكذلك ما لا يمكن الانتفاع به على وجه معتاد لا يعد مالا - و إذا أحرز فعلا .

وإذا كان الأحناف يرون أن المال لا يكون إلا مادة حتى يتأتى إحرازه و حيازته فقد ذهب الشافعية و المالكية و الحنابلة إلى أن المنافع أموال إذ ليس من الواجب عندهم إحرازه بنفسه بل يكفي أن يمكن حيازته بحيازة أصله و مصدره [4].

ولما كان من الثابت أن حق الخيار يجرى تداوله في أسواق الأوراق المالية و ينتقل بالبيع والشراء من متعاقد إلى آخر ، فالحق الذي يباع ليس مما يقتنى أو تجرى حيازته فيكون فاسدا عند الأحناف وتداوله من متعاقد لآخر لا تتحقق من خلاله حيازته بحيازة أصله و مصدره فيكون باطلا عند المالكية و الشافعية و الحنابلة و سائر الفقهاء .

فالخيار الذي هو طلب خير الأمرين إما بإمضاء العقد و تقريره أو فسخه و نقضه من أساسه ليس مالا ولا يصلح أن يكون عوضا و إنما أذن فيه رسول الله صلى الله عليه وسلم لكي يكون وسيلة إلى كمال الرضا ودفع الغبن والتغرير و الأمن من الانخداع لمن يخدع في البياعات و ليس له دراية بأمور البيع والشراء وعقد الصفقات في الأسواق و ما أذن رسول الله صلى الله عليه وسلم في أن يكون عوضا في البياعات أو وسيلة إلى المراهنة و القمار ، و يبين مما تقدم أن حق الخيار هو مما لا يقبل حكم العقد شرعا عند سائر الفقهاء .

(1) لسان العرب لابن منظور - مادة "مول".

(2) الأشباه والنظائر للسيوطي ص 327 ، دار الكتب العلمية ، بيروت.

(3) المرجع السابق ص 327

(4) علي الخفيف مختصر أحكام المعاملات الشرعية - العقد - ص 3 مطبعة السنة المحمدية .

المبحث الثالث
موقف الفقه الإسلامي
من عقود المبادلات

ونحن بصدد عرض الأدوات التي يجري التعامل عليها في أسواق المشتقات المالية ، عرضنا في مبحث مستقل لعقود المبادلات وتناولنا نماذج من عقودها. ولسنا نزعم أن تلك العقود هي كل عقود المبادلات ، فقد أصبح من غير الممكن لأي باحث مهما علا قدره أن يتناول على سبيل الحصر كافة أدوات وعقود المشتقات والمبادلات التي قدمتها مراكز البحث والابتكار ، حيث لا تتوقف الهندسة المالية عن صناعة وتقديم مبتكرات مالية جديدة واستخدام أدوات تمويلية تحقق مالا تستطيع الأدوات والآليات السائدة تحقيقه.

لذلك فقد وقع اختيارنا على نماذج بعينها تكشف عن طبيعة وماهية عقود المبادلات التي تجري في تلك الأسواق وكيفية التعامل عليها.

وكان من بين التعريفات التي عرضناها ونحن بصدد عرض عقود المبادلات التعريفات التالية:

عرفها بعض الكتاب "بأنها اتفاق تعاقدي بين طرفين على تبادل تدفقات نقدية معينة في تاريخ لاحق" [1].

بينما عرفها "Joost Krebber" " بأنها في الحقيقة عقود آجلة، ولكنها أصبحت ذو أهمية في الأسواق المالية ، وقد توصف بأنها اتفاقية بين طرفين على تبادل نوع من الأصول في مقابل آخر في تاريخ مستقبلي لاحق" [2].

بينما عرفها صاحب معجم المشتقات بأنها تتضمن تبادل مدفوعات بين طرفين بغرض نقل المخاطرة من طرف لآخر سواء بقصد التحوط أو لأسباب مضاربية [3].

---

(1)Paribas derivative handbook, Op., Cit., p.65.

(2)Ibid , p.140

(3)Andrew Inglis Taylor , Op., Cit., p.114.

والتعريف الأخير هو أقرب التعريفات التي تمس جوهر هذه العقود وتكشف النقاب عن أسباب انعقادها.

1 – عقود مبادلات العملة Currency Swap Contracts

استبان لنا من خلال استعراضنا لعقود المبادلات أنه قد أصبح من الأمور شائعة الاستخدام أن تقترض منشأة بعملة ما ، مع أنها قد تكون في حاجة إلى عملة أخرى ، وتفصيل ذلك أنه قد يكون بوسع إحدى المنشآت أن تقترض من أسواق الإقراض الدولية العملة التي تسعى للحصول عليها ، إلا أن ثمن الاقتراض قد يكون مرتفعا للغاية متمثلا في سعر الفائدة التي ستتحملها المنشأة، لذلك فإنها قد تقترض بعملة أخرى أو من سوقها الداخلية على أمل الاستفادة من فروق الأسعار بين مختلف العملات مهما كانت زهيدة آملة في تحقيق بعض الوفورات بتخفيض تكلفة الاقتراض.

والنموذج الذي عرضنا له والخاص بالشركة السويسرية يصور لنا على وجه الدقة خطوات تنفيذ عمليات المبادلات

فالشركة المذكورة قررت إصدار سندات في سوقها الداخلية Internal Bond Market قيمتها 2.8 مليون فرنك سويسري بسعر فائدة 7.5% ، إلا أنها ليست في حاجة فعلا لهذه الفرنكات ، وإنما هي في حاجة إلى المعادل لقيمة المصدر وهو 2 مليون دولار أمريكي لشراء مواد خام من الولايات المتحدة الأمريكية. وقد كان أمام هذه الشركة أن تقترض من سوق الدولار الأمريكي بسعر 9$^7/8$% ولكنها رأت أن التمويل بهذا الأسلوب ينطوي على تكلفة مرتفعة للغاية نظرا لارتفاع ثمن الاقتراض

وليست الشركة السويسرية وحدها هي التي تقترض بعملة ما بينما هي في حاجة إلى عملة أخرى، فالكثير من المنشآت يلجأ إلى هذا الأسلوب .

فلو افترضنا أن إحدى الشركات الأمريكية تخطط لإصدار سندات بقيمة 2 مليون دولار أمريكي بسعر 10% في السوق الداخلية الأمريكية للسندات American International Bond Market ولكنها في أمس الحاجة إلى ما قيمته 2.8 مليون فرنك سويسري لشراء بعض المستلزمات السلعية من سويسرا. إلا أنها إذا ما اقترضت هذه الأموال من سوق الفرنك السويسري فسوف تتحمل عبئا ثابتا مرتفعا لعدة سنوات هو ثمن الاقتراض بسر 8 $^1/_2$ % وهو ما يمثل تكلفة مرتفعة

من وجهة نظر المنشأة الأمريكية الراغبة في الحصول على الفرنكات السويسرية.

لمثل هذه الحالات ابتكرت عقود المبادلات، حيث يصبح بوسع المنشأتين "السويسرية والأمريكية" التوجه إلى أحد المشتغلين بالمتاجرة في المبادلات، والذي يقوم بعملية التوفيق بين احتياجات منشأة وأخرى تحتفظ بمركز عكسي ويوفر لكل منهما العملة التي تسعى للحصول عليها بنسبة تقل عن سعر الإقراض الدولي في الأسواق الدولية، ليس هذا فحسب، بل ويحقق لنفسه هامشا من الربح مستفيدا من فروق أسعار الفائدة بين الأسواق المحلية والأسواق الدولية-على الوجه الذي بيناه خلال استعراضنا لعقود المبادلات.

الشركة السويسرية التي قامت بإصدار سندات قيمتها 2.8 مليون فرنك سويسري في سوقها الداخلية سوف تقوم بتحويل هذا المبلغ إلى تاجر المبادلات (Swap Dealer) والذي سيقوم بدوره بتحويل هذا المبلغ في ذات الوقت إلى الشركة الأمريكية ويتلقى من الشركة الأمريكية التي قامت بإصدار سندات دولارية في سوقها الداخلية 2 مليون دولار أمريكي تمثل المعادل للفرنكات السويسرية التي تم تحويلها إليها، ويقوم تاجر المبادلات في نفس التوقيت بتحويل الدولارات الأمريكية إلى الشركة السويسرية، وبذلك تحصل كل منشأة من المنشأتين على احتياجاتها من العملة التي تسعى إلى الحصول عليها.

أما المرحلة الثانية والتي تتواصل وتتتابع أزمنتها لعدة سنوات فتتعلق بما ينشأ من التزامات في ذمة المنشأتين، وتتمثل هذه الالتزامات في الفائدة المستحقة لحاملي السندات بصفة دورية طوال مدة القرض.

يقوم تاجر المبادلات "Swap dealer" بالترتيب لقيام الشركة السويسرية بدفع الفائدة الدولارية المستحقة لحاملي السندات الأمريكية، ولقيام الشركة الأمريكية بدفع الفائدة المستحقة لحملة السندات السويسرية بالفرنك السويسري. بمعنى أن كل شركة تتحمل بفائدة القرض المصدر من قبل الشركة الأخرى.

وتستفيد كلتا الشركتين من سعر الإقراض المعدل الذي يحدده تاجر المبادلات والذي يقل عن سعر الإقراض في الأسواق الدولية. وقد يثار التساؤل: ومن الذي يتحمل تلك الفروق، وتخلص الإجابة في أن هذه الفروق تمثل جزءا من الفروق بين سعر الفائدة في الأسواق الدولية وسعرها في

الأسواق المحلية، ولذلك فإن تاجر المبادلات يحقق لنفسه فضلا عن المزايا التي حققها للمنشأتين هامشا من الربح يتم تحديده بدقة متناهية من جانبه وفقا لما سبق أن بيناه في مبحث مستقل.

التكييف الشرعي لعقود المبادلات:

بينما يطلق على هذه العقود في أسواق العقود الآجلة والمستقبلية عقود مبادلة العملة Currency "Swaps" إلا أن هذا المسمى لا يصح شرعا. فالعقد على غير نقد هو الذي يطلق عليه شرعا عقد مبادلة، وعقد معاوضة ، وعقد مقايضة، وعقد مناقلة. أما إذا كان العقد نقدا سمي صرفا ومصارفه [1].

غير أن العقد الذي نحن بصدده ليس هذا ولا ذاك، وإن كان ظاهره يشير إلى أنه عقد مصارفة لما ينطوي عليه من حصول كل من المتعاقدين على احتياجاته من عملة الطرف الآخر.

ولكن بإمعان النظر في هذا النوع من العقود سوف يسترعي انتباهنا أن كلا من المتعاقدين ملتزم أمام الآخر بأن يرد العملة التي حصل عليها من الطرف الآخر وهو ما لا يتحقق في عقد المصارفة والذي ينتهي فيه التزام كل طرف قبل الآخر بتقابضهما قبل أن يفترقا لما صح عن رسول الله صلى الله عليه وسلم أنه قال: "**الذهب بالذهب، والفضة بالفضة، والبر بالبر، والشعير بالشعير، والتمر بالتمر، والملح بالملح، مثلا بمثل، سواء بسواء، يدا بيد، فإذا اختلفت هذه الأصناف فبيعوا كيف شئتم إذا كان يدا بيد**" [2].

ولما روي عن ابن عمر - رضي الله عنهما - قال: قلت يا رسول الله إني أبيع الإبل بالبقيع فأبيع بالدنانير وآخذ الدراهم، وأبيع الدراهم وآخذ الدنانير، آخذا هذا من هذا، وأعطي هذا من هذا قال رسول الله صلى الله عليه وسلم: "**لا بأس بأن تأخذها بسعر يومها ما لم تفترقا وبينكما شيء**" [3].

وكذلك لما رواه ابن قدامة في المغني وابن الجوزي في كتابه التحقيق في أحاديث الخلاف عن

---

(1) الأشباه والنظائر للسيوطي ، مرجع سابق ، ص282/275.

(2) الحديث رواه مسلم في صحيحه في باب الربا، ج11، ص14، عن عبادة بن الصامت وذكره الشوكاني في باب ما يجري فيه الربا، وقال رواه أحمد ومسلم ، وللنسائي وأبي داود وابن ماجة نحوه ، ج5 ، ص193 وذكره صاحب بلوغ المرام من أدلة الأحكام في باب الربا - حديث 784 ص203.

(3) الحديث رواه الخمسة وصححه الحاكم ، انظر بلوغ المرام ، حديث رقم 756، ص195.

عبد اللـه بن يوسف قال: عن مالك، عمر بن شهاب عن مالك بن أوس أنه التمس صرفا بمائة دينار قال فدعا لي طلحة بن عبيد اللـه فتراوضنا حتى اصطرف مني فأخذ الذهب يقلبها في يده ثم قال حتى يأتي خازني من الغابة وعمر يسمع ذلك، فقال و اللـه لا تفارقه حتى تأخذ منه، قال رسول اللـه ﷺ **"الذهب والورق ربا إلا هاء هاء والبر بالبر ربا إلا هاء هاء والشعير بالشعير ربا إلا هاء هاء"** (1).

ولما رواه ابن المنذر أيضا في كتابه الإجماع "وأجمعوا على أن المتصارفين إذا تفرقا قبل أن يتقابضا إن الصرف فاسد" (2).

وهذه المعاملة تنطوي في رأيي على عدد من العقود وذلك على الوجه التالي:

1- عقد قرض بزيادة مشروطة ومحددة سلفا زمنا ومقدارا بين الشركة السويسرية من جهة وحملة سنداتها من جهة أخرى، تقترض بمقتضاه هذه الشركة مبلغ **2,8** مليون فرنك سويسري من المكتتبين في السندات مقابل حصولهم على زيادة سنوية مشروطة بنسبة $^1/_2$ 7% واقتضاء قيمة القرض المستحق في ذمة الشركة في الميعاد المحدد لانتهاء مدة القرض (أو ما يعرف باستهلاكه).

2- عقد قرض بزيادة مشروطة ومحددة سلفا زمنا ومقدارا بين الشركة الأمريكية من جهة وحملة سنداتها من جهة أخرى، تقترض بمقتضاه الشركة الأمريكية مبلغ 2 مليون دولار أمريكي من المكتتبين في السندات مقابل حصولهم على زيادة سنوية بنسبة 10%، واقتضاء قيمة القرض المستحق في ذمة الشركة في الميعاد المحدد لانتهاء مدة القرض(أو ما يعرف بتاريخ الاستهلاك).

3- عقد قرض بزيادة مشروطة محددة سلفا زمنا ومقدارا تقوم بمقتضاه الشركة السويسرية بتقديم مبلغ **2,8** مليون فرنك سويسري للشركة الأمريكية تمثل قيمة القرض الداخلي الذي عقدته الشركة مع حملة سنداتها مقابل تحمل الشركة الأمريكية بأعباء الفائدة السنوية المستحقة لحملة السندات السويسرية طوال مدة القرض، فضلا عن أصل الدين المستحق للشركة السويسرية في ذمة الشركة الأمريكية وبذات العملة التي تمت بها عملية الإقراض في نهاية مدة القرض.

4- عقد قرض بين الشركة الأمريكية من ناحية والشركة السويسرية من ناحية أخرى بزيادة

---

(1) المغني لابن قدامة الحنبلي، مرجع سابق، ج1، ص10، عبد الرحمن بن علي بن محمد بن الجوزي أبو الفرج في كتابه التحقيق في أحاديث الخلاف – ج2 ص169، دار الكتب العلمية.

(2) الإجماع لابن المنذر، مرجع سابق – مسألة 488، ص54.

مشروطة ومحددة سلفا زمنا ومقدارا تقوم بمقتضاه الشركة الأمريكية بتقديم مبلغ 2 مليون دولار أمريكي للشركة السويسرية، وهذا المبلغ يمثل قيمة القرض الداخلي الذي عقدته الشركة الأمريكية مع حملة سنداتها مقابل تحمل الشركة السويسرية بأعباء الفائدة السنوية طوال مدة القرض فضلا عن أصل الدين المستحق للشركة الأمريكية في ذمة الشركة السويسرية في نهاية مدة القرض وبذات العملة التي تمت بها عملية الإقراض.

5- عقد مستحدث من العقود غير المسماة في الشريعة الإسلامية بين طرفي مبادلة العملة من ناحية وتاجر المبادلات من ناحية أخرى، فيه معنى المرابحة وإن لم يكن عقد مرابحة، كما أن فيه معنى الوضيعة وإن لم يكن عقد وضيعة، ويكون لتاجر المبادلات بمقتضاه أو عليه الفرق بين سعر الفائدة على القرض الذي حصلت عليه كل شركة من الشركتين من الشركة الأخرى، وسعر الفائدة المستحق لحملة سندات القرض الذي أصدره الطرف الآخر.

أولا: فيما يتعلق بموقف الفقه الإسلامي من سندات القرض: استبان لنا من العرض المتقدم أننا بصدد أربعة عقود منها عقدان في صورة قرض سندات. ومن أكثر التعريفات دقة في تعريف السندات ما تناوله بعض شراح القانون في مراجعهم والتي نختار منها:

1) السند صك قابل للتداول يثبت حق حامله فيما قدمه من مال على سبيل القرض للشركة، وحقه في الحصول على الفوائد المستحقة واقتضاء دينه في الميعاد المحدد لانتهاء مدة القرض [1].

2) السندات صكوك متساوية القيمة تمثل ديونا في ذمة الشركة التي أصدرتها، وتثبت حق حاملها فيما قدمه من مال على سبيل القرض للشركة، وحقه في الحصول على الفوائد المستحقة دونما ارتباط بنتائج أعمالها ربحا كانت أو خسارة، واقتضاء قيمة الدين المثبتة على الصكوك في نهاية مدة القرض، وتكون هذه الصكوك قابلة للتداول بالطرق التجارية، فينتقل السند بطريق القيد في الدفاتر التجارية إن كان اسميا وبالتسليم للمشتري إن كان لحامله [2].

وللسندات خصائص تتميز بها عن غيرها من صكوك الديون العادية أهمها:

(1) د.أبو زيد رضوان، شركات المساهمة وفقا لأحكام القانون رقم 159 لسنة 1981- ص133- دار الفكر العربي.

(2) مرجعنا أسواق الأوراق المالية ودورها في تمويل التنمية الاقتصادية – دراسة مقارنة بين النظم الوضعية وأحكام الشريعة الإسلامية، ط1، ص378 مكتبة دار النهار – شارع الجمهورية، القاهرة.

1- قرض السندات قرض جماعي، فالشركة لا تتعاقد مع كل مقترض على حدة ولكن مع مجموع المقترضين.

2- قرض السندات يكون غالبا لمدة طويلة تتراوح بين عشر سنوات وثلاثين سنة [1].

الحكم الشرعي في السندات:

إذا استثنينا سندات المقارضة الإسلامية التي قدمها الفكر الإسلامي بديلا لأدوات التمويل التربوي المعاصر، باعتبارها أحد صيغ عقود المضاربة الإسلامية، فإن كافة أنواع السندات التي تغل فائدة ثابتة ومحددة سلفا زمنا ومقدارا أو متغيرة ولكنها لا ترتبط بنتيجة النشاط سلبا وإيجابا لا تخرج عن كونها عقد قرض اجتمعت فيه عناصر ربا الديون الثلاثة، وهي الدين، والأجل، وزيادة مشروطة في الدين مقابل الأجل .

ولما كانت الزيادة على أصل القرض من قبيل الربا المحرم شرعا بمقتضى الكتاب والسنة وإجماع الأمة كانت هذه الزيادة من قبيل الشرط الفاسد المفسد للعقد ، أما الكتاب فلقوله تعالى : ﴿ يَٰٓأَيُّهَا ٱلَّذِينَ ءَامَنُواْ ٱتَّقُواْ ٱللَّهَ وَذَرُواْ مَا بَقِيَ مِنَ ٱلرِّبَوٰٓاْ إِن كُنتُم مُّؤْمِنِينَ ﴿٢٧٨﴾ فَإِن لَّمْ تَفْعَلُواْ فَأْذَنُواْ بِحَرْبٍ مِّنَ ٱللَّهِ وَرَسُولِهِۦ ۖ وَإِن تُبْتُمْ فَلَكُمْ رُءُوسُ أَمْوَٰلِكُمْ لَا تَظْلِمُونَ وَلَا تُظْلَمُونَ ﴿٢٧٩﴾ ﴾ [البقرة: 278 ، 279] .

وأما السنة فلما رواه الحارث بن أبي أسامة عن علي قال: قال رسول الـلـه صلى الـلـه عليه وسلم:" **كل قرض جر نفعا فهو ربا**" [2] ، ولما حكاه زيد بن أسلم " أن أهل الجاهلية كانوا إذا كان لأحدهم الدين إلى أجل على غيره ، وحل الأجل ، قال له إما أن تقضي وإما أن تُربي، يريد وإما أن تزيد في ديني لصبري عليك إلى أجل آخر، فكانت تلك الزيادة ثمنا للأجل وسماه الـلـه ربا بإجماع من أهل العلم بتأويل القرآن" [3].

وعن عبيد الـلـه بن يزيد أنه سمع ابن عباس يقول:" أخبرني أسامة بن زيد أن النبي صلى الـلـه عليه وسلم قال :

---

(1) د.مصطفى كمال طه – القانون التجاري – ط82 – مؤسسة الثقافة الجامعية الإسكندرية.

(2) انظر بلوغ المرام من أدلة الأحكام للإمام ابن حجر العسقلاني – أبواب السلم والقرض والزهد- حديث رقم 812، ص210، قال وله شاهد ضعيف عن فضالة بن عبيد عند البيهقي وآخر موقوف عن عبد الـلـه بن سلام عند البخاري.

(3) الكافي في فقه أهل المدينة المالكي – مرجع سابق، باب بيوع الآجال- ص324.

" **إنما الربا في النسيئة**" [1].

وللحديث الذي رواه الدارمي في سننه قال:

"حدثنا حجاج بن منهال ، حدثنا حماد بن سلمة ، أخبرنا علي بن زيد عن أبي حرة الرقاشي عن عمه قال كنت آخذا بزمام ناقة رسول اللـه صلى اللـه عليه وسلم في أوسط أيام التشريق أزود الناس عنه فقال "**ألا إن كل ربا في الجاهلية موضوع ، ألا وإن اللـه قد قضى أن أول ربا يوضع ربا العباس بن عبد المطلب لكم رءوس أموالكم لا تظلمون ولا تظلمون** " [2].

أما الإجماع:

فلما ذكره ابن المنذر في كتابه الإجماع:

"وأجمعوا على أن المسلف إذا شرط عُشر السلف هدية أو زيادة فأسلفه على ذلك، إن أخذه الزيادة ربا [3].

وقال صاحب المغني، والربا على ضربين ربا الفضل وربا النسيئة ، وأجمع أهل العلم على تحريمهما [4].

ولما ذكره صاحب مراتب الإجماع:

"انهم اتفقوا على وجوب رد مثل الشيء المستقرض" [5].

وقال الجصاص في أحكام القرآن:" أنه معلوم أن ربا الجاهلية إنما كان قرضا مؤجلا بزيادة مشروطة فكانت الزيادة بدلا من الأجل فأبطله اللـه تعالى وحرمه وقال : ﴿ وَإِن تُبْتُمْ فَلَكُمْ رُءُوسُ أَمْوَٰلِكُمْ ﴾ [البقرة: 279] . وقال تعالى : ﴿ وَذَرُوا۟ مَا بَقِىَ مِنَ ٱلرِّبَوٰٓا۟ ﴾ ، حظر أن يؤخذ للأجل

---

(1) سنن الترمذي – حديث رقم 1162- كتاب البيوع – انظر موسوعة الحديث الشريف.

(2) سنن الدارمي – حديث رقم 2422- باب البيوع – انظر موسوعة الحديث الشريف.

(3) الإجماع لابن المنذر – مرجع سابق – مسألة 508 ص55.

(4) المغني لابن قدامة – ج4 – باب الربا والصرف ، ص3 – مكتبة القاهرة.

(5) مراتب الإجماع لابن حزم ، باب القرض، ص108 – دار الآفاق الجديدة – بيروت.

عوض [1].

وقال صاحب الإرشاد إلى سبيل الرشاد:

" ولا خير في قرض جر منفعة إلا أن يعطيه صاحبه الطيب من نفسه على غير مواطأة ، ولو أقرض رجلا قرضا فأهدى إليه هدية ، لم يقبلها إلا أن يكافئه أو يحسبها من دينه ، إلا أن يكونا ممن جرت العادة بينهما أن يتهاديا قبل ذلك [2].

وقال صاحب المبسوط :

إن المنفعة إذا كانت مشروطة في الإقراض فهو قرض جر منفعة وإن لم تكن مشروطة فلا بأس به حتى لو رد المستقرض أجود مما قبضه ، فإن كان ذلك عن شرط لم يحل لأنه منفعة القرض وإن لم يكن ذلك عن شرط فلا بأس به لأنه أحسن في قضاء الدين [3].

وقال صاحب مغني المحتاج :

" ولا يجوز الإقراض في النقد وغيره بشرط جر نفعا للمقرض ويفسد بذلك العقد على الصحيح لحديث كل قرض يجر منفعة فهو ربا ، وهو إن كان ضعيفا فقد روي البيهقي معناه عن جمع من الصحابة ، والمعنى فيه الإرفاق ، فإذا شرط فيه لنفسه حقا خرج عن موضوعه فمنع صحته ، ولو رد هكذا أي زائدا في القدر أو الصفة بلا شرط فحسن ، قال الماوردي والتنـزه عنه أولى [4].

وقد انتهت المجامع الفقهية إلى حرمة الزيادة مقابل القرض وكذا كثير من جهات الفتوى الشرعية والتي نتخير منها ما يلي :

أولا : فتوى المؤتمر الثاني لمجمع البحوث الإسلامية المنعقد بالقاهرة عام 1385 هـ - 1965م بحضور مائتين وسبعين عالما من علماء المسلمين من أنحاء العالم حيث قرر المؤتمر بالإجماع :

---

(1) أحكام القرآن للجصاص - مرجع سابق - ج2 ، ص186، والآيتين من سورة البقرة 278 / 279 .

(2) الإرشاد إلى سبيل الرشاد ، مرجع سابق ، كتاب القرض ، ص 236 .

(3) المبسوط للسرخسي ، مرجع سابق ، جزء 14 ، ص 35 .

(4) مغني المحتاج ، محمد خطيب الشربيني ، مرجع سابق ، ج 2 ، ص 119 .

1 - الفائدة على أنواع القروض كلها ربا محرم لافرق في ذلك بين مايسمى بالقرض الاستهلاكي ولا ما يسمى بالقرض الإنتاجي لأن نصوص الكتاب والسنة في مجموعها قاطعة في تحريم النوعين .

2 - كثير الربا وقليله حرام ، كما يشير إلى ذلك الفهم الصحيح في تحريم النوعين .

3 - الإقراض بالربا محرم لا تبيحه حاجة ولا ضرورة ، والاقتراض بالربا محرم كذلك ولا يرتفع إثمه عن المقترض إلا إذا دعت الضرورة ، وكل امرئ متروك لدينه في تقدير ضرورته [1].

ثانيا : فتوى المجمع الفقهي الإسلامي لرابطة العالم الإسلامي بمكة المكرمة في الدورة السابعة للمجمع سنة 1404 هـ وجاء فيها :

فإن مجلس المجمع الفقهي الإسلامي بعد اطلاعه على حقيقة سوق الأوراق المالية والبضائع ومايجري فيها من عقود عاجلة وآجلة على الأسهم وسندات القروض يقر ....

"**رابعا :** أن العقود العاجلة والآجلة على سندات القروض بفائدة ، بمختلف أنواعها غير جائزة شرعا لأنها معاملات تجري بالربا المحرم" [2].

ثالثا : قرارات مجمع الفقه الإسلامي المنبثق عن منظمة المؤتمر الإسلامي بجدة قرر في دورة انعقاد مؤتمره الثاني بجدة من 10-16 ربيع الثاني 1406 هـ الموافق 22 - 28 ديسمبر 1985 بعد أن عرضت عليه بحوث مختلفة في التعامل المصرفي مايلي :

" **أولا :** أن كل زيادة " أو فائدة " على الدين الذي حل أجله وعجز المدين عن الوفاء به مقابل تأجيله ، وكذلك الزيادة على القرض منذ بداية العقد فهاتان الصورتان ربا محرم شرعا [3]".

رابعا : فتوى دار الإفتاء المصرية لفضيلة الشيخ عبد المجيد سليم :

---

(1) الاتحاد الدولي للبنوك الإسلامية ، العدد الواحد والستون ذو القعدة 1408 هـ ، يوليو 1988 .

(2) أ. د. على السالوس ، عضو مجمع الفقه الإسلامي ، العمليات المالية المعاصرة في ميزان الفقه الإسلامي ، مكتبة الفلاح ، الكويت ، ص 452 .

(3) المرجع السابق ، ص 438 .

سُئل : ورث شخص عن والده بعض سندات قرض القطن التي تدفع عنها الحكومة فوائد ، فهل هذه الفوائد تعتبر من قبيل الربا التي حرمها الـلـه عز وجل في كتابه الحكيم ؟

أجاب : اطلعنا على السؤال ونفيد : أن هذه الفوائد من الربا الذي حرمه الـلـه سبحانه وتعالى في كتابه العزيز ، وبهذا علم الجواب عن السؤال ، و الـلـه تعالى أعلم [1].

خامسا : فتوى دار الإفتاء للشيخ جاد الحق على جاد الحق

سُئل : بالطلب المقيد برقم 376 لسنة 79 المتضمن أن المصارف في مصر تعطي فائدة سنوية لكل مائة مبلغا قدره 7.5 أو 8.5 ، أو 13 % ، وقد أفتى بعض العلماء بجواز ذلك حيث إن التعامل ليس مع الأفراد ولكن مع المصارف التي تتبع الحكومة .

أجاب : قال الـلـه تعالى ﴿ **ٱلَّذِينَ يَأْكُلُونَ ٱلرِّبَوٰاْ لَا يَقُومُونَ إِلَّا كَمَا يَقُومُ ٱلَّذِى يَتَخَبَّطُهُ ٱلشَّيْطَٰنُ مِنَ ٱلْمَسِّ ۚ ذَٰلِكَ بِأَنَّهُمْ قَالُوٓاْ إِنَّمَا ٱلْبَيْعُ مِثْلُ ٱلرِّبَوٰاْ ۗ وَأَحَلَّ ٱللَّهُ ٱلْبَيْعَ وَحَرَّمَ ٱلرِّبَوٰاْ ۚ فَمَن جَآءَهُۥ مَوْعِظَةٌ مِّن رَّبِّهِۦ فَٱنتَهَىٰ فَلَهُۥ مَا سَلَفَ وَأَمْرُهُۥٓ إِلَى ٱللَّهِ ۖ وَمَنْ عَادَ فَأُوْلَٰٓئِكَ أَصْحَٰبُ ٱلنَّارِ ۖ هُمْ فِيهَا خَٰلِدُونَ ﴿٢٧٥﴾ يَمْحَقُ ٱللَّهُ ٱلرِّبَوٰاْ وَيُرْبِى ٱلصَّدَقَٰتِ ۗ وَٱللَّهُ لَا يُحِبُّ كُلَّ كَفَّارٍ أَثِيمٍ ﴿٢٧٦﴾** ﴾ [البقرة: 275 ، 276]

وقال رسول الـلـه صلى الـلـه عليه وسلم " **الذهب بالذهب يدا بيد والفضل ربا**" ومن هذه النصوص الشرعية وغيرها يكون الربا محرما سواء كان ربا نسيئة أو ربا زيادة ، ولما كان إيداع المال بالبنوك نظير

فائدة محددة مقدما قد وصفه القانون بأنه قرض بفائدة فإن هذه الفائدة تكون من قبيل الزيادة المحرم شرعا ، وبالتالي تصبح مالا خبيثا لا يحل لمسلم الانتفاع به وعليه التخلص منه بالصدقة . أما القول بأن هذا التعامل ليس بين الأفراد ولكن مع المصارف التي تتبع الحكومة ، فإن الوصف القانوني لهذه المعاملات قرض بفائدة لا يختلف في جميع الأحوال ، ولم يرد في النصوص الشرعية تفرقة بين الربا بين الأفراد وبين الربا بينهم وبين الدولة ، وعلى المسلم أن يكون كسبه حلالا يرضى عنه الـلـه والابتعاد عن الشبهات [2].

---

(1) وزارة الأوقاف ، المجلس الأعلى للشئون الإسلامية ، الفتاوي الإسلامية عن دار الإفتاء المصرية ، المجلد الرابع 1418 هـ -1997 م ، ص 1288 .

(2) الفتاوي الإسلامية عن دار الإفتاء المصرية ، المجلد التاسع 1418 هـ - 1997 م ، فتوى فضيلة الشيخ جاد الحق علي جاد الحق ، ص 3341 .

أما وقد انتهينا من عرض بعض ما وقع عليه اختيارنا من قرارات وتوصيات المجامع الفقهية وجهات الفتوى الشرعية في شأن حرمة الفوائد المصرفية ، ولم نعرض لفتوى فضيلة الدكتور محمد سيد طنطاوي في 14 رجب 1408 هـ الموافق 89/2/19 والتي انتهى منها إلى أنه لما كان ذلك ، وكان إيداع الأموال في البنوك أو إقراضها أو الاقتراض منها بأي صورة من الصور مقابل فائدة محددة مقدما زمنا ومقدارا يعتبر قرضا بفائدة . وكل قرض بفائدة محددة مقدما حرام ، كانت تلك الفوائد التي تعود على السائل داخلة في نطاق ربا الزيادة المحرم شرعا بمقتضى النصوص الشرعية ، وننصح كل مسلم بأن يتحرى الطريق الحلال لاستثمار ماله والبعد عن كل ما فيه شبهة الحرام لأنه مسئول يوم القيامة عن ماله من أين اكتسبه وفيما أنفقه .

أما عن السبب في عدم اعتبارها فيرجع إلى تراجع فضيلته عما أفتى به من قبل من تحريم الفوائد المصرفية لكونها من الربا المحرم شرعا وإفتائه مؤخرا بتحليلها بناء على الطلب المقدم من الدكتور حسن عباس زكي وزير الاقتصاد الأسبق.

بقى أن نسجل على صفحات هذا البحث انعقاد الإجماع على أن الربا من أخبث المكاسب وتحريمه من ضروريات الدين ويدخل مستحله في سلك الكافرين .

قال ابن عباس : من كان مقيما على الربا لا ينـزع عنه فحق على إمام المسلمين أن يستتيبه فإن نزع وإلا ضرب عنقه [(1)].

وقال ابن خويز منداد " ولو أن أهل بلد اصطلحوا على الربا استحلالا كانوا مرتدين والحكم فيهم كالحكم في أهل الردة وإن لم يكن ذلك منهم استحلالا جاز للإمام محاربتهم [(2)].

وعن أبي هريرة - رضى اللـه عنه - قال : قال رسول اللـه صلى اللـه عليه وسلم : " **الربا سبعون بابا أهونها مثل أن ينكح الرجل أمه** " [(3)].

---

(1) أحكام القرآن للجصاص ، ج 2 ، ص 192 ، مرجع سابق ، والقرطبي ، ج 3 ، ص 363 ، دار الشعب .

(2) محمد بن أحمد بن أبي بكر بن فرح القرطبي ، ج3 ، ص 364 ، دار الشعب .

(3) رواه الطبراني في الأوسط من رواية عمر بن راشد بن ماجة عن حديث أبي هريرة ، ورواه البيهقي ، انظر مختصر الترغيب والترهيب للمنذري ، ص 139 ، مكتبة التراث الإسلامي .

وعن جابر - رضي الله عنه - قال : لعن رسول الله صلى الله عليه وسلم آكل الربا وموكله وكاتبه وشاهديه وقال هم سواء[1].

وعن ابن عباس - رضي الله عنه - قال : إذا ظهر الربا في قرية فقد أحلوا بأنفسهم عذاب الله[2].

قال الإمام السرخسي :

وقد ذكر الله تعالى لآكل الربا خمسا من العقوبات

الأولى: التخبط قال الله تعالى: ﴿ **ٱلَّذِينَ يَأْكُلُونَ ٱلرِّبَوٰاْ لَا يَقُومُونَ إِلَّا كَمَا يَقُومُ ٱلَّذِى يَتَخَبَّطُهُ ٱلشَّيْطَٰنُ مِنَ ٱلْمَسِّ** ﴾ [البقرة: 275] قيل تنتفخ بطنه يوم القيامة بحيث لا تحمله قدماه ، وكلما أراد القيام يسقط فيكون كالمصروع الذي أصابه مس من الشيطان والمراد أن يفتضح على رءوس الأشهاد. كما أشار رسول الله صلى الله عليه وسلم في حديث آخر : "**لواء ينصب يوم القيامة لأكلة الربا فيجتمعون تحته ثم يساقون إلى النار**".

الثانية: المحق قال الله تعالى: ﴿ **يَمْحَقُ ٱللَّهُ ٱلرِّبَوٰاْ وَيُرْبِى ٱلصَّدَقَٰتِ** ﴾ [البقرة: 276] والمراد الهلاك وذهاب البركة والاستمتاع فلا يتمتع هو به ولا ولده من بعده.

الثالثة: الحرب قال الله تعالى: ﴿ **فَإِن لَّمْ تَفْعَلُواْ فَأْذَنُواْ بِحَرْبٍ مِّنَ ٱللَّهِ وَرَسُولِهِۦ** ﴾ [البقرة: 279].

الرابعة: الكفر وذروا ما بقي من الربا إن كنتم مؤمنين. وقال تعالى: ﴿ **وَٱللَّهُ لَا يُحِبُّ كُلَّ كَفَّارٍ أَثِيمٍ** ٢٧٦ ﴾ [البقرة: 276] أي كفار باستحلال الربا ، أثيم أي فاجر بأكل الربا.

الخامسة: الخلود في النار لقوله تعالى: ﴿ **وَمَنْ عَادَ فَأُوْلَٰٓئِكَ أَصْحَٰبُ ٱلنَّارِ ۖ هُمْ فِيهَا خَٰلِدُونَ** ٢٧٥ ﴾ [البقرة: 275]

---

(1) الحديث رواه مسلم في صحيحه ، باب الربا ، ج 11 ، ص 26 برقم 652 ، مرجع سابق .

(2) انظر مختصر الترغيب والترهيب مرجع سابق والذي اختصره ابن حجر العسقلاني ، قال رواه أحمد حديث رقم 653 .

وقد استبان لنا مما تقدم :

(أ) انطواء عقد القرض في مختلف الصور التي عرضنا لها على شرط فاسد مفسد للعقد ومبطل له.

وتفصيل ذلك أن جميع القروض التي يجري إبرامها في هذه المعاملات تنطوي على شرط فاسد مفسد للعقد ومبطل له ، وهذا الشرط هو الزيادة المحددة سلفا زمنا ومقدارا ، وهذه الزيادة من قبيل الربا المحرم شرعا بالكتاب والسنة وإجماع الأمة على الوجه الذي أثبتناه ، ومن ثم فإن هذا الشرط ينطوي على محظور شرعي ، وما من أجل ذلك شرعت العقود ، وأمرنا بالوفاء بها ، فضلا عن أن هذا الشرط يخالف مقتضى العقد ، ومقتضى العقد هو ما رتبه الشارع عليه ، والشرط الذي ينطوي على منفعة زائدة لأحد أطراف العقد هو شرط لا يقتضيه العقد ، والجمهور لا يجيزون أي شرط يخالف مقتضى العقد ، وما خالف مقتضى العقد فهو باطل " [1] ، وقد صح عن رسول الله صلى الله عليه وسلم أنه قال: " **ما بال أقوام يشترطون شروطا ليست في كتاب الله ،كل شرط ليس في كتاب الله فهو باطل وإن كان مائة شرط ، قضاء الله أحق ، وشرط الله أوثق**" [2].

وقد عرضنا للشروط غير المفسدة للعقود كما ذكرها ابن حزم والإمام النووي ونحن بصدد الحديث عن حرية التعاقد في الفقه الإسلامي بما يغني عن الاسترسال والتكرار والإطناب .

(ب) كافة صور عقود القرض التي تنطوي عليها هذه المعاملة لا تترتب عليها أحكامها وآثارها .

إذا كانت إرادة المتعاقدين تتجه في هذا النوع من المعاملات إلى إحداث الأثر القانوني الذي ترمي إليه باعتبار العقد شريعة المتعاقدين في القانون الوضعي ، فإن دور الإرادة في الشريعة الإسلامية لا تتجاوز عملية إنشاء العقود ، أما آثارها وأحكامها فهي من الشارع لا من العاقد ، ولذلك يقول الفقهاء عن العقود أنها أسباب جعلية شرعية . وبالنظر إلى ما تضمنته هذه العقود من

---

(1) انظر مجموعة فتاوي ابن تيمية الكبرى ، جزء 3 ، ص 323 ، 324 ، طبعة دار المنار .

(2) الحديث أخرجه الشيخان البخاري في كتاب البيوع ، باب البيع والشراء مع النساء ، ومسلم في كتاب العتق باب الولاء لمن اعتق ، واللفظ للبخاري ، وسبق تخريج الحديث عند تناول دور الإرادة في إنشاء العقود .

شروط فاسدة ومفسدة بل ومبطلة للعقود ومخالفة لمقتضاها ، وهي تلك الزيادات المشروطة والمحددة سلفا زمنا ومقدارا على أصل قيمة القرض ، يتعين القول ببطلانها وبالتالي لا تترتب على هذه العقود أحكامها وآثارها . يقول الإمام أبو حامد الغزالي " إن اللـه هو الذي أضاف الأحكام إلى أسبابها لأن الأسباب لا توجب الحكم لذاتها ، بل بإيجاب اللـه تعالى .والسبب هو ما يحصل الحكم عنده لابه [1].

فإذا قيل أن العقود اختيارية رضائية ، وأن أساس الاختيار والرضا تحديد آثار العقد وأحكامه قلنا إن الآثار والأحكام إنما هي بإيجاب الشارع حفظا للعدل بين الخلق ، وصونا للمعاملات عن دواعي الفساد ، ومنعا للغرر في الصفقات ، وحسما لمادة الخلاف بين الناس.

وصفوة القول إن هذا العقد لا يترتب عليه أحكامه وآثاره ، فما شرعت العقود لكي تكون وسيلة إلى محرم أو محظور.

وفيما يتعلق بالعقد المبرم بين تاجر المبادلات من ناحية وطرفي المبادلة من ناحية أخرى قمنا بعرض هذا النوع من العقود على مختلف أنواع العقود التي تناولتها كتب الفروع في الفقه الإسلامي لاحتمال تماثلها مع أي من هذه العقود رغم اختلاف المسميات أخذا في الاعتبار أن العبرة بالمقاصد والمعاني لا بالألفاظ والمباني وبعرضها كذلك على قواعد الفقه الإسلامي لاستبانة مدى مشروعيتها تحقق لدينا :

أ - هذا العقد يمثل معاملة حديثة لا تندرج تحت أي نوع من أنواع العقود التي تناولتها كتب الفروع في الفقه الإسلامي .

ب - ما يحصل عليه تاجر المبادلات في مقابل عملية التوفيق بين المنشأتين اللتين ترغب كل منهما في الحصول على عملة الأخرى يكون في معنى المرابحة أحيانا وإن لم يكن عقد مرابحة ، ويكون في معنى المرابحة والوضيعة تارة أخرى وفي آن واحد وإن لم يكن مرابحة ولا تولية ولا وضيعة ، أما وأنه يشبه عقد المرابحة ، فلأنه يوظف المعلومات اليقينية المتاحة لديه عن سعر الإقراض الدولي من ناحية وسعر الإقراض المحلي للمنشأتين المتعاقدتين من ناحية أخرى ، ويتيح لكل منهما الحصول

---

(1) المستصفى في علوم الأصول ، ج1 ، ص 93 - 94 ، مؤسسة الرسالة .

على عملة الطرف الآخر بمعدل سعر فائدة يقل عن سعر الإقراض الدولي . والعملية هنا ذات شقين. فقد يحقق ربحا يتمثل في الفرق ما بين المبلغ المقبوض من أحد المتعاقدين كمقابل لسعر الفائدة على القرض ، والمبلغ الذي يقوم بتحويله للطرف الآخر لسداده لحملة السندات لدى هذا الأخير والذي قد يقل عن السعر الأول ، وقد يحدث ذلك في إجراء مماثل مع الطرف الثاني . وتارة يحقق ربحا من أحد الأطراف وتارة يحقق وضيعة أو خسارة إذا ما كان المبلغ المقبوض من الطرف الآخر مقابل سعر الفائدة أدنى من المبلغ الذي يتعين سداده لحملة السندات للطرف المقابل ، فيكون العائد وضيعة (أي خسارة).

إلا أنه من الثابت أن ما يتم قبضه وما يتم دفعه يجري تحديده بدقة متناهية نافيه للجهالة قبل تنفيذ عمليات تبادل القروض ، بل ويتم تعديل سعر الفائدة للطرفين من جانبه بعد احتساب ما له وما عليه بحيث تكون المحصلة النهائية هو العائد الإيجابي الذي يرتضيه لنفسه مقابل تنفيذه لعملية تبادل القروض.

وإذا نظرنا إلى المرابحة شرعا ، يقول صاحب الهداية في شرح البداية : المرابحة نقل ماملكه بالعقد الأول بالثمن الأول مع زيادة ربح [1] وأما الوضيعة ، فيقول عنها صاحب بدائع الصنائع : المبادلة تمثل الثمن الأول مع نقصان شيء منه [2] ويقول صاحب البحر الرائق ، الوضيعة بأنقص من (الثمن) الأول [3] .

ولذلك فإننا نجد وجه التشابه من ناحية الشكل وليس من ناحية المضمون ، فليس هناك ثم سلعة يجري نقل ملكيتها بالثمن الأول مع زيادة في الثمن لتكون مرابحة أو نقص في الثمن لتكون وضيعة ، وإنما هناك أسعار للفائدة الربوية المشروطة على أصل القرض تارة يزيد وسيط المبادلات على سعرها وتارة ينتقص من سعرها ونرى أن وجه عدم الجواز في ذلك :

أ – أن سعر الفائدة لا يصلح أن يكون محلا للعقد.

(1) الهداية في شرح البداية ، مرجع سابق ، ج 23 ، ص 56 .

(2) بدائع الصنائع للكساني ، مرجع سابق ، ج 5 ، ص 135 .

(3) البحر الرائق ، مرجع سابق ، ج 6 ، ص 116 .

ب – أن عملية المبادلة التي قام تاجر المبادلات بها تنطوي على صفقتين في صفقة (أو بيعتين في بيعة) وهو الأمر المنهي عنه شرعا .

جـ – أن المبادلة تنطوي على بيع الدين بالدين أو الكالئ بالكالئ المجمع على حرمته .

فيما يتعلق بعدم صلاحية سعر الفائدة لأن يكون محلا للعقد اشترط الفقهاء فيما يكون محلا لعقد أن يكون قابلا لحكم العقد شرعا ، فلا ينعقد البيع مالم يكن المبيع مالا متقوما مملوكا ، فغير المال (والمنافع تعتبر أموال عند البعض) والمال غير المتقوم ، والمال المتقوم غير المملوك ، كل ذلك تأبى طبيعته التعاقد عليه ، وكل عقد يرد عليه يكون باطلا .

ويقول ابن الأثير أن المال في الأصل ما يملك من الذهب والفضة ، ثم أطلق على كل ما يقتني ويملك من الأعيان وينتفع به على وجه معتاد [1] .

ويقول الإمام الشافعي بأنه لا يقع اسم مال إلا على ما له قيمة يباع بها ويلزم متلفه [2] .

وذهب الشيخ على الخفيف إلى القول بأن الشيء لا يكون مالا عند الفقهاء إلا إذا توفر فيه أمران إمكان حيازته ، وإمكان الانتفاع به على وجه معتاد ، فما ليس في الإمكان حيازته فلا يعد مالا وإن انتفع به كضوء الشمس وحرارتها ، وكذلك ما لا يمكن الانتفاع به على وجه معتاد لا يعد مالا وإن أحرز فعلا [3] .

وبالنظر إلى سعر الفائدة والذي يمثل زيادة على أصل الدين نظير الأجل فقد أجمع العلماء أن الزيادة في الدين نظير الأجل من قبيل الربا المحرم شرعا بالكتاب والسنة و إجماع الأمة ، وذلك على الوجه الذي أثبتناه في الصفحات المتقدمة . وذكرنا قول صاحب المغني أن كل قرض شرط فيه أن يزيده فهو حرام بغير خلاف ولذلك فإن ما يحصل عليه تاجر المبادلات كجزء من سعر الفائدة ليس مالا في المعنى الشرعي ، لأن الشارع قد أهدر قيمته .

ومن حيث إن عملية المبادلة التي قام بها تاجر المبادلات تنطوي على صفقتين في صفقة أو

---

(1) لسان العرب لابن منظور ، مادة مول ، مرجع سابق ، ج ، 6 ، ص 4300 .

(2) الأشباه والنظائر للسيوطي ، ص 327 ، دار الكتب العلمية ، بيروت .

(3) الشيخ على الخفيف ، مختصر أحكام المعاملات الشرعية ، العقد ، ص 3 ، مطبعة السنة المحمدية .

بيعتين في بيعة ، وقد نهى رسول الله صلى الله عليه وسلم عن بيعتين في بيعة ، فعن أبي هريرة - رضي الله عنه - قال : قال رسول الله صلى الله عليه وسلم: من باع بيعتين في بيعة فله أوكسهما أو الربا ، وفي لفظ نهى رسول الله صلى الله عليه وسلم عن بيعتين في بيعة (رواه أحمد والنسائي والترمذي وصححه)[1] .

وقد فسر الإمام الشافعي بيعتين في بيعة بالآتي :

1) أن يقول له أبيعك هذه السلعة بألف نقدا أو بألفين إلى سنة نسيئة .

2) أن يقول له بعتك ذا العبد بألف على أن تبيعني دارك بكذا[2] .

قال صاحب الروضة الندية ، وفي شرح السنة فسروا البيعتين في بيعة على وجهين : أحدهما أن يقول بعتك هذا الثوب بعشرة نقدا أو بعشرين نسيئة إلى سنة فهو فاسد عند أكثر أهل العلم ،والآخر أن يقول بعتك عبدي هذا بعشرين دينارا على أن تبيعني جاريتك . وبتطبيق ذلك على عملية مبادلة العملة يتبين لنا أنها من قبيل بيع الدين بالدين أو الكالئ بالكالئ ، لأنها تنطوي على مبادلة قرض بقرض ، والمبادلة مشروطة من قبل الجانبين ، شأنها في ذلك شأن من يقول أقرضك كذا دولارا على أن تقرضني كذا دينارا ، فكانت هذه المعاملة في معنى الصفقتين في صفقة التي نهى عنها رسول الله صلى الله عليه وسلم لأن حصول أحد الطرفين على قرض من الآخر مشروط أيضا بحصول الطرف الثاني على قرض من الطرف الأول .

أما من حيث انطواء هذه المبادلة على بيع الدين بالدين أو الكالئ بالكالئ ، فمفاد ذلك أن الزيادة المشروطة من قبل كل عاقد من العاقدين على العاقد الآخر بمثابة دين في الذمة يتعين الوفاء به من قبل كل من العاقدين للآخر ، وتاجر المبادلات بمقتضى القوانين الحاكمة للتعامل مسئول عن صحة وسلامة هذه المبادلة وما يتبعها من ديون مستقرة في ذمة العاقدين يتعين الوفاء بها طول مدة العقد .

أما عن حكم بيع الكالئ فقد أثبتنا الإجماع في موضع سابق على عدم جوازه ، ومن جملة ما ذكرناه ، ما ذكره ابن المنذر في كتاب الإجماع أنهم قد أجمعوا على أن بيع الدين بالدين لا يجوز[3] .

---

(1) نيل الأوطار للشوكاني ، مرجع سابق ، باب بيعتين في بيعة ، ج 5 ، ص 151-152 .

(2) الروضة الندية ، شرح الدرر البهية ، مرجع سابق ، باب شروط البيع ، ج 2 ، ص 105 .

(3) الإجماع لابن المنذر ، ص 53 ، مرجع سابق .

وما ذكره صاحب بداية المجتهد ونهاية المقتصد من إجماع الفقهاء على عدم جواز بيع الدين بالدين فقال ، أما بالنسيئة بين الطرفين فلا يجوز بإجماع لا في العين ولا في الذمة لأنه الدين بالدين المنهي عنه [1] وما ذكره صاحب المغني بقوله " بيع الدين بالدين لا يصح وذلك بالإجماع " [2].

وما ذكره ابن القيم أنه قد ورد النهي عن بيع الكالئ بالكالئ ، وقال ، والكالئ هو المؤخر الذي لم يقبض كما لو أسلم شيئا في شيء في الذمة وكلاهما مؤخر فهذا لا يجوز بالاتفاق ، وهو بيع كالئ بكالئ [3].

2 - مبادلات أسعار الفائدة Interest Rate Swaps

من أهم تعريفات مبادلة أسعار الفائدة التي عرضنا لها في مبحث مستقل ونحن بصدد الحديث عن عقود المبادلات التعريفات التالية :

تعريف بنتون كب بأنها : عقد بين طرفين يوافقان بموجبه على تبادل مدفوعات فائدة مرتبطة بسعر معوم بأخرى مرتبطة بسعر ثابت ، وتحتسب الفائدة على مبلغ محدد متفق عليه بينهما [4].

بينما عرفها توماس ليو بأنها : عقد بين طرفين يوافق بموجبه كل طرف منهما على أداء سلسلة من مدفوعات الفائدة إلى الطرف الآخر في تواريخ مجدولة مستقبلية [5].

أما بيير كولين فقد عرفها بأنها : عقد يتم بمقتضاه مبادلة سعر فائدة ثابت بسعر معوم ، أما السعر المعوم فيتحدد بمتوسط الأسعار فيما بين بنوك لندن [6].

وقيل إن مولد هذه الأداة كان استجابة للحاجة لإدارة التقلبات المتزايدة في أسعار الفائدة بعد صدور قرار مجلس إدارة بنك الاتحاد الفيدرالي عام 1979 بالسماح بانطلاق أسعار الفائدة دون قيود.

---

(1) بداية المجتهد ونهاية المقتصد لابن رشد الحفيد ، مرجع سابق ، ج 2 ، ص 157 .

(2) المغني لابن قدامة ، مرجع سابق ، ج 4 ، مسألة 3192 ، ص 224 .

(3) أعلام الموقعين عن رب العالمين ، مرجع سابق ، ج 1 ، ص 350 .

(4) Benton E. Cup, Robert Brooks, Op.,Cit., p.132.

(5) K. Thomas Liaw, The Bussiness of Investment Banking, P.232.

(6) Piere Colin, The Jouranal of Finance Vol.56 , June 2001, No.3 (An Article)

وتجدر الإشارة هنا إلى أن دفعات الفائدة هي التي يجري تبادلها وليست القيمة التي تحتسب على أساسها هذه الدفعات .

أما عن أساليب تنفيذ هذه العمليات فإنها تتم على الوجه التالي :

بافتراض أن شركة IBM الأميريكية قامت باقتراض مائة مليون دولار أمريكي بسعر فائدة ثابت 7.5 % إلا أنها كانت تأمل فيما لو حصلت على هذا القرض بسعر معوم نظرا لما استشعرته الشركة من ارتفاع تكلفة القرض . ولذا قامت بالاتصال ببنك ميدلاند الذي يقوم فضلا عن أعماله بأعمال الوساطة في المبادلات ، وطلبت إليه أن يقوم بترتيب مبادلة لمدفوعاتها مع طرف آخر يكون راغبا في سداد مدفوعاته بسعر ثابت . وقد تمكن بنك ميدلاند من ترتيب هذه المبادلة مع شركة إلكتريك الأمريكية التي كانت قد أصدرت سندات بذات القيمة بسعر معوم إلا أنها تخشى من تقلبات أسعار الفائدة واحتمال ارتفاعها.

وبإمعان النظر في هذه المعاملة سوف يسترعى انتباهنا الآتي :

أن الأداة التمويلية التي لجأت إليها الشركتان لتمويل احتياجاتها المالية هي القرض .

أن ثمة زيادة مشروطة محددة سلفا زمنا ومقدارا على أصل القرض المصدر من قبل شركة IBM.

أن الزيادة على أصل القرض المصدر من قبل شركة إلكتريك ترتبط بمتوسط أسعار الفائدة فيما بين البنوك الكبرى في لندن فيما يعرف بسعر الليبور ، وهذا التغير لا يرتبط بصورة أو بأخرى بنتائج أعمال الشركة سلبا ولا إيجابا ، ويأخذ بالتالي حكم الفوائد الثابتة المحددة سلفا زمنا ومقدارا ولا يُغتر بتغير العائد لأنه في جميع أحواله زيادة مشروطة على أصل القرض فضلا عن عدم ارتباط التغير بنتائج أعمال الشركة .

مدة القرض التي يتم خلالها سداد الزيادة المشروطة على أصل القرض (الفائدة) متماثلة تماما في المنشأتين .

التكييف الشرعي لهذه المعاملة

لا يحتاج الباحث المقتصد إلى عرض هذه المعاملة على مختلف العقود التي تناولتها كتب الفروع

في الفقه الإسلامي لأنها في الأصل عقد على محظور وهو الربا المجمع على حرمته بالكتاب والسنة وإجماع الأمة وتنطوي بالتالي على أكل أموال الناس بالباطل ولذلك فإنه يمكن تكييف هذه المعاملة وهي مبادلة سعر فائدة ثابت بسعر متغير على الوجه التالي :

1- عقد قرض بزيادة مشروطة محددة سلفا زمنا ومقدارا بين شركة IBM المصدرة لقرض السندات وبين حملة السندات .

2- عقد قرض بزيادة مشروطة محددة سلفا زمنا ومقدارا بين شركة إلكتريك وحملة سنداتها وسعر الفائدة هنا يمثل متوسط أسعار الفائدة لبنوك لندن .

3- المعقود عليه ليس قابلا لحكم العقد شرعا .

4- العقد بين الشركتين هو عقد آجل يتأجل فيه العوضين فكان في معنى بيع الدين بالدين أو الكالئ بالكالئ المجمع على حرمته .

5- العقد المبرم بين الشركتين من عقود الغرر المنهي عنه شرعا .

هذا النوع من العقود إنما يتم على محض المراهنة على توجهات الأسعار في الأسواق الدولية من كلا العاقدين أو أحدهما على الأقل ومن ثم فإن تلك المعاملة تعد من جنس الرهان والقمار المحرم شرعا .

العقود التي تتضمنها هذه المعاملة لا تترتب عليها شرعا أحكامها وآثارها.

تنطوي هذه المعاملة على منافاة للقصود التي شرعت من أجلها العقود .

تنطوي هذه العقود على معاندة لقدر اللـه فيما لا يجلب للعاقد خيرا ولا يدفع عنه شرا ، وتنطوي على الجانب الآخر على ظلم بيّن منافي للعدل الذي بعثت به الرسل ونزلت به الكتب.

وفيما يتعلق بعقدى القرض ، فالقرض شرعا عقد إرفاق وقُربة ولذا نَدَب إليه الشارع فإذا اقترن بشرط جر نفعا كان حراما ، ولذا ذهب صاحب الكافي في الفقه إلى أنه لا يجوز أن يشترط في القرض شرطا يجر نفعا ، مثل أن يشترط رد أجود منه ، أو أكثر ، أو أن يبيعه ، أو أن يشتري منه ، أو

أن يؤجره ، أو أن يستأجر منه ، أو يهدي إليه ، أو يعمل له عملا ونحوه [1].

وقد أثبتنا منذ قليل أن هذه العقود اجتمعت فيها ربا الديون الثلاثة وهي الدين والأجل وزيادة مشروطة في الدين مقابل الأجل ، وأثبتنا أن الزيادة على أصل القرض من قبيل الربا المحرم شرعا بمقتضى الكتاب والسنة وإجماع الأمة ، وتناولنا في هذا الصدد آراء المجامع الفقهية وإجماعها على حرمة هذه المعاملات ، وقد تناولنا هذه المسألة بنصيب وافر من الأدلة والبراهين والحجج والأسانيد ، وإطالة ذيول الكلام والشرح والإسهاب بما يغني عن الاسترسال.

وفيما يتعلق بالمعقود عليه فقد اشترط الفقهاء ، فيما لا يعرف فيه خلاف بينهم فيما يكون محلا لعقد ، أن يكون قابلا لحكم العقد شرعا ، فلا ينعقد البيع ما لم يكن المبيع مالا متقوما مملوكا ، فغير المال ، والمال غير المتقوم ، والمال المتقوم غير المملوك كل ذلك مما تأبى طبيعته التعاقد عليه ، وكل عقد يرد عليه يكون باطلا .

ولما كان محل العقد في هذه المعاملة هو تبادل الزيادة المشروطة على أصل القرضين من قِبَل العاقديْن ، وكانت هذه الزيادة - كما أثبتنا - من قبيل الربا المحرم شرعا بمقتضى الكتاب والسنة وإجماع الأمة ، تعين القول إن المعقود عليه لا يقبل حكم العقد شرعا لأنه مال غير متقوم . فالمتقوم هو ما يباح الانتفاع به شرعا في حالة السعة والاختيار ، أي في غير حالة الاضطرار ، وغير المتقوم هو ما أهدر الشارع قيمته ولا يباح الانتفاع به على وجه الاعتياد كالميتة والدم ولحم الخنزير ، كما يطلق على المعازف والقيان وآلات اللهو الفساد ، وكل ما حرم الشارع إحرازه وتملكه أو الانتفاع به على وجه الاعتياد . ويبين من جماع ما تقدم أن المعقود عليه مما لا يقبل حكم العقد شرعا .

وفيما يتعلق بانطواء هذه المعاملة على بيع الدين بالدين أو الكالئ بالكالئ المحرم شرعا ، فالأمر لا يحتاج إلى دليل أو برهان ، لأنه أوضح من الشمس في وضح النهار ، فالعقد على تبادل الزيادة المشروطة مضاف إلى أجل حيث يلتزم كل طرف من الطرفين ، وإن شئت فقل كل عاقد من

---

(1) الكافي في الفقه للإمام ابن قدامة المقدسي ، ج 2 ، ص 86 ، باب القرض دار إحياء الكتب العربية ، فيصل عيسى البابي الحلبي ، وكذا هداية الراغب لشرح عمدة الطالب لعثمان أحمد النجدي الحنبلي ، باب القرض ، ص 343 / 345 ، دار إحياء الكتب العربية ، فيصل عيسى البابي الحلبي .

العاقدين بسداد الدين المستحق في ذمة الآخر لحملة سندات القرض ، وهذا الدين هو الزيادة المشروطة أو ما يسمى بالفائدة والتي يجري دفعها بصورة دورية طوال مدة العقد والذي تبلغ مدته عشر سنوات وقد تزيد ، أما عن حكم بيع الكالئ بالكالئ ، فقد أثبتناه في موضع سابق ، وحسبُنا أن نذكر من جملة ما ذكرناه ، ما ذكره صاحب مراتب الإجماع أنهم قد أجمعوا على أن بيع الدين بالدين لا يجوز ، وما ذكره صاحب بداية المجتهد ونهاية المقتصد من إجماع الفقهاء على عدم جواز بيع الدين بالدين فقال ، أما بالنسيئة فلا يجوز بإجماع لا في العين ولا في الذمة لأنه الدين بالدين المنهي عنه ، وكذا ما ذكره صاحب المغني أن بيع الدين بالدين لا يصح وذلك بالإجماع .

وإذا ثبت من العرض المتقدم أن هذه العقود مضافة إلى أجل ، تعين القول بأنه لا يترتب عليها أحكامها وآثارها فالأصل في العقود التنجيز إلا عقدي الوصية والإيصاء فإنهما دائما مضافان إلى ما بعد الموت.

فالعقد المنجز تترتب عليه آثاره بمجرد انعقاده ، وهو ما يعني أن ثمة التزام شرعي يترتب على إنشاء العقد ، وقد جعل الشارع العقد سبيلا إلى هذه الآثار . فإذا قيل إن السلطان الأول في إنشاء العقود وآثاره التي تترتب عليه هو لإرادة المتعاقدين ، قلنا إن الفقه ينظر إلى الأمر نظرة أخرى وهي أن إرادة المتعاقدين هي التي تنشئ العقد حقا ، لكن الشريعة تتدخل في ترتيب ما لكل عقد من حكم و آثار . فإذا كان العقد شريعة المتعاقدين في القانون الوضعي بالنسبة لآثاره وكل ما اشتمل عليه ما لم يكن مشتملا على شيء يخالف النظام العام ، أما في الشريعة الإسلامية فإن إرادة المتعاقدين تنشئ العقد فقط بينما أحكام العقود وآثارها من الشارع الحكيم ، ولذلك فمن العقود ما لا يقبل التأجيل كعقد البيع وكعقد النكاح والذي لا يتصور فيه التأجيل .

وفيما يتعلق بكون هذا العقد من عقود الغرر فذلك يرجع إلى الجهالة المحيطة بأحد العوضين ، وتفصيل ذلك أنه إذا كان أحد العاقدين يلتزم بسداد الفائدة الثابتة على أصل القرض وهي زيادة ثابتة ومحددة سلفا زمنا ومقدارا ، ومعلومة علما نافيا للجهالة ، إلا أن العاقد الآخر يلتزم من جانبه بسداد الفائدة المستحقة في ذمة الطرف الآخر ، وهي فائدة غير ثابتة ، وغير محددة ، وغير معلومة ، وعرضة للصعود ، كما أنها عرضة للهبوط ، لذلك كان أحد العوضين مجهولا .

وإذا نظرنا إلى تعريف الفقهاء للغرر بأنه ما تردد بين أمرين أغلبهما أخوفهما ، أو ما تردد بين

الحصول وعدم الحصول ، أو ما شك في حصول أحد عوضيه ، أو ما تردد بين الوجود و العدم ، أو ما طوى عنك علمه وخفي عنك باطنه وسره .. إلى غير ذلك من التعريفات التي تناولتها كتب الفقه وعرضنا لها في مبحث مستقل ، تعين القول إن المبادلة التي ينطوي عليها العقد من قبيل الغرر المحرم شرعا لنهي رسول الله صلى الله عليه وسلم عن بيع الغرر ، وإذا كان أحد العوضين مجهولا فمن المعلوم أن الجهل بأحد العوضين مفسد للبيوع ولا يعرف في ذلك خلاف عند الفقهاء [1].

ومن حيث إن هذه المعاملة تتم على محض المراهنة على اتجاهات الأسعار الذي هو من جنس القمار فتفصيل ذلك ، أنه إذا كان أحد الأطراف " متحوط" بمعنى أنه يرغب في نقل المخاطرة إلى غيره كان الآخر بلغة أسواق المال " مضاربا " وبلغة الشرع الإسلامي مراهنا ومقامرا على توجهات الأسعار والتي تتقلب من يوم لآخر ، وهو على استعداد لتقبل مخاطر تقلبات أسعار الفائدة بالسوق لأنه يتوقع اتجاهها في صالحه . فالشخص المتحوط هنا فهو الذي يرغب في استبدال الفائدة الثابتة بالفائدة المتغيرة أو " المعومة أسعارها " لأنه يخشى أن تتقلب الأسعار في غير صالحه بينما هو يسعى إلى درء المخاطر عنه .

أما الطرف الآخر والذي يخاطر بنقل المخاطرة إليه باستبدال الفائدة المتغيرة بالفائدة الثابتة المستحقة في ذمته فهو إنما يفعل ذلك مقامرة ومخاطرة ، ولا يكاد يختلف على ذلك اثنان من المشتغلين بأعمال البورصات أو من كتاب التمويل والاستثمار.

وقد يكون كلا العاقدين مقامرا ومراهنا . فالذي لا يرغب في سداد فائدة ثابتة معلومة علما نافيا للجهالة ، ويرغب في سداد تلك الفائدة وفقا لسعر الليبور ، أو مؤشرات أسعار الفائدة ، أو سعر الخصم أو أذون الخزانة ، أو غيرها والتي تنطوي على جهالة فاحشة ، هو مقامر ومراهن ، وهذا ليس أمرا مشكلا .

ولكن فيما يتعلق بالعاقد الذي يرغب في سداد التزاماته من الزيادة (الفائدة) المشروطة وفقا لسعر ثابت ، فقد يقال إن هذا العاقد إنما يتوجس خيفة من تقلبات أسعار الفائدة ويسعى إلى درء الخطر عن نفسه بنقله إلى غيره ، فنقول نعم قد يكون كذلك ، ولكنه قد يكون مقامرا أيضا ، لأنه لا

---

[1] فيما يتعلق ببيع الغرر فقد تم تخصيص مبحث كامل لتلك البيوع بما يغني عن الاسترسال أو التكرار .

يرغب في السداد وفقا لسعر ثابت لتجنب الأخطار غير المؤكدة ، ولكن لأنه يتوقع أيضا أن تكون تقلبات أسعار الفائدة في غير صالحه ، بالرغم أنها قد تتجه في صالحه ، وإذا كان تغير السعر في غير صالحه غير مؤكد الوقوع ، فإنه غير مستحيل الوقوع .

لذلك ، وسواء كانت المقامرة من جانب واحد ، أو من جانبين كانت هذه المعاملة من جنس الرهان والقمار .

ولما كان الرهان والقمار محرما شرعا بمقتضى الكتاب والسنة وإجماع الأمة ، كانت هذه المبادلات من قبيل المعاملات المحرمة شرعا .

أما الكتاب فلقوله تعالى :

﴿ يَٰٓأَيُّهَا ٱلَّذِينَ ءَامَنُوٓاْ إِنَّمَا ٱلۡخَمۡرُ وَٱلۡمَيۡسِرُ وَٱلۡأَنصَابُ وَٱلۡأَزۡلَٰمُ رِجۡسٞ مِّنۡ عَمَلِ ٱلشَّيۡطَٰنِ فَٱجۡتَنِبُوهُ لَعَلَّكُمۡ تُفۡلِحُونَ ﴾ [المائدة : 90]

ولقوله تعالى: ﴿ إِنَّمَا يُرِيدُ ٱلشَّيۡطَٰنُ أَن يُوقِعَ بَيۡنَكُمُ ٱلۡعَدَٰوَةَ وَٱلۡبَغۡضَآءَ فِي ٱلۡخَمۡرِ وَٱلۡمَيۡسِرِ وَيَصُدَّكُمۡ عَن ذِكۡرِ ٱللَّهِ وَعَنِ ٱلصَّلَوٰةِۖ فَهَلۡ أَنتُم مُّنتَهُونَ ﴾ [المائدة : 91]

ولقوله تعالى: ﴿ يَسۡـَٔلُونَكَ عَنِ ٱلۡخَمۡرِ وَٱلۡمَيۡسِرِۖ قُلۡ فِيهِمَآ إِثۡمٞ كَبِيرٞ وَمَنَٰفِعُ لِلنَّاسِ وَإِثۡمُهُمَآ أَكۡبَرُ مِن نَّفۡعِهِمَا ﴾ [البقرة : 219].

وأما السنة فلما رواه أحمد في مسنده ، قال: " حدثنا سُريح يعني ابن النعمان ، وحدثنا معشر عن أبي وهب مولى أبي هريرة عن أبي هريرة قال : حرمت الخمر ثلاث مرات . قدم رسول الله صلى الله عليه وسلم المدينة وهم يشربون الخمر ويأكلون الميسر فسألوا رسول الله صلى الله عليه وسلم فأنزل الله على نبيه صلى الله عليه وسلم ﴿ يَسۡـَٔلُونَكَ عَنِ ٱلۡخَمۡرِ وَٱلۡمَيۡسِرِۖ قُلۡ فِيهِمَآ إِثۡمٞ كَبِيرٞ وَمَنَٰفِعُ لِلنَّاسِ وَإِثۡمُهُمَآ أَكۡبَرُ مِن نَّفۡعِهِمَا ﴾ إلى آخر الآية .. فقال الناس ما حَرّم علينا إنما قال : ﴿ فِيهِمَآ إِثۡمٞ كَبِيرٞ ﴾ وكانوا يشربون الخمر حتى إذا كان يوما من الأيام صلى رجل من المهاجرين أمَّ أصحابه في المغرب خلط في قراءته ، فأنزل الله فيها آية أغلظ فيها ﴿ يَٰٓأَيُّهَا ٱلَّذِينَ ءَامَنُواْ لَا تَقۡرَبُواْ ٱلصَّلَوٰةَ وَأَنتُمۡ سُكَٰرَىٰ حَتَّىٰ تَعۡلَمُواْ مَا تَقُولُونَ ﴾ [النساء: 43] وكان الناس يشربون حتى يأتي أحدهم الصلاة وهو مفيق ، ثم أنزلت آية أغلظ من ذلك ﴿ يَٰٓأَيُّهَا ٱلَّذِينَ ءَامَنُوٓاْ إِنَّمَا ٱلۡخَمۡرُ وَٱلۡمَيۡسِرُ وَٱلۡأَنصَابُ وَٱلۡأَزۡلَٰمُ رِجۡسٞ مِّنۡ عَمَلِ

﴿ٱلشَّيۡطَٰنِ فَٱجۡتَنِبُوهُ لَعَلَّكُمۡ تُفۡلِحُونَ ۝٩٠﴾ [المائدة:90] فقالوا انتهينا ربنا فقال الناس يا رسول الله ناسٌ قتلوا في سبيل الله أو ماتوا على فرشهم كانوا يشربون الخمر ويأكلون الميسر وقد جعله الله رجسا ومن عمل الشيطان فأنزل الله: ﴿لَيۡسَ عَلَى ٱلَّذِينَ ءَامَنُواْ وَعَمِلُواْ ٱلصَّٰلِحَٰتِ جُنَاحٞ فِيمَا طَعِمُوٓاْ إِذَا مَا ٱتَّقَواْ وَّءَامَنُواْ وَعَمِلُواْ ٱلصَّٰلِحَٰتِ ثُمَّ ٱتَّقَواْ وَّءَامَنُواْ﴾ [المائدة: 93] إلى آخر الآية ، فقال النبي صلى الله عليه وسلم : "**لو حرمت عليهم لتركوها كما تركتم**" [1].

وأما الإجماع قال الجصاص " ولا خلاف بين أهل العلم في تحريم القمار وأن المخاطرة من القمار " [2].

*** من حيث معارضة هذه المعاملة للقصود التي شرعت من أجلها العقود ،**

تظاهرت أدلة الشرع وقواعده على أن القصود في العقود معتبرة ، وأنها تؤثر في صحة العقد وفساده ، وفي حله وحرمته ، بل وأبلغ من ذلك أنها تؤثر في الفعل الذي ليس بعقد تحليلا وتحريما ، فيصير حلالا تارة ، وحراما تارة أخرى باختلاف النية والقصد ، وهذا كالذبح ، فإن الحيوان يحل إذا ذبح لأجل الأكل ، ويحرم إذا ذبح لغير الله ، وكذلك صورة القرض وبيع الدرهم بالدرهم إلى أجل صورتها واحدة ، وهذا قُربة صحيحة ، وهذا معصية باطلة بالقصد ، وكذلك السلاح يبيعه الرجل لمن يعرف أنه يقتل به مسلما ، حرام باطل لما فيه من الإعانة على الإثم والعدوان . وإذا باعه لمن يعرف أنه يجاهد به في سبيل الله فهو طاعة وقربة . ومنه نوى بالبيع عقد الربا حصل له الربا ولا يعصمه من ذلك صورة البيع [3].

وإذا نظرنا إلى هذه المعاملة وكافة العقود التي انطوت عليها نجدها قد جمعت بين كثير من الموبقات ، كالربا والرهان والقمار وأكل أموال الناس بالباطل ومعاندة القدر والظلم البين الذي هو ظلمات يوم القيامة ، وما شرعت العقود ، ولا أمرنا بالوفاء بها إلا لتكون وسيلة للإلزام والالتزام ، لأن العقد هو أحد مصادر الالتزام في الفقه الإسلامي . ويقصد بالالتزام في الشريعة الإسلامية أن

---

(1) انظر موسوعة الحديث النبوي ، مسند أحمد ، حديث 8266 .

(2) أحكام القرآن للجصاص ، مرجع سابق ، الجزء الثاني ، ص 4 .

(3) أعلام الموقعين عن رب العالمين ، مرجع سابق ، ج 3 ، ص 96 .

يوجب الشخص على نفسه أمرا جائزا شرعا . فكانت العقود - والأمر كذلك - وسيلة لتيسير أمور المعاملات والبياعات والعهود والمواثيق ، ولكي تكون وسيلة لكمال الرضا بين المتعاقدين فيما لا يخالف مقاصد الشريعة الإسلامية وأحكامها ، أو يترتب عليه منفعة زائدة فيها شبهة الربا لأنها منفعة زائدة لا يقابلها عوض ، او شرطا يخالف مقتضى العقد ولا يكون في مصلحته ، أو بما يتضمن غررا أو يفضى إلى نزاع بين المتعاقدين . لذلك تعين القول إن هذه المعاملة تتعارض مع القصود التي شرعت من أجلها العقود .

* **فيما يتعلق بانطواء هذه المعاملة على معاندة لقدر الـلـه .**

الإيمان بالقدر أحد أركان العقيدة الإسلامية ، وهو الركن السادس للإيمان ، فمن كفر بقدر الـلـه فقد كفر بما أنزل على محمد صلوات الـلـه وسلامه عليه .

وهذا جبريل عليه السلام يأتي في صورة رجل يجلس إلى رسول الـلـه صلى الـلـه عليه وسلم فيسأله عن الإيمان ، فيقول المصطفى صلى الـلـه عليه وسلم: **"أن تؤمن بالله وملائكته وكتبه ورسله واليوم الآخر والقدر خيره وشره "** [(1)].

وروى ابن جرير الطبري عن أبي هريرة رضى الـلـه عنه قال " جاء مشركو قريش إلى النبي صلى الـلـه عليه وسلم يخاصمونه في القدر ، فنزلت الآية ﴿ **إِنَّا كُلَّ شَيْءٍ خَلَقْنَٰهُ بِقَدَرٍ** ﴿٤٩﴾ ﴾ [القمر: 49] [(2)].

قال ابن جرير وعن علي عن ابن عباس قوله :﴿ **إِنَّا كُلَّ شَيْءٍ خَلَقْنَٰهُ بِقَدَرٍ** ﴿٤٩﴾ ﴾ قال خلق

---

(1) الحديث رواه مسلم في صحيحه عن عمر بن الخطاب -رضي الـلـه عنه- في باب تعريف الإسلام والإيمان . قال : بينما نحن جلوس عند رسول الـلـه صلى الـلـه عليه وسلم إذ طلع علينا رجل شديد بياض الثوب شديد سواد الشعر لا يرى عليه أثر السفر ولا يعرفه منا أحد حتى جلس إلى النبي صلى الـلـه عليه وسلم فأسند ركبتيه إلى ركبتيه ووضع كفيه على فخذيه ، قال يا محمد أخبرني عن الإسلام فقال رسول الـلـه :صلى الـلـه عليه وسلم " أن تشهد أن لا إله إلا الـلـه وأن محمدا رسول الـلـه وتقيم الصلاة وتؤتي الزكاة وتصوم رمضان وتحج البيت إن استطعت إليه سبيلا " ، قال : صدقت ، قال فعجبنا له يسأله ويصدقه ، قال : فأخبرني عن الإيمان ، قال " أن تؤمن بالله وملائكته وكتبه ورسله واليوم الآخر والقدر خيره وشره " ، قال: صدقت ، قال : فأخبرني عن الساعة ، قال ما المسئول عنها بأعلم من السائل ، قال: فأخبرني عن أمارتها ، قال أن تلد الأمة ربتها وأن ترى الحفاة العراة رعاء الشاء يتطاولون في البنيان ، قال ثم انطلق فلبثت مليا ، ثم قال لي ياعمر أتدري من السائل ، قلت الـلـه ورسوله أعلم ، قال فإنه جبريل جاء يعلمكم دينكم .

(2) تفسير الطبري ، ج 27 ، ص 111 ، دار الفكر ، بيروت .

الـلـه الخلق كلهم بقدر وخلق لهم الخير والشر بقدر ، فخير الخير السعادة ، وشر الشر الشقاء [1].

قال صاحب العقيدة الطحاوية :

قال تعالى: ﴿ وَخَلَقَ كُلَّ شَيْءٍ فَقَدَّرَهُۥ تَقْدِيرًا ﴾ [الفرقان: 2] وقال تعالى: ﴿ إِنَّا كُلَّ شَيْءٍ خَلَقْنَٰهُ بِقَدَرٍ ﴾ [القمر: 49] وقال تعالى: ﴿ وَكَانَ أَمْرُ ٱللَّهِ قَدَرًا مَّقْدُورًا ﴾ [الأحزاب: 38] وقال تعالى: ﴿ ٱلَّذِى خَلَقَ فَسَوَّىٰ وَٱلَّذِى قَدَّرَ فَهَدَىٰ ﴾ [الأعلى: 2، 3] وفي صحيح مسلم عن عبد الـلـه بن عمرو - رضى الـلـه عنهما - عن النبي صلى الـلـه عليه وسلم أنه قال: " **قدر الـلـه مقادير الخلق قبل أن يخلق السماوات والأرض بخمسين ألف سنة ، وكان عرشه على الماء** " [2] فكل شيء يجري بتقديره ومشيئته ، ومشيئته تنفذ لا مشيئة العباد إلا ما شاء لهم ، فما شاء لهم كان وما لم يشأ لم يكن قال تعالى: ﴿ وَمَا تَشَآءُونَ إِلَّآ أَن يَشَآءَ ٱللَّهُ رَبُّ ٱلْعَٰلَمِينَ ﴾ [التكوير: 29] وقال تعالى : ﴿ وَلَوْ شَآءَ رَبُّكَ مَا فَعَلُوهُ ﴾ [الأنعام: 12] وقال تعالى: ﴿ وَلَوْ شَآءَ رَبُّكَ لَءَامَنَ مَن فِى ٱلْأَرْضِ كُلُّهُمْ جَمِيعًا ﴾ [يونس: 99] وقال تعالى: ﴿ فَمَن يُرِدِ ٱللَّهُ أَن يَهْدِيَهُۥ يَشْرَحْ صَدْرَهُۥ لِلْإِسْلَٰمِ ۖ وَمَن يُرِدْ أَن يُضِلَّهُۥ يَجْعَلْ صَدْرَهُۥ ضَيِّقًا حَرَجًا كَأَنَّمَا يَصَّعَّدُ فِى ٱلسَّمَآءِ ﴾ [الأنعام: 125] وقال تعالى حكاية عن نوح عليه السلام إذ قال لقومه: ﴿ وَلَا يَنفَعُكُمْ نُصْحِىٓ إِنْ أَرَدتُّ أَنْ أَنصَحَ لَكُمْ إِن كَانَ ٱللَّهُ يُرِيدُ أَن يُغْوِيَكُمْ ﴾ [هود: 34] إلى غير ذلك من الأدلة على أنه ما شاء الـلـه كان وما لم يشأ لم يكن [3].

أما صاحب الموافقات فقد استدل على حتمية القدر بالحديث الذي رواه مسلم في صحيحه عن أبي هريرة - رضي الـلـه عنه – " **المؤمن القوي خير وأحب إلى الـلـه من المؤمن الضعيف وفي كل خير ، احرص على ما ينفعك ، واستعن بالله ، ولا تعجز ، وإن أصابك شيء فلا تقل لو أني فعلت كذا كان كذا ، ولكن قل قدر الـلـه وما شاء فعل فإن لو تفتح عمل الشيطان** ".

أما أن لو تفتح عمل الشيطان لأنه التفات إلى المسبب في السبب كأنه متولد عنه أو لازم عقلا ،

---

(1) المرجع السابق ، ص 112/111.

(2) رواه مسلم في صحيحه ، باب حجاج آدم وموسى عليهما وعلى نبينا أفضل الصلاة والسلام ، ج 17 / 203، مرجع سابق .

(3) شرح العقيدة الطحاوية ، عبد المحيي بن عبد الحميد عن الحاج محمد مكي الشخلي البغدادي ، مراجعة الألباني ، ص 92 ، مكتبة الدعوة الإسلامية بالأزهر الشريف .

بل ذلك قدر اللـه وما شاء فعل ، لا يعينه وجود السبب ولا يعجزه فقدانه [1].

وقال ابن كثير في تفسير قوله تعالى: ﴿وَكَانَ أَمْرُ ٱللَّهِ قَدَرًا مَّقْدُورًا ۝٣٨﴾ أي وكان أمره الذي يقدره كائنا لا محالة ، وواقعا لا محيد عنه ولا معدل فما شاء كان وما لم يشأ لم يكن [2].

وقال صاحب الظلال " إن اللـه بالغ أمره قد جعل اللـه لكل شيء قدرا ، فالله بالغ أمره فما قدر وقع ، وما شاء كان ، فعال لما يريد ، وكل شيء مقدر بمقداره وبزمانه وبمكانه وبملابساته وبنتائجه وأسبابه ، وليس شيء مصادفة ، وليس شيء جزافا في هذا الكون " [3].

وقال النسفي وكان أمر اللـه قدرا مقدورا ، قال قضاء مقضيا وحكما مبتوتا [4].

وقال صاحب صفوة التفاسير : إن اللـه بالغ أمره ، أي نافذ أمره في جميع خلقه ، يفعل ما يريد ، ولا يعجزه شيء ﴿قَدْ جَعَلَ ٱللَّهُ لِكُلِّ شَىْءٍ قَدْرًا ۝٣﴾ أي جعل لكل أمر من الأمور مقدارا معلوما ووقتا محددا حسب الحكمة الأزلية [5].

وعن أبي حفصة ، قال ، قال عبادة بن الصامت يابني إنك لم تميز حقيقة الإيمان حتى تعلم أن ما أصابك لم يكن ليخطئك ، وما أخطأك لم يكن ليصيبك ، سمعت رسول اللـه صلى اللـه عليه وسلم يقول :"**إن أول ما خلق اللـه القلم ، فقال له اكتب ، قال ربي وماذا أكتب ، قال اكتب مقادير كل شيء حتى تقوم الساعة** " يا بني إني سمعت رسول اللـه صلى اللـه عليه وسلم يقول "**من مات على غير هذا فليس مني** " [6].

وإذا نظرنا إلى عملية مبادلة الزيادة المشروطة على أصل القرض الصادر عن كلا الطرفين والتي تنطوي على مبادلة سعر فائدة ثابت بسعر متغير ، ورغبة أحد الأطراف في درء الخطر عن نفسه وهو بصدد حدث احتمالي غير مؤكد الحدوث ، يحدث تارة ، ولا يحدث تارة أخرى ، وأنه يصر على أن

---

(1) الموافقات للشاطبي ، ج 1 /226 ، دار المعرفة ، بيروت .

(2) تفسير ابن كثير ، مرجع سابق ، ج 3 ، ص 492 ، عيسى البابي الحلبي . والسورة هي سورة الأحزاب ، آية رقم 38 .

(3) في ظلال القرآن ، للشهيد سيد قطب ، تفسير سورة الطلاق ، ج 6 ، ص 3601 ، دار الشروق .

(4) تفسير النسفي ، ج 3 ، ص 305 ، عيسى البابي الحلبي .

(5) صفوة التفاسير للشيخ محمد على الصابوني ، تفسير جزء قد سمع ، سورة الطلاق ، ج 18 ، ص 40 .

(6) الحديث رواه أبو داود في سننه ، حديث رقم 4078 ، موسوعة الحديث الشريف .

يدفع عن نفسه ما توهمه من الأخطار فلا مناص من أن ننتهي إلى ما انتهى إليه ابن حزم في مسألة العزل أنها معاندة القدر لما رواه أبو سعيد الخدري - رضى اللـه عنه - أن رجلا قال ، يارسول اللـه إن لي جارية وأنا أعزل عنها ، وأنا أكره أن تحمل مني ، وإن اليهود تحدث أن العزل الموؤدة الصغرى ، قال "**كذبت يهود ، لو أراد اللـه أن يخلقه ما استطعت أن تصرفه** " [1].

فهذه مقادير العباد قد كتبها اللـه قبل أن يخلق السماوات والأرض بخمسين ألف سنة ، و اللـه سبحانه وتعالى يقول: ﴿ **وَمَا تَدْرِي نَفْسٌ مَّاذَا تَكْسِبُ غَدًا ۖ وَمَا تَدْرِي نَفْسٌ بِأَيِّ أَرْضٍ تَمُوتُ ۚ إِنَّ اللَّهَ عَلِيمٌ خَبِيرٌ** ﴿٣٤﴾ ﴾ [لقمان: 34] .

(1) الحديث رواه أبو داود في سننه برقم 1876 ، كتاب النكاح ، باب ما جاء في العزل ، انظر موسوعة الحديث الشريف .

المبحث الرابع
موقف الفقه الإسلامي
مـــــن
تثبيت أسعار الفائدة

من العقود التي أصبحت تلقى قبولا متزايدا من قبل المتعاملين عليها في الأسواق غير الرسمية الدولية عقود الحد الأقصى " Caps " وعقود الحد الأدنى لسعر الفائدة " Floors " وكذا عقود الطوق "Collars" وهي تلك العقود التي تجمع بين العقدين السالفين .

ويتم إنشاء هذه العقود من قبل مختلف المؤسسات والهيئات والمنشآت والأفراد بغرض التحوط ضد مخاطر تقلبات أسعار الفائدة . ذلك أن أسعار الفائدة تتغير وتتقلب من حين لآخر لارتباطها إما بسعر الليبور "Libor" London Inter-Bank Offered Rate وإما بأحد مؤشرات الأسعار في الأسواق الدولية كمؤشرات أسعار الأسهم أو بأسعار الخصم التي تحددها البنوك المركزية أو أسعار أذون الخزانة ، وجميعها متغيرة ولا تعرف الثبات أو الاستقرار لفترات طويلة ، فالفائدة التي تتحملها المنشآت المقترضة ليست دائما ثابتة ، حيث صارت أسعار الفائدة المعومة أكثر جاذبية في
التعامل وخاصة لدى البلدان والشعوب التي تسيطر عليها نزعة المضاربة وحب المخاطرة . ويعد سعر الليبور هو الأكثر شيوعا في الاستخدام بالنسبة لأسعار الفائدة المعومة Floating Interest Rates.

المنشآت المقترضة تتوجس خيفة من ارتفاع أسعار الفائدة لأن ذلك يعني بالنسبة لها ارتفاع تكاليف التمويل. وزيادة التكاليف الثابتة مما يؤثر على نتائج أعمال تلك المنشآت ، رغم أن هذه المخاطر غير مؤكدة الوقوع شأنها في ذلك شأن سائر الأحداث المستقبلية والتي تقع تارة ، ولاتقع تارة أخرى ، لذلك فإنها تسعى إلى البحث عن وسيلة أو أداة تؤمن به نفسها ضد ارتفاع أسعار
الفائدة . وأحد الأدوات التي قدمتها مراكز البحث والابتكار هي عقود الحد الأقصى "Caps" ويطلق عليها البعض " عقود السقف " .

فإذا ما وقع اختيار المنشأة على هذه الأداة فإنها تقوم بعقد اتفاقية مع طرف آخر يتم من خلالها تحديد سعر التعاقد Exercise Price وهو هنا سعر الفائدة ، والمقدار الذي يتم على أساسه احتساب

الفائدة ، ومدة العقد ، وعدد الدفعات ، على أن تقوم المنشأة المقترضة بدفع مبلغ من المال إلى الطرف الآخر مقابل التزام الطرف الأخير بتعويض الطرف الأول عن أية زيادة في سعر الليبور عن سعر التعاقد .

وبنظرة عابرة سوف نلحظ الآتـي :

* المنشأة المقترضة لا ترغب في تحمل مخاطر ارتفاع سعر الفائدة وترغب في درء هذه المخاطر غير مؤكدة الوقوع عن نفسها ، وهي على استعداد أن تدفع مبلغا من المال لجهة أخرى تتحمل عنها هذه المخاطرة وتلتزم بالتالي بتعويض تلك المنشأة عن أية زيادة في أسعار الفائدة عن سعر التعاقد (الذي حددته المنشأة المقترضة).

* هناك جهة أخرى تسعى حثيثا لتحمل هذه المخاطر عن الغير مقامرة ومخاطرة على حدث احتمالي قد يحدث وقد لا يحدث مقابل حصولها على ثمن تحمل المخاطرة . فإذا ما طرأت زيادة في سعر الفائدة على سعر التعاقد على بعض تلك الدفعات ، أو تمت عليها جميعا الواحدة بعد الأخرى التزمت الجهة التي تحملت المخاطرة بتعويض الجهة التي وقع عليها الخطر أو الضرر بقيمة الزيادة في سعر الفائدة عن سعر التعاقد ، أما إذا استقرت أو تراجعت أسعار الفائدة بمعنى أنه لم يطرأ تغير عليها بالزيادة أو اتجهت في المسار العكسي أي بالنزول فليس هناك أي التزام على الطرف الثاني يتعين الوفاء به ويكون قد حصل على هذا المال بلا مقابل مراهنة ومقامرة على توجهات أسعار الفائدة .

وبمزيد من إمعان النظر يتأكد لدينا أن هذه المعاملة لا تختلف في قليل أو كثير عن عقود التأمين التي تناولناها في مواضع سابقة بقدر أكبر من التفصيل.

وهذا فيما يتعلق بالمنشآت المقترضة .

وإذا كان هذا هو شأن المقترض ، فإن المقرض يكون على النقيض من ذلك تماما .

فالمؤسسات المالية والمصرفية التي تمنح قروضا للغير بسعر فائدة معوم Floating Rate " أي متغير" تتوجس خيفة من انخفاض أسعار الفائدة ، وأنَّى لها أن تأمن التقلبات التي تعتري أسعار الفائدة المعومة سواء ما تعلق منها بسعر الليبور ،أو مؤشرات الأسهم أو لأسعار الفائدة على أذون الخزانة أو سعر الخصم الذي تحدده البنوك المركزية . ومما لا شك فيه أن انخفاض أسعار

الفائدة بالنسبة لتلك المؤسسات يعني التأثير سلبا على أرباحها ونتائج أعمالها.

لذلك فإن المؤسسات التي تقوم بعمليات الإقراض بسعر فائدة معوم غالبا ما تلجأ إلى استخدام أحد الأدوات التي قدمتها مراكز البحث والابتكار لتأمين المقرض ضد مخاطر انخفاض أسعار الفائدة . وأحد هذه الأدوات ، بل وأهمها إطلاقا ، ما يسمى باتفاقيات القاع "Floor" أو ما يمكن أن يطلق عليه اتفاقيات الحد الأدنى لسعر الفائدة . وبمقتضى هذه الاتفاقية تحدد الجهة التي تقوم بعمليات الإقراض سعرا للتعاقد ، يمثل الحد الأدنى لسعر الفائدة الذي يمكن أن تقبله كثمن الأموال التي أقرضتها للغير وتقوم بدفع مبلغ من المال يتفق عليه للطرف الآخر وهو بائع العقد نظير نقل المخاطرة إليه والتزامه بتعويض الطرف الأول عن أية فروق في أسعار الفائدة تنتج عن انخفاض سعر الفائدة المعوم عن سعر التعاقد. وبمعنى آخر فإن عقد اتفاقية الحد الأدنى لسعر الفائدة يقتضي وجود طرفان أحدهما الجهة التي تقوم بعمليات الإقراض على وجه الاعتياد ، والطرف الآخر هو بائع العقد والذي يقبل تحمل المخاطرة ويتقاضى مبلغا من المال يتفق عليه نظير التزامه بتعويض الطرف الأول عن أية فروق في الأسعار تنتج عن انخفاض سعر الفائدة المعوم عن سعر التعاقد سواء صادف ذلك بعض الدفعات أو حتى جميع الدفعات الواحدة بعد الأخرى .

ولما كانت المخاطرة تحيط بمن يشتري هذه العقود من كل جانب ، رغم أن استخدامه لها كان بغرض درء المخاطر أو تقليلها إلى أدنى حد ممكن ، فالمقترض يخشى ارتفاع أسعار الفائدة فيشتري عقد الحد الأقصى لسعر الفائدة ، ولكنها قد لا ترتفع فيخسر ثمن شراء العقد وهو الثمن المدفوع للطرف الآخر مقابل تحمله لمخاطر ارتفاع أسعار الفائدة ، وقد يكون مقرضا ويخشى انخفاض أسعار الفائدة فيشتري عقد انخفاض الحد الأدنى لسعر الفائدة ، وقد لا تنخفض فيخسر أيضا ثمن استخدام عقد القاع على سبيل المثال . لذلك فإن كلا من المقرض و المقترض قد يلجأ إلى استخدام عقد الطوق "Collar" والذي يجمع بين عقد الحد الأقصى لسعر الفائدة Cap وعقد الحد الأدنى لسعر الفائدة Floor ، فهو يقوم بشراء عقد الحد الأقصى لسعر الفائدة Cap إن كان يخشى ارتفاع الأسعار ويدفع ثمن انتقال المخاطرة للطرف الآخر ، وفي نفس الوقت يبيع عقد الحد الأدنى لسعر الفائدة Floor ويقبض من الطرف الآخر تعويضا مقابل تحمله لمخاطر انخفاض أسعار

الفائدة . فإذا لم ترتفع الأسعار فإن التعويض الذي يقبضه مقابل تحمله مخاطر انخفاض أسعار الفائدة ، يعوضه عن الخسائر المتمثلة في الثمن المدفوع للطرف الآخر مقابل تحمله لمخاطر ارتفاع أسعار الفائدة. وغالبا ما يكون التعويضين متماثلين .

ومع ذلك فإن هذا العقد أيضا لا يخلو من مخاطرة لأن من يستخدمه يفترض استقرار الأسعار وعدم صعودها أو نزولها إلا بقدر طفيف في أسوأ الحالات .

ولكن أرأيت إن انخفضت الأسعار ، في هذه الحالة فإن المقترض يخسر التعويض المدفوع من جانبه للطرف الآخر مقابل تحمله لمخاطر ارتفاع سعر الفائدة ، ويخسر مرة أخرى بتعويض مشتري عقد الحد الأدنى لسعر الفائدة "Floor" بقيمة الفرق بين سعر التعاقد وسعر الليبور.

فإذا قيل إنه لم يخسر شيئا لأن التعويض الذي حصل عليه يعوض خسائره ، قلنا نعم ، يعوضه عن خسائر العقد الأول ولكن لا يعوضه عن خسائر العقد الثاني .

فإذا قيل وما فائدة هذا العقد إذن . قلنا إنما يفيد في حالة واحدة وهي ثبات الأسعار وعدم تقلبها صعودا أو هبوطا ، أو تقلبها تقلبا طفيفا غير مؤثر .

التكييف الشرعي لعقود تثبيت سعر الفائدة

تشتمل هذه المعاملة على عقدين يجري إنشاء كل منهما في توقيت مغاير لتوقيت العقد الآخر. أحد العاقدين طرف أصيل في العقدين ، بينما الطرف الآخر ليس واحدا في العقدين ، الأمر الذي يستفاد منه أننا لسنا بصدد صفقتين في صفقة واحدة .

أما العقد الأول فهو عقد قرض بزيادة مشروطة سلفا محددة إما بمتوسط أسعار الفائدة لبنوك لندن الكبرى أو ما يسمى بسعر "الليبور" (Libor) وإما بسعر الخصم الذي تحدده البنوك المركزية والذي يعتريه التغيير أيضا من حين لآخر ، أو بأسعار الفائدة على أذون الخزانة والتي يطرأ عليها التغيير دوما من خلال الأسعار التي يعرضها مقدمو العطاءات لشراء أذون الخزانة فيما يوصف بأنه سوق للمزاد Auction Market . أما عن عدد دفعات الفائدة وهي الزيادة المشروطة على أصل القرض فيتم سدادها على فترات دورية طوال مدة القرض ويجري تحديدها سلفا عند إنشاء العقد.

أما العقد الآخر فهو من عقود الغرر المنهي عنه شرعا حيث يسعى أحد العاقدين إلى تأمين نفسه ضد مخاطر تقلبات أسعار الفائدة والتي قد تتغير في صالحه ، كما قد تتغير في غير صالحه ، سواء

582

كان مقرضا أو مقترضا ، ولدرء خطر غير مؤكد الوقوع يبذل في سبيل ذلك مبلغا من المال للطرف الآخر مقابل قيام الطرف الآخر بتعويضه عما قد يصيبه من أضرار تنتج عن تغير أسعار الفائدة في غير صالحه سواء كان هذ1 التغير بالزيادة أو النقصان وفقا لمركز الطرف الأول والذي قد يكون مقرضا ، كما قد يكون مقترضا ، ووفقا لما ينص عليه العقد الموقع بينهما. أما الطرف الثاني وهو من يقوم بتحرير العقد أو بيعه فهو يقبل تحمل المخاطرة التي ينقلها إليه الطرف الأول ، وهو يفعل ذلك مخاطرة ، ومراهنة ، ومقامرة على توجهات الأسعار فهو يحصل على المال الذي بذله الطرف الأول بلا مقابل إذا ما اتجهت الأسعار في صالح الطرف الأول ، إذ ليس هناك ثمة ما يعوضه عنه في هذه الحالة ، وقد تتجه الأسعار في غير صالح الطرف الأول ولكن بما لا يكافئ أو يناسب المبلغ المبذول من قبله للطرف الثاني ، فيحصل الطرف الثاني أيضا على مال بلا مقابل ، وقد تستقر الأسعار فلا ترتفع ولا تنخفض ، وهنا يحصل الطرف الثاني أيضا على المال المبذول بلا مقابل لأنه ليس هناك ثمة ما يعوضه عنه ، وقد تتجه الأسعار في غير صالح الطرف الأول بما قد يتجاوز المبلغ المبذول من جانبه عند إنشاء العقد فيمثل ذلك خسارة محققة للطرف الثاني يعوض بها الطرف الأول .

وبإمعان النظر في العقدين السابقين فسوف يسترعي انتباهنا الآتـــي :

أولا : فيما يتعلق بعقد القرض :

من الثابت من العرض المتقدم أننا بصدد عقد قرض بزيادة مشروطة محددة سلفا زمنا ومقدارا فإذا قيل أن سعر الفائدة متغير ، قلنا إن هذا لا يغير من الأمر شيئا لأننا بصدد زيادة مشروطة على أصل القرض سواء كانت هذه الزيادة ثابتة أو متغيرة ، لأنه قرض جر نفعا ، وقد أثبتنا في المبحث السابق أن كل زيادة على أصل القرض من قبيل الربا المحرم شرعا بمقتضى الكتاب والسنة وإجماع الأمة ، ونقلنا عن صاحب مراتب الإجماع " أنهم اتفقوا على وجوب رد مثل الشيء المستقرض " ونقلنا أيضا عن ابن المنذر قوله: "أنهم قد أجمعوا على أن المسلف إذا شرط عشر السلف هدية أو زيادة فأسلفه على ذلك أن أخذه الزيادة ربا".

ونقلنا عن الجصاص قوله: " أنه معلوم أن ربا الجاهلية إنما كان قرضا مؤجلا بزيادة مشروطة ، فكانت الزيادة بدلا من الأجل فأبطله الـلـه تعالى وحرمه. ونقلنا عن صاحب مغني المحتاج قوله بأنه لا يجوز الإقراض في النقد وغيره بشرط جر نفعا للمقرض ، ويفسد بذلك العقد على الصحيح.

كما نقلنا ما انتهت إليه المجامع الفقهية من عدم جواز الزيادة على أصل القرض وقولهم إن الاقتراض بالربا لا تبيحه حاجة ولا ضرورة ، كما تناولنا عددا من فتاوى أهل العلم والاجتهاد والتي تشير في مجموعها إلى إجماع الأمة سلفها وخلفها على تحريم كل زيادة مشروطة على أصل القرض وهي التي صار يطلق عليها في زماننا المعاصر لفظ الفائدة وهي تعبير مرادف للربا ، وإن تسمى بغير اسمه من قبل الذين يزخرفون الإفك ويزينون الباطل - لذلك فلا أرانا بحاجة إلى الاسترسال أو الإطناب فيما سبق تناوله إسهابا وتفصيلا [1].

ثانيا : فيما يتعلق بعقد الغرر :

أثبتنا من خلال العرض المتقدم أن عقود تثبيت أسعار الفائدة إنما يتم إنشاؤها من قبل المنشآت والأفراد والهيئات بغرض التحوط ضد تقلبات أسعار الفائدة ، وأن تعارض مصلحة المقرض والمقترض تدفع كل منهما إلى محاولة تأمين نفسه ضد مخاطر تقلبات الأسعار. فالمقرض يخشى

---

(1) ليس بوسع باحث أمين غيور على هذا الدين أن يغفل أو يتغافل ، أو يغمض عينيه عما ذكره أحد أساطين القانون في مصر افتئاتا على العلم والعلماء وهو بصدد دفاعه عن الربا والمعاملات التي لا تقرها الشريعة الإسلامية الغراء وصدا منه عن سبيل الله في موسوعته الظالمة مصادر الحق في الفقه الإسلامي - وما هي من الحق في شيء - أطلق صاحب الموسوعة العنان لنفسه وراح يكيل الاتهامات للأئمة المجتهدين طعنا في الدين وهمزا ولمزا وتشنيعا بعلمائه المجتهدين وهم ورثة الأنبياء ، وخلفاء رسول الله صلى الله عليه وسلم في أمته ، والمحيون لما مات من سنته ، بهم نطق الكتاب وبه نطقوا ، جعلهم الله فيما تنازع فيه الناس أئمة الهدى ، وفي النوازل مصابيح الدجى " فهم ورثة الأنبياء ، ومأنس الأصفياء ، وملجأ الأتقياء " ، قال الدكتور السنهوري الذي راح ينهل من موسوعته الباحثون والدارسون " إن السبب الحقيقي في فساد العقد إذا اقترن بالشرط علتان تنتهيان إلى علة واحدة ، علة الربا ، وعلة تعدد الصفقة . فالربا في الفقه الإسلامي لا يكاد يلقي ظله على شيء إلا يفسده ، ومن ثم كان من الأيسر على الفقهاء أن يلجأوا في تعليل فساد العقد إلى فكرة الربا ". سبحان الله ، جعل الربا الذي توعَّد الله صاحبه بالمحق والحرب والصَرَعْ والخلود في النار مجرد فكرة . وهذه المقولة الظالمة توحي للقارئ أنه لم يكن يشغل بال هؤلاء الأئمة الذين جعلهم الله سراج هذه الأمة ومصابيح الهدى سوى تحريم الحلال وتقييد المباح وإفساد العقود والمعاملات فيما بين الناس. ونحن معشر المسلمين نبرأ إلى الله من هذه المقولة الظالمة الجائرة ، ونعتذر إليه سبحانه وتعالى عما جاء به صاحبها من الإفك ونذكر قوله تعالى: ﴿ أَفَحُكْمَ ٱلْجَٰهِلِيَّةِ يَبْغُونَ ۚ وَمَنْ أَحْسَنُ مِنَ ٱللَّهِ حُكْمًا لِّقَوْمٍ يُوقِنُونَ ﴿٥٠﴾ ﴾ [المائدة : 50]. انظر مصادر الحق في الفقه الإسلامي ، ج 3 ، ص 134 ، دار إحياء التراث العربي .

انخفاض أسعار الفائدة لأن ذلك يؤثر على نتائج أعماله ويؤدي إلى تراجع أرباحه ، بينما المقترض – على النقيض من ذلك – يتوجس خيفة من ارتفاع سعر الفائدة لأن ذلك يؤدي إلى زيادة أعبائه بزيادة ثمن الاقتراض ، ويؤثر ذلك على إيراداته أو نتائج أعماله تأثيرا غير مرغوب فيه . وكل من العاقدين والأمر كذلك على استعداد أن يبذل بعض ماله لجهة أخرى مقابل تعويضه عن أية خسائر تنجم عن تقلب أسعار الفائدة في غير صالحه .

ونظرا لأن الخطر الذي يتوجس منه الطرفان خيفة مجرد حدث احتمالي غير مؤكد الوقوع يحدث تارة ، وتارة أخرى لا يحدث ، ودليلنا على ذلك أنه لو كان مؤكد الوقوع ما كان هناك من يقبل نقل مخاطرة تقلب أسعار الفائدة إليه مقابل الثمن الذي يحصل عليه من الطرف الذي لا يرغب في تحمل تلك المخاطرة ، لذلك فنحن بصدد عقد من عقود الغرر المنهي عنه شرعا . فالمخاطرة التي يتوجس منها خيفة المقرض أو المقترض وهي تقلب سعر الفائدة حدث غير مؤكد الوقوع ، يتردد بين الوجود والعدم ، مستور العاقبة ، لا يُدرى أيكون أم لا يكون ، وأحد العوضين ، وهو الذي يحصل عليه الطرف المضار مقابل المال الذي بذله للطرف الآخر يتردد أيضا بين الحصول والفوات ، أو بين الحصول وعدم الحصول ، وتفصيل ذلك أنه إذا اتجهت الأسعار في صالح الطرف المتحوط ضد المخاطرة (المستأمن) فإن الطرف الآخر الذي قبل تحمل المخاطرة (المؤمن) يكون قد حصل على المال المبذول من قبل الطرف الآخر وبلا مقابل ، إذ ليس هناك ما يعوضه عنه أو ما يوجب التعويض. وإذا ما تقلبت الأسعار تقلبا محدودا بما لا يكافئ المال المبذول من قبل المستأمن ، حصل المؤمن هنا والذي قبل تحمل المخاطرة على مال أيضا بلا مقابل . وإذا استقرت الأسعار فلم تتقلب أي لم تتغير إيجابا ولا سلبا ، استقر المال الذي بذله المستأمن في ملك المؤمن ، وليس هناك ما يعوض الطرف الآخر عنه ، فكان مالا بلا مقابل.

فإذا قيل إنه ليس مالا بلا مقابل ، بل هو مقابل المخاطرة أو (ثمن المخاطرة) كما يطلق عليه علماء التمويل والاستثمار ، قلنا إن المخاطرة لا تصلح أن تكون محلا للعقد ، لأنها ليست بمال ، فغير المال ، والمال غير المتقوم ، والمال المتقوم غير المملوك ، كل ذلك مما تأبى طبيعته في الفقه الإسلامي أن يكون محلا للعقد.

ولما كانت الجهالة الفاحشة تحيط بهذه المعاملة من كل جانب وينطبق عليها كافة التعريفات

التي تناولها الفقهاء في تعريف الغرر ومنه تعريف الغرر بأنه " ما طوي عنك علمه وخفي عنك باطنة وسره " لذلك يتعين القول بأن عقد تثبيت أسعار الفائدة من عقود الغرر المنهي عنه شرعا .

وإذ من الثابت أن هذه العقود إنما يتم إنشاؤها على محض المراهنة على اتجاهات الأسعار ، وهو ما أثبتناه في مواضع سابقة على لسان كتاب الغرب أنفسهم الذين نشأت هذه المعاملات في أحضان أسواقهم ، وهم أيضا الذين أنشأوا مراكز البحث والابتكار لتقديم هذه الأدوات لمواجهة التقلبات الخطيرة في أسعار الفائدة .

وإذ من الثابت أن مكسب أحد الأطراف في هذه المعاملات يمثل خسارة الطرف الآخر ، تعين القول إننا بصدد عقد من عقود الغرر الفاحش الذي لا يختلف اثنان من الفقهاء على تحريمه وأن تلك المعاملة من جنس الرهان والقمار الصريح - وهو ما لا ينكره كتاب الغرب أنفسهم - وحسبنا في إشارة سريعة أن نشير إلى ما نقلناه عن واحد من أكثر الاقتصاديين الأمريكيين شهرة وهو Peter Druker قوله : " إن المنتجات التي ظهرت خلال الثلاثين عاما الماضية كانت في الغالب مشتقات مالية ، زعموا أنها علمية ، لكنها في حقيقة الأمر لم تكن أكثر علمية من أدوات القمار في "لاس فيجاس أو مونت كارلو" [1].

بل وذهب صاحب موسوعة المشتقات المالية إلى أنه لن يكون بالوسع الإفلات من النقد الموجه إلى عقود الخيار والعقود المستقبلية بأنها تسهم في رعاية القمار المقنن [2].

ويتفق مع الكتاب المتقدمين ما ذكره Henry Emry أن هذه العقود من عقود القمار وأن ما يخسره طرف هو مكسب الطرف الآخر [3].

" In gambling one party must lose what the other wins".

وذهب Elton Gruber إلى القول إن العقود المستقبلية وعقود الاختيارات إنما تمثل جانب

---

(1) Peter Drucker, Op., Cit., p.22.

(2) Don M. Chance, An Introduction to Derivatives, Op.,Cit., p.12.

(3) Edward Chancellor, The Devile, Op.,Cit., p.2007.

الرهان على أداء ورقة مالية أو حزمة من الأوراق [1].

حكم القمـار في الشريعة الإسلامية

أولا : القمار لغــة : قال صاحب لسان العرب : وقامر الرجل مقامرة وقمارا : راهنه وهو التقامر . والقمار المقامرة ، وتقامروا : لعبوا القمار ، وقميرك الذي يقامرك ، وجمعه أقمار. قال وفي حديث أبي هريرة "**من قال تعال أقامرك فليتصدق بقدر ما أراد أن يجعله خطرا في القمار**" [2].

ثانيـا : لغة واصطلاحا : قال الجصاص : الميسر هو القمار . قال ، وقال ابن عباس وقتادة ومعاوية بن صالح وعطاء وطاووس ومجاهد الميسر القمار [3].

قال ابن عابدين القمار من القمْر الذي يزداد تارة وينقص أخرى وسمي القمار قمارا لأن كل واحد من المقامرين ممن يجوز أن يذهب ماله إلى صاحبه ويجوز أن يستفيد مال صاحبه وهو حرام بالنص [4].

قال الجصاص ، ولا خلاف بين أهل العلم في تحريم القمار ، وأن المخاطرة من القمار . قال ، قال ابن عباس إن المخاطرة قمار ، وإن أهل الجاهلية كانوا يخاطرون على المال والزوجة وقد خاطر أبو بكر المشركين حين نزلت ﴿ **الٓمٓ ۝١ غُلِبَتِ ٱلرُّومُ ۝٢** ﴾ [الروم: 1، 2] وقال له النبي صلى اللـه عليه وسلم "**زد في الخطر وأبعد في الأجل** " ، ثم حظر ذلك ونسخ بتحريم القمار ، ولا خلاف في حظره إلا ما رخص فيه من الرهان في السبق والدواب والإبل والنصال. قال ، وإنما رخص في ذلك لأن فيه رياضة للخيل ، وتدريبا لها على الركض ، وفيه استظهار القوة على العدو ، قال اللـه تعالى: ﴿ **وَأَعِدُّواْ لَهُم مَّا ٱسْتَطَعْتُم مِّن قُوَّةٍ وَمِن رِّبَاطِ ٱلْخَيْلِ** ﴾ [الأنفال: 60]. وظاهر قوله يقتضي جواز السبق لما فيه من القوة على العدو وذلك الرمي ، وما ذكره اللـه من تحريم الميسر هو القمار [5].

---

(1) Elton Gruber, Op.,Cit., p.18.

(2) لسان العرب لابن منظور ، مادة قمر ، ص 3736 .

(3) أحكام القرآن للجصاص ، مرجع سابق ، ج 4 ، ص 4 .

(4) حاشية ابن عابدين ، مرجع سابق ، ج 6 ، ص 403 .

(5) أحكام القرآن للجصاص ، مرجع سابق ، ج2 ، ص 4 .

وقال صاحب المبسوط : القمار لا يحل بين أهل الإسلام ، وقد أجازه رسول الله صلى الله عليه وسلم بين أبي بكر - رضي الله عنه - وهو مسلم وبين مشركي قريش لأنه كان بمكة في دار الشرك حيث لا يجري أحكام المسلمين ، ولقى رسول الله صلى الله عليه وسلم ركانة بأعلى مكة ، فقال له ركانة هل لك أن تصارعني على ثلث غنمي فقال صلوات الله وسلامه عليه "نعم" ، وصارعه فصرعه ، إلى أن أخذ منه جميع غنمه ، ثم ردها عليه تكرما ، وهذا دليل على جواز مثله في دار الحرب بين المسلم والحربي . فهذا لأن مال الحربي مباح ، ولكن المسلم بالاستئمان ضمن لهم أن لا يخونهم وأن لا يأخذ منهم شيئا إلا بطيبة أنفسهم ، فهو يتحرز عن الغرر [1] .

وما ذكره صاحب المبسوط هنا هو قول الإمام أبي حنيفة لاربا بين المسلمين وأهل الحرب ، لما روى مكحول عن النبي صلى الله عليه وسلم أنه قال :"لا ربا بين المسلمين ، وأهل الحرب في دار الحرب" ، ولأن أموالهم مباحة وإنما حظرها الأمان في دار الإسلام فما لم يكن كذلك كان مباحا [2] .

قال ابن قدامة ويحرم الربا في دار الحرب كتحريمه في دار الإسلام ، وبه قال مالك ، والأوزاعي ، وأبو يوسف ، والشافعي ، وإسحق [3] .

وقال القرطبي : القمار ما يتخاطر الناس عليه ، قال على بن أبي طالب الشطرنج ميسر العجم وكل ما قُومر به فهو ميسر [4] .

وقال القرطبي : من أكل المال بالباطل بيع العُربان وهو أن يأخذ منك السلعة أو يكتري منك الدابة ويعطيك درهما على أنه إن اشتراها أو ركب الدابة فهو من ثمن السلعة أو كراء الدابة ، وإن ترك ابتياع السلعة أو كراء الدابة فما أعطاك فهو لك ، فهذا لا يصلح ولا يجوز ، ثم جماعة من فقهاء الأمصار من الحجازيين والعراقيين لأنه من باب بيع القمار والغرر والمخاطرة وأكل المال بالباطل بغير عوض ولا هبة وذلك باطل بإجماع ، وبيع العُربان باطل إذا وقع على هذا الوجه .

---

(1) المبسوط للإمام السرخسي ، مرجع سابق ، ج 4 ، ص 57 .

(2) المرجع السابق ، ج 14 ، ص 57 ، ولم أعثر على أثر للحديث في كتب علوم الحديث .

(3) المغني لابن قدامة ، باب الربا والصرف ، ج 4 ، ص 32 ، مرجع سابق .

(4) تفسير القرطبي ، مرجع سابق ، ج 3 ، ص 53 .

وقال صاحب بدائع الصنائع ، أما القمار فحرام لقوله عز وجل: ﴿ يَٰٓأَيُّهَا ٱلَّذِينَ ءَامَنُوٓاْ إِنَّمَا ٱلۡخَمۡرُ وَٱلۡمَيۡسِرُ وَٱلۡأَنصَابُ وَٱلۡأَزۡلَٰمُ رِجۡسٞ مِّنۡ عَمَلِ ٱلشَّيۡطَٰنِ ﴾ قال والرجس القمار ، كذا روي عن ابن عباس وابن عمر - رضى اللـه عنهما - وروي عن مجاهد وسعيد بن جبير والشعبي وغيرهم - رضي اللـه عنهم - أنهم قالوا الميسر القمار كله حتى الجوز الذي يلعب [1].

وقال صاحب دليل الطالب الحنبلي : الغرر ما تردد بين الوجود والعدم فهو من جنس القمار الذي هو الميسر ، وهو أكل المال بالباطل [2].

وقال صاحب الكافي في فقه الإمام ابن حنبل : القمار من الميسر الذي أمر اللـه باجتنابه وفيه دناءة وسفه وأكل مال بالباطل [3].

وقال القرطبي : وقال مالك الميسر ميسران ميسر اللهو وميسر القمار ، فمن ميسر اللهو النرد الشطرنج والملاهي كلها ، وميسر القمار ما يتخاطر الناس عليه [4].

*** والعقدين المتقدمين لاتترتب عليهما أحكامهما وآثارهما**

فقد ذكرنا في موضع سابق أن دور الإرادة في الشريعة الإسلامية لا تتجاوز عملية إنشاء العقود، أما آثارها وأحكامها فمن الشارع لا من العاقد ، ولذلك قال الفقهاء عن العقود أنها أسباب جعلية شرعية ، و بالنظر إلى ما تضمنته هذه العقود من شروط فاسدة - عرضنا لها تفصيلا - وهذه الشروط مفسدة ومبطلة للعقود ومخالفة لمقتضاها. فكما يقول صاحب تحقيق المراد " أن النهي عن الشيء يدل على تعلق المفسدة به ، وعدم ترتيب آثاره عليه إعدام لتلك المفسدة بالكلية بأبلغ الطرق"[5] وقد نقلنا عن الإمام أبي حامد الغزالي قوله: " إن اللـه هو الذي أضاف الأحكام إلى أسبابها ، لأن الأسباب لا توجب الحكم لذاتها ، بل بإيجاب اللـه تعالى . فالسبب هو ما يحصل الحكم

(1) بدائع الصنائع للكساني ، مرجع سابق ، ج 5 ، ص 127 .

(2) دليل الطالب للشيخ الإمام ، مرعي بن يوسف الحنبلي ، ج 1 ، ص 146 ، المكتب الإسلامي ، بيروت .

(3) الكافي في فقه الإمام أحمد ، عبد اللـه بن أحمد بن محمد بن قدامة ، ج 1، ص 524، دار إحياء الكتب العربية .

(4) تفسير القرطبي ، مرجع سابق ، ص 52 /53 .

(5) خليل بن كيكلدي العلائي ، تحقيق المراد ، ج 1 ، ص 145.

عنده لا به [1].

سعر الفائدة لا يصلح أن يكون محلا للعقد اشترط الفقهاء فيما يكون محلا للعقد أن يكون قابلا لحكم العقد شرعا ، ومحل هذا العقد هو سعر الفائدة . وكما ذكر صاحب البدائع[2] أن البيع الباطل هو كل بيع فاته شرط من شرائط الانعقاد عن الأهلية ، والمحلية ، ولا حكم لهذا البيع أصلا لأن الحكم للموجود ، ولا وجود لهذا البيع إلا من حيث الصورة ، لأن التصرف الشرعي لا وجود له بدون الأهلية والمحلية شرعا وذلك نحو بيع الميتة والدم والعذرة والبول وبيع الملاقيح والمضامين وكل ما ليس بمال ، وكذا بيع الحر لأنه ليس بمال . وقد تقدم القول أن غير المال ، والمال غير المتقوم ، والمال المتقوم غير المملوك تأبى طبيعته أن يكون محلا للعقد يرد عليه يكون باطلا.

معارضة هذه المعاملة للقصود التي شرعت من أجلها العقود

تظاهرت أدلة الشرع وقواعده على أن القصود في العقود معتبرة وأنها تؤثر في صحة العقد وفساده ، وأنها تؤثر في الفعل الذي ليس بعقد حلا وتحريما ، فيصير حلالا تارة ، وحراما تارة أخرى. ونقلنا عن الإمام ابن القيم صورا من الأفعال والمعاملات التي تحل تارة ، وتحرم تارة أخرى ونحن بصدد الحديث عن عقود المبادلات .

وقد استبان لنا أن هذه المعاملة قد جمعت بين العديد من الموبقات كالربا والرهان والقمار وأكل أموال الناس بالباطل ، فضلا عن معاندة القدر ، وما تنطوي عليه هذه العقود من ظلم بيِّن.

وما شرعت العقود ، ولا أُمرنا بالوفاء بها لكي تكون وسيلة إلى محرم أو محظور ، وإنما لتكون وسيلة إلى كمال الرضا وتيسير أمور المعاملات فيما بين الناس بما لا يخالف مقاصد الشريعة وأحكامها، أو يترتب عليه منفعة زائدة فيها شبهة الربا ، أو شرطا يخالف مقتضى العقد أو لا يلائمه ، أو بما يتضمن غررا ، أو يفضي إلى نزاع بين المتعاقدين.

لــذلك يتعين القول إن هذه المعاملة تتعارض مع القصود التي شرعت من أجلها هذه العقود .

---

(1) المستصفى للإمام أبي حامد الغزالي ، مرجع سابق ، ج 1 ، ص 94/93 .

(2) بدائع الصنائع ، مرجع سابق ، ج 5 ، ص 305 .

خاتمة وتوصيات

لقد شرعت في إعداد هذا البحث وأنا أدرك أن كثيرا من أدوات المشتقات المالية التي يجري التعامل عليها في أسواق العقود الآجلة والمستقبلية من قبيل الرهان ومن جنس القمار الذي تحرمه جميع الشرائع السماوية وتجرمه بعض القوانين الوضعية . ولكنني بعد رحلة طويلة في صحبة الأسفار العلمية المتخصصة ، وما تصدره المؤسسات الدولية من دوريات ، وما تنشره من بيانات ، أدركت عن يقين لا يتطرق إليه الشك ، يقين الحي الموقن بالموت ويقين المؤمن بأن الساعة آتية لا ريب فيها ، وأن اللـه يبعث من في القبور أيقنت أن تلك الأسواق قد تحولت إلى نادي عملاق للقمار تستخلص من خلاله الثروة من بين أيدي الآخرين ليل نهار ، بينما راح المروجون لهذه المعاملات يزخرفون الإفك ، ويزينون الباطل ، ويزيفون الواقع ، وقالوا إنه علم إدارة المخاطر ، ابتكرت أدواته التي قام بتصميمها المهندسون الماليون ، وقدمتها مراكز البحث والابتكار تلبية لحاجة المؤسسات المالية والمصرفية والمنشآت التجارية والصناعية والمقرضين والمستقرضين ، وكافة الجهات التي ترغب في حماية أصولها المالية ضد مخاطر تقلبات الأسعار ، وتأمينها ضد مخاطر تقلبات أسعار الفائدة ، والصرف ، وأسعار مختلف الأصول المالية . وأصبحت المخاطر منذ ذلك الحين تباع وتشتري في الأسواق شأنها شأن سائر السلع المادية في مختلف الأسواق . وراحت مراكز البحث والابتكار تقدم في كل يوم منتجا جديدا تضيفه إلى الرصيد القائم في عالم المشتقات . وآثر أصحاب الفوائض المالية توجيه مدخراتهم إلي أسواق المال طلبا للكسب السريع واستخلاص الثروة من بين أيدي الآخرين ، وآثر المحترفون المضاربة في المشتقات المالية عن المضاربة في الأدوات التقليدية ، فبها يحصدون ما لا يزرعون ، ولا يُملكون للغير أصولا ولا يتملكون ، ويبيعون ما لا يملكون . أموال ساخنة تدور في حلقة مفرغة تثير القلق والانزعاج للمقرضين والمستقرضين وكل من يتعامل في هذه الأسواق .

وهكذا نما القطاع غير المنتج وازداد وزنه النسبي في الاقتصاد الرأسمالي على حساب القطاع المنتج ، وحل صنع النقود محل صنع السلع ، والفائدة محل الربح ، ولم يعد الاقتصاد الرمزي للمال والأثمان مرتبطا ارتباطا عضويا بالاقتصاد الحقيقي للسلع والخدمات ، بوصف الاقتصاد الرمزي تعبيرا بالضرورة عن الاقتصاد الحقيقي ، بينما تبرز المضاربة بوصفها نشاطا جوهريا لرأس المال ، لا يتحرك بهدف التصحيح - كما يزعمون - وإنما بهدف الكسب السريع واستخلاص الثروة من أيدي الآخرين.

إن الرأس لتدور من فرط الدهشة مع متابعة الأرقام والبيانات المنشورة من قبل بنك التسويات الدولية BIS في أغسطس عام 2000 م والتي تشير إلى أن حجم التعامل في العقود الآجلة في العالم قفزت إلى 390.1 بليون دولار في نهاية عام 1998م ، بينما تشير البيانات الإحصائية لتقرير البنك الدولي عن نفس السنة إلى أن حجم التجارة الدولية عام 1998م لم يتجاوز 6.8 تريليون دولار .

لذلك لم يكن مستغربا أن يتناول أحد الكتاب الغربيين هذه الحقيقة في مؤلفه القيم " العولمة والمجتمع الغربي " بقوله : لقد أصبح النظام المالي المعولم ناديا عملاقا للقمار حيث يراهن فيه اللاعبون أو المقامرون على التقلبات قصيرة الأجل بحثا عن مكاسب فورية لا علاقة لها بالمساهمات الإنتاجية . وهذه المساهمات لا تضيف أية قيمة لأي مُنتج حقيقي ، بل تعتمد على استخلاص الثروة من بين أيدي الآخرين .

والمشتقات المالية ليست أصولا مالية Financial Assets كما أنها ليست أصولا عينية أو مادية Read Assets ولكنها كما عرفها صندوق النقد الدولي " عقود تتوقف قيمتها على أسعار الأصول المالية محل التعاقد ، ولكنها لا تقتضي أو تتطلب استثمارا لأصل المال في هذه الأصول ، وكعقد بين طرفين على تبادل المدفوعات على أساس الأسعار أو العوائد ، فإن أي انتقال لملكية الأصل محل التعاقد وما يقابله من تدفقات نقدية يصبح أمرا غير ضروري" .

و بإمعان النظر في تعريف صندوق النقد الدولي لأدوات المشتقات يسترعي انتباهنا أنه يتسم بالدقة المتناهية والوصف المنضبط في تحديد ماهيتها ، ويكشف القناع عن صورية أغلب العقود ، وهو ما يعني أن هذه العقود لا تترتب عليها أحكامها ولا آثارها ، بل ولا يستهدف المتعاقدون من إنشائها ترتيب تلك الآثار والأحكام ، ولا أية التزامات ، سوى الحصول على فروق الأسعار ، فهي لا تقتضي والأمر كذلك تمليك ولا تملك ولا تسليم ولا تسلم ، وإنما يتم إنشاؤها من قبل طرفي العقد على محض المراهنة على اتجاهات الأسعار.

وقد تصدينا من خلال هذا البحث لما ذكره صفوة الكتاب الغربيين بالقدر الذي يكشف حقيقة هذه العقود ، ويمزق الأقنعة التي توارت خلفها لتبدو بصورة مغايرة لحقيقتها ، ومن جملة ما تناولناه في هذا الصدد ما يقيم الحجة على المعاندين الذين يدْعون إلى ولوج هذه العقود في أسواقنا ، وحسبنا أن نشير في هذا الصدد إلى بعضها :

يذكر " Elton & Gruber " في مؤلفهما القيم "نظرية محفظة الأوراق المالية وتحليل الاستثمار" أن العقود المستقبلية وعقود الاختيارات هي أوراق مالية تمثل جانب الرهان على أداء ورقة مالية معينة أو حزمة من الأوراق .

Futures and Options are securities that represent side bets on the performance of individual or bundle of securities.

بل وصرح " Chance " " صاحب موسوعة المشتقات " بأنه لن يكون بالوسع الإفلات من النقد الموجه إلى عقود الخيار والعقود المستقبلية بأنها تسهم في رعاية القمار المقنن .

Futures and Options markets probably will never escape the criticism that they foster legalised gambling.

وذهب صندوق النقد الدولي - فيما يعد وثيقة دامغة في مواجهة المعاندين - إلى القول : " جميع المشتقات المالية قد جرى تصميمها بغرض المضاربة أو المتاجرة في مخاطر السوق " .

All Financial Derivatives are designed for the purpose of trading market risk.

فإذا كان هذا رأي المؤسسات الدولية وأغلب الكتاب فهل اختلف معهم في الرأي رجال الأعمال ؟

لقد أعلن جورج سوروس ، أحد أثرى أثرياء رجال الأعمال في العالم أن كثيرا من أدوات المشتقات لا تخدم غرضا معينا سوى تسهيل المضاربة على وجه الخصوص .

George Soros has declared that many derivatives serve no purpose other than to facilitate speculation in particular .

بل إن سوروس أعلن في لجنة البنوك الأمريكية عام 94 صراحة " إن بعض أدوات المشتقات قد تم تصميمها خصيصا لتمكين المؤسسات الاستثمارية من المقامرة ، ولم يكن بوسع هذه المؤسسات ممارستها قبل السماح لها بذلك .

In April 1994 Soros told the house banking committee that some of these instruments appear to be specifically designed to enable institutional investors to

take gambles which they would not otherwise be permitted to take.

وأكثر من ذلك ذهب " Alfred Steinherr " في مؤلفه الحديث عن المشتقات إلى وصفها بأنها "
وحش المالية المفترس " The wild beast of finance وأنها " ديناميت " الأزمات المالية .

More recently, Alfred Steinherr, the author of Derivatives, the wild beast of finance,
described derivatives as the dynamite for financial crisis, and the fuse-wire in financial
transmission at the same time.

أما " جوزيف سنيكي " فلا يرى سببا لتغليف الحقائق أو إنكار الواقع كما يفعل بعض المتشيعين
للغرب فيقرر حقيقة مؤداها : " إن أعمال البنوك بطبيعتها تتضمن المراهنة على اتجاهات أسعار الفائدة ،
وبالنسبة للبنوك الكبرى المراهنة على حركات أو تقلبات أسعار الصرف "

By its nature, the business of banking involves betting on interest rate movements, and
for large banks, betting on exchange rate movements.

ويتناول هنري إمري أهم معطيات عقود القمار بقوله: " إن مكسب أحد الأطراف يمثل تماما خسائر
الطرف الآخر " .

One party's must lose just what the other wins".

أما " بيتر دراكر " الاقتصادي الأمريكي " النمساوي الأصل " فقد تناول في مقال مثير في الصحف
الأمريكية تم حجبه عن العالم بعد إصداره لمنع انتشاره حقيقة المشتقات بقوله :
" إن المشتقات المالية التي كانت من أبرز الأدوات التي تمخض عنها الفكر المالي ووصفت بأنها علمية ، لم
تكن أكثر علمية من أدوات القمار التي يجري التعامل عليها في مونت كارلو ولاس فيجاس " .

وإذا كان هذا هو رأي الكتاب ورجال الأعمال والمؤسسات الدولية فهل للمؤسسات المالية والمصرفية
رأي آخر ؟ .

أبلغ رد على هذا التساؤل ما ذهب إليه اتحاد المصارف العربية إلى أن عقود الخيار من قبيل الرهان
والقمار الحقيقي ، وأنه علم له أصوله وفنونه وله أيضا نتائجه .

ثم هذا كله في جانب ، وما أثبتناه في وثيقة دامغة لهذه العقود في جانب آخر وهو عدم السماح للأمريكيين بالتعامل في أسواق العقود الآجلة والمستقبلية على أوراق الشركات الأمريكية ، أما غير الأمريكيين فقد تم تقديم كافة التسهيلات لهم من خلال مد عدد ساعات العمل لتغطية فروق التوقيت في مختلف بقاع المعمورة وهو ما تناوله " Madura " الكاتب الشهير تحت عنوان :

Non U. S. participation in U. S. futures contracts.

وقد حرصنا على جعل هذا النص وما اقترن به من تفاصيل في صلب الرسالة ، وباللغة الأجنبية التي كتبت بها كوثيقة دامغة وحجة داحضة في مواجهة الذين ينتمون إلى الإسلام عقيدة ، وللغرب شرعة ومنهاجا ، أولئك الذين يتباكون على عدم ولوج هذه العقود وتلك الأدوات في أسواقنا ونقول لهم " فهل أنتم منتهون ؟ "

وإذا كان روبرت ميرتون يرى أن الهندسة المالية والابتكار المالي هما القوة الدافعة للنظام المالي العالمي لرفع مستوى الكفاءة الاقتصادية من خلال زيادة فرص اقتسام المخاطرة Risk Sharing وتخفيض تكاليف العمليات ، فعلى النقيض من ذلك ذهب "Chance" إلى تمزيق الأقنعة وكشف المستور بقوله : إن بورصة " وول ستريت " كانت تحاول استغباء العالم ومخادعته بمبتكرات رياضية لا تجلب نفعا ولا تدفع ضرا .

Wall Street was trying to fool the world with mathematics but useless creation.

بل إن روبرت ميرتون نفسه والحائز على جائزة نوبل في الاقتصاد في معالجته لموضوع المشتقات المالية ذكر أن كوكبة من الأكاديميين والاقتصاديين في مختلف المجتمعات قد تناولوا بالنقد عمليات الابتكار المالي تحت عنوان " القيمة الاجتماعية للابتكار المالي " "the social value of financial innovation " بقولهم إن العديد من الابتكارات المزعومة ليست سوى بدعة أو أكذوبة كبرى " giant fad " مدفوعة من قبل المؤسسات الاستثمارية وكذا المصدرين لأوراق الشركات ، وإنها قد اقترنت بتوقعات غير واقعية لعوائد أعظم ومخاطر أقل ، وأن مؤسسات الخدمات المالية والبورصات تدعم هذه الابتكارات لأنها تترقب من وراء هذا النشاط الضخم أرباحا وفيرة " .

" there are some, in the academic, financial and regulatory communities who see much of this alleged innovation as nothing more than a giant fad, driven by firms

of financial services and institutional investors.......”

لقد أثبتنا أن منتجات المشتقات لها دور أساسي وهو نقل المخاطرة من أحد المستثمرين إلى آخر أو من مجموعة من المستثمرين إلى مجموعة أخرى دون أن يقتضي ذلك انتقال الأصول محل التعاقد .

ولذا يقرر صندوق النقد الدولي أن أسواق المال قد قامت بتطوير وسائل غير محدودة للمتاجرة في المخاطر من خلال استخدام أدوات المشتقات المالية .

Financial Markets have developed infinite methods to trade risk through the use of financial derivatives instruments.

كما أثبتنا من خلال هذا البحث أن عقود المشتقات كانت امتدادا طبيعيا لعقود التأمين فرضته سيطرة أسواق المال وهيمنة الاقتصاد المالي على الاقتصاد العيني ، وأنه لا وجه للخلاف بين عقود التأمين وعقود المشتقات حيث يقوم الطرف المتحوط ضد المخاطر في كل منهما بنقل المخاطرة إلى آخر نظير المبلغ الذي يدفعه كثمن للمخاطرة عند إنشاء العقد ، فإذا وقع الخطر قام الطرف الثاني بتعويض الطرف الأول عن الخسائر أو الأعباء التي ترتبت على وقوع الخطر المتحوط ضده ، وإذا لم يقع الخطر فلا شيء على الطرف الثاني ، وكما أن الخطر هنا غير مؤكد الوقوع لأنه يقع تارة ، وتارة أخرى لا يقع ، فإنه أيضا غير مستحيل الوقوع .

وقد عرضنا من خلال هذا البحث لوجوه التماثل بين عقود المشتقات وعقود التأمين وأتبعنا ذلك بمثال تطبيقي يتضمن عنصر المخاطرة في عقود التأمين التقليدية ، وعقود المشتقات المالية وما يترتب على هذه وتلك من آثار .

وخلصنا من هذه المقارنة إلى أننا لا نرى وجها جوهريا واحدا من وجوه الخلاف بين عقود المشتقات المالية وعقود التأمين التقليدية ، وأنهما وجهان مختلفان لعملة واحدة .

وقد أثبتنا من خلال هذا البحث أن التحوط ضد المخاطر لا يترتب عليه درء المخاطر أو حتى تقليلها ، بل تظل باقية على ما هي عليه ، وإنما ينصرف الأمر إلى مجرد تحويل المخاطرة من الشخص أو الجهة التي لا ترغب في تحملها إلى الشخص أو الجهة التي تسعى في طلبها وتبذل الأموال لزيادتها .

ومن خلال تناولنا لأدوات المشتقات خلال رحلة البحث ودور هذه الأدوات في التحوط ضد المخاطر ، أثبتنا عدم جدوى التحوط ، وأنه قد ينطوي على خسارة ، وأن عدم التحوط قد يكون أجدى من التحوط ، ولذا قالوا إن القضية هي أن تتحوط أو لا تتحوط To hedge or not to hedge "" وذلك نظرا لأن التحوط ينطوي على مخاطر في ذاته ، وليس من المقبول أن تتحوط ضد المخاطر بأحد الأدوات التي تحيطها المخاطر . ومع ذلك فإذا ثبت أن هذا التحوط كان فيه مجلبة لمصلحة لطرف ما ، فإنه ينطوي على مضرة للطرف الآخر ، فما كان ربحا لأحد الأطراف فهو خسارة الطرف الآخر وهو ما لا يتحقق إلا في عقود القمار .

ومن خلال استعراضنا لموقف الفقه الإسلامي من هذه العقود أثبتنا خلال هذا البحث عدم مشروعيتها جميعا لمخالفتها لأحكام الشريعة الإسلامية ، فجميع هذه العقود من العقود الآجلة ، والعقود الآجلة لا تترتب عليها آثارها ولا أحكامها لأنها لا تنعقد بصيغة مضافة إلى أجل.

كما أنها تنطوي جميعا على بيع الإنسان ما لم يملك ، وبيع الإنسان ما لم يقبض ، كما أنها تنطوي على بيع الدين بالدين أو الكالئ بالكالئ المحرم شرعا . أضف إلى ذلك أن جميع هذه العقود من عقود الغرر ، والغرر فيها من الغرر الكثير المفسد للعقود والبيوع فكانت من جنس الرهان والقمار المحرم شرعا . وجميع هذه العقود تنطوي أيضا على شروط تنافي مقتضى العقد ومقصوده فكانت باطلة ، وبعضها ينطوي على مصلحة زائدة ليست في مصلحة العقد ولا يقتضيها مما يدخل في معنى الربا. وبعض هذه العقود تنطوي على ربا صريح يتمثل في الزيادة المشروطة على أصل القرض والمحددة سلفا زمنا ومقدارا ، فكانت من الربا المحرم شرعا بمقتضى الكتاب والسنة وإجماع الأمة ، وهو من أخبث المكاسب ، وتحريمه من ضروريات الدين ويدخل مستحله في سلك الكافرين .

وأخيرا فإن جميع العقود الآجلة وبغير استثناء تنطوي على معاندة لقدر الله ، فقد أثبتنا عدم جدوى التحوط ، وأن عدم التحوط قد يكون أجدى من التحوط ، وأن الأدوات التي يجري استخدامها للتحوط تنطوي على مخاطرة تقتضي التحوط منها ، وأثبتنا أن التحوط ضد المخاطر لا يترتب عليه درء المخاطر ، بل تظل باقية على ماهي عليه ، وإنما ينصرف الأمر إلى مجرد تحويل المخاطرة من الشخص أو الجهة التي لا ترغب في تحملها إلى الشخص أو الجهة التي تسعى في طلبها ، وأن الذي غاب عن هؤلاء هو أن كل شيء في هذا الكون يجري بعلمه وتقديره ، لا معقب لحكمه ،

ولا راد لقضائه ، ولا غالب لأمره ، وما شاء الله كان وما لم يشأ لم يكن . والتحوط قد يكون مشروعا كما قد يكون محرما ، والفعل الواحد يكون تارة مشروعا وتارة أخرى محرما . وقد قدم الإسلام من الصيغ والعقود ما يكفل الأمان لمن يتوجسون خيفة من الكوارث والملمات التي قد تصيبهم ، والمصائب التي قد تنزل بهم ، فشرعت عقود التكافل ، وقد أجمع علماء الأمة على جوازها ، ولا يزال المسلمون يكفل بعضهم بعضا منذ عصر النبوة إلى وقتنا هذا دون نكير ، امتثالا لقوله تعالى: ﴿ وَتَعَاوَنُوا۟ عَلَى ٱلْبِرِّ وَٱلتَّقْوَىٰ ۖ وَلَا تَعَاوَنُوا۟ عَلَى ٱلْإِثْمِ وَٱلْعُدْوَٰنِ ﴾ [المائدة: 2] .

التـوصيات :

أُوصي بإنشاء سوق إسلامية عالمية للأوراق المالية تشارك فيها كافة الدول الإسلامية وتتبنى إقامتها منظمة مؤتمر العالم الإسلامي ، ورقابتها مجمع الفقه الإسلامي .

المقترحات لتنفيذ هذه الوصية :

1- لا يقيد في هذه السوق سوى الشركات التي لا تتعامل بالفائدة أخذا ولا عطاء ولا تتعامل في محرم بيعا ولا شراء .

2- لا يجوز التعامل على جميع أنواع السندات سواء كانت حكومية أو سندات شركات إذا كانت تغل عائدا ثابتا محددا سلفا زمنا ومقدارا ، أو متغيرا ولكنه لا يرتبط بنتيجة النشاط سلبا وإيجابا .

3- الأسهم التي تسمح قوانين السوق بتداولها هي الأسهم العادية ولا يجوز التعامل على غيرها كالأسهم الممتازة أو أسهم التمتع.

4- البيوع الآجلة بمدلولها الاقتصادي وهي التي تتأجل فيها آثار العقد وأحكامه إلى يوم التصفية هي بيوع باطلة شرعا ولا يجوز التعاقد عليها في السوق الإسلامية .

5- العقود المعروفة في أسواق العقود الآجلة والمستقبلية بعقود الخيار هي من أفسد أنواع البيوع ، وتحيطها الجهالة الفاحشة ومن جنس الرهان والقمار .

6- البيع على المكشوف والذي ينطوي على بيع الإنسان ما لا يملك من البيوع غير الجائزة شرعا .

7- الشراء الهامشي والذي يعتمد على اقتراض العميل للمال الذي يبذله في عملية الشراء هو أحد

صور القروض الربوية المحرمة شرعا بمقتضى الكتاب والسنة وإجماع الأمة .

8- يتعين على الوسيط المتعاقد التحقق من الأوراق المالية المطلوب بيعها قبل أن يشرع في اتخاذ أي إجراء لتنفيذ الأمر الصادر إليه ، ويكون له الحق في مطالبة العميل بتسليمه الأوراق المطلوب بيعها .

9- نظام الحفظ المركزي لا يناسب التعامل في السوق الإسلامية حيث إنه مليء بالثغرات والتي تمكن من المتاجرة بالأسهم المحفوظة دون علم صاحبها .

10- الأسعار في السوق الإسلامية للأوراق المالية يجري تحديدها عند الثمن الذي يوافق فيه الإيجاب القبول ، سواء كان الإيجاب من جانب العرض أو من جانب الطلب .

11- وضع سقوف علوية وحواجز سفلية لكبح جماح تقلب الأسعار بطريقة عشوائية ، ولا يترك هذا الدور لجهاز السوق والذي لا يقوم بدوره في تحديد الثمن العادل إذا ما كان بوسع عدد قليل من المتعاملين أو المضاربين التأثير على اتجاهات الأسعار .

12- لا يتعامل الوكيل بالعمولة " الوسيط " مع نفسه ولو لتنفيذ عملية تطبيقية إذا تصادف وصدر إليه أمر بالبيع وآخر بالشراء ، ما لم يكن قد عرض الورقة المالية للبيع دون استجابة من جانب الطلب .

13- لا يمكن تصور وجود سوق إسلامية في غيبة جهاز للمعلومات قادر على تصحيح مسار الأسعار إذا اتجهت اتجاها عشوائيا لا يعبر تعبيرا صادقا عن القيم الحقيقة لتلك الأصول المالية أخذا في الاعتبار أنه عند انتشار المعلومات تنتفي التوقعات ، وتنعدم أو تقل القدرة على المضاربات .

14- العقود الآجلة والمستقبلية وعقود الخيار (في البورصات) وعقود المبادلات وعقود تثبيت أسعار الفائدة تدخل جميعها تحت مفهوم عقود المشتقات المالية التي لا يجوز التعامل عليها في السوق الإسلامية .

وإذ يأبى اللـه العصمة لكتاب غير كتابه ، فالمنصف من اغتفر قليل خطأ المرء في كثير صوابه.

أسأل اللـه سبحانه وتعالى أن ينفعني بما كتبت ومن رام الانتفاع به من إخواني ، وأن يجعله في

ميزان حسناتي ومن الأعمال التي لا ينقطع عني نفعها بعد أن أُدرج في أكفاني ، وأن يجعل عملي هذا صالحا ، ولوجهه خالصا . وآخر دعوانا أن الحمد لله رب العالمين والصلاة والسلام على أشرف المرسلين سيدنا محمد وعلى آلة وصحبه أجمعين .

المراجع العربية

1 ــ القرآن الكريم وتفسيره وأحكامه

1- أحكام القرآن للجصاص ،أحمد بن على الرازى الجصاص أبو بكر – دار إحياء التراث العربى بيروت.

2- الجامع لأحكام القرآن للأمام محمد بن أحمد بن أبى بكر بن فرح القرطبي , أبو عبد الـلـه – دار الشعب – القاهرة .

3- تفسير القرآن العظيم للإمام أبى الفداء إسماعيل بن كثير القرشي الدمشقي – دار إحياء الكتب العربية – عيسى البابى الحلبي وشركاه .

4- تفسير النسفي للإمام أبى البركات عبد الـلـه بن أحمد بن محمود النسفى – دار إحياء الكتب العربية- عيسى البابى الحلبي .

5- زاد المسير في علم التفسير لابن الجوزي – لابن الجوزى عبد الرحمن بن على بن محمد الجوزى – المكتبة الإسلامية – بيروت .

6- صفوة التفاسير للشيخ الدكتور محمد على الصابوني – دار الرشيد سوريا حلب .

2 ــ كتب ا لحديث وعلومه

7- اللؤلؤ والمرجان فيما اتفق عليه الشيخان – الشيخ محمد فؤاد عبد الباقي – دار الحديث –القاهرة .

8- نيل الأوطار للإمام محمد بن على الشوكانى – مكتبة الدعوة الإسلامية – شباب الأزهر .

9- بلوغ المرام من أدلة الحكام ، لابن حجر العسقلاني – دار الجيل - بيروت .

10- سبل السلام في شرح بلوغ المرام للإمام محمد بن إسماعيل الأمير اليمنى الصنعانى – مكتبة عاطف بجوار إدارة الأزهر .

11- صحيح مسلم بشرح النووي , للإمام أبى الحسين مسلم بن الحجاج بن مسلم القشيرى النيسابورى إمام أهل الحديث – المطبعة المصرية ومكتبتها – توزيع دار المعارف .

12- البخاري بشرح السندى , دار إحياء الكتب العربية , عيسى البابى الحلبى وشركاه .

13- الجامع الكبير للإمام جلال الدين السيوطى - سلسلة مجمع البحوث الإسلامية .

14- مختصر الترغيب والترهيب للإمام المنذرى - اختصره الإمام الحافظ شهاب الدين أحمد بن على بن حجر مكتبة التراث الإسلامي .

3 ـ كتب أصول الفقه

15- الموافقات في أصول الشريعة لأبي إسحق الشاطبي , إبراهيم بن موسى اللخمى الغرناطى المالكى - دار الفكر العربى .

16- الإحكام في أصول الأحكام لابن حزم للحافظ أبي محمد على بن حزم الأندلسى الظاهرى - مطبعة العاصمة - الفلكى - الناشر زكريا على يوسف .

17- المستصفى من علم الأصول للإمام أبي حامد الغزالي - مؤسسة الرسالة .

18- تحقيق المراد - للشيخ العالم الأصولى , خليل بن كيكلدى العلائى المتوفى سنة 761 هـ دار الكتب الثقافية - الكويت .

4 ـ كتب الفقه الحنفى

19- اللباب فى شرح الكتاب- الشيخ عبد الغنى الغنيمى الدمشقى الميدانى الحنفى- الشركة المصرية للطباعة-دار النشر .

20- الأشباه والنظائر على مذهب أبي حنيفة النعمان - للشيخ زين العابدين بن إبراهيم بن نجيم - 1387ه - 1968 م - مؤسسة الحلبى وشركاه للنشر والتوزيع .

21- فتح القدير لكمال الدين بن الهمام ، شرح الهداية , مع شرح فتح القدير - دار الفكر - بيروت.

22- شرح فتح القدير للشيخ محمد بن عبد الواحد السيواسي - دار الفكر - بيروت .

23- المبسوط لشمس الدين السرخسي - دار المعرفة للطباعة والنشر - بيروت .

24- تبيين الحقائق ، شرح كنز الدقائق ، للزيلعي , فخر الدين عثمان بن على - المطبعة الأميرية -

بولاق .

25- الهداية شرح بداية المبتدي ، لشيخ الإسلام برهان الدين على بن أبى بكر الميرغينانى - الطبعة الأولى - المطبعة الخيرية لمالكها عمر حسين الخشاب 1326هـ , والجزء الثالث طبعة المكتبة الإسلامية ـ بيروت .

26- البحر الرائق ، شرح كنز الدقائق - لابن نجيم الحنفي دار المعرفة - بيروت .

27- تحفة الفقهاء للسمرقندى ، محمد بن أحمد بن أبى أحمد السمرقندى - دار الكتب العلمية - بيروت.

28- رد المحتار على الدر المختار على متن تنوير الأبصار لمحمد أمين بن عمر بن عابدين المشهور بحاشية ابن عابدين - دار الفكر - بيروت .

29- الاختيار لتعليل المختار , للإمام عبد الله محمود بن موردين محمود أبى الفضل مجد الدين الموصلى - طبعة الأزهر الشريف .

30- بدائع الصنائع فى ترتيب الشرائع , للعلامة علاء الدين أبى بكر بن مسعود الكاسانى الحنفى , الناشر زكريا على يوسف بالقلعة - القاهرة .

31- الوسيط للإمام محمد بن محمد بن محمد الغزالى أبو حامد - دار السلام للنشر - بيروت.

5 ـ كتب الفقه الشافعى

32- الأم للإمام أبى عبد الله محمد بن إدريس الشافعي - الدار المصرية للتأليف والترجمة - طبعة مصورة عن طبعة بولاق1321هـ .

33- المجموع شرح المهذب للإمام أبى زكريا محيى الدين بن شرف النووى - دار الفكر - بيروت.

34- مغني المحتاج إلى معرفة معاني ألفاظ المنهاج ، محمد خطيب الشربيني دار الفكر - بيروت .

35- الأشباه والنظائر فى قواعد وفروع فقه الشافعية للإمام جلال الدين عبد الرحمن السيوطي - دار الكتب العلمية - بيروت .

36- نهاية المحتاج إلى شرح المنهاج – محمح بن أبى العباس بن حمزة الرملى الشهير بالشافعى الصغير – الناشر مصطفى الحلبى .

37- المهذب للشيخ إبراهيم بن على بن يوسف الشيرازى أبى إسحاق-دار الفكر – بيروت .

38- كفاية الأخيار في حل غاية الاختصار للإمام تقي الدين أبي بكر الحسيني - دار إحياء الكتب العربية - عيسى البابى الحلبى وشركاه .

39- حاشية قليوبي وعميرة على شرح جلال الدين المحلي على منهاج الطالبين دار إحياء الكتب العربية - فيصل عيسى البتبى الحلبى .

40- حاشية البيجرمي على شرح منهج الطلاب سليمان بن عمر بن محمد البيجيرمى – المكتبة الإسلامية - دياؤ بكر - تركيا .

41- فتح العزيز ، شرح الوجيز للإمام أبي القاسم عبد الكريم بن محمد الرافعي ، مع المجموع – شرح المهذب – مطبعة التضامن الأخوى بجمهورية مصر العربية .

42- التنبيه في الفقه الشافعي للفيروز أيادي الشيرازي أبو إسحاق –عالم الكتب – بيروت .

43- تحفة المحتاج بشرح المنهاج للشيخ شهاب الدين أحمد بن حجر الهيثمي الشافعي مع حواشي الشرواني والشيخ أحمد بن قاسم العبادي ، طبعة بولاق .

44- جواهر العقود ومعين القضاة والموقعين والشهود للشيخ شمس الدين محمد بن أحمد المنهاجى الأسيوطى – الطبعة الثانية – دار الكتب العلمية - بيروت .

45- أنوار المسالك – شرح عمدة السالك وعدة الناسك – للشيخ محمد الزهري الغمراوي (الشافعي) - مكتبة ومطبعة مصطفى البابى الحلبى وأولاده .

46- مختصر المازنى بهامش كتاب الأم للإمام الشافعى – طبعة مصورة عن طبعة بولاق 1321هـ .

47- الإقناع فى حل ألفاظ أبى الشجاع – محمد الشربينى الخطيب – دا ر الفكر – بيروت .

48- روضة الطالبين وعمدة المفتين للإمام النووى -المكتب الإسلامى- بيروت .

49- الاجماع لابن المنذر – دار الكتب العلمية – بيروت ط1 1405 هـ - 1485 م .

6 ـ كتب الفقه المالكي

50- الكافي في فقه أهل المدينة المالكي ، للإمام محمد بن عبد البر النمري القرطبي - دار الكتب العلمية - بيروت .

51- الفواكه الدواني على رسالة ابن أبي زيد القيرواني ، للنفراوي المالكي - دار الفكر بيروت .

52- حاشية الدسوقي على الشرح الكبير للشيخ محمد عرفة الدسوقي - طبعة عيسى البابي الحلبي وشركاه .

53- جواهر الإكليل ، شرح مختصر خليل في مذهب الإمام مالك إمام دار التنزيل للآبي مكتبة دار الكتاب العربية الكبرى .

54- المدونة الكبرى للإمام مالك بن أنس برواية سحنون - دار صادر - بيروت .

55- المنتقي شرح موطأ مالك للقاضى أبي الوليد سليمان بن خلف بن سعد بن أيوب وارث البــاجى الأندلسى - دار الفكر العربي .

56- كفاية الطالب الرباني لرسالة أبي زيد القيرواني لأبي الحسن المالكي دار الفكر – بيروت .

57- الموطأ للإمام مالك بن أنس - دار إحياء الكتب العربية - عيسى البابي الحلبي وشركاه .

58- حاشية العدوي على شرح كفاية الطالب الرباني للشيخ على الصعيدي العدوي المالكي - دار الفكر - بيروت .

59- بداية المجتهد ونهاية المقتصد للإمام المجتهد محمد بن أحمد بن محمد بن أحمد بن رشد (الحفيد) القرطبى الأندلسى - دار الكتب الحديثة لصاحبها توفيق عفيفى عامر - عابدين .

60- الشرح الصغير على أقرب المسالك إلى مذهب الإمام مالك - للعلامة أبي البركات أحمد بن محمد بن أحمد الدردير - مطبعة عيسى البابى الحلبى وشركاه .

61- التاج والإكليل ، شرح مختصر خليل لابن أبي القاسم العبدري , أبي عبد الله - دار الفكر بيروت .

62- التمهيد لما في الموطأ من المعاني والأسانيد - أبو عمر يوسف بن عبد اللـه بن عبد اللـه النمرى

القرطبى – الناشر – وزارة عموم الأوقاف والشئون الإسلامية – المغرب .

63- مواهب الجليل للحطاب – شرح مختصر خليل – محمد بن عبد الرحمن أبو عبد الله الحطاب – دار الفكر – بيروت .

64- بلغة السالك لأقرب المذاهب لمذهب الإمام مالك للشيخ أحمد الصاوى – الدار السودا نية للكتب – الخرطوم .

65- القوانين الفقهية لابن جزى , محمد بن أحمد بن جزى الكلبى الغرناطى , مطبعة النهضة بتونس 1926 م .

66- الشرح الكبير للشيخ أحمد الدردير – دار الفكر بيروت .

7 ـ كتب الفقه ا لحنبلى

67- المغني لابن قدامة،أبي محمد بن عبد الله بن أحمد بن محمد بن قدامة على مختصر أبي القاسم عمر بن حسين بن عبد الله بن أحمد الخرقى – مكتبة القاهرة بالصناديقية

68- القواعد في الفقه الإسلامي للحافظ أبي الفرج عبد الرحمن بن رجب الحنبلي ط 2 - 1408هـ - دار الجيل – بيروت .

69- مجموعة فتاوي ابن تيمية الكبرى لشيخ الإسلام تقي الدين ابن تيمية – دار المنار .

70- أعلام الموقعين عن رب العالمين للإمام ابن قيم الجوزية - دار الحديث – القاهرة .

71- الإرشاد إلى سبيل الرشاد ، محمد بن أحمد بن محمد بن أبي موسى الهاشمي الحنبلي - مؤسسة الرسالة .

72- الروض المربع ، شرح زاد المستقنع ، للشيخ منصور بن يونس البهوتي الحنبلي - دار المؤيد – القاهرة .

73- المبدع في شرح المقنع للشيخ الإمام إبراهيم بن محمد بن مفلح الحنبلي -المكتب الإسلامي – بيروت.

74- كتب ورسائل وفتاوي ابن تيمية لشيخ الإسلام أحمد عبد الحليم بن تيمية-مكتبة ابن تيمية .

75- زاد المعاد في هدى خير العباد للإمام شمس الدين أبي عبد الـله محمد بن بكر بن أيوب بن سعد الزرعى الدمشقى الحنبلى الشهير بابن قيم الجوزية –المطبعة المصرية ومكتبتها – مصر .

76- كشاف القناع على متن الإقناع – منصور بن يونس ن ادريس البهوتى – دار الفكر – بيروت.

77- شرح الزركشي على مختصر الخرقي للشيخ محمد بن عبد الـله الزركشي المصري الحنبلي - مؤسسة الرسالة .

78- عمدة الفقه لابن قدامة الحنبلى , عبد الـله بن أحمد بن قدامة المقدسى – مكتبة الطرفين.

79- رسالة القياس في الشرع الإسلامي لابن تيمية وابن القيم الجوزية – دار الآفاق الجديدة – بيروت .

80- دليل الطالب للشيخ الإمام مرعى بن يوسف الحنبلى – المكتب الإسلامي – بيروت .

81- الكافى فى الفقه على مذهب الإمام أحمد بن حنبل لشيخ الإسلام موفق الدين ابن قدامة المقدسى – دار إحياء الكتب العربية .

8 ـ كتب الفقه الظاهرى

82- المحلى للإمام محمد على بن أحمد بن سعيد بن حزم الظاهرى – دار التراث .

83- مراتب الإجماع لابن حزم-دار الآفاق الجديدة – بيروت .

9 ـ كتب الفقه الشيعى

84- الروضة الندية ، شرح الدرر البهية للإمام أبي الطيب صديق بن حسن بن على الحسيني - دار التراث .

85- السيل الجرار المتدفق على حدائق الأزهار لشيخ الإسلام محمد بن على الشوكاني – المجلس الأعلى للشئون الإسلامية – لجنة إحياء التراث الإسلامي – جمهورية مصر العربية .

10 ـ كتب الفقه العام

86- أحكام عقد التأمين في الشريعة الإسلامية د. محمد عبد الستار الجبالي – مكتبة ومطبعة الغد للطباعة والنشر والتوزيع .

87- الغرر وأثره في العقود في الفقه الإسلامي ، دراسة مقارنة د . الصديق محمد الضرير – دار الجيل – بيروت .

88- الملل والنحل للشهرستاني - دار الحكمة – دمشق – عام 1985 م .

89- الإجماع لابن المنذر– طبعة دار الكتب العلمية – بيـــروت.

90- أحكام العقود في الشريعة الإسلامية والقانون المدني , د. عبد الناصر توفيق العطار – مطبعة السعادة – أحمد ماهر .

91- العمليات المالية المعاصرة في ميزان الفقه الإسلامي , د. على أحمد السالوس , عضو مجمع الفقه الإسلامي - مكتبة الفلاح – الكويت .

92- الملكية ونظرية العقد في الشريعة الإسلامية , الإمام محمد أبو زهـــرة - دار الفكر العربي .

93- الأموال ونظرية العقد في الفقه الإسلامي , د. محمد يوسف موسى , دار الفكر العربي .

94- التأمين وموقف الشريعة الإسلامية " المجلس الأعلى للشئون الإسلامية - جمهورية مصر العربية ، إعداد محمد السيد الدسوقي".

95- فقه المعاملات على مذهب الإمام مالك ، المجلس الأعلى للشئون الإسلامية - لجنة التعريف بالاسلام - جمهورية مصر العربية .

96- مصادر الحق في الفقه الإسلامي , د.عبد الرزاق أحمد السنهوري , دار إحياء التراث العربي .

97- مختصر أحكام المعاملات الشرعية ، العقد الشيخ علي الخفيف ،, 1374هـ – 1994م –مطبعة السنة المحمدية .

98- محاضرات في الفقه الإسلامي - الشيخ محمد خاطر مفتي الديار المصرية السابق – دار وهدان للطباعة والنشر 1389 هـ – 1970م .

11 ـ موسوعات إسلامية

99- الموسوعةالعلمية والعملية للبنوك الإسلامية - بحث عن البورصة ورأى التشريع

608

الإسلامي الجزء الخامس ، اتحاد البنوك الإسلامية .

100- موسوعة الفقه الإسلامي -المجلس الأعلى للشئون الإسلامية- القاهرة- الشيخ أحمد إبراهيم بك-
المعاملات الشرعية المالية-1355هـ -1936م .

12 ــ معاجم اللغة العربيـــة

101- أنيس الفقهاء فى تعريفات الألفاظ المتداولة بين الفقهاء لقاسم القونوى-ج21-دار الوفاء – جدة .

102- المعجم الوسيط – مجمع اللغة العربية –الطبعة الثالثة-شركة الإعلانات الشرقية.

103- لسان العرب لابن منظور , جمال الدين أبو الفضل محمد بن مكرم بن على بن أحمد بن أبى
القاسم بن حبقة بن منظور – دار المعارف .

104- مختار الصحاح – محمد على أبى بكر بن عبد القادر الرازى – دار ومكتبة الهلال – بيروت .

13 ــ فتاوى

105- دار الإفتاء المصرية " الفتاوى الإسلامية " طبعة وزارة الأوقاف – المجلس الأعلى للشئون الإسلامية
– المجلدات 4 , 9 , 10 , 20 – جمهورية مصر العربية .

106- المجمع الفقهى الإسلامي لرابطة العالم الإسلامي بمكة المكرمة – الدورة السابعة للمجمع سنة
1404هـ - حول سوق الأوراق المالية والبضائع .

14 ــ مراجع العلوم المالية والاقتصادية

107- اتحاد المصارف العربية - الهندسة المالية – مطبوعات الاتحاد .

108- د . أحمد جامع - النظرية الاقتصادية - التحليل الاقتصادي الكلي -دار النهضة العربية .

109- إبراهيم محمد أبو العلا – بورصات الأوراق المالية والقطن ، طبعة60 ، (دار الكتب).

110- جول خلاط – أعمال البورصة في مصر – مطبعة البوصيري الإسكندرية عام 1938 .

111- د . حمدية زهران : التنمية الاقتصادية – مكتبة عين شمس - شارع القصر العينى .

609

112- سيد عيسى – أسواق أسعار صرف النقد الأجنبي – الناشر : دار المعارف .

113- سمير عبد الحميد رضوان – أسواق الأوراق المالية ودورها في تمويل التنمية الاقتصادية –دراسة مقارنة بين النظم الوضعية وأحكام الشريعة الإسلامية - مكتبة دار النهار .

114- د. عبد العزيز فهمي - الأسواق وتصريف المنتجات - "دار الكتب المصرية" .

115- د. عبد العزيزمهنا , الأسواق وتصريف المنتجات , دار الكتب المصرية , ى18307/.

116- د. فؤاد مرسي – الرأسمالية تجدد نفسها سلسلة عالم المعرفة مارس 90 .

117- د . فريد النجار – البورصات والهندسة المالية . الطبعة الثالثة .

118- د . كامل فهمي بشاي , دور الجهاز المصرفي في التوازن المالي , دراسة خاصة بالاقتصاد المصري , الهيئة المصرية العامة للكتاب .

119- مليكه عريان – عمليات بورصات الأوراق المالية والبضاعة الحاضرة , (دار الكتب).

120- دكتور مقبل جميعي – الأسواق والبورصات , (دار الكتب المصرية).

15 ــ مراجع قانونية

121- د. أبو زيد رضوان – شركات المساهمة وفقا لأحكام القانون رقم 159 لسنة 1981 – دار الفكر العربي .

122- د. رضا عبد الحليم – مدى جواز التأمين عن الخطر الظني – دراسة مقارنة .

123- د. عبدالله مبروك النجار – مصادر الالتزام الإرادية وغير الإرادية-ط2،2001- 2002 .

124- د.عبد الرزاق السنهوري ،الوجيز،مطبعة دار الكتب المصرية-القاهرة .

125- د.عبد العظيم شرف الدين – نظرية العقد – الجامعة الأمريكية بالقاهرة kbl 536 عام 1988.

126- د. عبد الرزاق السنهورى – مصادر الحق فى الفقه الإسلامى- دار إحياء التراث العربي- بيروت .

127- د. عبد الناصر توفيق العطار، أحكام العقود فى الشريعة الإسلامية والقانون المدنى – عقد البيع - مطبعة السعادة – ميدان أحمد ماهر .

128- د.عمر السيد أحمد عبد اللـه ، نظرية العقد في قانون المعاملات المدنية الإماراتي ، دراسة مقارنة بالفقه الإسلامي 1416هـ –1495 م .

129- د . عبد الناصر العطار – نظرية الالتزام في الشريعة الإسلامية والتشريعات العربية- مطبعة السعادة.

130- د. فتحي عبد الرحيم عبد اللـه - التأمين – مكتبة الجلاء الجديدة بالمنصورة 1997 م .

131- الدكتور فتحي الدريني ، نظرية التعسف في استعمال الحق في الفقه الإسلامي مؤسسة الرسالة – القاهرة.

132- د. محيى الدين إسماعيل علم الدين – نظرية العقد ، مقارنة بين القوانين العربية والشريعة الإسلامية- الطبعة الثالثة-دار النهضة العربية .

133- د . مصطفى أحمد الزرقا ، المدخل الفقهي العام ، مطبعة جامعة دمشق 1954م .

134- القانون المدني المصري ، هيئة المطابع الأميرية 1983.

135- د. مصطفى كمال طه – شركات الأموال وفقا للقانون رقم 159 لسنة 81 - مطبعة دار الفكر .

136- د. محمد حسام محمود لطفي ، الأحكام العامة لعقد التأمين ، دراسة مقارنة بين القانون المصري والقانون الفرنسي .

16 ـ مراجع عامة

137- ديفيد سى كورتين , العولمة والمجتمع المدنى , ترجمة شوقى جلال , المكتبة الأكاديمية بالدقى .

17 ـ رسائل علمية

138- أحمد محيى الدين – عمل شركات الاستثمار الإسلامية فى السوق العالمية - رسالة ماجستير

- 139- د . منى عيسى العيوطي ، رسالة دكتوراه عن التدفقات المالية ودور قطاع الوسطاء الماليين في الاقتصاد المصرى .

- 140- ياسين أحمد إبراهيم درادكة ، الغرر وأثره في العقود في الفقه الإسلامي ، رسالة   دكتوراه ، كلية الشريعة والقانون .

18 ـ دوريات

- 141- النشرة الاقتصادية – بنك مصر – السنة الحادية والأربعون – العدد ا(3) سنة 1998

- 142- اتحاد المصارف العربية – الهندسة المالية وأهميتها بالنسبة للصناعة المصرفية العربية 1996 م .

- 143- اتحاد المصارف العربية – الهندسة المالية وأهميتها بالنسبة للصناعة المصرفية العربية (English).

- 144- تقرير التنمية في العالم – البنك الدولي – 2001/2000 .

- 145- مطبوعات الاتحاد الدولي للبنوك الإسلامية ،العدد 61- 1408 هـ - يوليو - 1988 م.

- 146- مجلة مجمع الفقه الإسلامي – الدورة السادسة – العدد السادس – الجزء الثاني 1990 1410هــ

- 147- النشرة الاقتصادية - بنك مصر – السنة الحادية والأربعون - العدد الأول 1998م .

19 ـ محاضرات وندوات

- 148- محاضرة للباحث بالمعهد المصرفي عن إدارة محافظ الأوراق المالية ، ديسمبر 1999م .

- 149- عدلي بطرس – محاضرة عن عمليات الصرف الأجنبى - معهد الدراسات المصرفية –البنك المركزى المصرى - 1975.

- 150- د . سامي السويلم – صناعة الهندسة المالية – نظرات في المنهج الإسلامي – ندوة الصناعة المالية الإسلامية18 – 21 رجب 1421هـ- الموافق15 – 18 أكتوبر 2000م ،المنتزه – الإسكندرية .

20 ــ مقالات

151-   مقالنا بالأهرام الاقتصادى – مجلة البورصة - بعنوان " سوق للمضاربــة " العدد 260 بتاريخ 6 مايو 2002 م .

152-   مقالنا بالأهرام الاقتصادى – مجلة البورصة - بعنوان " لا للمشتقات الماليــة – أرجوكم حافظوا على البورصة تقليدية " – العدد 97 بتاريخ 22 مارس 1999 م .

153-   مقالنا بجريدة عالم اليوم بعنوان " البنوك ترفض التعامل فى المشتقات " 15 فبراير 2000م .

154-   جريدة الأهرام القاهرية فى 31 أكتور 98 " البنوك وراء القضبان " .

155-   مقالنا بجريدة الأحرار بتاريخ 14يونيو 1995 م بعنوان عقود الاختيار تحول البورصة إلى ساحة للمراهنات .

613

المراجع الأجنبية

1- A study prepared by IMF staff to C.B.E. about repurchase agreements on May 2000.

2- Adrian Buckley, Multinational Finance, corporate finance published by Mc Graw Hill , london , New york 1998 .

3- Antony Saunders , Financial Institutions Management , second ed , Published by IRWIN.

4- Bis, Issues of measurement related to market size and macro prudential risks in derivatives markets – Basle Feb 1995 .

5- Black Law Dictionary By Henry Black edition 4, 1966 published by West public co .1951 4th edition .

6- Bob Ritchie &David Marshall, Business Risk Management Published by Chapman & Hall.London .

7- Bank for international settlements-BIS , quarterly review, June 2001 – international banking and financial market developments .

8- Benton E. Gup, Robert Brooks, Interest Rate Risk Management, published by Paribas   publishing company (BP)

9- Charles Errington, Financial Engineering.A hand book for managing the risk reward relationship, published by Basingstake ,Hants, England, Macmillan 1993.

10- Charles Amos Dice , The Stock Market , third edition , New York , Tornoto, London , Mc Graw Hill book company .

11- Charles N. Henning. William Pigott, Financial Markets and The Economy Published by Prentece hall inc. 1992.

12- Don M. Chance, An Introduction to Derivatives, published by the Dryden Press Harcourt Brace college Publishers..

13- Don M. Chance, Options & Futures, published by The Dryden press harcourt Brace Javanovich college Publishers .

14- David K. Eiteman & Arther Stone Lull, Multinational business finance, ed. 1973 , Reading Mass , Addison , wesley pub. Co. 1998 .

15- Eric Banks ,credit risk of complex derivatives , Published by Macmillan, Mc Graw Hill .

16- Edward Chancellor , Devil take the hindmost , a history of financial speculation, publisahed by Farar , Staraus, Giroux , 1999.

17- Eugene F. Brigham, fundamentals of Financial Management seventh edition ,The Dryden press,Harcourt Brace college publisher .

18- Elton / Gruber, Modrn portfolio theory and investment analysis , Published by John Wiley & Sons ,Inc New York '

19- Finnerty, J. D. 1998, " Financial Engineering in corporate finance- An overview, Financial Management, vol 17, No.4, Mc . Millan press .

20- Fredrick Amling ,Investment - fourth edition , prentece hall inc. ,New Jersy.]

21- Frank K. Reilly – Keith C. Brown, Investment analysis and portfolio management , The Dryden Press Harcourt Brace college Publishers fifith edition 1996.

22- Franklin Allen and Douglas Gale , Financial Innovation and Risk Sharing, published by the Mit press , London – England

23- Francis Hirst , the stock Exchange , a short study of investment and speculation. , published by New York H. Holt and co .c 1911.

24- Frank J. Fabozzi , Bond portfolio management published by frank J. Fabozzi associate , New hope pennsylvania 1990 .

25- Fredrick S. Mishkin, the economics of money, Banking and Financial Markets, six edition.

26- Hong Kong Monetary Authority, quarterly bulletin May 1995, issue No.3..press and publications section .

27- Haim, Levy & Marshall Sarnat, capital investment and finance decisions ,published by John Wiley & sons . New York.

28- Hartly Wither, stock and shares , London press , London first ed .

29- Hong Kong Monetary Authority, bulletin, May 95 issue 3.

30- IMF working paper 1998, Statistics Department, prepared by Robert. Mr Rober. Heith, participating member , March 1998 .

31- IMF working paper, the statistical measurements of financial derivatives. prepared by Mr. Robert Heith a staff member

32- IMF staff papers, vol. 45 No.1, March 98.

33- Jack Clark Francis, the handbook of equity derivatives. , Published by Irwin , Mc –Graw –hill , professional publishers , printed in U.S.A 1994.

34- John F. Marshall, Equity Swaps: Structures and Uses , Published by New York , Institute of Finance 1992

35- Joseph F. Sinkey, Commercial bank Financial Management, 4th ed, 1992, published by New York Macmiilan , london , collier , Macmiilan c 1980.

36- Jeff Madura , Financial Markets and Institutions , third edition , published by west publishing company , New York .

37- John Watson,The Equity Derivatives handbook published by Euromoney publications in association with Bankers Trust .

38- Joseph A. Schumpeter, Business cycles, A theoretical, historical Statical analysis of the capitalist process , New York , London , Mc Graw Hill book company inc 1939 Ist edition

39- J. H. Adam. DIC of business Eng , printed in Great Britain by Collins Glasgo and published by libraiere du liban.

40- Jack Clark Francis, Management of Investmentand , publishd by Mc Graw Hill New York 1993.

41- Jane Inch, Control Options for International Currency Speculation. Paper prepared for the Halifax initiative coalation.

42- K. Thomas Liaw. The business of Investment Banking,, New York , J.Wiley .1999.

43- Kennth Garabade , Securities Markets., Mc Graw Hill book company , New York .

44- Linda Davies, Psychology of Risk, Speculation & Fraud , Linda David homepage , http://www.ex.ac Uk/Rdavies/arian/Lindaemu, html.

45- Lawrence S. Ritter – William L. Silber, Principles of Money, Banking and Financial Markets Baasics Books Inc. Publishers , New York 1981.

46- Madura, Introduction to Financial Management, published by west publisheing company , New York .

47- Michael Williams, Diana Stork, setting up the R & D team , Published by San Diego , Edits Publishers . c 1981.

48- M .Desmond Fitzgerald with Catherine lobochinsky and patric Thomas - Euromoney books second edition, New York , London , Mc Graw- Hill book company inc .1939 1st ed .

49- The paribas derivatives, capital markets, hand book 1993/94 published by Eeromoney publications plc in association with paribas capital markets.

50- Paul a sameulson , William D. Nordhaus , Economics, Published by Irwin / Graw hill .

51- Quarterly Review , Aug.2000, International Banking and Financial Market Developments

52- Robert Wessel, Principles of Financial Analysis, published by john wiley & sons , New York .

53- Robin Finchman and others , expertise and innovation . Information technology strategies in the financial service , Published by Oxford clarendan press, 1994 .

54- Robert Merton, Scot, P. Mason, Cases in Financial Engineering , prentce Hall , upper saddle River , New Jersy .

55- Sandy Mckenzie, Risk Management with Derivatives, Published by Basing stoke , Hampshire, Macmiilan Publishers ,New York..

56- William T. Thornhill, Effective risk Management for Financial Organizations published by Bank administration Institute .

57- Zamir Ikbals, seminar on Islamic Financial Industry in Alexandria, 17 Oct., 2000- prepared by the Arab Academy for Science & Technology.

ENCYCLOPEDIAS AND DICTIONARIES

58- Encyclopaedia Britannica vol.: 16, 1992 , published by Metuchen , N.J : Scare crow press .

59- Encyclopedia Americana , International edition , vol 17 , American corporation international headquarters .

60- Encyclopedia of Banking Finance , Fl Grcia, J woelfel 1991.

61- Dictionary of Derivatives , Andrew Inglis – Taylor , printed in Great Britain by Antony Rowe Ltd. Chippenham, Wiltshire

62- Dictionary of Finance and Investment Terms , John Downes , second edition Published by Barrons , New York .

63- Dictionary of Derivatives, Andrew Inglis., Published by Euromoney Publications in association with Bankers Trust

ARTICLES

64- Peter Drucker, Economist, Drucker on financial services, Innovate or die, 25/9/1999.

65- : http://biz.yahoo. com/f/g/rr.html 22/07/2002.

66- Http: // www.Duke .edu/~charvey/classes/wpg/ bfglosr.htm.

67- Piere Colin, The Journal of Finance vol 56, June, 2001, No.3 (an article).

68- The Journal of Finance , vol .54 .No 4 Aug. 1999.

الفهرس

627

630

632

635

T0304686

Printed in the United States
By Bookmasters